三国

一百年

宿 巍

—著—

100 YEARS *of the*
THREE
KINGDOMS

内蒙古人民出版社

图书在版编目（CIP）数据

三国一百年/宿巍著 . -- 呼和浩特：内蒙古人民
出版社，2024.4
ISBN 978-7-204-18034-9

Ⅰ . ①三… Ⅱ . ①宿… Ⅲ . ①中国历史—三国时代—
通俗读物 Ⅳ . ① K236.09

中国国家版本馆 CIP 数据核字（2024）第 054729 号

三国一百年

作 者	宿 巍
特约策划	高牧仁　张桂梅
责任编辑	郝 乐　贺鹏举
封面设计	人马艺术设计·储平
出版发行	内蒙古人民出版社
地 址	呼和浩特市新城区中山东路 8 号波士名人国际 B 座 5 楼
印 刷	天津光之彩印刷有限公司
开 本	710mm×1000mm　1/16
印 张	44
字 数	700 千
版 次	2024 年 4 月第 1 版
印 次	2024 年 4 月第 1 次印刷
书 号	ISBN 978-7-204-18034-9
定 价	158.00 元

图书营销部联系电话：（0471）3946278　3946269

如发现印装质量问题，请与我社联系。联系电话：（0471）3946120　3946169

目录 Contents

这是一个群星璀璨的时代，这是一个豪杰辈出的时代！

英雄、枭雄、奸雄纷纷登场，阴谋、阳谋、权谋大行其道，百年乱世、三国纷争，烽火连年、干戈不休。豪杰、谋臣、名将，白脸的曹操、红脸的关公，雄姿英发的周郎、鞠躬尽瘁的诸葛，他们的故事被写进小说、编入戏剧，千百年来，广为传颂。

本书以明代大才子杨慎的《临江仙》揭开三国大幕：

临江仙

滚滚长江东逝水，
浪花淘尽英雄。
是非成败转头空。
青山依旧在，
几度夕阳红。

白发渔樵江渚上，
惯看秋月春风。
一壶浊酒喜相逢。
古今多少事，
都付笑谈中。

三国历史上承东汉下启两晋，广义的三国从汉灵帝光和七年（184）至晋太康元年（280），不过百年，在中国数千年的历史中只是短暂的一瞬。然而，三国虽然短暂却很璀璨，虽然转瞬即逝却精彩纷呈。

第一章

帝国斜阳——走向崩溃的帝国

三国源自东汉，相比西汉，东汉的存在感并不强，给人的感觉是天生柔弱，兴于豪强也亡于豪强。

西汉与东汉的兴亡可以在开国之君的身上找到答案。

一个好汉三个帮，打江山也是如此。

刘邦能取天下，因为他有一群合伙人，韩信、英布、彭越等。当然，后来发生的事大家都知道，刘邦将这些合伙人全部干掉了，原因在于，他们的存在严重威胁国家的安全。

刘秀能实现光武中兴，靠的则是地方豪强的鼎力相助，但与刘邦对功臣的血腥屠戮不同，刘秀对开国功臣特别温和，可以算是最早"杯酒释兵权"的皇帝，功臣们大都回到自己的家乡，坐享富贵。

刘邦之所以敢动手，是因为他有实力。刘秀之所以温情，是因为他缺乏实力。

"杯酒释兵权"是有条件的，东汉朝廷将当时最赚钱的盐铁之利出让，作为元勋们的封赏，不然他们是不会自愿放弃在朝廷当官的权益的！但东汉的最终覆灭也源于此。

盐铁之利，是帝国的主要财政收入。当年，汉武帝反击匈奴，军费激增，几十年征战，靠的就是盐铁收入。而东汉在将盐铁之利让出去后，就只能靠农业税，但土地税收十分有限，只能保证国家最低限度的运作。一旦遇上战争灾荒这种烧钱的项目，很快就会入不敷出。朝廷为解决财政危机，只能加大农业税盘剥农民。农民本来就穷，却被加重盘剥，真正获利丰厚的盐铁税收却收不上来，因为它属于庞大的既得利益群体。于是富者愈富，贫者愈贫，恶性循环，矛盾激化，直至崩盘。

地方豪强出身的开国元勋们回到自己的地盘，成为当地最粗的大腿，他们把控当地的仕途，在地方势力极大。相应地，东汉对地方的控制力远远不如西汉。

东汉的孱弱是从它诞生时便开始了，直到它的结束。

强汉盛唐是中国古代王朝的巅峰，而汉的强与唐的盛，根本原因在于中央集权，在于中央的强大。强大到中央拥有雄厚的实力，地方不具备与之对抗的资本，如果不想被中央清算，就只能乖乖听命。在中央强大实力的威慑下，地方不敢违抗中央，朝廷政令才能在地方顺利推行。

维护帝国强盛即在于始终保持中央的强大。保持中央对地方经济、军事实力的绝对优势，令地方不敢有非分之想，使地方不具备对抗中央的实力，国家才能长治久安、昌盛富强。

两汉四百年，强的是西汉，而西汉只有从汉高祖刘邦到汉宣帝刘询的一百年可称得上强汉。强汉的基础是中央集权的持续加强。标志即从汉初便开始实行的徙陵制度。

汉承秦制。秦始皇创建陵邑制度，将原东方六国的贵族强行迁徙到关中，一方面可以充实秦地的人口，加强中央集权，一方面以此打压关东贵族，削弱地方势力。刘邦称帝后也推行徙陵制度，在他的长陵修建陵邑，强行迁徙关东贵族豪强到长陵邑。关东的贵族豪强当然不愿来，但搬家跟抄家的区别，他们还是分得清的。

秦始皇、汉高祖都以军事实力为后盾，强令关东豪强搬家。汉惠帝、汉文帝虽然对地方的控制有所削弱，汉惠帝的安陵、汉文帝的霸陵规模上不及汉高祖的长陵，但也基本遵循刘邦确立的徙陵制度。

汉景帝成功平定七国之乱，中央集权得到加强，相应的，徙陵的规模与强度也在加强。汉景帝的阳陵再次大规模徙民。

到汉武帝时代，中央集权达到有汉一代的巅峰。汉武帝在位时期更是三次大规模徙民，其中，第二次、第三次将目标明确指向地方豪强。汉武帝的茂陵迁徙豪民的规模远超前代，其抑制豪强的目的已经十分明显。此后，汉昭帝的云陵、汉宣帝的杜陵也沿袭武帝徙民。其中，汉宣帝的杜陵邑是西汉最后一座陵邑，也是强汉最后的余晖。

之后，随着土地兼并的日益严重，地方豪强的坐大并与儒家合流，朝廷对地方的控制越来越弱。徙陵制度也被迫停止。

东汉时期，豪强与儒家早已充分融合，从地方豪强摇身一变，成为诗书传家的世家大族。

西汉抑制豪强。而东汉，豪强是政权的一部分，且是最重要的部分。

东汉是在地方豪强的支持下建立的，朝廷因此不仅不敢削弱地方，甚至还要将大部分利益如盐铁之利让渡给地方豪强。

西汉豪族着重于通过隐匿土地人口壮大势力。

东汉士族主要靠把控地方仕途、盐铁收入做到累世显贵。

雪上加霜的是，东汉的外戚干政更甚于西汉。

问题首先出在皇帝身上。自汉武帝有意削弱相权，皇权始终居于主导地位。到了东汉，惩于王莽篡汉，成功实现中兴的刘秀在权力架构的设计上颇为用心，将权力牢牢抓在手里，丝毫不敢放松。权力很大，相应的责任就重，这对皇帝的执政能力要求很高。

开国皇帝的素质自不必说，刘秀本人更是劳模级的，每天从早干到晚。太子见他如此辛苦，劝他注意身体，要劳逸结合。刘秀却说："我乐在此，不疲也。"由此产生了一个成语——乐此不疲。

刘秀有能力，也很勤奋，但他不能保证他的子孙都像他这么能干。

一个看似普通却很要命的问题是，东汉皇帝的寿命一个比一个短。汉光武帝刘秀活了六十三岁，寿命并不算长，然而可能刘秀本人也没想到，这竟然是高峰，他的子孙都未能超过他。他的儿子只活了四十八岁，在东汉的皇帝中却已是"高寿"，后面的一个比一个寿命短，能挺过三十的已经很不错了，超过四十的很少见，除了刘秀父子以及最后负责收尾的汉献帝，基本未超过四十岁。

皇帝死得早，接班的太子自然不大，皇太后不得不出面主政。然而太后平日深居后宫，不接触外事，对朝政不熟悉却要负责拍板，显得力不从心。太后需要帮手，环顾左右，熟悉的、能信任的只有娘家人。于是，外戚干政便开始了。

外戚把持朝政，小皇帝便成了傀儡。可是，小皇帝终究有长大的一天。这个世上不会有谁愿意当傀儡任人摆布，普通人尚且如此，更不用说皇帝。皇帝不满大权旁落，想夺回属于自己的权力，却发现朝廷早已是外戚的天下，能依靠的只有宦官。当夺权成功，皇帝还要下放部分权力给宦官，依靠宦官与外戚抗衡。

外戚与宦官轮番掌权，几乎每次权力交接都伴随着血腥的杀戮。

汉灵帝刘宏也是一个被外戚迎立的皇帝。皇位本轮不到他，只是前任汉桓帝只有女儿没有儿子，而汉桓帝的老婆窦太后与其父窦武为长久把持朝政，便自作主张将只有十二岁的刘宏接入宫中立为天子。

后来的蜀汉丞相诸葛亮在《出师表》中提到汉灵帝。刘备与诸葛亮君臣谈起前朝往事，说到汉灵帝刘宏只有摇头叹气。"未曾不叹息痛恨于桓灵也。"

这种叹息痛恨是有理由的。东汉即亡于桓灵，但转折其实是从汉和帝开始的。东汉自和帝终于摆平困扰两汉数百年的匈奴寇边，其后虽有小乱，但已不关大局。但按下葫芦瓢又起，北边刚刚安定，西北又乱了。东汉陷入长达六十多年的羌乱，军费花费数百亿。

前面说过，东汉已将盐铁之利让给地方豪强，中央财政收入就只有土地税，拿的是"死工资"，干的却是烧钱的活，挣得很少，花得却越来越多。

汉桓帝接班时不得不给百官降俸禄，从王侯手中借田租，接着又开口子公开卖官鬻爵，卖关内侯、虎贲、羽林。

"桓灵二帝"是历史上著名的败家组合，汉桓帝虽然昏庸，好女色，但这也不算多严重的问题。

他不用太监就不能从梁冀那里抢回权力，他卖官加税弄来的钱大半用在了国事上，六十年羌乱在他死后不久就彻底被平定，也算是他的业绩。

但汉灵帝上台后，党锢之祸扩大化。士族与皇权的平衡被打破。

东汉的危机进一步加深，在财政上体现得更为明显。灵帝也开始卖官，而且比前任步子迈得更大。桓帝卖的是散官，但灵帝连太尉这种三公级别的显官都敢卖，只能说帝国的财政状况已经糟透了。

自从公开卖官后，前来买官的人犹如过江之鲫。大家争先恐后，只怕下手晚了抢不到好官做。

上梁不正下梁歪，有皇帝"以身作则"，下面的各级官员也本着大官大贪、小官小贪的原则，利用手中权力为自己捞钱，八仙过海，各显神通。

那些花钱买官的，之所以肯花血本，除了想做官，做大官，对钱财的渴望也是原因之一。升官发财常常是绑在一起的，有时升官就意味着发财。这些嗜钱如命的人肯出钱买官，只是因为在他们看来，这样会收到更大的回报，这钱花得值。

买官的上任后，往往变本加厉地搜刮地方，会想方设法将成本转嫁给百姓。

高级官员拿钱就能买，基本上标志着这个王朝已经彻底朽塌。这预示着皇帝对国家财政已经彻底失去控制力，只能竭泽而渔。

帝国的运行是有规则的，但谁也想不到，首先打破规则的竟然是皇帝，公开售卖官职且是实权实职，在历史上是比较罕见的。这一方面说明皇帝很缺钱，另一方面也说明帝国的财政已经接近崩溃。

东汉帝国的收入主要依靠土地税，真正赚钱的盐铁早就让出了。国家需要用钱的时候，才发现能赚钱的渠道真的很有限。

汉灵帝公开卖官明显是作死的节奏。汉灵帝虽说是有名的昏君，他的行为荒唐，黑材料特别多，比如喜欢自驾驴车，在宫里开集市，给狗穿官服，诸如此类不胜枚举，但这些行为不致于导致国家灭亡。他不择手段地敛财只能说这个国家按照正常的规则已经运行不下去了。他用卖官的方式从士族官员的灰色收入中分成，官员们自然也不会吃亏，他们可以盘剥百姓。

一层刮一层，最后倒霉的是最底层的百姓。东汉开国靠的是南阳以及河北的地方豪强，豪强在地方上横行霸道，而这两处尤甚，谁让人家根子硬呢！这两地对百姓的压榨也更重。

哪里有压迫，哪里就有反抗。星星之火可以燎原，点燃星火的是一个叫张角的。

第二章

黄巾之乱——前浪被拍在沙滩上

汉灵帝光和六年（183），中原各地开始流传类似谶语的流言：

　　苍天已死，黄天当立。岁在甲子，天下大吉。

东汉从开国便流行谶语，刘秀就特别信这个，还利用谶语大搞舆论，为自己的帝国造势。现在又有人利用谶语流言造势，目的却是要推翻这个帝国。

流言浅显易懂，那个"已死"说的是谁，大家心知肚明，那个"当立"的即将出场，明年就变天啦，好日子就要来啦。

中国历史上，首个带有宗教背景的起义即将开始。

东汉，在刘秀的提倡下，儒教依旧占据主导地位。同时期，佛教传入中国，中国本土宗教道教也蓬勃发展。

道教是以"道"作为最高信仰，奉太上老君（老子）为教主，以《道德经》为经典，追求修仙的本土宗教。

具体成仙的方法有服食仙药外丹、炼气导引、积累功德等。

道教在形成过程中，有一本书至关重要。

这本书叫《太平经》，就是《三国演义》中的《太平要术》。

冀州巨鹿人张角便得到了这本书。

辟谷、食气、服药、养性、返神、针灸等，皆有助于修炼，书中有丰富的中医知识，其中符咒也是治疗的重要方法，服符诵咒能驱邪求福、治病长生。

张角修道就主要利用符咒给人驱邪治病。世道不平，人心思乱。社会动荡，底层民众对朝廷不满，渴望有人能解救他们，给他们带来福音。张角觉得有机可乘，于是带着兄弟张宝、张梁到各地传道，招收信徒。

张角所依据的是《太平经》，他的教派因此被称为太平道。

太平道的主要信徒是那些处于社会最底层被压榨最深的流民。这些流民主要集中在关东的冀州、青州、徐州、荆州。

十几年间，张角的足迹遍布中原，信徒发展到数十万人。

太平道让越来越多的底层民众看到了希望：

这个社会可以是一个太平盛世。

我们每一个人都是太平世道的缔造者。

一起推翻这个腐朽的朝廷吧！

光和六年（183），张角觉得时机成熟，将全国三十个分教编成三十六方，一方相当于一军，大的有上万人，小的也有七八千，准备在明年起事。

张角先在民间大造舆论，利用百姓对贪官污吏的愤恨与不满，到处宣传自己的"革命口号"——苍天已死，黄天当立。岁在甲子，天下大吉。同时派人在京城洛阳与各地州郡官署大门上用白土写上"甲子"两字，作为识别的记号。一旦起事，这些写有"甲子"的地方将是首批被攻击目标。

起事的时间定在三月初五，但这种几十万人参与的大事件，很难做到完全保密。

果然，二月，有人反水，向朝廷告发。衙门虽然平日懒懒散散，但也分啥事儿，这次一改往日拖拉懒散的作风，迅速行动，几日之内便有千余名太平道信徒被杀，朝廷严令冀州通缉匪首张角。

大事不好，不能按原计划行动了。张角召集教众，经过商议，决定提前起事。张角派出使者到各地分教传达指令：计划有变，立即起兵。一时间，通往各地的官道上，很多不分昼夜策马奔驰的张角信使。

接到教主指令的太平道教徒迅速行动，一律黄巾包头，旗帜也用黄色。历史上把张角的队伍称为黄巾军。

张角自称"天公将军"，两个弟弟张宝、张梁分别称"地公将军""人公将军"。

张角振臂一呼，七州二十八郡同时响应，各地黄巾军闻风而起，攻城略地，势如破竹，关东州郡接连失守，洛阳为之震动。

张角亲率黄巾军主力，从二月到四月，不到三个月的时间里，横扫黄河以北，攻城拔寨，势不可挡。所到之处攻必取、战必克，如入无人之境。河北黄巾军先后攻克广阳、安平、甘陵、广宗、下曲阳等冀州郡县。

朝廷被黄巾军突如其来的攻击打得晕头转向，张角却没有抓住稍纵即逝的机会。虽然黄巾军在起事之初接连获胜，但张角明显缺乏全局观，更缺少战略头脑。他在冀州起兵，朝廷没有一点准备，如果此时他能集中主力带兵南下，趁官军尚未集中，洛阳周围的布防还未完成，迅速渡过黄河直捣京城，东汉朝廷可能会提前关门。

但张角虑不及远，这位只会忽悠的仁兄脑子里根本没有战略。他只看到眼前利益，只想多占几座城池，一味狠杀猛打，却没有一个主攻方向和作战计划。只顾攻城夺地，几个月的宝贵时间白白浪费在了河北平原上。

张角既不南下去攻洛阳，也没有及时抢占河北的战略要地邺城，更没派兵支援位于中原腹心的颍川郡的另一支黄巾军主力。

张角没有战略规划，他的"计划"就是没有计划。眼下虽风头很盛，但失败已成定局。黄巾军虽然人多，但兵力分散，张角没有及时集中主力，导致各地黄巾军实际处于各自为战、孤立无援的危险境地。

张角的分兵四出给了东汉朝廷集结兵力大举反击的机会。朝廷做出部署：以河南尹何进（外戚）为大将军，率左右羽林军、五营（中央精锐部队）驻防洛阳近郊，保卫京师。在洛阳周边险关要隘设置八关，分兵驻守。

黄巾起义如燎原之火，迅速烧遍全国。黄巾军虽多，但重心只有三处，分别是张角所在的河北冀州、中原腹地的豫州颍川以及东汉的帝乡荆州南阳。

黄巾军之所以集中在这些地区不是没有原因的。东汉以豪强立国，刘秀其实是在南阳以及河北豪强的支持下夺取天下的。这些地方的豪强也是帝国最大的既得利益集团，颍川更是东汉士族的三大产地之一。这三处是全国豪强最集中的地区，也就是民众受压榨最重的地方。压榨最重，所以反抗也最激烈。

河北黄巾军是众多黄巾军中实力最强的，却不是对京师威胁最大的，因为他们远在河北。靠近洛阳的颍川黄巾军才是朝廷的心腹大患，被视为最危险的敌人，因为他们距洛阳实在太近了。

朝廷决定先打颍川黄巾军，解除其对京师的威胁。与此同时，河北黄巾军虽远，却是"匪首"张角的黄巾军主力，必须在第一时间消灭。对南阳黄巾军则暂时采取守势，视战局的发展在第二阶段予以围剿。

北中郎将卢植率中央军一部（除北军五校）渡河北上，进攻张角的河北黄巾军，左中郎将皇甫嵩、右中郎将朱俊率中央军北军五校、三河骑士从京师出发，由西向东打，围剿颍川黄巾军。

皇甫嵩、朱俊、卢植都是当时最能打的名将，而他们率领的也是东汉战斗力最强的中央禁军。

作为帝国最精锐部队的中央军主力全面出击！

光和七年（184）四月，左中郎将皇甫嵩、右中郎将朱俊率领中央军精锐四万余人开进颍川围剿黄巾军。鉴于对方人多分散，两人决定各领一军，分兵迎敌。

朱俊先跟黄巾军打了一仗，没想到第一仗就败了。

皇甫嵩更惨，仗还没打就被黄巾军首领波才率领的主力黄巾军围在长社。

精兵加名将的组合，却未想到上来就被流民给打得灰头土脸。

流民组成的黄巾军开始占据上风，靠的是人数优势加上起事初期的顺风顺水，多少有点超水平发挥，但最终决定战争胜负的还是实力。

在初期小挫后，官军很快调整部署，被围在长社的皇甫嵩很快发现了敌人的一个致命错误——依草结营。对付这种营垒最好的办法就是火攻。流民组成的黄巾军到底还是吃了经验不足的亏，被杀得大败。之后的事情便顺理成章，被打回原形的黄巾军被一路碾压，战争完全呈现一边倒的趋势，这也符合双方的真正实力和水平。

六月，官军在阳翟再次大败波才率领的颍川黄巾军。接着，皇甫嵩、朱俊又在西华大破汝南黄巾军彭脱部，豫州的数十万黄巾军被迫投降。

南线的皇甫嵩、朱俊高歌猛进，北线的卢植也是气势如虹。

卢植，出身名门，年轻时曾拜著名学者马融为师，与大儒郑玄师出同门。他还有两个更有名的学生，公孙瓒跟刘备。两位优秀学生很快会出场，他们的戏份儿要比老师多得多。

学者卢植打起仗来也十分厉害。他被下放地方做太守，多次平定地方叛乱，这次更是被放到关键位置，要对付的是黄巾军的主力——河北黄巾军。

卢植带的中央军虽然精锐，但人数并不多，而即将与他对阵的是张角兄弟率领的至少二十万黄巾军。

但很快，卢植就用捷报让人们明白，人多不可怕，决胜的关键是质量。中央军是汉军精锐，装备精良，训练有素。张角的黄巾军虽然人数是对手的十几倍，但主要由流民、农民构成，未经训练，武器更是千奇百怪，对付地方州郡兵，靠着人多打人少还能占点便宜，但遇上真正的中央军，差别立显。

自从遇上卢植，张角基本上被追着打，之前还纵横华北势不可挡，很快就躲进城里闭门不出。张角与弟弟张梁退保广宗，弟弟张宝则率领另一部黄巾军退守下曲阳，互为掎角，彼此呼应。

直到此时，张角部始终在巨鹿郡境内画圈。张角是巨鹿人，而广宗、下曲阳同属巨鹿郡治下，他起事数月却仍在原地徘徊，就是走不出巨鹿，一直在家门口转悠，到死也未离开巨鹿。

卢植乘胜追击，进抵广宗，之后就是围城、攻城的标准作业。

黄巾军虽然野战打不过官军，但仗着人多守城还能勉强撑得住，毕竟这里是张角的大本营，全是亲信铁杆儿。

卢植正准备一鼓作气荡平张角的河北黄巾军，不料京城来人了，是来逮他的。这是怎么回事呢？原来卢老师被人黑了。之前，朝廷派太监来前线视察，按照不成文的规矩，但凡上面来人，多少要意思意思。这位太监也打算来发笔小财，可卢老师不买账，理都不理。于是，卢植就被安上一个逗留不进的罪名，被押送京师问罪。

接替卢老师的是一位名人，不过是臭名，他就是大魔头董卓。董卓常年在西北混，对河北不熟悉，来了之后只能围着城转圈。

汉灵帝明显缺乏耐心，见董卓打不动，直接换人。

刚刚得胜归来的皇甫嵩又被派往河北去收尾，能者多劳嘛，谁让你能干呢！

名将果然不同凡响，皇甫嵩接连攻下广宗、下曲阳，扫平河北黄巾军。

现在，只剩下荆州的南阳黄巾军，负责这里的是另一位名将朱俊。

但南阳黄巾军的顽强超出了朱俊的预想。他原本以为这里的黄巾军也是乌合之众，很快就会被一举荡平，他想速战速决，结果却打成持久战。南阳黄巾军也学习河北黄巾军，见来的是官军主力中央禁军，也据城坚守。冷兵器时代，攻城的方式就是架云梯爬城，攻城战打了几个月，却仍打不下来。汉灵帝又没耐心了，又要换人，好在朝里有人给朱俊求情，他才得到宽限，没有被处理。

压力也是动力，被逼急了的朱俊急中生智，用声东击西之计，趁守军不备，终于攻占宛城——南阳黄巾军的大本营。

黄巾军虽然声势很大，但始终是缺乏训练的乌合之众。与黄巾军主力决战的是中央禁军，率领他们的皇甫嵩、朱俊、卢植是当世名将，然而这场战争的赢家却不是他们。

黄巾军虽带有宗教性质，但主要成员仍是以流民为主的底层民众，与树大根深的地方豪强相比，他们过于脆弱。这场战争的最大赢家其实是地方豪强。他们虽然不是打仗的主力，却享受到最大的胜利果实。

皇甫嵩、朱俊以及中央军很快随着朝廷的崩塌而烟消云散，之前配合中央军作战的地方豪强趁势而起，纷纷坐大。主角变配角，配角却成了主角。

黄巾军成为前浪，很快被地方豪强这股强大的后浪拍在沙滩上。

黄巾起义虽然短暂却很重要。经过这场战乱，原本危机四伏的东汉帝国已然摇摇欲坠，黄巾军的出现虽未使帝国灭亡却也加速了帝国的崩溃。

真正摧垮东汉的是来自上层的名门公子袁绍、太尉的儿子曹操等。他们才是未来群雄逐鹿的主角。他们的背后则是四世三公的汝南袁氏厚重的积淀与曹操的父亲曹嵩的广泛人脉以及曹家在谯沛的雄厚势力。

他们可以支撑起这个帝国，也可以搞垮这个帝国，向背只取决于他们的利益归属。

直接促使东汉崩溃的是一项制度改革——刺史变州牧。

中平五年（188）三月，黄巾起义之后的天下依旧不太平，战火纷飞，地方平叛不力，郡守、刺史接连被杀。因此，汉灵帝接受宗室官员刘焉的建议，将部分刺史改为州牧，由宗室或重臣担任，将一州的军、政、财三项大权集于一人，以便集中力量统一协调进行平乱。

军权、政权、财权都下放给地方，那中央还剩下啥！中央本来就在持续走弱，靠着集权还能勉强维持，这下权力都给了下面，再想控制地方，已经控制不住了。

所有的斗争归根到底都是权力的斗争。拥有权力，便能掌控自己的命运，决定别人的命运；失去权力，你就是案板上的肉，人家是想做京酱肉丝还是鱼香肉丝，那就看人家的心情了。

古往今来，多少尔虞我诈、宫廷喋血，争的就是权力。

现在，朝廷居然主动下放权力，自己挖自己的墙脚，这波操作实在令人无语。当然，下放权力是为了尽快扫平各地的叛乱，最终目的是想巩固这个已经在摇晃的帝国。然而事与愿违，实际的结果是地方加速脱离中央。汉灵帝虽然昏庸但并不傻，当然知道权力下放的危害，但局面这么乱，不下放，怎么办？等动乱平息，再把权力收回来就是了。

可是，汉灵帝不明白，权力放下去容易，再想收上来就难了。

唐朝有个皇帝也是这么想的，结果就是辛辛苦苦缔造的开元盛世被渔阳鼙鼓搅乱，此后的唐朝便陷入藩镇割据的泥潭，未能重新辉煌。这个皇帝就是唐玄宗李隆基。

一波未平一波又起。河北形势刚刚缓和，中原硝烟尚未散尽，西北又乱了。

黄巾军被平定的中平元年（184）十一月，西北先零羌再度反叛。东汉在某种程度上说就是被西北羌乱给耗垮的。之前六十余年的汉羌战争已经将东汉的家底用光，这次西北叛乱间接促成东汉清盘结业。等到西北完全平定，中原的皇帝已经姓曹了。东汉正式退出历史舞台，接下来是三国鼎立。

西北之乱原因复杂，这里面既有汉羌之间的民族矛盾，也有关西与关东之间的地域矛盾，还有中央与地方之间的利益分配矛盾，所有这些矛盾搅在一起，不乱是不可能的。

战乱必然导致生灵涂炭，受苦的还是底层的百姓，但也有少数人得利，比如说陇西临洮豪强出身的董卓。在西北生活多年，董卓早已跟西北的羌人混得烂熟，酒桌上称兄道弟，到处都有兄弟。董卓不出意料地步入官场，出任兵马掾，负责带兵巡守边塞。这个职位很适合他。董卓真正起家也是在西北平定羌乱，靠着军功飞速提升。

董卓常年待在西北的凉州、并州，他有很多羌兵，他打的那些叛乱分子多数也是羌人。于是，朝廷就派董卓带兵驻守关中，直到中平六年（189）。这几年董卓在西北的势力基本成型，朝廷也感觉到了，打算召董卓进京做九卿之一的少府，变相夺他的兵权。董卓当然明白朝廷的用意，他的反应是拒不奉诏，理由是手下的羌兵舍不得他走，西北离不开他。朝廷当然清楚董卓在演戏，但人家羽翼丰满，朝廷已经指挥不动了。

董卓已成尾大不掉之势，但此时他再怎么折腾也只局限在西北，可是有人给了他进京的机会。给他机会的人是袁绍。之所以会出现机会，是因为朝廷出事了。

京师洛阳，汉灵帝刘宏快要不行了。

第三章

宫廷喋血——同归于尽

中平六年（189）四月，天下依旧纷乱，四方战火不息，但汉灵帝刘宏已无心理会。此时的他已病入膏肓，奄奄一息。汉灵帝虽然这年才三十四岁，正值壮年，但因沉迷酒色，纵欲过度，身体已经垮了。过度早衰的他，三十岁却长着五十岁的脸。

自知将不久于人世的刘宏此刻还有一件心事未了，这让他甚是忧心焦虑，那就是储君的人选。讲到这里就不得不先说一说皇帝的家事。

汉灵帝有两个儿子，长子刘辩与次子刘协。

长子刘辩是何皇后所生，次子刘协是王美人所生。

正常情况下，第一选择当然是皇后的儿子，人家是嫡子。

但汉灵帝并不喜欢这个长子，原因很复杂。

刘辩虽然是皇后生的，但举止轻浮，气质浅陋，用古人的话叫望之不似人君。

相比之下，次子刘协虽小，却聪明伶俐，举止得体。

形成如此反差的原因除自身的资质外，很重要的就是受环境的影响。

汉灵帝之前有过几个儿子，但都没挺住，夭折。为保住刘辩这个来之不易的儿子，汉灵帝就将他送到一个姓史的道人家里。而刘协出生后是被董太后带大的。前者长在民间，虽然很得烟火气，却未受到良好的教育；后者长在深宫，受的是正规的宫廷贵族教育。

人最大的财富是自己的孩子，最大的成功是教育好自己的孩子。

孩子的出息，与自己付出的时间和心血是分不开的。

皇帝在东汉的权力架构中地位举足轻重，而要担起这份重担，前提条件就是要有好的教育。天资当然重要，但这是可遇不可求的，系统的教育是不可缺少的。

汉灵帝之所以将朝政弄得一塌糊涂，昏招迭出，是因为他是外藩入主，从未受过一个皇帝接班人应该受到的良好教育。国家要想长治久安，有延续性，接班人的选择至关重要。太子被选定后，通常都会从全国挑选最好的老师教授，还有品学兼优的世家子弟陪读，这个过程是必不可少的。

汉灵帝则是一个反面典型。

如果说之前汉灵帝刘宏不肯过早册立太子，还可以用他时值壮年，两个儿子年纪尚幼当借口，那么到了中平六年（189），事情已经不能再拖了。刘宏自己也意识到他的大限将至，而在升天之前，他必须做出决定。

在人生的最后时刻，汉灵帝最终做出决定，立次子刘协为太子。

这不仅因为刘协聪明伶俐，还有一个重要的原因，那就是汉灵帝不想再让外戚干涉朝政。

东汉衰败，外戚干政是绕不过去的主因。汉灵帝自己就是被外戚册立的，被人家扶上去的，自然要听人家的话。汉灵帝还算幸运，早早接班，但受制于人的滋味是不好受的，这种感受对皇帝来说更刻骨铭心。

汉灵帝的两个儿子都还小。何皇后与何进这些年在朝廷内外早已遍布亲信党羽。如果选刘辩，这个儿子必然受何氏兄妹的控制。汉灵帝吃过外戚干政的苦，不想让儿子走自己的老路，那就只能选刘协。

但何氏兄妹会答应吗？当然不会。汉灵帝想要刘协继位，就必须以武力做后盾。

早在前一年八月，汉灵帝就开始布局了。汉灵帝以讨伐黄巾军余部的名义，在洛阳西园招募壮勇，组建西园禁军。新组建的禁军是直属皇帝的战略机动部队、精锐的野战军。

汉灵帝组建西园禁军，名为征讨黄巾军，实则是用来对付外戚何进的。名为对外，实为对内，因为攘外必先安内。汉灵帝为了使儿子刘协顺利继位，可谓煞费苦心。

担仕这支部队指挥官的是八名校尉，人称西园八校尉，其中就有我们熟悉的袁绍跟曹操。西园八校尉分别为上军校尉蹇硕、中军校尉袁绍、下军校尉鲍鸿、典军校尉曹操、助军左校尉赵融、助军右校尉冯芳、左校尉夏牟、右校尉淳于琼。

西园八校尉对标的是北军五校尉。

汉朝防卫京师的禁军主力是北军五校，即屯骑、越骑、步兵、长水、射声五营，分别由屯骑校尉、越骑校尉、步兵校尉、长水校尉、射声校尉率领。东汉负责统领北军的是执金吾，而他的上级就是掌控京师军队的大将军。

西园八校尉由上军校尉蹇硕统领。北军五校则隶属大将军何进。汉灵帝利用蹇硕牵制何进，以西园八校尉制衡北军五校的意图已经十分明显。

于是，汉灵帝在病危之际将刘协托付给蹇硕。外戚大将军何进与太监蹇硕是死对头，属于不搞死对方就睡不安稳的那类，所以汉灵帝才将立刘协的重任交给蹇硕，也才会任命其为西园禁军的统领，因为在拥立刘协、打击外戚的问题上，蹇硕既有意愿，也有能力。

四月十一丙辰，汉灵帝在洛阳南宫嘉德殿归西。

此时的京城洛阳，黑云压城，山雨欲来。洛阳城中乌云密布，三派势力各自布局，积聚力量，准备在接下来的斗争中为自己争取最大的利益，获得最大的权力。

外戚、宦官、士族，彼此联系却又彼此设防，都想在这场权力交接中成为最大的赢家。

首先动手的是蹇硕。他必须迅速搞定大将军何进，对方的势力太大，时间拖得越久，对他越不利。蹇硕最大的优势就是最早获得信息，必须在对方明白怎么回事之前下手。地方当然在皇宫，这里是蹇硕的主场。

蹇硕派人去给何进报信，请大将军进宫商讨皇帝的后事。何进听说消息，也未多想，便匆匆跳上车前往皇宫。

人在慌乱的时候，头脑是很容易短路的。对何进这种智商告急的人来说，尤其如此。

本来何进的戏份儿就要到此结束了，但他进宫时，偏巧遇见一个熟人——蹇硕的司马潘隐。此人与何进的关系极好，很可能是何进布在宫里的眼线。就是这个人救了何进一命，蹇硕败就败在他忽略了身边的这个卧底。

潘隐见到何进时，因不方便说话，就用眼神传递信息。看到对方丰富的面部表情，何进瞬间全明白了。

小弟多眼线多，关键时刻能救命。

确认过眼神，遇上的是对的人。何进知道宫中有变，立即调头飞车抄近道直奔军营。注意他没有回府，而是去了军营。要搞政变，第一时间当然要去掌握军队。

两天后，四月十三日，刘辩顺利继位。

何太后临朝主政，后将军袁隗升为太傅，与大将军何进共同辅政，参录尚书事。

何太后的哥哥何进，录尚书事。

袁绍的伯父袁隗，参录尚书事。

以上两位虽然位高权重，但他们都是衬托，才露脸就不得不匆匆下台，真正的主角是袁绍。

袁绍，字本初，豫州汝南人，出身名门望族，真正的名门。

从袁绍爷爷的爷爷开始，这家人就不再从事其他职业。他们的职业只有一个——做官，从儿子到孙子再到重孙子，世代为官，而且官还做得很大，四世三公，已经不能再大了。

袁绍的爷爷的爷爷袁安做到三公之一的司徒。

袁安的儿子袁京后来官至蜀郡太守，另一个儿子袁敞当了三公之一的司空。

袁京虽然没有做过三公，但他的儿子袁汤是三公之一的太尉。

而袁氏家族的光荣还在延续，袁汤的两个儿子，袁隗成为太傅，另一个儿子袁逢也当了三公之一的司空，而这个袁逢有两个儿子，一个叫袁绍，另一个叫袁术。

作为袁家公子的袁绍和袁术，从小锦衣玉食自不必说，长大后也不必费劲去求功名，人在家中坐，就有官位送上门，想想就让人羡慕！

从爷爷的爷爷开始，袁家就在朝廷里混。人家在朝廷除了工作，最大的爱好就是广交天下贤士。三公接触的人的层次与寻常百姓自然不可同日而语，简而言之，非富即贵，天下之人谁不想与三公结交？到了袁绍这一代，袁氏已是全国知名的四世三公，门生故吏遍天下。从中央到地方，到处都有袁氏的知交故旧，关系网遍布全国。

人脉就是资源，人脉就是财富。

虽然大将军何进"求贤若渴"，曾多次发出邀请，但袁公子反应冷淡。直到黄巾军起事，何进升为大将军掌握京师兵权，袁绍才答应其请求进入何进幕府。因为直到这时何进才有实权，在袁绍看来才有利用价值。

何氏是东汉出身最寒微的外戚，屠户出身，要想找个比这个身份还低的是不容易的。偏偏何进这个外戚还特别想向士族靠拢，而士族的代表就是袁氏，与其说是袁绍投奔何进，还不如说是何进想抱袁氏的大粗腿。

因此，他们之间的关系很特殊，并不是单纯的上下级关系，有的时候，袁绍反而更像上级。他们的这种特殊关系影响到后来局势的发展。

当初，汉灵帝之所以选何皇后，就是看中了她的寒门出身，根基浅，好控制。

何氏被立为皇后，汉灵帝就把何进"发配"到地方，不给他培植势力的机会。

如果局势就此平稳发展，汉灵帝寿数稍长一些，儿子成人，外戚专政的机会就被消弭了。

可是，人算不如天算，一场突如其来的黄巾之乱，搅乱了汉灵帝的算盘。面对全国响应的汹汹之势，汉灵帝害怕了，他不得不考虑一个问题：兵权交给谁最可靠？他始终舍不得将兵权交给豪门士族。对汉灵帝来说，豪门士族比外戚更不可信。

反复权衡之下，他决定起用"破落户"出身的何进，授以大将军印，全面负责军事行动，领兵屯驻洛阳都亭最后一道防线。但谁也不曾料到，何进能力不突出，运气却足够好。黄巾军很快被平定，何进因功封侯，不光在军中站住脚，还得到士族的支持。

何进与豪门士族明显有融合的趋势。何进对士族既敬重又提拔，很短的时间内，势力便急速膨胀。这一切汉灵帝都看在眼里，他只能通过设置西园军来牵制何进。

皇帝为了弥补自身实力的不足，刻意扶植宦官势力来对付士族。宦官的特性决定了他们是皇权的打手、士族的死对头。

失去先机的蹇硕决定找盟友，因为单靠他已经搞不定何进了，必须找帮手。他找了同一阶层的太监，汉灵帝时代很受重用的中常侍们，史称"十常侍"。

蹇硕给中常侍们写信，希望联合对付何进。但蹇硕又忽略了一件事情：何氏兄弟正是被十常侍扶上去的。外戚与太监并不总是对立的。

当年何皇后之所以得宠，就是走了太监的门路，中常侍中的郭胜是何进的老乡，何皇后贵幸，郭胜是出过力的。何皇后毒杀王美人，汉灵帝原本想从重处理，关键时刻，又是十常侍张让等人花钱求情才摆平。

很快，蹇硕写给十常侍的信就摆在了大将军何进的案头。蹇硕被十常侍出卖了。被彻底孤立的蹇硕很快被搞死。到这时，何进与十常侍的关系还算融洽。另一边，一直密切关注局势走向的袁绍决定出手了。你们和睦相处，那还有我啥事！不行，你们必须对立，没有矛盾可以制造矛盾，你们必须互掐，我才有机会。

何进眼下没有与太监开战的理由，他掌握着兵权，太监们也已经投诚。但袁绍要把太监们彻底清除。袁绍为他找到了开战的理由：想想您的前辈窦武是怎么死的吧。太监弄死的。当年汉灵帝继位也是外戚窦武和宦官曹节共同拥立的，不过最后宦官把窦武杀了。

你的处境与当年的窦武何其相似。多么强烈的明示。

但火并是有原因的。当年窦武制造舆论、抢班夺权，非要把挡路的太监全宰了，人家才拼命的。此时的太监却把蹇硕写来的密信都给何进看了。

但袁绍仅仅说了上一届外戚有多惨，劝何进先下手为强，却根本不提事情的来龙去脉。

袁绍只讲那些对他有利的，那些对他不利的则直接屏蔽。

外戚与太监争斗，大概率是两败俱伤。鹬蚌相争，渔人得利。

得利的是谁呢？当然是士族的代表袁绍了。

袁绍的野心开始逐渐显露出来。他要杀的不仅是太监，还有外戚，对，他连大将军何进也要干掉。这个人太可怕了。

袁绍抓住了何进的弱点——这位屠户出身的外戚做梦都想蜕变成士族：我不是卖肉的屠户，从来都不是！

袁绍要借何进之手杀光太监夺权的意图已经十分明显，何进很清楚，但他不清楚的是袁绍连他也要干掉。袁绍想要的是由士族完全掌控朝政。这个何进给不了，所以，袁绍打算利用何进实现他的计划，但不打算让何进享受胜利果实，他只是在利用何进。

何进可以与太监合作，也可以跟士族合作，这两个选项只能选一个，选前者就是走汉灵帝利用太监压制士族的老路，选后者就是走士族执政的的路线。

何进选了后者，但何进的妹妹何太后选择前者。

这对同父异母的兄妹走的是不同的政治路线。

何进向太后妹妹建议，全部撤换宦官，派三署郎官接替。

何太后听完就给否了。

东汉吸取王莽篡汉的教训，刘秀在开国时便重新进行了制度设计，"虽置三公，事归台阁"，三公徒有虚名，级别很高但没有实权。他们的权力被交给了尚书台，尚书台的尚书权力虽大，但级别很低，如此一来，权力便高度集中于皇帝。

如果东汉的皇帝都如开国皇帝刘秀那般勤于政事且长寿，问题还不大，但糟糕的是，后来的皇帝一个比一个走得急，这导致接班的皇帝都很小，太后不得不出面主政，这就为外戚干政提供了机会，皇帝只能利用太监来抑制外戚。

太后虽然信任外戚，但更要捍卫皇室的利益。太监与外戚可以互相牵制，他们都依附皇权，当然会拱卫皇权。

何太后是被太监扶植上台的，此时太监与外戚的利益绑定在一起，可以合作，共同对抗士族集团。

士族集团的代表袁绍当然不愿看到这两股势力合流，拼尽全力阻止。

何进是外戚的代表，十常侍是太监的代表，何太后希望外戚与太监合作辅佐她的儿子，她所处的实际是皇帝的角色，她最不希望两股势力火并。

明白各方的立场，就能理解他们所做出的选择。

此时关键看何进的操作。

何进的身份是外戚，但他想转换身份，向袁绍的士族集团靠拢，这才给了袁绍机会。何进要与太监决裂，但何太后为了儿子，选择任用太监维护两股势力来巩固皇权。

何进在最后时刻还是选择站到士族一边。决意铲除太监其实并不难，但何太后不同意，何进便不能动手。

于是，袁绍给何进出主意，召外兵进京，以此向太后施压，迫使太后同意。何进同意了。可是，事情的结局，他俩都未料到。

董卓、王匡、丁原等地方将领受命后立即行动，向洛阳急进。这里面最积极的就要数董卓了，他跑得最快。

何进不是不明白贸然召外兵的危害，所以他及时派人去阻止董卓进京，将后者的部队堵在夕阳亭。召外兵只是向太后施压，并不是真的要外兵进京。

这时，何太后作为妇人，政治经验不足的弱点暴露出来，压力之下，竟然同意了何进的要求。

目的已经达到。到目前为止，还算顺利。外兵们可以原路返回了，本来也没想让他们进京。

但接下来，事情有了变化。

召外兵的主意是袁绍出的，此计一经提出就遭到众人反对，包括陈琳、曹操在内的很多人指出了其中的风险。袁绍那么精明的人怎么会想不到，他当然能想到。那他为何要出这个馊主意呢？为了坑何进呗。要干掉太监很容易，但要干掉大权在握的大将军何进就难了。那怎么办？让太监去杀何进？那些太监已经尿了，会杀大将军吗？会的，只要把他们逼上绝路。等太监杀了何进，再打着为何进报仇的旗号诛杀太监，将外戚、太监两股势力铲除，然后顺利掌权——多么完美的计划。袁绍这家伙心思之深沉，用心之歹毒，真是令人后背发凉。历史的真相，细思极恐。

高层是玩智商的，级别不够千万别凑热闹，何进就是智商不够硬往里凑，才送了命。以他的能力水平，不管往哪边站队，都是被人抹杀的结局。

何太后在压力下妥协，将中常侍、小黄门等宦官罢免。

诸常侍向何进请罪，表示听从他的处置。何进没打算杀这些太监，打算放这些太监走。

袁绍再三劝他不能放走这些太监，但这次，何进没听袁绍的。何进虽蠢，但还不至于蠢到这个程度。

袁绍终于出手了。

重要关头，袁绍下发公文通知各州、郡，以何进的名义，要各地逮捕太监们的亲属，以堵死太监的退路，逼对方出手。何进却被蒙在鼓里。

被逼到墙角的太监们果然出手了。

八月戊辰，何进去长乐宫觐见太后。刚进宫就被中常侍张让等给堵住，被一通数落后，脑袋就搬家了。

不久之前刚被任命为司隶校尉的袁绍出场了。

袁绍下令诛杀太监，为大将军"报仇"，士兵们随即杀进皇宫，见到不长胡须的就杀，霎时间，皇宫里尸体遍地。

中常侍张让等劫持皇帝刘辩跟已被封为陈留王的刘协逃出洛阳，早已杀红眼的士兵在后紧追不舍，张让等走投无路投黄河自杀。

少帝刘辩跟陈留王躲在草丛里不敢吱声，直到天明才被随后赶到的大臣找到。

这时，一员大将正率兵急速向洛阳开进。袁绍做梦也想不到，他苦心做的局就毁在这个人手上。

来人正是董卓及其麾下的三千羌兵。

董卓率军赶到显阳苑时（洛阳西郊），远远望见洛阳大火冲天，知道洛阳有变，便顾不得休整，连夜赶路全军奔袭，终于在黎明进至洛阳近郊，在邙山附近与皇帝相遇。

早晚的遭遇令皇帝刘辩惊魂未定，此刻又突然见到董卓及其率领的数千虎狼之兵，还不知其来意，早已三魂出窍。

董卓上前拜见天子，询问事情原委，可是惊惧过度的刘辩连句完整的话都说不出来，旁边年纪更小的陈留王刘协代为对答。刘协年纪虽小，又刚刚经历宫廷政变，却一点也不慌乱，显得从容镇定。他将昨天发生的事情从头到尾说给董卓听，对董卓的问询也是对答如流。刘协的出色表现给董卓留下了深刻的印象。

到现在为止，一切都在按袁绍的计划进行。就在袁绍准备享受胜利果实的时候，洛阳的形势却发生巨变。

还未等袁绍反应过来，董卓就以迅雷不及掩耳之势，闪电般接收了何进留下的部队，北军五校、西园军都被董卓控制。

董卓之所以能这么快接收何进的部队，不得不提一个工作在隐蔽战线的人——董卓的弟弟董旻。

何进死后，其旧部由何进部将吴匡、张璋等统领，而董旻跟他们的关系极好。洛阳惊变的那晚，跟吴匡一起进攻皇宫的就有奉车都尉董旻。那是一起出生入死的弟兄。

那晚，他们不仅杀了太监，还杀了何进的弟弟何苗，因为何苗收过太监们的钱，不同意何进对太监动手。在背后蛊惑的当然是袁绍了。

但冲动过后，军官们的头脑开始冷静下来，随之就是后怕。无论在哪朝哪代，攻打皇宫都是要被砍头的，他们虽是何进的部下，但何进已死，何苗又被他们杀了。外戚、太监已经同归于尽，重新掌权的士族要是追责，他们一个也跑不掉。他们也不是袁绍的人。

但他们跟董旻是兄弟，杀何苗闯大祸他们都有份儿，只有董卓能保护他们。

顺利接收京师精锐部队的指挥权后，董卓又对同是外地来京的并州军队下手了。

此时并州军的实际主将是丁原。董卓派人直接找到丁原手下的大将吕布，拿出真金白银，开门见山，也不多说：跟我干吧，保你升官发财。吕布见此情形也不废话，直接提刀就奔丁原的大帐去了，不多一会儿就回来了，手里提着丁原的人头。都是武将，都很爽快，并州军就此被董卓招致麾下。

当时，全国的部队，最能打的是作为中央军的北军五校以及新组建的西园军。地方部队当中最有战斗力的是北方的边军，因为这些部队常年在边境跟游牧骑兵作战，战力强悍。至于南方部队，基本可以忽略不计。

董卓的士兵主要是凉州人，不久之前他还被任命为并州牧，虽然他并未就任，但确实去了并州。这次他就是带兵从并州赶过来的，所以对并州军很熟，并州军的战斗力与凉州军不相上下，都是强兵劲旅。

董卓以闪电般的速度，迅速将中央军以及地方军战力最强的部队掌握在手。京师谁说了算？那还用说，枪杆子里面出政权！

掌握军权后，董卓就开始染指政权。初来乍到，屁股还没坐热的董卓开始给自己升官，以天不下雨为由罢免司空刘弘，然后自己成为司空。

以上操作还算正常，但接下来的操作就超出常人的想象了——董卓要换皇帝。董卓以少帝愚昧懦弱为由，要仿效霍光废昌邑，废黜少帝刘辩，改立陈留王刘协。

董卓要换皇帝，理由当然不是表面那么简单，并非刘协素质高，而是因为刘协身后没有背景，容易控制，还有就是他是董太后养大的。这两点很重要。何进虽死，何太后还在，何进这些年积聚的势力还在，不可小觑，而这些势力倚仗的便是这个少帝。要尽快巩固胜利果实，必须尽快消除前任的影响。

董卓跟灵帝的母亲董太后，除了都姓董，就没有任何关系，但这并不妨碍董卓认亲。董卓哭着喊着要认亲，就是要当新的外戚。

换皇帝学的是霍光，认亲戚是要做何进，然而这两人的下场都不太好，这似乎预示了董卓的命运。

对董卓的提议，反对最激烈的就是袁绍。为此，袁绍不惜在朝堂上与董卓公然对立，激烈争吵。要知道，此时的洛阳已经完全被董卓控制，敢这么做是很有种的。但反对无效，因为袁绍没有兵权。

皇帝还是换了，废黜少帝，贬为弘农王，另立陈留王刘协。

不过，董卓碍于袁绍的身份背景，没有追究。但袁绍知道，脸皮已经撕破，京城不能再待下去了。

不得已，袁绍弃官出逃，前往冀州。他将在那里重新开始。

几乎同时，也有一个人匆匆逃离洛阳。

他是袁绍的好兄弟。说起这个人，可谓家喻户晓——大名鼎鼎的曹操。

第四章

曹操出奔——太尉儿子的奋斗

曹操，字孟德，沛国谯县人，三国大戏的主角之一。

袁绍出逃是因为当众顶撞董卓。

那曹操出逃是为哪般呢？因为董卓给他升官了。

董卓又是换皇帝，又是认亲戚，就是要告诉所有人，他要另起炉灶：各位，现在开始都跟着我干吧，我给你们官做。

然而曹操的反应不是喜悦而是逃跑。

给官都不做，摆明不想跟你混。

董卓恼羞成怒。深感丢了面子的董卓下令全国通缉曹操。

能跟袁绍做兄弟的，自然不是寻常之辈。曹操的老爹是前任太尉曹嵩。大家都知道曹家有太监的背景，但曹家在朝野势力深厚，人脉极广。

曹操从小就调皮，因为闹得实在不像话，他叔叔就跑去找他爹曹嵩，说你得管管你这个儿子。曹操知道后，明白要想不挨揍，这个爱打小报告的叔叔是个绕不过去的人，怎么办呢？很快，他就有主意了。

一次，曹操在街上遇见叔叔，立即装作中风，口歪眼斜，表情扭曲。他叔叔看见大吃一惊，忙问是怎么回事。曹操就说他病了。他叔叔赶紧跑去找曹嵩，说你赶紧去看看，你儿子病了，还不轻。曹嵩吓了一跳，赶紧找来曹操，这时的曹操却恢复正常，一脸淡定地来见他爹。曹嵩说，你叔说你病了，还口歪眼斜，这不挺正常的，怎么回事？曹操马上一脸委屈，说叔叔不喜欢自己才故意那么说的。曹嵩从此不相信他弟弟，以后不管曹操的叔叔说啥，曹嵩也不信了。

小时候就敢戏弄大人，长大后，就更能作了。

同是豪门出身，袁绍、曹操还有一帮相同出身的小伙伴开始了在洛阳城里快乐的浪荡生活。这帮家伙干的最有名的事就是趁着人家办喜事，跑去胡闹，居然把人家新娘子给偷出来了。类似的事儿估计没少干。

曹操跟袁绍组成了洛阳城里著名的"鸡飞狗跳二人组"，带着一帮兄弟到处胡作非为。

父母不管，衙门更不敢管，任凭这帮少爷胡闹。

但不能总这么胡闹下去，人大了，自然要出来工作。

曹操二十岁那年被司马懿他爹司马防推荐做了洛阳北部尉。

可是，惹事的人不管走到哪里都是闲不住的。

曹操上任没几天就又惹祸了，还是大祸。为树立官威，整顿治安，曹操上来就打死了蹇硕的叔叔。灵帝时太监权势很大，普通人看见都得绕道走，可是曹操就敢来硬的，他也是有背景的。讽刺的是，曹家也是太监势力。曹嵩只好动用关系将曹操调到地方，出任顿丘（今河南省清丰县）县令。风头过后，曹嵩又把曹操调回朝廷当议郎。这次，曹操惹了更大的祸，居然上书为党锢之祸的党人鸣冤。党锢之祸是相当敏感的政治事件，上面已经将其定性，曹操居然敢公开唱反调，换成别人早就被发配流放，但曹操依然啥事没有，说到底，就因为他有个好爸爸，那个在后面一直给他擦屁股的老爸太尉曹嵩。

黄巾事起，曹操有了用武之地。曹嵩给曹操安排了一个骑都尉的职位去蹭军功，以方便日后提拔。但曹嵩没想到，这次儿子是真的争气。曹操虽顽皮，但受的是良好的教育，读书习武，文武双全。战场上，曹操表现抢眼，战后以军功升任济南相，级别相当于郡守。

可是，曹嵩还没高兴几天，曹操在济南相的任上又闯祸了。

曹操赶走了一大批吃饭不干活还总往家里划拉东西的贪官污吏，使济南官场焕然一新，当然，人也得罪透了。

如果说澄清吏治，只是清除一批小贪官，也不算啥。

但接下来，曹操的举动却将青州各级地方官员的固定定期分红都给砸了。

当年在西汉诸吕之变中立有大功的城阳王刘章喊打喊杀，闹得最凶，结果给别人做了嫁衣不说，还神奇地"英年早逝"。

也许是死得冤，经常出来显灵，青州百姓就给刘章盖祠堂保平安。这个修祠堂的传统一直延续到东汉，此时济南国的刘章祠堂已经达到惊人的六百座。

各级官员打着"刘章要东西"的幌子，通过举办各种祭祀活动大发横财，济南国是其中的重灾区，已经达到"奢侈日甚，民坐贫穷"的地步。其实不是"刘章要东西"，而是州郡的官长要东西，之所以能延续数百年，还不是历届守令"心有灵犀"吗！这么个不费心不劳神的发财渠道，又有谁舍得放弃？当然是可劲儿撸羊毛呀，不撸白不撸，白撸谁不撸。可是，偏偏就有不撸的，比如曹操。

曹操为啥不撸？因为人家不差钱。知道他爹的太尉是怎么来的吗？就是花钱买的。当初，汉灵帝卖官，明码标价，太尉是三公之一，标价极高，曹嵩直接掏钱拿下。

人家曹操才看不上这点钱，连这钱都贪，多掉价儿。

官员们在骂娘，但青州百姓对曹操大生好感。连曹操也想不到，未来他会因为今天的善举收到意想不到的回报——青州兵。

但做好事不久，曹操就被体面地请出了青州。究其原因，还是得罪的人太多。这也就是曹操，有强大的家族做后台，别人不敢动他。

曹操这么多年闯过不少祸，但也在士大夫中赢得了好评。在当时，这对一个人的仕途是十分重要的。时任尚书令的桥玄评价曹操："天下将乱，非命世之才不能济也，能安之者，其在君乎！"能安定天下的，就是小曹了。

不过，最有名的评价还是当时的知名人物汝南许劭给的："子治世之能臣，乱世之奸雄。"这是相当高的评价，虽然这个评价是许劭在曹操的"盛情邀请"下做出的，但也代表了相当一部分士大夫的看法。

也正是因为此时的曹操已经小有知名度，才会引起董卓的注意。

董卓打算抬举曹操，任命曹操为骁骑校尉。想不到曹操却不识抬举，直接溜了。这下可把董卓惹火了。

曹操闪人的速度很快，要不怎么会有那句老话：说曹操，曹操到呢。

曹操跑得虽快，但到底还是未跑过追捕他的通缉令。曹操刚跑到中牟，就被当地的衙役给抓了。此时的曹操命悬一线，但负责主审的是一位未留下姓名的官员，在明知是曹操本人的情况下，依然将曹操放走。这番举动充分说明董卓不得人心。

史书对董卓的评价："董卓狼戾贼忍，暴虐不仁，自书契已来，殆未之有也。"

自从有文字记载以来，就没见过这么混蛋的混蛋。

董卓都干过哪些坏事，得到这么一个超级差评呢？

这么说吧，凡是你能想到的以及想不到的坏事，他都干了。

以至于后来的人很难"超越"他。

董卓从进京掌权到被杀倒台，总共执政不过两年多，但这两年对中原百姓来说却是不折不扣的噩梦。董卓以他极高的效率，将各个阶层几乎得罪个遍。

董卓来到洛阳的花花世界，眼睛瞬间就不够用了。富丽堂皇的宫殿，还有如花似玉的美人，董卓看得眼花缭乱：都是我的，全是我的！董卓将灵帝的女人全部收编，连公主都照玩不误，有时他甚至直接留宿在宫里，连家都不回了。

但董卓很快也遇到了汉灵帝当年遇到过的问题——钱不够花。

灵帝还能卖官，可是到董卓这儿就不灵了，因为士族不买账。但董卓也有办法，特别缺德的办法。

他私铸小钱，大搞通货膨胀，公开撸羊毛，不仅洗劫活人，死人也不放过，放纵士兵盗挖皇陵。东汉流行厚葬，事死如事生，陪葬品通常很丰厚，洛阳又是帝都，高官勋贵云集，洛阳城外有很多这些人的墓地，结果，很多官员的家族墓被董卓手下的士兵给刨了。

一次，董卓带兵出去巡视，路过一个热闹的集镇，男女老少聚集很多，正在赶集。董卓直接下令将男的尽数杀死，将年轻的妇女都赏给部下。

董卓倒行逆施，是人都看得出来。董卓这是作死的节奏，有识之士当然不会助纣为虐，所以给官都不要。

袁绍、曹操纷纷出逃。但仍有很多士族未走，不是不想走，而是走不成。这些被迫留下来的人却发挥了意想不到的作用：忽悠董卓，给这个大魔头挖坑。

袁绍夜奔，跑的是他一个，袁氏的一大家子还在洛阳，未受到追责。董卓之所以未为难袁氏，还是想留有余地，想跟士族合作。

袁绍的同事周毖、伍琼等人开始忽悠董卓，说袁绍这人不识大体，不是诚心与您为敌，只是顶撞了您，心里害怕。袁氏门生故吏遍天下，为防他在外面生事，不如适当安抚一下。董卓想想认为有理，听说袁绍跑到了河北，于是就任命袁绍做渤海太守，又封其为邟乡侯，想以此与袁氏缓和关系，争取袁氏在政治上的合作。

董卓先是为党锢之祸中遇害的陈蕃、窦武平反昭雪，恢复名誉，任用他们的子孙入仕为官，随后又任命大批士族到关东州郡任职，想要争取关东士族的支持，却不知这才是一个结结实实的大坑。

东汉朝廷素来由关东士族把持，董卓一个关西豪强想操控朝政，人家怎么会服他！袁绍那么大的野心，岂是一个小小的郡守就能满足的！不过，为了方便开展工作，袁绍对这个主动送上门的官印还是来者不拒地笑纳了。袁绍接下来要做的就是"报答"董卓，起兵讨伐董卓。

袁绍想当男一号，并为此精心布局，筹谋已久，就在准备享受胜利果实的时候，却被董卓抢走，袁绍怎么可能不恨董卓？董卓抢走袁绍的男主，却对袁绍说，给你个男配，这下满意了吧？怎么可能满意！人家袁绍努力这么多年，就是为当男主。

第五章

讨伐董卓——盟主袁绍的朋友圈大联盟

袁绍积极筹备反董战争，但首倡义兵的却是他的好兄弟曹操。

中平六年（189）冬十二月，曹操在兖州陈留郡的己吾县正式起事，率先吹响讨伐董卓的号角。

汉献帝初平元年（190）正月，渤海太守袁绍、后将军袁术、冀州牧韩馥（袁氏故吏）、河内太守王匡（袁绍同事）、陈留太守张邈（袁绍朋友）、广陵太守张超（张邈弟）、山阳太守袁遗（袁绍从兄）、济北相鲍信（袁绍同事）、豫州刺史孔伷（袁绍朋友）、兖州刺史刘岱（袁绍朋友）、东郡太守桥瑁（袁绍朋友）、长沙太守孙坚纷纷起兵响应。

这些人大都是刚刚被董卓提拔外放的关东士族，结果刚被放出去，就拉起队伍要讨伐他。从名单上看，一目了然，除去孙坚等少数人，几乎都是袁绍的朋友。

孙坚是个猛人。这位仁兄早年还跟董卓做过同事，在西北平定羌乱时，两人就在一起共事。不过，他俩不但没结成革命友谊，反而结下梁子。孙坚很早就看出董卓这个家伙不是个东西，狼子野心，早晚必祸乱国家。这次听说大家要起兵讨伐董卓，他比谁都积极。

从地域上看，关东各路人马组成的讨董联军大都在黄河以北的关东，只有袁术、孙坚在南方。但冲在第一线的始终是孙坚，袁术只是在后面做孙坚的后勤部长供应军需。

各路诸侯公推袁绍为盟主，打出"诛除国贼""共赴国难"的旗号，要诛杀董卓，为国除害。袁绍自封车骑将军、司隶校尉（出逃前的官职），以壮声势。

盟主袁绍与河内太守王匡屯兵洛阳以北的河内郡，从北面压迫洛阳。

兖州刺史刘岱、兖州东郡太守桥瑁、兖州济北相鲍信、兖州陈留太守张邈、兖州山阳太守袁遗、徐州广陵太守张超，跟曹操率军驻扎在洛阳东面陈留郡的酸枣。豫州刺史孔伷屯兵豫州颖川。袁术则驻军洛阳南面的鲁阳。

各路人马会聚酸枣，才有了著名的酸枣盟誓。然而一群刺史太守盟会，主持仪式的却是一位功曹——广陵郡功曹臧洪。

说好听的是他们谦虚，难听的就是他们不想当出头鸟。

董卓很快发现自己坐镇的洛阳处于关东诸侯的三面包围之中，但双方互相忌惮实力，麻秆打狼——两头害怕，谁也不敢轻举妄动。董卓召集京城公卿开会，准备招兵扩军，与联军决战。

京城的士大夫虽身在洛阳，却心向关东。尚书郑泰为阻止董卓招兵，对董卓大加吹捧，说天下人所畏惧的是并凉精兵、羌胡义从，如今都在您的麾下，良将精兵尽归于公，加之关中形胜之地，何惧关东鼠辈！

郑泰的马屁拍得有理有据，达到了"随风潜入夜，润物细无声"的境界，令董卓听了十分舒服。郑泰硬是将扩军的事给搅黄了。

洛阳北面的河内郡袁绍军，洛阳东面的酸枣大营曹操、张邈等率领的联军主力，洛阳南面鲁山的袁术军，正从三个方向对董卓展开弧形包围，步步逼近。

从履历看，董卓也是历经沉浮的官场老油条，在西北也号称智勇双全，有时还会给别人挖坑，可自从来到洛阳，他就发现脑子明显不够用。身边的大臣每天都对自己笑得如花儿般灿烂，还经常给自己出谋划策，这些主意听起来特别美好，可执行起来就变味了。

洛阳这地方不能再待了，关东人忒不地道，还是回关中老家好。

想要掌控朝政不仅得有能力，还要有手腕，如果不是那块料，即使爬上去，也很快会摔下来，而且死状极惨。之前的何进，之后的董卓，都很好地证明了这一点。还是那句话，高层是玩智商的，智商不够，丢的是命。

何进被袁绍忽悠，接任的董卓被袁绍的同僚们组团忽悠，领导还真是不好当。

要说迁都就迁都，可是董卓干得过了头。除将搜刮的金银财宝打包装车外，能带走的都带走，在撤退的时候还将洛阳百姓也尽数带走，府库钱粮全部搬走，保证不给关东那群"恩将仇报"的白眼狼留下一匹布，剩下一个铜钱。董卓做得最野蛮的就是下令火烧洛阳。可叹两百年帝都被付之一炬，繁华富庶的都城被烧成一片白地。董卓如此行事，就没打算回来。事实上，他也确实未能再回到这里。

董卓带着洛阳百姓西迁，可是整个过程，他既不做规划，也不做安抚，当时又是冬天，沿途到处都是因冻饿而死的百姓。

迁都长安、火烧洛阳后，董卓重新做出部署：以女婿中郎将牛辅守北面黄河沿岸的孟津、小平津等渡口保护侧翼，主力集结于东面的成皋、荥阳一线。南面因为只有袁术一支人马，威胁不大，董卓只派了几千兵马守广成关、伊阙关。全军以洛阳为中心，形成一道环形防御线。

整个战场因此被分成北、东、南三个战场。

战斗在北线的黄河渡口率先打响。河内太守王匡率泰山兵云集黄河北岸的小平津渡口，准备从这里渡河进攻洛阳。董卓决定先拿王匡开刀，给关东联军一个下马威。

董卓不愧是久经战阵的老将，用兵颇有章法，很懂战术。他先让牛辅的部队向另一个黄河渡口平阴移动，做出要渡河攻击的假象，吸引王匡。王匡果然上当，不敢渡河，急忙率军往平阴赶。谁知，董卓这是虚晃一枪，出现在平阴的只是疑兵，董卓的主力仍在小平津。南岸的董卓见王匡中计，立即令大军渡河绕到王匡军背后，发起突袭。王匡军毫无防备，被包了饺子，一场混战，王匡军几乎被全歼。王匡本人侥幸逃命，狼狈逃回大营。

败报传到联军大营，本就缺乏信心的各路诸侯再不敢轻举妄动。北线袁绍、南线袁术不约而同地选择了按兵不动，其他各路诸侯也纷纷作壁上观，谁也不肯更不敢主动挑战董卓。只有曹操积极主张进攻。

在联军会议上，曹操慷慨陈词力主进攻："我们兴兵讨贼是为国家，如今大兵云集，诸位还有何顾虑？董卓如挟持皇帝，凭关中险要与我们对抗，确难对付。但如今他焚烧宫室、劫持天子，仓皇西逃，他这是自取灭亡。此时正是进兵良机，一战可定天下。"

然而任凭曹操说得口干舌燥，各路诸侯却反应冷淡，不为所动。曹操一气之下，独自带本部五千人马向成皋进军。

曹操西进的同时，董卓的东线主力前锋大将徐荣也在率军东进。两军在荥阳的汴水遭遇，曹操的部队只打了一天便全军覆灭，曹操本人中箭负伤，险些当场阵亡。不过，曹军的顽强抵抗仍然给凉州军留下了深刻的印象，感觉关东联军并不好打，便未再追，收兵而去。

曹操带着残兵败将回到酸枣大营，看到的却是另一番景象——关东联军的各路诸侯正在大帐里觥筹交错，开怀畅饮。

曹操鼓动大家重整兵马，与董卓决战，但没人买账。已经拼光老本的曹操失望地离开酸枣，南下募兵，等待再次起兵的机会。

至此，联军北线大败，东线瓦解，主战场的战事宣告结束。不过，讨伐董卓的战争却并未结束，一支队伍的出现扭转了战局。

第六章

猛人孙坚——生死看淡　不服就干

这支部队的主将就是孙坚，董卓的前同事，一直以来的死对头。早年两人在西北平羌乱时就互掐，现在终于可以真刀真枪地干上一场了。

特别是孙坚，找董卓打架的愿望十分强烈。这回不会有人阻拦他了。

孙坚，字文台，扬州吴郡富春人。董卓是西北凉州人。一个东南，一个西北，不远万里跑来干仗，可真不是一般的缘分。

董卓是靠在西北平羌乱起家的。孙坚真正崭露头角是靠在黄巾之乱时立下的军功，那时他是朱俊手下的得力干将。正是在那次战争中，孙坚以其勇猛善战而受到关注。其实，孙坚已经出道十几年了，并非新人，之所以这么多年才熬出来，只是因为他是寒门出身。

说起孙坚的发迹，还颇有几分戏剧性。这还要从孙坚和他爹的一次外出旅行说起。一次，父子二人坐船去钱塘，半路遇上一伙盗贼。这伙人刚刚打劫了几个过路的商旅，正在岸上坐地分赃。过往行人见此情形，谁还敢上前，全都躲得远远的。孙坚却一点不怕，不但不怕还很兴奋，就要上岸去捉海盗。

孙坚跟他爹说："请您让我去收拾他们。"

他爹说："你给我哪儿凉快哪儿待着去。"

孙坚果然哪儿凉快哪儿待着去，跳水下船，操刀上岸。然后表演就开始了。上岸后，孙坚并不急于进攻，而是挥舞大刀左比右画，像在指挥人马左右包抄。孙坚算准了，这帮人虽然人多势众，但贼人胆虚。他们见孙坚在那儿一通忙活，还真以为来了官军，要对他们包饺子，便丢下东西四散奔逃。

孙坚见忽悠成功，这伙蠢贼要跑，胆气更壮了，在后紧追不舍。

于是一个滑稽的场面出现了，前面一群盗贼在跑，后面孙坚一个人提刀紧追。

最后孙坚终于赶上一个跑得慢的倒霉家伙，追上去一刀把脑袋砍了下来。

孙坚巧妙利用了盗贼色厉内荏、做贼心虚的弱点，仅凭一人就吓跑盗贼，夺回被抢财物，还亲手杀了一个贼人，有勇有谋。

正是这次见义勇为让孙坚在家乡声名大噪，成了远近闻名的英雄，也彻底改变了他的人生轨迹。做了好事的孙坚很快便有好事找上门，县衙见他小小年纪却胆识过人、智勇双全，便让他做了一名缉捕盗贼的尉官，这年孙坚才十七岁。

各位看到这里是不是有种似曾相识的感觉？类似的情节在另一部中国古典名著中也出现过，不错，就是《水浒传》里的武松武二爷。

武松在景阳冈上打死老虎后，从一个落魄青年摇身一变成了打虎英雄，并由此步入公门，成了衙门里的公人。武松与孙坚最大的区别就是，武松是小说里的虚构人物，而孙坚捉盗贼是真实的经历。

不过，孙坚的仕途此后一直不顺。从熹平元年（172）到光和七年（184），十几年过去了，孙坚依旧是县衙里的芝麻小官，先后做过盐渎县丞、下邳县丞，却始终得不到升迁，老老实实蹲在基层。以孙坚的平民背景布衣出身，有这般境遇也不奇怪。

在平定黄巾的宛城之战中，孙坚亲冒矢石带头爬城，勇不可挡，鼓噪登城，一举攻下宛城，以战功升任别部司马。

这次讨伐董卓，出兵的主要是黄河两岸的中原各州，长江以南响应的只有孙坚。孙坚跟曹操一个德行，到哪儿都闲不住。

孙坚起兵的动机比较复杂，说打董卓是真，趁机壮大势力抢地盘也不假。缺乏资源人脉的寒门子弟想往上走，军功是最快的晋升通道。平黄巾时尝到甜头的孙坚怎么可能放过这么好的机会？况且打的又是他特别讨厌的董卓。

孙坚率军一路北上，先后干翻了荆州刺史王叡、南阳太守张咨，原因除了抢地盘，还为报私仇。其实，这两人跟他没啥深仇大恨，只不过这两位都是士族出身，总有点优越感，看不起寒微发迹的孙坚。孙坚说，看不起我，就整死你。

孙坚一路走一路收编，等他赶到前线，人家已经打得差不多了。

好饭不怕晚，友军撤了不要紧，孙坚决定单挑董卓。

到了初平二年（191），战斗在反董第一线的只剩下南线的孙坚。

虽然孙坚跟他的部队成了孤军，但这并没有影响这位猛人旺盛的斗志。

凉州军善于长途奔袭，常常利用骑兵远程奔袭联军驻地。为追求速度，几乎不带辎重，所需军资全靠就地补充（也就是抢）。

对这种打法，孙坚开始还真不适应，吃了大亏。

不久，孙坚遇上了董卓部下大将徐荣，一场混战，孙坚大败。徐荣接连击败曹操、孙坚，孙坚本人也差点被干掉，在部下拼死保护下才成功脱身。但跟随孙坚一同起兵的颍川太守李旻就没他那么幸运了，李旻被活捉。董卓处理俘虏的方式比较特别，他令人将李旻扔进一口大锅，加上水，在锅下烧火添柴，硬是将李旻活活煮死，恐怖残忍至极。

董卓喜欢尝试各种酷虐的杀人方法，捉到联军士兵，常令人将其倒悬起来，再在身上缠满布帛，然后用熬好的热油从上灌进去。

如此酷虐嗜杀，说到底是要立威，想让别人怕他。然而他不懂，真正的威从来不能只靠单纯的暴力，以德为基，以法治国，才是长久之道。

董卓的残暴阻止不了孙坚的进攻，只会让他败得更快。

战后，孙坚收拢部队，在阳人（今河南汝阳）重建大营。但董卓显然没准备给孙坚喘息的机会。

董卓派大将东郡太守胡轸为大督护，总领众将进攻孙坚，以求一举歼灭。骑兵都督吕布被选为先锋，领兵五千先行进发。

胡轸平时自视甚高，在军中的地位远高于李傕、郭汜等人，对吕布更是不屑一顾，一味要抢头功，出风头。手下的几个将领都很讨厌这个家伙，大家商量好决不能让胡轸立头功，不然以后更没好日子过了。

大军一路开到广成已是黄昏，这里距孙坚屯兵的阳人还有几十里，按董卓事前交代，大军在此扎营，第二天再进兵，因为士兵长途行军已人困马乏。但以吕布为首的几人明知孙坚会有防备，却故意骗胡轸说孙坚已逃，应立即追击。

胡轸立功心切，当即命令全军不准休息继续前进，到阳人安营。结果，部队只能夜间行军，士兵们走到阳人，又渴又饿，连堑壕都没挖，纷纷卸去铠甲，躺倒在地，很快便进入梦乡。

黑夜中，士兵们熟睡之际，突然就听有人大喊，不好了，敌人杀出来了。士兵们从睡梦中惊醒，睡眼惺忪得连方向都辨认不清，黑夜里也摸不清敌人是从哪儿来的，陷入一片混乱，盔甲、马匹丢得到处都是，将士只顾各自逃命，在暗夜四处乱窜。

一直到天明，胡轸重整军马，等他再次来到阳人想要攻城时，孙坚早已严阵以待。

其实，昨夜根本就没人出城，那一声惊呼是吕布干的，目的就是搅黄胡轸的计划，存心不让他立功。

这时，城门大开，孙坚率军从城内杀出，而折腾了一夜的胡轸军早已如惊弓之鸟毫无斗志，被孙坚军杀得大败，都督华雄也死于乱军之中。

阳人的败报传来，董卓吃惊非小。董卓早年跟孙坚一起在张温手下共事，对孙坚还是很了解的，他对部下说："关东诸侯都是我的手下败将，只有孙坚这小子是劲敌，告诉前线众将对孙坚要格外小心，不可轻敌。"

因为了解，所以忌惮。

因为忌惮，所以收买。

董卓一度派心腹李傕到孙坚军中讲和，转达董卓的"诚意"，承诺只要孙坚退兵，就保荐孙家子弟为官，至于官职，刺史、太守随意挑。李傕还说，董太师有个女儿，如将军不弃，希望两家结为秦晋之好，以后就是一家人了。

董卓的条件够优厚，却遭到孙坚的严词拒绝："董卓擅行废立，谋杀皇帝，大逆不道，不灭董卓三族，我死不瞑目。李傕，你回去告诉董卓，让他引颈受戮吧。"

孙坚不是吕布，对董卓的收买拉拢嗤之以鼻。孙坚拒绝董卓的和谈，坚持进兵，一路北上，兵进太谷，距洛阳只有九十里。

收买不成，董卓只好亲自领兵在洛阳城郊与孙坚打了起来。但孙坚真不是吹的，董太师亲自上阵也不是对手，被孙坚杀得大败，不得不退出洛阳，逃往渑池。

孙坚率部开进洛阳，此时的洛阳片瓦无存，已经被董卓烧成白地，孙坚只得驻兵城外，同时派兵深入新安、渑池间，切断董军退路。董卓抵挡不住，只好继续西撤，逃往长安。

为了堵住孙坚，董卓调整部署：东中郎将董越守潼关外的渑池，中郎将段煨守潼关内的华阴，中郎将女婿牛辅屯兵安邑。

孙坚虽收复洛阳，但洛阳城周围几百里都被董卓搞成了无人区，大白天都看不到一个鬼影，军粮更是无处筹集。洛阳无法久驻，孙坚只好率军撤出洛阳回鲁阳。

讨伐董卓的战争随着孙坚洛阳撤军而宣告结束。

初平二年（191）四月，董卓在迁都三个月后来到长安。董卓军与关东联军各部脱离接触。

从初平元年（190）正月至初平二年（191）四月，仗打了一年多，最后，董卓被赶进潼关，与关东诸侯划关而治。

第七章

乘虚而入——刘表单骑定荆州

孙坚一路北上，打下的地方不少，但打完就走，地盘又被别人占了。

结果，孙坚发现自己辛苦一年打下的地盘却便宜了别人，这个别人就是刘表。

刘表在士大夫中比较有知名度，毕竟，人家是上过排行榜的，列名"八俊"。虽然排名低点，但也是有名气的。结果党锢祸起，刘表就此低迷二十年。他能复出，还是因为黄巾大乱，党锢解禁。刘表投靠何进，担任北军中侯。京师大乱，刘表又被裹挟投了董卓。

孙坚大闹荆州，杀了刺史。

董卓任命有士族背景、在关键时刻投诚的刘表去荆州。

刘表来的时候，正赶上江南宗贼阻兵作乱，江夏贼张虎、陈生拥众占据襄阳。旧的秩序被孙坚破坏，新的秩序尚未建立，刘表来了。他是一个人来的。

刘表单马入荆州，当时的荆州地方豪强称霸，闹腾得正凶。在这个有枪就是草头王的时代，一个人是搞不定的，但刘表偏偏搞定了，说明此人不简单。

刘表能顺利入主荆州，简单地说，就是成功搞定了荆州的地方豪强，表明合作的诚意，你们的利益我会照顾，而且还会扩大，条件是，你们得支持我。豪强们觉得买卖不亏，于是刘表顺利上位，但从本质上说，刘表是在荆州地方豪强势力支持下才成为荆州刺史的，荆州真正的主人从来不是他而是荆州大族地方豪强。

刘表只是运气好，等他儿子接班时，豪强们有了更好的选择，他们父子就被立即抛弃了。

刘表听说孙坚要南下抢地盘，琢磨自己肯定是打不过这位猛人的。连董卓都不是孙坚的对手，更何况他？于是，刘表就主动去示好袁术，上表袁术为南阳太守，将本来就不在自己控制范围内的大郡南阳郡送出去，作为表达诚意的见面礼。

南阳郡本就心向袁术，刘表只是做个顺水人情。

结果就是，孙坚带兵南下，先遇上的不是刘表而是刚刚接收南阳的袁术。

袁术对孙坚说，先别惦记荆州了，咱去打豫州，打下来都是你的。

于是，袁术上表孙坚为豫州刺史。这个上表也就是走个形式，豫州刺史能不能坐实，就看你孙坚能不能打了。

刘表将南阳送给袁术，暂时堵住了孙坚南下荆州之路。

第八章

轻取冀州——纵横捭阖袁本初

讨伐董卓的战争硝烟尚未散尽，关东各路诸侯又陷入争夺地盘的混战。此时董卓的势力被限制在潼关以西的关中，关东群雄割据。各路诸侯打董卓不积极，打起友军来却异常凶狠。

如果关东的各路人马能同心协力，打败董卓不是没有可能，一个孙坚都能把董卓打出洛阳。若是诸路联军齐头并进，董卓怕是连关中也保不住。但关东诸侯打着讨伐董卓的旗号，干的却都是挂羊头卖狗肉的勾当，打董卓是假，借机光明正大地招兵买马壮大势力才是真。

在搞兼并方面，盟主袁绍起到了很好的"先锋模范"带头作用。

当初袁绍从洛阳出逃，一路直奔河北。为啥要来河北？看看光武帝刘秀的发家史就知道了。刘秀崛起是在河北。袁绍要做第二个刘秀。而拜曾经的同事们的帮助，袁绍成为渤海太守，这里也成为他经营河北的起点。

讨董联盟让袁绍"四世三公"的巨大政治影响得以充分展现，天下士大夫都看好袁绍，曹操等各路诸侯更是围绕在袁绍身边。而为袁绍提供后勤支援的，他名义上的上级冀州牧韩馥却几乎被忽略，大家来冀州都是来找袁绍的，韩馥成了透明人。

对此，韩馥不可能没有想法。他想赶袁绍走人，但又不好明着来，于是就暗地减少对袁绍的供应。袁绍当然也清楚韩馥的用意，你也不用这么费心了，冀州牧，我来当。

袁绍虽然声望很大，野心也不小，但毕竟他现在手里只有一个郡，硬碰硬明抢，以一个郡吃掉一个州，估计够呛。强攻不如智取。

袁绍跟他那帮在洛阳忽悠董卓的同事都特别擅长给人设套挖坑，毕竟，从小受到的家族教育教的就是这些坑人的招数套路。

袁绍在酸枣大营时就对曹操说过，自己要"南据大河，北阻燕代"，燕代即幽州，大河就是黄河，幽州之南大河之北就是冀州。

现在，袁绍开始执行他筹谋已久的计划。他先给幽州的公孙瓒写信，邀请他带兵南下。公孙瓒惦记冀州也很久了。袁绍知道，所以才找他。公孙瓒兵强马壮，缺点是脑子不怎么好使，正好可以拿来当枪使。

公孙瓒收到信，果然起兵南下来抢地盘。这时，韩馥的大将麹义和韩馥闹翻，投入袁绍的怀抱。

随后，袁绍带着队伍进驻延津，与公孙瓒南北遥相呼应，将韩馥变成了"肉夹馍"。

韩馥腹背受敌，处境危急，气氛营造得差不多了。

袁绍的亲友团以颍川荀谌为代表的一大批名士组团北上开始忽悠韩馥。

荀谌说："将军自以为宽德仁厚天下归心，与袁本初相比如何？"韩馥说："不如。"又问："临危不惧、智勇过人，比之又如何？"回答还是："不如。"再问："世代为官、门生故吏遍天下，（与袁绍相比）又如何？"答："我自己就是袁氏门生，如何比得。"

荀谌趁势紧逼："今将军既自知不如本初，而袁将军乃当世俊杰，必不愿久居人下。冀州是天下重地，兵精粮足，而公孙瓒率幽州铁骑乘胜而来，锐不可当。若袁绍与公孙瓒联合，一南一北夹击将军，冀州还保得住吗？袁将军是您故友，又曾共同举兵讨董。现在将军最好的选择是将冀州让于袁绍，袁绍一定对您感恩戴德。公孙瓒得知也必不敢再打冀州的主意，如此一来，您对外既有让贤的美名，对内也能保全身家性命。两全其美，将军还有什么可疑虑的！"

内外交逼、软硬兼施之下，韩馥顶不住了，乖乖交出大印。

袁绍几乎兵不血刃便夺得一州，这背后"四世三公"的家族助力不可忽视。

轻取冀州已实现南据大河，接下来，北阻燕代，实现对幽州的占领，袁绍却整整用了八年。

刘秀能在河北兴起进而席卷天下，靠的是幽州铁骑。

但到袁绍这里情况稍有不同，幽州铁骑依然彪悍，却不在他的掌握，在对面，他的对手公孙瓒那里。

初平二年（191）七月，袁绍刚刚占领冀州，十月便以盟主身份命亲信周昂为豫州刺史。冀州才到手，就把手伸向豫州。这手伸得真是又快又长。在袁术看来这是不折不扣的挑衅，是可忍孰不可忍。袁术愤怒也是有原因的，因为就在不久之前，袁术也任命了自己的亲信孙坚当豫州刺史，一州容不下两个刺史。

袁绍先下手为强派兵偷袭孙坚据守的阳城。但周昂不是孙坚的对手，被打得节节败退。其间，袁术向公孙瓒借兵援助孙坚，公孙瓒派弟弟公孙越率数千骑兵南下助战，却在一次战斗中被乱箭射死。这下公孙瓒火了，为了给弟弟报仇也为了抢地盘，更为了报复袁绍，公孙瓒亲自率军进驻磐河，准备过河来战袁绍。

上次你拿我当枪使，这次咱们新仇旧怨一起算。

袁绍听说公孙瓒挥军南下，也不免有些紧张，毕竟自己才刚占冀州，立足未稳，而公孙瓒也正是看准了这一点，才急于进兵，想把袁绍从冀州挤出去。

袁绍想北上，公孙瓒想南下。公孙瓒盘踞幽州，再往北就是塞外，那里是鲜卑、乌桓骑兵的势力范围，而东面是辽东，苦寒之地。

公孙瓒想扩大地盘，只有向南，而南面就是冀州。袁绍夺了冀州的同时也堵住了公孙瓒的南下通道，所以自从袁绍占据冀州，与公孙瓒的对抗就从未停止过。这场旷日持久的对阵前后长达八年，直到建安四年（199）公孙瓒被袁绍攻灭才最终分出胜负。

为了安抚公孙瓒"那颗受伤的心"，袁绍把自己原来的渤海太守让给了公孙瓒的弟弟公孙范。袁绍想以土地换和平，暂时跟公孙瓒搞好关系。但公孙范上任后，一点也不领情，领着渤海兵帮着哥哥一起打袁绍。

袁术在南阳打不着袁绍，就打袁绍任命的山阳太守袁遗。袁遗是个书呆子，根本不会打仗，袁术没费什么劲就把袁遗打跑了。

乱世英雄起四方，靠的是实力，而那些平日衣冠楚楚、尸位素餐的酒囊饭袋再也混不下去了，很快就被淘汰。这些人或被杀，或被赶，黯然退出历史舞台。

东郡太守桥瑁被兖州刺史刘岱所杀，河内太守王匡被曹操攻灭，山阳太守袁遗则被袁术赶跑，而兖州刺史刘岱、济北相鲍信不久先后战死，冀州牧韩馥被袁绍排挤自杀，豫州刺史孔伷被孙坚取代，而陈留太守张邈与其弟广陵太守张超也只多存活了几年就被曹操消灭。

初平元年（190）起兵讨伐董卓的那批人，大浪淘沙后，仅剩下袁绍、袁术还有曹操。

初平二年（191），袁绍占据冀州，弟弟袁术盘踞南阳，兄弟俩都是有兵有将有地盘的地方实力派。袁氏兄弟如果同心，实力相当可观，可这哥俩偏偏谁也不服谁，关东混战便从兄弟互撕开始。

袁术是嫡出，正妻所生，而袁绍是小妾所生。虽然嫡庶有别，但袁绍仪表堂堂，才干超群，为士大夫看好，名士们都聚集在袁绍周围，却鲜有人去投袁术，这让袁术十分恼火。

兄弟俩或许对战国纵横术有研究，袁绍与袁术不约而同都玩起了远交近攻。当时公孙瓒盘踞幽州在袁绍北面，荆州牧刘表在袁术南面。于是，袁术派人联系北面的公孙瓒打击袁绍。袁绍也不甘示弱，联络更南面的刘表打弟弟袁术。

北面的公孙瓒已经够让袁绍头痛了，南边的黑山贼又开始闹腾，中平二年（185），活跃于太行山区的黄巾军余部再次起事。黄河两岸继黄巾之后，义军蜂起，各有名号，多到令人目不暇接，诸如左校、白波、飞燕、青牛角、雷公、浮云等，大的有两三万人，小股的也有数千之众。

在众多的武装中，以博陵人张牛角、常山人褚燕（号飞燕）为首的队伍声势最大，其他各路人马大都听其号令。因为这支队伍主要活跃在黑山一带，故人称黑山军。

在一次战斗中，张牛角中箭受伤，临死前指定褚燕接替自己。褚燕为了表示不负大哥所托，改姓张。张燕动作矫捷，善于骑射，来去如风，军中号称飞燕。

张燕作战勇猛，屡败官军，在各路人马中威望日渐提高，慕名前来投奔的人也越来越多。朝廷最后没办法了，只好招安。

不过，双方都清楚，这只不过是一种暂时的相互妥协而已。

初平二年（191）七月，黑山贼于毒、白绕、眭固等十余万众攻入魏郡、东郡，东郡太守王肱被打跑。

在背后一片大乱的情况下，此时跟本初哥哥生死与共的孟德弟弟自河内挥师进入东郡，击破白绕于濮阳。袁绍迅速上表曹操为东郡太守，治东武阳，守住黄河渡口，准备随时逆流而上阻击趁火打劫的黑山贼。

此时的袁绍、曹操早已不是当年洛阳城里的鸡飞狗跳二人组，而是并肩战斗的战友。

有曹操挡住在后方闹腾的黑山贼，袁绍才能集中兵力，对付从北面压过来的公孙瓒。

为争夺冀州，袁绍与公孙瓒的对决已然不可避免。不过，不同于演义小说，此时大家普遍看好势头正盛的公孙瓒，看衰袁绍。之所以会形成这种风向，在于不久之前，公孙瓒展现了幽州铁骑令人恐怖的战斗力。

初平二年（191）十月，对外号称三十万的青徐黄巾军涌入冀州渤海郡，企图与黑山贼会师。

公孙瓒闻讯，率兵两万南下拦截。对方有三十万。公孙瓒只有两万，他的自信源于手下这两万百战精兵。

公孙瓒长年驻守北方边塞，他的对手都是凶猛彪悍的鲜卑、乌桓骑兵，能跟这些马背民族玩骑兵对砍并生存下来的，个个都不简单。公孙瓒部队的野战能力绝非乌合之众的青徐黄巾军可比。

公孙瓒，字伯珪，幽州辽西郡令支人。

辽西属幽州，是帝国的东北边境，再向北就是塞外了。桓、灵帝时代，朝政腐败，而边塞鲜卑趁势而起，频频南下攻掠。幽州地处前线，成为鲜卑骑兵骚扰的重灾区。公孙瓒从小在这样的环境中长大，练就一身本领，精于骑射。

两军在青州东光相遇，黄巾军在公孙瓒的幽州铁骑的暴击下，迅速崩溃，战斗很快演变成一方对另一方的屠杀。黄巾军在幽州铁骑的追杀下，四散奔逃。可是步兵到底跑不过骑兵。

战后，夕阳残照下，到处都是黄巾军丢弃的武器、盔甲，三万黄巾军（包括家属）的尸体交错横陈在几十里长的战场上。

被打败的黄巾军余部争相向河对岸奔逃，而负责围堵的骑兵早就在对岸等候多时了。

公孙瓒亲率先锋军已经在对岸等候多时。黄巾军不知公孙瓒已在对岸，争先恐后过河想要逃命。

公孙瓒耐心等黄巾军渡河渡到一半时，突然率军杀出，半渡而击。黄巾军被前后截杀，被杀死的，掉入河里淹死的，有数万人之多，鲜血把河水都染红了。剩下的七万人打又打不过，逃又逃不了，只好乖乖投降。幽州军缴获的车辆、马匹，各种物资不计其数。公孙瓒凭借此战确立了自己在河北的地位。

第九章

界桥之战——袁绍布奇阵以弱胜强

河北双雄会在界桥附近隆重召开。公孙瓒即将面对的袁绍才是他逐鹿河北真正的强敌。

初平三年（192）正月，两军在界桥以南二十里的地方遭遇。公孙瓒有四万人，其中骑兵一万，步兵三万，都是跟随他征战多年的百战精锐。

袁绍也将自己的数万主力部队尽数投入战场。双方都清楚，拼血本的时候到了。

两军在界桥摆开阵势，一场大战随即展开。

公孙瓒将自己的三万步兵列成方阵，摆在中央，左右侧翼各有五千骑兵，压住阵脚。大阵最前面是公孙瓒的嫡系部队——白马义从。

公孙瓒喜欢骑白马，为震慑敌军，让敌人在战场上第一时间看到自己，他组建了一支精锐骑兵。这支部队最鲜明的特征就是，所有骑兵骑的都是白马，入选的都是百里挑一的精兵。

白马义从是公孙瓒的王牌。

此时，形势对袁绍相当不利，听说公孙瓒兵强马壮，冀州不少郡县已然投向公孙瓒，剩下的也有不少与公孙瓒眉来眼去，向幽州暗送秋波。

这场战役袁绍只能赢不能输，因为输不起。输了，彻底崩盘。赢了，才有未来。

公孙瓒的白马义从作为嫡系精锐担当先锋。布阵时，骑兵分左右，可以保护步兵方阵的两翼。发起冲锋时同时从两侧对敌方实施夹击，左右驰射，也就是一边骑马冲锋一边射箭，这个动作是有相当难度的，需要长期的训练才能练成。

进攻时，右边的向左边射，左边的向右边射，这是追求最佳的"火力覆盖"效果，形成"交叉火力"，以求最大限度杀伤敌人。

为啥不直射呢？

不仅因为正面好防御，更为增大射程，增加"火力密度"。

古代战争，大兵团弓箭对射，都是引弓向斜前方（大约 45°）射箭，弓箭的飞行轨迹是抛物线，相比直射，斜射射得更远，并不是很多人印象中的瞄准平行射箭。

与单兵对抗，拉弓瞄准对方平行直射追求精准的一箭杀敌的点杀伤不同，大兵团作战，追求的不是点杀伤而是面杀伤，要做的是形成箭雨那种密集的"火力"覆盖，精准射杀在大多数时候做不到。

弓箭直射只第一排能射，后面的要想不射到前面的战友，也只能向斜上方射。这点骑兵、步兵都差不多。

只是单纯地直射，对方只要举起盾牌躲在后面就行，只需防一面。左右交叉射，可以形成三面攻击。如此一来，敌方不光要防正面，还要防左右两面同时射来的箭雨，防不胜防，将大大增加对方防守的难度。

骑兵弓箭手相对步兵弓箭手的优势在于移动速度更快，可以迅速实现突防、包抄。

袁绍的军阵摆得很奇怪，最前面是大将麹义和他的八百先锋军以及一千名弩兵。

双方数万大军对阵，袁绍的前锋不到两千人，着实少了点。

要知道，对面可有一万骑兵，其中还有精锐中的精锐——白马义从。

事出反常，必有玄机。

袁绍如此布阵很冒险，但战争本身就是冒险。

对面公孙瓒最大的优势就是那一万骑兵。古时打仗，军队的人数都很有限，三四万人已经是很大的规模，骑兵更少，因为中原不出战马。公孙瓒敢以两万兵力对阵三十万黄巾军，靠的就是骑兵优势。

要对抗骑兵，最简单最有效的当然也是骑兵。但袁绍的骑兵很少，至少跟公孙瓒的比不了。

但这场仗必须赢，那就只有险中求胜，充分利用非对称优势。

首先是麹义的八百先锋，这些人大多是西北凉州人。凉州与幽州都是东汉骑兵的主要产地。这些人见识过骑兵作战，本身就是身经百战的老兵，他们是步兵却不惧骑兵，因为他们是专业的反骑兵步兵。见识过才不怕，打过才有信心。

至于弩兵就好懂了。弩兵是对抗骑兵的专业兵种。

不同于弓箭手的面杀伤，追求"火力"覆盖，弩兵是真的要求精准狙杀的，所以弩机上有瞄准的望山。弩机相对弓箭的优势有两个：射程远；可以长时间瞄准。这两个优势都建立在弩机靠机械力引发。因为是机械力，拉力可以大大加强。也因为是机械力，可以长时间保持引而不发，还不会疲劳。

但弩机也有缺点，就是只能直射，只有第一排能射，虽然可以采用三叠阵，保持连续性，但密度肯定不如弓箭。

一千弩兵可以在一定程度上压制对面的一万骑兵，但要击败对方，还要靠麹义的八百先锋军。两个兵种相互配合，缺一不可，缺一个都必败无疑，多兵种联合作战密切配合才能发挥整合的力量。

袁绍在实力不如对方的情况下，只能出奇制胜。奇就奇在这八百人，奇在这前出的不到两千人的先锋军。

摆这么少的人，是要让对方轻敌。

正常战斗，宝贝的骑兵是轻易不会立即出击的，不论汉唐，精锐骑兵的数量都是极其有限的，都是很宝贵的，很多时候只有在决定胜负的关键时候才会出场。

但袁绍的布阵令公孙瓒很放松，不禁使他想起不久之前碾压黄巾军的情形，大胜之后往往是大败，大胜背后的危机就是骄傲轻敌。

骑兵冲阵之后，阵形会出现散乱，整体杀伤效果会大幅下降，重新聚拢整理队形很困难。那种可以在敌阵中反复冲杀，杀个几进几出的，是很少见的。

骑兵很珍贵，最大的效果是冲乱对方阵形。

袁绍的布阵就是要诱使公孙瓒尽早放出王牌的精锐骑兵，等到前面的两千人将骑兵阵形搅乱，速度跟冲击力都不在了，再指挥步兵贴过去，肉搏。

袁绍在赌公孙瓒的轻敌。公孙瓒的部队大胜之后正是骄兵，时机刚刚好。

公孙瓒看到袁绍的先锋只有那么点人，也未多想，直接放骑兵冲锋。

一万骑兵万马奔腾箭如雨下，这种气势，换成普通部队，可能还未接战就崩溃了。接下来就是四散奔逃的步兵被后面的骑兵追射砍杀，呈现一边倒的碾压。

骑兵越来越近，箭雨越来越密，但对面根本没有反应，也没有出现预想中的溃乱。

一千八百名老兵丝毫不乱，镇定如常，他们将身体藏在盾牌下，一动不动。

到这时候，公孙瓒估计应该反应过来了，有点不对劲，可是，再想阻止已经来不及了。

直到骑兵冲出数十步，盾牌下的千张强弩同时发射，冲锋的骑兵连人带马被射倒，成片倒下去，人仰马翻，烟尘四起。与此同时，麴义带领他的八百先锋军从盾牌下蹿出来，呐喊着冲进滚滚烟尘之中，举起长矛对准落马的骑兵狠狠地刺下去。

公孙瓒的骑兵眨眼之间就被斩首一千余人，损失十分之一。

公孙瓒任命的冀州刺史严纲也被临阵斩杀。失去指挥的骑兵反而被麴义的先锋军冲乱。机不可失，袁绍立即向全军发出总攻击令，全军突击。

被打蒙的公孙瓒军开始崩溃，打仗打的就是士气。公孙瓒的骑兵已经完全被麴义八百勇士的气势压倒，而战场上士气一旦垮下去，就收不住了。

公孙瓒的部队全面溃败，袁绍军则趁势掩杀，在后紧追不舍。被追急了的公孙瓒军连大营也来不及回，顺着大道拼命逃。

麴义带兵一口气追了二十里，一直追到界桥。这时，公孙瓒带兵殿后，见麴义不依不饶地穷追，实在有点欺人太甚，带兵折返又杀回来。但麴义跟部下犹如一群疯子，公孙瓒抵挡不住又败下去。麴义率军紧跟败兵追进大营，夺了营门前的牙门旗。

前锋麴义带着手下四处追杀公孙瓒败兵。袁绍见前军得胜，将主力全部投入追击，力求扩大战果。身边只留下几十名弓弩手和一百多个手持长戟的卫士。

但得意的袁绍差一点乐极生悲。

战场上情况瞬息万变，袁绍没想到，公孙瓒的骑兵被打散后重新聚集又组织起一支两千多人的部队，鬼使神差般杀过来，将袁绍重重包围。

如果这支骑兵抓住机会，袁绍很可能被这支突如其来的骑兵斩首，公孙瓒就会反败为胜。然而，袁绍接下来的举动告诉世人，他的胜利也许有运气的成分，但绝不是侥幸。胜利是实力、智慧、勇气加运气的结合。

这时袁绍的谋士别驾田丰扶袁绍到旁边找一个土墙躲避弓箭。袁绍这时显出硬汉本色，把头盔扔在地上，大喊道："大丈夫宁死阵前，岂能贪生怕死，躲在土墙后偷生。"说着甩开田丰，指挥身边的部下反击，不时有卫士中箭倒下，眼看敌人越逼越近，袁绍马上就要成烈士。

正在这时，麴义得到主公被围的消息，急忙带兵来救。公孙瓒的兵不知他们围住的是条大鱼，见敌人来了援兵也就撤了，袁绍这才捡了一条命。

虽然差点被干掉，但毕竟取得了决定性的胜利，袁绍经此一战，在河北站稳了脚跟，原本已危机四伏的局势稳定下来。这场被很多人忽略的战役确立了黄河以北的格局。公孙瓒从此一蹶不振，后来被袁绍完全碾压。

原本白马长枪纵横沙场的公孙瓒，心态彻底被打崩了。

在双方接下来的对战中，袁绍始终占据上风，掌握主动，到后来几乎把公孙瓒打得不敢出来，只能蜗居在老巢。

界桥之战在很大程度上改变了三国的历史走向。如果袁绍落败，冀州肯定是保不住的，他会在输光所有之后出局，而此时的曹操还很弱小，还要靠着他袁大哥的关照。在接下来的兖州之战与吕布的血拼中，曹操是在大哥的持续输血下，才挺过最艰难的至暗时刻，将吕布杀败赶走。如果袁绍垮了，曹操也撑不住。三国历史会是何种走向，就很难预料了。

第十章

入主兖州——曹操霸业的起点

袁绍在北线的战事刚刚结束，还在开庆功宴，结果后院就起火了。

一直在太行山上看风景的黑山军听说袁绍与公孙瓒正在死磕，打得很热闹，袁绍把主力都调到前方去了，后方空虚，感觉是个机会，于是下山来凑热闹。

黑山军为啥躲在山上呢？不是他们想看风景，其实，是被人家赶上山的，赶他们的就是袁绍的好兄弟曹操。那这会儿，为啥又敢下山了呢？因为曹操走了，去了兖州。

曹操为啥去兖州呢？还记得之前公孙瓒狂虐黄巾军的那场战斗吗？青州黄巾军被公孙瓒的部队碾压式狂虐，被俘杀十万之众。本来想北上去冀州混饭吃的青州黄巾军见北方人实在不好惹，只好掉头南下去兖州，到哪里还不是混饭吃。为啥不回青州呢？唉，家里早就没有余粮了。要是有饭吃，谁还出来。

兖州刺史刘岱听说青州黄巾军来"串门"，急忙点齐兵马，准备出门"迎接"。济北相鲍信劝他，如今士无战心，军无斗志，百姓惊恐，难以为用。黄巾军虽说是乌合之众，毕竟也是百万之众，不可轻敌。这些黄巾军人数虽多却没有辎重，靠沿途抢掠维持生计，不如坚壁清野，他们抢不到粮食，会不战自溃。

但刘岱不听，公孙瓒能击溃黄巾军，我也能，结果却啪啪打脸。

这群黄巾军不是没有辎重，只是被公孙瓒给抢了，亏老本的黄巾军才打算来抢刘岱。

刘岱也想秀肌肉，但兖州军跟幽州军的实力，从与黄巾军的对战中就能看出来，幽州铁骑的战斗力在整个东汉都是名列前茅的。

被幽州铁骑横扫的青州黄巾军在兖州却打得兖州军溃不成军，刘岱也死在乱军之中。眼看青州黄巾军大有席卷兖州之势，鲍信便与兖州名士陈宫商议迎曹操入兖州平乱。

鲍信与曹操在讨伐董卓时便是亲密战友。陈宫是兖州东郡的士族代表，而曹操此时担任的正是东郡太守。对曹操的能力，两人是十分清楚的，目前的形势，只有曹操具备力挽狂澜的能力，挽救危局。

曹操能当上东郡太守，是因为能帮大哥袁绍打败黑山军，能入主兖州成为州牧，是因为他能打黄巾军。

群雄逐鹿的时代，地盘都是靠实力打下来的。缺乏实力，即使偶然得到，守不住，也很快会失去。

曹操明白自己是来干啥的，来兖州之后立即分兵派将，准备开战。曹操打算趁黄巾军刚刚取胜，以诱敌之计，将敌人引入埋伏圈，然后一举围歼。

理想很丰满，但现实很骨感。

从理论到实战是有差距的，想包围人家，结果却被人家包围。鲍信殊死战斗将曹操救出来，自己却死在乱军之中，连尸首都没找到。曹操只能用木头刻成鲍信的形状在军前祭拜。

接连几战，曹操都未占到便宜。这从侧面能看出，袁绍在界桥击败风头正盛的公孙瓒的难度有多大。黄巾军能轻松击溃兖州军，能让曹操损兵折将，却被公孙瓒连杀带抢。可是，善于凶猛攻击的公孙瓒却被袁绍打得一败涂地。袁绍在接下来的数年能席卷黄河以北占据四州之地，就一点也不意外了，这才是实力的体现。

如果青州黄巾军不北上，就不会被公孙瓒打败。青州黄巾军也就不会被迫南下来兖州，兖州刺史刘岱也不会死，那曹操也就不会被迎入兖州。

但正是因为曹操去了兖州，黑山军才敢下山。

黑山军听说曹操走了，胆气立刻就壮了。这帮家伙直接去了邺城，那里是袁绍的大本营。袁绍以及部下们的老婆孩子都在那里。但黑山军不知道激怒袁绍的后果。在黑山军做卧底的一个小弟将袁绍及部下们的家属安全送回来后，袁绍的反击开始了。袁绍率军沿着山谷一路攻城拔寨，势如破竹，先后攻破黑山贼青牛角、左校、李大目等部山寨，沿途的黑山军营寨几乎被袁绍铲平。

袁绍告捷，曹操那边也传来捷报。

经过几轮激战，曹操终于击败并将青州黄巾军包围。又经过几轮谈判，青州黄巾军正式向曹操投降接受改编。黄巾军之所以会乖乖接受改编，还要感谢公孙瓒，这位抢得太狠，连人家的种子、耕牛都抢，彻底一穷二白的黄巾军要想活下去，除了投降，没别的选择。

曹操当年将整个青州的官场得罪了个遍，拆刘章祠堂减轻百姓负担，赢得了青州百姓的好感。当年受过曹操恩惠的青州黄巾军都是最底层的百姓，看看这个混账世道，还是跟着曹操靠谱。

曹操从青州黄巾军中选拔精壮组成他的嫡系部队——青州兵。不同于依附的豪强武装，也不同于将领的私人部曲，这支青州兵只属于曹操，也只服从曹操，性质相当于中央禁军。有了这支部队，曹操才能在未来凶险异常的烽火岁月，虽屡经挫折却溃而不乱，迅速满血复活重整旗鼓。

当年的善举换来今天的回报，人还是要多做好事儿。

有属于自己服从指挥能打胜仗的嫡系部队，才真正具备一统中华的基础。

乱世纷争，从群雄逐鹿到三国鼎立，真正有愿望、有信心、有能力统一中国的只有曹操与刘备。

至于割据江东的孙权就只能等待被收编的命运。

这不仅取决于他们的才略，更关键的其实在他们的部下。

曹操未来的权力构成是以颍川士族为代表的中原士族与谯沛集团为主干的军事力量。谯沛集团与曹氏的利益捆绑在一起，他们愿意统一，因为他们是既得利益者，是能够参与分红的人，胜利后，他们的地位会急速跃升。中原士族原本就是朝廷的主要班底，当然也愿意统一。

刘备的部下早期都是追随他南征北战的北方寒门子弟。那些曾经依附过刘备的豫州士族陈群、徐州士族陈登，在刘备被驱逐后，并未随刘备出走。他们是坐地户，只有在当地才能保住利益。构成刘备权力主体的是荆楚士族，相比中原士族，他们地位要低，但在刘备集团，他们地位很高，而在益州他们是外来者，他们愿意打出去，统一之后，他们至少能与中原士族并驾齐驱，他们当然愿意。

追随刘备征战的部队都是刘备自己组建的，将领是自己提拔的，士兵是自己招募的，当然是如臂使指，运用自如。

只有孙权，根基是江东士族，人家来入股的时候都是带着自己的部队的。江东士族只有在维护自己的利益时才会拼，典型的是赤壁之战与石亭之战，打出去，人家不愿意，所以合肥打了几十年也打不过去。江东士族地位也低于中原士族，在江东他们是中央，统一之后地位也差不多，但付出的代价会很大，成功的希望还很小，拿自己的家底给别人打江山的赔本买卖当然不去做。

军队是政权的基础，军队是自己的，政权才稳固。

第十一章

两大阵营对峙——被群殴的袁术

界桥之战后，公孙瓒退回蓟城。袁绍派手下大将崔巨业带兵数万一路北追收复冀州失地，然后"顺理成章"地推进到幽州，开始围攻涿州重镇故安。但是，故安打不下来，只能走人。

公孙瓒在崔巨业撤兵后带着步骑三万又追出来，在巨马水大破其众，斩首七八千人。只要带兵的不是袁绍，公孙瓒基本还是能搞定的。

然后，公孙瓒带着三万大军沿着崔巨业来时的路又推回来，前进到龙凑。在这里，他又遇见了"老朋友"袁绍。公孙瓒想找袁绍决战，准备一雪前耻。但结果是，公孙瓒又被袁绍给揍了。虽然不知详情，但应该是揍得比较惨，因为公孙瓒自打这次，再也不敢亲自带兵去招惹袁绍。

此时的关东早已陷入一片混乱，虽然打得乱，但是有主线。

关东各路诸侯以袁绍、袁术兄弟为核心，分成对立的两大阵营。

冀州的袁绍跟兖州的曹操、荆州的刘表一伙，南阳的袁术跟幽州的公孙瓒、徐州的陶谦是另一伙。

袁绍与袁术隔空对骂，小弟们则捉对厮杀，正面死磕。

初平三年（192），公孙瓒联合陶谦，准备再给袁绍来个南北夹击。

徐州陶谦北上屯兵东郡的发干县，公孙瓒派师弟刘备南下屯兵高唐，兖州刺史单经屯兵平原威胁袁绍。公孙瓒自己不敢出头，就派小弟们冲锋陷阵。双方在青州陷入持久消耗战，一时难分胜负。

但在南线，袁绍的盟友刘表却出人意料地打胜仗了，将袁术赶出南阳。

刘表是出了名的不能打，这次却表现亮眼，居然打了胜仗。这充分说明了袁术的水平。袁术的高光时刻就是与孙坚合作的短暂岁月，他的南阳还是人家孙坚打下来的。

袁术与袁绍开启互撕模式后，双方都开始琢磨如何恶心对方抢地盘。袁术认为刘表是软柿子，谁都知道刘表是名士出身，从未带兵打过仗，在荆州是靠着地方豪强捧场的，他没有自己的队伍，好欺负的，当然要欺负。而孙坚的战斗力已经在讨董的战争中得到充分证明。

袁术于是派孙坚冲锋在前，他随后跟进，向南杀来，准备从刘表手里夺取荆州。

孙坚再次杀回荆州，还是一如既往的勇猛。战争的开局并不意外，孙坚一路向南推，狂虐刘表的军队，后者基本只有挨打的份儿。刘表派出荆州最能打的大将黄祖出战，却依旧被孙坚打得一败涂地。孙坚在邓城、樊城接连大败黄祖。

黄祖实在扛不住，向南败退。孙坚则紧追不舍，乘胜渡过汉水围困襄阳。看这情形，孙坚重夺荆州只是时间问题，他在荆州基本找不到对手。

占据优势连连获胜，孙坚有点轻敌，胆子也越来越大。

初平三年（192）四月，孙坚追杀黄祖时过猛，只带了三十余骑追击黄祖，在襄阳附近的岘山被黄祖军用弓箭射杀。孙坚的死是意外，刘表本来败局已定，剧情却反转。

袁术彻底傻了。

接下来，刘表就打上门了。袁术这才发现，失去孙坚，他啥也不是。再加上，袁术这人不着调，南阳人民挺烦他。

袁术只好搬家，撤离荆州，进入兖州。

此时，曹操刚刚完成对青州兵的整编，战斗力强悍，士气正盛。

连刘表都打不过的袁术，居然想来兖州跟曹操抢地盘，这就是找揍。

袁术引兵进入兖州的陈留郡后，屯兵于封丘，派手下刘详屯兵匡亭，去年被曹操暴打的黑山余孽和南匈奴于夫罗纷纷前来入伙。

投奔袁绍的都是士族，投奔袁术的都是土匪。物以类聚，人以群分。袁术是啥货色，大家都清楚。

曹操听说袁术来抢地盘，带着队伍就来了。

袁绍的军队也来了。

自从互撕以来，兄弟俩的骂战就从未停过。袁术因为是嫡出，正妻所生，面对庶出的袁绍，那种优越感高得不要不要的。

袁术在骂战的时候，专门揭袁绍的短儿，跟大家说，袁绍是丫鬟生的，你们别跟他玩。袁绍气得七窍生烟，但拿袁术没辙，因为人家说的是事实。后来，袁绍跟曹操在官渡决战，战前，袁绍也让大笔杆陈琳写檄文，也大揭曹操的短儿，将曹操的太监背景、挖坟盗墓的缺德事都给写出来，公之于众，搞得曹操特别尴尬，因为袁绍说的也是事实。

其实，大家都差不多，骂起来怎么解恨怎么来。

袁绍、曹操兄弟齐上阵，不过，他俩一开始并未奔着袁术去，而是先去把在匡亭的袁术的部将刘详给揍了。

袁术听说赶来救援，又被暴揍。

袁术见实在打不过，撒丫子就跑。袁绍、曹操兜着屁股在后面紧追。袁术逃进封丘，追兵也随后赶到，包围封丘。

袁术感觉外面这俩是要玩真的，不敢再待下去，趁着包围圈尚未合拢，突围而出跑到襄邑。

袁绍不追了，但曹操依然没有停下来的意思，继续追击，在太寿撵上袁术，决水灌城。

袁术蹚着水跑到宁陵。

曹操不抛弃不放弃，接着追。

这时，袁术已经跑出兖州来到豫州，不是曹操的责任区了，但曹操不管那些，追着袁术的屁股打，追得袁术不敢喊累，更不敢停，一口气狂奔六百里，直接渡过淮河，退到淮南九江。这里已经是扬州地界。曹操的跨区追杀，从兖州追到豫州，又从豫州追到扬州，给袁术打出了心理阴影。

以后只要听说是曹操带兵，袁术的第一反应就是跑，第一反应是最真实的反应，袁术彻底被曹操打服了。

袁术逃到九江去投奔自己提拔的干部，扬州刺史陈瑀。

初平四年（193）年初，原扬州刺史陈温去世。袁绍、袁术开始抢扬州。袁绍派兄弟山阳太守袁遗去占位，结果袁遗半路溃败被乱兵所杀。袁术任命下邳人陈瑀做了扬州刺史。

袁术想不到这个陈瑀连门都不让他进。袁术在九江吃了闭门羹，只好转道去阴陵搬兵，接着又杀回来打跑陈瑀，此后，九江就成了袁术的大本营。

第十二章

董卓被杀——不曾存在的连环计

初平三年（192），恶贯满盈的董卓终于作到头了。

自中平六年（189）十月掌权，到初平三年（192）四月倒台，董卓只用了两年。

当时长安流行一首著名的带有政治寓意的童谣《千里草》："千里草，何青青。十日卜，不得生。"

"千里草"是董字，"十日卜"是卓字，连起来的意思就是董卓要死了。

编这首童谣的人的意思很明显，盼着董卓早点死，而这首童谣能流传起来，说明它唱出了很多人的心声。

董卓的胡作非为让他在两年多的时间里，几乎把各个阶层得罪了。

最终对董卓执行死刑的是两个并州人，并州九原人并州军的代表吕布以及并州太原人原何进幕僚王允。

这两个人都是并州人，这是他俩唯一的共同点，此外，他俩几乎是两个世界的人。

吕布出身寒微，靠投身军旅起家。吕布杀丁原投董卓，不是他一个人的意愿，张辽等并州军的代表应该也是支持的，不然不能解释张辽这些人为啥一直追随吕布。

吕布是底层出身的武夫，道德品质也谈不上好。但他是并州军的首领，董卓不能不用他。

但并州军投入董卓麾下，待遇说不上比原来好，因为人家凉州军才是嫡系。

吕布的地位并不高，远低于董卓手下牛辅等几大中郎将，大概与李傕、郭汜齐平。因为董卓让吕布给他当保镖。很难想象独当一面的大将会被安排去当保安大队长。

吕布被选来当保镖是因为武艺高强。可是，董卓忘了吕布的前上司是怎么死的了。吕布武艺虽高但没有政治节操。从这个人事安排就能看出，董卓不会用人，他最终也死在这上面。

大家都知道，董卓很残暴，杀人如麻，极其嗜血，抓住关东联军的士兵不是砍手砍脚就是下油锅。他这么干就是为了威慑敌人，吓唬人。但杀人多了，他自己也害怕，总怕有人刺杀他（这个预感倒是挺准），这才让吕布随身保护不离左右。也因此，吕布才有机会出入董卓府邸。

吕布在给董卓当贴身保镖的同时自己也没闲着，成功勾引了董卓一个心爱的侍妾，这个不知名的小妾就是《三国演义》里大美女貂蝉的原型。

吕布不是不清楚这么做的后果，要是被董卓知道，他会死得很惨，车裂凌迟下油锅都是很有可能的，"那个画面太美"，他不敢去想。但美色实在难以抗拒，色胆包天大概就是这个意思。

吕布每次跟美人约会心中都有些忐忑，这种事儿很难长久保密。

而董卓的暴戾也加速了吕布与之反目。董卓对敌人凶蛮，对手下人也不例外。

一次，吕布不知因何事触怒了董卓。火暴脾气的董卓抓起手边的手戟，便向吕布飞掷过去。幸亏吕布身手矫健，一闪身躲了过去，但还是被惊出一身冷汗。这事在吕布心中留下了阴影。

加上吕布私通董卓爱妾，凡事种种让吕布起了杀心。不杀董卓，早晚董卓也会杀他。

与吕布为自保想杀董卓不同，王允是为了国家社稷。

王允出身太原王氏，是名门望族，地位仅次于汝南袁氏。王允与袁绍都是士族子弟，也都被何进召入大将军府成为同事。

在反对董卓的立场上，双方是一致的，但在具体的方式上，他们有区别。

王允自步入仕途就满怀抱负，初生牛犊不怕虎，见到黑暗腐败就要说就要管。

曹操也敢搞，但搞不好也就是调动个工作，但王允差点搭上性命。区别就在于曹操的后台够硬。

曹操出事有他当太尉的爹给他擦屁股，王允出事谁来保？

在牺牲之前，你必须要想清楚。

你的牺牲是否值得。

你的牺牲能否换来乾坤朗朗。

在很长的岁月里，即使是烈日炎炎，也是看不见阳光的，因为"黑云早已将天空遮蔽"。

有勇气有骨气的人因为总被迫害被暗杀，越来越少。

但在这个国家里，少数读书人尚有热血还有良知，他们是这个民族的希望。

他们在，这个国家民族还在。

那些有骨气、有才华、勇于担当的读书人，人数很少，却是这个民族的脊梁，这个国家的英雄。

经过政治磨砺的王允，变得越来越成熟，收起锋芒，转而进入董卓的决策圈，凭着才干很快升任尚书令，转过年来又当上三公中的司徒。迁都长安之初，实际主政的是王允。

王允曲意逢迎，成为董卓的亲信。

董卓认为王允是个好同志，办事让人放心。

王允认为董卓是国贼，人人得而诛之。

吕布与王允为了共同的目标走到一起。吕布是如何搭上王允这条线的，不得而知。但自从他们敞开心扉，坦诚相见，计划便开始了。

王允是策划者，吕布是执行者。

为了自己，更为了这个国家，他们誓要诛杀国贼。

在这个过程中，不存在连环计，也未曾用过美人计，因为不需要。

不用美色相诱，因为他们要以命相搏。

但吕布有个心结，那就是他与董卓的关系。他投靠董卓后，认对方为义父，有这个名分在，他有顾虑。王允只用一句话就帮他打开心结。

你拿手戟扔你儿子吗？

掷戟之时，何曾有父子之情！

吕布豁然，心结已解，行动吧。

此时，作为董卓主力的凉州军都在外围，董越、张济在弘农，牛辅率李傕、郭汜领兵出征关东正在劫掠颍川、陈留一带，不在长安。这就为王允、吕布的行动提供了机会。

想杀董卓的不只王允、吕布，长安城里上到文武百官下到布衣百姓，几乎人人对董卓切齿痛恨。民意虽不言明，但是，王允还有吕布是能够感受到的，这也是他们敢于行动的底气所在。

四月，汉献帝大病初愈，百官在未央宫祝贺，王允与吕布商定就在此时动手。

吕布派老乡骑都尉李肃率勇士十余人穿着禁军的衣服守在北掖门等着董卓。

董卓在吕布的"护卫"下，坐在车上进入皇宫，刚一进门就遭到埋伏在此的李肃等人的突然袭击。

李肃率先冲出去，大戟狠狠地朝董卓刺去。李肃这一戟应该用尽了全力，可是他发现根本扎不进去。原来，董卓在常服里面还穿着铠甲。

董卓虽然未被扎死，但也被长戟刺伤，被捅下车。董卓倒地的同时，大呼："奉先何在！"吕布字奉先。

吕布果然立即现身，但他不理会趴在地上求救的董卓，反而从怀中掏出诏书大呼："奉诏讨贼！"

董卓这才明白过来，敢情主谋在这儿呢！董卓大骂吕布。吕布也不理他，拿长戟对准董卓又是一通扎。还没扎死，铠甲质量真好，最后卫士们一拥而上将董卓乱刀砍死。吕布当场宣布：奉诏讨贼，只杀董卓，余者不问。所有的官吏士兵全都踊跃欢腾，山呼万岁。

王允的策划之所以能成功，很重要的原因是董卓赖以起家的嫡系部队都在外面。

此时，最重要的是稳住董卓的这支军事力量，收编或者遣散，必须立即有所行动。但王允在最紧要的时刻未采取任何行动，宝贵的处理时期就这么错过了。

董卓死后，消息传到前线的凉州军中，不出预料引发恐慌，从领兵的中郎将、校尉到普通士兵人心惶惶。他们在焦虑中等待对他们的处理或者安置。如果说董卓是首恶，那么他们就是胁从，或多或少都有点关系。

然而朝廷的正式安置方案迟迟没有出来，于是处于焦虑中的凉州军开始躁动不安。

这个时候，吕布派李肃去河东诛杀牛辅，结果李肃战败。李肃逃跑，被吕布干掉。

虽然打了胜仗，但牛辅还是收拾包袱只带着几名亲信丢弃大军准备跑路，却被亲信所杀，脑袋被送到长安。

大难临头，各奔前程。非嫡系将军如徐荣、段煨等归顺朝廷。董卓的嫡系凉州众将以李傕、郭汜为首，却处于彷徨之中，不敢去长安。

牛辅死的时候，李傕、郭汜不在大营，他们正在干本职工作——抢劫。

等他们回到军营，迎接他们的是一个接一个的坏消息，老大董卓被干掉，尸体正在长安公开展览俗称暴尸示众，顶头上司也死了。两个人一商议，干脆咱们解散部队，跑吧。

就在两个人收拾包袱准备跑路的时候，一个人站出来拦住了他们。使局势逆转的就是这位军中的谋士，名叫贾诩。贾诩，字文和，凉州武威人。董卓入洛阳，凉州人受重用。贾诩时来运转，一路高升，从平津校尉升到讨虏校尉，在中郎将牛辅帐下效力。董卓被杀时，贾诩就在牛辅军中。

贾诩见校尉李傕、郭汜要解散军队，马上站出来阻止说："听说长安城传来消息，要杀尽凉州人。各位将军如果现在丢弃大军，路上一个亭长就能将你们绑缚送交官府。此去凉州千里之遥，朝廷定会派人沿途追捕，你们认为自己能跑得回去吗？不如集合部队打回去，去长安为董太师报仇，如果成功最好，万一失败，那时再做打算也不迟。"

李傕、郭汜一听是这么回事，就不跑了，派人到附近乡镇到处造谣鼓动，将长安要杀凉州人的消息传得满城风雨。各地凉州兵听到消息，私下议论纷纷，为了活命前来投奔李傕、郭汜，几人带着人马一路西进，沿途不断有失散的凉州人加入，快到长安时已有十余万人。

十余万叛军很快将长安包围，但长安毕竟曾是帝都，城高池深，一时半会儿是打不下的。但围城第八天，城门被打开了。城里的董卓旧部向着城外的叛军招手，开进来呀，咱们一起抢一起发财。于是长安沦陷，李傕、郭汜杀入长安，王允遇害，吕布出奔。关中沦为土匪窝。

初平三年（192）九月，挟持天子的叛军兄弟们再次获得晋升。

李傕升车骑将军，封池阳侯，假节，领司隶校尉；郭汜升后将军，封美阳侯；樊稠升右将军，封万年侯；张济升骠骑将军，封平阳侯。不愧是董太师带出来的部下，跟董卓一个德行，都是官迷。

过足瘾给自己升官之后，这帮家伙开始给别人升官。

他们九月登台，十月就有人来捧场了。

十月，荆州刺史刘表遣使进京贡献。李傕等人大喜，以为连南方的宗室刘表也承认了他们控制下的长安政权，当即以天子名义拜刘表为镇南将军、荆州牧。

刺史变州牧是影响东汉政治走向的大举措。汉灵帝在位时，任命的州牧并不多，而且大多是宗室，幽州牧刘虞、益州牧刘焉，但此时还在人间的只有刘虞，他也将很快被人干掉。剩下的大多是刺史。当然刺史们是很愿意升级当州牧的，但汉灵帝还算慎重，未滥封。董卓跟这些人打得不可开交，当然不能指望董卓给他们升级。

但给他们升级的人很快就来了——李傕。

最先赶来报到的刘表送礼送钱，然后刺史变州牧。

有人干就有人学，徐州刺史陶谦也派人来了，他也很快升级成州牧，当然份子钱是肯定交足了的。

李傕刚上台，很想刷存在感。他听说袁绍、曹操跟公孙瓒在河北正打得热闹，就派使者过去，说你们别打啦，都散了吧。几位老大其实也打不下去了，打不下去的原因之一就是缺粮。曹操甚至只能遣散新兵，维持部队的温饱。于是，大家顺水推舟，表示接受朝廷的调解，各回各家。

这些人回去是回去了，但没闲着。袁绍进山剿匪，曹操在兖州扩充势力。公孙瓒则回去干掉了首批州牧中的最后一位——幽州牧刘虞。

第十三章

幽州内战——一山不容二虎

公孙瓒与刘虞的矛盾由来已久，主要是路线问题。公孙瓒主战派，而刘虞主和。公孙瓒在边境时，那是相当生猛的存在，听说鲜卑兵犯境，经常是骂着街就带着部下出去砍人，这位老兄能升上来，靠的就是军功。但人家刘虞是幽州的父母官，想的是幽州的老百姓能过上好日子。

幽州地处边境，乌桓、鲜卑骑兵经常南下来"串门"，每次都不会空手回去，有的时候甚至满载而归。为对付这些抢匪，幽州在长期血与火的淬炼中练出一支支百战精兵，其中战斗力最强的就是幽州铁骑，统率他们的就是公孙瓒。

自从袁绍在南面出现以后，幽州部队不得不开辟第二战场，两线作战。打仗是特别烧钱的，而幽州的经济又不宽裕。朝廷说话还好使的那会儿，经常从邻近的冀州、青州划钱过去，属于专项补贴。

但如今的帝国早已名存实亡，各家过各家的日子，不管穷富，都只能靠自己。

刘虞以幽州铁骑为后盾，同周边各游牧骑兵谈判，很快达成协议，边境局势逐渐缓和。刘虞与各位首领经常互致问候，逢年过节还要送点礼品。总之，关系不错。

对于公孙瓒南下与袁绍死磕，刘虞是很有意见的："不知道咱家底子薄吗？总想打仗，劳民伤财，还得我到处给你筹钱。赶上这兵荒马乱的年月，你就不能消停点，老实在家待两天？"

出于对公孙瓒穷兵黩武的不满，刘虞开始减少对公孙瓒的后勤供应，也可能实在撑不下去了。挣钱的地方少，花钱的地方多，还有一个不知收敛的公孙瓒，能不财政赤字吗？公孙瓒得不到补给，开始就地解决，方法也简单——抢。

双方的矛盾逐渐激化，开始"闹分居"。

公孙瓒回幽州后不回蓟城了，带兵去蓟城东南修了一座小城自己住。刘虞在公孙瓒回来后几次请他来开会，但公孙瓒都称病不去，不搭理刘虞。

在幽州，公孙瓒的对手是幽州牧刘虞；在冀州，对手是冀州牧袁绍。刘虞是东汉宗室，袁绍出身于"四世三公"的汝南袁氏，他们出身显赫，声望卓著，因而得到当地大姓豪族的支持。

刘虞在幽州能够站稳脚跟，依靠的是渔阳大姓豪族的代表鲜于辅、鲜于银等人。他们分别担任了幽州的重要职位。尤其是鲜于辅，他所任的是州从事。

在东汉末年刺史拥有重权的情况下，州从事拥有重权，甚至可以使"一郡震惊"。在幽州，鲜于辅不但具有如此巨大的政治权力，还可以发动州兵。

公孙瓒失败的主要原因之一，是遭到幽州大姓豪族的反对。刘虞在幽州的内政外交深得人心，也得到幽州豪族的鼎力支持。

当公孙瓒严重侵犯地方豪族利益时，作为他们的代表，刘虞决定与公孙瓒摊牌。刘虞，不是一个人在战斗，他的背后是整个幽州上层豪族。这也可以解释，一向宽厚口不言兵的刘虞为何能在很短的时间便组织起十万人的军队。

刘虞和公孙瓒共处幽州，韩馥和袁绍共处冀州，两雄不并立，最终只能剩一个。

但公孙瓒想不到，先动手的是刘虞。

公孙瓒未料到一向温婉的刘虞居然会突然发兵，把自己打了一个措手不及。刘虞先下手为强，率十万大军包围了公孙瓒屯驻的小城。

此时公孙瓒的主力放散在外，城里的兵很少。面对十万大军的包围，公孙瓒的第一反应是跑。这个反应很正常，公孙瓒仓促间打算逃走，可是刘虞速度很快，已经将公孙瓒团团包围。

公孙瓒见跑不出去，这才下定决心冒险一战。

但刘虞的十万大军是拼凑而成的，之前很少打仗，训练似乎也谈不上，加上刘虞临阵指挥的水平很有问题，他没打过仗，有人劝他放火烧城，刘虞说放火烧房会伤及百姓，但公孙瓒可没那么多顾及，刘虞不放火，他放。公孙瓒率数百部下乘风纵火，随后突围而出。

仅仅几百人就将刘虞的十万大军冲散。刘虞只得率少数亲信向北退守居庸关。

随后，公孙瓒调集各地驻防部队赶来居庸关，三日后攻下关城，将刘虞俘虏押回蓟城。

这时长安方面的使者来幽州慰问，公孙瓒决定以朝廷的名义杀人，威胁欺骗使者在蓟城将刘虞杀害，其首级在公孙瓒送往长安时被刘虞旧部在半路抢回安葬。

公孙瓒逼朝廷使者杀刘虞，企图甩锅，可是大家都不傻，特别是公孙瓒还杀害了许多幽州的士大夫，这个仇结大了。

支持刘虞的州府属吏大多被杀，以致"衣冠善士殆尽"。所谓"衣冠善士殆尽"，是指那些没有手握重兵的大姓豪族，至于兵权在握的如鲜于辅、鲜于银不在此列。不久的将来，为刘虞报仇的就是这些人。

自幽州张纯之乱起，刘虞奉命前来救火，这些年他努力做到了保境安民。刘虞为人宽厚，广施仁义，在幽州深得民心，死时百姓人人垂泪。

公孙瓒看似取得了胜利，殊不知，杀害刘虞正是他覆亡的起点。从此时开始，他的敌人有但不限于袁绍，刘虞旧部鲜于辅等幽州豪族也加入进来。

公孙瓒已然四面受敌。

第十四章

狭路相逢——北上的陶谦遇上南下的曹操

冀州袁绍、幽州公孙瓒暂时休兵处理"后院"的事情，兖州的曹操却与徐州的陶谦大打出手。

不少人受《三国演义》的影响，印象中的陶谦是个鬓发斑白、谦逊有礼的君子，但事实恰恰相反。

中原群雄混战，从关中向四面蔓延，豫州、冀州、兖州、幽州先后卷入兵火，但徐州在开始的时候是"这边风景独好"，因为地理位置相对偏远，不是争夺的中心。

黄巾之乱虽然兴起得快，但被平定得也快。虽然各地仍有黄巾军余部，但基本上已经掀不起风浪。

徐州水陆四通、土地肥沃，是有名的鱼米之乡，各地躲避战乱的流民纷纷涌入徐州。这里成为乱世里的避风港，百姓的世外桃源。

然而，这个世外桃源很快被打破，破坏者就是徐州的父母官陶谦。

在袁氏兄弟的对战中，陶谦也加入其中，站到袁术、公孙瓒这边。公孙瓒南下渗透跟袁绍在冀州、青州全线开战的时候，作为友军的陶谦也不甘寂寞，带兵北上凑热闹。

陶谦出身扬州丹阳士族，靠着家族势力跟老丈人的关系步入仕途。他本来是文官，却靠打仗起家，在幽州当过刺史，还跟皇甫嵩去关中平过羌乱。

他的生活平平淡淡，但黄巾之乱让他的生活发生了变化，事情一起，朝廷到处物色能带兵平乱的人。陶谦早年的经历让他迅速脱颖而出，被任命为徐州刺史去平定那里的黄巾军。

徐州黄巾军并不是黄巾起义的中心，人数也不多，很快便被平定。

董卓之乱，关东起兵，天子去了长安。等到李傕掌权，陶谦抓住机会去送礼，从刺史升级成州牧。

随着实力的膨胀，陶谦的野心也大了，想要更多的地盘。于是，他带兵北进。相同的话，其实也适用于曹操。

初平四年（193），兖州的曹操也想向外发展，但北面冀州是袁绍的地盘，东面青州也是大哥计划内的产业。此时这哥俩都在创业初期。从当年的洛阳偷新娘子二人组到关东创业二人组，这哥俩始终在一起混，从小玩到大的哥儿们，好到恨不得穿一条裤子。

关东两大阵营形成后，哥俩被公孙瓒、袁术南北包围。于是哥俩背靠背，一个向北打，一个朝南打。袁绍将公孙瓒赶回幽州，曹操更狠，直接将袁术赶过淮河。

大哥的地盘不好去抢，至少暂时不行。那就只能往南了。

于是，曹操与陶谦不可避免地在抢地盘的路上相遇了。

但出乎很多人的意料，先动手的是陶谦。

陶谦可能没看到袁术被揍得有多惨，竟敢主动去招惹曹操！

初平三年（192）冬天，袁术被哥哥袁绍欺负，向战友公孙瓒求救。公孙瓒当即派师弟刘备屯兵高唐，单经屯兵平原，陶谦屯兵发干，准备来个围魏救赵，狠揍袁绍。但袁绍岂是好欺负的，袁术有战友，袁绍也有曹操。打就打，谁怕谁！袁绍跟曹操联兵夹击公孙瓒，将刘备、单经、陶谦狠揍一顿，统统赶回了老家，这是曹操跟陶谦的第一次交手。

这时的曹操刚当上兖州牧，立足未稳，陶谦便前来骚扰，明显不怀好意，两军交战的地点在发干，位于山东鄄城到郓城之间，属兖州济阴郡。

战斗发生在兖州曹操的地盘上，证明曹操是自卫反击。曹操跟陶谦的这次交手只是袁绍、袁术两大阵营之间数次交锋中的一次。此时主角还是袁绍，曹操在兖州刚刚立足，还是个小配角，而袁术那边的主力是公孙瓒，陶谦也是助攻而非主攻。虽然都是配角，战斗的激烈程度却并不输给主战场。战斗结果，袁绍将公孙瓒赶回幽州，曹操也把陶谦打出兖州。

初平四年（193）的夏天，徐州牧陶谦不打招呼直接带兵进入泰山郡，顺路又劫了任城郡。

新仇加旧怨，不报复就不是曹操了。

果然，秋天，曹操就打过来了。

显然，曹操这次有备而来。曹军从定陶出发，一路南推，一直打到彭城，与陶谦军彭城会战。陶谦大败，折损一万多人，泗水都被鲜血染红，可见战斗之惨烈。

陶谦虽是文官，但靠军功起家。他对自己的军事才十还是挺有自信的，但跟曹操打过，他才知道自己距一流水准的差距有多大。他，陶谦，在这个舞台上，始终是一个二流选手。之前的发干只是小打，彭城之役才是大战，只有大战才能体现出水平。

曹操早已不是那个爱惹祸的初上战场的毛头青年，从平定黄巾军开始，他已经经过十年的战火洗礼。

曹操、陶谦都在黄巾之乱中崭露头角。虽然对付的都是黄巾军，但黄巾军也有主力跟非主力的区别。曹操对付的就是黄巾军主力，而陶谦打的不过是黄巾军中的二流部队。

不过，陶谦敢跟曹操过招，也是有原因的，他的底气就是手下的丹阳兵。丹阳郡隶属扬州，在长江南岸。这里是山地，生活艰苦，但造就了当地人强悍的性格与顽强的战斗作风。丹阳民风彪悍，好勇斗狠，乃天下劲兵之处。丹阳兵，天下知名，风头甚至盖过青州兵。

陶谦，一个扬州人能在徐州当上州牧，靠的就是他手下勇悍敢战的丹阳兵。这点，他倒是跟曹操很像，都有自己的嫡系部队，而且这些嫡系都很能打。

乱世靠的是枪杆子，有枪才有政权。曹操有青州兵，陶谦有丹阳兵，公孙瓒有白马义从，吕布有陷阵营。大家都有自己的嫡系，自己的精锐。

曹操最精锐的虎豹骑还在组队中，很快也会上场。

有资本的才有资格上场较量。

虽然此时，曹操和陶谦体量级别相当，但档次很快就会被拉开。能力与实力在公平的战场上很快就会分出高下。

兖州牧曹操对抗徐州牧陶谦，青州兵对阵丹阳兵。

就兵员来说，双方差不多，陶谦甚至还占据点优势，差距主要在将领身上，曹操的实力碾压陶谦，这点在战场上体现得尤为明显，最为客观。自从曹操杀入徐州，陶谦就只有挨揍的份儿，基本上是被曹操压着打。不是陶谦不想反击，出击的结果就是被揍得更惨。

大浪淘沙，留下的才是真金。

第十五章

刘备来也——草根的奋斗历程

曹操打得又狠又猛，陶谦实在扛不住了，不得不向友军求助。请公孙瓒拉兄弟一把，早点来还能见上一面，来得晚恐怕要来世再见了。

公孙瓒很够意思，接到求援，赶紧派手下大将——由他任命的青州刺史田楷前来救援。田楷不是一个人来的，还带了一个小弟一起来，平原相刘备。

三国中最具传奇色彩的男主终于上场——刘备。

刘备，字玄德，幽州涿郡涿县人。

刘备的知名度就不用说了，家喻户晓、妇孺皆知。

相比之前出场的袁绍、曹操，刘备的身份是最尊贵的，人家是汉室宗亲。刘备是汉景帝儿子中山靖王刘胜之后。顺便说一句，刘胜有一百二十多个儿子，从刘胜到刘备已经隔了三百多年，这一百多个儿子，子孙繁衍，到刘备这一代，保守估计也数以万计。

虽是宗室，但已相当疏远。虽是宗亲，但数以万计，也得不到优待。以上两点可以保证，刘备的这一支已经彻底融入人民群众。

刘备的职业可以充分说明这一点，出仕之前，他是卖草鞋的。

刘备的祖上还是当官的，爷爷做过范县县令，到了刘备父亲刘弘这代才落魄，只在衙门做了一名普通的小吏，死得还很早。

这是肉眼可见的家道衰落，但刘备很早就展现出领袖气质，与众不同，极具人格魅力，走到哪里都是焦点。

刘备十五岁那年，母亲叫他出门读书，跟名儒卢植学习儒家经典。在这里，他认识了同门师兄公孙瓒。但刘备不喜欢读书，爱听流行音乐，喜欢高贵华美的衣服。这点他跟汉高祖刘邦很像，相像的还不止这些，刘备也承继了刘邦的人格魅力，只要跟他交往过的人，只要不是豪门出身带有偏见和傲慢，几乎会被刘备的人格魅力征服。

青年时代的刘备广结天下豪杰。刘备结交的朋友很多，不少人成为他的忠实追随者。其中，最著名的当然就是他的两个亲如手足的兄弟——关羽、张飞。

关羽，字云长，并州河东郡人。

张飞，字益德，幽州涿郡人。

他们都来自底层，都是草根，都有志向，但他们缺少机会。

在东汉世家门阀操控地方选举把持仕途的情况下，底层是很少有机会出头的。在阶层固化的东汉，正常的情形就是出身决定命运。上下之间的流动几乎停滞，社会也随之陷入停滞。

庸碌居高位，英俊沉下僚。

黄巾之乱，机会来了。

对底层来说，军功是为数不多的上升通路。

对孙坚如此，对刘备也如此。

他们与豪门出身的袁绍、曹操走的注定是不同的路。

从军，报国，也是给自己找出路。

刘备平日积累的人脉此刻发挥了作用，在很短的时间，他便拉起一支数百人的队伍。但武器铠甲是要钱的，总不能拿根棍子去跟人家打仗。这时，又有朋友慷慨解囊，往来于幽州塞外贩马的中山富商张世平、苏双资助刘备。

当然，资助是有原因的，贩马的利润极大，风险也大，最怕被打劫，而刘备是当地豪杰。路上遇到麻烦，只要说一声我是刘备的朋友，就能安全通过。处在同等地位，相互帮助的才是朋友。

人脉不是你认识多少人，而是多少人能为你所用，愿意给你帮忙。人家之所以给你面子，是因为你有里子。

你自己能力不够，认识谁也没用。面子是自己挣来的。

黄巾乱起，许多人的人生际遇因此而改变，许多人里包括曹操、袁绍、孙坚，也包括刘备。其中，刘备受到的影响是最大的。曹操的父亲是太尉，曹操的仕途自然光明一片。袁绍本来可以在京师混得风生水起，却不得不远走河北，渤海太守对很多人是难以企及的高位，但对袁绍只是一个起点。孙坚虽底层出身，但这些年靠着军功也做到县丞。只有刘备还是布衣。

刘备虽然起步晚，但进步还是很快的。刘备率部随校尉邹靖征讨黄巾军，屡建战功，以战功任安喜县尉。那时做官讲究背景靠山，朝里有人好做官。草根出身的人即使再优秀，也抵不过有后台靠关系上位的人，古今皆如此。

那些以为努力就能得到升迁的人，未免过于幼稚。

不久，朝廷准备免去一些靠军功得官的人，而刘备就在这批裁员名单里。看看，典型的过河拆桥，裁人首先想到的就是这些从草根阶层突围上来的人。因为他们在上面没有关系，也没有人罩着他们。裁他们没有任何压力，也没有任何风险。大树底下好乘凉。为何人们总喜欢抱大腿给自己找后台？就是因为有人撑腰，那些势利眼才不敢动你。

上级的检查团很快就到了。郡里派来巡查各县的督邮，这天来到安喜。身为县尉的刘备早早就来到督邮下榻的馆驿，想跟督邮好好做下沟通。他虽然知道督邮此来的目的，但还想再做最后的努力，可是督邮根本不想见他。

刘备的心凉了，继之而起的是难以抑制的愤怒。热血男儿刘备年轻气盛，直接往里闯，见到督邮，二话不说，冲上去就是一顿老拳，将督邮打翻在地。这还不算，刘备将督邮捆成"粽子"绑到树上，用皮鞭蘸凉水，狠狠地抽了督邮二百鞭子，然后把官印挂到督邮脖子上，带着关羽、张飞扬长而去。

刘备从始至终都是英雄。他很仁义，待人宽厚，但这不等于他没有脾气。遇上这种明明白白耍流氓的行为，换成谁都会怒发冲冠。有血性的刘备才是真男儿，真英雄。

《三国演义》的作者罗贯中为树立刘备的宽厚形象，将鞭打督邮的活儿给了张飞。在人物设定上，这更符合小说里张飞的性格。张飞要是知道后人这么写他，会很蒙圈：我大哥打的，为啥叫我背锅？

鞭打督邮，气是出了，可是祸也闯了。刘备不得不带着关羽、张飞远走他乡寻找机会。

刘备几经辗转北上投奔师兄公孙瓒，在这里，刘备才真正实现升级。初平年间，公孙瓒与袁绍正打得不可开交，战场不止冀州，还有青州。刘备随田楷进入青州开辟第二战场。袁绍派来的是袁谭。

因为主战场在冀州，双方在青州的兵力都不多，陷入势均力敌的持久战。在此期间，刘备的表现应该是很出色的，因为他不久就被任命为平原令，很快又升任平原相。在师兄这里，刘备终于靠着自己的能力成为俸禄两千石的郡守级别的高官。想想之前的种种遭遇，各种坎坷，外面人心叵测，还是师兄靠得住。

刘备在平原展现出他超乎寻常的亲和力，与他交往的人都如饮醇酒，沉醉其中而不自知。与刘备游，如沐春风。总之，跟他待在一起，给你的感觉就是两个字：舒服。

刘备对所有人一视同仁，跟大家推心置腹，从不搞差别对待，因而深得人心。当然，也有看刘备不爽的，郡里豪强刘平就看不起刘备，派刺客前去刺杀。刘备不知来人是刺客，一如往常，热情接待，最后连刺客都被感动了，这么好的人，下不去手，于是坦诚相告，拜辞而去。

刘备在平原期间最大的收获就是得到一员大将——常山赵子龙。但令刘备知名度大升的是另一件事——义救孔文举。

孔融，字文举，至圣先师孔子的后人，东汉建安时代的著名才子，"建安七子"之首，也是建安文学的领军人物，当时的文坛领袖。

孔融是文化名人。张爱玲说过出名要趁早。孔融绝对符合这个标准，他出名的时候才四岁。他最为后人熟知的故事就是孔融让梨。

据说，孔融四岁时，一次，家里买了一些梨，洗好后放在盘子里，孔融兄弟听说有梨吃都来拿。孔融最小却第一个跑过去，大家以为他抢着来，一定会挑大的拿。谁知，孔融的举动却出人意料，他拿了一个最小的。

哥哥们感到很意外，父亲孔宙更是惊讶不已，就问孔融："那么多梨，你为什么要拿最小的那个？"四岁的孔融回答："我最小，所以应该拿最小的，大的留给哥哥们。"完了完了，答得太好了，想不出名都不行了。这事经过刻意渲染，很快传开，孔融成了全国知名的神童，而这个称号至今还保留着。让梨也成为育儿的模范案例，被各种版本的少儿书籍竞相引用。

孔融十岁的时候又干了很牛的事。

这一年，小孔融跟随父亲孔宙到京城访亲拜友。孔宙忙于应酬，没工夫带孩子。孔融居然自己一个人跑去拜访当时的名士领袖时任河南尹的李膺。每天等着见他的人排成队，还要提前预约。因为是名人，所以李膺对访客的层次是有要求的，人家可不是什么人都见的，必须是知名人士才行。

孔融一个十岁的小孩想见李膺在当时真是比登天还难，但小孔融做到了，他只用了一句话。小孔融大摇大摆地来到李府门前，很神气地对看门人说："烦劳通报，就说世交好友子弟前来拜访。"看门人一听是世交，不敢怠慢赶紧进去通报。李膺正跟几个朋友聊天，听说是老朋友家的晚辈来访，就让人请了进来，进来的却是一个小孩儿。

等孔融来到李膺面前，李膺看着这个小孩儿面生，就问："请问你的祖上跟我的祖上有何交情？"孔融镇定自若地答道："当然有了，我的先人孔子跟您的先人老子是朋友，所以我才说咱们两家是世交。"孔融答得巧妙机敏，让在座的客人无不称叹，都说这孩子小小年纪就这么聪敏，将来必定是个人物。

太中大夫陈韪晚来了一会儿，没听到这番精彩的对话，旁边的人讲给陈韪听，陈韪听了很不以为然地说："小时聪明，长大未必有出息。"这话让旁边的小孔融听到了。孔融接着也来了一句："大人，想必您小时候一定很聪明喽！"在座的众人听了哄堂大笑。

孔融步入仕途后，依然我行我素，特立独行。何进掌权，别人都去拍何进的马屁，就他不去。董卓上台，别人都乖乖听话，只有孔融偏偏唱反调。但鉴于孔融名气太大，不管是何进还是董卓都拿他没辙。

不久，董卓暗示三公推荐孔融去做北海相。别以为董卓这是好心，他想借刀杀人。当时青州黄巾军声势正盛，这时候派孔融去，明显不怀好意。对这种谋杀式升迁，孔融满不在乎，从容赴任。

果然，孔融到任没多久就让人给围住了。

孔融屯兵的都昌城，被黄巾军首领管亥带兵围困。

城池朝不保夕，危急时刻，一个人挺身而出自告奋勇愿意杀出重围去请救兵，

此人名叫太史慈，字子义，青州东莱人。说起这个太史慈还有一段故事。

孔融到北海后，听说太史慈的大名，一心想与之结交。只是此时的太史慈正在辽东避祸，但老母还在当地。孔融爱才，虽然此前从未与之谋面，但对太史慈可谓神交已久，因此经常派人给太史慈家送米送面，照顾得无微不至。

孔融被管亥围困，太史慈正好从辽东归来。其母感念孔融恩德，将孔融平日的好说给儿子。恩人遭难，正是报恩之时，太史慈是孝子又颇具侠士之风，轻生死，重大义，当即趁夜色闯重围，进了都昌城。

太史慈见到孔融说明来意。孔融将城内情形如实相告，眼下只有派人出城求援，搬请救兵。

向谁求援呢？北海相孔融想到了平原相刘备。

刘备与孔融相距不远，这时刘备在青州已小有名气，但还未有大名。孔融久闻刘备仁义之名，相信刘备会出兵相助，决定向刘备求救，但派谁去呢？太史慈自告奋勇，表示自己愿闯重围去搬救兵。

但此时小小的都昌城已被围得风雨不透，别说人，就连一只鸟都飞不出去。

孔融面露愁容，但太史慈说自己有办法出城。

第二天天明，久闭的城门突然打开，从城里冲出三骑，太史慈佩弓挂箭带着两个随从从城里出来。惹人注意的不是太史慈而是他的两个随从，这两人不带兵器只是每人肩上扛着一个箭靶。

城外的黄巾军见城门突然打开，开始还以为有人要闯营。等看清楚就出来三个人，而且两个没带兵器，心才放下。但转瞬又是一头雾水，搞不清楚这三人葫芦里究竟卖的什么药。

在众人惊诧狐疑的目光中，只见两个随从从容来到城壕边，下马，一左一右将箭靶插入地中，太史慈则纵马奔驰左右开弓，不一会儿，两个箭靶上就插满了箭羽。这时，场外围观的黄巾军才弄明白，敢情三人在练箭。

弄清状况，大家就放松下来，一个个席地而坐，观赏太史慈表演箭法。

太史慈射了一会儿，就跟两个随从收起箭靶回城去了。第二天又是如此，接连几天都是。

几天后，太史慈再出来，已经没人理他了。大家习以为常，见怪不怪了。太史慈要的就是这个效果。

这天早上，太史慈又出城了。不过，这回就他一人，没带随从也没带箭靶。对面的黄巾军对他视而不见。

太史慈知道机会来了，没等黄巾军反应过来，纵马狂奔冲了过去。遇上阻拦，太史慈就左右开弓，箭声响处必有人中箭倒地。周围人不敢靠近，只是远远尾随，就这么一路将太史慈"送"出大营。

太史慈冲出重围，快马加鞭，一路飞驰到了平原。

太史慈见到刘备，呈上孔融的求救信说："太史慈只是东莱一村夫，与孔北海非亲非故，之所以冒死相助是敬佩其仁德爱民。将军素有仁义之名，能救人于危急之中，所以孔大人特派我拼死杀出重围前来求救。孔大人跟全城百姓性命全都仰仗将军了。还请将军仗义相助，速发救兵。"

刘备听完，双眼发光，情绪激动，之所以激动不是因为孔融向他求救，而是孔融居然知道他刘备，还专门派人来求救，激动地说："孔北海居然还知道世上有刘备！"

刘备马上派出三千救兵随太史慈杀回昌都去救孔融。管亥听说刘备军来救，当即撤围而去。

大难不死的孔融对刘备的仗义之举感恩戴德，逢人就夸刘备。刘备援救名士孔融赢得了青州、徐州一带士大夫的好感。

作为公孙瓒的师弟，平原相刘备在青州战场上打得很卖力，但也很艰苦。毕竟，主战场上，公孙瓒已经被打崩，刘备这里也好不到哪里去。

听说刘备来了徐州，被揍得只剩半条命的陶谦马上向刘备伸出橄榄枝，上表朝廷奏请刘备为豫州刺史，又将自己的嫡系部队丹阳兵拨出四千交给刘备。

刘备才来，曹操却走了，不是怕刘备，而是粮袋见底了。

与曹操交手之后，陶谦才发现自己紧缺能独当一面领兵打仗的将领。

手下的兵是好兵，将却不得力。

刘备这两年在青州已经打出了知名度，靠几千兵就能跟袁绍的军队打这么长时间，已经很不容易，不是谁都能做到的。

刘备的名声也好，几番救人于水火危困，仁义之名早已传遍四方。上次在青州救孔融，这次又甘冒大险来救自己，这么厚道的人，上哪儿去找？

能打仗有能力，名声好品德高。陶谦点点头，这就是我需要的人才！

同时，陶谦也看出刘备的困境。刘备虽然能打仗，有能力，但实力弱小，兵少得可怜，且其才干能力比他的顶头上司田楷强太多了，却只能在青州刺史田楷手下做一个平原相。公孙瓒能扩张的地方已经极其有限，而且冀州、青州不管到没到手，都已经任命了刺史，显然，刘备再想向上升很困难，但英雄刘备又怎会久居人下。陶谦正是看出这些，才出手给了此时刘备最想要的官位。

成为豫州刺史，才算真正跻身于封疆大吏的行列，才能与冀州袁绍、兖州曹操、幽州公孙瓒、徐州陶谦平起平坐，因为这些人也不过才有一个州的地盘。

刘备不会放过任何可以改变自己命运的机会。两年来的艰苦奋战足以报答师兄了。

刘备退出公孙瓒集团的时机很好，因为在与袁绍的对抗中，公孙瓒已处于下风。刘备当初救孔融还能派出三千兵。可是，驰援徐州时刘备手下仅有一千余人，剩下是数千饥民。刘备在青州的处境已经不容乐观。

刘备接过陶谦的橄榄枝，被陶谦安排驻兵于豫州沛国下属的小沛。东汉实行郡国并行制，郡与国是相同的行政级别，小沛只是沛国下设的一个县。

刘备的这个豫州刺史此时能管的只有小沛及附近很有限的一片地方。刘备的管辖权仅限于小沛，几乎是一城刺史。至于能不能坐实这个刺史，那就看刘备自己了。

小沛再小也是豫州的地盘，此时归陶谦。还是那句话，谁打下的，地盘就归谁。陶谦将刘备安排在这里，用意很明显，替他守卫徐州门户。

小沛是沛国最北面的一个县，再往北就是兖州地界曹操的地盘。也就是说，曹操从兖州南下，小沛首当其冲。陶谦交给刘备的是守卫徐州北面门户的重任。

刘玄德有仁义之名，能救人之急，从此为天下所知。

后来，刘备去荆州投奔刘表，刘表也是请刘备屯兵荆州北面门户新野，为他阻挡曹操南下。

再之后，刘备又被刘璋请去益州，去守益州北面的要地葭萌关。大家都知道刘备的专长，名声就是从此时传出去的。

他们想请刘备守门，可是，他们忘记了刘备有高祖遗风，不是喜欢音乐、华丽衣服、打败仗就抛妻弃子的那个，而是走到哪里都吸粉、极具魅力的那个。

刘备就是你一见如故，三言两语便感到相见恨晚，再聊几句就恨不得嫁闺女给他，从此生死相随的那种人。

刘备守徐州驻兵小沛，不久便成为徐州之主。

刘备守荆州驻兵新野，十年后当上荆州牧。

再之后，刘备守益州驻军葭萌，仅用三年又成为益州牧。

第十六章

徐州易主——三让徐州的真相

曹操虽然退走，但这仇算是结下了。

曹操在徐州打得够狠，摧枯拉朽，势如破竹。可是，他忘记了一个人，而这个人他是绝对不应该忘记的。这个人就是为他操碎了心、每次他闯祸都在后面默默给他擦屁股的老爸前太尉曹嵩。

他爹正在徐州的琅琊避乱。

曹操本可以打仗的时候，顺带着接老爸回兖州。可是，不知为何，他忘了。

虽然曹操打起仗来忘了爹，但被揍得鼻青脸肿的陶谦可"惦记"上了。

陶谦可不是电视剧里敦厚慈祥的老爷爷，能在乱世里混出来的，可不是善男信女。

陶谦在查明曹嵩的具体位置后，第一时间就派出了杀手。

要说姜还是老的辣。远在琅琊的曹嵩，在仗打起来后就隐约觉察到了潜在的危险。杀红眼的人可不会在乎祸不及妻儿的规矩。

根据这辈子的经验，是指望不上这个满世界惹祸的儿子的，曹嵩迅速打包行李带着妻妾家人一路向兖州狂奔。

但他们还是慢了，未走出多远，就被陶谦派来的杀手追上，全家被杀。家产自然也被陶谦当作战争损失的补偿，全部拿走。

关于曹嵩之死，说法很多，有的说是陶谦干的，也有的说人家陶谦是怕路上不安全，特意派兵去保护，但负责护送的兵将见财起意才杀人劫财，杀了曹嵩一家。

从曹操与陶谦分属不同阵营，又刚刚结下大仇以及陶谦的性格来看，肯定是陶谦干的。

这些年欺负人欺负惯了，突然碰上硬碴让人家反过来暴揍，脸上挂不住，脑子一热就杀人父母。

说陶谦派兵去保护曹嵩，简直就是笑话。双方在战场上杀得血肉横飞，死伤数万，血流成河。双方都恨不得砍死对方，然后听说对方父母搬家，特意派兵去保护，还有比这更胡扯的吗？可是《三国演义》偏偏就采用这个说法，不是作者看不出，他是故意这么写的，为的是突出陶谦的"冤"以及曹操的"奸"，因为那本小说的主旨就是反曹。

小说只是小说，千万别当真。

可是，这个世界上看《三国演义》的人永远比看《三国志》的多。于是，总有人信，坑了一辈子爹的曹操终于把他爹给坑死了。

悲痛万分的曹操也许在此时才想起老爹过往种种的好。

愤怒至极的曹操这回真的冲动了。满腔怒火的曹操当即起兵杀向徐州，来找陶谦报仇。

年近不惑的曹操接下来做的事情，让他之前所做的种种努力付之流水，在讨伐董卓中树立的正面形象顷刻坍塌。

兴平元年（194），曹操二战徐州。这次他走的是东线，与上次不同，整个过程更为凶狠，先入泰山，然后略地琅琊、东海，所过屠城，鸡犬不留。

陶谦杀人，罪在陶谦，百姓何罪！

写出"白骨露于野，千里无鸡鸣"的是曹操，一副忧国忧民的腔调，然而血屠徐州，杀男女数十万，泗水为之不流的也是曹操。很多时候，诗人的话是不可当真的。

徐州琅琊的一位少年目睹了曹操对徐州百姓的血腥屠杀，也见证了在徐州人民最危急的时刻，仅有数千兵马的刘备甘冒风险赶来救援的侠义之风。正是这番亲身经历，使这位少年在十余年后做出了抉择。

想必很多人猜到了。

这位徐州少年正是日后名满中华的诸葛亮。

曹军在徐州的暴行不仅失去诸葛亮的心，也失去了徐州百姓的心。后来，刘备在徐州虽多次兵败但转瞬之间便能聚众数万，重整旗鼓，就是此时赢得的民心。曹操在战场上数次击败刘备，但只要曹操撤走，刘备归来，徐州百姓便会立刻聚集在刘备麾下。

且说这次，驻防西线屯兵小沛的刘备听说曹操从东线绕道杀进来，赶紧带兵东进拦阻，赶到郯城补防，结果在郯城东被曹操击溃。

刘备率领的是徐州的野战军。这支部队被击溃，再往南就更没有人能挡住曹操了。

曹军一路南进，一路走一路杀！这次比上次更狠，数十万徐州百姓倒在血泊之中，真的是血流成河。

被打崩的陶谦已经收拾好包袱，准备逃回丹阳老家了。

陶谦准备逃走，曹操准备接收。

胜负已定。

然而，奇怪的事发生了。曹军突然在一夜之间消失。

曹军撤走，徐州转危为安。

但经此一劫，陶谦不知是出于愧疚还是惊吓过度，很快便一病不起，不久就死了。

他是走了，解脱了，可留下来的烂摊子总得有人接。

接下来要说的就是，三国历史上著名的“三让徐州”。

陶谦临终时对别驾糜竺说：“非刘备不能安此州。”随后糜竺率州人迎立刘备为徐州牧。

刘备这一生真的称得上颠沛流离，几乎走遍大半个中国。虽然走的地方很多，但还是有轨迹可循：

出生在幽州，

战斗在青州，

挂职在豫州。

刘备先后当过徒有虚名的豫州刺史、豫州牧，前一个是陶谦给的，后一个是曹操给的。

刘备的一生几乎跟当时所有的豪杰有过交集，堪称传奇。

但对刘备一生产生重大转折影响的，是以下三个州：徐州、荆州、益州。

在这三个州，刘备分别遇见了改变他命运的人。

在徐州，刘备遇见糜竺，顺利入主徐州，坐拥一州，与曹操、袁绍并驾齐驱，成为一方诸侯。

在荆州，刘备得遇诸葛亮，为他规划未来，制定战略，他才找准前进的方向。

在益州，刘备遇见法正，得以据有两川，三分天下有其一，从此不再受制于人，翩然翱翔，一展其志。

关羽、张飞、赵云是刘备的伙伴战友，贴心的心腹，忠诚的爱将。但刘备更需要战略层面的鼎力相助。

糜竺、诸葛亮、法正就是在战略层面帮助刘备实现升级的人，是刘备生命中的贵人。

刘备与诸葛亮、刘备与法正是相互成就。只有糜竺不同，糜竺是徐州地方豪强，他有选择。刘备在豫州挂职，在徐州得势时征辟过很多人，但最后愿意跟刘备走的，屈指可数，糜竺就是坚定的少数派。大多数豪强会选择留在家乡，糜竺却将整个家族的命运都与刘备连在一起。

陶谦临终之际到底说没说过"非刘备不能安此州"，很难说，这话是糜竺转述的，刘备并未在场。

当时，刘备正驻兵小沛。陶谦如果真有意让徐州，应该召回刘备当面嘱托交代。当然，也可能他病情突然转急，来不及召刘备。

在谁来接班的问题上，相对不久于人世的陶谦，徐州地方豪强的态度更为重要。而糜竺就是徐州地方势力的代表。

在刘备入主徐州的过程中，糜竺起到了关键的不可替代的作用。糜竺是一个长期被忽略的人，然而对处于事业起步阶段的刘备来说，糜竺是至关重要的存在！

与其说是陶谦让徐州，不如说是糜竺送徐州。

仅就当时的形势而言，刘备是最合适的人选。徐州已然与曹操结下深仇，曹兵虽退，但肯定还会再来，这是共识，只有刘备有能力担此重任。对刘备接班，陶谦不管心里愿不愿意，只能接受，因为他得罪了曹操，已经没有选择，其手下的丹阳兵也是如此。

徐州下邳陈氏代表陈登也对刘备接班表示支持。按照中国官场的规矩，即使心里再愿意，表面也要客气客气，表示自己才德不够，难以胜任。刘备也是这么干的，得守"规矩"。

刘备推辞道："袁公路（袁术字公路）近在寿春，此君四世五公，海内所归，君可以州与之。"刘备说这话出自真心吗？当然不是，不久，那位袁公路就会带兵来抢徐州，刘备与之大打出手，真想让，还会打吗？刘备客气，陈登却很实在："公路骄豪，非治乱之主。"他直接就给否了，表示我们徐州人就认您了。

受过刘备救命之恩的北海相孔融也劝刘备："袁术不过是冢中枯骨，何足介意。"孔融说得更直接，袁术那就是个活死人，一具行尸走肉，现在大家都支持您，您就不要推辞了。

徐州地方土豪糜竺坚定拥护，有影响的地方豪族下邳陈氏也表态支持，文化名流孔融更极力赞同。

刘备见该走的程序都走了，也不再辞让，正式接班。

但有一群人的态度很模糊，那就是陶谦的旧部丹阳兵，未表态，大概是不反对，但也谈不上有多支持。徐州的危机就隐藏在这里。

丹阳人陶谦是靠着丹阳兵在徐州立足的，丹阳兵的地位自然高人一等。这个可以参考后来益州刘璋依靠的东州兵。外来的跟本地的有矛盾，陶谦还能镇得住，但曹操两征徐州，将丹阳兵打崩，损兵折将，元气大伤，不得不请刘备来镇场。

刘备能顺利入主徐州也是靠的徐州两派势力的此消彼长以及微妙的关系。

表面上，形势很好，但徐州各方势力交错，暗潮涌动。外面还有早就在打徐州主意的袁术。

接班容易，想守住可就不那么简单了。

刘备面对的局面异常凶险。

但此时有一个人面对的局势比刘备更凶险。这个人就是突然撤军的曹操。

第十七章

失而复得——曹操与吕布的兖州争夺战

眼看徐州就要到手，曹操却突然撤军，原因很简单，后院起火，还是大火。曹操可以托妻献子的好朋友张邈，还有当初力主迎他入兖州的陈宫背叛了他。现在不仅是已经吃到嘴里的徐州不得不吐出去，就连他的大本营兖州，此刻大部分也不属于他了。

可以想见，此时曹操的心情，糟透了。

兖州在陈宫、张邈的带领下几乎一夜之间易帜反水，要不是长期的筹谋划策，不可能有这种效果。

曹操在出战徐州之前，还对家人说，我若不还，往依孟卓。张邈，字孟卓。能信赖到这种程度的都是生死之交。可是，曹操想不到，也许在那个时候，他的这位老友已经在准备反他了。

曾经，他们是好朋友好兄弟，但涉及利益，再好的兄弟也会变质，反目成仇。

此刻，从前的好友张邈与曹操已经成为势不两立的仇敌，不久的将来，现在并肩战斗的好兄弟袁绍与曹操也将在官渡上演生死决战。一切的一切还是因为利益。

说到底，此时，与张邈相比，曹操与袁绍的关系更亲密，袁绍可以给兵给粮，让好兄弟到处去浪，去豫州打袁术，去徐州打陶谦。袁绍给的，张邈给不了。偏偏张邈跟袁绍还不和。袁绍甚至让曹操杀张邈，只不过，曹操没答应。这些张邈都知道。现在不杀不等于以后不杀，张邈内心忐忑。

曹操进入兖州后，只顾安排他的亲信占据各个重要位置。相应地，兖州本地的士大夫有种被边缘化的感觉。

很简单的例子，曹操当兖州牧之前是东郡太守，而他当上州牧后，把东郡太守给了夏侯惇，而力主迎他入兖州的陈宫反而成了夏侯惇的助手。陈宫是兖州士大夫的代表性人物，在当地声望极高，人脉极广。他怎么甘心给夏侯惇当助手？

当初，兖州名士地方豪强请曹操来是为了打黄巾军，保障他们的利益，这里面当然包括仕途上的利益。

黄巾军被镇压，但是兖州几乎被曹操带来的小集团占据。这让兖州名士们情何以堪，如何接受。

兖州的集体背叛，起因是曹操杀了一个叫边让的当地名士，据说是边让以言语轻辱曹操。其实，边让的被杀只是导火索，根本原因还是双方在利益上的矛盾日益加剧。

曹操率军南下讨伐陶谦，令夏侯惇与陈宫留守东郡。陈宫却跑去陈留找张邈谈"前途"。

陈宫说："现在天下分裂，群雄并起，您有十万之众，本可成为一方豪杰，如今受制于人，不是太过卑下吗？现曹军东征，其地空虚，吕布勇猛善战，将他迎入兖州，共谋发展，何必再听令于他人！"

陈宫知道张邈的心思，曹操曾受他的资助，如今他成了曹操的下级，照此发展下去，他们之间的差距会越来越大。于是，在陈宫、张邈的带动下，几乎整个兖州反了。

陈宫、张邈认为当初选曹操是个错误，现在，他们要重新做出选择。

这次，他们选的人是吕布。

自从逃离长安，吕布就开始了流亡生活，南下投袁术，北上投袁绍，还去投奔过老乡张杨。可是，在哪儿都待不长。去了没多久就被扫地出门。

此时的吕布正在到处流窜，兖州这边主动相迎，吕布哪有不从的道理，屁颠屁颠就来了。

为啥要选吕布呢？因为好控制。

曹操是有自己的班底的，人家有自己的团队。军队都曹家、夏侯家自己人掌握，谋臣、军师主要靠荀彧等少数几个心腹，未来支撑曹操的文官班底——颍川集团尚在创建，成形还要等到曹操把皇帝接到许县，建立新中央"挟天子以令诸侯"。不管怎么说，曹操有自己的班底，外人很难插进来。

但吕布不同，他只有少量嫡系军队，其他都是空白，缺乏政治实力。兖州名士们看中的就是这一点。兖州有很多名流士大夫，缺的是能打的将领和保卫他们的军队，双方正好互补。他们是看准吕布缺乏背景，可以给他们当枪使，才主动请吕布来的。

曹操出来的时候还拥有一州，回去的时候只剩三城。要不是一个人在关键时刻临危不乱、处变不惊，曹操很可能连这三城都剩不下。

曹操第一次见这个人就说，这是我的张良啊。其实，这个人不仅是他的张良还是他的萧何。他是名士之乡颍川的领袖人物，后来牛得不行的司马懿也对他十分崇拜。此人就是曹操的首席谋士荀彧，荀文若。

曹操之所以能保住三城乃至后来能逆风翻盘，当然，不可能靠一个人，究其原因，还是曹操有他自己的班底。

曹操在兖州已有自己的参谋班底，虽然还只是雏形，但已经具有相当实力。曹操在攻城略地的同时也在访求贤士，搜揽人才为己所用。

王佐之才荀彧，曹操的首席军师。

荀彧，字文若，豫州颍川郡人。

东汉颍川是经济文化繁华之地，名士辈出。颍川有许多以诗书传家、世代为官的家族。这些家族人脉宽广，又精通儒学经典，几乎垄断仕途，族中子弟多在朝廷为官，为后生晚辈进入仕途提供便利，如此往复循环，成就东汉一朝的儒学世家。荀彧出生的荀氏家族就是其中之一。

荀彧的家乡颍川离洛阳很近，荀彧预感到天下即将大乱，而与京师近在咫尺的颍川必然首当其冲。城门失火殃及池鱼，荀彧不想做池鱼，也不忍心看家乡父老遭受兵火，劝父老乡亲尽早远离此地，可惜大家没把这个年轻人的劝告放在心上。荀彧苦劝无效，只好自己收拾包袱准备到外地避难。正好冀州牧韩馥派人来请，于是，荀彧带着家人离开家乡踏上去冀州之路。

荀彧到冀州不久，冀州易主，新任冀州牧袁绍也是名士出身，且是东汉名门，名望势力远在荀氏之上。

作为新生代名士领袖的袁绍对出身背景相似的荀彧也很看重，对荀彧礼遇有加，荀彧的颍川老乡辛评、郭图也都在袁绍手下做谋士。

袁绍看好荀彧。荀彧却不看好袁绍而是相中了曹操。

这时的袁绍正处于事业上升期人气很高，曹操还是个要靠袁绍关照的小弟。初平二年（191），曹操还只是一个奋武将军，地盘也只有可怜的半个东郡，但荀彧仍毫不犹豫地投向曹操。这在当时的人看来有些匪夷所思，但这也正是荀彧的高明之处。荀彧看好曹操，认定此人是当世英雄。

曹操早就听说过荀文若的大名，听说荀彧来投十分高兴，热情招待。交谈之下，曹操发现荀彧才华出众、见识不凡。他高兴得像捡到宝贝，对众人说："文若就是我的张良啊。"当下任命荀彧做自己的司马，这年荀彧才二十九岁。

荀彧没有辜负曹操的期望，在曹操生涯中几乎每个重要时刻，都有荀彧参谋决策。

荀彧统揽全局，眼光长远，为曹操争雄中原出谋献计。荀彧虽比曹操小几岁，但曹操一直对荀彧十分敬重。曹操出征在外，镇守后方统筹全局的是荀彧。

曹操把后方完全交给荀彧。曹操一生多疑，但对荀彧的信任倚重却超出想象。而荀彧也兢兢业业地干好自己的本职，让远征在外的曹操免除后顾之忧，全力在战场上打拼。两人一主内一主外，配合默契。

在曹操的信任与充分放权下，荀彧的治国才能得以充分施展。荀彧就如曹操所说，堪比高祖的张子房，运筹帷幄之中，决胜千里之外。每当曹操有疑难必向荀彧求教，荀彧都能通过书信为曹操解疑释惑。

荀彧不但才华出众，而且知人善荐。他先从袁绍，袁绍待之如上宾，而且当时袁绍的势力远远强于曹操，但他还是义无反顾地离开袁绍投奔曹操。

人才的流失似乎预示了袁氏未来的命运。与荀彧做出相同选择的还有郭嘉。当时两位最具才华的谋士不约而同地选择投向曹操，表明曹操已经渐渐得到名流士大夫们的认可。

荀彧不是自己一个人来的，此后他又陆续向曹操推荐了一大批人才，其中就包括郭嘉、程昱、戏志才、钟繇、司马懿等大名鼎鼎的人物。荀彧更让人信服的是他高风亮节的道德风范。他为人谦和有礼，折节下士。不仅曹操对他礼敬有加，同僚下属也对他推崇备至。

被曹丕称颂为"一代伟人"的著名谋士钟繇，对荀彧佩服得五体投地，称荀彧为颜渊再生，所谓"能备九德，不贰其过，唯荀彧然"。司马懿更是不吝溢美之词赞美荀彧："耳目所从闻见，逮百数十年间，贤才未有及荀令君者。"司马懿是何等人物，不必过多介绍。他能对一个人推崇到如此地步，十分罕见。

曹操迎帝入许都占据豫州颍川之前都属于创业期，在此期间，他与袁绍身份上的差异及劣势体现得特别明显，天下名士基本是奔着河北袁绍去的，包括荀彧、郭嘉最早也在袁绍阵营，后来才转投曹操。曹操谋臣如云、人才济济也是在汉献帝进入许县他的地盘之后才出现的，而这些人之所以投曹操，很大程度上也是看上曹操的中央招牌。

曹操最早起家靠的是曹氏本族子弟，还有夏侯家的兄弟们。

曹操在陈留起兵，两个堂弟曹仁和曹洪以别部司马跟随曹操。夏侯惇、夏侯渊也来投奔。

曹仁，字子孝，豫州沛国谯县人，从小就爱骑马打猎，曹操起兵，曹仁自然追随在曹操身边。

曹洪，字子廉，豫州沛国谯县人。汴水之战，曹操大败，连马都丢了，要不是曹洪在危急时刻将自己的马让给曹操，曹操在汴水就殉难了，也就不会有后来的魏国。曹洪将马让给曹操，自己徒步随行，又找船将曹操送过河，在战场救了曹操一命。

夏侯惇，字元让，豫州沛国谯县人。十四岁才拜师读书。夏侯惇读书虽晚，却十分尊师重道。有人在大庭广众之下羞辱夏侯惇的老师，夏侯惇听说后，二话不说提刀直奔仇家而去，砍死了欺辱他老师的人。从此，夏侯惇在家乡出了名，无人敢惹。

夏侯渊，字妙才，豫州沛国谯县人，夏侯惇的族弟。当时曹操正辞职在家，夏侯惇、夏侯渊充分利用这个难得的时机接近曹操。曹操曾卷入官司，夏侯渊主动替曹操入狱，曹操深受感动。后来曹操多方奔走积极营救，救出夏侯渊。从此，两家的关系更为紧密。夏侯渊还娶了曹操的小姨子为妻，二人成了连襟。

陈宫、张邈反水是突然发生的，但留守兖州主持大局的荀彧极其敏锐，第一时间就发现情况不对，迅速做出应对，派人急召屯兵濮阳的东郡太守夏侯惇回援大本营甄城。为啥说甄城是大本营呢？因为曹操以及远征将领的家眷大部分在这里。别的城丢不丢不要紧，这座城必须保住。

而情报显示，整个兖州除去少数几座城，大部分已经不再可靠，而濮阳处在这些郡县的包围中，曹操留守兖州的主力都在那里。一旦被人包围撤不出，被围歼是肯定的，而甄城缺乏兵力也守不住。

荀彧第一时间召夏侯惇回来增援，濮阳丢就丢了，以后可以再夺，眼下最要紧的是保住甄城，等待曹操远征主力归来。

夏侯惇反应也很快，接到命令马上率部出发，连辎重都不要了，来不及了。

曹操出征前的部署帮他稳住了基本盘，荀彧、夏侯惇没有辜负曹操的信任。

夏侯惇率部去甄城的路上碰上了一支也在匆忙赶路的部队，来的正是吕布。吕布的目的地是濮阳。

双方很快就确认了关系，是敌人。经过短暂交手后，两支军队就分道扬镳，各自赶路。对双方来说，仗以后有的打，目前最重要的是赶路，大家都无心恋战，碰上不打又说不过去，于是，象征性比画几下，然后各自上路。

一个急着抢地盘，一个急着保老巢。

夏侯惇回援很及时，甄城这边已经乱了。夏侯惇带兵进城后，一夜连杀数十人，解决了隐藏的细作，人心才安定下来。

城里刚控制住，外面不知是谁任命的豫州刺史郭贡带兵已经赶至城下，他是来抢地盘的。他只晚了一步，就差一步，不然，甄城可能真的就要易主了。因为就算荀彧再能干，在缺乏兵力的情况下，同时应对内外双向攻击也凶多吉少。

这个郭贡兵临城下点名要见荀彧。

荀彧慨然应允，夏侯惇等人劝他不能去，您是大家的主心骨，外面那帮人明显不怀好意，万一有个闪失，兖州怎么办？

荀彧说："郭贡与张邈平素没有往来，现在来得及，肯定还没下定决心，还能争取！郭贡此番前来意在试探，如果我们闭门不出，郭贡就会认为我们胆怯，恼羞成怒就会跟张邈合谋。现在趁郭贡主意未定，晓之以理动之以情，就算不能为我所用，能保持中立也好。如果我不去，就是示弱，他可能真要带兵攻城！"

郭贡见荀彧敢出城来见他，肯定是有备而来，底气十足。于是一番交谈后引兵而去。

望着郭贡远去的背影，荀彧长出了一口气。

一场危机又被荀彧化解。急招夏侯惇、迅速平乱、果敢决策、出城退敌，真是险象环生。这中间差一个环节就可能满盘皆输，好在有荀彧，果真是曹操的张良。

形势危急，荀彧调整部署，分兵派将。他找来东阿人程昱："现在兖州只剩三城，陈宫等人带大兵去攻东阿、范县，那里需要持重之人坐镇指挥，否则两城难保，您在本地素有声望，只有请您辛苦一趟了。"程昱知道这是荀彧对自己的信任，身为人臣，守土保境，义不容辞，当即领受任务，前往范县。

县令靳允将程昱等人迎接入城。此时靳允的家眷都在吕布手上，程昱得知后，必须安抚靳允："听说吕布扣押了您的妻小，这的确是件让人难过的事（先谈现实问题，表示慰问、同情）。现在天下大乱，豪杰并起，但只有真正的英主才能平定天下，如跟错主公，不但前程尽毁，一家老小也不能保全。曹兖州英雄盖世，必能平定天下，我们只有追随曹兖州，才是正道。于今危难之际，正是我辈立功之时，将来必定名垂青史（指出前途的光明）。吕布是何等人，不过好勇斗狠一介匹夫，跟陈宫等人不过相互利用而已，必不能长久（指出敌人并不可怕，是可以被消灭的），还请您慎重考虑。"

靳允听了痛哭流涕表示誓死追随曹操，绝不敢有二心。这时靳允其实已经把陈宫派来的氾嶷接进范县，随时可能易帜，但在程昱一番恩威并用之下，靳允派人杀了氾嶷，跟陈宫、吕布决裂。

程昱稳住范县又来东阿，东阿县令枣祗早就严阵以待，带领全城军民上城防守。

枣祗，豫州颍川郡人，早在曹操陈留起兵时就投奔了曹操，是曹操的心腹。

程昱刚进城，陈宫大军随后就到了，劝降无效架云梯攻城。枣祗跟程昱率全城军民拼死抵抗，陈宫攻城不下，只好撤兵。陈宫随后又去攻打范县。范县既已跟陈宫闹翻又杀了陈宫的使者，自然不能投降，也拼死抵抗，结果，范县也没打下来。

甄城由吕布亲自率兵攻打，也是铩羽而归。

三城的坚守为曹操的反攻赢得了宝贵的时间。曹操从得知陈宫、张邈叛变，一刻不敢耽搁，昼夜兼程回兵救援。吕布、陈宫听说曹操率军归来，撤除包围，向西转移，屯兵濮阳。

曹操听说吕布屯兵濮阳，不禁仰天大笑，吕布这厮一夜之间得一州之地，不向东据守东平切断亢父泰山间的通道，阻截我的退路，反而主动让开大路，西逃到濮阳，吕布不懂兵法不识地理，真是蠢材，此乃天助我也！我已有破敌之策，大破吕奉先，指日可待。

曹操虽然嘴上这么说，但要想打败吕布、陈宫并非易事。吕布屯兵濮阳，并非胆怯，恰恰相反，是想在濮阳以逸待劳跟曹操决战。

但战斗一开始并不顺，曹操的大军跟吕布在濮阳城外摆开阵势，展开决战。吕布亲率精锐骑兵冲击曹操大阵。曹军处于最前方的是青州兵。面对如狼似虎的吕布铁骑，青州兵怯了。三年前被公孙瓒的铁骑横扫狂屠的阴影，让这些青州兵看见骑兵就眼晕，那场不堪回首的战斗过于惨烈，十万人被杀被俘，记忆深刻。眼前的骑兵又唤醒了他们痛苦的记忆。

很快吕布的骑兵就将青州兵阵形冲乱，溃兵丢下主帅四散奔逃。

溃退的青州兵不但自己的阵形被冲散，逃跑的过程中又将曹操的本阵冲乱，同时还给吕布的兵做了义务向导，乱军中吕布的兵准确地锁定了曹操的位置。

这时的曹操中军大阵早已被冲得七零八落，青州兵跟中军挤成一团，曹操本人也被挤下马。司马楼异见主公遇险，反应很快，当即跳下马，将曹操扶上自己的马，随着溃兵往后撤，在亲兵的拼死保护下，曹操才逃出去。

正面打吃亏，那就夜袭。曹操决定先打城西大寨。一个月黑风高的夜晚，曹军人衔枚马裹足，悄悄打开营门，夜袭大寨。

来到寨外，曹操先让精壮士兵拔去鹿砦，填平壕沟，随即一声令下，率军冲入大寨，逢人便砍，遇帐就烧。守寨士兵没料到曹军会来夜袭，没有准备，仓促抵抗，一场混战，曹操大获全胜。

吕布忙点兵出城救援。曹操这时正杀得起兴，忘了撤退。吕布带兵赶到，见面开打，两军短兵相接，展开肉搏。战斗从半夜打到黎明，又从黎明打到中午，形成拉锯战。

情急之下，曹操在战场上组织敢死队。曹操的勇士司马典韦站了出来，召集精壮部下数百人，典韦带着这些人冲锋在前，为大军开路。典韦往外冲，吕布的兵向里杀，狭路相逢，双方尚有一段距离，吕布军便弓弩乱射，典韦一手持盾一手握戟迎着箭雨前进，吕布军开始向典韦包抄过来，典韦对身边的人大喊："等敌人距我十步再告诉我。"

十步就是一瞬间，身边的人大喊："敌人已近十步。"典韦又喊："进至五步再喊。"不一会儿，部下再次大喊："五步！只有五步啦！"典韦撂下盾牌，伸手去拿背后的手戟。手戟是一种类似飞镖的投掷武器，是长戟的浓缩版，但真要抡起来向外投掷需要很大的力气。

这时吕布军已冲到眼前，目标够大，典韦手握双戟，照准目标，抡开膀子，左右开弓，一戟一个，凡是被典韦"点名"的，纷纷中戟坠马，剩下的人纷纷退避。

典韦趁机猛冲，吕布军阵脚动摇。

曹操随后率军杀出。

就在曹操为打濮阳一筹莫展时，濮阳城里的大户田氏派人出城跟曹操联系，表示愿意投诚做内应。曹操大喜过望，于是双方约定日期，里应外合，夺取濮阳。

又是一个月黑风高的晚上，曹军再次出动，这次的目标是濮阳城。到了城下，按事前预定，田氏果然派人打开东门，放曹军入城。曹军人衔枚马裹蹄，悄悄进城。曹军自以为己方的行动神不知鬼不觉，其实，这一切都在吕布的掌控之中，原因很简单，派田氏出城的就是吕布本人，他怎么会不知道！

曹军进城不久，突然喊杀声四起，熟悉的台词出现了："中计啦！"两军随即在城里展开巷战，但吕布军设伏在先，很快占据上风，将入城的曹军冲乱。

溃败的曹兵四散奔逃，很多人想顺着原路往回跑，可到了东门才发现，烈火熊熊，根本出不去。大火封门，出不去；想回去拼命，也不行，要是打得过也不至于逃。

再说曹操，跟大部队失散，半路上碰到吕布的兵，估计不认识曹操，随口问曹操，曹操在哪里？遇上曹操还问曹操在哪儿。乱军中，曹操被对方搞得哭笑不得，这黑色幽默开得真不是时候。曹操被突然一问，有点发蒙，但曹操毕竟是曹操，反应很快，顺手一指旁边一个骑黄马的，说："看，那个骑黄马的就是曹操，快追。"这位还真听话，冲着曹操手指的那位倒霉的仁兄就去了。曹操趁机溜之大吉。

到了城门，曹操也遇到了部下遇到的问题，看着燃烧的城门，大火圈，钻还是不钻，曹操很纠结。但后面喊杀声越来越近，已经没有时间犹豫了，曹操把眼一闭心一横，打马向前钻了火圈冲出濮阳。连败两阵，曹军并未动摇，反而适应了吕布的打法，双方形成对峙。

到了九月，曹操、吕布各自收兵，不打了。停战的原因很简单，没粮了。城里的吕布、城外的曹操，都面临无米下锅的窘境。眼下打仗不是最要紧的，吃饭才是。于是大家分开去找饭吃。

吕布在濮阳的粮食吃光了，率军到乘氏县斗地主打算吃大户，结果被乘氏土豪李进打败，吃不饱连地主都打不过，可见，有粮才有战斗力。

兴平元年（194）九月，曹操带兵回到甄城，勉强支撑了一个月，甄城的存粮就见底了。十月，曹操只好率部转场到东阿去蹭饭。尽管县令枣祇竭力筹措，但还是不能让曹操的兵吃饱肚子。为了省粮，曹操不得不忍痛裁军。

这时，大哥袁绍派人慰问，表示你在前方打仗辛苦，家眷就让大哥帮你照顾吧。袁绍想让曹操送人质做小弟。曹操一度动心，真打算送了，还是程昱极力反对才作罢。程昱说咱还有家底，还能打，不到最后不能送人质。曹操一听也对，还得打。

到了兴平二年（195）春，曹操再次进攻定陶，将前来增援的吕布打败。四月，曹操率兵围攻吕布部将薛兰、李封据守的巨野。吕布闻报率兵来救。曹操在巨野城外以逸待劳，张开大网等着吕布自己往网里钻。

吕布果然乖乖钻进了曹操为他准备的口袋，被曹操杀得大败而逃。曹操抓住机会乘胜猛攻，打下巨野，斩杀守将薛兰、李封。正当曹操准备乘胜追击时，徐州方面传来消息，陶谦病死。曹操想趁机再攻徐州，至于吕布，等打下徐州再说。

这明显是个昏招。吕布眼看就要打崩了。这时候去打徐州，考虑到之前曹军在徐州大屠杀的暴行，再加上刘备的整合能力，徐州一定会跟曹操死磕。而这边，吕布得到喘息之机，缓过劲来，必定趁势反扑。到时，徐州打不下来，兖州再丢了，曹操将进退两难，哭都找不着调。

关键时刻，荀彧再次站出来，帮助曹操做出正确的决策。

荀彧说："当年汉高祖占据关中、光武帝刘秀保有河内，都是建立稳固后方，并以此为根据，征战四方，一统天下。兖州就是您的关中、河内。据有此州，进可席卷四方，就算一时受挫，也有方面可据。如置吕布于不顾，去打徐州，多留兵则前方兵力不足，少留兵则后方只能城守，吕布若乘虚来攻，民心动摇，收复的城池可能得而复失，到时，您将彻底失去兖州。"

头脑发热的曹操听了荀彧的分析，膨胀的大脑开始冷却，打消了去徐州的念头，组织全军分散到各地抢收麦子。

就在曹军在田间地头挥汗如雨割麦子时，吕布果然与陈宫等人合兵一处，率兵一万来找曹操决战。这时曹操的主力分散在外，等发现吕布，再想召集部队已经来不及了。

曹操此时手下只有一千多人。情急之下，曹操只好让妇女们上城防守，而将能战的一千精兵埋伏在城外。城西是河堤，河堤南面是茂密的树林。吕布来到城外，见远处树林茂密，怕有伏兵不敢攻城，便对左右说："曹操诡计多端，不要中了他的埋伏。大军先不要攻城，就在城南十里安营扎寨。"

吕布的迟疑为曹操争取了时间。第二天，吕布带兵又来到城外，曹操将主力埋伏在河堤内，只分出一半兵力在堤外布阵。

吕布见曹军人少，放心大胆地带兵冲击曹军。曹军假装败退，等吕布进入伏击圈，河堤内的伏兵适时杀出，刚才败退的曹军也返身杀回，两面夹击。吕布被打得大败。

吕布打了败仗，不敢久留，连夜逃走。曹操则乘胜追击，分兵讨平反叛郡县。

八月，曹军围困雍丘。张邈去袁术处求救，半路被杀。

十二月，雍丘城破，张超自杀，兖州争夺战，以曹操的胜利结束。

第十八章

得而复失——刘备的徐州困局

徐州是膏腴之地，也是四战之地，北面的曹操，南面的袁术，都在惦记。

曹操哪怕在兖州跟吕布打得不可开交，也想要腾出手来抢徐州，虽在荀彧的力劝下作罢，但也只是暂时放弃，一旦解决了吕布，对徐州下手是迟早的事。

而袁术早就把徐州看作自家后院。刘备接手徐州，反应最大的就是袁术。

袁术听说徐州的士大夫们居然推举卖草鞋的刘备为徐州之主，都不来找他这个"四世三公"的邻居，当即大怒。袁术对徐州垂涎已久，与刘备开战抢夺徐州在所难免。

其实，早在陶谦主政徐州时，徐州与淮南就已产生裂痕。起初，陶谦确实是站队袁术、公孙瓒这边，与袁绍、曹操对抗的，但袁术能力不大野心却很大，一个淮南是满足不了他的胃口的，江南过于荒凉落后，当然是富庶的徐州更吸引他。

袁术其实一直在向徐州方面搞渗透，他的扩张方向是北方。这就与占据徐州的陶谦产生了不可调和的矛盾。

陶谦担心徐州迟早被袁术吞并，敌人的敌人就是朋友。他听说刘繇初到江东势力单薄，担心被袁术吞并，使袁术完全占有东南，便派部将薛礼南下长江，与刘繇结盟，压制袁术。袁术也不含糊，令丹阳太守吴景渡江北上，攻打徐州的广陵郡。陶谦与袁术早已成为敌人，双方早已决裂。

以刘备的能力，只要给他足够的时间，他是可以消化徐州并站稳脚跟的。但乱世里，不会有人给他发育的时间。

袁绍、曹操从京师洛阳出奔到称霸一方，除了他们本身的能力，还因为他们深厚的背景官场人脉，他们从来不是一个人在战斗。

袁绍早期最困难的是界桥之战前的一个时期，但界桥之战，他以弱胜强打赢了，挺住了。

曹操早期最困难的就是兖州集体反水，他在举州皆叛的情形下硬是打赢了，也挺住了。

刘备早期发展最好的一个时期就是入主徐州，但他没能挺住，不是他的能力不如袁绍、曹操，而是他们出身不同，掌握的资源不同。

刘备与刘邦、朱元璋相同，是真正从底层走出来的英雄。

在这个冷酷的充满竞争的世界，真的不是仅靠自己的能力就能成事的，需要强大的雄厚的资本，还要一点运气。

刘备明显势单力薄，只有关羽、张飞等几个好兄弟，战场上是万人敌，但乱世的"战场"是全方位的，各地的豪强都是墙头草，哪边的风头硬就往哪边倒。界桥之战前，公孙瓒的风头正劲，结果袁绍的冀州就有不少人倒向公孙瓒。这其实再平常不过，从来都是锦上添花的人多，雪中送炭的人少。

陶谦在时，徐州本土势力与丹阳系就矛盾重重，之所以能维持局面，靠的是陶谦的丹阳兵的军事威慑。刘备是在徐州本土势力支持下接手徐州的，他最要紧的是妥善处理好两派的关系，要他们团结一致谈不上，能维系表面的平衡就不错了。

但袁术不会给刘备整合内部的时间。刘备刚接手徐州不久，袁术就打上门来。刘备在上台后，第一时间就派出陈登去袁绍那里"汇报"工作，表示徐州坚决跟您走，袁术狼子野心，不仅是您的敌人，也是我们徐州的敌人。我们徐州迎刘备就是要对付袁术的。

袁绍很高兴地表示："玄德，我还是了解的，此君弘雅有信义，徐州的同志们眼光不错，好好干吧！"

曹操也派人来慰问刘备，还送来一份厚礼，以朝廷的名义任命刘备为镇东将军，封宜城亭侯。袁绍、曹操以不同的方式支持刘备，只因袁术是他们共同的敌人，敌人的敌人就是朋友。

营造良好的外部氛围是必要的，但真打起来只能靠自己。

汉献帝建安元年（196），袁术带兵北上来抢地盘。刘备当然不会怕袁术，亲自带兵南下抵抗。两军在盱眙、淮阴一线形成对峙，一时难分胜负。刘备有淮河之险，只要守住泗水淮河防线，袁术就绕不过去。

袁术这些年的"战绩"是有目共睹的，在荆州被刘表虐，在豫州被曹操揍，离开孙坚孙大炮，袁术啥也不是。

但很快，刘备军就崩溃了，不是因为前方的袁术，而是因为后院起火了。

点火的人是吕布。

吕布被曹操打出兖州，就带着残兵败将跑来徐州。刘备正缺人手，就好心收留了吕布。熟悉三国的人都知道，吕布这个家伙是三姓家奴，哪有一点政治节操。

谁留他，谁倒霉，专门坑老板的人。

刘备在前线与袁术打仗，吕布趁机从后面袭取下邳。

吕布这个外贼能这么顺利得手，还是因为有家贼做内应，家贼就是丹阳兵。

丹阳兵从开始就对刘备不感冒，发展到现在则成为彻彻底底的反对派。

徐州豪强士族请刘备入主徐州，只是希望找个人来当门面，替他们打仗，这跟当初兖州士族请曹操来做领导打黄巾军如出一辙。

刘备有魅力，徐州士族也倾心相结，甚是融洽。

但是，丹阳兵看在眼里，就不是滋味了。

吕布在袁绍跟曹操的联合打击下，被从兖州赶出来，狼狈逃到徐州。曹操对徐州虎视眈眈。袁术更是流口水。刘备以自己的实力不足以对抗南、北两个方向的威胁。

刘备认为吕布可以充当一个缓冲，增加防卫力量，于是将吕布摆到小沛去，就是当初陶谦安排他去的地方，任务还是防兖州的曹操。

小沛的地理位置，之前说过，就是徐州的西北门户，防的就是曹操。几乎就是复制之前的布局，只不过，陶谦换成刘备，刘备的角色给了吕布。

但吕布可不是个安分守己的主。来了之后，他就发现了徐州的矛盾，并充分利用了这种矛盾。

陶谦的心腹曹豹掌管着丹阳兵，刘备上位后让他做下邳相，与张飞同守下邳。很大可能，这个曹豹被吕布策反了。

刘备率军去前线后，留守后方的张飞与曹豹双方翻脸，打起来了。

曹豹打不过张飞率部回营固守，然后遣使求救于吕布。

吕布率军水陆并进顺泗水东下，大军开到距下邳还有四十里时，又接到第二个消息。

陶谦的另一个丹阳系将领许耽也连夜派属下来向吕布求援：张飞此时已攻破曹豹军营，杀了曹豹。现在城中大乱，我部丹阳兵还有千余人驻守西城白门楼，您赶紧带兵来西门，我们开门迎将军入城！

赶紧来！再晚些我们就都被张飞杀了。

吕布于是快马加鞭疯狂连夜进兵。清晨，吕布率军来到城下，丹阳兵当即开门迎吕布进城。

吕布突然出现，将张飞打了个措手不及。张飞抵挡不住吕布与丹阳兵的夹攻，败逃出城，因为过于匆忙，连家属也来不及带走。刘备军的部曲家眷以及军粮辎重都被吕布控制。

这么一来，刘备就被动了。

张飞为啥突然与曹豹翻脸，还要杀对方？很可能是吕布跟曹豹等丹阳系将领约定，趁刘备在外，夺取徐州。但丹阳兵要反水的事被张飞发现了，迫使曹豹率领的丹阳兵不得不提前行动，张飞迅速出兵镇压。曹豹被杀，城内的丹阳兵只得退往西门，然后许耽命部下去找吕布，告诉吕布快点来，还派人做向导。

吕布显然是早知道，早有准备，不然，这边刚来求救，那边马上就能整军出动。说吕布事前不知情，那后面的事情很难解释。

真正事前不知情，仓促应对的是张飞。

以张飞的实力跟水平，正面对抗，张飞打得过吕布，绝不至于被吕布打得连家眷都顾不上带走。

刘备安排丹阳兵跟张飞一起守城不是失策而是迫不得已。丹阳兵都能调走吗？那么做，矛盾只能提前暴露，丹阳兵跟刘备已经不是一条心，不论是带走还是留下都是隐患。留下，跟吕布一起反水。带走，临阵倒戈，便宜的是袁术。

怎么做都难，怎么做都错，这就是刘备的困局。

明知丹阳兵是隐患，但在反状未露前，找不到理由对付他们。

刘备听说下邳失守，迅速回撤，但走到下邳，部队就崩溃了。

军属都在吕布那里扣着，军队瞬间就崩了。

这次，上演的是徐州版军属被扣崩溃记，徐州丢了。

下次，二十多年后，相似的情况会在荆州重演，那时丢的是荆州。

吕布进兖州，有荀彧为曹操保住最后的家底，然后才能翻盘。

吕布进徐州，刘备身边缺荀彧给他看家，才导致全线被动。

刘备只好收拾散兵东进广陵，结果，遇上追过来的袁术，两军接战，刘备大败。真不是刘备打不过袁术，而是这个时机真不好。

陈登等徐州豪强早前还说要为刘备整合步骑十万，现在却连个影子都找不到。

刘备军丢失徐州，就此失去补给来源。下邳有吕布，广陵有袁术，刘备进退两难，全军很快陷入饥荒，甚至发生人吃人的惨剧。

疾风知劲草。

在刘备最困难的时候，在刘备最需要帮助的时候，曾在刘备入主徐州时立下大功的麋竺，将自己的家产尽数献出。麋家是徐州土豪，家资巨亿，仅依附的家仆佃户就有上万口，那时一个县也不过才几万人。麋竺一点也没有吝惜，全捐出来，帮刘备渡过难关。刘备家眷都在吕布那儿，麋竺又将自己的妹妹嫁给刘备，啥是真爱，这就是。

刘备是可共患难也可共富贵的仁义君子。麋竺在徐州两个关键时刻的鼎力支持，这份情义，刘备终生不忘。后来，刘备在蜀地建国称帝，给予麋竺的待遇是最高的，诸葛亮都在其下，原因即在于此。

曹操曾上表朝廷任命麋竺做嬴郡（从兖州泰山郡划出五县设立）太守，任命麋竺的弟弟麋芳为彭城相，但两人都选择弃官追随刘备。

刘备得荆州后，之所以让麋芳协助关羽守荆州，就是因为麋家是革命元勋，是当年在徐州生死相随的家族，不信任麋家信任谁？但谁也未料到麋芳会叛变，导致关羽败亡。即便如此，刘备也丝毫未减少对麋竺的宠信。

与曹操的"宁可我负人，不可令人负我"相比，刘备从未辜负过与他生死与共的弟兄们。三国时代，刘备才是最值得追随的君主。不过，必须闯过眼前的难关。刘备做出了一个出人意料的决定，向吕布请降。向那个自己好心收留却背信弃义从背后偷袭自己的卑鄙小人吕布低头。啥叫大丈夫能屈能伸，这就是。

但凡是个人，遇到这种事都会火往上起，冲动得早就出去找吕布拼命了。

但刘备选择忍，不是他没有脾气，不是他不愤怒，而是此时此地，先要生存下来，才能报仇。

现在，迫于形势，刘备屈了。

两年后，就在吕布开进下邳的西城白门楼上，刘备只用了一句话就完成了复仇，让吕布身首异处。那时，是他伸的时候。君子报仇，十年不晚。

但想不到，刘备这边能过心里这道关，反倒吕布那边出现纠结。

吕布的手下对吕布说："刘备素来反复，不如趁机杀了他。"很多人看到这里估计会被气笑。居然有人对乱世第一反复小人三姓家奴吕布说另一个人"反复难养"，这也就是吕布，脑子转得慢点，但凡一个明白人都会跳起来骂街，你说谁呢？

吕布认为，眼下形势变了，现在最大的敌人已经不是刘备，而是惦记徐州的袁术。刘备我还用得着，先让他回小沛吧，于是归还刘备的妻子和部曲家属。

刘备去了小沛。吕布留在下邳。不久之前，待在小沛的还是吕布，据守下邳的还是刘备。现在，他俩互换了位置。

刘备回到小沛，被打散的部下纷纷归队。很快，刘备又有了上万人的部队，渐渐恢复元气。

吕布感觉刘备实在是个危险的人，照这个搞法，用不了多久，徐州就又是刘备的了。

不行，不能让刘备有喘息之机，于是，吕布率兵来打刘备。

刘备才把人马聚拢，又被打散。

在徐州难以立足，刘备只好去投曹操。

为何刘备和曹操奋斗一生的成果差距那么大，很多人认为这是个人能力的差距。认为刘备诚不如曹操。

之所以会这么想，是因为对历史的认知还不够深入。我们曾经相信自己可以决定自己的命运，出身、人脉都不重要，只要能力强，就能开创属于自己的事业。

但黑暗的社会一次次用现实教育我们，很多时候，见得光的并不重要，见不得光的才是决定因素。

很多人会举出从底层走出的平凡人靠着自己的努力，最终成就一番事业的励志故事。当然，这种情况是有的，但是很少。不能只看那些从千万人中出现的佼佼者，更要看到那些数以万计当炮灰的陪衬。

更何况很多所谓的平凡人普通人，其实并不平凡也并不普通。很多时候，他们隐藏了许多不可见人的重要条件，只把那些可以让人见的呈现给你。

"刘备成就不如曹操是因为出身低"，有人认为这是弱者的借口。然而，当你真正经历了一些事之后，你就会发现出身和人脉，真的很重要。

在缺乏资本、后台的情况下去努力，努力过后，你会发现，真正只靠自己从底层做起多么艰难。这种情况在刘备身上体现得尤为彻底。

曹操和刘备都面对吕布的偷袭，结果曹操没倒下，刘备却倒下了。真的是，曹操 VS 吕布、刘备 VS 吕布那么简单吗？错。

首先说，曹操和刘备虽然一开始都各拿到了一个州，但这两个州的情况完全不同。

曹操拿到的兖州是一个受破坏较少且领土完整的州，而且内有荀彧和夏侯家、曹家这些宗亲辅佐，外有大哥袁绍照应。

而刘备的徐州呢？

刘备到手的徐州有五个郡国：东海、琅琊、彭城、广陵、下邳。其中琅琊已在臧霸的割据之下。

臧霸从陶谦击破黄巾军之后，拜骑都尉，从那时起就割据一方，与孙观、尹礼等聚众形成有名的青徐豪霸。后来，曹操即使战败袁绍，统一河朔，对臧霸等地方豪强也只能网开一面，允许他们保留一定的独立性，直到曹丕上位才最终解决。

曹操统一北方，那么强的实力尚且奈何不得臧霸，刘备怎么可能让臧霸听其指挥？臧霸敢独立，本钱是手下的徐州兵。

至于东海，属于那个曹操"五攻不下"的地方豪强昌豨。

广陵则在陶谦时就已被袁术趁机占据，以至于后来袁术进攻刘备时，直接就打到下邳的盱眙、淮阴。

所谓刘备得徐州的真相，竟然是只拿到彭城、下邳两个地方，这里之前还被曹操屠杀过。

徐州内部矛盾重重，外部又有一群敌人虎视眈眈。

然而，接下来的情况发展完全出人意料。

曹操拿了一手好牌，不但不珍惜，反而使劲作死，名士边让讥讽曹操，直接被曹操杀全家。曹操得罪兖州士大夫阶层，将亲信安插于要职，将兖州名士边缘化，引起不满。

曹操在内部不稳的情况下出兵去打徐州，在徐州又大肆屠杀百姓，导致兖州士大夫、徐州百姓都对曹操恨之入骨。曹操不但没拿下徐州，兖州还被陈宫、张邈联合吕布给夺了。要不是荀彧、夏侯惇表现出色，曹操就直接出局了。

反观拿了一手差牌的刘备，表现却惊人之出色。

陶谦虽是徐州牧，但他本人是扬州丹阳人，为了巩固统治，重用的军事将领曹豹、许耽都是丹阳人。

刘备是在徐州本土势力拥戴下入主的，这就导致刘备与丹阳系的矛盾重重。

刘备在为政上重用糜竺、陈登这些徐州本地人，军事上用关羽、张飞，同时又提升曹豹为下邳相，竭力争取各派势力的联合，缩小而不是扩大矛盾。

内部基本稳定后，面对四处受敌的外部环境，刘备开始展现令人惊叹的外交手腕。

陶谦在死前可以说四面树敌，南面的前盟主袁术撕破脸抢走广陵。北面的臧霸是陶谦平黄巾军时招安的山贼，也不听指挥。东海的昌豨那是连曹操都搞不定的主儿。至于北面，就不用多说，与曹操的两次大战，徐州尸横遍野、血流成河。此时的曹操与他的本初哥哥是捆绑在一起的，得罪曹操也就意味着得罪袁绍。

刘备入主徐州后，立即就派陈登去结好袁绍，成功取得袁绍的认可。曹操则陷入与吕布的互撕，于是，北面威胁解除。至于南面，与袁术属于敌我矛盾，那就必须打到底。

但刘备有一个致命的因素，那就是没有时间。

与袁术必有一战，然而刘备没有足够的时间在开战前彻底解决徐州的丹阳系。

目前的表现，刘备完全胜出曹操。

然而，接下来的发展急转直下，原因不是二人的能力差距，而是外部干涉。

曹操把东郡割让给大哥袁绍，求得袁绍的援兵还有持续的补给，袁绍甚至直接出兵驱逐了东郡的吕布军队。

在袁绍的全方位支援下，曹操缓过一口气，满血复活，最终翻盘，将吕布逐出兖州。

刘备就不同了，内部派系对立又得不到外部实质上的支持，相反是吕布得到袁术的后援。

袁术率军来攻，刘备率军抵抗，袁术写信请吕布偷袭下邳，随后帮吕布拖住刘备。

就在这时，徐州内部丹阳系在吕布的勾引下反水，徐州豪强袖手旁观，丹阳兵则直接开城迎吕布入城，徐州还是丢了。

最终的结果：

曹操把好牌打成屎，却赢了。

刘备把烂牌打出花，却输了。

为何会有如此结果？

因为不是曹操 VS 吕布，也不是刘备 VS 吕布。

而是曹操 + 袁绍 VS 吕布跟刘备 VS 吕布 + 袁术。

刘备没有曹操的出身、条件、人脉，曹操外有大哥袁绍，内有宗亲支持。

刘备几乎做到了最好，却还是以兵败收场。这就是底层奋斗者的悲哀，真的太难了。令人压抑愤懑。

第十九章

献帝东归——漫长的回家路

董卓在的时候，大家都说董卓坏，是个坏蛋。但董卓死后，李傕、郭汜反进长安倒行逆施，大家才明白，啥是真的坏。李傕、郭汜就是董卓的升级版。他们控制下的关中直接变成人间地狱。长安则成为土匪窝。

开始，关中朝廷被李傕、郭汜、樊稠、张济四人共同控制。这些董卓旧部不会管理国家，搞得乌烟瘴气，长安国库中那点可怜的库存很快就被他们吃光。于是，他们又干回老本行，直接放纵手下士兵出去抢。赶上旱灾，关中百姓纷纷出逃，向南进入益州、荆州。

很快，他们就发现能抢的东西越来越少。不久，张济主动率部出去找吃的。

此时剩下的李傕、郭汜、樊稠直接将长安分成三块，划区管理。虽然实现了划区而治，但长安却一天比一天乱，甚至有人大白天公然在街市上抢掠。

当时关中已经到了"谷一斛五十万，豆麦二十万，人相食啖，白骨委积，臭秽满路"的地步。八百里秦川变成八百里狮驼岭。

不久，樊稠在内讧中被干掉。这回只剩下李傕、郭汜。但窝里斗的传统已经多次证明一个道理，一个山头只能有一个老大，这俩货果然又开始互撕。两人甚至带兵在长安城里打起巷战，今天你打过来，明天我打过去。

打着打着，这俩货开始不上道了。

　　两个人居然不约而同地想到劫持皇帝，但李傕抢先一步将皇帝"请"入自己的军营。郭汜虽然晚了一步，不过，在作祸方面一点也不输李傕，随后就扣押了前来调解的公卿百官。

　　一个劫持天子，一个扣押百官。

　　这下连在外混饭吃的张济也看不下去了，来长安做调停。这两个人其实打不动了。双方都精疲力竭，急需休整，于是双方达成协议，休战罢兵。

　　经过这番折腾，即使是土匪们也意识到，待在关中早晚要饿死，不如出关，去关东谋发展。皇帝当然比这些人更想回家。

　　兴平二年（195）七月，汉献帝在张济、郭汜、杨奉、杨定、董承的护卫下终于踏上了归家之路。但他不会想到，从长安到洛阳，八百里路，他整整走了一年，其间更是屡遭兵祸，几次死里逃生，追随他的大臣更惨，十之八九死在了路上。

　　八月，走到新丰，郭汜反悔了，自己的势力在关中，出关以后还能为所欲为吗？不行，不能出去。他想背着那四位把献帝拐走，结果被发现了，杨奉将郭汜打跑。郭汜逃进终南山。

　　队伍接着往前走，郭汜的部将夏育、高硕再度发难，打算劫持献帝回长安，又被杨奉、杨定打败。

　　十月，汉献帝一行抵达华阴段煨部大营。段煨是凉州军中为数不多的靠谱将领，是凉州豪强。注意豪强不是恶霸，只是地方实力派，他们普遍有钱，也受过良好的教育，这点特别重要。

　　从段煨的行为上就能看出，他的部队爱护百姓，不抢不夺，就在华阴过日子，可以称得上乱世里少有的模范部队。

　　圣驾来到，段煨规规矩矩备好饮食安排好衣服车马，准备迎献帝百官入营。

　　有守规矩的，就有不守规矩的，人与人的差别真的相去何止千里。

　　杨定跟段煨有仇，造谣说段煨要谋反。汉献帝明知不是那么回事儿，但也只能妥协，不去军营，只好露宿。

　　杨奉、董承、杨定这帮土匪平时就看洁身自律的段煨来气，不跟我们一起杀人、抢劫，哼，不是自己弟兄，跟咱们不是一条心。偏偏这人又有地盘又有东西，都是咱们兄弟缺的，不如抢他的。贼性不改的这伙人于是联合起来攻打段煨，打了十多天却打不动，这边打着，那边段煨照旧给献帝百官送吃的。

　　华阴打得正热闹，李傕也后悔了，不该放走皇帝。

　　众将"保护"皇帝东归，只有李傕不走。他屯兵于池阳打算在关中终老。他最后也的确死在那里。

　　逃回来的郭汜跟后悔的李傕又凑在一起，两个冤家重归于好。在深切追忆了当年的战斗友谊跟烽火岁月后，两人决定联合行动，将皇帝追回来。

　　听说追兵来了，杨奉、董承、杨定不打了，迅速开拔，赶紧跑。李傕跟郭汜这俩货，一个就很难对付，俩凑一块儿可不好办。大家都是凉州系的，这俩货的破坏力他们是清楚的。走到半路，杨定直接开溜。

　　不久，张济与杨奉、董承闹翻。张济一气之下率军返回与李傕、郭汜合兵一处。凉州系三大军头一起追。

　　十一月，凉州军追上杨奉、董承的护驾军，两军在弘农郡的东涧大战一场，董承、杨奉战败。

　　杨奉、董承感觉硬拼不是对手，必须找外援。杨奉原是白波军出身，于是决定找老东家求援，先假意向李傕等人求和，暗地里派人前去并州找白波军。白波军首领李乐、韩暹、胡才还有也在并州混的南匈奴右贤王去卑率数千骑兵过来帮架。靠着外援加偷袭，终于扳回一局，打败李傕等人的追兵，斩首数千，皇帝才得以再次上路。

　　护驾的众将做了分工，董承、李乐保护车驾，胡才、杨奉、韩暹与匈奴右贤王去卑率军作后卫阻挡追兵。

不久，护驾军又被追上，失去偷袭优势，白波军打不过凉州军，大败。

汉献帝坐不住了，照这么个打法，还没到洛阳，人就打光了。皇帝与百官商议后，决定渡河去并州，从那里绕道回洛阳。

过黄河的时候，更为凄惨，船少人多，只有皇帝跟少量官员上船，随行士兵为争抢渡船互相厮打，乱成一团。这时候，追兵又杀上来，结果，未能过河的百官士兵，不是被杀就是被俘。

汉献帝过河后才发现跟在身边的大臣仅剩十余人，于是派太仆韩融向李傕、郭汜讲和。李傕知道自己是强弩之末，放回了此前俘虏的公卿百官。

皇帝在白波军控制的并州日子也不好过，才出匪窝又入贼窝。皇帝想走，但贼帅们不同意，直到并州的粮食也吃光了，杨奉、韩暹、董承才启动回归计划。

路上，董卓系的董承与白波军的韩暹又闹翻，董承被韩暹赶走。

建安元年（196）七月，汉献帝一行终于回到阔别六年的故都洛阳。然而昔日富丽堂皇的宫殿早已被董卓的大火烧成灰烬，繁华不再，目之所及是冷清破败的街巷。天子不论走到哪里都受众人瞩目，汉献帝是不会寂寞的，"惦记"他的人很多。

第二十章

迎帝都许——奉天子以召四方贤士

挟天子以令诸侯。

看过三国的人对这句话再熟悉不过，人们第一个想到的就是曹操。曹操将汉献帝接到自己的地盘上，然后用皇帝的名义向各地诸侯发布诏令。这就是挟天子以令诸侯。但真实的历史不是这么简单的。

首先天子是一国之主，正常运行的国家，谁敢挟持天子！只有在乱世权臣当道的情况下，才会出现。很多人忽略了一个重要的人——董卓。

董卓才是汉末乱世第一个挟天子以令诸侯的人。然而他挟持天子的下场是被天下人骂作乱臣贼子，他被杀后举国称庆。他确实挟持了天子，但是他令得动诸侯吗？当然令不动，不然就不会有十八路诸侯讨董卓的事了。从权倾一时到身败名裂，董卓只用了两年，便被诛杀，还被陈尸示众，这就是挟天子以令诸侯的下场。

接下来，董卓的部将李傕、郭汜也学着来。他们的水平更差，差到诸侯不搭理他们，他们自己都混不下去了。

护送汉献帝一路东归的杨奉是李傕的部将，董承是董卓女婿牛辅的部将。他们跟李傕、郭汜身份相同，都是董卓旧部。他们之所以愿意护送皇帝东归，只不过是不满李傕、郭汜，想换个地方。他们的实力还不如李、郭二人，还未等他们挟天子以令诸侯，皇帝便被别人迎走。

此时关东诸侯有实力迎天子的只有三个，分别是袁绍、曹操还有袁术。至于长江以南的益州刘璋、荆州刘表、扬州刘繇基本就是围观的看客。

对前两位，应该不会有异议。会引起讨论的是第三个——袁术。

建安初年的袁术在避开袁绍、曹操的兄弟组合打击下，逃到相对冷僻的淮南反而迎来转机。在作死称帝之前，他的实力也不容小觑，横跨三州：豫州的沛国、陈国，徐州的广陵，还有几乎整个扬州都是他的势力范围。江北扬州受袁术直接控制，江南的东三郡被孙策掌控，此时的孙策名义上还算袁术的部下。

袁术也曾以豪侠相称，却越混越差。在跟袁绍闹翻后，为壮大实力，对抗袁绍，袁术走上了"统一战线"的道路，各路山贼草寇他都收留，河北的黑山、豫州的黄巾军还有在哪儿都不受待见的孙策。袁术这里简直成了大贼窝，名声越来越臭。看看人家河北袁绍，名士会聚。再看看淮南袁术，山贼草寇大荟萃，差距好大。

三个有实力拥戴天子的诸侯，第一个出局的就是袁术。这倒不是别人排挤他，是他自己主动退出的。

看看跟着他混的那些土匪草寇，你就知道袁术的政治眼光有多浅了。

袁术从未动过挟天子以令诸侯的心思，不是他多单纯，他的野心比袁绍、曹操的都大，他要自己当。他最后也因冒天下之大不韪，作死称帝而众叛亲离，在唾骂声中死去。多行不义必自毙，袁术之谓也。

真正对天子有想法还会用的，是有文化的两家——袁绍还有曹操。

他们都看到了机会。

但只有曹操采取行动，而他也成为三人中最大的赢家。

袁绍的谋士沮授得知献帝东归，劝袁绍西迎大驾，"挟天子而令诸侯"。

曹操的"张良"荀彧也劝曹操迎接皇帝，但他说的是"奉主上以从民望"。

凡事皆有利弊。袁绍、曹操都有机会。袁绍的机会甚至更大。但袁绍却未采取行动。奉迎天子，有利有弊，袁绍看到的是弊而曹操看到的是利。这就是他们做出不同选择的原因。

挟天子以令诸侯，看看董卓的下场就知道，挟天子从来令不动诸侯，真正心存汉室的是读书知礼的士大夫，皇帝的号令真正能令的是这些人。

任何时代为政者最宝贵的都是人才。

汝南袁氏"四世三公"，门生故吏遍天下，袁绍被看作士族的代表，重建秩序的希望。

在曹操迎接献帝之前，曹操的声望跟袁绍没法比。天下的名士一开始都是冲着袁绍去的。曹操最尊重的荀彧也是先投奔的袁绍而后才转投曹操，被曹操看重的智囊郭嘉也是。在曹操迎奉天子之前，曹操的班底主要是他的曹氏、夏侯氏宗亲以及荀彧等少数名士，不仅士兵少地盘也小，更主要的是人才匮乏。曹操由弱转强的转折点就是迎奉天子。从这时开始，曹操与袁绍的势力此消彼长，也是从这时起，曾经并肩战斗的兄弟渐生嫌隙，最后成为战场上的敌人。

奉迎天子，首先就要做到奉天子之命，凡事都要请示，这个对一心谋求霸业的袁绍来说十分麻烦。其实，对曹操也是，投奔曹操的人中很多不是真的投他，人家是奔着中央来的，天子所居即是中央。不过，早期弊端还不明显，直到曹操统一北方以后，矛盾才逐渐显现出来，荀彧与曹操最后也因立场不同而决裂对立。

未来还远，先从眼前说起吧。

曹操在稳住兖州之后，因为南边的徐州刘备已经与袁绍打过招呼，这时不好下手，所以曹操决定西进，接着去揍老冤家袁术。

196年正月，曹操大军开进豫州，正月顺利收取陈国。

这里有必要简要介绍东汉的郡、王国制度。

东汉制度，郡、国为同一级地方行政区划。

王国承西汉之制，为皇子封地，由相治理，相的地位等同郡守。诸侯王不治民，食租税而已。

二月，曹操兵入汝南、颍川，横扫依附于袁术的刘辟、何仪等黄巾军余部。豫州黄巾军非死即降，曹操顺利占领这两处至关重要的大郡。

为啥说这两个地方重要呢？东汉三大名士之乡汝南、颍川、南阳，这里就占两个。现在的荀彧和未来的郭嘉都是颍川人，颍川是曹操的人才库。汝南也是人才荟萃的地方，还是袁绍的老家。

兖州只是曹操起家的地方，豫州才是他的基本盘。

豫州汝南是袁绍的老家，豫州沛国是曹操的老家。

而豫州的中心是名士辈出的颍川。

颍川，地处豫中平原，土地肥沃、交通便利，颍水、濮水、汝水都从颍川过。

颍川是名副其实的膏腴之地。

因为土地肥沃，大家都想要。

因为交通便利，大家都方便来。

各路抢粮队经常来，你也抢他也抢。于是，上好的田成了荒地，因为你就是种上了，也未必能吃上。既然白忙谁还愿意干。李傕、郭汜在关中混不下去，经常跑过来抢，不仅抢东西还杀人。颍川人为保命纷纷出逃，大量田地变成荒地。人跑得差不多了。于是，这里就成了黄巾军的地盘，但随着曹操的入主，一切都改变了。

在保卫兖州时立功的枣祗这时向曹操提出利用这些现成的荒地屯田，曹操这些年也经常为闹粮荒发愁，当即拍板同意，于是一场轰轰烈烈的大生产运动——许下屯田便开始了。

鉴于当时的战乱背景，屯田实行军事化管理，招募失去土地的流民来当佃农。官府与佃农按比例分成，不租牛的官私五五分；租牛的官私六四分。虽然田租高，但总比饿肚子强。官府收这么高也是有原因的，提供军事保护。

曹操军队的战斗力在中原是有目共睹的，强大的军事实力才是实行屯田的基础。有军队保护，农民种粮才放心，不用担心辛苦种的粮食被人抢跑。虽然交出去的多，但总算自己还能剩一些，乱世里能吃饱饭已经很知足了。屯田之后，军队也因为有了稳定的军粮供应能吃饱，保证了战斗力。农民与军队其实是双赢。

不要小看屯田，这就是曹操能够最后战胜袁术、袁绍统一北方的根本原因。

国以民为本，民以食为天。

粮食在任何时代都是最重要的战略资源。

许下屯田的第一年，曹操便得谷百万斛，后期更是发展到数千万斛。相比之下，袁绍的军队在河北靠野枣果腹，袁术的军队在淮南捉鱼充饥。不是他们看不到屯田的好处，而是缺乏实施的条件。

曹操的兖州、刚打下的豫州都是经过长年战乱的地方，土地大部分掌握在地方豪强手里，而地方豪强又是各地诸侯的主要支持者，得罪本地豪强，在当地很难混下去，大概率会被赶走，不是每个人都如曹操那么能打。

曹操地盘上的豪强不是被杀就是逃走，才留下大量的荒地，曹操用来屯田的主要是这些地。但袁绍是靠着河北地方豪强的支持坐稳冀州的，搞屯田，那些豪强地主会答应吗？袁术的情况也差不多。

当时，粮食是紧俏资源，大家都缺。听说曹操有余粮，在众人眼中，那个个子不高的曹操形象瞬间就高大了。大家都想从他那儿搞点粮食。而这也为接下来接走皇帝带来方便。

杨奉、董承不会乖乖将皇帝交给曹操。硬抢也不行，皇帝在人家那里。难度是相当大的，甚至现在对曹操来说，想见皇帝一面都不容易。

这时一个关键人物出场了，董昭。

董昭原来也是袁绍的人，还立过大功。当年界桥之战前，冀州不少人看衰袁绍，想做墙头草，这里面就有钜鹿郡太守李邵。董昭就凭一人单车至郡，很快就摆平各种不服，稳住局面。他的弟弟董访当时在张邈手下，而张邈跟袁绍不对付，董昭受到排挤，于是三十六计走为上计，主动要求去关中觐见皇帝，走到河内被张杨"挽留"做了军师。

再后来，曹操夺回兖州，董昭的弟弟成了曹操的人。

兖州人董昭知道，他只能投曹操了。

但正式投奔之前，总要立点功当见面礼才好。

曹操想见皇帝，把本初哥哥当初给他封的兖州刺史转正，变成朝廷正式的兖州牧，要做到这些必须去皇帝那里履行手续。但是，张杨不让过，原因是怕得罪袁绍。曹操翅膀硬了，要单飞的迹象已经十分明显。

董昭立功的时候到了，他帮曹操说话，劝张杨借道，说如今天下形势未明，不能单靠袁绍，曹操现在虽弱，但发展迅猛，不如卖曹操一个人情，日后也多一条出路。张杨这才向朝廷通报放行。

董昭私下又替曹操写信给长安的李傕、郭汜进行疏通，曹操这才拿到批文当上兖州牧。

献帝回洛阳后，曹操遣使到洛阳觐见。但杨奉不同意。

于是董昭又出场了，他是专门负责给曹操"开路"的。

董昭以曹操的名义写信给杨奉，先将对方吹捧一番，然后说重点，将军有兵，我们有粮，咱们合作不好吗？

杨奉大悦，他看重的就是曹操的粮。有粮好办事儿。可是他哪里知道，这是在诱他。曹操的粮哪是那么好吃的！

曹操用粮食援助引诱杨奉，对方乖乖让路。

外围阻拦解除，接下来是如何进入洛阳接人。

这时另一个重要人物出场了，董承。

董承之前是反对曹操来洛阳的，但现在改变主意了。原因是他又被白波军的韩暹给欺负了。为啥说又呢？因为来洛阳的路上，韩暹就欺负过董承。

董承打不过韩暹，对方人多，他又咽不下这口气，于是就去找外援，他找的外援就是曹操。

经过一番运作，曹操终于如愿以偿进入洛阳，也见到了皇帝。

接下来，曹操就去见了他的内线董昭。

董昭说："现在洛阳人心各异，天子不可居于危地，还是去您那里比较好。"

曹操说："我也是这么想的，但杨奉就在附近，他若阻拦如何应付？"

董昭说："您就说京城缺粮，想将圣驾暂移鲁阳。鲁阳距您屯兵的许县很近，距他驻军的梁县也不远。他不会起疑，等到了鲁阳再转道去许县。"

九月，曹操用董昭的计策成功将汉献帝迎到自己的地盘豫州颍川郡的许县，等杨奉反应过来时，已经追不上了。

十月，曹操偷袭杨奉的梁县大营。杨奉大败，只得去投靠山贼草寇的大头目袁术。

汉献帝来到许县，曹操心里乐开了花，再也不用操心升官的问题啦，以后想升多大就多大。皇帝刚到，他就迫不及待找人刻章，给自己封了个大将军。

当然，自己开心的时候他没有忘记本初哥哥，找人给他的本初哥哥也刻了一个。曹操给袁绍的官职是太尉。

以前曹操的东郡太守、兖州刺史都是他的本初哥哥给他"表请"的，如今，他有了刻章的权力，当然要投桃报李，回报他的本初哥哥啦。

可是，大印送过去了，本初哥哥却不领情。

以前曹操是袁绍的小弟，可是，现在这位小弟后来居上。

袁绍很恼火，说："要是没有我袁绍，他曹操早死八回了！如今这小子竟敢挟天子，令起我来了！"

曹操听说本初哥哥不高兴了，赶紧把大将军的位置让给袁绍，自己做了车骑将军，前面还加了行字，意思是代理，还不是正式的。这一下降了好几级。

现在袁强曹弱，曹操还不想与袁绍翻脸，但兄弟间一旦有了裂痕就再回不去了。

不远的将来，他们不再是战友兄弟，而是你死我活的对手。

东汉朝廷有实权的部门是尚书台。掌控权力必须抓关键部门，尚书台就是至关重要的关键部门，必须牢牢掌控。

既然是关键部门，自然要交给自己人才放心。谁是自己人，当然是荀彧。曹操掌控朝廷的关键就是控制尚书台，但此时曹操的主要精力还是对外，荀彧实际主持尚书台的工作，主要对内。这是曹操集团形成的传统分工，一把手曹操主外，二把手荀彧主内，配合默契。

汉献帝从长安带回来的朝臣，特别是重要部门的大臣，只要不是曹操的人慢慢都被换掉，个别的还遭到清洗。

颍川人荀彧成为尚书令。但荀彧再能干，也不能包揽全部工作，他也要找帮手，这些人自然也必须是熟悉的可靠的自己人。

熟悉的可靠的自己人当然是颍川老乡。于是，荀彧的侄子荀攸入朝做了尚书，颍川名士钟繇也被任命为侍中、尚书仆射。

尚书台基本成了颍川老乡会。大量的颍川人才进入朝廷，荀攸、钟繇、郭嘉等都是在这个时候进入朝廷，进入曹操幕府的。

实际负责引进人才的是荀彧，于是，总部设在颍川、尚书令是颍川人，尚书大部分也是颍川人。这是典型的任人唯亲。

至于外围的人，人家不熟悉，不熟悉意味着不了解、不可靠。人家可以说自己任人唯贤，因为他们用的都是熟悉的可靠的，且据他们自己说用的都是有才干的贤人。

嘴上喊着任人唯贤，骨子里却是任人唯亲。

很多人在痛斥政治黑暗的同时，却在努力成为黑暗的一部分。

上位前他们痛恨黑暗专制，而当这些人上位后，可能比他们之前痛斥的人更黑暗更专制。

听其言而观其行，其实大可不必。

不必听其言，只需观其行即可。

嘴上说不要，身体往往却很诚实。

曹操的班底渐渐形成，谯沛宗亲老乡掌兵权，枪杆子必须交给自己人才放心。政事交给颍川人，这些人大多出自门阀世家，有丰富的从政经验，家学渊源，世代为官积累的人脉经验让他们可以迅速上手，稳定朝局。

第二十一章

兵败宛城——风流的沉痛代价

建安二年（197）正月，在许县的朝廷初步成形走上正轨后，曹操就再次出征了。这次的目标是盘踞宛城的张绣。

曹操此时的敌人还是挺多的，比如徐州的吕布、淮南的袁术。为啥先打张绣呢？因为他最弱，最好打。还有就是张绣所在的宛城距他的许县朝廷太近，说朝发夕至有点夸张，但骑兵奔袭也就是两三天的事儿。卧榻之侧岂容他人鼾睡的道理，曹操怎能不明白。

出于安全的考虑，也必须打下南阳郡——荆州最富的郡。这里是刘秀的老家，治所宛城。南阳也是与颍川、汝南并列的东汉三大名士之乡，富庶又出人才，当然要抢。

这个张绣是张济的侄子，献帝东返洛阳，他南下荆州，准备去刘表那儿弄点粮食。

荆州刘表的传统项目就是防守反击。他靠着荆州地方大族的支持才坐稳位置，嫡系不多，也不会打仗。不论是之前的孙坚，还是现在的张济，他的对策都是固守。敌人来了，不用出去打，只管放箭。结果张济在打穰城时中流矢而死。说来，荆州的弓箭手的确厉害，孙坚、张济都是被射死的。

张绣随后被推举统领这支部队。

刘表看出来这支凉州军打算长住，荆州军又只会守城，不如和解，于是派人表示，这都是误会，张绣也是进退两难，于是双方罢兵。张绣的军队屯驻在南阳郡的宛城给刘表看守北面门户，刘表则供应粮饷，大家各取所需。

可是，叔叔毕竟死于荆州人之手，既然有血仇，那就不会成朋友。双方不过是暂时的相互利用而已。

因此，当曹操南下荆州时，张绣没有抵抗就率众投降了。

曹操的腿明显比刘表粗，既然都是抱大腿，当然要抱个粗的。更何况张绣与刘表还有仇呢！

曹操兵不血刃拿下南阳，很得意，得意之余就开始忘形。

其实，人家张绣的表现相当不错，你一来就缴枪，多给面子。

可是，曹操却不给张绣面子。

曹老板风流成性，不仅家里红旗飘飘，外面也彩旗飘飘。

曹操进城不久就看上一位美妇人。大家都知道，曹操最受不住的就是人妻的诱惑。于是，当晚，这位美妇人就被迫给曹操侍寝。

可是，这位美妇人偏偏就是张绣的婶婶。曹操不知道她的身份？当然知道，但他还是让其侍寝。

他是故意的，这是赤裸裸的羞辱。

是可忍孰不可忍！张绣决定，反了。

曹操被杀了一个措手不及。

在张绣军的突然袭击下，曹军大败，伤亡惨重。

混战中，曹操也被射伤，生死关头，长子曹昂将自己的马让给曹操，欠下风流债的曹操才得以逃脱。然而，曹昂却因此死于乱军之中，一起死在宛城的还有曹操的侄子曹安民以及曹操的贴身侍卫长爱将典韦。

张绣夜袭，曹操出奔，典韦则率卫士留下殿后。

典韦率人就堵在营门口，张绣军拼命攻击，奈何典韦神勇，硬是攻不进去。最后只好从侧翼包抄，从别的营门杀进来，然后，前后夹攻。此时经过殊死血战，典韦身边的卫士仅剩十余人，但这些人都是百里挑一的精锐，此时更是豁出去，玩命拼杀，以一当十。典韦更是神勇异常，挥舞长戟左挡右杀，最后短兵相接贴身肉搏力战而死，正是典韦以及部下卫士的舍命阻击，曹操才逃得性命。

全军溃败，已够狼狈，居然还有人趁火打劫友军，这伙打劫的就是曹操收编的青州兵。

贼性不改的青州兵趁着全军大乱，又干起老本行。很多部队吃了亏，又惹不起青州兵，只能认倒霉。但青州兵很快就遇到狠角色泰山兵，被后者结结实实收拾了一顿。

说起来，这已经不是青州兵第一次坑曹操。与吕布兖州对阵的时候，面对迎面冲来的吕布骑兵，最先溃败的就是青州兵，看见敌人掉头就跑，冲乱自家军阵不说，还当了带路党给敌人做了免费向导，幸亏曹操跑得快。

青州兵是典型的成事不足，败事有余，还会恶人先告状。明明是他们抢劫在先，却反过来倒打一把，向曹操告泰山兵的状。统领泰山兵的是曹操帐下的大将于禁。曹操当然清楚手下这些青州兵是啥货色。他表扬了维护军纪的于禁，却未责罚闹事的青州兵。军纪当然要维系，嫡系更要关照。

建安二年（197）正月，一征张绣就这样灰头土脸地结束了。

第二十二章

冢中枯骨——袁术的败亡之路

建安二年（197）的春天，袁术称帝的心又萌动了。

其实，两年前，他就有这个想法了。

袁术总觉得那句谶语"代汉者，当涂高"，说的是他。

袁术，字公路。涂高，就是一条高高的路。

他认为这说的就是他这个公路。而且，他手里有传国玉玺，是从寡妇吴氏孙策他妈那里抢来的。他认为他的条件具备了。

当汉献帝躲在并州的民房里冻得瑟瑟发抖时，远在寿春的袁术坐在温暖如春的议事堂中，面对部下发表了一番高论："今四海分崩，汉朝衰微，天下大乱，袁氏四世三公，恩德布于四海，百姓归心。如今我想顺天意应民心，诸君以为如何？"言下之意，他要当皇帝。

袁术用他认为十分委婉的方式向部下们做出暗示，但部下集体装死不理他。袁术只好作罢。

两年后，自认为时机成熟的袁术公然在寿春称帝，改九江太守为淮南尹，设公卿百官大封部下文武，郊祀天地。

至此，袁术终于在作死的路上一去不返。

本来就已经是全国皆知的大贼头，名声就不好，消息传出，举国哗然。袁术如今的盟友只剩下吕布还有他名义上的部下孙策，至于幽州的公孙瓒，已经被袁绍"修理"得半死不活。得知袁术称帝，吕布、孙策立即与之决裂。

袁术称帝，最大的受益者却是孙策。

袁术是贼头，那么一直以来依附于袁术的孙策当然就是贼啦。孙策不想顶个贼名，总想洗白自己，这下机会来了。

袁术刚称帝，孙策这边就迅速做出反应，宣布独立，与袁术划清界限。

曹操是不会放过任何挖墙脚的机会的，迅速跟进，派议郎王浦携带诏书来到江东，任命孙策为骑都尉，袭父爵乌程侯，兼任会稽太守。当然官不是白给的，曹操的意思是让孙策起兵讨伐袁术。

孙策表示服从朝廷命令，不过，这个骑都尉的级别确实有点低，他想要个将军。

王浦当即表示这个可以有，当场宣布封孙策为明汉将军。

孙策对老东家下手一点也不客气，出兵赶走袁术的丹阳太守袁胤，拿下精兵产地丹阳。

袁术的称帝使得孙策成功摆脱贼名，得到朝廷的官方认可，得以名正言顺专心经营江东。

曹操争取到孙策后，又怂恿吕布南下去找袁术的麻烦。当然，他自己也没闲着，出兵豫州，要将袁术的势力彻底赶出豫州。

袁术的所谓称帝不过是场闹剧，纯属自娱自乐，最后便宜的是别人。

吕布跟曹操是仇敌，为啥那么听曹操的话呢？因为人家曹操现在发文件都是以朝廷的名义，朝廷的命令当然有权威。吕布也想紧跟时代步伐，获得朝廷的官方认可，将他的徐州牧转正。吕布也知道袁术这厮一直在打徐州的主意，也挺惦记淮南那片地。

既能得编制又能抢地盘，吕布当然愿意揍袁术啦。

曹操知道吕布的心思，故意拿编制诱他，但直到被枭首白门楼，吕布也没等到他的徐州牧大印。

相比曹操，袁术对吕布其实是不错的。吕布抢到徐州，袁术就厚着脸皮来拉关系。袁术写信对吕布说，您杀董卓是为我们袁家报仇。您在兖州与曹贼死战也是为我出气。我能打败刘备，也是靠的您的配合。

将军有三大功在术，术虽不敏，奉以死生。这么臭不要脸的话，袁术也能说出口，还说愿意奉上二十万斛粮食聊表心意。

但如果你以为袁术真的对吕布关怀备至，那你就错了。

就在吕布夺徐州后不久的一天深夜，他的部将郝萌突然率部发动叛乱，带兵包围了吕布府邸。

吕布仓皇逃进高顺军营。

随后，高顺带兵斩杀郝萌，俘虏了郝萌的部将曹性。

吕布经过审问得知，发动这次兵变的是郝萌，背后指使的是袁术。郝萌还有一个同谋就是陈宫。当时陈宫就在旁边，听闻此言，顿时满脸通红，身边的人都看出来了。

但吕布考虑陈宫是大将，又是当年引他进兖州的有功之臣，故意装糊涂，不再追究。

诸侯之间经常上演尔虞我诈，谈不上谁真跟谁好。表面上称兄道弟，背地里却在算计对方。

袁术算计吕布，曹操算计袁术。吕布心想，你俩别以为我不知道，你们都在惦记我的徐州。

袁术为称帝，有意拉拢吕布，说我有一子与将军之女年貌相当，不如我们两家结成秦晋之好。吕布想想也成，跟袁术成亲家，还能搞到粮食，不吃亏，就同意了。

吕布刚把闺女送出去，朝廷的使者就到了，还带来了曹操的亲笔信。信的大意是朝廷要拜将军为左将军，现在国库里没有上好的黄金，我取出自己存下的上好黄金给将军做印，国库找不到紫绶，我把自己的紫绶给将军，过去的事（指兖州之战）就让它过去吧。袁术现在倒行逆施，已是举国共讨之，人人得而诛之的乱臣贼子。他注定是要遗臭万年的，你可不能跟他搞在一起!

吕布拿着信,琢磨琢磨,是这个道理,袁术那两把刷子,谁不清楚,哪是个当皇帝的料。就算他当上,自己又能有啥好处。看如今的这形势,袁术已然成了过街的老鼠,何必蹚这股浑水,于是赶紧命人追回闺女,然后把袁术的使者用囚车送到许县作为给朝廷的实际是给曹操的见面礼。

吕布随后派陈登去为自己讨徐州牧的正式册封。陈登见到曹操后表示,我们徐州人都盼着您早点打过去,收拾吕布。转正的事人家压根没提。

曹操表示你们的心意我都知道,放心,等我腾出时间就去收拾吕布。朝廷拜陈登为广陵太守,临别之际,曹操握住陈登的手说:"东方的事就托付给你了。"

陈登回来复命,吕布当时就火了,你出去一趟,我的事没办成,你自己却当上广陵太守。

陈登说:"我见到曹公,说吕将军是大老虎,您得让他吃饱,饿着他就该吃人了。曹公说:'这个比喻不恰当,吕将军就像只鹰,饿着还能用,吃饱就飞走了。'"

听到陈登拿他当畜生比喻,吕布还觉得说得挺好,就不生气了。

吕布这家伙脑子确实有点不好使。

吕布把袁术卖了,陈登又把他给卖了。

但陈登忽悠他靠智商,本身是地方实力派背后还有曹老板撑腰,自然不怕。

吕布涮完袁术,事情就闹大了。

袁术听说吕布悔婚斩使,勃然大怒,闯荡江湖多年,却被吕布这厮给耍了。袁术岂能善罢甘休。这时被曹操赶出豫州的杨奉、韩暹正在徐州、扬州一带流浪,袁术派人与之联络,携手对付吕布。

杨奉、韩暹此时已是丧家之犬,靠抢掠为生,四处漂泊。对他们而言，打谁不重要，重要的是有饭吃，有东西抢。这两个人比吕布还没有节操，有奶就是娘。袁术选他们做盟友，注定要倒大霉。袁术派大将张勋、桥蕤领兵数万与杨奉、韩暹组成联军，兵分七路杀奔徐州而来。

吕布听说袁术的七路大军正朝徐州杀来，并不慌张，也给杨奉、韩暹写了一封信。信中说，二位将军前与李郭交锋，救出陛下，护驾有功。吕布亦曾手刃国贼董卓，有功于社稷。吕布与二位将军之功业足以载于史册，名垂千古。今袁术公然篡立称帝，当天下共讨之。二位将军如何与逆贼袁术共攻吕布？与叛汉逆贼为伍！窃为将军所不取。吕布愿与二位将军同心协力，共讨国贼，为国除害，立不世之功名。

吕布还许诺打败袁术后，缴获所得都归杨奉、韩暹，他一点也不要。

相比吕布，显然袁术更有钱，也有得抢。于是，杨奉、韩暹与吕布约定阵前反水。袁术还被蒙在鼓里，在家傻乎乎等着捷报呢！

袁术大将张勋、桥蕤领兵数万与杨奉、韩暹组成联军与吕布对阵。两军开战，杨奉、韩暹阵前倒戈，袁术的两员大将张勋、桥蕤猝不及防，被前后夹击全军崩溃。桥蕤被生擒。吕布率兵趁势掩杀，袁术的兵不是死于阵前就是跌进河里，军士死伤殆尽。张勋率领败兵狼狈逃回寿春。

吕布大获全胜，一路尾随袁术的败兵，与韩暹、杨奉部水陆并进，一直打到淮河才收兵。等吕布撤过北岸，袁术为找回面子带步骑五千在淮河南岸示威，与吕布军隔河相对，又被吕布的兵隔河嗤笑一番，南岸的袁术损兵折将颜面尽失。

在吕布那儿吃瘪，袁术不甘心，面子必须找回来，下令出兵豫州，要夺回陈国，这是一个将大败变成惨败的决定。袁术也不好好想想，你连吕布都打不过，还敢招惹曹操，之前被虐得还不够惨吗？袁术显然不长记性。曹操决定帮他长长记性。

建安二年（197）九月，曹操正式出兵，东征袁术。

袁术听说曹操亲自带兵来，自知不敌，留下大将张勋、李丰守淮北重镇蕲城，自己则丢弃大军逃回淮南。

蕲城地属豫州沛国，处于曹操的豫州许县与吕布的徐州下邳之间，深入中原腹地。曹操不论是由豫州南下还是东进徐州，势必都要夺取此地，拔掉袁术深入中原的"触角"。

曹操大军压境，袁军主将张勋等抵挡不住，退守苦城。曹军在于禁、乐进率领下猛攻苦城，经过激战，攻占苦城。袁术帐下大将张勋、李丰等尽皆战死，袁术的主力损失殆尽。

这年冬天，淮南遭遇大旱，接着是饥荒，各地都有人吃人的惨剧发生，每天都有人饿死街头。渐渐地，袁术军队的粮饷供应不上，士兵大量逃亡。

与袁术的日薄西山不同，曹操的霸业蒸蒸日上。曹操东征，不仅消灭了袁术主力，还收了一员大将——许褚。

许褚，字仲康，豫州谯县人，曹操的老乡。曹操东征袁术，许褚率部来投。曹操见了许褚，十分喜爱，对身旁的人说："这是我的樊哙呀。"当天，就任命许褚为都尉，接替典韦成为曹操的新卫队长。

曹操痛击袁术，斩将搴旗，袁术主力损失殆尽，从此一蹶不振。

之后，曹操率军返回许县，略作休整。同年十一月，曹操再次出兵，打击矛头再次指向张绣。

为啥又打张绣？很容易理解，上次亏吃大了，这个面子必须找回来。

曹军上下都想着报仇，上次输得那么惨，这次上来就拼命，简直锐不可当，接连攻下南阳郡的湖阳、舞阴，活捉刘表守将邓济。

张绣见曹操来势凶猛，难以抵抗，只好固守不战。两军相持到建安三年（198）正月，天寒地冻，曹操率军返回许县。今年先回家过年，明年开春再来收拾你小子。

三月，曹操再次出兵，三伐张绣。这是跟张绣杠上了。

曹操如此频繁地打张绣，地盘已经不是主要目的了，找回面子才是重点。

荀攸劝他："张绣现在的军粮全靠刘表。他们本来就有仇，只不过我们攻得紧，他们才联手。咱们如暂缓进攻，等他们分道扬镳，再打不迟。"

曹操不听，一门心思要把面子找回来。

五月，刘表的救兵来了，与此同时，曹操收到消息，说袁绍那边要去许县抢献帝。

曹操不得不撤了。见曹军要退，张绣带兵就要追。

张绣身边的军师贾诩说："不能追，此时去追必败。"

张绣不听，一路追过去，果然被曹操打得大败。

张绣回来对贾诩说，听您的就好了，果然败了。这时贾诩却说："别说那么多，整顿队伍，赶紧再去追！"

张绣此时有点发蒙，一脑袋糨糊的他顾不得多想，带兵再追，果然大获全胜。

虽然打了胜仗，张绣却更糊涂了，赶忙请教。贾诩说："将军虽然善战，但还不是曹操的对手。曹操撤退必定亲自殿后，所以你肯定吃亏。"

"曹操之所以急着赶回去，必定是后方出事了，他打完你必定全力赶回，别的将领不是你的对手，所以我说你再追必胜。"

现在最惨的是袁术，称帝前雄心万丈，可是与吕布、曹操几轮过招下来，袁术才发现他谁也打不过。接连两场大战下来，本钱就几乎赔光，嫡系部队被打光，将领也死的死逃的逃。

袁术的手下以山贼草寇为主，看起来吓人，打起来就是一盘散沙，遇到败仗就一哄而散，打家劫舍的草寇从来都打不过正规军。战斗力极弱的袁术野心不小，可是他的实力配不上他的野心。

建安三年（198），吕布又反水了。吕布又跟袁术和好，要共同对抗曹操。

吕布又一次被骂成弱智。谁都看得出来，袁术实力大损，今非昔比，那是秋后的蚂蚱蹦跶不了几天了。吕布选择这时候反水，联合走下坡路的袁术去对抗势头正盛的曹操，明显是脑子有问题。

但其实，这正是吕布聪明的地方。但凡在乱世里能混到一方诸侯的都不是普通人，尤其是那些出身底层的人。吕布不是蠢，只是他遇上的都是袁绍、曹操、刘备这种顶级高手，才相形见绌。他如果真是一个不长脑子的，早就被干掉了，不会坚持到现在。

吕布占领徐州之后，面临的是与刘备相同的困局，来自兖州曹操与淮南袁术的南北夹击。南北两路诸侯都想吃下徐州。

当曹操、袁术势均力敌都很强的时候，吕布就只能在两者之间摇摆，求得生存。

但当袁术被曹操打崩，呈现出北强南弱的局面时，吕布就要重新站队。

被削弱的袁术已经没有实力打徐州的主意，这时的袁术对徐州反而更安全，才更适合做吕布的盟友，因为袁术对吕布已经构不成威胁。相反，面对北方强势的曹操的压力，他们可以抱团取暖。袁术就算实力再差，瘦死的骆驼比马大，家底还是有一些的，吕布袁术联手，曹操打起来毕竟更麻烦。

这就是吕布此时选择跟袁术联合的原因。

既然联合袁术，那么与曹操开战就是迟早的事。

在与老对手曹操交手之前，吕布不得不先去攻打另一个老熟人刘备。

当初，吕布偷袭徐州得手，袁术要杀刘备，吕布却不让，还演出辕门射戟的好戏。吕布收留刘备当然不是出于好心，他是要留着刘备制衡袁术。吕布认为夺过徐州，主要的敌人就不是刘备而是时刻惦记徐州的袁术。

吕布当时归还了刘备的妻子部曲。

不久，刘备在小沛收兵万余人。吕布生气了，咋给点阳光就灿烂呢！

于是，吕布出兵再打刘备。

刘备又被打败，只能来投曹操。

曹操上表封刘备为豫州牧，这是朝廷的正式编制。所以，后来刘备在荆州联合孙权时，诸葛亮称刘备为刘豫州。曹操拨出人马粮饷，支持刘备打回去。

刘备走后，程昱说："刘备有雄才，得众心，终不为人下，不如杀之，免生后患。"

曹操说："收揽英雄之时，杀一人而失天下之心，不可。"

刘备又回到小沛，开启了豫州牧的管理模式。

第二十三章

白门楼——擒吕布下徐州

刘备自建安元年（196）投奔曹操被安排回小沛，转眼已过去两年。

吕布平时不去找刘备的麻烦。但反水后的吕布第一个就想找刘备的麻烦。刘备是朝廷的豫州牧，但这个官是曹操给的，目的当然是看着吕布。吕布打刘备就表示他要跟曹操撕破脸。

建安三年（198），吕布派手下大将高顺、张辽领兵进攻刘备。这意味着吕布正式与曹操撕破脸。现在的格局是北强南弱，而对曹操来说，与更北面的袁绍决裂是迟早的事，但时机未到，在与袁绍开战之前，他必须解决南面后方的事，就如袁绍不扫平他北面的公孙瓒就不会南下跟曹操翻脸是一个道理。

曹操在南面迫切要解决的两个对手，一个是南阳的张绣，另一个就是徐州的吕布。张绣经过曹操的三轮打击，虽然还在坚持，但已经被揍得不成人形。下一个是谁，不用想都知道，肯定是吕布。想明白这些，就明白吕布为何在此时反水，先下手为强，他要抢占先机，这才主动发起进攻。

曹操得知吕布攻打刘备，派大将夏侯惇领兵前往救援。但夏侯惇不是高顺、张辽的对手。很快，刘备又被从小沛赶出来，不出意外，家眷又丢了。

曹操知道，必须自己亲自出马了。

众将都认为刘表、张绣在后，现在远袭吕布，张绣、刘表若是此时反攻会很危险，所以纷纷主张先平张绣，再征吕布。

这时军师荀攸说："张绣、刘表新败，慑于我军军威，惊魂未定，必不敢轻动。吕布骁勇善战，又与袁术相勾结，如让吕布在徐州扎下根基，久后必为国家大患。不如此时出击，趁其羽翼尚未丰满，淮泗豪杰尚在观望之际，出兵讨伐，一举可下。"

建安三年（198）九月，曹操亲率大军踏上征途。

十月，曹操在路上遇见了来投奔他的刘备。

面对气势汹汹的曹军，陈宫主张趁曹军远道而来，立足未稳，主动出击。吕布却另有打算，他想放曹军过泗水，等曹军背水一战时，再出战，将曹军赶进泗水喂鱼。

吕布主力固守不出，曹军轻取徐州重镇彭城，潜伏多时的内线广陵太守陈登举旗"反正"，正式归顺曹操。

曹操随即做出部署，以主力围攻吕布重兵防守的下邳，从西向东打，让陈登率郡兵助攻，从南往北打，相互呼应，夹击吕布。

曹军攻占彭城后，兵锋直抵吕布的大本营下邳。曹军与陈登所部会师下邳城下，将吕布困于城中。吕布这时才想起率军出击，两军以猛烈的骑兵对冲，吕布亲率骑兵冲击曹军大阵，曹军则报之以更猛烈的骑兵反冲锋。经过在兖州那些年的厮杀，曹军已经很适应吕布的战术。吕布大败逃回下邳。

几次出战都大败而回，吕布不敢再出去，只得固守不出，同时派人向袁术求援。袁术说当初不愿跟我结亲，现在找我来干啥。吕布的使者说，今日吕布亡，明日就轮到您了。

袁术想想也是，可是这时他也派不出多少援兵，主力之前都被曹操打光了。

这时，曹操的劝降信射进下邳城。曹操说，投降吧，奉先。吕布犹豫了，他有点想投降了。打不过，又被围在城里逃不出去，不如投降。对三姓家奴来说，投降不会有啥心理负担。但陈宫坚决反对，他知道，曹操憎恨他超过吕布，投降会死得很难看。

吕布这些年运气其实特别好，被赶出长安，兖州方面就发出邀请，主动送出一个州，但他没打过曹操，丢了。

来到徐州，丹阳兵主动做内应，外围还有袁术配合，轻取徐州。

但吕布的运气到此时已经用完了。

曹操围城两个月，寒冬将至，本打算退兵了。但谋士荀攸、郭嘉给他打气，"吕布连战皆败，锐气尽失，三军以帅为主，主将锐气消磨，三军岂有斗志？吕布气衰、陈宫智竭，主公不可错失良机，此时当集中主力全力进攻，吕布必破"。

下邳城附近有泗水、沂水，曹操以水代兵，掘开河堤，以水灌城。

十二月，吕布部将侯成、宋宪、魏续见大势已去，抓住陈宫打开城门投降。等吕布发觉为时已晚，只得率亲信退保白门楼。当年他从这里进占徐州，今天他将在这里失去徐州。

四下都是曹兵，吕布已是瓮中之鳖，逃肯定逃不出去了。吕布只得下城投降，随后就被捆成粽子押到曹操面前。吕布一眼认出坐在曹操身边的刘备，对刘备说："玄德，如今你是座上客，我是阶下囚，你就不能为我说句话吗？"

刘备还未开口，坐在旁边的曹操笑道："捆老虎，不紧不行呀。"

吕布对曹操说："明公的大敌不过是我吕布，如今吕布已经顺服，今后明公统率步兵，让吕布统领骑兵，天下何愁不定！"

这时，曹操扭头看向刘备问道："玄德以为如何？"这话问得相当有水平。这些年，刘备被吕布坑得有多惨，别人不知道，曹操可是最清楚的。面对吕布的求饶，曹操不置可否，却问刘备。刘备如果说，曹公，吕布反复小人，当年在兖州坑你，后来又在徐州坑我，此人不可招降，留下就是祸患，推出去杀了吧，虽然解恨，但有失水准。

刘备看似漫不经心地回答："明公难道忘了前者丁原、董卓的事吗？"

曹操点点头，说得对，我可不学那俩货。

这一幕被站在台阶下面的吕布看得真真切切，眼看自己求生的最后一线希望破灭，吕布极度失望恐惧之余，愤怒地对着刘备大骂："大耳贼，最没有信义。"吕布的骂坐实了，刘备确实是大耳垂肩。不过，这话着实打脸，一个一辈子不讲信义的人，临死之前，居然骂被他坑过的人没有信义。真是难为吕布怎么说得出口？

曹操随后下令将吕布推出去枭首示众。吕布就此结束了他龌龊可耻的一生。

接着被押上来的是陈宫。曹操问陈宫："你不是总觉得自己智谋超群吗？现在如何！"陈宫说："吕布不听我的计谋才有今日。"曹操大笑："那今天这事你打算怎么办？"陈宫说："为臣不忠，为子不孝，只求速死。"

曹操心中凄然，说："卿纵然看淡生死，但你的老母怎么办？"陈宫答道："我听说以孝治天下的人，不会累及亲人，我的老母生死全在明公。"曹操又问："那你的妻儿呢？你不关心他们吗？"陈宫回答："我听说施行仁政的人，不会让人之宗庙不得血食，我的后代能不能保全，也在明公。"

趁着曹操没反应过来，陈宫赶紧往刑场走，谁也拦不住。真是聪明人，如此一来，曹操不好意思对陈宫的家眷下手了。

曹操杀了吕布，报了当年的一箭之仇，还收罗了一批人才，陈登父子就不说了，还有两位重臣也被曹操收归帐下。武将，就是后来的魏国大将，曹操五子良将之一的并州人张辽。文臣，就是若干年后为魏主曹丕创建九品中正制的陈群。

此时在徐州北部还有一股独立的势力，从陶谦在徐州时，他们就保持独立，经过刘备再到吕布，他们一直割据一方，这就是以臧霸为首的青徐豪霸。

臧霸所部长期屯兵开阳，此地属徐州琅琊国，但其部下多是以勇劲著称的泰山兵。"泰山诸将"由此得名。曹操对曾依附吕布的臧霸、孙观、昌豨等泰山众将，不但未予惩处，反而厚加抚慰，承认他们的独立地位。曹操分琅琊、东海、北海为城阳、利城、昌虑三郡，分别以泰山诸将做太守。直到曹操去世，以泰山诸将为首的青徐豪霸都是独立的，直到曹丕接班才最终解决这股势力。

曹操厚待泰山诸将实属迫不得已。他与袁绍的决战即将到来，不得不通过出让红利换取地方豪强的支持。

曹操在南面刚刚扫平吕布，就得知公孙瓒也被袁绍解决了。

第二十四章

作茧自缚——公孙瓒困守易京

杀刘虞成为公孙瓒败亡的转折。之前，公孙瓒只需对付正面的袁绍。但之后，触犯众怒的公孙瓒不得不同时面对来自背后的攻击。刘虞旧部纷纷起兵为故主报仇。这意味着，公孙瓒的后方也成了前方。

刘虞旧部鲜于辅、鲜于银推举阎柔为主将，联合乌桓、鲜卑骑兵共同讨伐公孙瓒。

公孙瓒陷入两线作战的困局。

袁绍正面战场步步推进，刘虞旧部在敌后战场紧密配合，两个战场遥相呼应，越打越有精神。

公孙瓒首尾难顾，腹背受敌，焦头烂额，实在难于招架，只好率部退回易京固守。

屡战屡败后，公孙瓒再也没有出城野战的信心。这之后，公孙瓒把全部心思都用来垒砖头，天天在家砌墙，打死也不出去。

如此一来，战争的主动权完全握在袁绍手里，以骑兵野战见长的公孙瓒硬生生被袁绍打成资深宅男。从界桥之战的幽州铁骑到如今站在城头数星星，仅仅数年，形势却全然逆转。

但不得不承认，这位兄弟在防御工事的设计上还是有两把刷子的。

公孙瓒的防御思想总结起来就是六个字：挖深沟，砌高墙。在易京外围，公孙瓒挖了十道环形防御工事。

沟挖好了，就开始盖楼砌墙。公孙瓒不知在哪本兵书上看到"百楼不攻"，于是，在环形防御圈里大盖碉堡，每个碉堡里面驻守一定数量的士兵，储存大批粮食。他准备在碉堡里长期抗战。

公孙瓒修了数百座大碉堡，在防御圈的核心位置还给自己修了一座超级堡垒，下面用黏土堆成十多米的土台，在土台上建碉堡。公孙瓒的这个碉堡连大门都是用铁浇铸的。

为了保证自己长期待在里面不至于饿肚子，公孙瓒从各地搜刮来三百万斛粮食，要跟袁绍打持久战。

公孙瓒自己住的超级堡垒，住着他的家人，除了他一个男人，其他全是女人——他的老婆、侍女。部下有事请示，只能写成文书放到篮子里，再由碉堡上的人用绳子系在篮子上把文书吊上去。

公孙瓒已经被袁绍打崩，没有勇气面对那个打得他心惊胆战的对手，只能缩在碉堡里自我麻痹。

很快，袁绍就发起全面进攻，攻击一波接着一波，一次比一次凶猛。外围的告急文书如雪片般飞进易京，碉堡里的公孙瓒对此却不闻不问，异常淡定。

当部下请他速派救兵，去援救外围部队时，公孙瓒却拒绝了，他的理由匪夷所思："一处被围，就派兵去救；以后被围的堡垒就会对救兵产生依赖。不派援兵，他们才会竭尽全力。"然而，这些不过是失去希望后的自欺欺人。

外围据点迅速崩溃。袁绍大军长驱直入，将易京团团包围。但公孙瓒此前挖的深沟砌的高墙开始发挥作用。此后的几年，袁军的主要精力都用在了填沟砸墙上。

建安四年（199）三月，公孙瓒的最后时刻到了。

虽然他的环形防御工事，他的深沟高垒确实给袁绍带来不少麻烦。但一味躲在工事里只能坐以待毙。

袁军在多次攻城受挫后，决定采用土工作业的方式——挖地道，几十条地道同时开挖，士兵轮班上阵，昼夜不停，地道以惊人的速度向前掘进。

很快地道就挖到城下，袁军将城下的台基挖空，为防止塌陷，用木柱做支撑，随后点燃木柱，当起支撑作用的木柱烧成灰烬，失去支撑的城楼纷纷坍塌。

大势已去，公孙瓒举火自焚。面对军政全能的袁绍的雷霆攻势，公孙瓒已经坚持了整整八年，他已经挺得够久了。从他蜷缩进堡垒里的那刻起，他就知道，这一天早晚会来，现在，终于解脱了。城破人亡之际，公孙瓒只留下八个字：袁氏之攻，状若鬼神。不久之后，在官渡与袁绍对阵的曹操将会深刻地体会到这一点。

袁绍打败公孙瓒。

曹操打败吕布。

表面上看是大军阀吃掉小军阀。

实际上是豪门以资源优势战胜底层。

袁绍、曹操的身份背景以及身份背景后的雄厚资本已经不须多说。而与他们对抗的公孙瓒、吕布则是地地道道的底层。

底层与豪门的差距不是单靠努力就能弥补的，况且袁绍、曹操的能力是那个时代的顶级。

出身底层的公孙瓒、吕布在底层中已经十分厉害，他们能一路上升成为一方诸侯已经足够证明这一点，但他们成为诸侯也靠了运气。吕布认了干爹，而公孙瓒则迎娶白富美实现升级。他们的失败当然是能力不如袁、曹，但更重要的是实力上有难以企及的差距。

底层出身的公孙瓒、吕布被打败，决定中原命运的决战依然在出身上层的豪门子弟袁绍与曹操之间展开。

在曹操与袁绍大战之前，另一个豪门出身的袁术却已然走上末路。

第二十五章

穷途末路——众叛亲离的袁术

　　吕布、公孙瓒相继败亡，接下来终于轮到冢中枯骨袁术了。他可以回到他"永远"的家——坟冢里了。

　　建安四年（199）六月，袁术在淮南也混不下去了。

　　外部被曹操打崩，内部妻妾成群骄奢淫逸，花式作死的袁术在迅速消耗本已不多的资源。

　　到了建安四年，已经不会有人怀疑袁术覆亡在即。迫不得已，袁术打算北上投奔与他互撕十年的哥哥袁绍，他终于承认袁绍是他哥哥了。

　　袁术将仅存的家业打包装车，然后率领数万部众北上投奔哥哥袁绍。

　　但在半路，袁术遇上一位旧相识——刘备。

　　听说袁术要跑路，曹操十分"体贴"地派刘备去"招呼"袁术。说起来，曹操的用人还真是很艺术，特意将这个报仇的机会留给刘备。

　　但对刘备而言，相对报当年之仇，脱离曹操的掌控才是他此时更想要的，至于原因接下来会说。刘备带着部队高高兴兴地出发了。

　　仇人见面，分外眼红。两个人的境况与三年前正好相反，当初刘备有多落魄，现在的袁术就有多狼狈。当年袁术有多嚣张，现在的刘备就有多快意。

　　真是冤家路窄，风水轮流转，如今轮到刘备主攻了。刘备说此路不通，袁术表示非过去不可，话不投机，直接开战。

　　打起来，袁术才发现，今非昔比了，他完全被刘备碾压。其实，这些年除去孙坚、孙策父子帮他打的那些仗，袁术几乎谁也打不过。经过一番较量，袁术被刘备杀得大败，全军溃散。

袁术只能哪儿来的回哪儿去。

他去投奔以前的部曲雷薄、陈兰，可人家不要他，人见人嫌的袁术不得已退军江亭。

时值六月酷暑，袁术口渴难耐，想喝口蜂蜜水。厨子却苦着脸说，如今只有血水，哪来的蜜水。袁术叹息良久，自言自语道："我袁术怎么会落到今天这个地步啊！"说罢，便吐血而亡。袁术落得这个下场，完全咎由自取。

袁术的堂弟袁胤不敢在寿春停留，率领部曲扶袁术的灵柩带上家眷，去投奔皖城的庐江太守刘勋。但不久，刘勋就单枪匹马投奔曹操去了。刘勋随身携带的只有刚刚到手的传国玉玺。

第二十六章

避实击虚——江东小霸王孙策

刘勋之所以会这么狼狈，是因为他被人忽悠了。

忽悠他的人是孙策。

不久前被刘勋接纳的袁术部曲成了孙策的部下。

袁术称帝，最大的受益者是孙策。孙策通过与袁术决裂成功洗白自己。

袁术死后，最大的受益者也是孙策。袁术留下的家底都归了孙策。

出来混迟早是要还的。

孙氏与袁术的渊源极深，袁术能成为关东诸侯中仅次于袁绍、曹操的存在，前期靠孙坚，后期靠孙策。

孙氏父子为袁术攻城略地，但袁术对孙氏相当不厚道。孙坚南下荆州攻刘表死于黄祖部的乱箭之下。孙坚尸骨未寒，袁术就欺负人家孤儿寡母，将传国玉玺抢过来。

孙坚死后，其旧部由孙策堂兄孙贲统领归附袁术。

十八岁的长子孙策在曲阿迎回父亲的灵柩，从那时起，他便确定了自己的目标，为父报仇，完成父亲未竟的事业。

然而，世事艰辛，想创业谈何容易，此刻所有的重担都压在了孙策的肩上。身为长子，他要安慰孤苦的母亲，还要照顾四个年幼的弟弟。而孙坚的数千旧部都在袁术那里。

在孙策最孤独最无助的时候，一个好朋友来到他的身边，给他关怀，给他温暖，他的这位好友就是他的人生知己周瑜。

孙坚在出征前将家眷安排在寿春，也是在这里孙策开始了他的交游，扩展他的人脉。从袁绍到曹操，都是这么过来的，这是属于那个时代的规则。仅仅是官二代是不够的，仅仅靠父辈的庇护是不行的，要想出人头地，必须有自己的朋友圈，自己的交际网，来为自己博得声誉，积蓄力量。

孙策正是在寿春崭露头角，引起了江淮士人圈子的注意。一位家住舒城的少年听闻其名，专程登门拜访，两位翩翩少年一见如故，彼此倾心。是的，这位少年就是周瑜。

孙策听从周瑜的建议举家搬到舒城，住进周瑜家的一处大宅，两人升堂拜母结为生死之交。

周瑜，扬州庐江郡舒城人，其家族世代为官，是庐江名门。

周瑜的父亲做过洛阳令，而那时的洛阳北部尉就是曹操。从这你就能看出，周家不简单。周瑜的加入为孙策这只小老虎插上了腾飞的翅膀。

在曲阿守完父孝，孙策开始了他短暂却激荡的一生。

孙策只身北上没有先去寿春找袁术要父兵，也没有去舒城找好朋友周瑜，而是去了徐州的广陵郡江都县。他要去那里拜访一个人，一个可以给他指明前进方向的人——名士张纮。

在踏上征途之前，先做规划，找准方向，明确目标再出发。至少在这点上，孙策要比刘备领悟早得多。刘备要在十多年后在荆州三顾茅庐遇见诸葛亮，才明确自己的发展蓝图。

孙策虽未有三顾之劳，但是请高人指点也并非易事。张纮起初婉拒，孙策只好先明己志："欲先求先君余兵，就舅氏于丹阳，收合流散，东居吴会，报仇雪耻。"张纮见孙策情辞慷慨出于至诚，也不再推托，劝孙策"当与同好俱南济也"。

孙策出发了，此时西边是寿春，南面是丹阳。

　　张纮劝孙策"南济"，南下去江东发展，孙策是认可的，因为举目四望，他只能去江东。北面淮南是袁术的地盘，是名义上的领导，父亲的旧部还在人家那里，怎敢惦记，就算惦记也是以后的事。西面是荆州仇人刘表、黄祖的势力。杀父之仇不共戴天，但报仇之前，必须先有足够的实力。南面江东还是一盘散沙，地方虽大，但无强敌，特别适合创业初期力量弱小的孙策。

　　扬州有六郡，分别是九江、庐江、丹阳、吴、会稽、豫章。其中，江北两郡九江、庐江；江南四郡丹阳、吴、会稽、豫章。

　　孙策、张纮的目光都聚集在东三郡——丹阳、吴、会稽。江北的九江、庐江是袁术的势力范围，豫章邻近荆州。丹阳出精兵，吴、会稽比较富庶。而且，孙策的宗族势力主要集中在东三郡，他在这里有基础。

　　南下是肯定的，但南下之前先要西进。

　　孙策先去的是西边的寿春。他要去寿春找袁术要回父亲的旧兵。

　　但要回旧兵比要债还难，特别是遇上不厚道的袁术。

　　孙策来到寿春见到袁术，眼泪就止不住往下流，我要为父报仇，请您把我爹的旧部还给我吧。袁术一脸不悦，说我不是不想还给你，只是我现在也缺人。你舅舅吴景是丹阳太守，丹阳出精兵，你去丹阳自己招兵吧。

　　招兵是个苦差，看看之前曹操的经历就知道，搞不好要送命。孙策在丹阳好不容易招募数百人，不料却被当地土豪祖郎偷袭，差点死在那儿。孙策只好又去寿春要兵。袁术见孙策确实有点惨，看在往日的情分上，将孙坚旧部千余人还给孙策。这其实只是一小部分，但孙策也不敢再要，能给这些人已经很难得了。

　　孙策就带着这一千人开始了艰难的创业。但就这点兵也不是白给的。袁术的命令很快就到了，令孙策带兵去攻庐江。为给孙策鼓劲，袁术还表示，打下庐江，你就是太守。

　　有过两次要兵的经历，孙策对袁术的保证有点怀疑，但也没有更好的选择，人在矮檐下，不得不低头，即使他是不久之后威震江东的小霸王，也要向现实妥协。

袁术为啥要打庐江，因为之前他要打徐州，向庐江太守陆康要三万斛米做军粮，陆康不给，袁术火了，这才要打陆康。

孙策其实也很恨陆康，之前他去拜访陆康，但陆康避而不见，孙策感受到轻视因而怀恨在心。

孙策兴冲冲就奔着庐江去了，打起来才发现，是真不好打。陆康年近七十，江东士族出身，打仗不是他的强项，但他深得人心，听说庐江被围攻，很多在外休假的部下连夜爬城回来帮着一起守城，这就是同仇敌忾，众志成城。

于是，孙策的这场攻城战打成了持久战，用了将近两年的时间才把庐江打下来。城打下来了，但人也得罪了。东三郡的四大家族顾陆朱张，那可是地方实力派。孙策冲动之下，与江东士族成为仇敌，这为他不久之后的南下带来相当大的阻力。而辛苦打下庐江，他也没当上太守。袁术将庐江太守的位置给了嫡系刘勋。孙策两年白干了。

袁术是江湖最大的贼头，贼说的话，怎么能信？孙策还是年轻，不过，吃一堑长一智。孙策知道不能再跟着这个老流氓混了，必须单飞。

孙策去见袁术说："江东是我老家，我愿带兵去帮舅舅攻打横江，到时我在当地招募三万士卒，带回来助您平定天下。"

袁术知道孙策对自己不满有情绪，但此时刘繇占据丹阳，王朗据守会稽，孙策未必能打过江去！于是，袁术同意孙策带兵走。

孙策打庐江的连带效果是坑了他舅舅吴景跟堂兄孙贲。原本，他舅舅吴景是丹阳太守，堂兄孙贲是丹阳都尉。孙家的家底很多集中在他们手里，当初带孙坚旧部回来的就是孙贲。

刘繇是朝廷派来的扬州刺史，但扬州最好的江北地区被袁术占着，现在扬州的治所寿春城是袁术的大本营。刘繇自然不敢去袁术那里，他能去江南也是袁术点头的，不然他都不敢。

袁术和李傕是合作关系，他的左将军头衔还是人家李傕封的，朝廷派来的官，他也不好意思撵走，才让刘繇去江南搞扶贫。但刘繇骨子里恨袁术这个贼头，连带恨他手下的吴景、孙贲。

孙策打庐江的时候只有一千多人，这点儿人肯定不够，他只能找舅舅、堂兄求援，孙家的主力都被调到江北围攻庐江。江南的丹阳就空虚了。刘繇乘虚而入赶走吴景、孙贲。袁术想不到刘繇居然先动手了，那就不客气了。他任命部下惠衢为新任扬州刺史，让吴景、孙贲率兵打过江去找刘繇算账。既然已经撕破脸，刘繇当然有防备，派部将张英在南岸堵着，孙策来的时候双方已经隔江对峙一年多。

孙策南下也不闲着，一边走一边招兵，到江边时已经有六千人。

但是，他舅舅、哥哥打了一年过不去的长江，他也过不去。

有困难找朋友，此时他的一生知己周瑜正在江南岸，手下还有兵。

刘繇赶走孙家人后，就任命周瑜的叔叔周尚做丹阳太守。周瑜正是在此时去丹阳投奔周尚。

孙策给周瑜写了一封信。

周瑜接到书信带兵来迎。孙策成功渡江。

刘繇的长江防线彻底瓦解。防线很多时候是被从内部攻破的，因为自己人反水，防不胜防。

周瑜一生为孙氏立过两次大功：第一次就是接应孙策渡江；下一次是赤壁之战打败曹操，帮助孙权保住江东。

过江之后的孙策那就谁也挡不住了。

孙策迅速攻克横江，接着攻占牛渚大营，夺得辎重，成功开辟滩头阵地。

孙策打败秣陵薛礼，攻破刘繇别将于海陵，一路打到曲阿与刘繇决战。刘繇在决战中惨败，逃往豫章。孙策进入曲阿，占领丹阳。

与此同时，孙坚的老部下朱治从钱塘登陆吴郡，将吴郡太守许贡击败，占领吴郡。许贡南逃投奔山贼严白虎。

刘繇逃跑时原本打算去会稽。这时身边的著名品评士许劭劝他改道，说会稽富庶，孙策渡江必取会稽，去会稽是自投死地，而且会稽临海，一旦被堵住，想逃都逃不掉。不如西去豫章，豫章北靠豫州，西接荆州，情势危急，曹操、刘表皆可救援。刘繇想想也是，接受了许劭的建议，改道去豫章，这个决定最终救了他的命。

刘繇败逃，但有一个人没走，留下来打算跟孙策死磕。这个人之前出过场，他就是在北海单骑闯重围的太史慈。

太史慈救出孔融后就渡江南下投奔同乡刘繇。

刘繇虽然收留了太史慈但并不打算重用他。名士出身的他看不起寒门子弟太史慈，对身边的人说，我要是用太史慈，许劭还不笑话我不会用人。但就是这个他看不上的太史慈才是真正能跟孙策打一场的猛将，刘繇确实不会用人。

一次，太史慈奉命外出，在神亭与出来侦察的孙策不期而遇。发现对面来的是孙策，太史慈二话不说就奔着孙策去了。此时他身边只有一名部下，而孙策背后却有十三个，而且个个是将军，后来的江东名将黄盖、韩当、宋谦都在其中。但猛人就是猛人，太史慈全不在意，与孙策在马上对打，起初还用兵器，打到最后直接肉搏，从马上摔到马下，滚成一团，直到两家援兵赶到，才罢手。

分手前，两人还各自从对方身上取了一份"纪念品"，孙策夺了太史慈的手戟，而太史慈则抢了孙策的头盔，各有收获，谁也不吃亏。

但太史慈再勇猛，刘繇不用他，靠一个人不可能挽救败局。

也许是对刘繇失望，太史慈主动脱离队伍，打算单干。

太史慈与刘繇分道扬镳，刘繇西逃豫章，太史慈则进了丹阳山区，很快在当地拉起一支人马，自封丹阳太守。

孙策听说后，不敢小视，必须趁其羽翼未丰，一举剪除，免生后患。孙策亲自带兵围剿太史慈。太史慈虽是不可多得的猛将，但他遇到了刘备曾遇到的问题，对手不给他充裕的时间，刚刚拉起来的部队被击溃，太史慈本人也被孙策生擒活捉。

太史慈被俘后，自认必死无疑，但当他被押到孙策面前时，看到的却是一张灿如桃花的笑脸。未等一脸蒙圈的太史慈反应过来，孙策走上前亲自为太史慈松绑。

英雄惜英雄，好汉爱好汉。

孙策拉着太史慈的手如老友重逢一般，说："当初在神亭时，我若被你俘获，你会如何处置我？"太史慈很实在："那可不好说。"孙策哈哈大笑："过去的事就让它过去吧，从今以后，我愿与将军共创大业。"

不久，刘繇病亡于豫章，余部在豫章者尚有万余。孙策正在用人之际，决意招纳。孙策便让太史慈亲往豫章招抚。这时，太史慈刚投降，部下们听说后都说太史慈肯定跑了。孙策却很自信，对众人说，子义勇烈过人，最重承诺，只要他答应的事，就算牺牲性命也会做到，子义绝不会负我。果然，不久，太史慈便带着队伍回来复命，大家这下心服口服，佩服孙策有知人之明。

在丹阳，孙策还生擒了一位老熟人——祖郎。当初孙策来招兵被祖郎偷袭，差点就死了。所以，这次杀回来，祖郎自然是"重点照顾对象"。

今时不同往日，孙策现在兵强马壮，土豪到底还是打不过正规军。祖郎被生擒，孙策亲自审问："当初，你偷袭大营，刀斧砍中我的马鞍，险些害我性命。但大丈夫开创大业，不计前嫌，不念宿怨，只要尽心于我，我不会亏待你。"祖郎当即叩头谢罪表示拜服。凯旋之后，孙策有意安排祖郎与太史慈做前导官，骑马执幡走在队伍的最前面。

孙策高歌猛进，所向披靡。

接下来，该做选择题了。

有两伙人要收拾，一个是吴郡许贡投奔的山贼严白虎，还有一个是会稽的王朗。很多人主张先打严白虎，但孙策坚持先打王朗。山贼土匪容易对付，王朗是朝廷任命的太守，要先拿下。

王朗之所以能为广大吃瓜群众所熟知，主要还是因为老版《三国演义》里，诸葛亮骂王朗的那出戏。表演真精彩，只不过那是编的。

王朗，徐州东海人，儒学世家出身，走的是学而优则仕的传统路线。因书读得好，其实主要还是出身好，被朝廷征拜议郎，不久外派为菑丘县令。

后来为给老师弘农杨氏太尉杨赐（杨修爷爷）奔丧，王朗挂冠而去。

王朗回到徐州老家。不久，刺史陶谦主动找上门，举王朗做茂才，接着任命王朗做徐州治中。中原打成一锅粥的时候，长安的汉献帝几乎被人遗忘，陶谦主动派人历经千辛万苦去长安朝贡。汉献帝深受感动，感动之余就给徐州的主要领导班子升官，陶谦已经是刺史，就加封安东将军，治中王朗被任命为会稽太守，但这次晋升对他未必是好事。

从王朗的履历看，他是个纯文官，不会打仗。

但面对打上门来的孙策，王朗表示我身为汉官，不能不抵抗就投降。因为当时袁术被天下士大夫看作乱臣贼子，袁术手下的自然也不会是好东西。孙策是顶着贼名南下江东的。

不会打仗，也有不会打的办法。如果拉出去野战，那就直接崩溃了。王朗的抵抗时间估计就是人家冲过来的路上这么一会儿。王朗还是很明智的，选择利用地形优势固守不出，有本事就打进来。

王朗率军在固陵凭险据守。孙策几次带兵强渡都被打了回去，本以为又是一次摧枯拉朽的横推，却被书生拦住去路，孙策十分郁闷。王朗第一次上战场能有如此表现，已属超水平发挥。

王朗的部署指挥可圈可点，但他的良好表现就到此为止了。

孙策开弓没有回头箭，起兵以来杀人无数，结怨无数，一旦失败，下场会很惨，所以孙策必须打到底，整个孙氏宗族亦然。

此时孙氏全族都被动员起来，父子兄弟齐上阵。

孙策的叔叔孙静在家乡也拉起一支武装。孙策渡江后，派人联系叔叔。孙静起兵相迎，两支孙家军在钱塘会师。

王朗为了对付孙策，将主力集中到固陵一线，后方兵力不足。王朗囤粮的查渎距固陵只有几十里却守备空虚。孙静向孙策建议，王朗在正面凭险固守，难以取胜，不如避实击虚，查渎距固陵只有一日路程，那里是王朗囤粮之所，我知道一条近路可到查渎，王朗决然想不到我军会去攻查渎，正所谓攻其不备出其不意。

于是，孙策在正面佯攻，然后派兵走小路端了对方的粮库。

会稽守不住了。王朗原本打算渡海去交州，可是到了海边找不到船，后面追兵已到，走投无路被迫投降。

王朗是名士，孙策没有为难他，只是象征性地责备几句，依然以礼相待。

孙策挥军南渡，破刘繇败王朗，所向无敌，威震江东。江东人听到孙策之名心惊胆战，远近郡县望风归附。

弱冠之年的孙策勇猛异常，取丹阳、平吴郡、占会稽，狂飙突进、势不可挡，横扫江东！这不禁让人想起昔日叱咤风云的西楚霸王。都是少年成名，都有万夫之勇，都是年纪轻轻取得霸业，于是，孙策多了一个称呼——小霸王。

孙策对待王朗的态度还算礼貌，但对待跟他作对的地方豪强可就没有那么客气了。

对江东地方土著而言，孙策是名副其实的"入侵者"。虽然孙氏父子祖籍在江东，但发迹在淮泗。孙策的青少年时代是在淮南度过的，而且这次南下，他是以袁术部曲的身份来的。袁术是啥人，大家都知道，所以江东土豪抵抗得很激烈。孙策的手段更激烈，杀，只要反对他的人，他都杀。

当时的江东充满血腥气息。一次，孙策要杀一个叫魏腾的人，此人是江东豪族，杀他容易，但必然与江东大族结下更深的仇恨。孙策的母亲看不下去了，深知如此行事，树敌过多，儿子以后的路会更艰难。她知道孙策的脾气，不忍心看着儿子这么杀下去，但她也没有更好的办法，最后站到井边说你要杀魏腾，我就跳下去。母亲以死相逼，孙策才不得不罢手。

搞定王朗，接下来是严白虎。

严白虎见识了孙策的厉害，迫于孙策的军事压力，不等孙策动手，主动派人求和请求谈判，孙策同意了。为表示对谈判的重视，严白虎派弟弟严舆作为代表到孙策大营去谈。

严舆表示希望能与孙策单独会谈，孙策也同意了。

两人见面后，席地而坐，开始谈判。正谈着，孙策突然拔刀砍向严舆。严舆大惊之下本能地跳起来躲避，一脸惊恐。孙策看着狼狈的严舆，轻蔑一笑："听说你功夫了得，我只是想试试你的身手。"严舆一脸尴尬。孙策知道严舆怕了，随手抽出手戟，这一次他没有砍席子而是直接刺向严舆。这次严舆没躲开，当场被刺身亡。孙策擦干手戟上的血，随即发动对严白虎的总攻。

打仗靠的是信心与勇气，被吓破胆的严白虎哪里是孙策的对手，苦心经营的营寨很快被孙策攻破，严白虎突出重围去投许昭。

扬州江南四郡，孙策已据其三：吴郡、会稽郡、丹阳郡。

占领东三郡后，孙策将原有官属进行大换血，全部换上自己的人。

孙策自己兼任会稽太守。

孙策的舅舅吴景任丹阳太守。

孙策的堂兄孙贲任豫章太守。

孙策的堂弟孙辅任庐陵太守。

任人唯贤的口号下，实质却是任人唯亲。

孙策从豫章郡分出庐陵郡，人们熟知的江东六郡终于凑齐了。

孙策的班子跟曹操的很相似。

曹操文武分职，军队由他的曹氏夏侯氏兄弟统领，代表是曹仁、夏侯惇，负责朝政的是来自豫州的颍川名士集团，代表是荀彧、郭嘉。

孙策也是如此，军队由他以及孙氏宗族子弟率领，代表是孙贲、孙辅，文官则主要以他在淮南时结交的徐州名士组成，代表是张昭、张纮。

何其相似！

历史总是有许多看似巧合，但实际是必然的选择。

主体骨干必须是自己人，至于不重要的装点门面的可以交给后来的外来的人。

创业初期，尤其如此。

打虎亲兄弟，上阵父子兵。

大道至简，要言不烦。

看似简单，其实是咱们祖先数千年历史经验及智慧的结晶。

与蒸蒸日上的孙策相比，袁术则是江河日下。

建安二年（197），袁绍陷于河北，曹操败走宛城；袁术则稳坐淮南全据扬州（孙策名义上是他的部下），势力深入徐州、豫州。于是，昏头的袁术公然在寿春称帝，随即被天下人唾弃，转瞬之间，众叛亲离、四面楚歌。

孙策早就想摆脱袁术，随着实力的增强，这种欲望也越来越强烈。这么好的洗白上岸的机会，怎能错过？孙策立即宣布与袁术决裂。袁术败死江亭。袁术的堂弟袁胤率领袁术的数万部曲投奔驻兵皖城的庐江太守刘勋。

庐江，孙策当初拼尽全力打了两年的地方，却被袁术给了别人。这个别人就是刘勋。孙策决定拿回本属于他的地盘。

吃了我的给我吐出来，拿了我的给我送回来。

但征战数年，孙策已经不是当年那个被人忽悠的毛头小伙，现在的他更从容也更自信，因为实力增强了。

以他现在的兵力完全可以打下庐江，但以最小的代价取得最大的利益才是正确的选择。孙策决定忽悠刘勋，智取庐江。

孙策派人给刘勋送去一份厚礼，使者还带来孙策的一封亲笔信，信中将刘勋狠狠吹捧一番。孙策在信中说上缭一带宗族武装时常前来骚扰，自己几次想带兵征讨，怎奈路途遥远不得不放弃，听说当地十分富庶，您若能带兵征伐，我愿率军助剿。使者献上孙策送的珠宝、葛布等贵重礼物。

刘勋感觉自己的运气实在好得不可思议。好事接二连三找上门，以他的智商当然看不出其中玄机，部下听说纷纷前来祝贺，唯独刘晔反对出兵。刘勋问他为何反对。

刘晔说："上缭城池虽小，但城高池深，易守难攻，并非短期可攻克。时间一长，兵疲民困，皖城空虚，孙策如果趁机来袭，庐江危矣。到时上缭攻不下，庐江若再有失，将军您将无家可归。大军远征，大祸立至。"

用利令智昏来形容此时的刘勋在恰当不过，加之这厮的智商本就不高，被孙策戴了几顶高帽便忘乎所以，又被孙策的金银财物打动，此时什么也听不进去。

促使刘勋出兵还有一个原因，他的部队严重缺粮。诸侯中，除了自己屯田丰衣足食的曹操，几乎没有不缺粮的。刘勋部的粮食本就不够吃，又先后接纳数万袁术旧部，就更加捉襟见肘。

孙策为迷惑刘勋，令其不至起疑，装模作样带兵去打江夏黄祖。这下刘勋更放心了，亲率主力杀向上缭，到地方才发现，这里的粮食早被提前转移，当地的宗族武装听说他来早就跑了。

刘勋很郁闷，但让他更郁闷的还在后头，他中了孙策的调虎离山之计。孙策派出斥候，密切监视刘勋的一举一动。孙策讨伐黄祖的大军走到石城，得知刘勋中计，立即改变方向，后队变前队，派孙贲、孙辅领兵八千前往彭泽埋伏，自己与周瑜领兵两万直取皖城。

皖城留守兵力空虚，孙策轻松攻占皖城，袁术仅剩的家底全归了孙策。

孙策任命汝南人李术为庐江太守，领兵三千守城，自己则率主力追击刘勋。端了人家的老窝抢了人家的地盘还不算，还要追杀到底，这就是小霸王的风格。

刘勋听说皖城有失，昼夜兼程回救，走到彭泽正好进入孙贲的伏击圈，被一阵围攻，士兵折损大半。刘勋向荆州刘表手下大将黄祖求救。黄祖派儿子黄射率水军援救。

孙策军接连大胜，锐不可当，正好，两个一块打，黄射、刘勋两人加一起也不是孙策的对手，被一通狠扁，变成光杆司令的刘勋北上去投曹操，黄射直接逃回荆州。

建安四年（199）年底，孙策率军乘胜而前水陆并进，进抵黄祖屯兵的沙羡。

孙策麾下大将尽数出战，周瑜、吕范、程普、韩当、黄盖还有弟弟孙权都来了，战斗在水上、陆地同时展开。

战场上，杀声震天，孙策亲自披甲上阵，黄祖军也不示弱，两军彼此对攻，杀在一起。

陆上激战的同时，水战也在激烈进行。孙策水军顺风放火，弓箭手万箭齐发射向黄祖水军。战斗从早上打到下午，黄祖的先锋军全军覆没，折损一万多人，损失大小战船六千余艘。黄祖军彻底崩溃，全军溃散。

孙策并未穷追，不是不想手刃杀父仇人，在与荆州刘表摊牌之前，必须先拿下整个江东。

孙策大破黄祖后回师江东，挟大胜余威直逼豫章，屯于椒丘。

大军兵临城下。

孙策派虞翻前去劝降。豫章太守华歆与会稽太守王朗同是名士出身的好友，时人常拿两人作比较，然而这次华歆的表现实在不堪。华歆的反应是不抵抗，主动打开城门，出去跪舔孙策。

孙策没有难为"识时务"的华歆，待其如上宾。

会稽、丹阳、吴郡、豫章、庐陵、九江，江东六郡至此尽为孙氏所有。

孙策转斗千里，尽有江南之地。然而对江东名豪多有诛杀，为他的政权埋下巨大隐患。

他在的时候可以镇住，一旦他不在，别人不具备他的能力，小霸王可不是随便能得到的称号。

建安五年（200），孙策才二十六岁，但他无论如何也想不到，他的生命即将走到尽头。

孙策打下吴郡，太守许贡成为阶下囚。许贡虽然做了俘虏，但心里依然不服，秘密给朝廷上书，说孙策桀骜不驯，朝廷最好将其召入朝中，委以虚职，不然猛虎在外，久必伤人。奏章写好，许贡派心腹秘密渡江前往许县。

不料，送信人在江边被孙策部下抓获，信也被搜出来。孙策见信后，勃然大怒。以孙策的脾气，许贡的下场可想而知，许贡被孙策下令绞死。许贡虽死，但他有三位门客，颇有豪侠之气，发誓要为旧主复仇。

孙策有个爱好——打猎。

一天，孙策又出门打猎，一路追禽逐兽，兴致正高的他骑着快马渐渐地拉开了与随从的距离，这时树丛中突然窜出三人。孙策很警觉，问他们是何人。三人答是韩当的兵。孙策说韩当的兵我都认识，却从未见过你们。孙策见三个人形迹可疑故意诈他们，韩当部下数千，孙策怎么可能都认识。但这三个人心虚，以为被识破，不免慌张。

孙策多机警的人，看他们的面色就知道有鬼，二话不说，张弓搭箭射死一人。另两个人见已暴露，一个张弓就射，一个挺枪来刺，距离过近，孙策立即挂彩。三个人扭打之际，孙策的卫兵随后赶到将刺客杀死。三个门客死了，但他们也完成了使命，用自己的命换了孙策的命。

孙策虽未当场殒命，但也身负重伤，抬回府后当晚就死了。

临终之前，孙策将自己的印信授予十九岁的弟弟孙权，然后对孙权说了一番一个军事创业者对后来守成者的政治遗嘱："举江东之众，决机于两阵之间，与天下争衡，卿不如我；举贤任能，各尽其心以保江东，我不如卿。"

孙策在临终前准确地意识到两人在能力上的差别。然后，根据这种差别，孙策为孙权制定了江东日后的执政路线：保守江东。

孙策为什么要跟孙权做这种交代呢？

天下大乱，自己正当壮年，本来是有问鼎天下的机会的，可因一时不察，命丧小人之手；而四个弟弟都不具备自己的军事才能。孙策在临死之前就已经确定，孙氏不可能再向外开拓。

既然如此，那就退而求其次。解决面临的现实问题：保据江东。

孙策十九岁起兵，二十六岁去世，只用七年便占据江东六郡。但孙氏的江东完全靠军事征服得来，靠军事镇压维持，极其不稳定。

孙氏只是占领江东的郡县，但偏远山区深险之地的山越仍不服号令。即使那些已经征服的地区，因为孙策的血腥诛杀政策，地方豪强与孙策结下深仇。这些人很可能因他的死而趁机反扑。

此时，孙氏能依靠的不是江东人，这些人反而是防范对象。接班的孙权能依靠的是陪着哥哥征战多年的淮泗集团，这些人才是关键时刻能信任的自己人。

孙策临终之际告诉孙权，内事不决问张昭，外事不决问周瑜。张昭是徐州广陵人，周瑜是扬州庐江人，都不是江东人。张昭是徐州名士流落江东，周瑜虽是扬州人，但是江北扬州与江东联系不深。看核心圈子就知道，此时的孙氏政权是一个地地道道的外来政权，一个靠杀伐建立起来的军政府。

孙氏政权即将面临暴风骤雨般的强烈反噬，孙策清楚这点，张昭也明白。能不能挺住，孙策其实不敢确定，所以他为孙氏做了最不利局面下的对策，就是缓步西归。说白了，就是实在挺不住，北撤江淮。当然这是万不得已时才走的。

实际上，局面比孙策预想的还要糟。

不仅外人反叛，连自己人都反水。

孙策的死讯传出后，江东六郡几乎都反了。

全乱了。

孙策意外身亡，令江东政权陷入险境。未满弱冠之年的孙权仓促接班，江东陷入不安与动荡，暗潮汹涌，危机四伏。

刚刚打下的庐江，太守李术听说孙策身亡首先不听招呼。孙权给他下命令，这位兄弟压根不听，明确表示了单过自己小日子的意思。

新设的庐陵郡，太守孙辅是孙贲的弟弟，也对孙权缺乏信心，私下派人过江去曹操那里表忠心，表示愿意跟着朝廷走，身在江湖心系庙堂。

豫章太守孙贲，孙坚死后孙策出世前孙氏的首领，经受过考验的革命干部，也挺不住了，也派人向朝廷示好，为自己找后路。

江东西面的三个郡，太守都是这个反应，下面就不用说了。

孙氏赖以立足的东三郡，情况也好不到哪里去。

从孙策到孙权都是兼任会稽太守，勉强压住阵。吴郡是孙氏的另一个大本营，孙策虽兼领会稽太守但长期坐镇吴郡。孙策攻庐江时吴郡大姓陆氏宗族死伤大半，他们之间的关系至少现在是相当紧张的，但先跳出来闹事的还是孙氏自己人。

孙坚兄弟三人，他排行老二，家里有两个兄弟。大哥孙羌，三弟孙静。

大哥孙羌早亡。长子孙贲、次子孙辅追随孙策转战江东，身先士卒，立有战功。孙贲、孙辅分别以战功封豫章、庐陵太守。曹操为拉近与江东孙氏的关系，为儿子曹彰娶孙贲的女儿，结为姻亲。正因为这层关系，兄弟俩在江东发生危机时，与曹操的关系都很暧昧。

三弟孙静在孙策下江东时起兵相迎，立下功劳。孙静有三子，长子孙暠、次子孙瑜、三子孙皎。孙暠很有可能跟随父亲上过战场，想夺权。孙暠此时屯守乌程，听说孙策死讯，立即整兵授甲，兵进会稽。

会稽地方以兵自守严阵以待。虞翻警告孙暠："主公英年早逝，部属已由主公之弟孙权统摄。重兵已围城固守，同郡吏士皆愿以命相搏，为新主除害。你自己权衡利害吧。"孙暠被迫撤兵，夺权失败。孙暠爱闹事的基因遗传给了他的后代孙峻、孙綝，这俩货成功地在孙权死后将东吴折腾得乌烟瘴气，不过那是后话。

丹阳郡的情况更糟。这里是江东最主要的兵员产地，孙氏一直都极为重视此地，郡守都是嫡系中的嫡系。孙策渡江后，担任太守的是他的舅舅吴景。孙权接班后可能考虑吴景年事已高就让三弟孙翊接任。丹阳太守孙翊上任一年便被部下所杀。

孙权接班后形势之严峻险恶用危机重重已不足以形容。

关键时刻，还是孙策指定的两位股肱之臣出来才稳住局面。

屯兵巴丘的周瑜接到孙策死讯，立即带兵往回赶，他深知孙氏的根基不稳，那些摇摆不定的墙头草很可能会趁乱浑水摸鱼，关键时刻，只有军队才能镇住场面。

周瑜带兵千里驰援赶回来力挺孙权，江东在孙策死后浮动的人心才安定下来。

接着上场的是张昭，他是定海神针。

孙权十九岁接班，面对内忧外患的混乱局势，显得不知所措，内心紧张焦虑加上惶恐害怕，更加思念去世的哥哥，连日伏案痛哭。有哥哥在的时候，哥哥撑起一片天，护佑孙氏一家人。现在，他要接过哥哥交给他的重担，而他自己也不知道能不能担起这副重担。

张昭对埋头痛哭的孙权说："现在是哭的时候吗？方今天下，四海鼎沸，群盗满山。哀亲戚而不理军政，犹如开门而揖盗。"孙权这才不哭了，在张昭劝说下脱去丧服穿上盔甲，陈兵而出，巡视三军，将士见新主视事，知有所归，众心乃定。

张昭又发文给各地郡县：中外将校，各令奉职，不得妄动。即让各地驻军坚守岗位，不许奔丧，严阵以待应付非常，所谓不得妄动其实是不敢动，不给阴谋动乱分子以可乘之机。

与此同时，张昭又上表朝廷，其实就是告诉曹操，我们这边换领导了，麻烦您给盖个公章。曹操此时正忙着跟袁绍打仗，也希望后院安定团结，顺手就给批了。

朝廷的任命很快下来，封孙权为讨虏将军，领会稽太守。直到这时，孙权才有合法身份，成为名副其实的接班人。

奉天子的好处就是可以批发官位，拥有盖章的权力。千万别小看盖章，有公章才合法，下面的人才服。

当时曾有传言，说孙策想趁着袁曹对战，偷袭曹操的许县，将天子接到江东，将盖章的权力抢过来，这个好处实在多。其实，稍微看看孙策死前的处境，就会明白，这纯属痴人说梦。许县距江东千里之遥，而且要穿越重重封锁去曹操的大本营抢人，简直是笑话，曹操会让你抢？

孙策别说抢人，都不敢离开江东。他死后江东的混乱已经说明，他的统治极其不稳定，这时候就算曹操请他去许县接人，他都不敢去。

孙权的官位仅仅是个太守，孙贲、孙辅也是太守。孙权年纪轻轻，威望不够，能力也受到质疑。很多人并未将孙权当作君主，用当时的话说是"未有君臣之固"。

这时，在江东素有威望的周瑜、张昭主动向孙权行君臣之礼，以身作则，给大家做表率。有带头的就有跟的，孙权的位置才算坐稳，而他真正赢得威望，成为众人心中的江东之主，还要等到九年后的赤壁之战。

话说曹操为啥对江东孙氏突然这么好呢？先是封孙策讨逆将军，后又封孙权讨虏将军，还让儿子曹彰娶孙贲的女儿跟孙家结亲。因为他就要跟袁绍开战了，为专心对付袁本初，必须团结一切可以团结的力量。他手里有公章，批发几个官位就能收买一波诸侯，这个买卖划算。

第二十七章

官渡之战——曹操袁绍决战中原

建安五年（200）四月，孙策被刺杀的当月，远在中原的河内郡的军阀张杨也被杀了。

乱世，当老大是很危险的。能力要足够强，能给跟着你的人带来利益。威望要足够高，部下才会服从指挥。

张杨的死就在于他的能力不强，威望也不高。

杨丑杀张杨的目的是准备投曹操。

但他很快也被杀了。杀他的是张杨的另一个部将睢固。睢固杀杨丑并不是为故主报仇，而是他不想投曹操，他要投袁绍。

但不管是投袁绍还是投曹操，部下们都不想跟着张杨混了。

张杨被杀其实也不算冤。连他的两个部将都看明白了，可是他还不明白。

随着公孙瓒、吕布陆续被袁绍、曹操干掉，中原的局势已经十分明朗，统一北方的王者，只能是袁绍、曹操二者之一。未来的胜利者只能从他们两个中产生。

还存活的小军阀们只能选择去投袁绍还是投曹操，不会有第三个选择。

这时候明白事的就该知道怎么做了，趁着手里还有筹码赶紧站队。

南阳的张绣跟他的谋士贾诩就是明白人，不久之后，在袁绍派人拉拢的情况下，依然选择投曹操。此时投降对曹操来说简直是雪中送炭，避免了两线作战，又解除了后顾之忧。难怪曹操对极力劝说张绣投曹的贾诩感激备至。

曹操特意对张绣说，过去的事就过去了，你不要有负担，努力干，我不会亏待你。他是这么说的，也是这么做的，在随后进行的官渡之战中张绣表现得很卖力，也受到封赏。

谁也不投的结果就只能被干掉，张杨却迟迟不做决定，搞得部下都被逼急了，这才要杀老大。

袁绍跟曹操都清楚，撕破脸开战的日子不远了。

河内的兵变成为触发袁、曹决战的导火索。

曹操先动手了。

曹操迅速派出大将史涣渡河攻击，在射犬阵斩眭固，收编张杨旧部，占领河内郡。

至此，曹操的势力进入河北。

大战已经不可避免。曹军进入敏感地区，袁绍必须做出应对。

袁绍召集部下开会，以沮授、田丰、审配为代表的冀州本土势力，以许攸、郭图、辛评为代表的客居势力全都到场。

所有与会人员都清楚这次会议的目的以及意义，这将是决定前途命运的决战。

袁绍的智囊团主要由本土的冀州势力与他的豫州老乡势力构成。

这两派是有矛盾的。

之前说过，曹操与孙策的主要班底基本上是任人唯亲，这么做虽然排斥很多优秀人才进入核心圈，但也保证了班子的稳定。

乱世创业风险极高，用兵如曹操也多次经历溃败，孙策在江东的敌人比中原弱得多，可还是险象环生。他们能历经风雨，败而不散，靠的就是班子的忠诚和极强的凝聚力。进入圈子的人只有在这里才能实现利益的最大化，所以，就算多次溃败，也打不垮。

圈子单一纯正，在创业初期，可以保证避免内耗，维持稳定。当然成为全国性政权后，再搞单纯的任人唯亲肯定是行不通的。

袁绍虽然只占据河北，却有四面八方的人去投奔他，他的班子更像一个全国性政权。但他实际上只是一个地方政权，班子中两股势力不可避免争权夺利，为自己集团的利益考虑，从而产生内耗，这就在实质上削弱了袁绍的力量。

沮授、田丰、审配是冀州本土名士也是袁绍的谋士，但不仅仅是谋士，也是地方实力派。在袁绍多年的征战中，他们不仅出谋划策，更出人出钱支持袁绍南征北战。许攸、郭图、辛评是外来客，他们的老家多在豫州，他们渴望打回老家去，只有如此才能实现他们利益的最大化。

冀州本土名士的背后都有强大的家族势力做支撑。他们是谋士，但更准确地说是袁绍集团的股东！

豫州名士如许攸、郭图、辛评，只是参谋，而股东不仅参谋还要有人力财力的投入。

冀州系：沮授、田丰、审配。

豫州系（包括汝南、颍川、南阳）：许攸、郭图、辛评、逢纪。

袁绍的老家在豫州的汝南，他本人当然更想打回老家。

豫州系的人基本支持袁绍与曹操开战，夺取豫州统一北方，进而席卷中原。

但以沮授、田丰为代表的冀州本土势力对此并不支持，可以说是反对。

因为两强相遇必定是一场旷日持久的大战。

可以预见这必将是一场伤亡巨大损失巨大的战争，当然胜利的话收益也会很大，但这种收益是存在巨大风险的。

外来谋士只需输出智力，打输他们损失不大，打赢他们获利巨大。

但对冀州本土谋士来说，他们输出的就不仅仅是智力，还有人力财力。付出是巨大的，收益却未必，因为有风险。

打曹操？说得轻巧！把你们家的人拉出去当兵，把你们家钱粮拿出去当军需，你们这些豫州人还会这么轻松地说出口？

豫州系强烈支持打曹操，打下豫州才有新地盘可分，打回去才能衣锦还乡，总不能一辈子待在河北。

但是打曹操，做牺牲的是冀州系，胜利果实却一起分享，而且得利大的肯定是豫州系，冀州豪门显然不愿意打出力却得不到好处的战争，他们更愿意维持现状。

冀州人审配支持袁绍，但这是有原因的。审家不是豪门，他愿意赌上家族命运让审家更上一层楼。田、沮两家因为家大业大，已经不想"追求进步"了。

袁绍成为冀州之主，当然要争取地方势力派的支持，主动请田丰来加盟。

田丰却"刚而犯上"，说话不给领导面子。

不谈性格品质，出现上述现象的原因是人家有底气，底气来源于实力。

田丰一直建议迎奉天子。看上去是好主意，但袁绍才是集团老大。很多事袁绍拍板，这个决策就定了。请天子进来，至少名义上的老大就是皇帝了。田丰、沮授与袁绍有分歧的时候，就可以借天子名义来抗争。田丰建议迎天子的动机不纯。其他谋士一眼看穿田丰这点小心思，所以也不支持迎天子。

曹操可以迎天子，因为曹操早就在张邈之乱时就把内部整合得差不多了，内部相对稳定才敢"奉天子以讨不臣"。

从迎天子这件事后，袁绍就不信任田丰了。

后来田丰建议袁绍救援刘备，袁绍就说我小儿子病了，去不了。婉拒一个人，可以有很多理由。但是拿扯淡的理由拒绝，那就不是针对事，而是针对人了。

这说明袁绍开始排斥田丰，平时的决策也不再跟田丰商量。

袁绍要对曹操发动全面战争，田丰却大唱反调。这不仅是不给领导面子了，这是惑乱军心。

田丰提议的派小股部队骚扰，听起来不错，但是这比拼的是双方的组织动员和军队的机动性。你速度快，打速度慢的敌人自然可以。但曹军百战之师，组织速度和机动性一点也不慢，小股部队骚扰，曹操马上就能吃掉这拨兵。就算不被吃掉，小部队也不会发挥多大作用。

田丰被关进监狱时，说袁绍必败，只不过是为了自己的面子。因为以前一直唱反调，如果关进去就改口，那不是自己打脸吗？这跟料事如神扯不上关系。

后来得知袁绍战败，田丰在狱中也知道自己坏了大事，所以跟狱卒说："如果主公败了，我肯定得死。"这也不是料事如神，而是知道自己闯了多大的祸。

这不是袁绍咽不下这口气的问题，而是全体河北将士都咽不下这口气！我们在前方流血牺牲，你整天在后边唱衰，要不是你，我们早赢了！

从袁绍的谋士阵营来看：

审配、荀谌、郭图、逢纪、辛评等人选择积极支持袁绍扩张。

田丰、沮授不想支持，但本身是地方势力也是班子成员，至少表面上不能说不支持。

反对也分两种，一种是明确表态反对；另一种是不方便明确反对，就以消极对待的方式婉转地表示反对。

一个人嘴上说什么和心里想什么，完全是两回事，特别是对于混政治圈的人，有的话不必听，有的话必须反着听。

作为领导，你不要只看底下人跟你怎么说，你要看他的立场站在哪里。

不论领导做任何决策，下面几乎都会出现支持、反对、中立的三种意见。而持三种意见的人表现在嘴上，通常都是支持！

只不过，持反对意见的人，先表示支持领导的路线，接着会说"但是……"

与曹操的决战不是想不想打的问题，而是肯定要打，因为没有别的选择，中原只能有一个霸主。

既然大方向定了，能不能按田丰、沮授说的，晚点打呢？

看下官渡之战的导火索：河内。

河内以前是中立势力张杨的地盘，作为袁、曹之间的缓冲区，不论袁、曹谁拿下河内，对于对方来说都是威胁。

张杨的部将杨丑杀张杨要投曹操，然后部将眭固又杀杨丑要投袁绍。旁观的人都知道再不能犹豫，必须赶紧站队。身在其中更应该清楚，战争迫在眉睫，对方已经打到家门口，你还想晚点！

如果袁绍接收河内，就可以从孟津渡河威胁洛阳，洛阳东边就是朝廷所在地的许县。

如果曹操吞并河内，就可以威胁河北腹地。

曹操迅速派出曹仁、史涣截杀找袁绍求援的眭固，并迫使河内投降，这等同于不宣而战。因为一个中立势力投降袁绍，却被曹操截击，这是赤裸裸的挑衅！

随着河内被曹操拿下，袁绍的西南防线被打进一颗钉子。不得不增兵上党、黎阳，否则这两个地方再丢，曹军就可以直接开到邺城了！

与此同时，曹操派于禁屯兵黄河南岸。曹操已经亮剑，袁绍不论是否南下都得在黄河北岸屯兵防守。

可否像田丰、沮授二人说的，骚扰三年疲困曹操呢？

从曹操闪击眭固跟刘备的过程来看，曹操极善于打闪击战，部队动员能力极强，反应迅速，不能给曹操一点时间，否则曹操可以迅速对周边打个来回!

机动慢打机动快的敌人,除了抱团平推,似乎占不到便宜。

实际上,曹操处在中原四战之地,即使袁绍不骚扰,也得常年奔走在征伐的路上。经过多年的磨砺,曹军上下已经十分适应多线作战。曹操最不怕的就是骚扰,他可以一口一口吃掉你,而不必与你集中主力对决,那样风险更小,获胜的机会更大。

袁军刚打完公孙瓒很疲惫,可是曹军也没闲着,甚至更疲困。曹操也刚刚打下徐州,还有一个未解决的张绣。张绣是即将开战时才投降曹操的。

骚扰曹操难度很大,因为要过黄河。

黄河防线很长,过去不难,但能保证安全回来吗?集中主力进行大兵团决战,风险当然高,但还有更好的选择吗?曹操这种对手,冒险过黄河不是骚扰,而是自杀式袭击,也就是去送人头。袁绍的优势在于能集中的兵力比曹操多,以多打少,总是有优势的。

打仗本身就是冒风险的,集中主力打决战本质上就是豪赌。这个时候,必须上下一心,团结一致,倾尽所有,向前冲。

袁绍很清楚,现在是砸血本的时候了。他会倾尽全力,但这不代表他手下的股东们都愿意赌上全部身家性命跟着他一起赌。虽然赢了,获利很大。但输了,损失更大,谁能保证一定会赢。所以河北的股东们有点不情愿。

田丰、沮授这种家族,犯不上跟着一群赌徒去赌命!因为领导姓袁还是姓曹都得重用他们!

"跟了你这个领导,我们全家出钱不算,还得赌命!真是倒了八辈子血霉!你别跟我扯啥梦想,你觉得我缺钱还是缺名?"

当然,有身份的人,心里可以这么想,但是嘴上不能这么说。

不好直接说反对,那就摆困难,乃至提出一个明显缺乏可操作性的糟糕方案都是反对的表现。

尽管有不同的声音，袁绍还是决定与曹操决战。袁绍现在能动员数十万人。他从中选出十万精锐，其中骑兵一万，也只有袁绍有这种实力。千万不要被演义小说动辄八十万大军的笔法带偏，那是作者坐在自家书房脑洞大开顺嘴胡编的，反正他不用考虑野战宿营后勤补给，想当然地想写多少写多少。

虽然东汉末年分三国，战乱频仍，但规模通常不大，超过十万人的只有官渡、赤壁、猇亭三大战役。八年后的赤壁之战，刘备孙权的兵力凑在一起只有八万。二十二年后，刘备与孙权在猇亭翻脸互撕，那时两人一个称帝一个封王，已然坐大，可是双方参战兵力加在一起才勉强过十万。而此时，袁绍一方的兵力就已经超过十万，名副其实的倾国之兵，可以想象此时曹操的压力有多大。

建安五年（200）秋，袁绍亲率十万大军，渡过黄河，大举南下。

消息传到许县，曹操紧急召集部下开会商讨对策。

其实，开会不是讨论打不打，而是研究怎么打，顺便看看众人的反应。因为真正做决策的是曹操跟荀彧，这两个人在开会前早就开过小会，早就做出决定，坚决打，必须打。

一把手、二把手决定好的事情不需要讨论。很多事情如此。

大事小会决定。

小事大会决定。

所谓成大功者不谋于众。你以为人家在跟你讨论，其实，人家早就决定好了。

开大会不过是走走过场，领导要看的是你的态度。

面对对方十万大军的大兵压境，要说曹操跟他的部下们不紧张不害怕是不现实的。但害怕也得打，到了这个时候，已经没有退路，硬着头皮也要上。

很多部下虽然心里害怕却依然颤抖地举起小手表示支持，您指向哪里我们就打向哪里，服从命令听指挥。曹操表示很满意，与袁绍开战，就这么愉快地决定了。

当然，唱反调的也大有人在。被袁谭从青州赶出来的孔融这时回到朝廷。曹操、荀彧好不容易让大家鼓起斗志，孔融就跑来拆台。孔融在许县散播袁绍不可战胜论，说人家袁绍地广兵多，猛将如云，我们这点人怎么跟人家打。曹操恨得直磨牙，但孔融是文化名人，不好处理，这笔账曹操记下了。

官渡之战数年后，曹操指使手下找人罗织罪名到底还是将孔融杀了。

这是典型的秋后算账。

袁绍、曹操虽然摆开阵势，但未立即开战。袁绍忙着在曹操后方布局，而曹操忙着拆招。

袁绍即使在占据优势的情况下，依然选择以最小的代价谋求最大的利益。此时想给曹操添堵只能找南方的小伙伴了。北方的基本被他俩给平了。

南方只有孙策、张绣、刘表符合要求。

袁绍向他们发出热情的邀请。伙伴们，咱们一起打曹操。打赢，咱们就分他的地。我在正面干他，你们在后面捅他的腰眼，咱们前后夹击，保管教曹操顾此失彼首尾难顾。

做袁绍的对手确实很难受，这人是真能算计，但凡能用上的资源，他都会想办法利用。

袁绍想搞统一战线，团结一切可以团结的力量。他其实已经做得足够多了。

但架不住曹操的运气足够好。

想找孙策谈合作，孙策却被人刺杀了。

想找张绣帮忙，张绣直接降曹。

曹操为稳住这两家，也是下血本，为儿子曹均娶张绣的女儿，为儿子曹彰娶孙策堂哥孙贲的女儿。

袁绍多方布局。曹操见招拆招。高手过招，精彩纷呈，好戏连连。

正面战场还未开战，隐蔽战线已经斗得不可开交。

袁绍派人找到十年的战略合作伙伴刘表，希望他能出兵相助。刘表拍胸脯保证，嘴上答应却不见行动。

刘表只想在荆州混日子，不想找麻烦，反正能混一天是一天。

不过，他也有他的难处。他在荆州靠的是人家地方豪强，如他老婆的蔡氏家族，很多时候，他得看人家的脸色。

而此时，刘表的后院也乱了。

刘表这阵子比较忙，也在忙着打仗，不是跟北边打，而是与南边的张羡开战。

长沙太守南阳人张羡虽是刘表的部下，但跟刘表有矛盾。人家在荆州是老资格，当过零陵、桂阳太守，在长江以南的荆州南部有群众基础，比较吃得开，对刘表明显不服，平时不怎么听招呼。

袁绍使者南下，刘表答应策应。一个叫作桓阶的人游说张羡应该支持曹操。曹操代表的可是朝廷。

对张羡而言，北方谁打赢不重要，反正我要当荆州的老大。刘表支持袁绍，我就支持曹操。

敌人支持的，我们就反对。

敌人反对的，我们就支持。

于是，张羡率长沙、桂阳、零陵、武陵四郡起兵进攻刘表。

刘表现在想打曹操也没工夫打了。这场荆州内战持续数年，直到张羡病死，刘表才平定荆南四郡。

建安五年（200）十一月，随着张绣的降曹，曹操的后方渐趋安稳。

袁绍的一波统一战线操作算是全白忙了。可是，十二月，就有人来送惊喜了。

之前被曹操派去堵截袁术的刘备突然袭杀徐州刺史车胄，重占徐州。

令袁绍喜出望外的是刘备主动派人过来表示愿意结成统一战线。咱们南北夹击，必破曹贼。

对袁绍是惊喜，对曹操却是惊吓。曹操估计后悔得直拍大腿。当初，刘备来投奔时，程昱、郭嘉就劝曹操，刘备非久居人下者，早晚必成气候，不如趁现在杀了。但曹操不同意。估计，现在曹操是后悔的，但他再也没有机会了。

其实，曹操待刘备是不错的。

建安元年（196），曹操刚刚迎帝都许，就表彰在徐州前线抗击袁术的刘备，升其为镇东将军，封宜城亭侯。

建安三年（198），刘备与吕布开战，曹操为给刘备鼓劲儿又表奏刘备为豫州牧，当然还是排名。曹操征吕布回来，又上表朝廷给刘备升官，加封刘备为左将军。

刘备之前的平原相是公孙瓒表奏的，豫州刺史是陶谦表奏的。只有曹操表奏的是盖过章的，朝廷承认的。左将军是刘备称帝建国前的最高官职。

东汉武将最高为大将军，其次是骠骑将军、车骑将军、卫将军，再次就是前后左右将军。以上八大将军，金印紫绶，号称八重号。

这是刘备一生的荣耀，此后不管走到哪里，刘备都自称左将军，大家都认可，这几乎成为刘备的官方标配。刘备就是左将军，左将军就是刘备。

既然曹操如此厚待刘备，刘备为啥要走呢？因为刘备是英雄，而曹操是汉贼。英雄自然不会久居人下，特别是刘备还是汉室宗亲。袁绍与曹操当初也好得恨不得穿一条裤子，现在不也反目成仇刀兵相见吗？曹操与刘备不可能共存，反目是迟早的事。但直接促使刘备出走的是曹操的一番话。

一次，曹操请刘备过府饮宴。正是初夏时节，民俗以青梅佐酒。席间，曹操问刘备，你看当今天下，何人可称得上英雄？刘备小心回答，举出刘表、袁绍诸人。曹操却摇摇头以示否定，然后看着刘备说，当今天下可称英雄的只有你我二人！原话是"今天下英雄惟使君与操耳"。东汉称刺史为使君，郡守为府君，刘备是曹操表奏的豫州牧，所以这么称呼。这便是历史上著名的青梅煮酒论英雄。

当时，刘备吃惊非小，吓得筷子都掉地上了。这时正好打雷，刘备趁机掩饰，说你看这雷声真吓人，看给我吓的。这机灵，这反应，难怪人家能在乱世里生存下来。

以曹操的豪爽性情，他说刘备是英雄，那是真性情的流露，但他后面说的本初之徒不足数也，就是典型的商业互吹了。刘备确实是英雄，但此时却是不得志的英雄。而雄踞河北占有四州的袁绍才是曹操最强的对手。

但曹操的话还是说明，他在心底里认为刘备是英雄。话一出口，估计曹操有点后悔了，因为他说出了不该说的话。本应心照不宣，可他却来个敞开心扉。那一刻，酒后失言的曹操，与掉筷子的刘备都很尴尬。

刘备知道自己再也不能在朝廷待下去了。

如果是普通人喝酒吹牛，说天下英雄只有咱俩，那是酒鬼的醉话。

而此时两人的身份不同，一个是朝廷的实际掌控者，挟天子以令诸侯，另一个是志在四方但暂时蛰伏的英豪。

曹操的话可以翻译成，将来能与我曹操争夺天下的只有你刘备了，袁绍那些人不足挂齿。这话带给刘备的是如山的压力。

不久，袁术意图北逃。曹操当然不能让他逃。刘备则抓住机会，三十六计走为上计，以堵击袁术为名，趁机回到徐州他的老根据地。

刘备走得真是时候，再晚点，就走不了了。

建安五年（200）正月，董承反曹事发，即著名的衣带诏事件。这事儿是不是皇帝授权，难说。但董承想干掉曹操是真的。董承并非大汉忠臣，他与曹操只是在权力分配上有矛盾。当初，他引曹操来是因为受白波军韩暹的欺负，找曹操当外援。

曹操来了，确实将韩暹赶跑了。但董承也没嘚瑟多久，因为很快，他也靠边站了。

董承联络种辑、吴子兰、王子服密谋反曹，董承的女儿董贵人也参与其中，这事可能与皇帝有关。曹操来了之后，皇帝也成摆设，大权旁落谁会甘心。

据说，刘备也参与了。

事发后，曹操血腥镇压，董承、种辑、吴子兰、王子服，包括已有身孕的董贵人都被杀害。

只有皇帝，曹操不敢动。刘备，嗅觉敏感提前转移。

袁绍马上就要打过来，而政治中心许县又出事，看似老实的皇帝其实也不甘心任人摆布。而刘备到徐州后，很快又聚众数万。

刘备的能力，曹操是知道的，给点阳光就能灿烂。正月这个年，曹操肯定没过好。本应是万家团聚的时刻，曹操却不得不带队出征。长史刘岱、中郎将王忠先前被派去打刘备，结果却被刘备打。刘备还放话，就你们这种水平的再来一百个也没用。要是曹公来嘛，还有的打。曹公确实来了。曹操很给刘备面子。

曹操知道只能自己去了，而且他还必须快去快回，因为北面的袁绍随时可能打过来，只有发挥闪击战的强项了。不是他愿意玩奔袭，而是不快不行。趁刘备的队伍刚成形，还好打。一旦让刘备在徐州站住脚，到时跟袁绍来个南北夹击，他就成肉夹馍的肉了。到那时，他就真的完了。

刘备这次特别自信，他知道袁绍已然大举压上。曹操这会儿为应对袁绍只能顶在北边。分身乏术的曹操这个时候是不会来徐州的。

可是，刘备忘了，在曹操的心目中，他的地位是相当高的。曹操：玄德，我心中，你最重。

刘备自己顶在小沛，派二弟关羽驻守下邳。若干年后，刘备回想起来肯定会后悔当年的这个安排。如果守在小沛的是关羽，待在下邳的是他，那么，官渡之战的结果很可能改写，甚至中国历史都会被改写。此时已经是建安五年（200）正月，如果刘备能在徐州顶住三个月，二月便发起进攻的袁绍便会全力压上，曹操只能分兵两线作战，撑到最后很可能两面都守不住，获胜的就是袁绍和刘备。

可惜，历史不存在如果。当斥候报告刘备曹操大军就在附近时，刘备顿时周身血液凝固，他不敢相信。刘备亲自带着少量骑兵外出侦察，看到了他最不想看到的旗帜。因为对方来得太快，太过突然，他甚至来不及回城，直接就奔河北去了。

这时候，关羽还守在下邳。很快，曹操大军围城，关羽也顶不住了，被迫投降。

曹操解决徐州后，迅速回师，分兵派将迎战袁绍：

命河内太守魏种牵制袁绍的并州，保护侧翼安全；

命建武将军夏侯惇率部五千防守敖仓，派一部防守孟津，保护左侧安全；

命平虏校尉于禁率领步骑两千守延津；

东郡太守刘延扼守白马，阻击南下袁军；

命琅琊相臧霸率精兵深入青州，牵制青州袁军；

命徐晃、张辽领兵一万于官渡布防。

袁军人多势众，来势汹汹。曹操的策略是"以逸待劳、后发制人"，将决战地选在更靠近自己大本营的官渡。

袁绍兵多，曹操兵少。千里黄河，袁军处处可渡。曹操如分兵把口，防不胜防，本就兵力不足，会更加分散，分兵只会被敌人各个击破，沿河防守是下策。

曹操在黄河防线上只象征性派出警戒部队，而把主抵抗线设在官渡。官渡距黄河有二百里，距曹操的大本营许县远近适宜。这里地势起伏，沟壑纵横，不利于袁军骑兵作战，而且还有天然屏障官渡水。官渡水水流缓慢、泥沙淤积，不论是徒步还是坐船，这里都不是理想的地点。

官渡水与阴沟水、莆田泽在官渡东西各形成一个河流密布的水网地带，宽度只有几十里的官渡成为东西数百里之内进入许县的唯一通道，曹操在此地张开罗网，严阵以待。

二月，袁军发起全面进攻。袁绍亲自带兵攻打守在延津渡口的于禁部，与此同时，淳于琼、颜良进攻驻守白马的东郡太守刘延部。

袁绍想等曹操在南线陷入胶着，来不及抽身，然后再打。袁绍必须给曹操留足去徐州的时间，给他打刘备的时间，让他拔不开腿再出手。但他没想到曹操去得那么快，刘备败得那么快。袁绍没有因小儿子生病停止进兵，田丰在官渡之战中从始至终都是大反派。

刘备哪怕能拖住曹操两个月，袁绍都可能确立胜局。其实，刘备才是袁曹官渡之战的最大决定因素。

刘备远走河北。袁绍只能选择在正面跟曹操死磕了。

官渡地处鸿沟上游，是汴水的起点。当时鸿沟运河西连巩洛，东下淮泗，而官渡是枢纽。荀彧在写给曹操的信中认为扼守住官渡是掐住袁绍的喉咙。

官渡在汉末是许县的北面门户，重要渡口，也是许县的屏障。曹操放弃黄河天险，大踏步后退，就是为了在官渡与袁绍决战。

四月，曹操布置在黄河沿线的部队顶不住了。

曹操亲自带队前往增援。这时，曹操的谋士荀攸献计，袁绍兵多，当声东击西，以分其势。主公可带兵去延津，做出渡河抄敌后路的姿态。袁绍肯定会分兵西进阻击我军。等袁绍大军被调到延津，主公再带兵回援白马，出其不意，攻敌不备，颜良想不到我们会返身杀回，到时杀他个措手不及，白马之围必解。

袁绍听说曹操到了延津，果然上当，带主力西上邀击曹操。

曹操带兵走到半路，听说袁绍中计，马上掉头改变方向昼夜兼程奔袭白马。

再说颜良，放松警惕，只顾进攻白马，等曹军进到距白马只有十几里时，颜良才接到禀报，急忙收拢部队，但他并没有在原地布阵等待，而是带着部队迎着曹操来的方向杀了过去。

本可以逸待劳，从容布阵，占据主场优势。当初袁绍派颜良来打白马时，沮授就劝过他，说颜良脑子不转弯，勇敢是勇敢，但不动脑子，千万不能单独派出去独当一面。可惜，袁绍对反战派先入为主，啥也听不进去了。

这却给了关羽成名的机会。

曹操很爱才。关羽投降后，曹操又送美女又送金银，封官许愿，就希望把关羽留住。然而，关羽心里只有大哥刘备，谁也收买不动。

曹操派张辽来探关羽的口风，关羽坦诚相告："吾极知曹公待我厚；然吾受刘将军恩，誓以共死，不可背之。吾终不留，要当立效以报曹公乃去耳。"当初劝降关羽的就是张辽，但关羽的态度令张辽很为难，关羽的大哥刘备就在河北，这已不是秘密。张辽担心曹操会杀关羽。然而，他的担心是多余的。曹操听说关羽去意已定，反而更敬重关羽。

义气深重的关羽终于等来了立功报恩的机会。奔袭白马的前锋就是关羽跟张辽，两个并州老乡。

关羽远远望见颜良的麾盖，二话不说，策马奔驰就冲了上去，声势极猛，速度极快。颜良还没弄明白怎么回事，关羽已经杀到眼前，说时迟，那时快，只是一瞬，颜良的脑袋就搬家了。

关羽于万众之中斩其首而还。

不管是曹军还是袁军，都被关羽威猛的操作惊呆了。

迅速锁定，闪电奔袭，层层突击，斩首而还。

关羽于万众之中取上将首级，堪称教科书级的斩首行动。

白马之战，成为不可复制的传奇，也成就了关羽万人敌的威名。

此战后，曹军士气大振。曹操见挫敌锐气的目的已然达成，见好就收，迅速回撤，放弃黄河防线，直奔选定的主战场官渡而去。

见曹军南撤，袁绍带着主力随后追来。

曹操驻营延津南阪下，派兵登高远望。

斥候报告，追兵上来了，有五六百骑兵。过了一会儿，斥候又报，骑兵漫山遍野，步兵数不清有多少。

情势如此紧急，曹操反而一脸淡定，下了一道令部下崩溃的命令，所有骑兵解鞍下马。部下们都蒙了，这会儿跑还来不及，还让大家解鞍。众将纷纷上前劝说曹操，赶紧回营闭门死守还来得及。

这时候，文丑、刘备带着五六千骑兵已经追上来。

但曹操依然气定神闲。他已经在路上给追兵留下许多礼品，撤退的路上，曹操就下令将带的辎重沿途丢弃。

追兵看到满地的财物，顾不得去追曹操，纷纷下马争抢，队形大乱。

曹操要的就是这个效果，他的镇定也来自此。

战机稍纵即逝，必须紧紧抓住，曹操立刻下令："上马，全军出击。"

袁军的注意力都集中在战利品上，等曹军杀来才仓促抵抗，却被士气高涨的曹军砍得人仰马翻，大将文丑也死在乱军之中，刘备当然又一次全身而退。

接连两仗折损两员大将，袁军士气不免受到打击，好在袁军体量超大，虽然损兵折将，依然占据主动保持攻势，压着曹军打。

袁绍痛失爱将颜良、文丑。刘备却有意外之喜，他的好兄弟关羽归队了。

关羽立功后便拜书告辞，奔向北方找他的好哥哥去了。曹操手下要追。曹操却摆摆手说："人各有志，放他去吧。"

关羽回归的过程十分简单，直接就跑回来了，并没有过五关斩六将的曲折故事，那是《三国演义》因剧情需要编的。

建安五年（200）八月，十万袁军一路平推到官渡。官渡通道很窄，曹军大营就堵在路上，想过去只能强攻。袁军依沙堆立营，东西宽数十里，曹操分营对应挡住袁绍。曹操在官渡的兵力三四万。可不是荀彧说的以一当十，荀彧的话鼓劲的成分更大。曹操有多少兵，他还能不知道？此时压力山大的曹操需要的是安慰、鼓励，而不是陈述事实，事实还不够清楚吗？人家袁绍强呀。袁绍自河北起兵以来，鲜有败绩，基本是稳赢。

不久，两军主力正式摆开阵势，展开对攻，这次没有偷袭也没有满地扔东西诱敌。实打实地主力会战。过程不清楚，但结果很清楚，曹军退回营垒坚守不出。谁赢了？当然是袁绍。

曹操打仗很喜欢玩套路，前两阵就是以计取胜。然而回到正规战，就是另一番景象了。

正面平推，打正规战，曹操就不是袁绍的对手了。正面的正规战，比拼的是实力。曹操的实力远不如袁绍，陷入被动是符合常理的。

曹操初战告捷在于出奇制胜。他最后能战胜袁绍，靠的也是出奇制胜。

但在曹操跟他的谋士们想出奇策之前，基本被袁绍压着打。

袁绍不停地出招，曹操见招拆招。

袁军堆起土山在其上搭设箭楼。弓箭手们站在高高的箭楼上面俯射曹营，箭如雨下。站得高看得远，曹军的一举一动都被袁军看在眼里，发现就是一箭。曹兵在大营里活动都得举着盾牌，不然不敢出门。稍不留神，就被人家的弓箭手给"狙击"了。

原本很有士气的曹军明显像泄了气的气球，士气以肉眼可见的速度下跌。曹操一看不能这么下去，得反击呀，总这么被压着打不是事儿。

赶紧开会，研究对策。要说曹操手下能人还真不少，很快，精通机械制造的工程人员就拿出了方案，一种新式投射武器——霹雳车，听着很拉风吧，其实就是投石机，不过在汉朝能整出来属于当时的高精尖武器了。

箭楼上的袁军弓箭手一如往常准时上岗向曹营随心所欲地射箭，突然，从对面迎面飞来数百块大石头，顿时将箭楼上的弓箭手砸得头破血流。

居高临下的箭楼在霹雳车面前明显占不到便宜。地上受挫，那就转入地下。袁军又开始挖地道，进行土木作业。这个袁军是有经验的，当年打公孙瓒，为对付公孙瓒的环形工事高楼堡垒，袁军的办法就是地道战。可以说玩起地道轻车熟路，当年的艰苦攻坚训练出一批优秀的工兵，现在他们又派上用场了。

可是，这次地道不好使了。因为曹军早有防备，曹操应该是研究过袁绍打公孙瓒的战例的，早就防着这手。袁军的地道直接挖进曹军事前挖好的横沟里。于是，双方陷入对峙。

但袁绍总有使不完的招，又派人去曹操的后方搞策反。不要忘了，他的老家汝南现在就在曹操的后方，而那里有许多袁家的门生故吏和很多支持者。

虽然曹操派驻汝南的守将李通靠得住，但仍有不少地方发生动摇，与袁绍暗中联系。最明显的就是对前线急需的物资，运送得不如以往那么积极了。

为稳住汝南，曹操不得不在急需补给的情况下，免除汝南的赋税，以争取人心。

不要紧，袁绍还有后手。

紧接着，袁绍又派出沙场老兵刘备率军南下与汝南刘辟黄巾军余部会合。他们的任务就是骚扰，搅乱曹操的后方。

曹操当然不能让后院起火。他派出了精锐骑兵再次打出曹军擅长的闪击战。既然是闪击，当然要快，而且对手是刘备，这支部队必须很能打，而派出的这支部队完全符合以上要求，因为他们是曹军骑兵精锐中的精锐——虎豹骑。统领他们的指挥官自然是曹家人，曹操的爱将堂弟曹仁。

刘备特别不适应骑兵的闪击战。因为他的部队主要以步兵为主，反应慢机动慢。但不管你适不适应人家都要来。曹仁骑兵的突击猛烈且行动快速，普通的地方部队架不住他们的狠打猛冲，刘备被曹仁赶走。汝南刘辟黄巾部也被打垮。

袁绍又派部将韩荀去袭扰西线，还是曹仁在鸡洛山再次大破之。

这时，刚被打回来的刘备自告奋勇表示愿意再去南方联络刘表，接着在南线牵制曹操，以配合正面战场。袁绍同意后，刘备就带着关羽、张飞，还有新加入的赵云以及新招募的骑兵一起去了南方。从此，他们再未回过北方。

大家都知道，曹操爱打别人粮道的主意。其实，对此招数感兴趣的不止曹操。在曹操放出最后大招之前，袁绍是进行得最执着的一个。他的劫粮小分队一批接一批地上，搞得曹操身心疲惫。

曹操先撑不住了。毕竟他的实力远不如袁绍。虽然曹操属于内线作战，补给相对方便，但长久对峙的消耗战仍令曹操倍感压力。

兵少粮尽，难以持久；百姓疲困，多有怨心。

面对袁绍一波接一波的攻势，层出不穷的大招，曹操疲于招架，心力交瘁：我太难了。

曹操想退了。

他写信给坐镇后方的荀彧征求意见。

荀彧接信后，深感事关重大，当即给曹操回信，鼓励曹操务必坚持到底，此时绝不能退。

荀彧在信中说："主公切不可于此时退兵。袁绍举倾国之兵而来，意在与我决一成败。我军若退，敌必趁势而进，犹疑观望之辈，难保不生二心。

"当年，楚汉相争，刘邦、项羽相持于荥阳、成皋，双方都筋疲力尽，但刘邦、项羽都不肯先退，为何？先退者势屈。退，即示弱于敌，后退一步，就可能动摇根本，导致全线崩溃，前功尽弃，后果不堪设想！

"主公以弱抗强以少敌众，扼敌之喉使不得前，已半年有余。我军粮草不济，敌军亦然，况敌远来，受阻官渡、智穷力尽，战事即将有变。望主公激励将士奋力一战，成败在此一时。兵者，以正合以奇胜。战事胶着，正是主公出奇制胜之良机。"

再坚强的人也会有疲惫的时候，强人也是人，也需要安慰。曹操即将崩溃时，是荀彧在关键时刻力挺，老大，你最棒！咱们难，敌人更难，一定要挺住，挺过这关，咱们就赢了。

荀彧在后方也没闲着，尽心尽力做好后勤。为应对袁绍的劫粮小分队，曹军加强了护粮队的配置，采取十路纵队为一部，人多力量大，这时必须抱团取暖，为确保粮食安全甚至派出野战军去护粮。

恰在此时，曹操收到一条重要情报，一支袁军的运粮队即将开到，数千辆粮车即将运往官渡前线。

谋士荀攸对曹操说："护送军粮的韩猛轻敌，赶紧劫粮！"

曹操问荀攸谁去合适，荀攸说徐晃可以。曹操说好，就这么定了！

关羽的并州老乡徐晃初次登场就表现不俗，在故市成功伏击韩猛所部，随即将数千辆粮车付之一炬。这下，前线袁军也开始缺粮了。

但曹操已经快要支撑不住了，不管后方的荀彧、贾诩如何鼓劲，实力摆在那里，拼消耗他是拼不过袁绍的。

一天，又一支运粮队风尘仆仆赶到曹军大营。看着满身尘土，脚上磨出血泡的民夫，曹操知道民力已达极限，不能这么打下去了，必须速战速决。曹操拍着一个民夫的肩膀对在场的众人说："兄弟们，辛苦了，我十五日内必破袁绍，到时你们就不必这么辛苦了。"

曹操虽然做出许诺，但就连他自己也心存疑惑，交兵半载尚不能决出胜负，半月又能有何胜算。曹操不过安抚众人，也在安慰自己，但有一点他是清楚的，那就是必须尽快与袁绍决战，否则不被打垮也会被拖垮。

战国时，秦赵的长平之战就是一次拼国力的持久战。那场战役整整持续三年，赵国之所以后来换下廉颇换上赵括，并不是中了秦国的反间计，而是战争策略的改变，廉颇主守，赵括主攻。但廉颇固守三年，赵国已经消耗殆尽，再拖下去，不被打垮也被拖垮，只能转守为攻。因为秦国的国力远强于赵国，拼消耗，最先垮掉的肯定是赵国。实力弱的面对强敌最好的办法是出奇制胜速战速决。

建安五年（200）十月是曹操一生中最艰难的岁月，没有之一。

曹操已经山穷水尽。除非有奇迹发生，否则他输定了。

但曹操的好运气又来了，奇迹真的出现了。

本已山穷水尽，转眼又柳暗花明。

袁绍的谋士许攸叛逃，这是改变战争走向的一次叛逃。

曹操马上就要揭不开锅的时候，袁绍的大将淳于琼领兵一万将一批军粮运到袁绍大营以北四十里的乌巢。

注意这个规模，袁绍总兵力十万，用来护送这批军粮的就超过一万，如此规模的护粮队足见袁绍对这批粮食的重视，也是吸取上次军粮被烧的教训，袁绍加强了运输力量。

增强护粮队，他们想到了一起。

劫粮，他们又想到了一起。

以现在的形势，袁绍跟曹操这么耗下去，他是稳赢的。他已经从间谍那里知道曹操的军粮就要吃光了，他只要原地不动，就能躺赢。

但他想不到会有人叛逃，更想不到曹操会亲自带队劫粮。

沮授献计增派蒋奇率领一支人马屯守于淳于琼外围，以防曹操偷袭。此时，粮食就是胜利的保证，不容有失，这个建议是正确的。袁绍如果采纳，曹操接下来的奇袭效果就要大打折扣，但袁绍不听。很多表面上的对事不对人，实际都是对人不对事。讨厌一个人，他说啥都错。喜欢一个人，他说啥都好听。

从这时起，运气已经完全站到曹操这边。

许攸提出乘曹操倾军而出，轻骑奔袭许昌。这个提议水平一般，袁绍不是没派过奇兵突袭，可每次都被人打回来。曹仁跟他的虎豹骑就是专门干这活的，再去也不会有啥效果。

许攸的计策，袁绍也未采纳，因为没必要，曹操的情况他一清二楚，就快赢了，越到最后越要稳一点。既然胜券在握，就不需要再冒险。

许攸家人犯法，被留守大本营的审配抓了，许攸大怒之下投了曹操。这不是单纯的犯法与执法，而是袁绍内部党争激化到一定程度上的必然结果。出兵之前，河北系与豫州系就为是否出兵闹得不可开交。

许攸叛逃是意外，但这个意外改变了战争进程。

曹操听说许攸来投，高兴得连鞋也顾不上穿，光着脚就跑出营帐迎接。这是他此刻内心最真实的反应。

大家都知道，优势在袁绍那里。曹操这里很困难。

许攸知道，但他依然选择此时来投，说明他肯定有不同寻常的改变局面的办法。否则，他不会在袁绍即将大胜的情况下，跑来陪曹操一起死。虽然他俩以前就认识，也有交情，但也不可能这么做。

曹操明白许攸此时来投的分量。

两位老友见面先是一阵寒暄，然后就捞干的聊，因为这个时候，大家谁也没有心情闲扯。

许攸开门见山，直接问："还有多少粮食？"

曹操故作淡定地说："还能支撑一年。"

许攸一听瞬间把脸一沉："想好再说。"

看着许攸犀利的小眼神，曹操明显心虚了："还能撑半年。"

许攸脸色一黑："不说实话是吧！"

窘迫的曹操尴尬地笑笑，说："之前跟你开玩笑的，还能吃一个月。"

许攸："拉倒吧，快揭不开锅了吧。"

被揭穿老底的曹操只好老实承认。

许攸告诉曹操："不光你缺，袁绍也缺，上次的粮被你烧了。现在第二批粮草已到乌巢，你再烧一次，袁军必然崩溃。"曹操的情报战水平明显不如袁绍。那边已经知道他的底牌，但对方的底细他却不知道，还是许攸给他交的底。

曹操连夜召集部下开会，讨论去乌巢烧粮的事。这个提议过于突然，大家明显有点准备不足，要说有远见，还得是荀攸跟贾诩。两人力劝曹操赶紧下定决心，机不可失，失不再来。

众人疑惑，那就让他们疑惑吧。您是主帅，您必须当机立断，坚定不移。

曹操很快做出决定，去乌巢，亲自去，随后挑选出五千精兵，扮作袁军，打着袁军旗号，走小路，奔袭乌巢去烧粮。

曹操为啥这么快做出决定，因为事实上他已经没有选择。拖下去必死，去乌巢很冒险，也可能会死，但至少还有活的机会。打出去总比坐以待毙强。

粮草将尽，只有出奇制胜，否则必败。曹操已经没有退路可退，后面就是大本营，后退就意味着崩溃！

事到如今，只有放手一搏，孤注一掷，成败在此一战。

曹操带着放火队悄悄出发了。沿途遇上盘查的袁军岗哨，就说是派来增援的，也未引起怀疑。因为许攸的叛逃，曹军已经知道袁军的沿途布防。曹军一路顺利摸到乌巢。

到地方后，就开始在外围放火。黑夜，烈火熊熊，袁军的粮草在营内，这时想烧还烧不到，但大火还是引发袁军的惊慌。守将淳于琼带兵严守大营，并未出去。

到此刻为止，他的表现还是可以的。

等到天亮，淳于琼发现外面的曹兵才几千人，并不多，胆子顿时壮了。他带兵出营列阵营外，打算跟曹军决战。曹军等的就是这个机会。人家就是来玩命的。淳于琼最蠢的就是带兵出营。正是这个愚蠢的决定让袁绍失去到手的胜利。

不要光看数量，还要注意质量。对面人确实不多，只有五千，但这些人是来玩命的，全是选出来的百战精兵。而淳于琼的一万人，未做拼命的打算，是被突然袭击，准备不足。这时候，淳于琼该做的是赶紧派人去大营求援，然后带兵守住营寨等待援兵。依靠工事拖延时间，等援兵赶到，里应外合，袁绍就赢了。

可是，这个淳于琼实在无能，明明有更好的办法，却做出了整个官渡之战中最蠢的决定，出去跟想与他们玩命的人玩命，最终只能送命。

两军很快短兵相接，进行惨烈的肉搏。曹军都明白想活命必须赢，深入敌后，不胜即死。因而人人奋勇，各个争先，杀红眼往前冲。淳于琼打起来才发现不对劲，赶紧指挥后撤，想退回大营坚守，但为时已晚，杀得兴起的曹军这时已经挡不住了。曹军随着败退的袁军杀进大营，将大营里的粮草尽数点着，很快火势便蔓延开来。

这时，袁绍派来的救援骑兵赶到了。只晚了一点点，如果淳于琼不出来抢功，这场战斗很可能将是不同的结果。

乌巢火起的消息传到官渡前线，袁绍紧急讨论，部将河北人张郃主张赶紧去救淳于琼。豫州颍川人郭图却认为应该围魏救赵，发兵去攻曹军大营。

看看两派人到这时候还在党争。

很多书说袁绍认为郭图说得对，派张郃、高览去攻曹营，只派轻骑去救乌巢。袁绍就败在这个决定上。不该听郭图的，应该听张郃的。

事实上，袁绍两个建议都采纳了。

袁绍只派出轻装骑兵去救乌巢，很多人认为他错了，其实是这些人不懂历史。

他们忽视了这场战斗中最关键的因素——时间。曹操大半夜去偷袭，天色将明才发生战斗，时间已经过去很久，再有人回来报信，路上也要时间。大营距乌巢四十里。这个时候派大队步兵主力去，时间上已经来不及了。骑兵特别是轻装骑兵，有速度优势，也是此时唯一能赶上战斗的部队了。

袁绍派骑兵去救乌巢没有错，但轻骑兵只是前锋，他应该亲率主力随后跟进。现在是决胜的关键时刻，他应该亲自上阵鼓舞士气，这可是决战。

派兵攻打曹军大营只是配合乌巢方向的战斗，现在那里才是主战场，因为关系两军命脉的粮草在那里。

曹军既然敢派兵去偷袭，大营肯定早有准备。对峙这么久，曹军大营要是好打的话，还用等到现在吗？

曹营，可以派人去骚扰，但不该做主攻，更不该派张郃去。河北系与豫州系本来就有矛盾，打赢功劳也是郭图的，他出的主意嘛。打输背锅的肯定是张郃。

关键点是乌巢，曹营此时已经不重要了。

即将粮尽的曹军，不去打，也撑不了多久。

袁绍在两个方向都有值得肯定的地方，也都犯下大错。派骑兵去乌巢是对的，错的是他没有亲自带主力跟进，在后方与曹操决战。派兵攻打曹营也是对的，错的是不该派张郃去，结果直接逼反张郃。

张郃带兵去曹营，很快就投降了。

曹操率领的五千精兵此时仍在跟淳于琼的部队肉搏，这时斥候来报，敌人的援兵上来啦。

曹操道："等敌人到我背后再说，现在全军死磕淳于琼！谁也不准回头看。"这是标准的玩命架势，曹操亲自上阵带队冲锋，终于在最后时刻击溃乌巢袁军，大将乐进在乱军里斩淳于琼。曹军攻占了乌巢！他们赢了。

其实，在最后时刻，袁绍仍有反败为胜的机会。如果他亲自带主力随后跟进，就能将曹操跟他的五千人堵在乌巢，然后就是围歼。曹操的兵再能打，袁绍以十倍的兵力进行包抄，曹操也必死无疑，就算乌巢烧了，干死曹操，赢的人还是他。正在攻打曹军大营的张郃、高览听说乌巢败了，直接火线投敌。

袁绍算对了之前的九十九步，只差一步。只差一步，他就赢了。

粮草被烧、大将投敌，二者叠加，引发袁军的总崩溃。

细究其因，袁绍内部党争矛盾的激化是其失败的主因。

党争导致河北势力各种消极抵抗唱反调，内部得不到充分整合，发挥不出应有的实力。

党争直接促使许攸叛逃、张郃反水。

如果许攸不叛逃，就不会有夜袭乌巢。如果乌巢不被烧，张郃也不会被逼反水。如果张郃不反水，袁绍也不会失败，功败垂成。

袁绍的战败主要还是因为内部党争，核心圈子不团结，即使不是官渡，也会在以后的某个战役爆发。曹操战胜，原因在于核心圈子团结有凝聚力。

历史的偶然中有其必然。

历史的必然中有其偶然。

袁绍与曹操的指挥风格也大不相同。袁绍几乎从不冲锋陷阵靠前指挥，他更像文官统帅，只能庙算，临阵指挥不是他的强项。而曹操几乎相反，在早期都是亲自上阵靠前指挥，甚至直接当前锋。他们的不同指挥风格，在乌巢之战中体现得最为充分。亲自上阵的曹操赢了，而遥控指挥的袁绍输了。虽然领导带头冲锋风险很高，但收益更高，特别是在决战决胜的时刻，领导亲临第一线，可以极大地鼓舞己方士气。

群雄逐鹿，诸侯混战，战斗很多，但决定性关键性的战役，其实并不多。小仗胜一百次，也不如决战胜一次。项羽、刘邦就是例子。而袁绍、曹操的情况也差不多。

曹操关键时刻敢玩命，部下团结一心也跟着玩命，危急时刻敢豁出去跟敌人斗狠，因此，他们赢了，有运气，但更多还是靠实力。

袁绍只带着八百骑兵逃回河北。他的主力基本损失殆尽。

历时近一年的官渡大战，以袁绍的彻底失败与曹操的彻底胜利结束。

这一战基本确立了中原的战略格局。

双方形势逆转，之前是袁强曹弱，现在是袁弱曹强。

在这场决定双方命运的决战中，袁绍在大部分时间占据主动占据优势，他有很多次机会获胜，却想不到在最后时刻被曹操反杀，壮志未酬，功亏一篑。

十万精锐，折戟官渡。

袁绍的痛苦可想而知，对已近知天命之年的袁绍而言，这种打击几乎是致命的。两年后，袁绍郁郁而终。主要还是承受不住官渡惨败的打击，他这一生大败只有这一次，但这一次就将他之前所有的资本输光了。

以袁绍的能力，给他足够的时间，他是有机会反败为胜，扭转局势的。虽然损兵折将，但他的基本盘冀州还是他的，他缺的是时间。他已经五十岁了，这也几乎是汉代贵族的平均寿命，人活七十古来稀。主要领导的寿命也是取胜的重要因素。

两年后，袁绍的儿子们袁尚、袁谭面对叔叔辈的曹操被碾压。

但如果先走的人是曹操，缓过气的袁绍面对曹操的儿子们曹丕、曹植也将会是碾压。

曹操获胜之后，又干了一件极其缺德的事，将俘获的八万袁军全部坑杀。这跟当年白起在长平坑杀数十万赵军降卒极其相似，都是令人发指的罪行。

徐州屠城、官渡杀俘。千百年后，不管多少人为他洗白，也洗不去他的满手血腥。曹氏不得天下，何其宜哉。

乱世之奸贼，曹操名副其实。

战后，曹军缴获的战利品堆积如山。袁军溃败得如此之快，超出很多人的预料，很多人里也包括袁绍，败得狼狈，走得仓促，很多东西来不及带走或销毁，包括一些极其重要的书信文书。

曹操对缴获的兵器军资并未多加留意，他感兴趣的反而是在外人眼里不值钱的书信文书。

站在堆成小山的文书面前，曹操的表情意味深长，但他背后的很多部下在看到这些文书时脸色大变，时而变红时而发白的面色说明他们内心的紧张惶恐。

曹操跟这些人都知道这些文书是怎么回事儿，甚至有人知道具体内容。原因很简单，其中的很多文书就出自这些人的手笔，上面清清楚楚写着他们通敌的证据。

曹操不用往后看，也清楚那些墙头草此时忐忑的心情。

随后，曹操下了一道命令，将这些文书当众烧毁。

看着燃起的熊熊大火，曹操笑了，他身后的很多人也一脸释然，明显放松了许多。

然而，事情真的到此结束了？

真的如此简单？

答案当然是否定的。

《魏略》讲了这个故事的另一个版本。袁绍败逃，留下许多来不及处理的书信。曹操派人搜查找到很多部下与袁绍的往来信件，这是通敌证据，铁证如山。曹操逐一与手里掌握的名单进行核对，发现少了一个人——镇守汝南的李通。曹操说，这一定是赵俨的原因，赵俨是李通的副手，两人一起守汝南，这里是袁绍的老家，敏感地区，当然也是袁绍策反的重点。虽然在李通的传记里说他面对袁绍的诱降严词相拒，表现得大义凛然。

然而，在最危急的时刻，他也有点动摇了，也想写封信给自己找后路。最后时刻还是赵俨劝他不要动摇力挺曹操，李通才未写信，也就没有留下把柄。

但即便如此，曹操对李通的想法举动了如指掌，说明在李通身边肯定有曹操安排的内线。从曹操事前就已经掌握了通敌的名单这点看，官渡之战的谍报战也是极其精彩的。

其实，向曹操报告汝南情形的内线很可能就是这个赵俨。他也是一个被忽略的重要角色。

这就不得不说说赵俨其人，说来也"巧"，他也是颍川人。我们知道，曹操早期的文官系统基本由颖川人组成，他被派到汝南做李通的副手真的是巧合吗？当然不是，说穿了，他就是曹操派来监视李通的。李通会乖乖听话不敢有二心，跟这个曹操安插的内线多少有点关系。此人出场的机会不多，却是曹操的心腹嫡系。

八年后的赤壁之战，曹操其实是兵分两路去打刘备跟周瑜。曹操自己率水军沿江东进，而率步兵走陆路的都督护军正是这个赵俨。当时赵俨手下的大将就有于禁、张辽、张郃、朱灵，这些都是曹操麾下能打的名将。赤壁鏖兵时他们不在曹操身边，而是跟着赵俨从章陵南下走陆路，约定与曹操率领从江陵出发的水军水陆夹攻夏口。而赤壁之战发生时，这支陆军主力还在路上，未能赶上赤壁大战。说到这里，你就会明白赵俨在军中的分量。他之所以如此受信任，与官渡之战关键时刻稳住后方的出色表现有关。

曹操这里有袁绍的间谍，袁绍那里也有曹操的间谍。真正的你中有我，我中有你。

通敌的人，曹操有详细的记录。他是在对完通敌名单后，才下令放火烧信的。危急关头做墙头草是很多人的自然反应，这就是人性。很多人会在大难临头时各自飞，正因如此，才彰显忠臣的可贵。

在官场多年，曹操对人性的体察应该是很深刻的。

你权势熏天，便宾客盈门。

你失势落魄，便门可罗雀。

这是再正常不过的事情，也是大多数人的正常反应。铁杆忠心的永远是少数。

曹操能理解那些墙头草的处境，但也必须知道那些通敌的人的名单。

他可以不追究，但不可以不知道。

只有如此，在下次危机来临时，他才知道哪些人是可靠的，是可以信任的。这次是侥幸取胜，但他不可能总这么幸运。

他们可以出卖你一次，就可以出卖两次。

曹操要做到心里有数，睡觉才能睡得踏实。

赵俨在战后受到重用就是因为官渡之战受过考验是可以信任的人，才会独当一面担当重任。

曹操不是不想追究而是不敢追究。如果是少数人，他肯定会追究严惩。但现在是多数人有黑底，法不责众，他只能故作大度才能稳住局面。

即使官渡取胜，曹操与袁绍依然是势均力敌，实力不相上下。袁绍虽遭削弱，但仍据有河北四州。曹操虽胜，但也疲惫已极。

想彻底击溃袁绍还有很长的路要走。当时的曹操不知道，但后来的我们知道，这条路曹操走了七年。这还是在袁绍病亡，袁谭、袁尚兄弟反目的情况下，如果袁绍在世，路会更长。

此时，曹操需要稳定。

自己查对名单是为让自己安心。

当众烧毁通敌书信是为让墙头草们安心。

只有大家都安心，局面才能稳定。

奸雄之奸，就奸在这里。

曹操被称为奸雄不是浪得虚名，那可真是实至名归。他配得上这个称呼。

第二十八章

南下荆州——选择比努力更重要

官渡之战的硝烟尚未散尽，曹操又一次启程了，去招呼他的"老朋友"，百战老兵刘备。

刘备在汝南刚刚恢复一些元气，原本指望袁曹对峙，可以有充分的"发育"时间，但曹操是个极有时间观念的人。刚忙活完袁绍，舍不得休息喘口气，就奔刘备来了。还是那句话，我心中你最重。刘备，看你往哪里跑！

刘备也很想跟曹操堂堂正正摆开阵势打一场，怎奈他的实力弱得可怜。打不过，只能跑。可是中原已经是曹操的天下，袁绍那里在走下坡路，不能再去。思来想去，只能去南方了。

刘备带着他为数不多的部队南下荆州，投奔另一位汉室宗亲荆州牧刘表。

一直以来，群雄逐鹿的焦点都在北方，陶谦、公孙瓒、袁术、吕布、袁绍、曹操，纷纷亮相，在台上角逐争斗，还有来回串场的刘备引导剧情，很热闹。南方就显得冷清多了，除了孙策偶尔折腾两下，几乎刷不到存在感。

但随着男主角刘备的南下，南方的戏份开始明显增多。

算起来，刘备几乎是与曹操同时出道的，但发展的路线大不相同。还是那句老话，任何时代，阶层固化，底层的上升之路都是十分艰难的。相同的结果，底层的付出不知是豪门的多少倍。

刘备也不想被到处赶着走，但他的起点是真的低。

逐鹿中原是各个阶层的大比拼。豪门的袁绍、袁术、曹操以及底层的吕布、公孙瓒、刘备。还有存在感并不强的介于两者之间的陶谦、刘表、刘璋。

中原是帝国最富庶的地方，自然也是争夺最激烈的战场。这里是豪门角逐的舞台，在讨伐董卓的闹剧结束后，中原实力最强的三大军阀依次是袁绍、曹操、袁术。他们都来自豪门，在帝都长大做官，然后出奔而散，各奔前程。经过最初的洗牌，坐大的只有他们。因为他们有深厚的背景、雄厚的资本、广泛的人脉资源。

底层出身的人也想进场。于是，公孙瓒在冀州挑战袁绍，吕布在兖州、徐州对抗曹操。但是，他们很快便兵败身死，因为这是一场血腥的淘汰赛。

刘备也来自底层，也有梦想，并一直为之不懈奋斗，一路拼搏，由县令而国相，由国相而刺史。然而，奋斗努力十余载，中原依旧是豪门角逐的舞台，决定中原命运的决战依然是在袁绍与曹操之间展开。他刘备在中原依然难以立足存身。

当失意的刘备兵败南撤，回望渐去渐远的中原，尽管内心充满痛苦与不甘，但他只能接受现实。

走在去南方的路上，已经跌入人生低谷的刘备不会想到，他现在走的才是正确的路。南方比北方落后，更比北方贫穷。但繁华富庶的北方，人人觊觎。相反，开发较晚，相对落后荒蛮的南方鲜有人问津，却更适合他的发展。

孙策为何势单力薄，却能年纪轻轻便成就一番事业，成为江东人人谈之色变的小霸王，因为他的发展方向是江东。

孙策若是去中原闯荡，必然也会碰得头破血流。他的成功正说明江东的薄弱。

江东也有世族豪门，也有地方豪强，但与中原相比便不值一提。

江北与江南在汉末是两个世界。

袁术坐守淮南，与江东仅有一江之隔，淮河以南，数他的实力最强，他是群雄之中最有机会染指江东的，然而他并没有这么做。他的眼睛始终盯着中原，他占据扬州江北富庶之地，又同时将势力深入中原腹地的豫州与鱼米之乡的徐州，却几乎不去看他背后的江东。原因很简单，他看不上。

江东在当时人眼中等同于荒蛮落后，虽经过两汉的开发，已有很大发展，如会稽等，但与中原尚不可同日而语。

袁术看不上的地方，孙策却拼命去抢。因为袁术实力强，孙策实力弱。正因为袁术强，所以他去北方，因为孙策弱，他只能去南方。实力不同，定位自然不同。找准方向才是关键，选择比努力更重要，说的就是这个意思。

孙策能创业成功，就是因为他给自己的定位很准。他创业的班底是淮泗集团，但他的方向只能是江东，那里最弱也最有机会。

刘备奋斗十余年，却屡遭挫折，很大原因在于他未找准自己的定位。帮他找准方向的人正在南方等他。七年后，那个人会告诉他未来的路如何走。对，那个人正是诸葛亮。他们见面的地方就在荆州。

也正是那次会面，刘备才最终确立他的战略方向，先南后北，先弱后强。

此时，刘备正在去荆州的路上，虽然是被曹操追赶，被迫走上正确的路。但这告诉人们，当你处于低谷的时候，很可能正是你的人生将迎来转折的时候。

虽然道路是曲折的，但前途是光明的。前进吧，玄德！你的路还很长，你的辉煌人生即将开启。

第二十九章

定四州——曹操的河北攻略

　　官渡之战结束，曹操重创袁绍，稳住了河南豫州、兖州的基本盘。接着，曹操就准备南下收拾刘表了。

　　曹操这一生有个习惯，总爱先挑弱的打。与吕布争夺兖州的时候，也是在重创吕布后，曹操萌生二下徐州的想法。因为在他看来，陶谦比吕布好打。再之后，宛城的张绣与徐州的吕布都很令他讨厌，但他决定先打张绣，也因为在他看来，张绣比吕布好打。官渡对峙前夕，他冒着风险不管北边压上的袁绍南下去打刘备，也是因为刘备比袁绍更好打。官渡战后，放着北面的袁绍不管，要去打南面的刘表，也是相同的原因，刘表比袁绍更容易打。再后来，赤壁之战以后，曹操不去找刘备的麻烦，却总是跑去淮南找孙权练手刷战绩，只是因为孙权比刘备更容易对付。

　　先挑弱的打，再找强敌对战，这是大多数时候乱世群雄的正常选择。如果放着弱的不打，去找高手过招，那多半因为不得不如此，不是他愿意这么做。曹操官渡战袁绍就是这个情况，明知对方不好对付，也只能硬着头皮上。只要条件允许，曹操是不愿给自己找麻烦的。

　　曹操青梅煮酒论英雄时说只有刘备跟他是英雄，还有意贬低袁绍，并不都是真心话。他虽然认为刘备是英雄也配当他的对手，但心里认定的对手其实是两个，一个是袁绍，另一个是刘备。与刘备喝酒，当然要专捧刘备。曹操的一生之敌只有袁绍跟刘备，也只有这两个人配当他的对手，至于孙权之流，可以忽略不计。曹操一生到死也未能真正打败的对手，只有袁绍跟刘备两个人。

曹操本来想照本能去欺负刘表。但这个时候，又是荀彧劝住了他。

荀彧告诉他，刘表比袁绍好打，但河北四州跟荆州哪个更重要？当然是河北重要！打河北风险是大，也更难打，但收益高。

刘表不过是自守之贼，袁绍才是您真正的敌手。如今，好不容易使他遭到大败，正是乘胜追击的时候，可不能让他缓过这口气，不然，以后就更不好打了。

正所谓趁他病要他命。北上才是正确的路。曹操几次差点走错路，都是荀彧给他拽回来。曹操说荀彧是他的张良，真是一点错都没有。曹操头脑发热就容易浪，亏得荀彧把稳方向，不然曹操早掉沟里了。

虽然曹操将重心放在北方，频频出击，小动作不断，但不过是虚张声势。有袁绍坐镇的河北四州，他的机会依然不多。

刘备是曹操的对手，有能力但缺乏实力。袁绍是曹操的对手，有能力也有实力。

当今天下，能压制曹操的只有袁绍。

官渡之战胜得有多艰难，没有人比曹操体会得更深刻，这个令他忌惮发怵的对手简直是噩梦般的存在。

虽然官渡之战他打赢了。但面对袁绍，曹操多少还是有点胆气不足，当然，有人专门给他鼓气。荀彧简直是最合格的参谋长，提议总是恰到好处，总是在曹操最糊涂最彷徨的时候，给他鼓励帮他做出正确的决策。

成功要靠实力，也需要得力的人辅佐，除此之外，还要有好的运气。

曹操的运气就很好。

建安七年（202），袁绍病亡。

曹操的机会来了。

六月得知消息，九月，曹操便亲自领兵出征。三个月的时间是曹操对本初哥哥最后的致敬，当然，出兵之前也得准备准备。

在当时能压制曹操的只有袁绍。

袁绍走了，曹操终于可以放飞自我，去欺负他的大侄子们了。

袁氏最后的失败主要是两点。

一是袁氏的核心袁绍死得早。派系对立内部矛盾重重的袁氏只有袁绍能镇得住。他死后各种矛盾冲突大爆发，导致局面失控，才给了曹操可乘之机。

二是袁绍的接班人问题没有处理好。接班人是每个诸侯都不得不面临的重大安排。袁绍、刘表、曹操都面临相同的问题，选谁接班。袁绍、刘表选择立幼，结果一塌糊涂。曹操后来在接班人的选择上也纠结很久。

先说袁绍，其实，他的接班人立得很早，早就指定好了，就是他的三子，也是最小的儿子袁尚。至少在这点上，他比曹操强，当然也仅此而已，后面的操作，曹操比他做得好。

袁绍有三个儿子，分别是长子袁谭、二子袁熙、三子袁尚。

袁绍坐拥冀州、幽州、并州、青州四州。考虑到世风日下人心不古，墙头草太多，反叛事件层出不穷，外人不可靠。袁绍就把儿子们派出去镇守一方，长子袁谭攻略青州、二子袁熙去守幽州，幼子袁尚留守冀州。这个人事任命的公布同时宣告了指定的接班人，那就是留在大本营冀州的三子袁尚。

袁绍的想法不错，派儿子们出去，是对他们的历练，而且还放心，都是自家人，接班人是儿子，守在四方的又都是接班人的亲兄弟。可是后来证明越是亲兄弟才越会抢。曹丕后来吸取教训，对待亲兄弟就如同对待犯人，别说不给权力地盘，想走出封地都得汇报。再后来上台的司马家族又矫枉过正学袁绍这套，结果整出个八王之乱。

袁绍的布局从开始就埋下不安定因素。长子袁谭是最先出局的，他被过继给了别人，从宗法关系上已经不是袁绍的儿子。袁谭早早就被赶出袁氏的政治中心邺城，去青州开辟新根据地。

袁谭算有点能力，袁氏那时在青州的势力还不大，袁谭的地盘是自己打下的。对袁绍的安排，他当然是不满意的，但袁绍在世时他不敢表示反对。

二子袁熙能力一般，反正立长立幼都不关他事，而且从后来他跟着袁尚一起跑路来看，这哥儿俩的关系还算不错。更重要的是，他是庶出，虽然袁绍也是庶出，但袁绍这类猛人可不多，不具可比性。

袁谭心里不忿，是有原因的。他跟袁尚都是嫡出，他还是嫡长子，结果袁绍却让袁尚接班，他怎么会服气？

虽然都是嫡出也有亲疏，袁谭是袁绍前妻李氏所生，李氏死后袁绍又娶刘氏，袁尚是刘氏所生。刘氏当然希望自己的儿子能上位。

袁绍死后，袁尚正式接班。这边袁尚刚刚上位屁股还没坐热，那边曹操就打上门来。

曹军大举进攻重镇黎阳。袁尚对袁谭说，大哥你带兵赶紧去黎阳给我顶住。不久，袁谭就派人来告急，说对方攻势太猛，你赶紧给我增兵，我这快要顶不住了。但袁尚未派援兵反倒是派来一个监军逢纪。袁谭当然明白逢纪来的意思，顿时火起，直接把逢纪砍了。

但袁谭真的快要顶不住了。袁尚知道必须增援黎阳，但给大哥增兵他不放心。他哥那点心思他再清楚不过了，现在是曹操逼得急，等曹军退了，他大哥肯定调过头来就会来打他。但不增援也不行，前方告急，思来想去，袁尚觉得只有自己带兵去了。

袁尚让审配留守邺城大本营，自己带队增援黎阳。

尽管哥儿俩互相看不顺眼，但为了对抗共同的敌人不得不联手一致对外。

双方在黎阳对峙长达六个月，从建安七年（202）九月一直打到建安八年（203）三月，相当于又打了一个官渡之战。袁尚、袁谭兄弟的表现还是可以的，能跟曹操对战半年多，也很不容易了。

三月，哥儿俩还是顶不住了，开始后撤。曹操跟踪追击。

四月，曹军已经将战线推进到邺城袁氏的大本营。

被逼到墙角的袁尚也许是袁绍灵魂附体，突然爆发，在邺城发起反攻，攻势猛烈，将曹军打得大败。袁军仅用一个月不到的时间又将战线平推回去。双方的战线又恢复到战前水平。曹军在河北难以立足，曹操率军一路败逃八百里，逃回许县，仅在黎阳保住一个前进据点，全军退回河南。曹操辛辛苦苦打了大半年，结果发现又回到原点，这半年白忙活了。

邺城之战是一场被史学家有意忽略的大败仗，也是曹操一生中为数不多的大败，比宛城之战更丢人。那次是被人偷袭还可以说是准备不足，这次是双方战场上摆开阵势真正的两军对攻，曹操却败给两个大侄子，还被后者追杀数百里，被一口气赶回河南许县的大本营，这脸丢大了。

对这场大败，《二国志·曹操传》写得很含糊，不仔细分析很容易忽略。这个可以理解，《三国志》的传统是在本传写露脸的胜仗，败仗要么语焉不详，要么一带而过。史官很为难，因为有些话是不方便直说的，只能委婉地表达，至于后来的读史者能不能领会，那就看功力了。功力越深，看得才越细，了解才越多，水平才越高。

丢脸的事是不可明说的，但曹操回到许县后就开始大力整顿军纪。这从侧面可印证，曹操的确打了一个大败仗，否则不能解释为何四月已经打到邺城兵临城下，五月就跑回许县整顿军纪，强调纪律。这明显带有战后总结的意思。从邺城到许县，一个月的败退，与随后进行的许县整军，二者明显存在因果关系。

至于郭嘉所说："袁氏兄弟各有党羽，势如水火，如今合兵一处，乃因大军压境，情况危急，不得不如此。若局势缓和，势必彼此相争。大军不如暂退，让他们兄弟认为危机已解。外部威胁一旦消失，袁氏必然内讧，待其举兵相攻，两败俱伤，我军坐收渔翁之利，再择机进兵，河北可定。"其实是为曹操找个台阶下。不过，郭嘉所言也有道理，曹操就顺势而为，体面的官方说法是退兵而去，当然，实际上是被人赶回去的。

退兵既是等待时机也是为整军再战做准备。经过此战，曹操发现大侄子们也不是好欺负的，特别是他们抱团的时候。还有他的军队确实存在问题，需要进行一次整风运动。

建安八年（203）五月，曹操颁布己酉败军令：今后令诸将出征，败军者抵罪，失利者免官爵。这显然是有所指的。

曹操开始强调纪律了，之前为啥不说，因为那时他的实力还很弱，只能记功忘过，说到底不是他有多大度，只是实力尚弱不得不有所迁就。但现在不同了，他现在缓过来了，兵精粮足，而对手正以肉眼可见的速度在衰落。

曹操败走河南不久，袁氏兄弟果然开始互撕。外敌已走，赶紧抓紧时间打内战。

对于袁谭来说，团结是不可能团结的，这辈子都不可能。

袁谭主动向袁尚发起攻击，但打起来才发现，他不是三弟的对手，被对方花式吊打。

袁谭兵败，不得已退保平原，退回他的根据地青州。远在荆州的刘表也为两个大侄子操心，写信劝和，信中还专门提到袁氏兄弟"摧严敌于邺都，扬休烈于朔土"的邺城大捷。

又一个坐实曹操邺城大败的证据。

如果这兄弟俩能始终抱成团，曹操想吃掉他们也要很长时间，但这俩货作死，袁尚大败袁谭，将对方赶走还不依不饶，追着屁股打，一直追进平原，大有一鼓作气干掉大哥的意思。

袁谭派辛毗向曹操求救，曹操答应援救，但之后又犹豫，曹操问辛毗："谭可信否？尚必可克否？"

曹操问袁谭是否可信，这很正常，毕竟怕对方诈降，宛城的教训过于深刻。但问袁尚是否能打败，就很搞笑了。曹操的信心显然在邺城被打崩了，有了心理阴影。

从袁尚追着袁谭暴揍，到曹操怀疑自己能否击败袁尚，说明袁绍的接班人没有选错，袁尚已经是袁氏家族里水平最高的，能打到曹操怀疑人生的人实在不多。

辛毗说袁尚只能困住袁谭，而不能聚歼，说明袁尚的军力已达极限，袁氏兄弟已经精疲力竭，而河北近两年连年旱灾，河北疲困已极，此时正是出兵的好时机。曹操这才下决心再次北上。

袁尚虽然将袁谭打得向曹操求援，但同室操戈，依然是两败俱伤。如果他们兄弟联手，曹操短期内是占不到便宜的。

袁氏兄弟鹬蚌相争，曹操渔翁得利。

曹操"团结"各路诸侯的大招是娶媳妇，准确地说是为儿子娶媳妇。为稳住袁谭，曹操主动说，咱们联姻吧，让我儿子娶你女儿。联姻这招，曹操跟张绣用过，跟孙策用过，现在又用在袁谭身上，好在他儿子够多。

十月，曹操领兵进驻黎阳。这时他的"内线"袁谭已经命悬一线。得知曹操来了，尽管十分不甘，但袁尚不得不放弃到手的"胜利"，撤离前线，带兵风风火火赶回邺城布防，准备迎接曹操的进攻。

袁尚回兵途中，手下两员大将吕旷、吕翔带着部队脱离袁尚，投效曹操。谁都看得出来，袁氏兄弟同心还有得打，但现在同室操戈，垮台是迟早的事，很多人已经在为自己找后路了。

搞笑的是袁谭听说吕旷、吕翔降曹，赶制出两枚将军印派人秘密送给吕氏兄弟。人家是降曹又不是投你，你这玩的是哪出。曹操听说后真是又好气又好笑。

建安九年（204）正月，曹军在淇水的黄河入河口拦土作坝，将淇水改道，使原来流入黄河的淇水流进白沟，如此运河可从黄河直达邺城。水路运输相比于陆路，运量大，速度快，省时省力，精明的曹操自然把运粮线选在水上。

正当曹操踌躇满志之时，又有好消息传来，袁尚率军出征攻打袁谭，邺城兵力空虚，这对曹操来说简直是天赐良机。原来，袁尚见曹军几个月没有动静，以为曹军一时半会儿不会来，自己正好利用这个机会先收拾大哥袁谭，解除后顾之忧，再跟曹操决战。

袁尚出兵攻打袁谭，让苏由、审配留守邺城。审配对袁氏忠心耿耿，可这个苏由却主动跑出来做带路党，随着曹军步步紧逼，周围一大堆县令跟着投降。邺城很快就成为一座孤城。

建安九年（204）二月，曹操指挥大军再次发起对邺城的进攻。对这座河北名城，曹操向往已久，这次来是志在必得。邺城城墙厚达十余米，东西七里，南北五里，有七座城门，守备森严。

曹军架起云梯攻城，城上守军万箭齐发。为抵消守军的高度优势，曹军在城外堆起土山，站在山上向城内射箭，双方弓箭手对射，爬城的曹兵在己方弓箭手掩护下，攀登云梯奋勇爬城，守军则将备好的滚木礌石向下砸去，城下的曹兵被砸得头破血流，死伤惨重。

眼看强攻难以奏效，曹操下令挖掘地道。曹操想到的，审配也想到了。审配命人沿着城墙横着挖，当初曹操在官渡之战时对付袁绍用过的地道战战术，审配现在以其人之道还治其人之身。

四月，曹军在多次攻城受挫后，被迫停止强攻改为长期围困。邺城的粮道被切断，外围城池在曹军的攻击下，接连陷落。扫清外围后，曹军开始围着邺城挖环形堑壕。起初，堑壕挖得很浅，城上的审配看见只是笑笑，并未在意，但仅仅过了一个晚上，他就再也笑不出来了。曹军开始将堑壕挖得很浅是为了麻痹守军，等城上守备松懈，曹军连夜动员民工将壕沟挖宽挖深。接着，曹军将流经邺城的漳水引入堑壕。这是曹操的又一个保留项目，引水灌城。当初，对付吕布用的就是这招。

建安九年（204）七月，曹军连打带围，已经在邺城折腾大半年了，袁尚才带着一万援兵姗姗来迟。这家伙的心真大！

此时邺城的粮食早就吃光了，连树皮都不剩，能吃的都吃了。

袁尚率军进至距邺城十七里的阳平亭，紧傍滏水安营。晚上，袁尚举烽火告知城中守军，援兵已到，城中看见火光也举烽与城外遥相呼应。

随后，审配打开北门，准备与袁尚内外夹击。但曹军早有准备，审配一出城就遭到曹军围攻，被迫退回。与此同时，城外的袁尚也遭到曹军围攻，袁尚军彻底崩溃。袁尚的印信、符节都被曹操缴获。

曹操将战利品运到邺城展览陈列，这招相当狠，效果立竿见影。

邺城军民之所以能苦撑数月，就是因为有援军这个指望，现在袁尚垮了。袁尚留下的这些东西成了压垮邺城军民的最后一根稻草。

建安九年（204）八月二日，邺城被围已整整七个月，这天晚上，审配的侄子审荣悄悄打开邺城东门建春门，将曹军放进城，曹军如潮水般拥入邺城。

等审配发觉为时已晚，曹军已布满街巷。审配率守军与曹军巷战直至全力尽被俘不屈而死。袁尚的主力被击溃。接下来是袁谭。曹操先借口袁谭违背盟约，撕毁婚约，于十二月发兵将袁谭包围于龙凑。

袁谭放弃龙凑率军退守大本营渤海郡郡治南皮城，全军沿南皮城西的清河布防，摆出守势。

曹操见袁谭固守不出，不与之纠缠，以一部兵力牵制袁谭，自己亲率主力扫荡外围，最后再取南皮，还是老套路，套路虽老却很有效。

建安十年（205）正月，曹操回军攻打南皮。被逼入险境的袁军在袁谭率领下背城死战，而曹军一路所向披靡，难免骄傲轻敌，未将屡战屡败的袁军放在眼里，结果骄狂的曹军被袁军击溃，死伤惨重，被迫后退几十里。

两军再战，曹军派出精锐虎豹骑担当先锋，冲击袁军军阵。曹操亲自擂鼓助战。曹军士气高涨起来，喊杀之声惊天动地。袁军也不甘示弱，呐喊着冲杀过来，两军绞杀在一起。袁谭披头散发亲自带队冲锋，几经冲杀，曹军势大，袁军渐渐抵抗不住。袁谭马失前蹄跌下马来，曹军转瞬追到跟前。袁谭大喊："别杀我，我有的是金银，饶我性命。"话还没说完，曹兵的刀就到了，刀光闪处，袁谭人头落地。青州很快便插遍曹军旗帜。

袁尚北上幽州投奔袁熙。虽然袁氏鼎盛时期据有四州，但只有冀州是基本盘，其余三州只是占据一隅。袁氏在幽州的时间很短，加上大家都看出来，袁家不行了。地方豪强又露出墙头草的本色，将袁氏兄弟轰出幽州。曹军随后进驻，地方豪强又是一波跪舔。世道如此，袁尚、袁熙哥儿俩只能去投辽西乌桓了。

待在并州的袁绍外甥高干一直站在外围全程袖手旁观。他的并州，说是一个州，其实，真正能控制的地盘十分有限，当时乌桓、鲜卑纷纷南迁，南匈奴也一直活动在长城沿线，并州北部被他们占据着。高干能掌控的大致只有上党，名义上是一州，实际上只相当于一个郡。高干的并州刺史跟上党太守差不多。

高干的做法十分搞笑，他先是看热闹，看着袁氏兄弟跟曹操死磕，然后等袁氏兄弟被赶跑，曹操马上就要打过来，直接举白旗投降。可是，当曹操基本扫平袁绍的势力后，实际已经存于孤立的他居然起兵反曹。

这一系列骚操作，直接印证了高干的智商——白痴。他的利益跟袁氏兄弟是捆绑在一起的，只能跟着袁氏干，哪还有别的出路。可这货在袁氏兄弟血拼曹操最需要支援的时候选择袖手旁观，等胜负已分，曹操胜局已定，他又带着他那只有一个郡的小体量跟曹操叫板，这不叫蠢，啥叫蠢。很快曹军就来收拾他了。

建安十一年（206）正月，曹操亲征并州，攻下壶关，高干只身南逃，想去荆州投奔刘表，结果在路上被人干掉，并州也插上曹军的旗帜。

袁氏现在只剩下流亡在外的袁尚、袁熙兄弟。当时的乌桓散布在辽西、辽东、右北平三郡，统称三郡乌桓。众所周知，公孙瓒早年是靠刷战绩起家的，他升级靠的就是打乌桓，特别是起步时期，双方是死对头。公孙瓒最大的敌人是袁绍，敌人的敌人就是朋友。于是，袁绍就与乌桓深情拥抱，结成盟友，通婚，关系贼好。有这个感情基础，袁氏兄弟受到辽西单于蹋顿的热烈欢迎。蹋顿表示，我兵强马壮，大侄子们不要悲伤，我带着你们打回去。

然而，还未等他打出去，曹操就打过来了。

曹操的动作是很快的，要不咋说，说曹操，曹操到。就是快。

其实呢，在决定打乌桓之前，曹操的内心是有过纠结的。一直以来让他闹心的势力有两个，一个是北方的袁绍，另一个是南方的刘表。至于江东的孙权，在赤壁之战前，这位老兄几乎没有啥存在感。大家都把他当空气，而且江东自孙策死后就特别乱，他连自家都搞不定，那还有闲工夫去掺和别人家的事儿。

令曹操闹心也让曹操痛恨的就是这一南一北两大对头。袁氏虽然基本被扫平，但袁尚一天不死都是隐患，况且还有辽西乌桓支持他。为防止袁氏死灰复燃，必须北征搞死袁尚，不然曹操睡不上踏实觉。

当初官渡之战刚刚结束时，曹操就为是北上接着与袁绍死磕还是南下去荆州平刘表纠结过。刘表这个家伙总让曹操闹心，曹操不恨他是不可能的。所以曹操在建安十二年（207）统一北方后，第二年就南下荆州，直奔刘表去了。他等时机实在等得太久了。

曹操初平四州，各地并不安稳，爱闹事的大有人在，比如幽州的赵犊、霍奴杀曹操的幽州刺史、涿郡太守造反，盘踞青州的海贼管承也凑热闹。等曹操搞定这些人已经是建安十一年（206）的年底了。

曹操准备对袁氏兄弟动手了。可是，他刚把自己的想法说出来，就遭到众人的强烈反对，谋士里赞同的只有郭嘉，也就是说其他人都反对。尽管，曹操是拍板的那个。但反对声音如此之大，他得斟酌斟酌。众人反对的理由很一致，大军北征，荆州刘表乘虚而入怎么办？到时大军远征在外，回援可真是来不及的。尽管从事后来看，众人明显高估了只想守着荆州过日子的刘表。但众人的担心不是没有道理的，因为刘表的身边还有一个刘备！

大家都知道，刘备最喜欢打这种仗。官渡战前，刘备袭占徐州，而后在曹操的后院往来纵横的往事历历在目。虽然刘表不爱惹事，但刘备的鼓动能力是极强的。谁敢打包票，刘备一定说服不了刘表。然而，郭嘉就敢打这个包票。

郭嘉与荀彧最大的区别是，荀彧老成持重，而郭嘉只要有一成胜算都敢干。可是，郭嘉命好，他遇上一个也喜欢冒险的曹操。

郭嘉的正确只是政治正确，多数时候其实是冒险，也就是曹老板实力够强，运气够好。

曹操经过反复权衡，最后还是决定北上，先去收拾袁氏兄弟扫平乌桓，解除后顾之忧。

先南下打刘表，北边那两兄弟肯定会来闹事。

北上打袁氏兄弟及乌桓，南边的刘表可能动手也可能不动手。

南下的风险大于北上的风险。

两害相权取其轻。

后来的人大多不理解，曹操为何要甘冒全军覆没的风险也要去打乌桓。其实，这是因为不懂历史而对曹操的误解。曹操虽然知道远征会有风险，但根本不知道会这么凶险！

曹操心说：早知道这么危险，老子才不去呢！

因此，事后他才心有余悸，重赏那些当初反对远征的人。

只能说，曹操的运气好到令人怀疑人生。

但在远征之前，曹操还是一如既往地豪情万丈、踌躇满志。

出兵之前，曹操又开始挖沟了。

这是曹操的标准套路之一。

打仗就是打后勤。曹操喜欢抄掠别人的粮道，对自己的补给线当然更用心。

曹操修了两条水渠：一条叫平虏渠，连通滹沱河与易水；另一条叫泉州渠，贯通古清河与潞河。两条运河自南向北将注入渤海湾互不相通的水系连起来。

曹操对自己的专长还是很清楚的。自从汉献帝被他迎入许县，他的幸福人生就开始了。不管谁控制皇帝，第一件事就是给自己升官。曹操也不能免俗。在他成为丞相前，担任的官职就是司空。这是主管工程建设级别最高的官员。《后汉书》上说凡是起城邑，浚水渠，都归司空管。曹操真对得起这个官。南征吕布，挖沟引泗水灌下邳。北征袁尚，修渠引漳水灌邺城。出征乌桓又挖运河。曹操是走到哪儿，"水利工程"就干到哪儿，走到哪都带着他心爱的小铁铲，走哪儿都挖沟。这是一个被战争耽误的水利学家，妥妥的基建小能手。

曹操征调大批民夫开凿两渠，由于乌桓派兵扼守地势险要易守难攻的长城古北口，曹操遂决定改道东线，又从泉州渠向东延伸至濡水开凿新河渠，将平虏、泉州、新河三渠相接，纵贯南北，用于军需补给。第二年三月，运河挖通，粮船从邺城出发走水路可直达右北平。补给线建好，终于可以放心进兵。

然而，曹军走出不远就遭遇连绵大雨。首先是雨量特别大；其次，这雨一下就停不下来了。

曹操原本打算走的是辽西走廊沿海道路。当时辽西连通中原的主要道路就是滨海道，即辽西走廊。滨海道从蓟县出发，经玉田、丰润，沿山海关进锦州。

天气好时，这条古道可直插右北平和渔阳。如遇夏秋雨季，这条路泥泞难行。

曹操偏偏就遇到了这种状况。

本来过不去就该退兵了。但当地土豪田畴说，不要紧，我知道还有一条小路可以到柳城！

这条路出卢龙塞经平冈至柳城是前汉故道。不过，年久失修，路况不好，需要在崇山峻岭中开路。

郭嘉又对曹操说："兵贵神速，现在千里远征，辎重多，行军缓慢，乌桓早晚会知道！不如抛弃辎重，只带精锐部队兼程急进！"

偷袭嘛，讲究的是速度，必须快，必须出其不意，打敌人个措手不及。

带着辎重慢慢走，很容易被发现，那就失去偷袭的意义了。

郭嘉说得有道理。可他忘了，辎重里很重要的是士兵穿的铠甲。这些铠甲是很重的，平时都装在车上，打仗时才穿。古时可以不禁兵器但严禁百姓私藏铠甲。相比兵器，铠甲的作用更大，不穿铠甲上战场，基本等同于裸奔。

更重要的当然还有粮食。轻装急进，随身带的粮食自然不会多，而补给线的路况不好，意味着粮草转运艰难。

此时是农历八月，北方的天气已经很冷了，而曹军走的这条路沿途两百里居然找不到水。这里没有梅林，望梅止渴的套路也用不上，只能就地凿井取水，可是直凿到三十余丈深才见水。水不好取，好歹还能弄出来。可是，粮食真变不出来。前面说过，因为路况不好，粮食运不上来，只能杀马数千匹充饥，这些马很多是战马。中原的战马是很少的，很贵的。杀一匹都心疼，曹操这次亏本亏大了。

明白这些，才会懂曹操冒着多大风险打这场仗。

曹军在向导的带领下，穿越数百里山路达成远程奔袭目的，此时的曹军已经深入乌桓腹地。

大军距柳城不到二百里时，乌桓人才知道。袁尚、袁熙跟蹋顿仓促之下紧急动员，召集辽西乌桓单于楼班所部、右北平乌桓单于能臣所部，共数万骑兵前来迎战。

八月，曹军登上白狼山，突然跟乌桓骑兵遭遇。此时曹军正处于行军状态，穿盔甲的士兵很少，盔甲大多还在车上，而辎重车队还在路上。

东汉开始在战马的胸部装上皮革制成的"当胸"，增强防护力，使其具有更好的战场生存能力。

三国时代，已经出现比较完善的马铠，但是当时这种装备非常昂贵。曹操在《军策令》中说袁绍有三百具马铠，然后伤心地说自己的军队连十具也没有。

官渡之战时，袁绍上万骑兵加在一起只有几百具马铠，装备马铠的骑兵可视为重骑兵。然而即使实力雄厚如袁绍，其重骑兵的比率也不过只占全部骑兵的百分之三。中原骑兵本就很少，重甲骑兵更少，乃军中之精锐。

这时的马铠用的是皮革甲片，长矛的正面狠命穿刺仍然可以洞穿护甲。汉代士兵的护身铠甲是很重的。普通士兵的铠甲是熟牛皮制成的皮甲，护住前胸和背部；更好的鱼鳞铠，铁片重叠编成，是汉代士兵的最好装备，因为铁色黑，所以叫"玄甲"。一身铁片穿在身上自然不轻，少则十几斤重则几十斤，要是穿着全身铠甲走路，走不了几里人就累垮了。所以一般不是列阵开仗的时候，没人穿它。铠甲不穿就只能放在车上拉着走。

在如此状况之下，曹军突然与数万乌桓骑兵遭遇，曹操手下不少人吓得面无人色。一旦让几万乌桓骑兵冲上来，尚未来得及披甲的曹军势必要吃大亏。

曹操登高远望，见乌桓军阵凌乱，心里有了底，派出自己得力的两员大将张辽、张郃为先锋，带领前锋部队冲击敌阵。

张辽、张郃不愧名将本色，策马冲向敌军，部下随之冲进敌阵。曹纯率精锐虎豹骑随后跟进。

虎豹骑是曹操从全军选拔的精锐，以骑兵为主，全是身经百战的老兵，战斗经验丰富。这支部队平时担任护卫，战时随同出征，领兵主将曹仁、曹纯都是心腹。不到危急关头，曹操是舍不得用这支嫡系部队的。此时，正是虎豹骑大发神威之时，养兵千日，用在今日。

精锐就是精锐。张辽、张郃的先锋军已经很难对付，再加上曹纯的虎豹骑，几乎势不可挡。乌桓骑兵战力虽强，一来仓促上阵准备不足，还未进入状态，曹军便已杀到面前；二来，曹军千里远征孤军深入，如不能胜，身死塞外几乎是肯定的，曹军人人清楚己方处境，如果打不赢，那么等待他们的只有死亡或生不如死的俘虏生涯。

深入死地的曹军别无选择，爆发出惊人的战斗力！曹军本就训练有素，加上奋勇向前的勇气，杀入乌桓兵中，见人就砍，逢人就杀，所到之处血肉横飞。

就在双方杀得难解难分之时，曹纯的虎豹骑在乱军之中找到了蹋顿单于，几个回合后，蹋顿的脑袋就被砍了下来。蹋顿一死，乌桓骑兵的战斗意志瞬间崩溃，全军瓦解，顷刻作鸟兽散。乌桓一战就被打崩，但曹军并未追击，不是不想，是真追不动了。打到现在已经是极限了。

曹操虽然一战打垮乌桓，但袁尚、袁熙趁乱逃走，投奔辽东的公孙康去了。曹操的目标没有全部达成，而陪着他一路远征的郭嘉在回去的路上病逝。郭嘉本来就有病，这次强撑着带病坚持，牺牲在工作岗位上。

曹操这次冒险远征是冲着袁氏兄弟来的，但这兄弟俩打仗的本事不行，逃跑还是可以的。曹操不是不想一鼓作气扫平辽东，但他此时心有余而力不足。

显然，漏掉袁尚这条大鱼，远征是不圆满的。但曹操告诉大家，收拾袁氏兄弟，不用我们亲自动手，过不了多久，公孙康就会主动把袁尚、袁熙的脑袋给咱们送过来。

果不出曹操所料，很快送人头的就来了。公孙康主动派人将袁尚、袁熙的首级送给曹操。袁氏至此彻底销户。

为啥曹操如此自信呢？自信来源于实力。当实力积累到一定程度，很多事情确实已经不需要亲自动手，会有人主动为你去做。因为你已经足够强大，那些畏惧你的势力也可能有求于你的人便会主动站出来为你排忧解难。你越强大，你遇到的"好人"就会越多。这些"好人"还会进一步提升你的实力，当然，他们自己也会在这个过程中谋取好处。

越努力，越幸运。

你有利用价值，人家才会愿意帮你。

你有实力，人家才会讨好你。

不是曹操料事如神，而是事实如此。

公孙康的反应再正常不过，袁氏兄弟基本上没有翻盘的可能。收留袁尚、袁熙，必然得罪曹操。一个是即将覆亡的袁氏家族，一个是即将统一北方的枭雄，换成你，你站哪边？是人都会选曹操好吧。

建安十二年（207）九月，曹操率军从柳城出发，踏上归途。班师时曹操走的是另一条路——辽西走廊。

曹军大胜而还！

孟冬十月，曹操班师途经碣石（今辽宁绥中），曹操的习惯是登高必赋诗。

曹操登上碣石山望海远眺，见惊涛拍岸，不禁壮怀激烈，写下千古名篇《观沧海》。

观沧海

东临碣石，以观沧海。水何澹澹，山岛竦峙。

树木丛生，百草丰茂。秋风萧瑟，洪波涌起。

日月之行，若出其中；星汉灿烂，若出其里。

幸甚至哉，歌以咏志。

建安十三年（208）正月，曹军长途跋涉数月后回到邺城，结束了历时十个月的远征。

从建安四年（199）与袁绍翻脸互撕，到建安十二年（207）彻底扫平袁氏势力平定北方四州，曹操整整用了八年。

第三十章

恢复丞相——曹操专权的制度保证

曹操在统一北方后，威胁生存的外部力量已被扫平。接下来，曹操终于有精力做制度层面的设计。

两汉都设三公，但有很大不同。

西汉三公：丞相、太尉、御史大夫。

东汉三公：司徒、司空、太尉。

曹操将汉献帝迎到许县后，三公直接罢免了两个，先找理由罢免司空张喜，自己当了司空。接着，曹操又罢免太尉杨彪，准备送给本初哥哥。可是袁绍不领情，曹操那时实力还弱，不敢得罪袁绍。太尉是好位置，可是袁绍不干，他也不敢干，就这么长期闲置。

汉献帝带过来的三公班底，司徒赵温是硕果仅存的一个。曹操留下赵温只是他有更大的棋要走。这个布局在十年后才开始实施。

赵温跟他哥哥赵谦，出身益州蜀郡世家。

赵谦、赵温兄弟在董卓、李傕专权时先后担任三公。李傕反攻长安，打开长安城门的正是蜀兵，书上虽然没有明说是赵谦，但此时长安唯一的蜀人将领就是前将军赵谦。

李傕入长安杀王允，接任司徒的正是赵谦。

赵谦死后，赵温接过哥哥的班还当司徒。

曹操先后罢免张喜、杨彪，赵温成为曹操唯一名义上的上级。司徒位比司空要高。

建安十二年（207），曹操的权势威望达到巅峰。本年曹丕已经二十一岁，弱冠之年，到了出仕的年纪。

司徒赵温年纪大了，大概也觉得自己能一直当这个司徒是曹操的关照。于是老赵想"报答"曹操，征辟曹操的儿子曹丕为掾。这在当时是再寻常不过的操作。

然后，赵温就免官了。

因为曹操弹劾了他。

不是正经人的曹操开始装正经了。

曹操说赵温身为司徒，拥有征辟之权，不为朝廷选贤，却举荐我的儿子曹丕，这是假公济私，徇私舞弊，我曹操最看不惯这种不正之风。这简直就是不要脸呀。尚书台都被你曹操搞成了颍川同乡会，你的曹家夏侯家兄弟手握兵权，你还好意思说别人。

赵温本想讨好曹操，结果热脸贴上冷屁股，被曹操以冠冕堂皇的理由给免官，丢人丢大了。老爷子都七十多了，实在受不了这个打击，羞恨交加，当年就死了。

六月，曹操正式罢免东汉三公制，改设丞相、御史大夫。

曹操恢复丞相和御史大夫，却取消了太尉。

曹操自己出任丞相，大权独揽。

当初董卓专权也是恢复西汉故事。董卓做的是相国，遵萧何故事，相国地位高于丞相。曹操担任的是丞相遵曹参故事。两者相同之处在于都意图恢复西汉初年君轻相重的古制，目的是方便专权。

恢复古制，不管是相国还是丞相，都不过是权臣专权的套路。

相权变大，相应的，君权就会变小。只有权臣当政才会有这种操作。

帝国的最高统治者是皇帝，权力最大的也应该是皇帝。

虽然皇帝是个人就想干，但是皇帝很忙很累很苦，既要处理政事，又要处理军事，全年都要干活没有休息。

皇帝也不想整天干活，也干不过来。那就只能找人来帮他干活，代价是需要分出一部分权力。分权是冒险的，皇帝只能寻找一个可以接受的平衡点。

秦始皇统一中国，结合之前秦国官制，创立三公九卿制度，将权力分配出去。

丞相负责行政；太尉负责军事；御史大夫负责监察。三公之下的九卿更进一步细分，做具体的事。

皇帝为了能掌控国家，仍保留主要权力，如对高级官员的任免权以及调动军队的权力。

太尉是全国的最高武官，但只掌握与军事有关的日常行政，如武官选拔、粮草征调等。若要调动军队，则需要勘验虎符。虎符一半在军队将领手中，另一半在皇帝手中。皇帝掌握最终权力，统而不治，行政问责宰相，军队日常管理责成太尉，御史大夫负责监察，三权分立。

但这种制度在运行过程中，出现一些问题，主要是君权与相权的矛盾。皇帝分出去的权力，丞相的最大。

皇权与相权呈现此消彼长的关系。

汉武帝雄才大略，对宰相是看不上的，他要自己干。

但皇帝不好自己任命自己做宰相，武帝的办法是绕个弯：增加尚书台的权重。

古代皇宫有宫禁制度，外臣一般是不能进内廷的。即使是丞相要见皇帝，一般只会在朝会的时候。平时如果有事，那就写奏章。奏章交给谁？尚书台。尚书台的尚书们把奏章进行整理，然后转交皇帝。

原本，丞相有行政决策权，但武帝通过尚书台，将这个权力收回：他自己作决策，然后再将意见通过尚书台发给丞相执行。由此，丞相就从决策执行机构逐渐演变为单纯的执行机构。

这是皇权对相权的一次严重侵夺，而在之后的两千多年历史中，双方为争夺权力反复拉锯。

三公之中，太尉的威胁很大。虽然在制度设计中，太尉没有调兵权。但既然武官的铨选在太尉，那么，太尉是可以通过对将领的任免来掌控京师的军权。而太尉如果出身于文官系统，还有威望，那威胁就更大。

诸吕之乱，太尉周勃就是利用自己的威望，没用皇帝的虎符，自己去军营做了一番演讲，就成功掌控了军队。

所谓掌控，并不是名义上归你管就是掌控了。关键在于影响力。这种影响力最重要。

武帝中期以后，吸取前朝教训，不再任命太尉。

外戚对皇帝是依附关系。

武帝将军事交给外戚大将军卫青，政事抓在自己手里。但到了后来，很多皇帝连政事都不想管了，反正大将军靠得住，那就交给大将军解决好啦。

于是，一个新的设置出现，大将军领尚书事（东汉称"大将军录尚书事"），这是外戚掌权的标配。

在消除最大的外部威胁袁绍以后，曹操便开始着手思考制度设计，解决权力归属。

两汉以来的制度设计目的是加强皇权，曹操的目的是削弱皇权加强相权，所以他必须反其道而行之，增强相权。

曹操恢复丞相和御史大夫，但取消太尉，太尉的活儿曹操自己干，既管政事也管军事，权威更进一步。表面上，曹操的改革是对西汉旧制的恢复。但实际上，他假托恢复旧制之名，却身兼丞相、太尉，找到了一种更有利于自己专权的方式。

第三十一章

三顾茅庐——卧龙诸葛亮出山

得知曹操北征大胜而还，客居荆州的刘备不禁一声长叹，又一个千载良机错过了。

郭嘉猜得没错，刘备果然想鼓动刘表趁曹操远出，率军出击。而事实再次坐实了刘表自守之贼不是浪得虚名而是实至名归。刘备果然如郭嘉所料，劝不动刘表。

听说曹操扫平北方，将两个大侄子的人头一并带了回来。

刘表心头也涌上一丝不安，他有点后悔了，后悔没听刘备的。很多人说袁绍反应慢见事迟，其实真正反应慢的人是刘表。

刘表还把刘备找来，说老弟，当初听你的就对了，可惜，错过良机。刘备还能说啥，只能安慰刘表，不要紧，还会有机会的。哪里还有机会？曹操已经搞定北方解除后顾之忧，可以专心南下来收拾他刘表了。

乱世里大鱼吃小鱼是常态，刘表只想守住这一亩三分地，可那是守不住的。刀都快要架到脖子上了，才感到危险。这智商，这反应，怎么在这个世道生存下去？被吃掉是早晚的事情。

刘表不知道，在曹操的黑名单上，他的排名是相当靠前的，仅次于刘备跟袁绍，排在第三。

此时，曹操控制着朝廷，关东已是他的地盘。关中割据的那帮土匪至少名义上是服从朝廷的。剩下南方，益州过于偏远，而江东的孙权还在抱他的大腿，双方还是姻亲，此时的孙权翅膀还不硬，很听话。

曹操接下来要对谁动手，想都不用想。

建安十三年（208）六月，曹操如愿以偿当上丞相，运作大半年的制度设计圆满结束，结果，曹操是满意的，官已升到顶，大权在握的他此时是真正的一人之下万人之上。而他上面那个人，其实是要看他脸色的。

曹操即将南下。

刘表在混吃等死，他确实很快就要死了。

而刘备则是满腔壮志难酬的愤懑。

听说曹操在北方摧城拔寨高歌猛进，最郁闷的就是刘备。

刘玄德是有英雄之志的一代英豪，现在却只能蜗居在新野给刘表站岗，看着曹操的事业蒸蒸日上。两相对比，怎不令人感伤？

刘备与曹操都有想法有能力，出道的时间也差不多，可是如今的发展却有天渊之别。造成如此巨大的差异不是能力高低所致，曹操能说出天下英雄唯使君与操耳，足以说明两个人是一个层次的对手。拉大差距的原因，追根溯源，还是两个人的起点不同，一步跟不上，随后就可能步步跟不上。

曹操征战的八年，刘备也未闲着，他也很忙，忙着交朋友。刘备后来入蜀据有两川，三分天下有其一，他的班底主要是由荆州人构成的。所以史书上说"先主入蜀，荆楚之士，从之如云"。刘备振臂一呼，跟我走！大家就都跟着他走。刘备有如此强的号召力，那都是日积月累的结果。刘备的魅力自不必说，但建立信任产生感情是需要时间的。刘备能以荆州发迹，便是在此时打下的基础，这种基础叫人心。

刘备得人心，还有威望。青梅煮酒论英雄已经将刘备提升到同袁绍、曹操一个层次。

曾经热闹的关东群雄，如今已是昨日之事。袁术、吕布、陶谦、公孙瓒、张杨、张绣，这些人除去公孙瓒基本是被曹操收拾的。要么投降，要么死亡，地盘被接管，队伍被收编，连盟主袁绍也不例外。

例外的只有刘备。这位传奇英雄纵横江湖二十年，与上面的各路诸侯几乎都有交集。

从讨伐董卓到官渡之战前夕，中原的各路诸侯被袁绍、曹操收拾得差不多了，两位大哥才在官渡摊牌。之后，曹操又经过八年苦战终于将袁氏扫平。

在中原混过的，未被打死也未被收编的，与曹操交过手的，只剩下刘备。

这份履历，想不要声望都不行。

刘备的名声越来越大，声望越来越高，尴尬的是地盘却越来越小。二十年纵横南北，却寸土未得，如今还要寄人篱下，客居荆州。

刘备得人心又有威望，荆州士族跟刘备走很近。刘表就很尴尬了，对刘备既要防范又想拉拢，始终很矛盾。

刘备的能力是有目共睹的，对此，长江以南的各路诸侯心里都有数。

刘表将刘备安排在新野荆州的北面，目的就是防曹操。后来，江东孙权也是看重刘备的抗曹能力才愿意与之联合的，也正是有刘备，孙权才能保住江东。再后来，刘璋也是这么想的，请刘备去帮着守北方边界。当然，刘表的矛盾心理，孙权、刘璋也存在，所以后来他们也都与刘备翻脸了。

刘表晚年将刘备驻地从新野移至与襄阳隔水相望的樊城，是其矛盾心理的体现。刘表对刘备热情似火的交友有所警惕，他要防着点刘备，但他年事已高即将不久于人世，他的两个儿子是啥水平，他自己最清楚，知子莫如父。他当然希望刘备能辅佐自己的儿子守住荆州，所以，他又不得不看重刘备。

之前的二十年，刘备很拼，可是到头来还是难以在豪门纵横的中原立足。来到荆州，远离金戈铁马，刘备终于有时间思考与反思。

他自己领兵打仗的能力是很强的。虽然很多人对此质疑，但其实，曹操之外，刘备还真不怵别人。更重要的是，他的敌人也是这么认为的。刘备输给曹操，不是他能力差而是他的资源少。如果他们处在同一个平台，实力相当，再敞开打，刘备未必会输，而曹操未必会赢。

刘备对自己的能力有信心，对他两个兄弟的能力也有信心，于万众之中取上将首级如拾芥耳，即使是名将辈出的三国时代，万人敌的大将也屈指可数。

稍后来投的赵云更不必说，一身是胆赵子龙。

但说到文臣谋士，刘备的底气就不那么足了。简雍、孙乾都是可以为之奔走的幕僚，但不是能辅佐他成就大业的智谋之士。糜竺是理财治家的能手，但也不是治国理政的贤才。

此时，刘备在荆州八年精心构建的强大的朋友圈发挥作用了。

刘备在荆州先后认识了荆州大族马氏兄弟的马良（字季常），习氏家族的习祯（字文祥），杨氏家族的杨颙（字子昭）。这些家族此后都成为刘备的后盾，这些家族的成员也成为未来蜀汉帝国的骨干。

不过，对刘备而言，下面认识的两个人更为重要。这两个人分别是流寓荆州的颍川人司马徽跟徐庶。而这两个人都向刘备推荐了同一个人——诸葛亮。

中原烽火连天，群雄逐鹿，为躲避战乱，北方士大夫纷纷南下。相比动荡的江东与偏远的蜀地，交通便利临近中原的荆州就成为他们的首选之地。

而流寓荆州的士大夫因阶层、兴趣形成一个个小群体。

诸葛亮终于出场了。

诸葛亮，是中国历史上伟大的政治家之一！最优秀的丞相之一！

诸葛亮也是汉朝最后一位丞相。

这里要说明的是，本人是以学者的严谨尊蜀汉为正统的，蜀汉延续的是东汉。

诸葛亮，字孔明，徐州琅琊人。诸葛亮很小的时候便失去双亲，是被叔叔诸葛玄带大的。

少年诸葛亮正逢烽火乱世，曹操屠徐州。诸葛亮随叔叔南下，几经辗转，定居襄阳隆中，在此耕读。

诸葛亮在荆州也加入了流寓士大夫的圈子，他的朋友有崔州平、孟建、徐庶，还有亦师亦友的司马徽。

我们知道，刘备在荆州的圈子是很大的，而在刘备的圈子里也有司马徽跟徐庶。

于是，刘备的朋友圈与诸葛亮的朋友圈产生了交集，这为这对千古君臣的相遇埋下伏笔。

徐庶先于诸葛亮投入刘备幕府，这点很重要。很快，徐庶的才干人品就得到刘备的认可，也是在这种情况下，徐庶向刘备推荐自己的好友诸葛亮。

我们常说了解一个人最快速最直接的办法就是看他交往的朋友的人品。"物以类聚，人以群分"，这句话再过一千年也是适用的。

首先刘备通过实际观察充分认可徐庶，因此对徐庶推荐的人虽未谋面心里已认可七八分。徐庶说我的朋友诸葛亮才学出众，才干远在我之上，必能辅佐主公成就大业。刘备说那就请你的朋友一起来吧。徐庶说这人您得屈尊亲自去请。刘备想徐庶如此推崇的人必定不简单，便同意了。

刘备在去见诸葛亮之前，还去见了另外一个人——司马徽。

刘备也向司马徽询问此间可有贤才。当时流落荆州的士大夫很多，本地的名士也不少。但司马徽知道刘备寻访的不是坐而论道如华歆、王朗之辈的坐谈客，而是有经邦济世之志真正能治国理政的人才。

因此，司马徽着重向刘备推举诸葛亮。司马徽还说了一句流传甚广的名言，儒生俗士岂识时务，识时务者在乎俊杰。言下之意，诸葛亮即是能看清天下大势的俊杰。

司马徽这话说得很有分量。

如果是普通人说，效果不大。但司马徽不是普通人。虽然他未曾入仕做官，却有话语权。他是当时著名的人才评鉴专家，与搞出汝南月旦评的许劭齐名。但凡能被他们做出好评的士人都会声誉倍增。

当初，曹操就追着许劭要评语，许劭还不愿意搭理他。曹操不得不用流氓手法迫使许劭给好评，而许劭在不得已的情况下才给出那句"治世之能臣、乱世之奸雄"的著名评语。

曹操的背景有多深，众所周知，可是连他也要主动求评语，还要逼迫，说明人才品评对人的仕途影响确实相当重要，而且品评人是有道德操守的，不会因为你是权贵就谄媚讨好主动给好评。这也进一步加强了评语的信誉分量。

而司马徽是主动给的评语，还是好评，这是很难得的。司马徽雅号水镜先生。之所以得如此雅号，就是他对人的评价大多客观公正接近事实，司马徽的名声信誉就是保证。司马徽极力推荐的人，不能不引起刘备的重视。

刘备与诸葛亮的朋友圈早有交集，所以他们虽未见面，但也早闻其名，神交已久。刘备虽客居荆州，但也是朝廷的左将军，不会随便亲自登门拜访普通的士人。诸葛亮在隆中自比管仲、乐毅，看他的偶像就知道他的志向，那是肯定要出山匡君辅国的大才。对于决定自己一生的选择，诸葛亮不可能轻易草率做出决定。他在心里肯定早对各路英雄都做过分析对比，才最后选定的刘备。

双方是在对对方有充分了解的情况下，才有的那次载入史册的著名会面，进而才有闻名于世的隆中问对。

刘备三顾茅庐请诸葛亮出山的故事，早已家喻户晓、妇孺皆知。

然而，史书对此却有不同的说法。有的说是诸葛亮先去见的刘备，也有的说是刘备先去见的诸葛亮。

我经研究，认为是刘备先去见的诸葛亮，证据来自诸葛亮自己写的《出师表》。

诸葛亮在《出师表》中写道："先帝不以臣卑鄙，猥自枉屈，三顾臣于草庐之中，谘臣以当世之事，由是感激，遂许先帝以驱驰。"

诸葛亮是谨慎持重的人，不会为自己吹嘘。而且，请诸葛亮出山是蜀汉历史上的大事，很多人知道，很多人知情。诸葛亮以丞相之尊，不会说大话欺人，而且要知道，他写的这份表章是呈给皇帝的，如有不实，那是欺君之罪。因此，我相信诸葛亮。

三顾茅庐能成为传诵千年的佳话是因为有着强烈而广泛的心理需求。

古往今来的读书人都希望自己成为诸葛亮，更希望有慧眼识珠求贤若渴的明主来三顾自己。然而贤臣得遇明主，真的是可遇而不可求。

三顾茅庐世所罕见，所以才显得弥足珍贵。

四十多岁的左将军刘备肯三顾茅庐去见二十多岁从未出仕的卧龙诸葛亮是有原因的。

刘备渴望建功立业，心情急迫。他再不愿虚掷光阴，蹉跎岁月。

一个小故事很能说明刘备当时的心态。一次，刘表请刘备到府中饮酒。刘备中途起身去方便，却不经意间发现大腿上已经长满赘肉。戎马一生的刘备，此前的二十年都是在马背上度过的，古时骑马可不是舒服的事，很颠簸不说还很累人。可到荆州数年，刘备很少再有机会跨马征鞍领兵打仗。

刘备看着腿上的赘肉悲从中来，不觉泪流满面。刘备回到席上，刘表见他面有泪痕，便问其缘由。刘备很感伤地说，岁月易逝，老将至矣，而功业不建，是以悲耳。这是英雄壮志未酬的感伤。

英雄暮年却壮心未已志在千里。

曹操的诗写的是他自己，难道不也是刘备一生的真实写照？

曹操说只有刘备才是他的对手，也是他深明此理。他与刘备都有远大志向，都渴望建功立业。他们的差距只是起点不同。起步的差距有时要用一生去追赶。

此时的刘备真是求贤若渴，因此他的很多举动是超乎常规的。

而且，我们应看到，刘备愿意屈尊，不仅因他对贤才的渴望，也因他此时实力还很弱小。他能给出的条件有限，所能给的只有真诚。

刘备亲自前往隆中访贤，去了三次才见到诸葛亮。有人说三是虚数，其实，虚实不重要，重要的是刘备的真诚。诸葛亮不是躲着刘备，而是名士平日郊游访友不在家。好事多磨。

终于，刘备与诸葛亮这对千古君臣见面了。

刘备不客套直接申明己志：

"汉室倾颓，奸臣窃命，主上蒙尘。孤不度德量力，欲信大义于天下，而智术浅短，遂用猖獗，至于今日。然志尤未已，君谓计将安出？"

如今大汉衰微，皇帝又被奸贼曹操控制，我很想拯救国家，但自己的能力有限，几经挫折沉沦至今。然而，注意，古文的"然"字意思深长，从这里开始转折，前面讲形势，后面才是重点。即使遭遇很多失败挫折，但我刘备匡扶汉室的志向从未改变，您看我该怎么办？

多少人年轻时曾豪情万丈充满热血，但现实是冷酷的，经过生活的毒打后，大多数人早已向命运投降。但刘备已近知天命之年，依然斗志不减，胸中激荡着雄心壮志。

刘备一生百折不挠，不为人下，愈挫愈奋，终成帝业！

刘备坚韧不拔的坚毅品格，百折不挠的拼搏精神，千百年过去，依然受到尊重，值得学习，特别是那些出身底层的寒门子弟，在刘备身上，很可能找到自己的影子。

刘备开篇明确自己的立场，匡扶汉室。然后，求教于诸葛亮，接下来该如何走出困局。

隆中对策，历来都被看作诸葛亮为刘备做出的长远战略规划，这当然是对的。

但其实，对策的重点是近期的战术部署。未来很远，如何应对即将到来的危局才是更紧迫的。

"自董卓已来，豪杰并起，跨州连郡者不可胜数。曹操比于袁绍，则名微而众寡，然操遂能克绍，以弱为强者，非惟天时，抑亦人谋也。"

诸葛亮首先也要讲形势，自董卓乱政，天下纷争，干戈不休，诸侯混战。曹操各方面的实力都弱于袁绍，但曹操能以弱胜强，靠的是人谋。

诸葛亮的话，前面讲形势，重点也在后面。举曹操战胜袁绍的例子意在给刘备鼓劲儿。很显然这是类比，昔日之袁绍就是今日之曹操，昔日之曹操就是今日之刘备。

强弱是可以相互转化的，关键在于人谋。

曹操有荀彧，现在您有我了。

我会为您谋划。

"今操已拥百万之众，挟天子而令诸侯，此诚不可与争锋。孙权据有江东，已历三世，国险而民附，贤能为之用，此可以为援而不可图也。"（《三国志·诸葛亮传》）

接下来，诸葛亮告诉刘备，曹操拥百万之众，挟天子以令诸侯，不可争锋。江东孙权可以为援而不可图。

这其实并不是讲未来大势，而是讲眼前的局势，未来你要匡扶汉室，曹操是头号敌人，自然要与其争锋。这里说的不可争锋是指现在不可争锋。不是不想，真的是实力不允许。至于江东，将来也是要图的，只不过现在条件还不成熟，当前还要与之联合。这是明明白白地就目前形势所做的分析提出的对策。

诸葛亮现在讲的几乎就是赤壁之战前的形势，曹操实力很强，我们不能单独与之对抗，要联手孙权，共同抗曹。

不是诸葛亮能预见未来，而是形势已经十分明朗。

统一北方的曹操，以其爱折腾的性格势必南下。南方的三个势力，益州此前几乎与曹操没有交集，谈不上威胁；江东孙权与曹操的关系不咸不淡，也没有利害冲突；只有荆州刘表对曹操构成直接的实质性的威胁，双方还多次大打出手。曹操几次北征都担心刘表从后面捣乱。所以，终于腾出手的曹操南下会先来打谁，几乎不用怀疑，就是刘表。

"荆州北据汉、沔，利尽南海，东连吴会，西通巴、蜀，此用武之国，而其主不能守，此殆天所以资将军，将军岂有意乎？"

然后，诸葛亮告诉刘备，眼前最大的机会就在荆州。荆州是四方觊觎之地，北方曹操、江东孙权都有侵吞荆州之心，更主要的是，"其主不能守"，这个主可能指刘表，也可能指刘琦、刘琮。刘表年事已高体弱多病，即使在其壮年也不是曹操的对手。至于他那俩儿子还不如他，肯定守不住荆州。如此，您的机会就来了。

近水楼台先得月。

刘备是如何入主徐州的，喜欢研究天下大势的诸葛亮当然清楚。

诸葛亮明确告诉刘备，先取荆州作为立身之本。

以上的对策部分，其实讲的都是教刘备如何应对眼前的局势。

接下来谈的才是未来。

"益州险塞，沃野千里，天府之土，高祖因之以成帝业。刘璋暗弱，张鲁在北，民殷国富而不知存恤，智能之士思得明君。将军既帝室之胄，信义著于四海，总揽英雄，思贤如渴，若跨有荆、益，保其岩阻，西和诸戎，南抚夷越，外结好孙权，内修政理；天下有变，则命一上将将荆州之军以向宛、洛，将军身率益州之众出于秦川，百姓孰敢不箪食壶浆以迎将军者乎？诚如是，则霸业可成，汉室可兴矣。"

然而，仅有荆州是不够的，在与曹操正面争锋之前，必须尽可能壮大自己的实力，而可去的只有西面的益州。刚巧，益州的刘璋也是镇不住的，那自然要西进夺取益州。据有两州，才有与曹操争锋的资本，到时再看形势，从荆州、益州两个方向北伐，会师关中，进而东进中原，实现匡扶汉室的理想。

到那时，割据江东的孙权就微不足道了。强弱对比悬殊，只要大军顺流而下，结果必然是一片降幡出石头。

诸葛亮的隆中对策，既有对现实的精准分析、巧妙布局，也有对未来的战略规划长远筹谋。诸葛亮的过人之处不仅在于他能做谋划，还在于他能自己执行，是古往今来少有的政治家、军事家。

隆中对策的重点是荆州，难点也是荆州。据有荆州是跨有荆益的第一步，也是最关键的一步，万事开头难，走好第一步后面就好走多了。但第一步确实难走。

而此时，荆州的夺位之争趋白热化。刘表已然时日不多，接班人的选定就显得更为紧迫。如果说曹操是乱世之奸雄，那么刘表就是治世之能臣。当年刘表只身入荆州迅速掌控局势，已经充分说明他的胆识和能力。荆州成为乱世里的世外桃源，各方士人的避难所，足以证明刘表是合格的守土官长。

然而，他生错了时代，乱世需要的是枪杆子，而军事恰恰是他的短板。他深知这一点，轻易不动兵，除非人家打上门才自卫反击。因此，即使面对曹操北征的好机会，刘备极力劝说的情况下，他也不肯弄险。

刘表在荆州得以立足靠的是荆州地方豪强的支持。他迎娶荆州蔡氏之女，通过政治联姻与地方势力深度绑定。这是他在荆州成功的关键，但也是他失败的主因。荆州不是他完全说了算的。

刘表的二子刘琮也走了他老爸的老路娶了蔡氏之女。刘琮的老婆是他后妈的侄女。刘琮再次与蔡氏深度绑定。蔡氏会支持谁接班，不言而喻，关键是人家蔡氏是地方实力派，有话语权，就算是刘表也要看蔡氏的脸色。

如此一来，长子刘琦的处境就很艰难了。被握有实权的蔡氏排挤，又被后妈蔡氏天天吹枕头风，经常被黑，刘表逐渐疏远长子。

刘琦在襄阳不受待见，却与樊城的刘备关系很好。刘琦听说刘备新来的军师诸葛亮足智多谋，便向诸葛亮谋求存身之计。

诸葛亮表面多次婉拒，实则这很可能是诸葛亮的欲擒故纵。被逼急的刘琦只好使出一计，请诸葛亮过府饮宴，故意将宴席设在高楼，然后令人撤去梯子，对诸葛亮说：此处上不至天，下不至地，只有你我二人，现在可以请您教我吗？诸葛亮这才给刘琦讲起春秋时期晋国的一个典故。当时的晋国国君也宠爱幼子，几个儿子惶惶不安。公子重耳主动申请去镇守边疆，而太子申生不肯离去，不久便被后母设计害死，重耳因身居外任得以幸免。这与刘琦目前的处境极其相似。诸葛亮对刘琦说，君不见申生在内而危，重耳在外而安乎？

如此明示之下，刘琦顿悟，立即申请外调。而不久之前，江夏守将黄祖为孙权所杀，正缺大将坐镇，刘琦主动申请，正合蔡氏之意，他们巴不得刘琦滚得越远越好。于是，刘琦顺利带兵去江夏远离是非之地。

刘琦远离权力中心等于弃权，远走江夏得以避祸保存实力。蔡氏支持的刘琮基本确定接班。这场家族纷争，各取所需，看似双赢，但最大的受益者其实是刘备。

在诸葛亮给刘备做出的隆中对策中，北拒曹操，东和孙权的思想已经极其明显。荆州的威胁只来自两方，北方曹操与江东孙权。

刘琦驻兵的江夏邻接江东，在未来联合孙权北抗曹操的布局中这里是重要的局点。刘琦在江夏防孙权，刘备在樊城防曹操。樊城也是局点但其实只起预警作用。曹操真的打来，樊城是守不住的。这即诸葛亮隆中对策所说的不可与之争锋。相比之下，刘琦在江夏的作用更大。

不久之后的孙刘联盟，刘备一多半的资本其实是刘琦的。

诸葛亮表面上为刘琦献的是存身之计，实际是在为刘备的未来布局。

其实，在布局的不仅诸葛亮。江东孙权也在悄然进行他们的布局。江东孙氏据有六郡，但靠海的东三郡才是他们的大本营，孙权兼任会稽太守可以很好说明这一点。然而此时的孙权却不声不响地将他的指挥部前移到西面紧靠荆州的豫章郡的柴桑。要问他为啥来这里，孙权：不是为了荆州，老子来这儿干啥！

刘备与孙权的布局都在悄然进行。

掌握主动权的曹操也在悄然进行南下荆州前的最后准备。

中国历史上著名的赤壁之战即将打响，参战的三方都在低调地做着准备。

低调，要低调，真正的高手在决战之前都是不动声色的。

第三十二章

火烧赤壁——改变战略格局的战役

建安十三年（208）正月，曹操又开始挖沟了，不对，是挖湖。

远征归来，才回到邺城的曹操下令在邺城挖一个湖出来，他要在这里训练水军。湖的名字叫玄武湖。正月，曹操也不闲着，他要创建新军种——水军。

曹操此前从未玩过水，现在准备尝试新鲜刺激的水上项目。曹操用这辈子的经历告诉人们，生命在于折腾，生命不息，折腾就不能停。他是闲不住的人。

北方已经被他扫平，造船、挖湖、训练水军，干啥呀？

当然是去找南方的"小伙伴"玩啦。

只有在南方水网密布河流纵横的地方才有水军的用武之地。只有去南方，才用得上战船。

曹操准备南下了。

嚷嚷这么多年，这回真的要动手了。

六月，曹操如愿成为丞相。

七月，曹操就率军南下，直奔荆州而来。

八月，曹操还在路上就收到了一个重磅消息，刘表死了。

刘表的死并不令曹操意外，但走这么快，还是让曹操有点吃惊，赶紧下令，加快行军速度。他清楚，孙权那家伙也惦记荆州好久了。如今荆州局势难测，可不能让孙权浑水摸鱼，毕竟，他离荆州更近。

再说荆州，刘琮顺利接班，然而他这个荆州之主是临时的，脸上的喜悦尚未消散就凝固了，因为曹操打来了。

刘琮赶紧召集大家开会商讨对策。

刘琮说，曹操将至，如何是好？

想不到，大家众口一词，好办呀！咱们投降！这有啥好想的！

刘琮很尴尬，刚上位就投降，这个实在有点……

刘琮：“今据全楚之地，守先君之业，以观天下，何为不可？”群僚：“不可，不可。逆顺有大体，强弱有定势。”

刘琮的想法是还想抵抗一下。

可是，部下们却一点面子也不给他。

自古以来投降派似乎都有理论依据，可以把龌龊可耻的事情说得极端高大上。

眼下的荆州投降派，不久之后的江东投降派，未来的著名投降派谯周都是如此。

荆州的土豪们也是荆州的实际主人，见他们名义上的主公如此不上道，就开始“教育”刘琮了。

为劝刘琮打消抵抗的念头，这些人也拼了，轮番上阵给刘琮洗脑。

他们说曹操是丞相，是代表朝廷来的，我们是臣子，怎么可以抗拒朝廷呢？再说用刘备去抵抗曹操，打得过吗？刘备为啥来荆州，不就是打不过曹操才来投奔咱的吗？

众人道：“将军自料比刘备如何？”

刘琮：“不如也。”

大家见刘琮气势明显弱下去了，于是再接再厉劝刘琮：“刘备打不过曹操，荆州保不住。刘备打得过曹操，他会甘心做您的部下吗？”刘琮终于开悟，敢情输赢是一回事儿，那干脆投降吧。

于是，曹操率军抵达襄阳时，刘琮主动开城投降。

荆州的投降派缺德之处在于，他们从商定投降到派人接洽，整个办理投降的过程中，一直对刘备封锁消息。直到所有的手续办好，尘埃落定，才派人通知刘备。

这时曹军已到新野，刘备就在汉水北岸的樊城，与襄阳仅一水之隔。

刘备气得对刘琮的使者大骂，你们这些人做事太不地道了，大祸临头才告诉我。然而骂街不管用，收拾行李赶紧跑吧。

撤退，刘备是有经验的，而且经验还很丰富。按照刘备以往的速度，等曹操追到樊城，估计刘备已经坐在江陵城里喝茶了。

但这次不同以往，听说曹操就要杀来，荆州的老百姓纷纷携家带口举家出逃，跟着刘备的队伍一起撤退。十几万人，辎重数千辆，扶老携幼，想快是不可能的。有人建议刘备丢弃百姓，兼程急进抢占江陵。刘备却说，成大事以民为本。现在百姓愿意随我，怎么能丢下他们不管呢？刘备的一番话令在场者无不动容。刘备常说操以暴，他以仁，凡事必反其道而行之。这并非虚言。曹操屠徐州，所至鸡犬不留。刘备撤退，百姓主动相随。曹操的暴人所共见，刘备的仁也天下所知。

刘备的仁是被曹操的暴比出来的。用一位非著名相声演员的话说，不是他有多出色，全靠同行的衬托。

不比不知道，比比吓一跳。

曹操屠城的黑历史，那是怎么洗都洗不白的。老百姓可不傻，谁好谁坏是分得清的。当要在曹操与刘备之间做出选择时，老百姓直接用脚投了票。

曹操所至血流成河。

刘备所至箪食壶浆。

刘备征战一生未尝屠一城。仁义之君实至名归。

刘备带着十几万百姓日行十余里，缓缓向前挪。众人看在眼里急在心上。在众人劝说下，刘备才同意让关羽率水军乘战船先行南下，但他自己连同家眷包括刚出生不久的刘禅坚持与百姓一起走。

患难见真情，刘备的这份仗义让荆州百姓深受感动，从此跟定刘豫州。刘备与百姓同进退的举动已经深深赢得人心。

此时他的老对手曹操正在追他的路上。

曹操这次来荆州本想打个出其不意，是偷偷摸摸来的，未曾想人家直接投降。

曹操对刘琮的识趣很满意，再一打听，刘备已过了襄阳奔南边去了。

曹操不用猜都知道刘备要去哪儿——江陵。刘表这些年攒的东西多半都存在那儿。要是让刘备得到可就不好办了。

曹操二话不说，点起五千虎豹骑奔着南边就追了下去，据说一天一夜狂奔三百里，这几乎是当时的极限。

年过半百还敢这么玩命的只有曹操。

前面的日行十余里，后面的一日一夜三百里，不出预料，很快就追上了。

其实，所谓不出预料是就双方过于悬殊的速度对比做出的预料，曹操心里还是有点意外的，以他对刘备的了解，他对追上刘备并不乐观，毕竟，这么多年，他连刘备的背影都看不见，估计这次也悬。曹操之所以一日一夜急行三百里，就是基于他对这位"老友"的充分了解。刘备要是放开速度敞开跑，任何人别想追上他，任何人里包括曹操。

虎豹骑能追上刘备，只是因为刘备这次撤退带上了老百姓。

曹操的虎豹骑在当阳的长坂坡追上了刘备的撤退队伍。接下来的场面是比较虐心的。军民混杂的队伍在虎豹骑的冲击下，瞬间崩溃，因为曹军的攻击很突然，部队很快被冲散。

刘备来不及召集部队，只带着诸葛亮、张飞等数十人突围而出。

曹军骑兵冲入人群乱砍乱杀，百姓四散奔逃，哭声震天。

危急时刻，一位大英雄挺身而出，对，他就是长坂坡前大显神威单骑救主的常山赵子龙。

赵云负责护卫刘备家小，可是，乱军之中，一片混乱，家属也被人群冲散。赵云寻不见两位夫人及小主人阿斗（刘禅的乳名），心中焦急，直接冲入敌群，左冲右杀，几次冲杀下来，早已汗透脊背血染征袍，跟随在身边的将士也所剩无几。然而，赵云越深陷重围越神勇无敌，越危急，他越能超水准发挥。

长坂坡前赵子龙，匹马纵横显英雄。

此刻的赵云犹如战神附体，周围曹兵虽多，根本挡不住他！

围着赵云的都是曹军精锐虎豹骑，但赵云左挡右杀，如入无人之境。《三国演义》很多地方是编的，赵云在万军中七进七出也是演义，但这个地方最接近史实。

不负苦心，天佑刘备，赵云终于找到了甘夫人以及阿斗。

赵云身抱弱子，保护着甘夫人奇迹般杀出重围。

能在虎豹骑的重重围攻之下，自由进出的，也就只有常山赵子龙。

长坂坡单骑救主，赵云一战封神！

接下来出场的是猛张飞。

曹操的谋士程昱曾说过，关羽、张飞皆万人敌！

关羽白马斩颜良已经兑现前半部分，接下来，张飞将在当阳桥头兑现后半部分。

刘备虽然冲出包围，但身边仅有数十人追随，仍未脱离险地。

张飞保护刘备一行通过当阳桥，而此时追兵将近。

猛张飞亲自带领仅剩的二十名骑兵在当阳桥边阻挡追兵。

这么点人，阻击的结果大概率是挡不住追兵，然后负责阻击的战士们全部战死，血染桥头。

但张飞出场不同凡响，奇迹是猛人创造的。

不多时，远处尘土飞扬，转眼之间，曹军骑兵追到桥边。

但见张飞瞋目横矛驻马桥头，身后不远处，二十名骑兵一字排开。

张飞冲着对岸的曹军大喊："我乃燕人张益德是也！谁敢过来与我决一死战！"张飞一声大喝，将曹军彻底震住了，主要是三爷的气场太强，气势逼人。加上，张飞一脸拼命的劲头一副玩命的架势，曹军心虚了。

估计曹军在想，表面上看着就这点人，但谁知道周围有没有伏兵？实际上，此时，论总兵力的话，刘备是多于曹军的。刘备撤退的军队加上沿途加入的刘表旧部，至少上万，但这些人混杂在百姓之中很分散，仗打起来很快被冲散，才未能形成战斗力。曹军追过来的只有五千虎豹骑，虽然精锐，毕竟人少。大部队还在后面。

曹军见张飞一脸镇定，气势顿时就瘪下去了。

打仗最讲气势，正是一鼓作气，再而衰，三而竭。

曹军停住，气势就衰了，又被一声吼吓破胆，气势彻底竭了。

曹军不敢向前，刘备才得以从容退走。

话说当阳桥不是张飞喝断的，是曹兵走后，张飞下令拆的。

当阳一战，刘备败得很惨。但依然有亮点：

赵子龙长坂坡七进七出单骑救主。

张翼德当阳桥头一声吼喝退曹兵。

危急时刻，挺身而出，力挽狂澜，方显英雄本色！

跟着刘玄德的各个都是好汉！

刘备带着诸葛亮、张飞、赵云以及脱险的甘夫人跟阿斗，改变路线走汉津去与关羽会合。

话说刘备与阿斗父子重逢，刘备并未上演《三国演义》里的经典剧目摔孩子。

与关羽的水军在沔水会合后，刘备全军沿汉水东下。路上遇到江夏太守刘琦率兵前来接应，两路人马会师后回到夏口。

此时，诸葛亮之前的布局发挥了作用，不然，刘备现在连个去处都没有，只会更惨，幸亏还有刘琦的江夏可以存身。

刘备败退夏口，危机仍未解除。

因为与此同时，曹操已经顺利接管荆州，进入江陵。

现在刘表的家底，荆州七郡数万军队都归了曹操。

襄阳、江陵，荆州精华之所在被曹军占领。

南阳、南郡，荆州富庶之重镇归曹操所有。

荆州江南四郡也传檄而定。

曹操接下来要做的不用猜，就是继续追杀退守夏口的刘备。

吞并荆州的曹操实力更强，而据守夏口的刘备经当阳之败势力更弱。

荆州七郡，六郡已归曹操，仅剩的江夏郡又被江东孙权强占大半，刘备、刘琦只剩夏口一隅之地。

强弱悬殊，如果不出意外，曹操会接着追，刘备会接着逃，浪迹天涯，不知归处。

但一个人的到来给刘备带来转机。肩负重大使命的江东使者鲁肃找到刚刚打了大败仗的刘备。

听说刘表病亡，孙权特派鲁肃前来吊唁，这就有点诡异了。因为不久之前，双方刚刚在江夏大战一场，刘表手下大将黄祖被江东人砍了脑袋。

孙权终于报了杀父之仇，然而他还想要更多。得寸进尺，得陇望蜀，都不足以形容孙权的贪欲。孙权早就想将荆州据为己有，这时他急于知道荆州的具体情况，才派鲁肃来探探虚实。

刘备有诸葛亮这位三国时代的顶级战略家。

孙权身边也有鲁肃这个江东的战略家。

诸葛亮在隆中对策中很明确地提出了联合江东抗衡曹操的战略。稍早时候，鲁肃在江东也为孙权筹划了江东版的"隆中对"。

鲁肃是淮泗土豪，家里有房有地。眼见天下大乱，土财主鲁肃开始变卖家产招兵买马，也拉起一支自己的队伍，成为拥有自己部曲的地方实力派。

这时周瑜正在袁术手下当居巢县长，那时候几乎人人缺粮。周瑜这个县长也快揭不开锅了，听说鲁肃是土豪，家里有的是粮，就抱着不管有枣没枣先打三杆子再说的心态，跑来找鲁肃借粮。

令周瑜想不到的是，鲁肃特豪爽，用东北话说就是贼大方。

鲁肃家里有两囷粮食，随手一指粮仓对周瑜说，你自己挑一囷。要知道，在那个到处闹饥荒的年代，粮食不仅是宝贵的战略物资，更是财富，有时就算有钱都买不到。鲁肃却白送，连眼睛都不眨一下。

仗义，太仗义了。从那时起，周瑜对自己说，鲁肃这个朋友，我这辈子交定了。他后来也是这么做的。十多年后，周瑜已是东吴的大都督，临终前向孙权推荐自己的接班人，推荐的就是鲁肃。要知道，后来他们俩在是否联合刘备"借荆州"的问题上是有冲突的，但周瑜依然力推鲁肃，这份友谊就是此时确立的。

后来，周瑜眼见袁术要完，就渡江去投奔他的好兄弟孙策，当然，他自然没忘带上另一个好兄弟鲁肃。

袁术也曾想拉拢鲁肃。土豪通常都不傻，鲁肃见袁术已经没几天蹦头了，当然不会上贼船。

不过，鲁肃离开自己的地盘，初到江东身份还是有点尴尬，在孙权这里的最初几年，他没有正式的官职。但是金子迟早会发光。

出使荆州是鲁肃职业生涯腾飞的起点，不久之后，肩负相同使命的诸葛亮也因出使江东展露才华，确立了自己在刘备集团不可撼动的地位。

诸葛亮与鲁肃都是联合派，他们各自劝说自己的主公与对方联合，又亲自前往对方那里说服对方的主公采纳他们的策略。

可以说，正是诸葛亮与鲁肃的努力奔走游说才最终促成孙刘的联合，也才有之后的赤壁大战，进而形成中国历史上著名的三国鼎立。

虽说最后拍板确定联合的是刘备跟孙权，但诸葛亮与鲁肃在联合抗曹上的坚定立场与积极活动全程跟进为孙刘联合的形成发挥了极其关键的作用。

诸葛亮与鲁肃成就了天下三分鼎足而立的形势，同时也成就了他们自己，确立了他们在各自阵营的主导地位。

鲁肃到江东数年，始终不得志，他的才华只得到孙权、周瑜少数人的认可，尚不为外人所知。现在就是他绽放光芒的时刻，脱颖而出，施展抱负！

鲁肃从柴桑出发，一路西进。人在路上的鲁肃就接连收到一连串令人震惊的消息，先是刘琮投降，后又听说刘备在当阳大败。鲁肃是要跟荆州的实际主政者谈合作的，刘琮肯定是谈不成了。鲁肃敏锐地意识到，荆州的关键在刘备。他沿着刘备撤退的路线迎上去，果然遇见了刘备，当然还有诸葛亮。

鲁肃："豫州今欲何往？"

刘备："与苍梧太守吴巨有旧，欲往投之。"

苍梧在今天的广西，当时几乎就是中国人认知的世界尽头。两广彼时尚未得到开发，直到唐代那里都是发配犯人的标准流放地。显然去苍梧不是好的选择。

其实，刘备当然也不想去，确切地说，他也不知去向何处。去苍梧不过是刘备的敷衍之词。情势紧急，这时候也别客套了，鲁肃直接开门见山，说明来意。鲁肃说与其去苍梧，不如与我家主公联合抗曹。

刘备自然是喜出望外，联合抗曹，他求之不得。

刘备已然没有退路，他跟曹操早已经撕破脸皮，谁投降，他都不可能投降。

以曹操狂奔三百里昼夜不息要追杀他的劲头，刘备即使退到广西，曹操也会跟踪而至，追杀刘备到天涯海角。逃是没有出路的。只有战才有生机。趁着还有数万部众，尚可一战。与其继续没有希望地逃跑，不如拼尽全力，尽力一战。

然而，刘备也清楚，仅凭自己现在的实力要战胜曹操，几乎是不可能的，必须寻找盟友。天下虽大，但刘备可以联合的好像只有孙权。

鲁肃的到来让刘备看到了希望。

刘备希望联合孙权，因为他没有选择。

诸葛亮更不用说，在彻底打败曹操之前，必须联合孙权。

现在就看孙权那边的意思了。

鲁肃是孙权那边坚定的联合派，但他说的还不算。这事儿必须孙权拍板。

于是，诸葛亮对刘备说："事急矣，请奉命求救于孙将军。"

这就是诸葛亮后来在《出师表》里写的，受任于败军之际，奉命于危难之间。当时的情况对刘备阵营来说确已是万分危急。曹操随时可能顺江东下。但刘备不具备单独对抗曹操的实力。曹军此时南下，刘备凶多吉少。

此刻千斤重担都压在奉命紧急出使江东的诸葛亮肩上。他背负着刘备的重托，刘备阵营的全部希望前往江东。

曹操以迅雷之势收取荆州震动江东。

曹操轻取荆州六郡，令孙权感到前所未有的生存压力。

孙权以弱冠之年即位为江东之主，功业名位皆不及其兄。他的正式官职不过一郡太守，名义上与他的许多部下平级，他又年纪轻轻，战功难以望其父兄项背。江东诸多文武从内心对孙权多有轻慢。概而言之，孙权尚未取得一方之主所应有的威望。

此刻，又面临巨大的生存压力。偏偏这个时候，不甘寂寞的曹操给孙权写来一封意味深长的来信，信中说要来江东与孙权一起"打猎"，重点是，他不是自己来，跟着他来的还有八十万水军，这是赤裸裸的威胁。

八十万当然是吹牛的，但即使打三折也有二十余万，这是当时的江东难以抗衡的。就算整个江东都动员起来也不过十万人，这还是相当乐观的估计。而且，就算有十万军队，孙权也不敢都派到前线，对孙氏而言，他的后方也是他的前方，从江东士族到深险之地的山越，到处都有潜在的反对派，孙家从来不缺敌人。

曹操到底写没写这封信，存在争议。

作为一个成熟的政治家，正常情况下是不应该写的，这等于下战表，向孙权宣战。

曹操这次的目标是荆州，还有他的老对手刘备。在顺利占领襄阳、江陵，又在当阳大败刘备后，曹操的目的已经达成，实在没有必要节外生枝。

但曹操做事素来出人意料。他除了是政治家还是诗人。作为政治家，曹操还是比较成熟的，但作为诗人，他有时特别喜欢浪。浪起来就真的很不靠谱了。

得意的时候必然忘形，必须嘚瑟嘚瑟，炫耀炫耀，不然人生还有啥意义，这也是曹操。

用易中天老师的话说就是，曹操得意之后，就会翘尾巴，翘起来的尾巴可以竖起来当旗杆用。

情况很可能是，得意之后忘形的曹操，又开始浪啦，又开始放飞自我。

亢奋之下，写了这封信，去撮合他的两个对手。

面对曹操的大军压境，江东文武大多数震惊了。

八十万大军就要开过来，怎么办？

孙权召集部下开会商议对策，会上文要和武要战。江东文官以张昭为代表主和，也就是投降；江东武将以周瑜为首主战。

投降派：人家曹公名义上是汉相，动辄以朝廷为辞，我们出兵相拒，那就是对抗朝廷。

这点与荆州投降派观点一致，说明曹操当年迎接汉献帝的策略相当高明，朝廷就是中央，你们这些小军头都是地方。

张昭等投降派先从法理上陈述不可对抗朝廷，接着又从现实角度说明抵抗曹操不可行：

将军可以抗拒曹操的，不过是长江之险。现如今曹操已得荆州，刘表水军大船斗舰以千数，皆为曹操所有，长江之险已不存在。届时，曹军水陆俱进，如何抵挡。

一时投降派占据上风。

会议开到中途，孙权借口上厕所，鲁肃悄悄跟了出来。

鲁肃告诉孙权，别听那些人忽悠，他们全都在为自己考虑。谁都可以投降包括我鲁肃，可是唯独您不能投降。我们投降可以从头再来，您投降去哪里呢！

鲁肃的话中有话，孙策靠血腥的屠杀打下的江东，赢得江东的同时几乎将江东士族得罪个遍。王朗、华歆这些曾在江东为官的名士也做过孙策的阶下囚。虽说孙策对这些人还算客气，可是再客气这些人也是俘虏。您投降了，这帮人会怎么对您，那可就不好说了。刘琮没啥仇人，可是你孙家的仇人遍布朝野。要是您也成阶下囚，那后果不堪设想。

事实上，孙权跟刘备处境相似，他们都没有退路可言。

孙权在鲁肃的建议下紧急召回周瑜。

周瑜回来后江东风向很快逆转。

周瑜说曹操名为汉相，实为汉贼。

看看吧，一件事，就看你从哪个角度说。想投降总能找到理由，想抵抗也可以找到依据。

接下来，周瑜开始给孙权大气鼓劲儿：将军以神武雄才，兼仗父兄之烈，割据江东，地方数千里，兵精足用，英雄乐业。

北方之人不习水战，如今正值寒冬，战马缺乏草料，曹操所率中原士众来到南方，水土不服，必生疾病。这些都是用兵的大忌，曹操全都犯了。生擒曹操只在今日。请您看我破曹吧。

鲁肃给孙权算明白利害关系，不能投降。

周瑜给孙权算明白军事形势，我们能打赢曹操。

鲁肃坚定了孙权抵抗的决心。

周瑜坚定了孙权抵抗的信心。

但毕竟，曹操刚刚兼并荆州士众，本来实力就超过南方，这下更如虎添翼。就算孙权想打，也仍感势单力薄。孙权需要盟友的增援，最后坚定他的决心，树立他的信心。

接下来是刘备、孙权两方都很期待的会面，诸葛亮作为刘备的代表会为孙权答疑解惑。

开场还是先讲形势。

"海内大乱，将军起兵据有江东，刘豫州亦收众汉南，与曹操并争天下。"

诸葛亮首先明确指出天下大乱。又说您有江东，我们刘豫州实力也不俗，当今天下，能与曹操抗衡的只有我们两家。

"今操芟夷大难，略已平矣，遂破荆州，威震四海。英雄无所用武，故豫州遁逃至此。将军量力而处之。若能以吴、越之众与中国抗衡，不如早与之绝；若不能，何不按兵束甲，北面而事之！今将军外托服从之名，而内怀犹豫之计，事急而不断，祸至无日矣！"

然后简要说明情况，曹操已得荆州，我们也确实新遭败绩。形势就是这个形势。您估量您的实力，要是能打就早点下决心。要是觉得打不过，不如早点去投降。

现在您表面顺从，内心想抵抗却还犹豫，情势危急，还不能做决定，大祸就在眼前。

权曰："苟如君言，刘豫州何不遂事之乎？"

孙权听了有点火大，明明是你们兵败势穷，来求我援助的，怎么搞得像我走投无路求你们似的。

孙权心生不快，反唇相讥道："那你们刘豫州为何不投降呢？"嘿嘿，等的就是你这句话。诸葛亮之前的那番话是故意激孙权的。

诸葛亮何等聪明，难道不知道他那番话的效果吗？当然知道。既然知道为何还要这么做？他是故意的。他知道孙权被激怒后会反过来诘难刘备。一切都在诸葛亮的预料之中。孙权诘难，诸葛亮才好说接下来的话。

亮曰："田横，齐之壮士耳，犹守义不辱；况刘豫州王室之胄，英才盖世，众士慕仰，若水之归海。若事之不济，此乃天也，安能复为之下乎！"

这又是激孙权，我们刘豫州是不会投降的。你孙权要是投降，还不如齐国的一个壮士。精彩！

先讲明形势以化解刚刚战败的尴尬，然后直接将焦点从刘备转移到孙权。

孙权显然会被激怒，然后会反唇相讥。这正是诸葛亮要达到的效果。由孙权来反问，诸葛亮再义正词严做出回答，表明刘备宁死不屈抵抗到底的决心。以此再次激孙权迫使其表明态度。

权勃然曰："吾不能举全吴之地，十万之众，受制于人。吾计决矣！非刘豫州莫可以当曹操者。"

孙权果然入套，一步步按照诸葛亮画好的道走，真听话！

环环相扣，步步推进。

诸葛亮真是外交奇才！

然豫州新败之后，安能抗此难乎？

接下来，又是关键问题，通过诸葛亮义正词严的回答，孙权已经不怀疑刘备的立场决心，但又担忧刘备是不是具备联合的实力。别真打起来，就他老哥一个往前冲。

亮曰："豫州军虽败于长坂，今战士还者及关羽水军精甲万人，刘琦合江夏战士亦不下万人。"

诸葛亮当然知道孙权的顾虑。接下来，就是表明实力，令孙权放心。

"曹操之众，远来疲敝，闻追豫州，轻骑一日一夜行三百余里，此所谓'强弩之末，势不能穿鲁缟'者也。故兵法忌之，曰'必蹶上将军'。且北方之人，不习水战；又荆州之民附操者，逼近势耳，非心服也。"

对孙权的疑问，诸葛亮早有准备，就算孙权不问，诸葛亮也要说，既然是谈合作，双方就必须互相了解才行。

首先讲明，我们有两万人，实力不容小觑。

当然，这点人面对曹操几十万人还是有点少。

对方人多势众，但是也有弱点。

接下来是诸葛亮对曹军的分析：

曹操的军队从北方远道而来，疲惫不堪。而且，他们从北方来不熟悉水战，而大家都知道，水战，南方人更擅长，这是以己之短攻敌之长。还有一个重要因素，那就是，荆州士民从心里是不愿降曹的，他们投降是被迫的，真打起来未必会出力。

说这么多，总结起来，说敌人的都是缺点，说到自己都讲优势。这就对了，因为敌人的优势，我方的劣势，不用讲，大家心里都清楚。这时候更不能讲，现在是鼓劲儿的时候，任何泄气的话，长他人志气的话都不可以说。但更重要的是，诸葛亮所说的都是实情，不由得孙权不信。诸葛亮帮助孙权下定最后的决心。

诸葛亮临危受命出使江东为的是明确一个重要的，也是孙权急需确定的事情，那就是孙权将不是一个人战斗，他有一个可靠的盟友会与他并肩战斗，这个盟友有实力有决心更有信心与他一起打败曹操，这个盟友必须只能是刘备。

"今将军诚能命猛将统兵数万，与豫州协规同力，破操军必矣。"

有之前的铺垫，诸葛亮告诉孙权，只要我们双方联手，就一定能够战胜曹操。

"操军破，必北还，如此，则荆、吴之势强，鼎足之形成矣。成败之机，在于今日。"

最后，诸葛亮还指出了战胜之后的光明前景，描述美好的未来。

话已经说得足够清楚，分析已经足够明晰。之前说过，鲁肃、周瑜已经为他算好内部的账，孙权担心的是外围，现在诸葛亮帮他算好外部的账。

孙权本就不甘心投降，只是担心打不过，鲁肃、周瑜、诸葛亮帮他解开所有的疑虑。孙权终于做出了他这一生最正确的决定，联合刘备，共抗曹操。

孙权在分别与鲁肃、周瑜、诸葛亮密谈之后，下定决心联刘抗曹。随后，孙权召集江东文武宣布决定表明态度：

"老贼打算废汉自立很久了！怕的不过是袁绍、袁术、吕布、刘表还有我！现在群雄都没了，就剩我了，我与这老贼势不两立！"

随后孙权拔出刀来，砍掉面前桌案一角，怒吼道：谁再敢说降曹，如同此桌，我就拿他当这桌子砍！

找你们来开会不是听你们意见的，而是通知你们我的决定。

还是老规矩：

大事小会决定。

小事大会决定。

小会做决定，领导拍板。

大会发通知，群众领会。

孙权砍桌案表明立场，要跟曹操开干。

孙权在会上张嘴老贼闭嘴老贼，周瑜也是一口一个汉贼曹贼，两人一唱一和对曹操一顿臭骂，这哥儿俩在大庭广众之下这通骂街。相比袁绍让陈琳写檄文骂遍曹操全家，骂得曹操直冒冷汗，他俩水平确实低了点，但是有气势呀。孙权这会儿要的就是造势。骂街不是给曹操听的，是做给自己这边的人看的。从现在开始，咱们就要跟曹操开干啦，你们最好放明白点，再跟我扯啥中央地方的，小心你们的脑袋。

趁着大家情绪高涨，主要是他们哥儿俩高涨，周瑜在大会上当着在场众人，明确表态，表示只要您给我三万精兵，我就能干翻曹操！孙权说，好，真够爷们儿，这才是我江东的好儿郎！

孙权、周瑜在会上这出既是宣战也是战前的誓师动员大会。

这哥儿俩在会上是够拼的，一赛一地比狠。

会后，只剩孙权、周瑜二人时，开始唠干的了。大会上可以满嘴放炮斗狠。两人的密谈就得来实在的了。

周瑜说曹操从北边带来的人大概有十五六万，又接收刘表的部众也能有七八万人，加在一起差不多二十多万。

我刚才在会上喊得有点凶，最好还是给我拨五万精兵，虽然对方人多，但凭着咱熟悉水战，还是能搞定的。

周瑜敢要五万人肯定是算过账的，江东现在最大限度能抽调的兵力大概也就这么多。

这一点孙权、周瑜心里都有数。

但孙权的反应耐人寻味，他说五万人实在不好凑，我已经给你选好三万精兵，战船粮食攻战器具全都备好了，随时能走。孙权说："公瑾你与程普、鲁肃先走，我在后面给你做后援。打得赢最好，打不过退回来，我亲自带兵跟老贼决一死战！"

孙权这么说，说明早就做好开战的准备了，三万人也不是那么好凑的。别听那些演义小说胡扯，动不动就是几十万大军。那时的人口很少，动员能力有限，能动员数万人已经很不容易了。不是谁都有袁绍那个实力，上来就是十万大军。

孙权留下两万人由他自己指挥。这里面原因很多，首先就是孙权生性多疑，即使面对周瑜这种铁杆，也要有所保留，不能把全部家底交给别人，哪怕这个人是指定的托孤大臣。到任何时候，自己都要留有后招。孙权留下的这两万人就是他的后招，最后的底牌。还有就是，孙权要留下两万人镇守后方维稳。

要知道，后方有时比前方更危险，孙氏在江东有很多反对派，而这些人大多在潜伏状态。那些投降派更是潜在的墙头草和带路党。前面要打，后面也要防，前方再吃紧，也得留预备队。这是孙权的行事风格。

当然，孙权留下两万兵并不是维稳那么简单，其实，孙权有他的想法，他也想带兵上战场显显身手。虽然后来人都知道，孙权带兵打仗的水平也就是京剧票友的水准，但他自己不那么认为。他要开辟第二战场，这个战场对江东来说至关重要，就是淮南，局点就是合肥。未来这座城会频繁出现。合肥，一个孙权打了一辈子只能望城兴叹的战略要地，也是他的伤心地，当然，这是后话。

计议已定，孙权任命周瑜为左都督、程普为右都督，领兵三万逆流而上迎战曹操。鲁肃被任命为赞军校尉，就是参谋长，协助指挥，出谋划策。

左都督周瑜为总指挥，负责实际指挥作战，也是孙策的把兄弟。孙策当年就对孙权说过，外面的事你搞不定的就交给周瑜。周瑜当年渡江迎孙策，如今辅佐孙权抗曹操，是嫡系中的嫡系。

右都督程普，当年跟着他爹他哥打江山，如今跟着他，三世老臣，经过革命考验的老干部。派他做周瑜的副手，既是牵制也是协助。孙权任何时候都不会完全信任一个人，即使如周瑜这般的也要留后手。

赞军校尉鲁肃，新近发现的股肱之臣，此人有远见有胸怀又是周瑜的好友，与周瑜正好互补。从这个人事安排可以看出孙权的心计不是一般的深。

自从诸葛亮走后，刘备就翘首期盼江东的援兵，天天派人在江边守着，望眼欲穿，都快魔怔了。

刘备心里急呀。曹操随时可能顺江而下，江东那边却始终不见回音。

建安十三年（208）十月，屯兵樊口的刘备终于盼来了期盼已久的援兵。周瑜率兵三万逆流而上。

刘备听说江东援兵到了，大喜，赶紧派人带着礼物过去劳军，顺便请周都督来这边共商抗曹大计。

可是，性情高傲的周瑜不给面子，表示大军初到，军中事务繁忙，自己实在抽不开身。

周瑜的这副嘴脸确实让人不舒服。孙刘两家现在是盟友联军。刘备作为一方的领导人请合作伙伴的主帅过来商谈军机是再正常不过的事情。

别说周瑜这个高级打工仔，就是孙权也要给刘备面子。刘备跟孙权才是对等关系。

身为江东之主的孙权官位不过是讨逆将军、会稽太守。刘备可是朝廷的左将军、豫州牧，高出孙权不止一个档次。

虽然级别比人高，但形势比人弱。毕竟，现在人家周瑜是主角，对周瑜这种傲慢自大的家伙而言，当主演又不要大牌，那实在要求太高。周瑜摆谱，但刘备走南闯北这么多年，见过的人多了去了，并未在意，反而主动来见周瑜。有求于人，不得不如此。这点委屈了刘备，但大丈夫就要能屈能伸。

刘备见到周瑜一阵寒暄后，便问出了他最关心的问题，您究竟带来多少兵？周瑜说，三万。

向来喜怒不形于色的刘备，这次难以掩饰失望的情绪，只说了两个字，很少。

刘备心想：看你牛气哄哄，我还以为你带来多少兵马，敢情才比我多一万。

周瑜心里说，你当我不想多带吗？我得有才行。

当然，表面上，周瑜还是一脸淡定，故作从容地对刘备说，三万兵足矣，请刘豫州看我破曹吧。

刘备见周瑜不好说话，就想见见鲁肃，相比狂傲的周瑜，鲁肃更持重处事也更沉稳。《三国演义》在周瑜、鲁肃的人物设定上还是比较符合史实的。

但周瑜一点面子也不给刘备，说我正忙着呢，哪有时间给你找人去。刘备碰了一鼻子灰，只好告辞。

周瑜从始至终就没把刘备当合作伙伴，合作初期就耍大牌不给面子，后期更建议孙权扣押刘备。

周瑜在赤壁战前表现出来的完全是迷之自信。不知他的自信从何而来。

要知道，曹操当洛阳北部尉的那年，周瑜才出生。曹操攻黑山战黄巾军的时候，周瑜还是小屁孩。

曹操虽然打过不少败仗，但胜仗更多，吕布、袁术、袁绍都是被他打败的，因而一统北方，可谓战绩辉煌。

可周瑜有何战绩呢？只有围剿山贼草寇的几场小仗，实在说不出口。

曹操久经沙场屡战屡胜，又取荆州的大胜，兵马只算他从中原带来的本部已经是周瑜的五六倍，加上刘表旧部差距更大。

即使是实力相当的对手，战场上不确定的因素也非常多，正式开战之前谁也不敢打包票说自己能稳赢。更何况双方实力悬殊，经验值更是不可同日而语。周瑜就敢说大话，明显装腔作势。

周瑜虽然傲慢自大喜欢吹牛，运气却出奇好。

建安十三年（208）十二月，曹操大军水陆并进顺江而下。

曹操为了收拾刘备，决定兵分两路，一路从江陵出发，大军乘船走水路，由曹操亲自带队，同时曹操派都督护军领章陵太守赵俨率大将于禁、张辽、张郃、朱灵、李典、路招、冯楷七军从章陵南下走陆路，与江陵的水军水陆并进夹击夏口。

以往多认为曹操的水陆并进都是从江陵出发，但这其实是错的。当时从江陵到夏口有一个 U 形水道，U 形的里面是长江北岸的著名的大沼泽云梦泽，U 形的外面则是洞庭湖。当时的长江两岸不是沼泽就是湖泊，陆军根本没办法从这里通过，所以曹操才让赵俨独领陆军从北面进攻夏口，为的就是避开沼泽。

很多人只注意到曹操的水路却忽略了与之遥相呼应的从北面来的陆军。实际上，这支没有赶上参战的陆军实力非同一般，里面牛人猛人扎堆。曹操最能打的"五子良将"张辽、乐进、于禁、张郃、徐晃，带在身边的只有徐晃跟乐进，张辽、张郃、于禁都在赵俨的这支陆军里。如果陆军不是主攻部队，曹操如何舍得派这么多大将出马。曹操的目的就是两面夹击让刘备首尾不能相顾。

曹操的打算是自己率大军走水路吸引刘备的注意，收拾刘备的水军，与此同时，陆军从北面南下，解决刘备的陆军。

但水路走的速度太快，陆军远远跟不上，结果赤壁之战都打完了，这支陆军还在路上。

陆军一天正常行军只能走三十里。与之相比，走水路就快多了，水军乘船顺流而下，船队一昼夜可以走二百里，速度快，还不疲劳。水军一天走的路够陆军走一个星期的。

赵俨的陆军从章陵出发，距赤壁战场一千二百里，照正常行军速度要走四十天。就是这四十天，著名的赤壁大战就打完了。曹操的这支精锐主力从头到尾都在赶路，曹操在赤壁参战的只有顺流而下的走水路的部队。

曹军的目的地是夏口城，此时周瑜的大本营正在夏口。面对兵力占优势的曹军，只有三万人的周瑜并没有坐守夏口，他选择主动出击。

周瑜留兵一万守夏口，自己带两万主力出战，舰队前出至距夏口百里的赤壁江面,与曹操水军遭遇。

曹操的前锋水军与周瑜水军在江上遭遇,打了一仗,曹军战败,兵退一百六十里,在长江北岸的乌林扎下水陆营寨。周瑜则在南岸赤壁扎下水寨。两军隔江对峙。

需要说明的是,这只是一场遭遇战,而且打仗的只是前锋部队,规模不会很大,也不会改变双方的实力对比。不过,毕竟是场胜仗,多少能鼓舞一下士气,增强一下信心,但实质不会有何改变。

周瑜的运气是,他还真蒙对了。

远道而来的曹军水土不服果然发生疾疫,战斗力遭到极大削弱。

先锋小胜也说明江东水军在打水战方面比曹军确有优势。

那些来自北方的曹兵,别说打水战,上了船站都站不稳,甚至晕船呕吐不止,再加上疾疫流行,这还怎么打仗。

江东水军面对如此对手,不打胜仗反而不正常。

曹操对手下这些晕船的部下很头痛。但很快他就不痛了。因为有人为他献出一条"妙计",将战船用铁链穿起来,船抗风浪的性能就大大增强了,船就稳了,士兵站在上面就不容易晕船了。

曹操派人实验,效果果然不错。曹操对献计之人大加赞赏,他如果知道铁锁连舟带来的可怕后果,估计会找到这人然后将其大卸八块。

但要说明的是,这个向曹操献计的不是庞统,此时庞统还在周瑜手下。

此时周瑜的另一个手下大将黄盖看见曹操将战船连起来,就找到周瑜说,虽然咱们水战很强,但对方毕竟人多势众,时间长了,对我军不利。我见曹军以铁锁连舟,不如用火攻,火烧曹军战船。

周瑜说这个我也想到了。可是,曹操用兵向来狡诈,水寨重地,他怎能没有防备?只有派人诈降,才有机会接近曹军水寨。

黄盖听了主动请缨,我去诈降。

接下来，并未上演苦肉计。演戏是给外人看的，此时周瑜身边都是自己人，不需要演戏，也就没有必要打黄盖，而是直接派黄盖去诈降。

蒋干盗书也子虚乌有，蒋干倒是确有其人，他也的确奉曹操之命去江东游说周瑜，但那已经是赤壁之战后的事了。

周瑜想赢曹操不需打黄盖，只要为黄盖准备几十只火船就够了。黄盖写了一封降书派人过江送给曹操，约定了投降的暗号等具体细节，整个过程进行得非常顺利。

南下以来，曹操受降已经形成习惯性疲劳，在曹操看来自己大兵压境，有人投降很正常，不来才不正常。

骗过了曹操，黄盖跟周瑜就开始忙了，忙着给曹操准备"礼物"，具体说是十艘快船，每只船里装满柴草、鱼油等易燃物，外面用帆布罩上，在船头插上事先约定的旗帜，一切战前准备就绪。

万事俱备，不借东风！

说起赤壁，很多人自然会想到"东风不与周郎便"，需要诸葛亮来"借"东风。

此时是赤壁大战前夕，时间是十二月，冬天。

冬天最常见的是西北风，曹军在北岸，周瑜军在南岸。周瑜如果用火攻，西北风一吹，烧的就是周瑜自己。曹操也是这么想的，所以才敢把战船拴在一起。

周瑜想用火攻有两个必须解决的难题。首先必须让曹军放松警惕，这个相对容易——用诈降。不然的话，到时候黄盖的火船还没接近曹军水寨就会被拦下来，最多烧掉几只巡逻船。这一点，黄盖做到了，曹操大意了，他认为黄盖不过是那些众多投降者中的一个，黄盖顺利蒙混过关。

接下来第二个难题就是风向。西北风当然不行，但冬天刮风不是只有西北风，偶尔也刮刮东北风、东风。曹军营寨在西北，周瑜大营在东南，只要不刮西北风，不论是东南风还是西南风，就算是东北风都行，照样可以用火攻。

东南风是最理想的，那样的话，黄盖船队从东南岸出发向西北曹军水寨直开过去就行了，顺风。

如果是东风或者东北风也差不多，即使刮的是西南风，船队受风向影响会发生偏移，也可以利用船帆调整航向。

当时，中国的航海技术已经十分了得，中国人早在战国时代就已经会用风帆调整航向了。到了汉代，航行技术更先进，当时江东的水军已经装备了用卢头木制成的可以利用侧风的帆船，所以即使不刮东南风，黄盖的船队也可用帆调整航向利用侧风而不必请诸葛亮"借东风"。

黄盖投降的那天偏巧天遂人愿刮起了东南风。黄盖船队在江心举帆，战船借助风力箭一般驶向北岸的乌林，船上的几百名军士一起高喊，我们是来投降的。

曹军因为事前知道黄盖要来，所以没做防备。

黄盖船队在江面上这通折腾引得船上、岸上的曹军纷纷聚拢在岸边指指点点看热闹。等到船队距曹军水寨只有两里水路，随着黄盖一声令下，各船同时点火，点燃的几十只船驶向曹军水寨。

曹军本是抱着看热闹的心情看黄盖投降的，可热闹没看成，反而"引火烧身"。

曹军面对冲过来的几十只火船束手无策，只能眼睁睁看着火船冲进水寨。世间最痛苦的事莫过于对即将发生的事，知道它的结局却不能改变。

现在船上的曹军就处在这种悲剧状态，由于曹军的战船大都用铁链连在一起，想跑也跑不了。一船着火很快就引燃周围的船只，加上东南风刮得紧，一时之间，风助火势，火借风威，漫天的大火迅速蔓延，熊熊烈焰吞噬了水寨，又烧着了陆寨，到处烈火熊熊，火光冲天。

曹军的战船、营帐、仓库接二连三被烧着，船上、岸上的曹军有的往水里跳，有的向火势小的地方跑，惊慌失措四处乱窜。

曹军大乱！

周瑜军主力就在黄盖的诈降军后面，见曹营大火已起，立即趁机发动总攻。

此时的曹军秩序大乱已经失去抵抗能力，只能任由周瑜军为所欲为，被按在地上摩擦，却没有还手之力。

刘备也亲率部队登岸向乌林曹军进攻，痛扁溃不成军的曹兵。

周瑜在火烧战船曹军大乱后，带兵出击，将曹军击溃，再之后，周瑜见好就收了。

孙刘联军在实际作战中是有分工的，周瑜军主要打的是水战，但赤壁之战不仅有水战还有陆战。陆战的主力就是刘备军了。

这应该是刘备征战一生中打得比较爽的一次。曹军被大火烧得焦头烂额无心恋战，只顾撤退。刘备的主要工作就是追击。

被曹操追了大半辈子的刘备这次终于翻身了。以前都是曹操追着刘备跑。风水轮流转。现在终于轮到刘备追着曹操跑了。

老曹，你也有今天！看我不抽你！

赤壁之战是刘备一生的转折点，被曹操狂追半个中国的刘备，从此再不怕曹操，不仅不怕，还敢跟曹操玩对攻。两人十年后还会有一场终极之战，那是刘备对曹操的巅峰之战，当然也是这对缠斗半生的冤家的最后一战。

黄盖的诈降火攻给曹军造成的损失其实没有想象的那么大。曹操的水军规模庞大，至少应该有上千艘战船，而黄盖投降时带的火船只有几十只，靠几十只船想把曹军的战船全烧着是不可能的，就算曹军的战船连在一块还顺风，黄盖的火船能烧着的曹军战船大概就十分之三四。

但曹军败局已定，剩下的船也开不回去了。曹操把脚一跺，干脆，咱也烧。于是，曹军将剩下的战船付之一炬，宁可全部烧毁也不留给周瑜。

又一次刷新认知了吧。

赤壁之战最大的一把火其实是曹操自己烧的,他才是这场战役最大的纵火犯。

与曹操相比,周瑜、黄盖的那把火实在不算啥了。

曹操亲手烧掉自己的船当然心疼,一边烧一边骂:"这回让周瑜这小子成名了!"

曹操率部从华容道向江陵撤退,正好经过著名的沼泽地云梦泽。天气寒冷、道路泥泞,此刻的曹军要多狼狈有多狼狈,沼泽不好走,特别是对骑兵。

曹操下令让步兵割草填路为骑兵开道。步兵们很听话抱着草往路上铺,可骑兵很不地道,没等步兵铺好就冲上来,结果很多步兵来不及躲闪被踩踏而亡。

曹操逃出华容道,死里逃生。

才出险地,曹操突然放声大笑,手下被他的笑吓蒙了,还以为曹操被吓出了毛病,精神失常了。

大家问曹操为何发笑。曹操说:"刘备这小子算是我的对手,可惜,反应慢了一点,要是他堵在华容道再放一把火,咱们这些人就都要死在里边了。"曹操走后不久,刘备果然一路尾随追踪而至。不出曹操所料,刘备果然在华容道放了一把大火,可惜,曹操先走一步。

曹操就是曹操,打胜仗追得欢,打败仗跑得也快。

很多人奇怪,曹操本来是奔着刘备去的,孙权为啥偏偏进来插一脚,有他啥事?当然有他的事,就算不存在那封恐吓信,就算刘备不来谈合作,孙权大概率也是要跟曹操打一仗的。曹操自从南下荆州,就触及了孙权的利益线。

相比曹操,荆州对孙权来说更重要。

就算这次曹操是打刘备来的,不想打孙权,但不代表下次不打。

看看地图就知道,曹操占了荆州,早晚要来打江东,与其等着对手打上门，还不如主动出击，更何况，孙权也想要荆州。

这么多年习惯玩水的曹操，这次下江南准备了很多战船，想在江东玩把大的，可是，擅长水战的江东水军偏偏跟他玩火。

结果，曹操被冬天里的一把火烧回北方，刘备跟孙权迎来了发展的新时代。

曹操在赤壁战败后，留折冲将军乐进守襄阳、征南将军曹仁坐镇江陵与横野将军徐晃一起守南郡，自己率主力迅速撤回北方。

曹操走了，机会来了。

最先行动的是刘备。

曹操刚走，刘备就开始抢地盘了。

赤壁战后，曹军收缩到江北南郡一线，荆州江南的四郡曹操基本放弃了，他顾不过来了。于是，刘备就来了。武陵、长沙、桂阳、零陵望风而降。刘备一路南下接收四郡，几乎兵不血刃就占领四郡。

刘备在江南轻松取胜，顺风顺水。

周瑜在江北则陷入苦战，与曹军的留守兵团打得不可开交。

之所以出现这种情况，是因为荆州的精华在江北。江南四个郡捆在一起重要性也不如一个南郡。江南的四郡相对江北贫瘠落后，人口也少，曹军不守，刘备当然取得容易。

南郡有两座大城，襄阳、江陵。襄阳控扼汉水，而江陵扼守长江，这两座城至关重要。

南北对峙的情况下，不管从南向北走，还是从北向南进，襄阳都是绕不开的城。后来的宋蒙战争，蒙古军就被困在襄阳城下足足六年，不是他们不想绕道而是实在绕不过去，必须攻占襄阳才能进兵江南。

而如果想在长江上自由航行，不管是从东到西逆流而上，还是从西往东顺流而下，都必须占领江陵。否则，根本过不去，哪里也去不成。

曹军以重兵驻守不想放弃，偏偏周瑜又志在必得，双方硬碰硬，打的是硬仗。

周瑜算是啃上了硬骨头。

周瑜攻的是江陵。襄阳，他想攻也摸不着。得先打下江陵才有机会去襄阳。

然而，一个江陵已经够周瑜忙活了。

周瑜在赤壁靠的是偷袭外加火攻，又赶上曹军水土不服暴发瘟疫，才轻松取胜，占了便宜。

真正敞开了打，就见真水平了。

周瑜再不见赤壁的进兵神速，而是顿兵坚城之下整整一年之久。

围城初期，为鼓舞士气，当周瑜的数千前锋军初到之时，曹仁派手下将领牛金带三百兵主动出击，硬将数千江东军搅乱，当然，人多打人少是有道理的，时间长了，这三百人顶不住了，因为已经被包围。

这时，曹仁出马了，人家更酷，只带了几十个骑兵就往包围圈里冲，简直不把周瑜的军队放在眼里，人家玩的就是这个造型，目的就是要杀你们江东的锐气。

曹仁率数十骑在重围中杀进又杀出，杀出又杀进，然后带着所有被困的人安全返回，用纯爷们的方式宣示实力。

后来这招被张辽学会了。

曹仁在江陵用生猛打法力压周瑜军，数年后，张辽在合肥更是狂虐周瑜的老板孙权。

曹仁用实战证明，你们江东也就水战还行，陆战你们白给，周瑜被啪啪打脸，士气顿挫，双方的陆战水平明显不在一个档次。但周瑜这时候只能硬着头皮上，因为江陵他必须打下来。

在啃了一年城砖之后，在付出难以计数的钱粮后，加上主帅周瑜挂重彩的惨烈代价，终于将曹仁赶走，啃下江陵。

曹仁撤走其实还不是周瑜打跑的，而是缺粮守不下去了，因为他的粮道被人切断了。执行粮道破袭的是关羽的水军。

水军相比陆军的优势就是速度，机动迅速，抢完就跑，除非你有船，不然追不上。曹军的船几乎在赤壁被烧得差不多了。而关羽是刘备军中最擅长打水战的，当然陆战更强。

关羽是那个时代真正的水陆两栖人才，搁现在就是指挥海军陆战队的。关羽的部队也是水陆两栖，方式灵活，搞得曹军的粮食运不进去，从江陵向北的粮道被关羽封锁。江陵城里的库存粮食经过一年的消耗基本见底。

曹仁挺不住了，再能打也得吃饭，所以与其说曹仁是被周瑜打跑的，不如说是被关羽逼走的更合适。

孙刘联军，刘备军可从未闲着，虽然主力跟着刘备在南四郡接收，但关羽仍率领一支水军活跃在襄阳、江陵之间，找到机会就打一把。从这时起，刘备只要分兵，第一选择必然是关羽。在刘备阵营中，带兵能力刘备是首位，尽管他打的败仗远多于他打的胜仗，但刘备的能力是不能否认的，其次便是关羽。这不是他们自己认定的，而是他们的敌人曹操阵营的普遍共识。

虽然攻下了江陵，江东方面也损兵折将，周瑜更是丢了半条命，这才拿下南郡的一半江陵，另一半襄阳还在人家曹军手里。

打下江陵，周瑜已经丢了半条命，再去打襄阳，另半条命也得搭进去。

围攻江陵时张飞在周瑜军中，虽然史料缺乏，但在一年的江陵围城战中，关羽、张飞的表现应该是非常出色的，因为周瑜对他们的能力相当认可，称二人为虎熊之将。周瑜还献计给孙权要求扣押刘备，同时还希望能指挥兄弟二人，想扣人家大哥还要指挥人家的兄弟，周瑜简直是痴人说梦。

不过，经过与曹军的正面硬磕后，周瑜算认识到了他的真实水平，打陆战，他不是曹军的对手，再北上进攻襄阳，那就是找死。向北是不可行的，至少暂时不行，曹操是很强的，上了岸根本打不过人家，那就只能退而求其次，周瑜的想法是全据长江，拿下荆州，再西进攻取益州，与曹操隔江南北对峙。

周瑜在赤壁打得热闹的时候，孙权也不甘寂寞，他也没闲着。还记得他留下两万兵未给周瑜吧，这两万兵他是有用处的，是要打合肥的。他真的去了，那里的曹军很少，但他的水平真的很水，本想着乘虚而入，打个便宜仗，但他也是顿兵坚城之下，最后怎么去的又怎么回来，很丢脸。

孙权回来不久，周瑜就给他打了一个报告，说要进兵益州。可是，报告送上去了，周瑜却在回去收拾行装的路上病死巴丘，临终前推荐他的好友鲁肃接替他的职位。

周瑜的死是江东的巨大损失，虽然他陆战水平一般，但水战确实强悍。他死后，江东再也找不出可与之匹敌的统帅型将才，只能维持长江以南的地盘，北进就别指望了。

但周瑜的死对刘备来说是重大利好。

赤壁战后，形势稳定，刘备可以持续稳定地散发魅力，于是荆州士民纷纷归附刘备，甚至远在庐江的雷绪也率数万部曲前来投奔。

因为周瑜围攻江陵时，刘备也是出了力的，关羽、张飞都有战功，特别是关羽，要不是关羽封锁粮道，曹仁能不能走还真难说。尽管，周瑜小气得很，但他对关羽的功劳也是认可的。他是怎么得的江陵，他心知肚明。因此，当刘备以地少不足以容纳部众为由时，周瑜就将南郡长江以南的地方分给了刘备。这相当于虎口夺食，能从周瑜手里分到地盘，那是真的不容易。这也可以侧面证明刘备军在江陵之战时的作用，否则，周瑜是不会分地给他讨厌的刘备的。

刘备在周瑜分给他的南郡南岸油江口立营，修筑新城取名公安，与长江北岸的江陵隔江相望。

不久，荆州刺史刘琦病死。部下拥立刘备为荆州牧，治所就设在公安城。刘备上表孙权为车骑将军、徐州牧，这两个"职称"对于一直位卑职小的孙权来得很及时。这哥俩互相抬举，玩得不亦乐乎。当然，曹操控制的朝廷是不会给他俩盖章的。

仅仅一年多的时间，刘备的实力今非昔比，占据荆州南部，与曹操、孙权三家鼎足的格局初步形成。孙权出于巩固孙刘联盟的考虑，将自己的妹妹嫁给刘备，两家结成秦晋之好。

建安十五年（210），刘备亲自前往京口拜会大舅子孙权，畅叙亲情。他此行的主要目的是"借荆州"。

聚讼纷纭的"借荆州"，一直以来都有争议。

刘备的"借荆州"其实是借南郡。荆州南岸四郡是刘备自己占领的，荆州北面的襄阳、南阳在曹操手上，刘备就算想借，曹操也不会答应。孙权手里有的，刘备想借的只有江陵——半个南郡。借荆州实质上是借江陵。

但因周瑜的阻挠，第一次实际上没借成。

周瑜死后，接班的鲁肃与诸葛亮都是坚定的联合派。在鲁肃的劝说下，孙权也意识到以他现在的实力与曹操在长江一线全面对抗有点吃力，不如将江陵借给刘备，让刘备承担长江荆州部分的防守，他可以抽身集中力量去打徐州，至少要拿下淮南。

周瑜要是不死，刘备是铁定借不到江陵的。

对刘备而言，周瑜的死少了一个挡路的人。周瑜死的时候对刘备也"很合适"。周瑜死在赤壁战后，刘备入蜀之前。

周瑜如果赤壁战前就死了，江东缺少这个有能力且强硬的主战派，江东能不能打赢赤壁之战真的很难说。鲁肃长于战略而短于战阵，他之后的吕蒙还未成熟，至于陆逊就更要靠后，年轻不说资历更浅，此时完全排不上。

对刘备来说，周瑜的使命就是打赢这场决定刘备命运的关键战役。

仗打完，周瑜的使命就结束了。

周瑜如果不死，刘备不仅借不到江陵，而且一年后也别想顺利入蜀。因为周瑜想把刘备赶出荆州，也想由江东方面占领益州，实现他全据长江的战略。

在周瑜的规划里没有给刘备安排位置。

周瑜就是看刘备不顺眼。在周瑜看来，赤壁战后的刘备对江东的威胁远比曹操大得多。周瑜从心里从未将刘备当作盟友，对这位刘豫州，他始终是提防的。因为周瑜的战略是全据长江，北抗曹操，刘备在周瑜眼里不具备战略价值，还是阻挡他的人，因此，才对刘备始终不给好脸色。

鲁肃跟周瑜正好相反。

鲁肃的战略布局是三分天下鼎足而立，与诸葛亮是天下智谋之士所见略同。他们的想法是一致的，都是先三分再统一，所以他们俩最谈得来。

鲁肃打仗的水平不如周瑜，却是有远见的战略家，眼界比周瑜高出不止一个层次。

刘备如愿以偿借到江陵，才算真正掌控荆州大部。此时刘备的战略环境极好。北方曹操赤壁战后忙着搞定内部，一直都很消停。东面鲁肃掌权，对刘备特好。鲁肃与周瑜对待刘备的态度简直就是两个极端。

运气来了，挡都挡不住。

第三十三章

刘备入川——兵进益州

周瑜打下江陵后，便想逆流而上趁势取蜀。因为他知道，他正面打不过曹操，他在南方才有机会。

而周瑜的取蜀之计其实包藏祸心，即以取蜀为名西进，将刘备逐出荆州。但他还未来得及实施他的诡计便一命呜呼。孙权也想取蜀，继续执行周瑜的计划，他真想要蜀地，因为取蜀之后，刘备就处在他的包围之中，迟早会被他所并，即使不能如愿取蜀，也能顺势将触角伸入荆州，加强对刘备的控制。

为了让刘备中计，孙权提出双方共同出兵，联合取蜀。

刘备手下一个叫殷观的谋士直接拆穿江东的阴谋：如答应孙权联合出兵，我们紧邻益州，那就不得不打头阵，益州险关重重，易守难攻。一旦进兵受挫，进不去益州，背后又被吴军逼迫，到时恐怕新得的荆州也会落入他人之手。如此一来，主公进退失据，大事去矣。但如今两家联盟，不可拒绝其请，可表面支持江东出兵，只说新得之地尚未安稳，不便出兵，吴军必不敢越我而单独取蜀。

孙权果然不得不作罢，再不提联合取蜀之议。

益州沃野千里，天府之国。但蜀道艰险，关山重重。唐代大诗人李白的诗句曾说：蜀道之难，难于上青天。

蜀地是好，谁都想要，但是不好打。此时，最方便取蜀的是刘备。曹操要入蜀，还要经过关中、汉中，这两处地盘实际都不归他管，想取蜀，先得打下这两处，非一年半载不可得。而孙权更不用说，他要越过刘备的地盘才能入蜀，刘备当然不能同意让孙权从自己的地盘上过。孙权不是没有试过，但刘备在长江险要之处屯驻重兵，也不明说不让你过，就在两边守着，那阵势摆明就是此路不通的意思。孙权只能知难而退。

相比曹操、孙权，刘备入蜀更便利。他离得近呀。

当时各路诸侯对割据益州的刘璋的评价是其人暗弱。这个是公认的，大家都认为这人能力差，守不住地盘。当时人们对刘璋的评价与对刘表的差不多，周瑜、孙权都曾嚷嚷着要从刘备这儿借道去打益州，好像益州很好打，只要进去就能拿下。

然而，事实是刘璋比刘表难打得多。这倒不是说刘璋的能力比刘表强，双方的实力其实不相上下，都是拥兵十万握地千里的体量。

之所以说刘璋比刘表难打，在于刘璋占据地利。

荆州水陆四通八达，去哪里都方便，相应地别人打进来也容易。荆州是四战之地，易攻难守。

益州是个大盆地，里面是平原，周围四面都是山。这个地形里面的人出去不方便，同理，外面的人想进去也不容易，特别是当里面的人守在山口占据地形优势的时候，外面的人想进去就更难。

以刘备当时的兵力，在刘璋有防备的情况下，想凭实力硬打进去几乎是不可能的。

而刘备要实现扩张增强实力，可以发展的方向就只有西面的益州。

诸葛亮在隆中对里说得已经很清楚了。此时，北方的曹操是不能跟他硬碰硬的，打之前要看看自己有多少本钱。东面的孙权更不能打，那是合作伙伴，刘备在荆州的大本营江陵还是从人家孙权那儿借的。至于南面就是当时尚未开发的蛮荒之地两广了。

但是，越努力，越幸运！

这句话在刘备身上再次应验。你越强大，看到的笑脸就越多，你的机会也就越多。

此时的刘备有声望，有实力。

他缺的是机会。

很快，机会就主动送上门。

益州刘璋居然主动邀请刘备去蜀地。

刘璋请刘备入川是事出有因。

东汉末年，最早入蜀经营的是刘璋的父亲刘焉。这位刘焉也是汉朝宗室。灵帝末年，朝政昏乱，刘焉眼看着汉灵帝刘宏胡搞乱搞，知道天下迟早要乱，但他既没有匡扶汉室的志向也不具备力挽狂澜的能力。

食君之禄却不想为君分忧。刘焉首先想的是给他自己找后路，于是，主动打报告要求去交州。那里可是有名的荒凉偏远，并且瘴气弥漫，去那儿的大多是被发配过去的犯人，正常人是没有几个愿意去的。刘焉既没有犯罪也没有精神失常，却主动要求自我发配，目的只为避乱，这样做也是够拼的了。

不过，有益州同僚告诉刘焉，与其去荒僻的交州，不如去蜀地，那里虽然也偏远但是很富庶，而且关山险阻，只要守住关口，外面的人就进不来，益州才是乱世里避祸的首选之地。

于是，刘焉又请求改去益州，他的要求很快得到批准。到了益州，刘焉发现这里果然是山高皇帝远。朝廷对这里的管控很弱，乱世特别适合搞割据自立。于是，刘焉也不安分了，在蜀地自搞一套，仪仗服饰已经十分接近天子的规格，与皇帝就差一个名号了。

天子乃有德者居之。

但是，刘焉德行不够。人呀缺乏德行功绩，就不要肆意妄为，你的德行配不上，必遭天谴。

可是，刘焉意识不到，他虽退往蜀地，但还不忘参与长安政局。此时献帝已经迁都长安，刘焉的三个儿子都在长安做官，他们受刘焉的指使，参与了一次政治事变，结果失败，长子、次子被杀，只有小儿子刘璋幸存。

祸不单行，不久，住在绵竹的刘焉又遇天火，一把大火将他拟于天子的仪仗以及他的一些资财烧光。

也许是意识到遭到天谴。刘焉不久就一命呜呼。

遭遇一系列变故，本来轮不到接班的刘璋成为益州新主。

刚刚接班的他与有相同经历的荆州刘琮、江东孙权，遇到的情况也极其相似。

但三人中，孙权的能力最强，又有张昭、周瑜两个能力超群的股肱之臣左辅右弼，顺利完成过渡，得以坐稳位置。刘琮能力差，又没人给他捧场，直接倒台。刘璋的境遇介于两者之间，他能力差，但他爹留给他一支听命于他们父子的武装东州兵。靠着这支武力的支持，刘璋才能立足，不至于被赶下台。

但不给刘璋面子的仍大有人在。汉中张鲁就是一个。

说起来，在各路形形色色的军阀中，张鲁这一支不是实力最强的，也不是最传奇的，却是最有特色的。

张鲁建立的汉中政权是一个政教合一的政权。张鲁既是世俗的执政者也是他所创建的教派的教主。

张鲁创立的教派属于道教，是道教的一个分支，因为入教的人要交五斗米，因此民间俗称五斗米道。

张鲁能在乱世自成一派，其实是刘焉扶持起来的。张鲁的母亲很漂亮，而他的母亲的身份也很特殊，是一位巫师，据说经常出入刘焉家。接下来的事情，我们不知道不可乱说。总之，两家的关系很不错。张鲁在刘焉的支持下进入汉中并在那里逐渐站稳脚跟。

但刘焉死后，刘璋的威望能力不够，镇不住，益州反对派趁势而起，刘璋靠着善战的东州兵才将反对派镇压下去。不过东州兵之所以在关键时刻支持刘璋也是有原因的。

东州兵也是外来的，这点与刘焉、刘璋父子相同。东州兵是他们父子的依靠对象。这点与江东孙氏也相同。

东州兵的来源主要是从关中、荆州等地避乱进入蜀地的难民，刘焉从中选拔精锐组成东州兵。这些人仗着刘焉父子撑腰，平日里没少欺负地方土著。双方矛盾很深。

所以，一旦刘氏父子倒台，益州本土势力掌权，必然会对嚣张跋扈的东州兵进行清算，这几乎是肯定的，不用怀疑。东州兵支持刘璋也是为他们自己。因为此时他们与刘璋的利益是绑定在一起的，一损俱损，一荣俱荣。正因如此，东州兵才愿意为刘璋玩命。这个世上没有无缘无故的爱，也没有无缘无故的恨。

水是有源的，树是有根的，一切都是有原因的。

刘璋稳住局势后，向全川发布政令，只有汉中不买账，不予理会。

张鲁公然不给刘璋面子，让刘璋下不了台。站在刘璋的角度，必须收拾张鲁，维护领导权威。不然，以后谁还听刘璋的，刘璋又如何服众。刘璋让张鲁认错，张鲁不理。刘璋大怒，将张鲁留在蜀中的家人全部斩杀，双方就此彻底翻脸。

刘璋派兵进攻张鲁，打起来发现，打不动。于是，双方形成对峙。

曹操南下轻取荆州，受到震动的不只是江东的孙权，还有益州的刘璋。

兔死狐悲，物伤其类。

刘璋受到震动是很正常的。取得荆州的曹操不仅可以顺流而下取江东，也可以逆流而上攻益州。

于是，刘璋派人带着礼品赶紧向曹操示好，他派的这个人名叫张松。

益州别驾张松千里迢迢来到荆州，带着满满的诚意来见曹操。可令张松想不到的是，他的热脸却贴了曹操的冷屁股。

这时的曹操刚刚取得荆州，大败刘备，正处于自我陶醉之中，压根没把远道而来的益州代表张松放在眼里，对张松十分怠慢。

据说，曹操不待见张松，其中一个原因是张松身材矮小长得难看，这就有点扯了。曹操自己长得也不好看，而且也是身材不高，两人外形差不多，自己长得丑，还嫌别人丑，真是丑人多作怪。

曹操的傲慢彻底得罪了张松。

回到蜀地的张松自然不会对刘璋讲曹操的好话。这时正好传来消息，刘备、周瑜在赤壁大败曹操。张松听后就力劝刘璋与其巴结那个指望不上傲慢自大的曹操，不如结好宽厚仁德的刘备。再说，刘备跟您同为宗室，是自家人。联合刘备不比奉承曹操强多了，再说曹操离咱远着呢，缓急不相救，刘备近在咫尺，就在荆州，有事也好救援。刘璋深以为然。

刘璋随即派法正去荆州联络刘备。而这个法正是张松的好友，但法正的仕途远不如张松，混迹官场多年也不过是个军议校尉。张松与法正常常私下议论，都认为刘璋性情懦弱，不是有为之主。

张松从荆州回来就劝刘璋结好刘备。刘璋说派谁去合适。张松力荐好友法正。

法正起初还不愿意，但又不好推辞，才不情愿地出差来到荆州。

在荆州，法正见到了刘备，这是这对未来的亲密搭档的初次见面。两人谈得十分投机，都有相见恨晚之感。

法正来的时候不情愿，回去的时候却兴高采烈，他终于遇到明主，看到翻身的希望了。

刘璋随后又派法正、孟达领兵四千去荆州帮刘备守城。将欲取之，必先予之。刘璋很懂这个道理，需要你帮忙，但未开口之前，先帮你，到时再提要求，你就不好意思不答应了。

法正这次来应该会跟刘备交底了。这两人其实才是一类人。诸葛亮一身正气，刘备当然尊重，但不能很随意。但法正就不同了，他跟刘备更像是畅所欲言的朋友，能玩到一起说到一块，刘备得到法正才真是如鱼得水。

法正回去向刘璋复命，孟达就带着四千兵留在江陵。

这个孟达与法正是好友还是老乡。法正出使靠的是张松的推荐，孟达领兵外出大概率靠法正的推举。这充分印证了那句话，在家靠父母，出门靠朋友，朋友多了路好走。

注意地域，孟达跟法正都是关中人。刘璋的主力部队是东州兵，而东州兵的主体就是由关中人跟荆州人组成的。领兵的将领是东州人，兵是东州兵，这些都是刘璋的基本盘。

但就是这些刘璋认为的嫡系选择抛弃他投奔新主了。

张松、法正心向刘备。

刘备也对益州心向往之。

两年后，终于等来机会。

这个机会还是曹操给的。曹操给刘备送上的助攻是西征张鲁。

当然，奸雄曹操从来都是说一套做一套，他的话是没准的，这次也是。

曹操名义上是要征讨张鲁，实际上是要去收拾割据关中的各路土匪。关中的军阀确实多，大约有十路，其中实力较强的两路是马超跟韩遂。

张鲁在汉中，要去汉中必先经过关中，名义上是打张鲁，实则是要打马超、韩遂。当然打完关中也可以顺势去打汉中，人家这话没毛病呀。这跟当年周瑜取蜀之计有异曲同工之妙，说是联合取蜀，但先要从刘备的地盘过，路过的时候有点小动作那是在所难免的，赶走刘备，再去攻蜀。

但刘璋是比较实在的，听说曹操要取汉中，他顿时紧张起来，汉中之后就是他的蜀地。得陇望蜀，人之常情嘛。曹操要是占了汉中，早晚会对蜀地下手。

而刘璋此时还跟张鲁对峙着，更让他闹心的是，蜀中众将也不是很听话，很多人对他的命令执行起来不积极。

刘璋想起了两年前他的布局，请刘备来帮忙，帮他打张鲁。蜀中众将不止不听话，水平也不行。但刘备行，有能力有水平，对付张鲁绰绰有余。更重要的是，刘备也是当今天下为数不多的能跟曹操演对手戏的人了。

刘备可以对付张鲁、曹操两个人。只要请刘备来，不论是令他恶心的张鲁，还是让他畏惧的曹操，就都不是问题了。

请刘备来可以解决张鲁，解决当前的问题。请刘备来还可以在不久的将来挡住曹操，解决今后的问题。

与刘璋有相同看法的还有他的别驾张松。在请刘备入川这件事上，他俩可谓"不谋而合、心有灵犀"。

张松也很激动，盼了这么久，终于等到今天了。

张松知道刘璋怕曹操会打上门，故意吓他，说曹操的军队打遍天下找不到对手，如果他夺取汉中南下入蜀，川中诸将谁能抵挡？这算是说到刘璋的心坎儿里了。

张松说，刘豫州与您同为汉室宗亲，又同曹操有深仇，请刘豫州来是再合适不过的了。刘豫州善于用兵，请他去打汉中，必能打败张鲁。如能收回汉中，有刘豫州坐镇汉中，就算曹操来了，也不用怕了。

刘璋表示，此议深得我心。

张松最能打动刘璋的是下面的话：现在川中大将如庞羲、李异都有异心，请刘豫州来，可以威慑这些人，不然外有强敌内有动乱，益州您还坐得稳吗？刘璋说，请刘豫州入川，就这么定了！

刘璋随后就让法正去荆州请刘备。

听说刘璋要请刘备入蜀，刘璋的众多部下纷纷表示反对。主簿黄权对刘璋说得相当明白，左将军素有骁勇之名，您把他请来，怎么对待呢？以部下相待，刘备不会同意吧。以宾客相待，一国不容二主。客人要是待得安稳了，那么主人就很危险。

但是，刘璋听不进去。

请刘备入川对刘璋而言，有利有弊。有利的一面之前说过了，对外可以收复汉中抵御外敌，对内可以威慑反对派。不利的一面黄权说了，刘备这个人不简单，你刘璋是指挥不动的。

刘备帮陶谦守徐州，守着守着徐州就变成刘备的了。刘备后来又投奔刘表，帮刘表守荆州。如今的荆州牧是谁呢？刘备。

看看刘备的历史，你还敢请刘备入蜀！

这些黄权的言外之意，刘璋不是听不懂，而是他只看到利却忽视了弊。刘璋认为他有能力控制局面，原因在于，他有实力。刘备兵马数万，但要留兵守荆州，能抽调入川的不过两三万人，而他刘璋的兵力有八九万，是刘备的三倍。更重要的是，刘备入川是客军，军资供应全靠他刘璋。兵力三倍于刘备，又占据主场掌控后勤。刘璋觉得有这些优势，他不用担心黄权所说的情况。

但他忽视了刘备的能力以及魅力，所到之处刘备很快便能融入当地，将客场变成主场。这个只要看看徐州、荆州的情况便很清楚了。刘璋正是未看清这个问题最后才被扫地出门。

在被赶出益州之前，刘璋先把黄权赶出成都，打发到广汉当县长。

这边黄权在做刘璋的思想工作。

那边法正也在做刘备的思想工作。

法正又来到荆州再次见到令他心仪的主公刘备，便直奔主题劝刘备应刘璋之请取益州。

法正说，以将军您的英明，刘璋又暗弱，还有张松为内应，取益州，易如反掌。

但面对如此巨大的诱惑，刘备却犹豫了。

益州，天府之国。刘备当然做梦都想得到。

但人家请你去帮忙，你趁机夺人家的地盘，这个在道义上理亏。

刘备向来以仁德宽厚的君子为天下所知。

现在做这种事情，刘备要面对的是内心的激烈斗争。益州，刘备想要；名声，刘备也想要。鱼与熊掌，刘备想兼得，可是，现实告诉他，两者之中，他只能选一个。刘备很纠结，不知如何选择，这才犹豫。

但有人为刘备解开了这个心结。不过这人不是法正，他是刘备在荆州新近得到的军师，他就是庞统庞士元。

赤壁之战后，荆州士人归附刘备如水之归海。庞统也在这时投奔刘备。

庞统是荆州襄阳人。他与诸葛亮的朋友圈也有交集，他认识司马徽。

荆州知名品评专家司马徽称庞统为南州士之冠冕，南方士人里面的顶尖人才！

这个评价相当高。《三国演义》里说诸葛亮是卧龙，庞统是凤雏。

庞统的名望才干仅次于诸葛亮。

不过，起初，庞统并未引起刘备的注意。刘备就按对待普通士人给庞统分配工作。刘备给庞统的官职是耒阳县令。庞统呢，明显感觉自己被大材小用，不好好干，政绩考核不合格，被直接免官。

庞统此前在周瑜领南郡太守时做过周瑜的功曹，与江东士人也有接触，有一定的知名度。听说庞统被撤职，鲁肃就写信给刘备，说庞统非百里之才（当时普通的县辖区大约方圆百里），您让他当治中、别驾这类显官，其实也只是能让他稍稍发挥才能。诸葛亮得知此事，也向刘备推荐庞统。

经过赤壁之战，刘备对内最尊重的就是诸葛亮，对外最尊重的就是鲁肃。这两个人在刘备心中的分量可不是一般的重。

刘备见这两个人都向自己推荐庞统，这才重视起庞统，亲自召见。与之谈论，发现庞统果然不同凡响，于是，庞统与诸葛亮并为军师中郎将。

庞统所受的礼遇仅次于诸葛亮。

同为军师中郎将，诸葛亮出使江东，促成孙刘联盟，为刘备阵营立下大功。出使江东成功说服孙权联合抗曹才是诸葛亮初出茅庐的第一功。赤壁之战彻底改变了刘备的命运，刘备终于时来运转，诸葛亮也确立起其在刘备阵营的地位！

庞统归附刘备较晚，尚未立功。法正的到来，让庞统意识到立功的时候到了。

诸葛亮是全才，但大家公认诸葛亮的治国之才是排第一的，军事才干排在第二。

而且，诸葛亮为人正派，搞阴谋诡计，不是诸葛亮做的，他也不精通。

刘备知道这一点，所以但凡做这类谋划，他都找庞统。不是说庞统品格不好，而是他更擅长奇谋。法正的风格与庞统很相似，所以，刘备带兵打仗总是带着他俩。刘备入川带的是庞统。后来，刘备征汉中带的是法正，那时庞统已经战死了。

征蜀和征汉中，两次重要的征战，诸葛亮都留守后方，主持国政。这不是诸葛亮不重要。这正是刘备会用人的表现，用人之长，充分发挥他们各自的专长。在知人善任这点上，诸葛亮其实不如刘备。

庞统对刘备说，荆州北有曹操，东有孙权，我们所在的荆南四郡又贫瘠落后，难以得志。益州户口百万，富庶繁华，据有益州才能成就您的大业。

庞统把话都说到这份儿上了，刘备也不得不说心里话。刘备说，与我势同水火的仇敌是曹操。曹操残暴，我行仁义；曹操诡诈，我行忠厚。反其道而行之，事乃可成。这话实在，曹刘的实力对比，就不用说了。

刘备起兵之初但凡能有点资本，也不至于被曹操撵得到处跑。

事实也确如刘备所说，刘备靠啥得的徐州、荆州？靠的就是仁义宽厚！曹操在徐州搞大屠杀，刘备则在徐州危难之际，挺身而出领兵救援，才赢得徐州上下人心。刘备多次战败，但每次只要回到徐州，就能迅速拉起数万人的队伍，所到之处，群起响应，这就是刘备在徐州广施仁义赢得民心所得到的回报。

也正因曹操残暴屠城，刘备仁德宽厚，听说曹操兵下荆州，荆州十余万百姓自愿追随刘备南撤，百姓扶老携幼也愿意跟着刘备，就因为刘备的宽厚。刘备宁可冒着被追上的风险也不抛弃百姓独自逃生，这正是刘备的仁义。

赤壁之战后，刘备成为荆州之主那真是人心所向。

但这次入蜀要违背他的初心了。

庞统说，刘璋肯定守不住益州，您不动手，早晚被别人抢先。与其被别人抢走，还不如我们得到。到时，我们优待他就是了。这话虽然带有点强盗逻辑，但也是事实，这是乱世。

刘备反复权衡终于下定决心，出兵入蜀，这是刘备一生第一次也是唯一的一次对朋友使诈。

建安十六年（211）冬，刘备率军约两万应刘璋之邀入蜀。

不过，这次出兵，刘备并未带他的骨干老班底，诸葛亮、关羽、张飞、赵云全部留守。

刘备带去益州的是清一色的荆州班底，军师是荆州襄阳人庞统，大将是原长沙守将荆州南阳人黄忠，还有新提拔起来的勇将荆州义阳人魏延。

刘备清楚，相对于尚未到手的益州，保住来之不易的荆州更重要。他也知道孙权、曹操对荆州素来都很有想法，荆州不容有失，那就必须用信得过能力强的人镇守。

刘备带的老班底不论是关羽、张飞，还是诸葛亮、赵云，都是同生死共患难，经受过考验的嫡系心腹。

关羽、张飞都是能万人敌的大将，多年追随刘备左右，不离不弃，生死相随。

诸葛亮出使江东，赵云长坂坡救主，已经用事实证明了他们的忠诚。

他们来守荆州，刘备才放心。

但老班底人数有限，刘备知道他未来的基本盘是荆州班底，好班子是历练出来的，现在就是好机会。他需要荆州上下的全力支持，带着荆州班底去益州，既是对荆州班底的信任，也是对他们的历练。未来主要还是要靠这些人。这才是刘备如此安排人事的初衷。

远去益州，还有一个令刘备兴奋的事情，那就是，他终于可以摆脱家里那个"野蛮"老婆无时无刻不在地管束了。

有人也许会说，他们不是很恩爱吗？相信他们琴瑟和鸣的，那是看的《三国演义》，那是小说。这里要说的是真相。

孙刘联姻是典型的政治婚姻，他们的年龄差距至少二十岁，年龄当然不算啥，现实生活中比他们年龄差更大的多得是。但刘备与孙权妹妹的婚姻，显然复杂很多。

这个历史记载上未曾留下姓名的女人，可以算得上是三国时代最牛的间谍。历代的宫廷，往皇帝身边送美女的人都很多，但目的不是都那么单纯，有的是为取悦讨好皇帝，还有的就不简单了。他们送到皇帝身边的是美女也是间谍，负责照顾皇帝也会监视皇帝的一举一动，然后向她们的主人汇报。

孙权的妹妹担任的就是这种角色，政治联姻有利于巩固两家盟好，拉近关系，但对孙权来说，也方便监督刘备，正大光明的方式派间谍，身份还特别尊贵，你是惹也惹不起，躲也躲不掉。

孙夫人在荆州简直就是霸主般的存在，她将刁蛮进行到底。孙夫人带着她的卫队在江陵城里极其霸道、无人敢惹，连刘备都怕，别人更不用说。

这位孙夫人还颇有其兄之风，喜欢舞枪弄剑，经常带着她的侍女们在府中操练。孙夫人的卧室里也常常有全副武装的侍女贴身侍卫，刘备每次进孙夫人的房间都心惊胆战，谁知道这位夫人哪天一激动给他也来宝剑架头。孙刘关系在赤壁之战后是相当微妙的，不能排除这种可能性的存在。

尽管刘备小心翼翼，但他们是夫妻，任何一方要动手，另一方都防不胜防。

刘备与这位孙夫人在一起何谈幸福，简直是煎熬。近处要防着孙夫人，远的要防着大舅哥孙权，北面还有曹操虎视眈眈，刘备在荆州确实很憋屈。

如今好了，带兵远走益州，远离是非旋涡。

刘备刚走，孙权就听说了。

有妹妹在荆州，孙权的耳朵特别灵。孙权听说刘备带兵入川，就知道刘备打的什么主意。之前不让我去，现在你自己跑去，好你个刘备，不带这么玩的。

孙权立即派人到荆州接回自己的妹妹，这意味着，随着刘备入蜀，孙刘联盟的很多矛盾开始浮出水面，他们的裂痕已经产生。

按理说，走就走吧，但孙夫人也不是等闲之辈，她不是一个人走的，她把刘备的儿子阿斗也一起带走了。

刘备这辈子有好多妻子，孩子也不少，但他经常打败仗，老婆孩子经常被俘，以至于漂泊半生年近半百的刘备眼下只有刘禅这么一个儿子。

刘禅对于刘备的重要性自不必多说。孙夫人私自带着刘禅走的用意也不言自明。只要带过去，这就是个重要的人质，孙权手上就又多了一个对付刘备的王牌。

孙夫人带走阿斗，很可能也是孙权的主意。当初，孙夫人很可能就是带着这个目的嫁过来的，如果是真的，这对兄妹就太可怕了。

好在刘备临行前的安排发挥了作用，估计刘备也料想到这位孙夫人会来这么一手，早早派赵云提防着。这夫妻俩也真是够可以的，名副其实的同床异梦。

赵云不负所托，截江救阿斗，从孙夫人手上夺回刘禅。算上这回，赵云已经救过刘禅两次了。

刘备率军沿江西上，进入益州后，因为有刘璋的交代，沿途受到热情款待，军资粮饷供应得特别到位，用史书上的话说叫入境如归，就跟回到自己家似的。

刘璋听说刘备来了，亲率步骑三万从成都出发前往迎接。

又到了炫富的时间了！

刘璋所带的车乘帐幔极尽奢华，金光耀日。刘璋是在炫富也是在炫耀实力，这是给刘备看的，也是给川中众将看的。

两军在涪城相会。张松让法正带话给刘备，就在会上动手，干掉刘璋。这是劝刘备摆鸿门宴呀！庞统对此议也颇为赞同，劝刘备就在宴席上杀掉刘璋。一顿饭解决一个州，多好！

面对诱惑，刘备却未同意。姜还是老的辣。刘备心里很清楚，在宴会上杀掉刘璋或许不难，但恶名也留下了。现在看，可能快速夺取益州，但未来的成本可就大了。刘备最在意的是人心。

宴席上杀刘璋，夺下益州，世人会如何看待他。人家刘璋盛情邀请你来，结果你刚来就将人家杀了。这是吕布干的事，不是刘玄德能做出来的。

虽然来的时候就是奔着益州来的，但刘备也想要师出有名，就算开战，也要找个合适的理由，哪怕是个很勉强的理由。

刘备从徐州到荆州，从来都是广施恩德以收众心，直到水到渠成众心拥戴，顺利完成上位。

纵横江湖二十年，刘备阅尽世事，深懂人心。庞统、张松哪里比得上，刘备深知此事不可操之过急，欲速则不达。夺取益州，还要从长计议。

于是，刘备跟刘璋兄弟俩个坐在一起畅叙"兄弟之情"。会上，哥儿俩开始互捧，刘璋上表推举刘备代理大司马领司隶校尉；刘备推举刘璋代理镇西大将军领益州牧。

刘备、刘璋各自部下数万人也欢聚畅饮，鸿门宴未办成，真的开成了联欢会。

这场数万人的大型联欢会一直开了一百多天才结束。

为表诚意，刘璋又给了刘备许多军资，再拨一万士兵，刘备军扩充至三万人。

宴席散去，刘璋南下回成都，刘备北上去葭萌关。

葭萌关是入蜀的第二道门户，第一道为白水关。

自关中、汉中南下都要经过白水关。白水关也称"关头"，是益州北面门户，与东面门户白帝城共称"益州祸福之门"。

刘璋并未将至关重要的白水关交给刘备。驻守在那里的是刘璋的心腹杨怀、高沛。

北面来敌不管是张鲁还是曹操都会先攻白水关。刘璋让刘备屯兵葭萌关，是让刘备做预备队。葭萌关南边有水路可通巴西郡，从此南下可以震慑驻防此地的庞羲。

北上支援，南下威慑。这就是刘璋给刘备安排的工作。

可是，刘璋的买卖亏了。

刘备刚来，曹操就走了。

关中的马超、韩遂根本不是曹操的对手。关中十余股土匪合兵一处会聚潼关打算跟曹操死磕，但曹操几番操作就将这帮乌合之众打崩了。从八月潼关开战到十二月班师，曹操只用了四个月。当然，这么短的时间只能保证击溃而不可能完全平定西北。

曹操留征西护军夏侯渊守长安，继续在西北扫荡，接着跟韩遂、马超打持久战。曹操自己回大本营邺城去了，他还有更重要的事情要办，啥事呢？他要封公建国。他自然没时间去解决马超。

刘备在葭萌关一待就是一年，啥正事也没干，光顾着搞形象工程了。刘备的魅力大家都知道，一年时间，川北已经基本是刘备的粉丝群了。

一年下来，刘备还沉得住气，庞统可是坐不住了。庞统说，咱得行动了，总在这儿待着也不是长久之计。

我有上中下三策请主公定夺。

挑选精兵昼夜兼程奔袭成都，趁刘璋不备，成都一战可下，此上策也。

听说杨怀、高沛多次向刘璋建言打发主公回荆州。主公可将计就计，就说荆州告急，要整治行装回救荆州。二人听说您要告归，必然心喜，不做防备，可趁其前来饯行之际，将其擒获，收编白水军，然后举兵南向，此为中策。

兵退白帝，退回荆州，等待时机，此乃下策。

如果犹豫不决，我军早晚要困于此地。

刘备说上策有点冒险，下策过于消极，就此退兵，岂不是前功尽弃，思来想去，只有中策最为稳当。

再说曹操，建安十七年（212），曹操封公建国的美梦因荀彧的反对而作罢。但由此，曹操也与荀彧彻底决裂。十月，曹操南征孙权，调荀彧到前线劳军，借机夺去荀彧实权。荀彧不久在寿春抑郁而终。

曹操自从赤壁之战以后，就不怎么理会刘备了，转而专打孙权。

曹操与孙权在淮河开打，倒给了刘备一个借口。孙权被曹操打得节节败退，写信给刘备，前线吃紧，赶紧来拉兄弟一把。孙权喊刘备增援，刘备便以此为由管刘璋借兵，说要去救孙权。

刘备也不客气，上来就要借一万兵还有相应的军资粮饷。刘备对刘璋说，张鲁，自守之贼，不足为虑。但我跟孙权是唇亡齿寒，关羽兵少，要是不去救援，曹操必侵荆州，危害大于张鲁。

但刘璋也不傻，这一年来，刘备一仗未打，光顾着收买人心。刘璋心里已经起疑，只答应借兵四千，其余军资也给打了对折。

刘备需要的只是起兵的理由，现在理由有了。

开战之前，先吃饭。

刘备派人请白水关守将杨怀、高沛来吃饭，说我们就要回荆州了，在此一年多，多有打扰，临行前咱吃顿饭吧。这两人听说有饭局，屁颠屁颠就来了。来了之后就是传统套路，酒席宴间，摔杯为号，刀斧手齐出，将二人擒获。一年前未办成的鸿门宴，现在补上了。

刘备将杨怀、高沛一顿训斥，然后拉出去砍头。接着，刘备带兵接管白水关，收编了白水军。

且说成都的张松听传言说刘备要走，信以为真，急忙写信给刘备，说眼看大事就要成了，怎么这时候要走呢？张松的哥哥张肃知道了张松的密谋，他也以为刘备真的要走，赶紧向刘璋告发张松，既为立功也为自保。

刘璋这才知道，自己被张松、法正给卖了，不禁大发雷霆，将张松砍了。这时候又传来刘备占领白水关的消息，这哥儿俩算是彻底翻脸了。

刘备行动迅速，还未等刘璋反应过来，刘备已经迅速南下，进占涪城。

静如处子，动如脱兔。

说的就是刘备，要么不动手，动起手比谁都快。

刘璋的一个叫郑度的谋士给刘璋出主意，刘备远道而来，缺乏辎重。刘备虽然能打，但咱可以不跟他打，坚壁清野，将民众迁走，带不走的统统烧掉。咱们固守不出，刘备得不到粮饷补给，撑不了多久，到那时，再出战不迟。

这招不可谓不狠。

刘璋对刘备有两大优势，一是兵力占优；二是占据主场之利补给方便。

但刘璋有个弱点，心太软呀。坚壁清野，迁民必然造成骚动。刘璋舍不得烧家当，还是跟刘备打正规战吧。

可是，正规战，刘璋是真的打不过刘备。

刘备这辈子唯一能令他发怵的就是曹操。其他任何人，刘备都不放在眼里，任何人里包括孙权。要是刘备开局有曹操那么大体量的资源，曹操他也不怵。

刘璋知道事到如今也只有开打了。刘璋将他手下能打的将领都派出去了。

川将张任、刘璝、冷苞、吴懿率主力北上迎战刘备。

然而，这些人不是刘备的对手，被杀得大败。张任等人退保绵竹，吴懿直接投降了刘备。

刘璋又派李严、费观领兵增援绵竹众军。结果，李严、费观也投降了刘备。

刘备军越战越强，来投奔的人一拨接着一拨。此消彼长，刘璋军则越打人越少，实力越来越弱。一开始，刘璋军还能主动出击与刘备军野战，打到后来，主力基本投降了，其余只能退守城池，固守待援。

刘备兵围雒城，刘璋手下大将张任出城迎战，败死雁桥。刘璋的儿子刘循便不敢出战，固守不出。

刘备南下以来高歌猛进的势头在雒城停住了。

面对必须攻克的坚城，只能强攻。然而，冷兵器时代，城池并不好攻。刘备军在雒城围攻一年，久攻不下，不过这还不是最糟的。屯兵坚城之下，庞统心里比刘备更急，情急之下，庞统亲临前线指挥攻城，却不幸被箭矢射中身亡。

庞统阵亡，刘备如折臂膀。刘备的顶级谋士只有三人，诸葛亮、庞统、法正。

而诸葛亮在刘备时代很少参与军事谋划，刘备的军师其实就是庞统跟法正。

庞统、法正才是常年追随在刘备左右出谋划策的军师。这两人风格近似，所以，陈寿写《三国志》才将二人合为一传。

刘备取蜀，功劳最大的是庞统。

刘备取汉中，功劳最大的是法正。

刘备正是在庞统、法正两位军师的辅佐下，走上人生巅峰的。

然而，两位智谋之士死得都很早，随着他们的死，刘备的上升之势也就此止步，走向衰落。

庞统的死对人才本就不多的刘备是难以估量的损失。

刘备与庞统相处的时间并不长，但君臣感情很深。刘备跟庞统性情相投，却不想中途分别。庞统的死，对刘备的军心士气也是很大的打击。

刘备不得不写信给留守荆州的诸葛亮，请后者赶紧带兵增援。

诸葛亮留关羽守荆州，自己与赵云、张飞领兵西进增援刘备。

诸葛亮、赵云与张飞率军溯江而上，入蜀后，兵分三路。诸葛亮与赵云、张飞各领一军，分兵攻城略地。

荆州援军还在攻击前进，刘备这边终于攻破雒城，进围成都。

建安十九年（214），刘备、诸葛亮、张飞，各路大军会师成都。

此时，益州三分之二已归刘备。刘璋困守成都孤城，不会有人来救他。

成都城中尚有精兵三万，粮食布帛至少还能支撑一年，官吏百姓都愿意跟刘备死磕到底。刘璋虽然才能平庸，但为人还是不错的，很得民心。这么多人愿意为他拼命，足以说明刘璋的人品。他不是一个合格的军阀却也称得上一个称职的地方官，他只是生错了时代。

刘备大军围城数十日后，城北又来了一支人马，为首大将正是盛名在外威震西北的马超。

马超在潼关跟曹操开战，直接把他留在邺城的老爹马腾及老马一家人给坑了。

马超是真坑爹。

即便曹操同马超在潼关作战失利，曹操也未动马腾一家。回到邺城的曹操还想招降马超。

可是，马超带着他的羌兵跟留守关中的夏侯渊接着打，丝毫没有投降的意思。

曹操于是杀了马超在邺城的家人，但这里面不包括马超的妻子。

曹操击溃关中众匪引军东还，凉州士人杨阜对曹操说：马超有吕布之勇，又得羌兵之心。大军东归，陇右恐非国家所有。

您走了，西北就乱了。马超必定危害国家。但曹操急着回去封公建国，不予理会。

曹操走后，西北果然乱了。

只有曹操能压制马超。夏侯渊的势力范围在关中，陇右不在他的控制区，那是马超跟他的羌兵的地盘。马超所到之处羌兵群起响应，整个陇右几乎被马超占领，只有凉州刺史韦康所在的冀城还在坚守。

冀城被围攻八个月，却不见一个援兵。

八个月后，失望的韦康开门投降，但马超进城就将刺史、太守给杀了。

马超坑爹，杀降，带领羌兵烧杀抢掠，凉州汉人知道，他们最大的敌人是马超。

凉州各地的汉人团结起来组成反马联盟，杨阜对大家说："马超背父叛君，虐杀州将，此一州之耻！"。

被马超虐杀的凉州刺史韦康的故吏杨阜、姜叙、梁宽、赵衢等要杀马超为故主报仇。

杨阜、姜叙先在卤城起事，马超带兵讨伐，攻城不下，回到冀城却发现城门紧闭。梁宽、赵衢据守冀城，将马超的妻子儿女当着马超的面全部斩杀。马超差点哭晕，想攻城却力不从心。

马超众叛亲离，只得去汉中投奔张鲁。

马超到汉中向张鲁借兵打算反攻凉州。张鲁知道马超能打，就想把闺女嫁给马超，套住这员大将。但大家都劝，说马超连亲爹的死活都不管，他连自己的亲人都不爱，怎么会在意您的女儿，张鲁这才作罢。

马超在汉中用部曲做抵押（庞德等被留在汉中），换取粮草兵马去打祁山。

陇右告急！夏侯渊派张郃率步骑五千先走，夏侯渊押运粮草率大队随后前往凉州救援。

马超屡战屡败，他手下的羌兵也大失所望，跟着马超能抢到的东西越来越少。

马超带着数千羌兵来战张郃，土匪其实是没有战斗力的。心里想着发财的人可不想死呢！能抢就抢，抢不到就跑，遇上正规军基本上被碾压。马超的军心其实早就散了，马超军遇上张郃的精锐正规军一触即溃。

马超兵败于外，张鲁部下杨昂等向张鲁多番诋毁马超。马超在陇右、汉中都混不下去了。

马超手下的羌兵也早就逃散，已成光杆司令的马超听说刘备正围攻成都，于是南下来投刘备。

南投刘备的马超已然落魄，众叛亲离，连基本部队羌兵都抛弃他回老家了。

马超的名气还在，虽然已经过气，但知名度还是有的。对刘备来说，马超还有利用价值。

马超还未到，刘备就派人迎上去了。来人让他先等等，先别急着去成都，来先化装。不光他化装，刘备又给马超配属不少军队，从马超到士兵，这些人都是羌人打扮。全军化好装，才开到成都城下阅兵。

马超率领"羌兵"屯于城北，这支部队的出现成为压垮刘璋的最后一根稻草。

连马超都投降刘备了，成都守不住了。

刘备派简雍进城劝降，尽管很多人还想抵抗，但刘璋心里明白，大势已去。就算再守一年又如何，成都已是孤城，与其徒增伤亡，不如早降。刘璋还是有爱民之心的，不忍心再打下去。

刘璋对部下说，我父子在州二十余年，对百姓没有恩德，攻战三年，军民死于兵火者难以计数，这都是因为我刘璋的缘故，何心能安。刘璋下令开城投降。刘备对刘璋也很优待，并未为难刘璋，但刘璋再待在益州显然已经不合适了，刘备安排刘璋去了荆州公安居住。

建安十九年（214）夏，刘备率军进入成都。

七年前，诸葛亮在隆中对里提出跨有荆、益的战略目标，七年后，目标成为现实。

七年前的刘备客居荆州，将只有关、张，兵才数千。如今据有两州，帐下人才济济，兵精粮足，这是七年前刘备连做梦都不敢想的。隆中对在当时只是蓝图，但赤壁之战后的刘备时来运转，好运连连！

刘备也是很大方的，大功告成之后便论功行赏。军师中郎将诸葛亮晋升为军师将军，蜀中旧臣南郡人董和被任命为掌军中郎将，与诸葛亮同负责处理左将军府事。刘备的官衔是左将军，左将军府也就是现在益州事实上的最高军政机构。而一新一旧的搭配显然也是出于政治平衡安抚蜀中旧人的政治需要。

马超是第三个受封的，官职从偏将军被提升为平西将军，这倒不是他功劳有多大，但人家名气大呀，提升也是政治需要。

接下来提拔的法正才是刘备入蜀的真正功臣。还有两位劳苦功高的功臣，但是已经死了，就是庞统跟张松。法正被提拔为蜀郡太守扬武将军。

前四位受到晋升的功臣，只有诸葛亮与法正实封掌握实权，剩下的两位，一位是兵败来投只有虚名的马超，一位是旧臣代表政治作秀需要提拔的董和。

随同刘备入蜀的嫡系如糜竺、孙乾、简雍都受到封赏，因表现出色立有战功而受到重视的老将黄忠也进入刘备视野，从裨将军被提拔为讨虏将军。

出于政治稳定的需要，刘备的这次封赏范围很广，基本做到了全覆盖。为了争取各派势力，团结一切可以团结的力量，刘备对蜀中旧臣，不管是主动来投的李严、费观、许靖，还是当初反对他入川的黄权、刘巴都予以重用，以显示自己的任人唯贤、宽怀大度。

不管是新人还是旧人，不管是主动来投的还是被迫投降的，刘备基本照顾到了。尽管刘备已经做到了全方位全覆盖，方方面面都想到了。

但其实，刘备还是漏了一个人，一个极其重要不该漏掉的人，这人就是与他有几十年交情的"老朋友"曹操。

虽然曹操与刘备相距千里，但正是这位"老友"在关键时刻的多次助攻，刘备才能顺利攻占益州。

当初，要不是曹操不待见张松，耍大牌，张松也不会向刘璋力推刘备。

要不是曹操放话出来要打张鲁，刘璋也不会有心理压力请刘备。

要不是曹操追着马超穷追猛打，马超也不会落魄南下去投刘备。那刘备进成都的日子还要往后推。

最关键的也是最重要的，曹操西征关中回来就跟孙权干上了。曹操就盯着孙权，专找孙权打，搞得后者心力交瘁，腾不出工夫扯刘备的后腿。不然，以孙权的性格，知道刘备待在益州回不来，早就打上荆州的主意了，夺三郡的好戏可能就会提前上演，那就远不只接回妹妹那么简单了。

以此而论，曹操在东线牢牢拖住孙权，为刘备在西线夺取益州争取到了足够的时间，曹操才是刘备取益州的首功之人，当然，刘备可不会领这份儿情。

曹操这阵子也挺忙。荀彧死后，曹操顺利封公建国，成为魏公，又顺利将十四州改为九州，扩大他魏国的地盘。这些都是荀彧极力阻止的，现在荀彧已死，不会有人再阻拦曹操。

但曹操的举动越来越过分了。因为曹操越发跋扈，汉献帝的伏皇后和岳父伏完密谋诛杀曹操。建安十九年（214）的冬天，密谋泄露，此时伏完已死，但伏皇后还在。十一月的一天，当年孙策的阶下囚如今的尚书令华歆带兵闯进皇宫抓捕伏皇后。

事前得到消息的伏皇后藏进影壁墙的夹层里，但又有何用呢？朝廷早已是曹操的天下，皇宫内外到处都是曹操的眼线，皇宫就那么大，又能躲到哪里去。果然，一副恶奴嘴脸的华歆很快便带人找到伏皇后的藏身之处，将墙壁打开，披头散发的伏皇后被押出来。

路过皇帝身边，伏皇后哭着对汉献帝说，陛下救我！汉献帝长叹一声，说我亦不知命在何时。皇帝当到这个份儿上真可悲，连自己的皇后都保护不了，眼睁睁看着皇后被杀，只能叹气哀伤。汉献帝说的是事实，他只是傀儡，他的性命在曹操手上，只要曹操想拿，随时都可以拿去。

伏皇后跟伏完的密谋，背后的主谋很可能是汉献帝本人。但曹操还需要汉献帝，至少表面上君臣之间的关系还要维系。

更扎心的是，十四年前，相似的一幕就曾上演过。当时董承密谋诛杀曹操，事情败露，董承被杀。董承的女儿董贵人已经有孕，汉献帝以皇帝之尊苦苦哀求曹操放过董贵人，可是，董贵人还是被杀了。

经过这些事情后，汉献帝已经基本放弃抵抗，此时他的身边已经找不到几个可以信任的自己人。

伏皇后被杀，曹操的女儿曹节被立为皇后。

两年前，曹操就将三个女儿送进宫。那时，曹操的三个女儿就被封为贵人。两年后，曹节成为汉献帝的最后一任皇后。

汉献帝在许县事实上处于幽禁状态，他能相信任用的人只有后妃跟外戚，之前的董承跟董贵人，如今的伏完跟伏皇后都是汉献帝可以信任的人。两次宫廷密谋，他的岳父们跟妻子们都参与其中，但也都为他惨死。两次密谋的主谋可能都是汉献帝，但两次牺牲的都是他的岳父们跟妻子们，两次性命都得以保全的汉献帝并不是运气好，只是曹操还不想动他，对此，汉献帝跟曹操都心知肚明。但曹操经过两次事件，明显加强了对汉献帝的控制。曹操的女儿曹节成为皇后，这下汉献帝连最后接触外界的通道也被封堵了。

第三十四章

汉中之战——刘备称王

建安二十年（215）正月，贵人曹节被正式册立为皇后。

三月，曹操再次披挂出征。后方的事情安排好，曹操又踏上征程，这次他的目标是汉中张鲁。

之所以去汉中，全是因为刘备。

赤壁之战后最大的赢家此时已经十分明晰，就是刘备。

曹操就不用说了，赤壁一把火直接将他烧回北方，从此告别南方的朋友圈。

孙权也觉得自己亏了。赤壁一场大战打下来，耗费兵马钱粮，几乎把家底拿出来了，仗也打赢了，可是战前战后一对比，发现地盘并未扩大多少，荆南四郡归了刘备，南阳、襄阳被曹操占着，好不容易打下的江陵又借出去了，忙活半天，捞到的实惠却不多。地盘还是原来那些地盘，占的半个江夏那还是赤壁之战前的战果。反倒是刘备，战前兵败而来，只有一个夏口还是刘琦的，兵马只有两万，还有一半也是刘琦的。赤壁大战，刘备确实很卖力气，但也只是助攻，可是，战后，大部分战果却归了刘备。

刘备取得益州的消息传来，曹操、孙权几乎同时意识到，刘备势力坐大了。

这些年，曹操、孙权变化不大，变化最大的是刘备。不经意间，刘备已经从困守荆州一隅发展到据有荆、益二州。势头之强劲，令曹操、孙权为之侧目。

　　曹操、孙权几乎同时动手，对刘备采取行动，因为刘备的迅速崛起已经实实在在威胁到了两人。

　　虽然曹操与孙权几乎同时采取行动，但曹操路远，还要解决沿途的各股乱匪，很耗时间，所以先找上门的是孙权。

　　听说刘备得了益州，孙权马上派诸葛瑾去益州找刘备讨还荆州。刘备也不说不还，只是说，我目前正在筹划夺取凉州，等我打下凉州就还，你回去吧。

　　诸葛瑾回来禀告，孙权一听就火了。这不是明摆着不想还吗！你以为我是好忽悠的！

　　孙权干脆直接任命长沙、桂阳、零陵三郡的郡守属吏，你不还，我自己动手，直接接管。

　　可是，镇守荆州的关羽也不是好惹的。关羽的反应也很干脆，直接将来人赶走，你们哪儿来的回哪儿去。

　　孙权派出去的人，去时快，回来时也快，让人全给轰出来了。

　　孙权也怒了。既然文的不管用，那就直接动武吧。孙权派大将吕蒙带兵两万攻取三郡。

　　这是一个危险的信号。

　　孙权为夺荆州，已经准备与刘备开战。孙刘联盟因荆州之争事实上已经不复存在，双方已处于战争边缘。

　　孙权之所以不派鲁肃而派吕蒙，因为吕蒙是周瑜路线的执行者，吕蒙跟周瑜是一派的，他们都没把刘备当盟友而是当作竞争对手。而鲁肃是孙刘联盟的缔造者，一手促成两家联盟，虽然此时的鲁肃很尴尬，但还是主张与刘备联合。

　　孙权知道这点，所以才派吕蒙去。

　　江东自周瑜死后，鲁肃掌权，但孙权对联合派鲁肃借荆州给刘备已经有所不满。而且，此时孙权已经在考虑鲁肃的接班人，着手组建后续梯队。孙权选中的人就是吕蒙。

这次出兵荆州也是孙权对吕蒙的一次考验。

吕蒙进兵异乎寻常的顺利。关羽的留守军队本来就不多，此时还集中于江陵、公安的沿江一线。荆南四郡兵力很少，吕蒙率两万兵开到，长沙、桂阳望风归降，只有零陵尚未得手。

此时，双方都在进行战前总动员。刘备听说孙权对荆州动手，亲自带兵五万出川，沿江而下，救援荆州。

刘备大军进驻公安，派关羽领兵为先锋，向前推进。

孙权也亲临陆口，派鲁肃领兵为前锋与关羽对峙于益阳。

关羽、鲁肃在前方对峙，刘备、孙权在后方指挥。

双方剑拔弩张，大战一触即发。

但这场仗并未真打起来，因为鲁肃是联合派，他不想打。如果换成周瑜或者吕蒙，早就开战了。双方的决裂会提前发生，不用等到四年后吕蒙上演白衣渡江。

关羽常年在荆州，对江东集团的心思自然十分清楚。他知道江东只有鲁肃可以信任值得尊重。换成周瑜、吕蒙，估计关羽也不会客气，早就直接开砍了。

尽管气氛已经极其紧张，但关羽、鲁肃已经做了几年邻居，双方对彼此还是有信任的。

为缓和紧张气氛，鲁肃提议与关羽在军前会谈。

双方约好时间，两军相距百步，关羽与鲁肃各带数名随从，就在两军阵前，当着双方将士的面，进行交涉，此即单刀赴会的出处。单刀赴会的不只关羽，还有鲁肃。

双方各说各的理，但其实，他们也谈不出结果，原因很简单呀，他们说了不算。

他们后面的刘备、孙权才是拍板的。

但关羽鲁肃的军前会谈，作用还是积极的，缓和了双方剑拔弩张的氛围。

双方都坚持捍卫自己在荆州的利益，但他们这时其实都不想大打，这就有商谈的余地。

就在孙刘荆州对峙彼此互不相让之时，汉中传来重磅消息，曹操占领汉中，张鲁投降。益州的北面门户汉中归曹操了。这意味着，只要曹操有兴致，随时可以南下。

当然，实际上，因为粮草转运艰难，曹操已经打不动了，但刘备不知情。

刘备十分清楚曹操攻占汉中的后果。东面和北面两面都有情况，以刘备现在的实力是不允许两线作战的。

刘备急于回川，只能选择妥协。

尽管十分不情愿，但形势逼人，刘备被迫作出让步，与孙权会谈平分荆州，双方以湘水为界，湘水以西的武陵、零陵归刘备，湘水以东的长沙、桂阳归孙权。

对这个结果，双方都能接受但都不很满意。这就为四年后联盟的反目决裂埋下隐患。之所以能达成协议，原因在于双方都很忙，刘备要去汉中，孙权要去合肥。于是，分割荆州后，刘备、孙权"各奔东西"。

汉中在西，合肥在东，确实是各奔东西。

刘备心急火燎地往回赶，可是，紧赶慢赶，他还是回来晚了。

曹操这边连投降仪式都搞完了。

曹操不仅占地，还习惯性地搞移民，将汉中的数万百姓都迁走了。

曹操这招真损透了。

战乱年代，国家控制下的民户急剧减少。那个时候人口不是包袱而是财富。有人才有耕地有粮食，有人才有赋税有兵源。

曹操很可能预见到他守不住汉中。

刘备既然已经得了益州，肯定要来争汉中。蜀地与汉中是唇亡齿寒的关系。

汉中是益州的门户。

刘备不会容忍自己的门户被曹操占着，早晚必来争汉中。

曹操不是不想要汉中，而是他要守住汉中很难。因为汉中与关中隔着一个秦岭，从关中到汉中要翻山越岭，路不仅远还难走。

仅以汉中的体量难以支撑大兵团长期作战，从关中转运，短期还行，长期也撑不住。

曹操打下汉中时，很多人劝他，既然已经打到这里了，不如一鼓作气，南下益州。这些人中劝得最积极的是司马懿。

大家都知道，曹操的第一份工作是司马懿他爹司马防推荐的，就是那个洛阳北部尉。这个官职不起眼，级别也很低，却是曹操的第一个正式官职，对曹操来说意义非凡。多年后，曹操见到司马防回忆往事，对司马防当年荐举他做官的情义仍念念不忘。

曹操在朝廷大权独揽后，司马懿也成年了。曹操知道，回报的时候到了。

曹操准备召司马懿出来做官，这也是当时官场的规矩。你推荐我，我就推荐你的儿子，保证官位始终在我们这个阶层流转，以便维护家族的长远利益。

但是司马懿这小子却不识抬举，找各种理由推脱，最后干脆装病。又过了几年，曹操不计前嫌又派人征召司马懿。这个司马懿还玩老一套，还是装病。曹操火了，放话出去，再不来就把你关起来。司马懿这才来曹操这儿报到上班，整了个敬酒不吃吃罚酒。

此时已是丞相主簿的司马懿劝曹操南下取蜀，说刘备以诈力夺益州，蜀中人心不服，刘备却在此时远争江陵，这是取益州的好时机，机不可失。现在我军已克汉中，益州震动，乘势以大军压境，蜀中必然土崩瓦解。

但曹操深知益州并不好取，汉中张鲁已经够弱了，可打得也不轻松，最后取胜还是靠了一点点运气。之所以会这么艰难，不是张鲁能力多强，而是他占据地利。益州相比汉中更险阻，刘备与诸葛亮不是刘璋、张鲁可比的，深入蜀地，粮草若是供应不上，恐怕到时进去就出不来了。

所以曹操才会说出那句著名的"既得陇，不望蜀"的话，这是反用光武帝刘秀当年的典故。刘秀说的是，既然已得陇地，再努努力将蜀地也得过来吧。曹操却说做人不可太贪心，既然已经得了陇地，就不要再惦记蜀地了。

曹操留下夏侯渊、张郃守汉中，他就匆匆班师回去了。

上次，曹操打马超就是半途而返，回去后就封公建国。

这次着急回去，还是为了"评职称"，魏公已经不能满足曹操，他要当王。

建安二十一年（216）二月，曹操返回大本营邺城。

三个月后，曹操晋封魏王。

曹操已经是六十岁的人了。耳顺之年的他知道自己想要的是啥。换在十年前，他肯定会毫不犹豫地打进蜀地，肯定不会反用得陇望蜀的典故。但现在的他确实老了。此时，他考虑更多的已经不是开疆拓土而是稳固已得的利益。

但曹操不想取蜀，不代表他手下的人对蜀地都没想法，特别是那些坐镇一方手握兵权的统兵大将。曹操位望已极，但他手下的将领们还是很有进取心的，比如留在汉中的夏侯渊跟张郃就积极要求进步。

想进步，就要有军功。

刘备这阵子也很闹心，汉中、荆州同时告急。他去了荆州，错失夺取汉中的好时机，让曹操抢先。可是，劳师远征荆州，还是被迫割地给孙权。

汉中，刘备肯定是要打的。

可是，还未等刘备动手，想立功的张郃就先下手了，带兵南下进攻巴地。益州也称巴蜀，包括以成都为中心的蜀，还有以江州（今重庆）为中心的巴。当时巴地分为巴郡、巴西郡、巴东郡三郡。张郃带兵就奔着三巴去了。

此时，刘备的地盘主要分成三部分，蜀地、巴地、荆州三郡。

刘备、关羽、张飞，兄弟三人分守一方。

刘备坐镇成都，张飞镇守三巴，关羽留守荆州三郡。

张郃碰上的就是张飞。

张飞岂是好惹的！

当年当阳桥头以二十骑喝退曹兵的熊虎之将，张飞如今更是兵强马壮，如何会把张郃放在眼里。张飞决定在自己的地盘给张郃好好"上一课"。

张飞领兵在宕渠堵住张郃，双方大战数十日。张飞在正面挡住张郃的同时派出一支奇兵绕到张郃军背后发起进攻，张郃的部队挤在狭长的山间谷道，被张飞军前后夹击，很快溃不成军。

张郃自从归附曹操，常为军锋，东征西讨，屡战屡胜，是有名的常胜将军，然而遇到张飞，瞬间就被打回原形。

关羽、张飞只要有充足的兵力，不管是曹操还是孙权手下的任何一员大将单独对阵都不是对手。你当万人敌的威名是白来的，那是在千军万马的战场上实打实的杀出来的。

建安二十二年（217），刘备开始反攻，兵进汉中。刘备不会想到，取蜀用了三年，争汉中也用了三年。

刘备的军师法正对刘备说，曹操一举定汉中，不因势取蜀，不是他想不到而是力不从心。曹操留在汉中的夏侯渊、张郃，他们的能力不如我们的将军。张飞大胜张郃的例子就在眼前。至于夏侯渊的克星黄忠很快也会上场。

刘备很认同法正的主张，亲率众将北征汉中，打先锋的正是张飞，还有夏侯渊的老对手马超。

建安二十三年（218），张飞、马超屯兵下辨，与他们对阵的是曹军大将曹洪还有曹氏的后起之秀曹休。

张飞声言要包抄曹军后路，曹军听了很慌张，但此计被曹休识破。曹休说，敌军如果真有能力包抄我军，应当趁我不备，潜行出击，隐蔽还来不及，怎么会提前泄露消息？他们这么做，正说明他们做不到，所以才虚张声势。

曹休说得没错。张飞确实在虚张声势，很可能是刘备分给他的兵不多，张飞才不得不以疑兵之计应敌。可惜，曹军未上当。

曹洪随即发兵攻破张飞部将吴兰所部。张飞、马超的任务是切断曹军陇右与汉中的联系，虽小有挫折，但双方始终在下辨一带对峙拉锯。这路是偏师，戏份儿不多。

主角很快上场了。

建安二十三年（218）四月，刘备亲率大军来争汉中。

刘备军进至阳平关，与夏侯渊军形成对峙。

刘备这辈子，我们知道，他视为强敌的只有曹操，别人他是不放在眼里的。

但打起来，刘备才发现这个夏侯渊跟张郃确实不好对付。难怪曹操会派这两个人来汉中。夏侯渊在曹操的曹氏夏侯氏自家人里能力是可以排进前三的。

曹操势力进入关中陇右十年，曹操只是偶尔出差来打马超征张鲁，打完就回去了。十年来，为曹操开拓西北镇守关中的人是夏侯渊。曹氏势力能在西北立足，靠的就是夏侯渊，曹操自家人里能与之匹敌的只有后来的曹真。

张郃就更不用说了，曹魏五子良将之一，从官渡之战登场，至今已经驰骋沙场二十年。曹操打的所有重要战役，几乎都能看到他的身影。

夏侯渊与张郃可以说是目前曹操阵营里的最强组合。

当然，刘备也倾尽全力，精兵强将悉数上阵，能打且能调动的几乎都来了。

虽然五虎上将只是《三国演义》的说法，但也不是没有根据，陈寿写的《三国志》将关羽、张飞、黄忠、马超、赵云合为一传，已经足以说明他们的能力跟地位。

刘备的五虎上将，关羽坐镇荆州走不开，剩下的四位全被刘备带到汉中了。张飞、马超已经出过场，他们在外围。黄忠、赵云跟在刘备身边。在接下来的战斗中，他们两位都有亮眼的表现。

领导在哪里，哪里才是中心。

建安二十三年（218），刘备的仗打得很不顺。

原因在于曹军的布阵。

夏侯渊屯兵阳平关，但张郃在广石，他俩并不在一块。

刘备要打阳平关的夏侯渊，广石的张郃就会出来牵制。张郃的存在着实让刘备反胃。不干掉张郃，就不能全力进攻阳平关。那就只能先干掉张郃，再去打夏侯渊。可是，张郃却打不动。这个张郃只能留给诸葛亮十二年后去解决。

刘备只好分兵布防，应对张郃。

刘备亲自带领一万精兵，分成十队，借着夜色掩护，轮番猛攻张郃营寨。

蜀军攻势凶猛，曹兵眼看抵抗不住，危急时刻，张郃再次显露出猛人本色，他用行动证明自己的三国名将并非浪得虚名。张郃率领亲兵卫队到处"抢险"，哪里吃紧，张郃就出现在哪里。张郃到处救火，费尽力气总算打退蜀兵。

刘备围攻张郃久攻不下，深感自己兵力不足，马上派人回成都，让诸葛亮赶快派兵增援。

诸葛亮接到刘备发兵增援的急报却犹豫了。他问身边的蜀中旧臣犍为人从事杨洪，该怎么办？注意杨洪的这个身份，对我们理解诸葛亮的态度至关重要。

杨洪说，汉中是益州的门户，若是没有汉中就不会有巴蜀，这是事关我们生死存亡的大事。现在，男子就应当上战场，女子就应当充当民夫转运粮草，总之，一句话，全民总动员，跟他们拼了。玩命的时候到了，砸血本吧。这场仗咱们必须赢！

诸葛亮听了杨洪的建议，发兵增援汉中。当时蜀郡太守法正随刘备在汉中前线，诸葛亮便任命杨洪为蜀郡太守。在此前后又任命另一个蜀人何祗为广汉太守。

几乎所有的相关文章写到此处这件事就结束了。

然而，事情并非这么简单。

汉中的重要性不言而喻，诸葛亮怎么会不明白。

刘备亲自写信来要诸葛亮增兵，说明前线战况紧急，诸葛亮更清楚此时增援汉中的重要性。

那他为何会犹豫？

这才是问题的关键。

因为蜀中已经出现了叛乱，而发生叛乱的地方正是杨洪的家乡犍为郡。诸葛亮甚至一度离开成都指挥平叛。蜀地并不安定，犍为郡豪强马秦、高胜聚集数万寻衅滋事，形势危急。

好在犍为太守李严颇有能力，面对危局，处变不惊，只带五千郡兵便扫平叛乱。

杨洪此前是李严的部下，由此推测，杨洪也可能是犍为大姓。

诸葛亮之所以犹豫，是因为蜀中也出现叛乱，而犍为郡的叛乱只是苗头，其他蜀中豪强正在观望，如果处理不当，就可能引发连锁反应。

犍为豪强马秦、高胜就是看准了刘备大军在外，蜀中空虚，才敢出来闹事。

实际上，不只是犍为郡，蜀地豪强普遍对刘备不满甚至敌视。

刘璋在益州时，蜀中本地豪强就不是很得志，受重用的是刘璋的东州人。而刘备入蜀，荆楚之士从之如云。刘备来益州后，得势的是荆州派。蜀中豪强在政治上实际上处于被打压的地位。

政治上受压制就算了，经济上也被掠夺。

刘备进成都之前，为鼓舞士气，激励为他苦战三年的将士，就说过，进城之后，成都府库中的金银财帛，他分毫不动，全部赏赐给大家。

于是，进城后，刘备的士兵们纷纷扔掉手中的兵器，争前恐后涌入府库，将里面的钱粮布帛全给搬走了。

封赏将士后，刘备发愁了。他愁的是军用不足。啥是军用物资呢？刀剑、弓弩、铠甲、辎重车辆、粮食等。

这些东西在谁的手上呢？当然是益州豪强。

刘巴给他出主意铸造发行价值百钱的货币，在城中设立官市安排专门的官吏负责。铸造大面额货币专门从地方豪强手里收购军用物资，这几乎就是明抢。你说地方豪强心里能好受吗？当然十分不满。

不给官做，还从手里抢钱。益州豪强早就有想法了。

刘备率大军北上，一些人认为他们的机会来了。首先冒头的就是犍为郡的两家豪强，但被李严镇压下去了。

但一味靠镇压是不行的，因为还要派兵去前线，后方会更空虚。所以有必要适当安抚蜀人，特别是地方豪强的情绪。

诸葛亮在此时先后任命两个蜀人担任重要的蜀郡、广汉郡太守，就是向益州士人表明诚意，释放一个重要的政治信号。益州士人收到信号，对诸葛亮的任命感到很满意。于是，就有了史书中后面出现的西土咸服诸葛用人之器。读懂前面之事才能明白这句话的含义。

李严镇压了带头闹事的。

诸葛亮用行政任命蜀人官员安抚那些观望的。

恩威并用!

诸葛亮与李严合作，成功安抚住大后方，这给前线的刘备留下了深刻的印象，四年后的那个意义深远的人事安排也许就是在此时有了萌芽。

蜀中援兵随后赶到汉中前线。

兵力占优的刘备开始发动全面进攻。

刘备的援兵到位了。但夏侯渊的援兵还在路上。

曹操本人亲自带队增援夏侯渊。建安二十三年（218）正月，汉中战役就开打了。曹操却走得很慢。慢是有原因的。

正月，少府耿纪、太医令吉平、司直韦晃等发动反曹政变，但是失败了。

四月，北方代郡乌桓叛乱，曹操令儿子曹彰带兵平乱。

九月，曹操走到长安。

十月，因徭役过于繁重，不堪压迫的宛城守将侯音等人发动起义，占据宛城，响应坐镇江陵的关羽。

陆浑县孙狼也因抗拒徭役，起兵反抗杀掉县主簿南下依附关羽。这边关羽授予印信提供武器支持孙狼打回去。

中原明显已经乱了，而且大有蔓延的趋势。

曹操看到这个情势，不敢动了。

曹操令驻守樊城的曹仁带兵镇压，他待在长安观望形势，要是曹仁不给力，他就得亲自兜底。

曹操繁重的赋役造成官逼民反，加上关羽的因势利导，成功牵制住曹操数月之久，而这个牵制对汉中战局是极其关键的。

建安二十四年（219）正月，刘备首先打破僵局，率军南下渡过汉水，然后爬上了那座中国人（熟知三国的中国人）耳熟能详的名山——定军山。

之前，两军一直呈对峙之势。夏侯渊守，刘备攻。但夏侯渊占据地利，刘备攻不动。从南下益州打刘璋，到如今北征汉中，刘备总是将战争打成持久战。

刘备指挥作战最大的缺点是缺乏变化，打着打着就打成僵持的持久战。

但战争往往是出奇才能制胜。

出奇不是刘备的强项，但刘备有善于出奇谋的军师法正。

法正有奇谋，这个上山的主意大概率是法正出的。

阵势一变，全局皆活。

移军定军山，刘备军插入汉中盆地，还占据制高点，由被动变主动。

以前，夏侯渊只要守住阳平关就行了，现在，他必须出去，去堵刘备。

刘备移军定军山，成功调动了夏侯渊，而夏侯渊又帮他调动了张郃。

夏侯渊把张郃从广石拉回来跟他一块与刘备在定军山下接着对峙。

夏侯渊在定军山下修鹿角，与张郃分兵一东一南守住定军山脚。

刘备跟法正笑了。

只怕你不出来，待在关上不好打，只要出来，就有办法收拾你。

打仗为啥要抢占制高点呢？占据地利，易守难攻。

当然，看夏侯渊绕着山修工事的劲头，他并不打算攻山，他在等曹操的援兵。

在这之前，只要维持现在的局面就可以了。

但刘备是不会让他如愿的，在跟曹操决战之前，必须解决掉夏侯渊。如果让夏侯渊跟曹操会合，那麻烦就大了。宛城、陆浑拖住曹操几个月的意义就在这。

占据制高点还有一个好处，站得高望得远。夏侯渊跟张郃的一切调动都被刘备跟法正看在眼里，但刘备的部署调动，夏侯渊却看不见。我知敌，敌不知我。双方的信息不对称，胜负即由此决定。

想让刘备老实待在山上，怎么可能，特别是有法正在刘备身边的时候，这对战场最佳拍档，给夏侯渊带来了"意外惊喜"。

刘备派兵放火烧夏侯渊的鹿角，与此同时亲率大军去打张郃。

在夏侯渊看来，这不过是普通的声东击西之计。

张郃东围危急，夏侯渊分出一半兵力去救张郃的东围。

夏侯渊随后带着剩下的兵去南围救火，他判断刘备的主攻点在张郃那里。但他忘记了，山上可以看到他的全部调动。

随后，定军山上的法正挥动令旗，早已等待多时蓄势待发的老将军黄忠当即一马当先冲下山来，他的身后是漫山遍野的蜀兵，喊杀声响彻云霄，震动山谷。

等夏侯渊发现情况不对，想跑的时候，已经跑不出去了。

黄忠横刀跃马刀劈夏侯渊于马下，夏侯渊手下带来的兵也被全部围歼！

胜利来得如此迅速，迅速到有点接受不了。

夏侯渊不是普通的大将，他是统帅，西线曹军的统帅。

曹操将关中、陇右、汉中都交给他了。

这种器重信任在曹操一生中是前所未有的。

但现在夏侯渊被黄忠斩杀于阵前。对曹操、对曹军的打击是可想而知的。

阵斩夏侯渊标志着汉中战役刘备取得了决定性胜利。

仗打到这时，胜负已分！

曹操来不来都已经不重要了。

夏侯渊自从担任曹军西线总指挥以来打的都是马超、韩遂这类不入流的土匪，还有很多更不入流的草寇，很少遇见正规军，很少遇到劲敌，连续的胜利让夏侯渊有点飘，久胜必骄，骄兵必败。对一支军队来说，大胜之后，比大败之后，更危险。因为思想上很容易麻痹，战场上，骄傲轻敌，付出的必将是血的代价。

对这种危险，曹操事前是有所觉察的，也写信警告过夏侯渊，虽然你总打胜仗，但你也得给我注意，不要大意，不要轻敌。可是，夏侯渊听不进去。

仗打完，曹操才来。

曹操来的时候，其实目的已经很明确了，那就是把汉中的人马撤出来。他就是来收尾的。但刘备不打算让他进来，派大将陈式在马鸣阁道阻击。但负责突击的是关羽的老乡，曹操五子良将之一的徐晃，陈式被杀败，随着缺口被打开，曹操大军如潮水般涌入汉中。

刘备才下山待几天，不得不又回到山上。

不是冤家不聚头。

当年被追着打，要多狼狈有多狼狈，如今的刘备有着前所未有的实力，前所未有的自信。

刘备并未直接与曹操交锋，而是再次派出老将军黄忠，派黄忠去曹营劫粮，希望这位宝刀不老的将军复制定军山的神勇。

但是吧，大家都知道，曹操除了喜欢玩水利工程引水灌城，最大的爱好就是劫粮。

专门打劫别人粮食的人，自家的粮食怎么可能没有防备？

赵云与黄忠约定时辰，好做接应。结果到了时间还不见黄忠回来，赵云带着几十名骑兵出去查看情况，迎面遇上曹操大军。

这时，赵云善于运用骑兵作战的特点在关键时刻起到了关键作用。

因为换成别人，带着这么点人，基本就回不来了。

骑兵的特点是啥，迅猛、快捷。

因为双方是不期而遇，大家都没准备，谁反应快，谁速度快，谁就能抢占先机。而赵云全占了。

赵云并没有拨马便走，而是充分发挥骑兵机动快的优势，就带着几十人直接冲进曹军大阵，猛打猛冲。

赵云的生猛操作将曹军打蒙了。

曹军遇到赵云首先是意外，接下来更让他们意外的是，赵云带着这么少的人，居然敢主动发起攻击，直接冲击曹军。

必须足够勇敢，否则，别说冲锋，直接就跑了。

必须足够快，打的就是敌人反应不及的时间差，等敌人做好准备，再勇敢也架不住对方人多。

还有就是武艺精熟，正是艺高人胆大。

这些赵云全部具备，发现敌人，立即冲锋，骑兵快速突击，不等敌人反应，直接冲进去搅乱对方的阵型，制造混乱，然后呢？撤退。

是的，对方人多势众，真被围起来能不能冲出来，可真不好说了。

打仗需要勇敢，更需要智慧，必须两者兼备，才能在冷血搏杀中大概率幸存下来。

赵云几乎在瞬间做出了他所能做出的最优选择。

战场上，老兵胜过新兵的，很多时候并不是技能而是经验。

久经战阵，见惯大场面的老将才能做到临危不乱。赵云在官渡之战时于河北投奔刘备，到汉中鏖兵，已追随刘备二十年。

赵云带着几十名骑兵冲乱曹军阵型后，并不恋战，迅速撤退。

等曹军反应过来，整队追击，赵云早就跑远了。曹军是大队，步兵多于骑兵。

赵云是出来侦察的，带的肯定是轻骑兵。比速度，曹军是追不上赵云的。

但曹军还是追来了。不过此时，赵云早已回到大营。军中部将建议关闭营门防守。但赵云的特质就是孤胆英雄，越是这时越兴奋。当年在长坂坡就是单骑救主。现在带着几十人冲击对方大军，还是孤胆闯重围的模式。

赵云说，不用关门，将营门打开，同时在营边埋伏弓箭手。

曹军追来，只见赵云单枪匹马立于营外，营门大开，不见旗帜，反而狐疑起来，疑有伏兵，不敢进攻，打算撤退。

来都来了，想走可不容易，古代打仗最讲究气势，士气上来，战斗力暴涨。相反，气势要是被打下去，战斗力就会削弱一大半。骑兵冲阵最能挫敌锐气。

曹军先前被赵云的骑兵一阵猛冲，冲散了阵型，士气顿时就被打下去了，然后跟着追过来，到了地方，怕有埋伏，畏畏缩缩不敢攻营。刚想走，背后弓弩乱发，本就心慌意乱，又遭到突然攻击，全军崩溃。为了逃命，自相践踏，很多人被挤落汉水，而赵云其实只是虚张声势，并未追赶。

第二天，刘备到赵云营寨巡视，特意来到昨日的战场视察，不由得大发感慨，子龙真是一身都是胆啊！成语"一身是胆"由此而来。

刘备说得不错，与曹操大军不期而遇却能全身而退，曹军追来，大开营门而敌不敢入，故布疑阵巧用弓弩，未尝交锋而敌兵望风奔溃。胆略超群，机智过人，有勇有谋，常山赵子龙之勇不减当年，三军将士由是再次拜服，军中称赵云为虎威将军。

然而，战事并非总是一帆顺利，曹操的实力摆在那里。想赢曹操，也不容易。

一次，刘备又来到前线督战，当时战况对刘备不利，对面弓矢乱发，箭如雨下。

明智的选择应该是立即撤退，但刘备也憋着一口气，还较上劲儿了，说啥也不肯撤，大家谁都不敢劝，也知道劝不动。

这时，法正站出来了。

法正并没有上去劝刘备，说咱不能这么硬拼，该撤啦之类的话，而是直接站到刘备的前面，用自己的身体护住刘备。

这就是法正的高明之处。人在气头上的时候，千万别正面硬碰硬。你越劝，他越来劲，这时候劝等于火上浇油，只能适得其反。聪明的办法是迂回侧击。人都是要面子的，必须给领导台阶下，还要做到自然，不能过于生硬。

刘备见法正挡在自己前面，周围嗖嗖的箭矢乱飞，赶紧喊，孝直避箭。法正说您都不惧危险，亲冒石矢，我们就更不应当怕了。言下之意，肯定领导，您很勇敢。刘备是真关心法正，也是真怕法正出事，毕竟，庞统的事例在前，庞统中箭阵亡，法正要是再有闪失，仗还怎么打。他也知道法正的用意，赶紧上前拉住法正的衣袖，说孝直，咱俩一起退。

大家都看到了吧，主公不是打不过才撤退，是怕法正出事才退下来的。

咱们主公多爱惜人才，他不是认输，他退下来是为了保护法正。领导的面子有了，又有台阶下，一场危机被巧妙化解。

法正既能出谋划策又能设身处地为刘备着想，让刘备既有面子又有里子。这样的人换成哪个领导都会喜欢。

法正的行事风格从这件小事上体现得淋漓尽致，见微知著，正所谓管中窥豹可见一斑。

刘备也是性情中人，有时也会冲动，他身边需要法正这种头脑冷静、足智多谋又善于处事的参谋长。

有法正在刘备身边，远在成都的诸葛亮也更放心。

诸葛亮很清楚法正对刘备乃至整个阵营的重要意义。

诸葛亮与法正从品行到行事是完全不同的两类人，但他们在倾尽心力辅佐刘备这点上是高度一致的，可以说是殊途同归。

也因此，两人虽好尚不同，却彼此敬重。

刘备对诸葛亮是尊重，与法正则更像亲密无间的战友。

庞统去世后，在刘备阵营之中，法正的地位仅次于诸葛亮。诸葛亮长于治国，而法正善为奇谋。

诸葛亮与法正各有所长，而刘备也能知人善任，发挥他们各自的长处。如果将刘备比作高祖刘邦，那么诸葛亮就是刘备的萧何，而法正担当的则是张良、陈平的角色。

刘备在世时，诸葛亮很少领兵作战，更多的时候在后方处理政事，做好后勤，运筹帷幄，这正是当年萧何做的事情。

而刘备征战在外带在身边为其出谋划策的是庞统、法正。

可惜，法正过早离世，这是刘备难以承受的损失。后来，刘备发动夷陵战役，于猇亭惨败。诸葛亮都深深感慨，要是法正在就好了，有法正在刘备身边辅佐，刘备不会战败，即使战事有所不利，也不至大败。

法正对刘备最大的功绩就是辅助刘备打赢汉中战役。

冷静下来的刘备终于找到了击败曹操的办法，不跟他打。相信其中也有法正的谋划。不是说，刘备怕曹操，也不是打不过。刘备的实力早已今非昔比，但要以最小的代价取得最大的战果，以拖待变才是明智的选择。

现在，刘备相比曹操最大的优势在于他的补给线比曹操短。在双方势均力敌的情况下，补给线的长短往往能决定战争的胜负。

刘备的大本营在益州，有主场优势，主管后勤的又是善于治国理政的诸葛亮。对大后方，刘备是完全放心的，军资充足，运输畅通。而曹操的补给最近的也在关中，需要翻越秦岭，关山重重，转运艰难。

刘备背靠益州打多久都能奉陪到底。汉中是益州的门户，补给便利，至少比曹操好很多。

曹操远道而来，利在急战，必须速战速决，时间久了，就算前方撑得住，后方也撑不住。

既然刘备能不战而胜，又何必打呢！

只要拖下去，曹操早晚会被拖垮。曹操现在最大的弱点就是他脆弱的后勤补给线。汉中已经被他折腾得差不多了。汉中的百姓大部分被他强制迁到中原。曹操自食其果，却也坑苦了汉中百姓。

很多人只知道曹操屠城，却忽略了曹操还经常搞强制性拆迁。在古代，迁民的危害仅次于屠城。那时百姓的家当是田地房产，但这些不动产带不走。可是，曹操不管这些，也不管迁徙途中会有多少人死在路上。

曹操的强制迁民令多少人从小康之家一夜之间沦为赤贫。迁徙的路上满是血泪，但曹操这种冷血嗜杀的人才不在意百姓的死活。只有刘备这种从底层走出来的人才懂得关心百姓疾苦。曹操所到之处都是强制迁民，而刘备不管走到哪里都得到拥戴，即使是撤退，百姓也愿意跟他走。做人的差距就是这么大。

刘备坚守不战，曹操果然挺不住了。

曹操三月从长安出发，四月进入汉中，不过一月，军中士兵便开始大量逃亡。

逃兵自古有之，但大量逃亡多在溃败之时。曹操在汉中并未大败，而且曹操军纪严酷，但仍出现大量逃兵，只能说明士兵们不堪忍受远征之苦，更可能的原因是后勤系统的崩溃。

曹操向来执法严苛，对逃兵的处罚没有最重只有更重。曹操军中早有法条，士兵逃亡，责罚妻子。但士兵仍大量逃亡，制止不住，曹操不体谅士兵的苦处，反倒认为是他的法令还不够严酷，要加重处罚，罪及逃兵的父母、兄弟。执法官员告诉他，加重刑罚，只会令士兵们更加恐惧，逃兵不会因此减少反而会让更多的人因畏惧受株连而选择逃跑，单靠杀人是不能制止逃兵的，曹操这才作罢。

曹操进不能胜退又恐为刘备耻笑，进退两难，部下向他请示营中夜间口令，他才会脱口而出"鸡肋"两个字。鸡肋，食之无味，弃之可惜，很形象，真是说透了他此时的处境。这不经意间的内心流露，他的主簿杨修猜出了他的心思，说了出去，就被曹操以扰乱军心的罪名问斩。

其实，曹操早就想杀杨修，泄露军机只是借口，因为杨修卷入了他的两个儿子的夺位之争。曹操杀人也要杀之"有名"。他要杀的人，特别是有名望的人，从来不会提前让被杀者觉察，喜怒不形于色，杀意潜藏于心，待时机成熟，才会痛下杀手。奸雄之奸，真是奸得可怕，奸得令人脊背发凉。

为了军中士兵不至于彻底崩溃，曹操只能选择撤军，退出汉中，返回长安。

第三十五章

襄樊战役——关羽威震中华

　　刘备攻占汉中，据有巴蜀，此情此景，似曾相识。四百年前，也有一个人被封在这里，然后从这里走出去，征战四方，最终统一全国，确立汉家四百年江山。这个人当然就是刘邦。

　　汉高祖刘邦的起点就在汉中。四百年后，刘备准备从这里再次出发，兴复汉室，重振大汉雄风。

　　打败曹操夺取汉中之后，刘备看到了希望，隆中对策的宏伟蓝图即将实现，他认为可以做到。

　　天下形势有变。刘备认为汉中之战是汉室复兴曹氏将衰的转折点。

　　汉中之战引发的是一系列的连锁反应。

　　曹操为进兵汉中，从荆州、豫州征调民夫加派徭役，繁重的徭役激发民变，南阳宛城、河南陆浑接连起义，甚至连颍川许县朝廷所在都发生了政变，而这些事变都为响应一个人——镇守荆州的大将关羽。

　　建安二十四年（219），刘备攻取汉中。但他发起汉中战役的时间是在建安二十二年（217），风云激荡的建安二十四年（219）接连发生的汉中战役、襄樊战役，改变了三国历史的走向。

　　建安二十二年（217），刘备发起汉中战役。也在这一年，孙权阵营中坚定的联合派、驻守荆州的鲁肃病逝，接班的是吕蒙，一个坚定的"吞刘"派。从路线上说，吕蒙应该算是周瑜的接班人，他们都将刘备视为头号敌人，曹操只能排在第二位。

建安二十年（215）平分荆州，孙刘联盟在事实上已经破裂，双方已经走到战争边缘，要不是鲁肃多方周旋，极力维护，孙刘早已兵戎相见。

鲁肃死后，江东再没有出色的战略家，有的只是吕蒙这种贪图小利的鼠目寸光之辈。

一执掌兵柄吕蒙就准备对关羽的荆州下手了，但关羽的防守严密，他找不到机会，只能等。他苦苦等待的时机出现在建安二十四年（219），如果关羽能在荆州多坚持半年就可能将吕蒙拖死，让对方到死都找不到机会。

几乎在刘备对汉中发起进攻的同时，关羽便发起了襄樊战役，众人熟知的襄樊战役在建安二十四年（219），但那是高潮，而这场战役的真正起点其实在建安二十二年（217）。这年，关羽向北发起打通汉水水道的战斗，这可以看作襄樊战役的揭幕战，因为从江陵攻襄阳，走水路更快，而关羽早在十年前便在荆州训练水军，几乎没有人能比他更熟悉这里的地形了。关羽的荆州水军最早便是在汉水水道上成长的。

从江陵到襄阳，路不算长，但沿途的曹军很多。乐进、文聘、曹仁都是关羽在荆州的"老熟人"。关羽从江陵出发要去襄阳，沿着汉水向北推进，一路上不得不跟"老朋友"打招呼。

自从诸葛亮、张飞、赵云走后，大将之中就只剩关羽镇守荆州。

虽然关羽、张飞是万人敌的名将，但因为刘备一直以来实力都很弱，赤壁之战前他的败绩出现频率极高，以至于大家都习以为常。

从建安十九年（214）到建安二十四年（219），关羽独守荆州。这时候关羽完全凭自己的实力，终于有机会有实力打正规战。关羽以出色的军事才干，让留在荆州的曹军众将品尝到了被完虐的滋味。

只要给刘备、关羽充分的时间发展实力，正面对战，曹操手下的那帮将领单挑出来，谁也不是他俩的对手。即使曹操亲自上也占不到便宜。

最先被打崩的是乐进，刘备入川前后，关羽就在荆州前线跟乐进干上了，两人开始互撕。结果是乐进被调离荆州去了合肥帮张辽守城。但在合肥，张辽、李典所部才是主力，乐进只是配角，很可能他的部队在荆州被关羽打光了。

建安二十二年（217）开始，关羽率军沿汉水北上，依托汉水向北推进。进入建安二十三年（218），关羽又跟文聘干上了。江夏太守文聘本来的任务是防孙权的，结果却跟关羽交上了手。

文聘先后在寻口、汉津、荆城与关羽交战，这三个地方呈南北向分布在汉水沿线。很明显，关羽要从汉水向北推，文聘想阻止关羽，于是双方开干，但文聘不是关羽的对手。

文聘沿汉水层层阻击，抢过关羽的辎重，烧过关羽的船，在文聘的传记里记载了文聘很多露脸的战绩。但中国史书有个传统，露脸的事记在本人的传记里，丢脸的事只能从别人的传记里去找，甚至只能推测。虽然在文聘的本传里，对他多有吹嘘，但实际情况正好相反，文聘被关羽打败，因为关羽在建安二十四年（219）就已经成功将战线沿汉水推进到襄阳、樊城。

战报可以说谎，但战线不会。战线在一路北推。谁失败，谁说谎，不必多讲，一目了然。

文聘阻击失败，可谓啪啪打脸。

战场上，弱者才搞偷袭，强者都平推。

关羽北上的过程就是一路完虐沿路曹军，步步推进，挡路的曹军如同多米诺骨牌连锁崩溃。正是看到关羽如此强势高调的推进，南阳宛城、河南陆浑乃至颍川许县的反曹起义看到希望才以关羽为外援，积极响应关羽的北进。

眼看文聘挡不住关羽，后者即将打通汉水通道。曹操赶紧命令驻守襄樊的曹仁南下增援，但就在这时，宛城发生反曹起义，曹仁不得不先去宛城。

建安二十四年（219）年初，曹仁攻占宛城，但襄樊以南的战线也在发生变化。此时，文聘被关羽打崩，关羽也彻底打通汉水交通。虽然不见明确记载，但在随后进行的襄樊战役中，连远在合肥的张辽都被调来救樊城，但驻守汉水沿线的文聘却消失了。只能说明，他被关羽击溃，已经变得极其不重要了。

曹仁终于直接面对关羽了，但很快也被打崩，被关羽困在樊城围着打。

因为关羽的水军已经牢牢掌握了汉水的控制权，曹仁根本不敢过汉水去南岸的襄阳。

曹仁部已经是被关羽打崩的第三拨曹军主力。

七月，曹操不得不派出大将于禁率七支精兵共计三万余人，南下救援曹仁。

樊城城外，关羽的荆州军三万人与于禁率领的三万人的七支精兵摆开阵势，全面对阵。

双方的兵力相当，可谓势均力敌。

甚至就连双方主将的级别也不相上下。

关羽是刘备的"五虎上将"之首。

刘备刚刚在汉中称王，他给关羽的官职是前将军，这是刘备阵营中武将的最高级别。刘备给关羽的还有一项权力，假节钺。这意味着赋予关羽军事自主权，关羽可以自行决定军事行动，还可以先斩后奏。假节钺相当于后来的尚方宝剑。

我们知道，曹操也有他的"五子良将"，于禁便是其中之一。

于禁此时的官职是左将军，也是除去曹氏班底之外"五子良将"里面最高的，因为此时，于禁也有假节钺。

前将军关羽假节钺、左将军于禁假节钺，级别待遇几乎完全对等。从这可以看出，关羽、于禁，在刘备、曹操心里的分量。

这是双方顶级将领的对决，也是双方主力兵团的大会战。可以说都是顶级配置。

从曹操交给于禁的兵力也能看出曹操是很看重于禁的。曹操一次性交给外姓将领七支精兵的情况并不多见。

曹操给于禁的待遇也是外姓将领中最高的，他此时获封一千两百户，而不久之前战死在汉中的夏侯渊，曹操的自家人，嫡系中的嫡系，其获封也不过才八百户。

曹操将解围的希望放到于禁身上，然而，希望有多大，失望就有多大。

本来是级别对等、兵力对等、势均力敌的对攻硬仗。

但曹操做梦也想不到，关羽只用一场大水就搞定了他派来的猛将加精兵的配置，而关羽这方的损失几乎可以忽略不计。在实力对等的情况下，关羽完胜于禁，这就是名将的水平。

曹操攻城的时候特别喜欢玩水利工程，引水灌城的把戏用过不止一次，然而，关羽用战绩证明，搞水利，他也是把好手。关羽可是刘备阵营中的第一水军名将，带水军的人当然懂水利，而从北方来的于禁真不懂荆州的气象水文。

八月，秋雨连绵，汉水水位暴涨。于禁却选在平地立营。这么好的机会，关羽怎么能放过。

一个秋雨连绵的夜晚，一支肩负特殊使命的部队从关羽大营悄悄出发，他们的任务是掘堤放水。

樊城城北，曹军大营一如既往地平静，士兵们早已进入梦乡，只有巡夜的士兵在巡查。突然，远处传来犹如万马奔腾的声音，声音由远而近，眼尖的士兵发现情况不妙，大喊："水！水！"转眼间，汹涌如潮的江水冲入军营。士兵惊恐的叫喊声被水声淹没，数万人的军营瞬间被大水冲垮，刚才还整齐的军帐被冲得七零八落，很多人在睡梦中丢了性命。

于禁蒙了，突然的意外让他彻底慌乱了。在众将簇拥下于禁登上高地避水，三万陆战精兵被大水冲得稀里哗啦，纷纷爬上附近的山坡。此时他们手里没有兵器，身上几乎没有披甲，这是他们最脆弱的时候，不具备任何抵抗的能力。也就在这时，关羽率领水军杀到了。

发水前，关羽的水军纵横在汉水之上，但也只能打水上的曹军，陆地上的、城里的曹军打不着，但现在樊城城外变成水乡泽国。除去樊城的曹军，城外的几乎被关羽水军全歼。

关羽带着他的荆州水军乘着战船到处围攻躲在高地上的曹兵。分散在各个山头上的曹军，想打没有兵器，想跑到处是水跑不出去，只能乖乖投降。三万曹军连同他们的主将于禁都做了关羽荆州水军的俘虏。

要知道，关羽的荆州军总兵力也不过才三万。

以三万俘虏三万，整个三国时代，只有关羽这么一个战例。

直到此时，关羽才发挥出他指挥大兵团作战的实力。

关羽水淹七军，威震中华！

之前，只是曹军控制的荆州部分被搅乱，现在整个黄河以南的豫州、荆州全乱了。

曹操控制的朝廷所在许县已经直接暴露在关羽的面前，但关羽此时也有他的苦恼，那就是兵力严重不足。

于禁的七支精兵被关羽俘虏后集体送到后方的江陵城。换成是曹操，在兵力有限俘虏众多的情况下，早就杀降了。因为关羽的主力在樊城前线，江陵的留守兵力肯定不多，三万俘虏的数量应该是守军的数倍，但关羽跟刘备都是底层出来的英雄，以仁义为本，不会杀害俘虏，杀俘屠城那是奸雄曹操干的事。关羽留下这些战俘想消化这些北兵为他所用，一旦完成改编，他的兵力瞬间就会暴增一倍。

以关羽的能力，带着六万人再出去北伐，不用多久，黄河以南就是关羽的了。

樊城的曹仁此时真是欲哭无泪，他眼睁睁看着于禁的七军全军覆灭却无能为力，因为大水困城，他出不去。当然，即使出去，他也打不过关羽，这时他手下只剩几千人，守城还勉强，野战等于自杀。

于禁所部三万人是被关羽打崩的第四拨曹军，也是迄今为止，实力最强的一支。这支强兵却以最戏剧化的方式收场，集体被送去江陵接受改编。

对曹仁来说，他的噩梦还远未结束，屋漏偏逢连夜雨，此时更危急的情况出现了。在被大水浸泡多日后，樊城城墙开始"掉渣"。这个不奇怪，因为秦汉时代的城墙，基本是蒸土筑成，土最怕水，虽然这些蒸土是经过特殊处理的，但也架不住长时间的浸泡。

樊城城里的曹军慌了，他们能抵抗到现在的屏障就是眼前这道城墙。一旦城墙坍塌，曹仁跟他的部下们只能去江陵跟于禁他们做伴了。

城墙虽然还没塌，但大水已经快要漫过城头了。此时，关羽的荆州水军已经不用架云梯攻城了，直接坐着船就开到城下。荆州水军战船将樊城重重包围。

曹仁已经是瓮中之鳖，但他的运气实在够好，不久大水退去，接着，曹操的第五拨援兵也来了。这拨援兵的带队主将是徐晃，关羽的并州老乡。

曹操的"五子良将"，乐进被打成光杆司令提前过上退休生活，于禁被活捉，徐晃已经是第三位被派过来的"五子良将"。除去远在长安的张郃跟镇守合肥的张辽，曹操能调动的名将，已经被关羽收拾得差不多了。

徐晃虽然来了，但一开始根本不敢靠近关羽。因为他带的多是新兵，老兵去哪儿啦，一部分当然在江陵，剩下的也在召集的路上。

曹操手下众将，还有樊城城里的曹仁都盼着徐晃早点打过来解围，但徐晃只能一点点向前蹭，他很清楚他手下的这些新兵，一接战很快就会被关羽连战连胜的荆州军击溃。但大家不知道他的难处，一个劲儿责备他逗留不进，指责口水开始全方位往徐晃脸上招呼。此时的徐晃压力很大，却有苦说不出。

但关羽的攻击其实也已经到达极限，还是因为兵力过少。

关羽的出击时机其实选得已经非常恰当，他发起总攻的时间大约在建安二十四年（219）的春夏，此时，曹军的主力被曹操带去汉中跟他大哥刘备在汉中对峙，荆州的外围曹军之前已经被他基本打崩，从江陵到襄阳水陆两路都是畅通的，而且春水上涨也能发挥他的水军优势。

关羽的攻击高潮发生在八月，水淹七军，但之后，随着曹操回到长安，曹军的援兵一批批地南下，关羽的压力也开始加大。令人疑惑的是刘备的举动，刘备七月在汉中称王就回成都去了。

这个时候，刘备应该及时出兵北伐，翻越秦岭进攻关中，直指长安。

即使说汉中战役刘备的军队久战疲惫，至少也要做出攻击关中的姿态，迫使曹操不敢大规模增援襄樊，那也是对曹军的一种牵制，对关羽的声援。

可是，刘备并未做出积极的牵制，这时等于关羽以荆州军对抗曹军主力。荆州曹军已经被关羽打垮，但从关中，从淮南，各地曹军一直在增援襄樊。关羽却始终得不到支援，在孤军作战。

打到十月，关羽的荆州军事实上也已经是强弩之末打不动了，他们其实已经打得很好了。曹操几乎被打崩溃了，甚至一度有迁都的想法。曹操也想打不过就撤，躲避关羽兵锋。曹操要是真走了，不说黄河以南，至少江北的荆州就归关羽了。

但刘备从汉中撤兵回成都，未从西线声援，曹操得以举全军之力与关羽对峙，但也仅仅是对峙，连淮南防江东的兵都被调来堵缺口，只为挡住关羽的进攻势头。打到这个份儿上，也仅仅维持相持的局面，还不能迫使关羽退兵。

但缺乏支援又以一军对抗曹军主力的关羽军，还有一个隐藏在后面的对手——吕蒙的江东军。

江东鼠辈已经躲在后面偷偷观察很久了。

此时的江东已经找不到联合派的踪影了。从孙权到吕蒙，再到即将上场的陆逊，这些人都在打荆州的主意，打关羽的主意。正面打，他们不是关羽的对手，这些江东鼠辈就打算从背后下黑手，从背后捅刀子，毕竟，他们擅长玩阴的。

此时，他们名义上还是友军，但实质上已经是敌人。明面上的敌人不可怕，因为看得见，隐藏在暗处的敌人才是危险的，特别是这些敌人还戴着伪装的面具。

孙权其实也动过北伐的念头。在与刘备平分荆州暂时达成和解，又得知曹操带兵远征汉中的情况下，建安二十年（215），孙权也亲自率领十万大军进攻张辽据守的合肥。然而，那一战，却成为从将领到士兵全体江东人的噩梦。孙权以十万大军攻击仅有七千人的张辽军，结果却被对方杀得惨败而归。

孙权撤退的时候，在逍遥津被张辽带领的八百勇士杀得尸横遍野、溃不成军。

逍遥津一战杀得江东人人胆寒，张辽就此一战成名！

孙权本想趁着曹操主力不在淮南，以多打少，以十万人的兵力优势狠狠风光一把，出出两年来被曹操压着打的闷气，谁知道，想露多大脸，就现多大眼。

十万人被七千人直接打崩，连孙权本人都差点被曹军活捉，幸亏孙权打仗的本事不行，逃跑的本领还是很强的，但丢脸也丢大了。从此"孙十万"的绰号就在江湖上传开，孙权的军事指挥能力也直接暴露在天下人面前。他孙权守在江边靠着水军优势打打水战还行，跟北方军队打陆战，那就是被虐待的对象。

合肥之战的心理阴影过于浓重，以至于在未来三国鼎立的时代，很少见到孙权横刀跃马亲自上阵的情形了。只要张辽还在，"孙十万"就不敢出来。此后的孙权就乖乖待在他的建业城。打仗，就让吕蒙、陆逊这些人去吧，还是当年他哥孙策看得准，你小子就不是带兵打仗的料，老实在家待着吧，别出去丢人现眼。

孙权跟吕蒙心里都清楚，有张辽在，淮南那片土地，他们做梦也得不到。当然，吕蒙还是很照顾领导面子的，不说打不下来，也不说怕张辽，只说人家北军多骑兵，徐州那地方又是大平原，咱们就是打下来，用七八万人去守也守不住。其实，守不守得住，他们不用操心，因为压根就打不下来。

但孙权搞扩张的野心还是蛮大的，南面的交州已经是他的地盘了，东面是大海，北边打不过，那就只剩下西面关羽守的荆州了。

但关羽北伐的时候，留在江陵、公安两地的守军数量还是很可观的。所以江东这些人即使在关羽在外面已经打了一年多的情况下，也未敢轻举妄动。

吕蒙知道关羽的荆州并不容易打，关羽、张辽都是并州走出来的名将，跟这些猛人正面打会死得很难看。所以，吕蒙打算玩阴的，但关羽早防着他呢！

关羽不仅在江陵、公安留下很多守军，还在沿江修了很多烽火台，有事可以及时预警。因为关羽控制着汉水，他的水军乘船往来机动，速度很快。荆州有事，水军可以及时南下回援。

这可愁坏了吕蒙，但他一时也想不出主意，这时樊城传来关羽水淹七军的捷报。吕蒙虽然心里酸酸的，但还是言不由衷地写信对"友军"的胜利表示祝贺。

吕蒙憋坏水都把自己憋出病了。吕蒙其实一直都有病，也可能整天想着阴人吧，吕蒙身体不好，这已经是公开的秘密。关羽自然也知道。

吕蒙是江东继周瑜、鲁肃之后的名将。关羽对吕蒙还是很防范的，不敢掉以轻心。在荆州的防守上，其实，关羽从未大意过。只是他的兵力真很有限，不能南北同时兼顾，又缺乏友军的支援，荆州全靠关羽自己的数万荆州兵。

吕蒙故意放出消息，借口有病回建业治病，这当然是给关羽听的，实际上，他回去汇报工作。

吕蒙回建业的路上路过陆逊的防区。陆逊说："您的防区与关羽相邻，如此重要的地方，您可不该轻易离岗呀。"吕蒙说："我当然知道自己责任重大，但怎奈我身体抱恙。"陆逊说："关羽这人素来骄傲，如今又接连大胜，注意力都在北方。他听说您有病离开，必然放松防备，不如趁此时出其不意，袭取荆州。"

吕蒙表面上说了一堆关羽很厉害不容易对付的话，应付过去。但吕蒙心里对陆逊却大为欣赏，因为陆逊说的正是他心里想的，这也是他即将对孙权讲的，趁关羽在襄樊，出兵从背后偷袭荆州。但吕蒙袭取荆州的计划属于机密，这时还不能对陆逊说。吕蒙已经认定，接下来的行动，陆逊可以帮上他的忙，因为陆逊与他的想法不谋而合，可以协助他完成计划，而且他名义上回建业看病，陆口重地也需要有人接替。

吕蒙到建业后便开始与孙权制订偷袭计划。孙权说，你回来了，你看谁适合去接你的位置。吕蒙便向孙权推荐陆逊。

十月，曹操来到洛阳。

此时整个许县以南都乱了。

曹操还在犹豫要不要迁都，明显已经信心不足。

以曹操现在的实力，挡住关羽有点吃力。这时候想扭转局面，必须借助外援。

司马懿对曹操说，别看孙刘表面上是盟友，其实是同床异梦。关羽打了胜仗，孙权是不开心的。孙刘两家为荆州的事差点互撕，这已人所共知。司马懿劝曹操联结孙权。让孙权从后面牵制关羽，到时关羽为防后路有失，肯定得撤兵，不撤，家就让人占了。

曹操说，对，就这么办。这边曹操和司马懿刚商量好。那边孙权的效忠信就送到了洛阳。

两伙人想到一块去了。

孙权在信中说，我准备在关羽背后动手，在我行动之前，您可得替我保密呀。不然，消息泄露出去，关羽有了防备，事情就不好办了。

曹操拿着孙权的信问群臣，该不该保密，众人都说该保密。曹操心里骂，你们这些傻瓜。这时一向擅长奇谋的董昭说，我们回复孙权，当然要答应给他保密，但私下要放消息出去给前线，让他们知道外援将至，守军才有信心守下去。曹操这才满意地点点头，还是董昭知我心意。

孙权让曹操替他保密，是想让前线曹军与关羽军死磕，拖住关羽，好方便他袭取荆州。

孙权的心思，曹操如何会不明白。孙权此时能出手当然是帮了曹操的大忙，人家这请求至少表面上很合理，不好不答应。

曹操与孙权之前还兵戎相见，现在却能狼狈为奸，说到底还是利益所致。

曹操孙权联合对付关羽是出于各自的利益考虑。曹操联合的目的是想让孙权袭击关羽后方，解樊城之围。孙权联合的目的是想让曹军在前方牵制关羽，他好在后方袭取荆州。

曹操表面答应得好好的，然后转身就让人将孙权袭取荆州的计划传递给苦守在樊城的曹仁。

因为曹仁被困在城里，外围曹军进不去，他们传递消息的方式是将写好的信绑在箭矢上用弓弩射进城。为确保守军能收到消息，不止射了一封，应该有很多封，但弓弩难免有"射偏"的时候，不可避免地就会有很多信落在关羽营中。城中曹仁得知消息的同时，城外的关羽也知道了。

事后孙权即使责问您为啥泄露消息。曹操也会说我没有呀，我让人射箭是给曹仁传递消息，至于落在关羽营中的，那纯属意外。

相比曹仁，曹操更想让关羽先看到这条至关重要的情报。他希望关羽看到信早点退兵，回去防孙权。云长，赶紧回去吧，这阵子你折腾得可够凶的，我都六十多岁的人了，可玩不起了。

曹操的举动虽出于私心，但客观上也在帮关羽。

此时，关羽如果能立即带兵回援，大概率是能挫败孙权吕蒙的阴谋的。

关键时刻，关羽犹豫了，他没有立即退兵，也失去了挽回危局的机会。

但关羽犹豫很正常，这条消息真假难辨。

消息很可能是假的，是曹军故意编出来的，目的就是骗关羽撤兵。关羽当然不能因为几封信就轻易撤退。

消息也可能是真的。关羽对鲁肃之外的江东鼠辈向来没有好印象，以孙权吕蒙的品行是能干出背后偷袭这种事儿的。但即便如此，关羽也不打算立即退走。即使江东人马来偷袭甚至直接强攻，以他部署的防御体系，孙权也不可能在短时间攻下荆州。关羽自信的来源在于江陵、公安两城的城防坚固，留守兵力短期之内守住城池也不成问题，而且他还在沿江建有预警的烽火台。一旦荆州受到攻击，他可以率军沿汉水迅速南下救援。直到十月，关羽的荆州水军仍然控制着汉水通道。水军的优势就是速度快。

到目前为止，关羽的战绩可谓辉煌。以数万之众，长驱直进，水淹七军，威震中华。

而且此时樊城、襄阳的曹军在长期围攻之下已经精疲力竭，两城唾手可得，大功即将告成。这个时候撤退，就将前功尽弃，关羽如何甘心。

关羽追随刘备近四十年，早期因实力弱小，到处漂泊，颠沛流离。直到赤壁之战后才迎来转机，三十年的艰难拼搏，十年的辛苦筹划，才迎来今天的大好局面，来之不易，只有亲身经历过的人才知道有多不容易。

然而，现实很残酷，关羽在犹豫中错失机会。因为吕蒙已经动手了。

之前接替吕蒙的陆逊上任后只干一件事，那就是拍马屁，吹捧关羽。陆逊只是配角，任务就是麻痹关羽给吕蒙打掩护。吕蒙去建业带走部分军队，关羽听说后也从江陵调兵北上增援前线，但这并不等于关羽中了吕蒙、陆逊的计。

关羽纵横沙场三十年，大场面见多了，可不会那么容易上当。真实的原因还是实力。以关羽的兵力只能应付曹操、孙权中的一路，两路一起来，三国里换成谁也挡不住。关羽即将面对的是前后夹攻腹背受敌的危局。

陆逊的戏杀青，吕蒙上场了。

为对付关羽的沿江烽火台，吕蒙特意弄来很多商船，让士兵穿上商贾常穿的衣服扮作往来的客商，而将精兵藏在船舱里，来到江边请求靠岸。到了晚上，"商人们"脱去便衣现出军服，露出本来面目，冲出船舱，出其不意，迅速控制了江边的烽火台，关羽的第一道防线，被吕蒙伪装偷袭得手，此即历史上臭名昭著的白衣渡江。

烽火台只是起预警作用，即使以计轻取也不值得夸耀。真正的难度是如何攻取公安、江陵二城。

吕蒙的做法不是强攻而是招降，公安城的守将士仁并未抵抗直接投降。吕蒙又带着士仁来到江陵劝降守将糜芳。令人惊奇的是，糜芳也未抵抗，直接开门投降。整个过程如同事前商量好的，一点波折都没有。吕蒙其人不仅能打硬仗还会使阴招。四年前的轻取三郡时，吕蒙就已经表演过一次。那次夺桂阳、长沙、零陵三郡，都是吕蒙连忽悠带骗拿下的。桂阳、长沙在吕蒙武力威慑下直接投降，只有零陵太守郝普不降，这个前文说过，但吕蒙最终还是顺利收取零陵，也未强攻，还是骗，也就是忽悠。吕蒙对以军事实力为后盾进行攻心战的套路已经玩得十分纯熟，这次来荆州几乎就是如法炮制。他之前很可能已经派间谍跟两位降将沟通过了，不然，不会这么顺利。

士仁的史料过少，他的底细不清楚。但糜芳是刘备的小舅子，糜芳的哥哥糜竺曾有大功于刘备，在蜀中虽不掌实权，但也备受尊崇，待遇甚至在诸葛亮之上。

有如此背景，为何要投降呢？两位降将给出的答案都是关羽轻傲同列。

关羽骄傲是有的，人都是有缺点的。

刘备的两个兄弟关羽、张飞的缺点都很明显。关羽是轻傲士大夫，也就是同僚，特别是士族，但对士兵很好。张飞则跟他哥哥关羽正好相反。张飞对士大夫很客气也很有礼貌，曾想主动结交仇视刘备的刘巴，结果被后者晾一个晚上一句话都不跟张飞说。但张飞对士兵很粗暴，特别是身边的侍从，经常酒后鞭挞士卒。他们最后也都死在自己的缺点上。

关羽与其说死于吕蒙孙权之手，不如说是死于糜芳、士仁的背叛更合适。

他俩要不投降，吕蒙短期之内是攻不下公安、江陵的。

关羽在前线听说荆州有失，急忙率军南撤，这次不撤都不行了。

曹仁召集众将商议，要不要追，众将的反应很一致，追！谁都看得出来，现在是追击的最好时机，被堵在城里挨揍这么久，总算有机会反击了。

然而，曹仁身边的军师赵俨却说，不能追。现在关羽丢失荆州已成孤军，不如让关羽全军而退，平安回去。关羽必与孙权相争，魏王恐怕也是此意。

曹操听说关羽南走，果真怕众将去追，特意派人传令，不许追赶。

关羽一路率军南下，然而局势已经难以挽回。

吕蒙在江陵厚待关羽军将士家属，再次玩起攻心战。战场上最可怕的其实还真不是被切断粮道，还有更狠的，比如俘虏军属。

关羽的荆州军知道家属没事还受到优待，顿时就斗志全无一心想着回家团聚，部队一路走一路散，军心已变，难以再战。

陆逊比吕蒙有过之而无不及，他第一时间抢占宜都郡占领秭归，这里是从荆州入益州的必经之地。

吕蒙、陆逊二人果然配合默契。吕蒙用攻心战瓦解了关羽的荆州军。而陆逊则直接封堵住了关羽撤回益州的通道。

他们不仅动作快，还一个比一个狠。

之前所向披靡的荆州军，数万之众，未经一战便土崩瓦解。关羽的数万大军如今仅剩数百人，又被陆逊堵住退路。

关羽只好带着数百部下退守麦城。

四下都是江东的兵马，关羽已被四面包围，想突出重围已经不可能了。

十二月，关羽父子在突围途中被俘，不屈遇害。

但吕蒙也未得意多久，连分赃会都未赶上就死了。

孙权夺过荆州，便上书曹操称臣，极尽阿谀之能事，可谓丑态百出。孙权还厚颜无耻地劝曹操称帝，把之前骂曹操是汉贼的事全忘了。孙权的奉承讨好把曹操都气乐了。

曹操拿着孙权劝他称帝的书信给群臣看，说这小子坏得很，他这是想把我架在炉子上烤呀！

曹操的部下也有很多人劝曹操称帝，比如陈群。曹操不置可否，只是说了句意味深长的话，若天命在我，我就做周文王吧。

曹操至死都不肯称帝。

建安二十五年（220）正月，魏王曹操也死了。

曹操不肯称帝。可是，他的儿子曹丕是他亲自选定的接班人，想当皇帝都想疯了。

十月，汉献帝举行禅让仪式，让位于魏王曹丕。

曹丕在程序性地辞让三次办完所有手续后，正式篡汉，登基称帝，国号魏，定都于洛阳。

第二年，消息传到成都。

四月，刘备在益州称帝，国号仍称汉，年号章武，定都于成都。

刘备立刘禅为太子，诸葛亮为丞相。

后世为与两汉相区别，又因刘备称帝于蜀，故称刘备所建为蜀汉。刘备在成都立宗庙，置百官，正式建立起延续汉之正统的蜀汉帝国。

东汉彻底结束，三国正式登场。

第三十六章

夷陵战役——舍船就步的悲剧

建安二十四年（219）夏秋，刘备、关羽先后在汉中、襄樊战场取得辉煌胜利，刘备夺回益州门户称王汉中，关羽水淹七军威震中华。

两场大胜，令刘备阵营达到前所未有的巅峰！

然而，巅峰过后是急速的衰落。

相比南北对峙，三方鼎力的格局相当复杂又相当微妙。原本刘备跟孙权是盟友，两个南方的小伙伴共同对付北方的曹操。谁让曹操雄踞中原实力最强呢！刘备跟孙权联手才能勉强与曹操维持均势。

但势力急速上升的刘备打破了这种均势，本来两家就为争荆州几乎反目，刘备的壮大令孙权羡慕嫉妒恨。曹操也被一度逼得差点迁都。于是，刚刚还在淮南大打出手的两家迅速实现和解，曹操、孙权决定联手压制刘备，矛头直指刘备的大将关羽。

就在关羽与曹仁以及曹操派来的一批又一批援兵激烈交锋对峙时，孙权的大将吕蒙从背后下黑手，偷袭荆州。

在吕蒙诱降下，荆州守将叛变，开城投敌。孙权几乎兵不血刃夺回江陵，进而迅速占领刘备阵营占据的荆州三郡。

接着，孙权收编数万荆州兵，又俘杀关羽，与刘备彻底决裂。

关羽被杀，荆州失守，刘备遭受重挫。

此消彼长，以实力而论，曹操依然最强，刘备刚刚升到第二又迅速跌回第三。

孙权夺取刘备的荆州三郡，重回第二。

襄樊战役，损失最大的自然是刘备。

但最大的赢家却不是孙权，而是曹操。

孙权的愚蠢在这场战役中体现得最为彻底，简直蠢到极致。

孙权以卑鄙的偷袭，袭夺荆州，自以为得计，却不知他已犯下致命的大错。要不是他运气够好，曹丕够蠢，三国里最先亡的就是东吴。孙权鼠目寸光，他就只盯着三郡，从来没有大格局。在战略家鲁肃去世后，东吴再未出现有大局观的战略家。

孙权偷袭得了荆州三郡，却永远失去了问鼎中原的机会。

他得到的是芝麻，丢掉的是西瓜，所得不足以偿所失，从此陷入长期的被动。孙权只能示好曹丕。曹丕不爱搭理他，不但不领情，还总找机会揍东吴，而蜀汉也被他得罪，接下来，他只能吞下两线作战的苦果。

关羽镇守的荆州，只有江陵所在的南郡有战略价值，但就这个南郡还不是全部，因为襄阳还在曹操手里。四年前，孙刘平分荆州，孙权得到荆州的长沙郡、桂阳郡，加上之前已归其所有的江夏郡，荆州七郡，孙权已得其三。虽比不上曹操占据的南阳郡以及南郡的襄阳，但比刘备所剩的武陵郡、零陵郡要好很多，这两郡偏远不说，还贫弱。

曹操、孙权、刘备三分天下。然而说是三国鼎立，其实是南北对峙。曹操实力过强，刘备、孙权必须联合起来才能与之对抗。

名为三足鼎立，实为两弱抗一强。关羽的强势北伐，接连大胜，已经出现改变格局的希望。曹操的野战兵团，接连被关羽打崩。曹操已有迁都之意。

只要曹操北撤，关羽攻占襄阳，那整个战略格局就将随之发生根本性的变化。这个变化是有利于孙刘两家的。

曹操为堵住关羽北上，已经将守合肥的张辽调过去，从各处调兵只求堵住关羽，别的都顾不上了。

　　孙权最怕的是张辽。这位猛人调走，合肥的守备必然空虚，合肥才是孙权真正应该乘虚而入的地方。对江东而言，合肥的意义远大于江陵，趁曹操手忙脚乱，赶紧攻打合肥，这是孙权这辈子最好的机会了。

　　可是，"孙十万"这时候满脑子装的都是荆州。

　　但荆州位置最重要的襄阳，孙权又打不下来。

　　三国鼎立，战线万里。但关键的战略局点，只有三处，分别是西部益州战区的汉中、中部荆州战区的襄阳，以及东部淮南战区的合肥。谁占据这三处兵家必争之地，谁就掌握战略的主动权。

　　这也是刘备拼命争汉中，曹操即使赤壁大败退回北方，宁可不要江陵，也要保住襄阳的原因。

　　因为刘备、曹操都是明白人，关乎生死的战略要地，不能落在敌人手里，必须夺过来并且守住。

　　对于孙权，他的战略局点就是合肥，占领这里，他进可攻退可守，占据主动。

　　如此一来，三个局点，一家一个，均势也就形成了。

　　刘备据汉中，曹操占襄阳，孙权盘踞合肥，三家各据其一，三足鼎立才能长久。

　　但孙权是三人里战略水平最低的，他身边也曾有过明白人，就是劝他借江陵给刘备的鲁肃。但孙权只念及鲁肃赤壁之战时支持他的功劳，反而把借江陵当作鲁肃的黑料，以此贬低鲁肃，同时夸奖帮他夺回江陵的吕蒙，殊不知，吕蒙才是那个坑他最深的人。

　　舍弃合肥不攻，偏要去夺江陵，曹操这一生极会用兵，部署上很少有大漏洞，仅有的这次，还是被关羽逼出来的。孙权错过最好的机会后，就再没有机会了。因为孙权不具备制造机会的能力跟实力。

　　"孙十万"的军事能力，大家是有目共睹的。

　　接下来的三十年，孙权被曹军压着打，再也没有机会攻下合肥城。

于是，一个有趣的现象出现了。

进入三国鼎立时期，魏国只打孙权，却几乎不去进攻蜀汉，仅有的两次曹真、曹爽的进攻也因汉中的地形走到半路就退回去了。

魏国不是不想打蜀汉。汉中有汉军凭险固守，他们打不进去，只能作罢，这就是汉中战略局点的意义。

相反，在魏国与吴国的数千里战线上，荆州战场的局点襄阳，淮南战场的局点合肥都被魏军牢牢控制。魏军想怎么打就怎么打，想啥时候来就啥时候来。东吴只能在漫长的战线上疲于奔命。

荆州的魏军随时都可以来一场说走就走的南征，从襄阳到江陵一片坦途，魏军可以轻而易举杀到江陵，简直不要太轻松。

错失良机取合肥，还不是最可怕的。最可怕的是失去盟友。

孙权偷袭荆州杀关羽，与刘备成为生死仇敌，双方的战争不可避免。问题是，孙权卖力讨好的曹丕并不可靠。

但曹丕也是个蠢货，他也没有抓住机会。

不出预料。

章武元年（221），刘备兴兵伐吴，要为关羽报仇，更要夺回荆州。

刘备四月称帝，七月便出师东征，可见刘备态度的坚决。诸葛亮并未劝阻，因为诸葛亮知道，这时候，劝也劝不住。唯一能劝动刘备的那个人——法正也在去年病逝。

刘备起精兵四万，水陆并进，沿江而下。

孙权自然早有准备，以陆逊为大都督率兵五万迎战。

但孙权令人感到诧异的是，这个时候，他居然还派人去求和，你都杀人夺城了，还想当啥事都没有发生过，怎么可能？

被你杀的是刘备的二弟关羽，夺的是被刘备看重的荆州。刘备怎么可能跟你讲和？肯定要跟你拼命。

汉军初战，士气旺盛。先锋吴班、冯习击败吴军，收复秭归，首战告捷。

孙权顿感压力大，赶紧派人去洛阳向曹丕称臣，顺便将被关羽俘虏的于禁等人北还。

襄樊战役结束后，曹丕曾召集群臣讨论，刘备会不会为关羽报仇。大多数人认为不会，说蜀国的名将不过关羽。关羽败亡，举国震恐，哪里还敢出兵。可事实再次证明，真理往往掌握在少数人手里，就跟上次曹操问群臣，孙权偷袭关羽，我们要不要保守秘密，结果都是少数人是对的。这个少数人，上次是董昭，这次是刘晔。

刘晔说，刘备肯定会出兵。蜀国虽是小国，刘备却要以威武自强，使魏吴两国不敢小视，况且刘备与关羽名为君臣情同手足，关羽被孙权所害，刘备肯定要为关羽报仇。

果然，不久之后，吴蜀开战，刘晔的推测被证明是正确的。

然后，接下来才是重点。

刘备与孙权开战，魏国怎么办？

三国之中，魏国最强，吴蜀皆弱。两弱抗一强才能维系平衡，现在孙刘开战，魏国加入其中任何一方打另一方，另一方都挡不住，实力差距过大。

现在该曹丕做选择了。很明显，形势对他最有利。

考验智商的时候到了。可惜，曹丕不及格。

刘晔说，孙权此时来称臣，就是怕我们打他。他称臣于我，一是怕我们趁机打他；二是做给蜀国看，魏国是站在他这边的，方便他狐假虎威。我们不能让他如愿。

当今天下，我大魏十居其八，吴蜀各保一州，一个依山川之阻，一个凭长江之险，这才得以顽抗至今。小国相攻，大国之利。

趁刘备与孙权开战的大好时机，我们也加入进去，跟刘备一起打孙权，渡江南下，进攻建业。

蜀军攻其外（荆州），我军攻其内（扬州），数千里战线，孙权必然首尾难顾，顾此失彼。

不出旬月，吴国必亡。

即使将吴国的土地分一半给蜀国，失去呼应的蜀国也不能久存。更何况蜀国得的荆州是外围，我们得的扬州是孙氏的基本盘。

刘晔已经将形势讲得如此透彻如此明白。

可是，曹丕的智商实在是对不起他爹对他的信任。

曹丕居然接受了孙权的称臣，封孙权为吴王。曹丕在吴蜀相争之际按兵不动，选择坐山观虎斗。

这要是曹操，根本不会犹豫，直接开战，打孙权。

曹丕这拨操作真是蠢到家了。跟孙权只见小利不顾大局偷袭荆州的愚蠢有的一比。

估计，这时候，曹操的棺材板都快要压不住了。

曹操要是知道曹丕放弃这么大好的机会，也会被再气死一回。从后面曹丕在夷陵战役结束后出兵三路伐吴的举动看，他是想等两败俱伤，再上去捡便宜。可是，他选错了时机，在孙权陷入与刘备的持久战时才是最佳的机会。机会错过就难再有了。

孙权的运气好就好在，刘晔已经将道理讲得很明白，曹丕却依然做出错误的选择。

不然的话，刘备全力进攻的时候，曹丕起倾国之兵南下，即使孙权有防备，也挡不住魏国举国之力的南征兵团。

刘备的东征兵团在收复秭归之后，便停滞不前，近半年的时间未采取大的行动。直到章武二年（222）正月，刘备才率军从秭归出发，将军吴班、陈式率水军沿长江两岸夹江而进。

之所以会停半年，刘备很可能在观察形势。一是看孙权会不会妥协，交出荆州；二是看曹丕会不会趁机出兵，与他夹攻孙权。

孙权虽与刘备闹翻后一直在讨好曹丕。但占便宜的事儿，孙权也一直在干。襄樊战役，曹仁的部队其实已经到了崩溃的边缘，只差一点就崩了。这也是关羽迟迟不肯撤退的原因。孙权偷袭荆州后，樊城虽然解围，但也残破不堪，曹仁只能转移到襄阳。但襄阳的情况比樊城也好不到哪里去。襄樊打了一年多，城里已经没有粮食了。

曹丕对曹仁说，你别在那儿撑着了，撤到宛城吧。于是，曹军主动放弃襄阳，回撤到宛城。

曹军撤走，孙权就派兵过来接收，这么大的便宜，在孙权看来，不占就不是人了。

孙权派兵进驻襄阳，还是在占偷袭关羽带来的便宜。然而，不久后，缓过劲儿来的曹仁又带兵南下，轻松击败吴军，重新夺回襄阳。

关羽可以轻松打崩曹仁，曹军也可以轻松击溃东吴。孰强孰弱，已经一目了然。

事实证明，正面野战，孙权既打不过关羽，也打不过曹仁。孙权也就只能靠不要脸的偷袭占便宜。

刘备与孙权开战，曹丕虽未动手，但北线的军事压力一直都在。

孙权面临着两线作战的危机，这种场景似曾相识。六年前，刘备也是在面临两线的压力下，以土地换和平与孙权平分荆州。刘备在等孙权主动吐出荆州。但孙权吃到嘴里的就不会轻易吐出来。

二月，刘备亲率大军自秭归出发，大举进攻孙权。临行前，刘备手下大将黄权对刘备说，水军顺流而下固然便捷，但退军就要逆流而上，进军容易撤退难。不如由臣率军为先锋为陛下开路，陛下率大军居中坐镇。但刘备不听，不但不听，还把黄权打发到江北。

这就不得不说刘备的东征班底，关羽败亡是刘备由盛转衰的转折点。

衰落的重要标志就是人才的凋零。以大将而言，刘备称王汉中时封了四大将，分别是前将军关羽、右将军张飞、左将军马超、后将军黄忠。

关羽为孙权所害，就在刘备东征之前，张飞也死了。

对于张飞的死，刘备似乎并不感到特别意外。因为张飞是被部下杀死的，死因是张飞鞭挞士卒，这也是张飞的老毛病了。刘备曾多次劝过张飞，让他收敛一点。刘备说，你时常鞭挞部下，又把他们带在身边，这是取祸之道。张飞表面答应却一点不改，依然如故。然而这一次，部下对张飞下手了。刘备出兵时说好让张飞领兵一万从阆中到江州与他会合，谁知，尚未出发，张飞便为人所害。刘备听说张飞军中都督有表上奏，还未看，就猜到了内容。刘备长叹一声，唉，张飞死了。

关羽、张飞是刘备的左膀右臂，先后遇害，刘备真是如折臂膀。

在定军山大放异彩的老将军黄忠也在建安二十五年（220）去世。

如今四大将军里还在世的只剩下马超。不过，马超这时已徒有虚名。马超穷困来投，他善于指挥的羌兵都投降曹操了。马超来的时候其实已经是光杆司令，又是中途来降，与追随刘备多年的关羽、张飞甚至黄忠都不能相比，不是嫡系也不受信任。刘备只是看中马超的名声，故不会重用他。

赵云不是四大将，在刘备生前一直也不受器重。指挥作战似乎也不是赵云的强项。赵云出彩的几仗都是作为孤胆英雄，深陷重围能杀进杀出，他是勇将，却不是独当一面的大将。而且，赵云反对伐吴，主张先伐曹魏。

赵云说当前最大的敌人是篡汉的曹丕，应该先伐曹魏，还说当因众心，早图关中。意思是先把关中打下来，孙权等以后再收拾他。

赵云的话本身说得没错，但在特定的环境下就显得不合时宜。

如果孙权没有偷袭荆州杀害关羽。那么刘备下一步大概率当然要伐魏攻取陇右凉州。

当年孙权派人来讨还荆州，刘备就说过，等我打下凉州，就还荆州。虽是托词，但也是刘备的既定战略，从汉中向西北是陇右凉州，向东北是关中。刘备的进攻方向只能是二者选其一。曹魏在凉州的势力不强，刘备很可能会先打凉州，还能利用马超在当地的威名。

但是，孙权背盟负约，还立刘璋为益州牧派驻秭归，这是极其嚣张的政治挑衅。

刘备现在只能选择伐吴，因为北上攻打曹魏，以孙权的卑鄙大概率还会得寸进尺进攻益州。但打孙权，曹丕不会出兵攻蜀。

看看曹丕此时的布置就知道，魏军在陇右关中一线兵力很少，加上有魏延守在汉中，还有易守难攻的地形优势，不用担心魏军。

打孙权，只是面对一路，打曹丕那就真的是两线作战。

赵云的建议本身是对的，但在特定时期，就等于公开反对刘备。

刘备东征也不带赵云，马超又不受重用，魏延要守汉中。刘备东征，有名的大将几乎看不到。担任前锋的大将是荆州旧部冯习、张南，统领水军的是吴班、陈式，都是不知名的将军。

至于谋臣就更不乐观。

刘备的三大军师，诸葛亮需要留守成都，而且刘备将诸葛亮当作他的萧何，与小说演义不同，刘备出征带的是庞统、法正，几乎看不到诸葛亮随刘备出征。剩下的两大军师，庞统死于雒城，法正也于不久前去世。

这次东征，刘备身边缺乏谋臣良将，此时可用的只有黄权，还被刘备打发到江北去了。

刘备令将军吴班、陈式率水军东出三峡，顺流而下直逼夷陵。刘备也从后方返回前线。汉军在长江两岸齐头并进，水陆大军夹江而进，两岸旌旗蔽野、刀矛如林，气势如虹，大有气吞山河、踏平东吴之势。

正面进攻的同时，刘备又派侍中马良深入武陵，与那里的少数民族首领沙摩柯取得联系，后者随即率蛮兵袭击吴军后方，策应刘备的正面战场。

刘备率主力从江北的秭归城出发，沿江东进，大将张南也领兵在南岸同时跟进，与北岸的刘备主力部队遥相呼应。

长江北岸汉军主力在刘备的率领下，一路推进到夷陵，在这里遇到了凭险固守的陆逊吴军主力。陆逊见汉军士气旺盛，便坚守不出，吴军主力收缩于夷陵城。刘备强攻不成，决定避实击虚，率主力渡江南下，打算从江南打开突破口。

此时汉军分驻长江两岸。为便于指挥被大江分割的汉军，刘备让黄权当镇北将军，负责指挥江北夷陵的汉军。

当汉军准备沿江南推进时，陆逊发觉了刘备的意图，于是决定主动后退到江北夷陵县的猇亭一线，与江南的夷道防线拉平。

敌变我变，刘备再次改变战术，以主力沿江北向猇亭陆逊吴军主力进攻，而以前部都督张南率偏军在长江南岸向夷道进军。

南岸汉军张南所部，推锋而进，势不可当，很快攻到江南夷道城下，包围了夷道城，随即发起猛攻。此时守在南岸夷道城的是孙权的侄子孙桓。

在汉军猛攻之下，孙桓很快顶不住了，连连向江北猇亭的陆逊求救。帐下众将纷纷要求带兵救援，却被主帅陆逊否决。陆逊很清楚，此刻主战场猇亭的成败才是关键，孙桓虽然被围，但夷道城兵精粮足，守个把月不成问题，而一旦自己分兵救援则正中刘备下怀。

所以尽管明知孙桓身份特殊，但陆逊还是决定按兵不动。

刘备大军杀出三峡后，陆逊将数百里山地让给刘备，退守夷陵，到这里便再不肯退，原因在于地势。

夷陵以西是狭长山地，刘备的兵力难以展开。刘备出峡口后立营四十余座，陆逊与之对应，也延伸防线与汉军对峙。

曹丕说刘备不懂军事，联营七百里，是道听途说。曹丕不懂军事还硬装内行，他上去还不如刘备。

刘备在占领夷陵东西岸后全线畅通，不需留驻大量兵力，刘备的主力都在猇亭、夷陵与陆逊对峙。

陆逊想将刘备堵在山岭之间使其不得入平地，利用两岸的崇山峻岭困住刘备。

三峡水流湍急，至西陵峡口水势才开始变缓，西陵即夷陵。

从夷陵往东，荆门、虎牙两山相对，夹江而立，江岸再次收窄，过了这里江面开始变宽，水流变慢，才有利于行船。

陆逊堵的位置，在水上不利于蜀汉水军东进，陆上汉军步兵也被陆逊用山地加以限制。陆逊充分利用了地利，可以说将守方的地理优势发挥到了极致。

刘备最理想的进攻方式是水陆并进。但陆逊用山水之势将刘备完全挡住。

章武二年（222）六月，刘备干脆将水军转移上岸，想集中兵力在陆上打开缺口。

这也成为夷陵之战的转折点，也是刘备战败的原因——舍船就步，这是刘备部署上的重大失策。因为沿江而进的汉军从此将失去水军的侧翼保护，将长江的控制权完全交给吴军。水陆并进不仅仅可以协同作战，令敌人防不胜防加大防守的难度，还可以相互保护，护住侧翼，侧翼也是进攻时最薄弱的地方。

刘备夷陵之败并非七百里连营，而是舍船就步。

刘备的悲剧在于，他明明知道水陆并进的优势，却只能被迫放弃，因为水军的优势不在他这边。

刘备最能打的水军统帅是关羽，最有战斗力的水军是荆州水军。但现在关羽已亡，荆州水军大部投降。孙权原本的优势就是水战，他的优势兵种也是水军。

三国时代，三国各有自己的优势兵种。魏国的优势是骑兵，蜀汉的优势是步兵，东吴这两个兵种都弱，但他的水军强，虽然打不出去，但在长江上有优势。

孙权原有的江东水军实力已经很强，加上荆州水军，实力又得到加强。相反，失去荆州水军，刘备的水军实力大大削弱，益州处于长江上游，水军本来就弱。刘备东征整体部署又很仓促，来不及建造更多的大船。

以水军实力而言，刘备的水军难以抗衡东吴。那就只能发挥自己的步兵优势。

这是刘备舍船就步的真正原因。

双方都想以己之长攻敌之短。

但战场偏偏在长江两岸，水军是万万不能舍弃的，刘备在兵力不足实力有限的情况下，将水军转移上岸，把侧翼完全暴露给敌人。

不是刘备不想水陆并进，他也是没有办法。

刘备希望在陆战中取胜，打破僵持，但陆逊只想利用地形拖住刘备，坚守不战。

如何才能诱敌出战？

平地立营。

当时对峙的双方都将营垒设在易守难攻的山岭上。

但刘备故意露出破绽，让将军吴班带领上岸的水兵在开阔处的平地立营，以此引诱吴军出战，而在附近的山谷里早已埋伏下八千精兵。

刘备设好埋伏，单等吴军中计，出来攻击平地立营的汉军，然后伏兵杀出，将吴军聚而歼之。

江东众将见汉军在平地立营，果然沉不住气了，纷纷跑到陆逊那里请战。

面对情绪激动的军中众将，陆逊却异常淡定，对大家说，不急，先等等看。

这下江东众将彻底爆发了。陆逊属于被火箭提拔的干部。前线众将很多是追随孙策甚至孙坚的旧部，资历老、功劳大，他们中的很多人原先的级别比陆逊高，还有的可能做过陆逊的上级。而陆逊在襄樊战役前，一直是默默无闻的存在，大家只知道他是孙策的女婿，曾进山剿过山越，其他的就实在没啥可说的了。

就是这么一个找不到存在感的陆逊，在襄樊战役后，接替吕蒙，得到破格提拔。这让很多江东老将心里极度不爽，不服啊。凭什么让这小子当主帅。偷袭荆州的是人家吕蒙，他不过是个打下手的，之前没打过大仗，打山越跟打正规战可不是一回事儿。

开战以后，陆逊又是大踏步后退，一口气撤退几百里，江东众将对陆逊的指挥早就大为不满，心里都憋着气呢！这次好不容易终于看到机会，陆逊又拦着，不让动。

牢骚满腹的众将，嘴里开始不那么干净，一个比一个嗓门高，毕竟，这些将军里随便拉出来一个都比陆逊资格老。

一向以儒将示人的陆逊也终于憋不住了，拔出宝剑大吼："刘备天下知名，连曹操都要忌惮三分，那是强敌，我虽是书生，但受命主上，我忍你们很久了！我看谁再敢犯我军令！"

一顿吼之后，下面叽叽喳喳的老将们表面上老实了，心里还是不服。

但是刘备那边伏兵也不能总在山谷里待着，见陆逊不上当。刘备只好把山谷里的八千伏兵撤出来。这下可救了陆逊，看看吧，我说什么来着，果然有问题。要是听你们的，贸然出击，必中刘备的埋伏。江东的老将们这时也是一身冷汗，看来还是领导有水平，虽然是"火箭干部"，但还是有两把刷子的。

众将对陆逊从抗拒到服气，陆逊终于渐渐树立起主帅的威望。部下只有服你才能有效贯彻你的战术意图，服从你的指挥。

双方从章武二年（222）正月对峙到六月，缺乏得力军师辅佐下的刘备确实想不出新的奇谋，屯驻在山林高地上，长久的对峙，迟迟打不开局面。汉军的士气不可避免地下降，部队也十分疲惫。更危险的是，此时，刘备军的侧翼，已经完全暴露在机动性极强的东吴水军面前。

夷陵战役是陆逊接替吕蒙成为大都督的首战，而江东此时的处境十分危险，陆逊也心知肚明。

陆逊表面上要对抗的是一个阵营，实际上是两个阵营，刘备在明，曹丕在暗。打输了，被刘备夺去荆州还是小事，到时曹丕肯定要趁火打劫，那就正如刘晔所说，蜀攻其外，魏攻其内。那吴国也就亡了。打赢了也未必轻松，曹丕可能也会来，毕竟人家占据着襄阳、合肥，想来随时就来。

因此，陆逊不敢冒险，他要求稳，稳中求胜。他很清楚他的优势跟劣势。相比刘备，陆逊占据山水之势，他有地利，这个他已经充分利用了，分兵在长江北岸的夷陵、南岸的夷道挡住刘备。这两地往东的水道由东吴水军控制，他又亲自守在陆上与刘备相持，先守住保证至少不被刘备打败，然后再等待时机寻找刘备的破绽。

从章武二年正月到六月的对峙，陆逊守住了阵线。接下来，陆逊又找到了刘备的破绽，那就是舍船就步。陆逊可以用上水军的优势沿江而上去攻刘备的侧翼了。

而且，通过长达半年的相持，陆逊发现刘备的用兵缺少变化，只用过平地立营的诱敌之计，还被他识破了。

陆逊已经心里有数，知道决战的时机已经成熟。

陆逊随后在给孙权的上书中，表明了自己在夷陵与刘备决战的决心。夷陵不但是宜都郡治，更是荆州的西面门户。如让刘备攻破夷陵，吴军再无险可守。

他说开始最怕刘备水陆并进，现在刘备水军上岸处处结营，已探明他的兵力部署，知道该怎么做了。

击败刘备，只有出奇制胜，派水军逆江而上出奇兵从汉军侧后登陆，与主力前后夹攻。

陆逊心里有底，也就不像开始那么畏惧刘备。

陆逊是胸有成竹了，他才敢这么说。

章武二年闰六月，陆逊决定反攻。消息传出，吴军众将又炸了锅，这位主帅已经不是第一次让他们抓狂了。众人纷纷表示，当初刘备初来乍到，您不打，现在汉军在山险之地已扎下七百里连营，您难道要我们一个一个去攻吗？就算能打下来，那要付出多大的代价。

对众将的反应，陆逊并不感到意外。陆逊说："刘备素来狡猾多诈，此人是沙场老将，久经战阵，其军初来，锐气正盛，难以争锋。如今，师老兵疲，击败刘备正在此时！"众将心里不服，但人家毕竟是主帅，只好任凭陆逊发号施令。

陆逊先派兵攻击刘备的一个营寨，做试探进攻。结果大败而回，死伤惨重。这下众将有话说了，看看，我们说什么来着，人家早有准备，营寨坚固，你坚持要打，结果还不是让士兵白白去送死。虽然打了败仗，但陆逊却只是说："我已有破敌之法。"众将以为他又要发表高论，陆逊却点到为止，不再往下说，搞得众将一头雾水，悻悻而去。

一天，陆逊突然升帐聚将，他要反攻了。

陆逊想出了击败刘备一字长蛇阵的方法——两栖登陆。陆逊先派朱然领兵五千乘船走水路逆流而上，深入汉军侧后，实施迂回包抄。

刘备经验丰富，对陆逊的反攻早有防备，事先在险要道口派重兵把守。因此陆逊想从正面突破几乎是不可能的。

夷陵一带是沿江的山地，并不是开阔平原，只要部队守住要点，敌军就很难突破，所以陆逊才会选择后退到这里据险防守。反过来，同样的地形，陆逊要突破汉军防线也很难。而向北就是丛林密布的高山峻岭，部队根本无法迂回。

陆逊想实现包抄敌后的计划，照常规作战基本是不可能完成的。

但刘备也有弱点，陆逊早就注意到了。这个弱点并不是曹丕所说的，刘备不懂兵法七百里连营，也不是把营寨驻扎在林木茂盛之处。而是刘备"舍船就步"，没有水陆并进，换句话说，就是刘备在夷陵的陆军，没有水军的侧翼保护。刘备沿江攻击却把自己的侧翼完全暴露给了吴军最强的水军！

刘备的失误是舍船就步。

刘备在蜀地没有大规模经营训练水军，相比东吴，水军弱小。所以刘备才会把沿江作战至关重要的水军留在夷陵，而自己带领陆军缘山截岭艰苦行军。

当刘备陆军主力在猇亭一线与吴军对峙时，从猇亭到夷陵城大约三十八公里，而这一段正好就是沿江汉军阵地没有水军保护的侧翼，也无险可守，是刘备的软肋。而吴军拥有强大的水军和船队，控制长江水面，完全可以保证把陆军快速、突然运送到这一段的任何一个地点实施登陆作战。

陆逊正是看到了这点，才满怀信心地向孙权打包票说他能对付刘备。

陆逊命令士兵每人带上一把引火的茅草，各部同时向事先各自指定的汉军营寨发起进攻。

陆逊突然发动全线反攻大获全胜，给人的印象就是靠火攻。可是史书既没有当时火延顺风的记载，更没有如同赤壁之战那种"时风盛猛，悉延烧岸上营落。顷之，烟炎张天，人马烧溺死者甚众"的情况，为什么四十多座营垒转眼之间就崩溃了呢？

是否如曹丕分析的那样，刘备因为扎营在树林茂密处，才被陆逊火烧连营呢？六月的湖北夷陵，到处林木葱葱，不过以刘备多年的经验，还不至于把军营扎到树林中，至少要在军营四周开辟出足够宽的平地，以利防守。陆逊在给孙权汇报的信中，除提到"臣初嫌之，水陆俱进，今反舍船就步，处处结营，察其布置，必无他变"这两个问题之外，根本未谈到刘备在树林中扎营的事。刘备在部队驻扎、部署上并无大的失误，至少没有在草木茂盛的林中扎营的错误。

真实的作战过程很可能是朱然率领的五千精兵在刘备前军侧后登陆成功，并突然发起攻击，陆逊在朱然部得手后，才率领全军从正面强攻，夹击汉军。

汉军突然遭敌人夹攻，腹背受敌，顿时陷入苦战。汉军对正面的吴军有所准备，但对仿佛从天而降的朱然部，全无防备，阵脚大乱，大都督冯习、前部都督张南先后战死，蛮王沙摩柯也死于乱军之中。

夷陵之战，汉军失败的第一个关键因素，就是陆逊策划的这次成功的两栖登陆作战。这次两栖登陆突然切断了冯习前军与刘备中军的联系，而后陆逊全线发动攻击，结果造成汉军前军的迅速崩溃。前军大都督冯习和前部督张南、蛮王沙摩柯全部战死，使前线汉军失去有效的统一指挥，导致各部各自为战，兵力分散，被敌人各个击破，将军杜路、刘宁因无路可逃而投降。

一次作战，如此多的大将战死并不正常。在当时发生的大多数战役中，大批高级官员战死或被俘，多数是因为后路被切断：比如官渡之战，因为黄河天险切断了袁绍的退路，襄阳之战孙权方面提前切断了关羽的退路，等等。因此，刘备大军在双方的突然交战中，损失如此多的高级将领，也可以证明其后路很可能被切断了。

即使如刘备这样久经沙场，也不会有两栖登陆作战的概念，大概也没有想到陆逊会从这里下手。这次的登陆战在策划者陆逊的本传中未见记载，很可能是记述历史的人不了解两栖登陆作战的重要意义，而只知火攻之类的常规策略。

闰六月，陆逊派朱然领兵乘船逆流而上在汉军前军后方登陆，切断了汉军前军与中军的联系，陆逊自己亲率大军全线发动攻击，一举击溃了汉军位于猇亭的前军。

刘备突然接到前线急报，反应也很快，立即集中自己的中军和部分突围回来的前军，在涿乡与随后赶来的陆逊吴军主力展开决战。

刘备全力以赴希望能够反败为胜，但吴军再一次靠着人多取胜。朱然、韩当等东吴猛将悉数上阵，而刘备一方却没有可以力挽狂澜的大将。赵云不受重用远在江州。黄权亦率军在外警戒魏军。前锋大将冯习、张南先后战死，剩下吴班、陈式等人，寡不敌众，回天乏术，仗打到现在，胜负已无悬念。

一场混战之后，汉军伤亡惨重，刘备不得不率部向西撤退。

刘备率军撤到夷陵西北的马鞍山，背靠马鞍山结成圆阵。刘备想坚守马鞍山，稳住阵脚。但陆逊没有给他喘息的机会。

刘备刚刚退到马鞍山。陆逊的追兵便随后赶到，将刘备及其所部万余人包围。

接下来，就是血腥的四面围攻，两军都拼尽全力，喊杀声震天动地。转眼间，马鞍山前尸横遍野，血流成河。双方士兵的尸体层层叠叠交错在一起。

守在刘备身边的汉军中军乃是汉军精锐。到了此时，只有硬拼血战。汉军面对围上来的吴军，拼死抵抗，但吴军人多势众，占尽先机，汉军越打人越少。到了半夜，刘备眼看再打下去，只能全军覆灭，被迫下令趁夜突围。

在护卫亲兵保护下，刘备才得以突围。随行人员把士兵丢弃的铠甲堆在路上焚烧堵塞道路，挡住追兵。

刘备率部撤到秭归后，将船只焚烧，然后沿陆路撤向永安白帝城。

刘备率军向白帝城撤退途中，不断与追来的吴兵发生战斗，一路且战且退。汉军在退入一座山谷时，发现这里堆积着大量原先准备运往前线的物资。这时刘备一行早已人困马乏，疲惫不堪，从这里出谷不远即白帝城，到了那里就安全了。

就在这时，追兵杀来，随行人员打算焚烧堆积于谷中的物资，封锁谷口，阻挡追兵。但这也需要时间。

危急时刻，刘备的侍卫亲军白牦兵主动留下阻击吴兵，为刘备的撤退赢得时间。

数百白牦兵转身折返，他们很清楚这意味着什么，但没有人退缩，因为这是白牦兵的职责所在，更是白牦兵的无上荣光。

白牦军在谷口布阵，迎战追踪至此的吴军。

在这里，汉军精锐白牦兵上演了夷陵之战中最为悲壮惨烈的一幕，数百白牦兵与上万吴兵浴血搏杀。成批的吴兵死在白牦兵阵前，尸体堆积如山，他们却始终无法逾越白牦兵的防线，战场上，血流成河，血战终日的白牦兵衣甲尽赤，身上早已被鲜血染红，这血有敌人的，也有他们自己的。

但面对数十倍于己的敌军，他们毫不畏惧，越战越勇，吴军终于领教了汉军精锐的厉害。

在惨烈的厮杀肉搏过后，英勇的白牦兵在杀伤大批敌军后，自己也仅剩数十人。

吴军喊话要他们投降，却无人理睬。当吴军再次战战兢兢地围上来时，白牦兵知道，最后的时刻到了。他们转身走入谷中点燃大火，当着成百上千吴军的面，脱去衣甲投入火中。接下来发生的一幕令在场的吴兵目瞪口呆，只见几十名白牦兵互相搀扶着走进熊熊烈焰之中，他们以自己的生命完成了护卫主公刘备的任务，尽到了自己的职责，最后选择在烈火中走向永生。

历史将记住这支光荣部队的名字——白牦军！

白牦军早已同虎豹骑、陷阵营、玄甲军一起，成为骁勇悍战勇不可当的英雄部队的代称而永载史册。

目睹这一切的吴军将领被深深震撼了，面对眼前无法逾越的火墙，只好下令全军撤退。刘备这才得以脱离险境，安全退入白帝城。

刘备军在马鞍山与吴军的战斗并非决战，涿乡之战才是主力决战。马鞍山之战是被四面包围下的苦战，战斗很激烈，但不是决战。

为什么说涿乡会战才是决战？因为只有这次交战才带有决战性质。

猇亭会战不能被称为决战，因为汉军是在被动情况下毫无组织进行的，从一开始就失去指挥被动挨打。马鞍山之战也不是决战，因为从没有决战一开始一方就被另一方四面围攻被动挨打，这只是刘备的撤退之战。

涿乡之战才是决战。在这场会战中，刘备将当时他所能集中的全部主力（包括中军主力和前军部分兵力）悉数投入战场，主动对抗陆逊军主力，如果会战胜利，刘备就可以终结陆逊的进攻，甚至扭转战局，至少可以从容把剩余部队安全撤走。

而如果战败，那就宣告本次战役彻底失败。结果刘备败了。

在败局已定，全军溃散的危急时刻，汉将傅肜以自己的牺牲为这次悲壮惨烈的会战写下了最为浓重悲情的一笔。

当刘备率军从马鞍山突围时，将军傅肜毅然承担殿后。谁都知道，如此形势之下，留下来意味着什么，但将军还是义无反顾选择了留下。其实，他可以不死。他可以脱下铠甲混在士兵中逃生，也可以选择投降保全性命，但他选择战斗。

傅肜率领手下为数不多的士兵与吴军展开空前惨烈的搏杀。傅肜跟他的士兵在用自己的生命为刘备赢得时间，几乎每时每刻都有忠勇的士兵倒下，但没有人屈服。

吴军也被傅肜部的顽强感染了，派人喊话劝降。对敌人的劝降，傅肜怒不可遏，大喊："我乃堂堂汉将，岂能向吴狗投降。"说完，继续率领部下拼死厮杀。

战斗到最后，汉兵死伤殆尽，傅肜却更加威猛，气血上涌，犹如战神附体，所向无敌，杀得吴兵人人胆寒。但在搏斗中，傅肜自己也浑身多处负伤，当鲜血流尽，气力耗尽后，将军终于倒下了，随同傅肜将军战死的还有上千名英勇不屈的汉军将士。

从事祭酒程畿随军从水路乘船撤退。大船逆流而上，走不快，眼看追兵将至，部下劝他下小船逃命，却被拒绝。程畿说："我从军多年，还没有听见敌人来就逃跑的时候。"吴军水军的战船很快追了上来，围攻程畿。面对敌军，程畿毫不畏惧手持长戟站在船上与吴兵搏斗，壮烈战死。此战汉军死伤数万之众，遗弃的军资器械、战船、辎重不计其数。战死的汉兵尸体顺流而下布满江面。

目睹惨景，刘备忍不住仰天长叹，悲愤交加。

回到白帝城的刘备一病不起。

刘备惨败时，黄权军并不在夷陵。如果此刻黄权在夷陵，他完全可以从容撤退，并不存在后路问题。当时长江三峡沿岸的几座城池，如鱼腹（永安）、巫县、秭归、夷陵等都在江北。

刘备从猇亭后撤到夷陵，到涿乡，到马鞍山，到秭归，再到鱼腹，走的都是江北的栈道。如果黄权在夷陵，早就与刘备会合西撤了，也就不存在无路可退的窘境。

而黄权之所以被切断退路，是因为黄权为了防备魏军侧击，必须向北前出一段距离，以增大防御纵深。当刘备大军战败西撤，黄权军无法返回夷陵，因为夷陵被吴军占据，此时黄权想退也不可能了。

镇北将军黄权走投无路，他只有几千人，打不回去，又不能向吴军投降，在痛苦中备受煎熬的黄权选择了向曹丕投降。

曹丕对黄权主动来降，十分欣赏，这大大满足了他作为中原之主魏国皇帝的虚荣心。曹丕为表示对黄权归降的重视，特意在大殿召见。

曹丕面带笑意，和颜悦色地问道："卿弃暗投明，莫非想效法古人陈平、韩信舍项羽投刘邦的典故吗？"曹丕的得意之情溢于言表。黄权却无心顺承曹丕，如实回答："我受刘备厚恩，不能降吴，回蜀无路，万不得已，这才归附陛下，败军之将，能免一死，已是万幸，岂敢效法古人！"

曹丕没有怪罪黄权，反而很赏识黄权，任命黄权做了魏国的镇南将军，封育阳侯。

不久，有来降蜀人说黄权的妻子已被刘备杀了。曹丕让黄权为家人发丧，黄权却说："臣与先主刘备、诸葛亮以诚相待，他们知道我的苦衷，不会为难我的家人。这定是谣言，臣请待数日后，得到确切消息再发丧不迟。"

几天之后，确实消息传来，黄权家人安然无恙，刘备果然没为难黄权留在蜀中的家小。

黄权投降的消息传回蜀中，蜀汉的司法部门的确准备处罚黄权的家属，奏章报上去，刘备却没有批。刘备对来人说："我对不起黄权，黄权没有辜负我。"对黄权家人的照顾一如既往。

刘备的宽容信任最终得到了回报，四十年后，魏将邓艾偷渡阴平，进攻蜀汉，黄权的儿子尚书郎黄崇随同诸葛亮的儿子卫将军诸葛瞻临危受命，领兵迎战，在绵竹与魏军血战，黄崇激励将士，身先士卒，战死沙场。

留在魏国的黄权，虽为降臣却从不趋炎附势。司马懿特别欣赏黄权。

一次，司马懿与黄权聊天，就问黄权："蜀中像您这样的人才有几人？"黄权听了大笑，说想不到您如此看重我。司马懿后来在给诸葛亮的信中对黄权夸赞有加。

黄权后来病死在魏国。

刘备退回永安，吴军跟踪追击，在白帝城南面的南山安营。吴军将领纷纷要求乘胜追击，攻入蜀中，一举拿下西川。

孙权就问陆逊入蜀是否可行。陆逊很清楚，以吴国的实力益州根本打不进去。

要不是刘备舍船就步，能不能打赢刘备都很难说。那些人的话怎么能听。

陆逊告诉孙权，曹丕不得不防。我们去打刘备，曹丕要是乘虚而入，如何抵挡？孙权这才作罢。

不出陆逊所料，曹丕果然动手了。

章武二年（222）八月，曹丕提出来要孙权派儿子来洛阳，当人质。

说既然你称臣于我，总得有点诚意，把你儿子送过来吧。

孙权说我儿子孙登还小（本年14岁），不懂礼数，等过两年，他大一些，我再派他前去洛阳觐见天子。

曹丕一听就火了，孙权存心不给自己面子。去年（221），曹丕就跟孙权提过一次，要封孙权的长子孙登为万户侯，让孙登到洛阳受封，也就是去当人质。孙权这么狡猾，当然不干，只是成车地给曹丕送礼、说好话，但就是不送人。

谁知，曹丕如此执着，旧事重提。这时孙权打败了刘备，感觉腰杆子硬气了，不再买曹丕的账。

既然谈不拢，那就打吧。曹丕早就为南征做好了准备。

八月，谈判破裂。九月，曹丕"兴师问罪"的大军就出发了。这足以说明曹丕早有准备，他早就想打了。

章武二年（222）九月，即猇亭之战结束不到两个月，曹丕以孙权拒绝交出质子为由，宣布南征讨伐孙吴。曹丕一声令下，魏军兵分三路，大举伐吴。

魏军的这次南征规模极大，不论从兵力还是从将领阵容都远远超过刘备的东征军。毕竟是大国，实力雄厚。

魏军精锐尽出，阵容强大。

东路军由主帅征东大将军曹休率领，从征的包括老资格的将领臧霸、令吴人闻风丧胆的张辽、重大战役总能看到身影的颍川人赵俨等。

西路军由主帅上军大将军曹真、征南大将军夏侯尚共同率领，从征将领包括曹魏五子良将的张郃跟徐晃、颍川军师辛毗等人。

中路军由主帅大司马曹仁率领，从征将领包括蒋济、曹泰、常雕等人。另派江夏太守文聘率偏师占据沔口，阻断南郡和江夏的联系。

魏军的阵容配置大致有三个特点：

带队的必须是曹氏自家人。这次三路伐吴的主帅分别是曹休、曹真、曹仁，基本上宗室能打的都派出来了。从阵容上看，曹丕确实没有保留，很给孙权面子，而这也是曹氏的最强阵容了。

三路魏军的总指挥曹丕坐镇宛城，遥控指挥，数十万魏军沿数千里战线运动集结，很有声势。

三路伐吴，其实是两路出击。东西两个战场，东线洞口，西线江陵，濡须是洞口的分战场，沔口是江陵的分战场。文聘这一路是夏侯尚的偏师，目的是配合江陵战场阻拦东吴的援军。而濡须则相反，曹仁这一路是秘密行军，也就是说洞口这一路的作用是帮助曹仁牵制住吴军主力。

夷陵之战结束后，吴军迅速回撤，各回防地，在长江一线严阵以待。

曹丕的进攻时机晚了，而且对手已经做好了准备，攻击的突然性是谈不上了。魏军发起三路攻势之时，孙权也分兵派将，分路拒敌。

吕范督徐盛、全琮、孙韶等五军在洞口抵抗曹休。

诸葛瑾、潘璋率军救援江陵守将朱然。

朱桓守濡须对抗曹仁。

曹休所督的军队至少有十万人。江陵的夏侯尚有三万，派去屯兵沔口的文聘有一万。濡须的曹仁兵力在四万以上。

三路魏军兵力至少在二十万，魏军全国的总兵也只有四十万左右，考虑到需要在西线部署相当的兵力防备蜀汉，还要在北方沿线驻军对抗鲜卑、乌桓等少数民族骑兵，以及留守洛阳、邺城这些大城市，二十万人几乎是魏国能调动的兵力极限。

这是曹丕称帝以来的第一次大规模军事行动，兴师动众，自然想要有所收获。

魏国的威胁显然远大于刘备。孙权为应对魏军的倾国之兵，也进行了总动员，调动的参战兵力大致在十万人，而东吴全国的兵力也就二十万，这也几乎是吴军的最大动员能力了。

仅就参战兵力而言，已经是夷陵之战的三倍。

十一月，曹丕抵达宛城，这里靠近江陵战场，显然江陵是曹丕关注的重点。刘备发动夷陵之战的目的就是夺回江陵，紧接着曹丕伐吴的兵锋也指向江陵。而孙权与刘备反目，背盟偷袭也是为了江陵。这里始终是各方瞩目的焦点，因为江陵的战略地位实在过于重要。

不论是北上中原还是南下荆襄，不论是西进益州还是东进扬州，几乎都要过江陵，因为这里控制着长江水道。

江陵是兵家必争之地，也是曹丕这次进攻的主要目标。

东吴江陵守将是孙权的同学朱然。吕蒙临死前，孙权曾问他，谁可接替其位置，吕蒙推荐的就是朱然。可能有人会产生疑问，前番，孙权问吕蒙谁能接替他，吕蒙可是在孙权面前力荐陆逊的，为何两次推荐的人不同。

其实，很简单，两次提问的背景不同。

第一次是临时接替，这个人需要对荆州形势以及这次接替任务的性质十分清楚，这不是最终任命，只是临时串场，配合吕蒙演戏麻痹关羽，使其减少防备。这个人必须名望不大，还要能配合吕蒙贯彻其意图，而陆逊满足以上条件，是最合适的人选。

第二次是问最终的接替者，常年镇守荆州的人。其实选朱然是孙权的意思。朱然是他的同学，信得过也靠得住。吕蒙看出了孙权的心思，不过是把孙权想说的话替孙权说出来罢了。

朱然曾在濡须坞挡住曹操的进攻，还在荆州之战和夷陵之战中立下战功，特别是夷陵之战，朱然率水军深入刘备军侧后发动突然进攻，才打乱汉军阵脚。

本来就是亲信还有战功，朱然自然就被派到江陵去守这个至关重要的地方。

朱然虽然能力够强，但仅靠他一个还是不行。孙权令孙盛领兵一万守江陵城西的中洲，与江陵城遥相呼应，又命韩当等人率兵在外围与江陵互为掎角，加上正在赶来江陵路上的诸葛瑾军。孙权觉得应该差不多了。

江陵是双方争夺的重点，基本上双方最能打的将领，最能打的部队都被部署到这里了。

相对而言，中路的濡须的阵容就要逊色很多。魏军的中路阵大概是魏军中最弱的，其中曹泰是曹仁的儿子，常雕、诸葛虔是不知名的将领，有名的只有主将曹仁。

濡须是吴军在长江以北巢湖以南的军事重镇，孙权进攻合肥都要从这里过。濡须是东吴北上的前进据点，自然对魏国的威胁也最大，也正因如此，曹操在赤壁之战后曾三征濡须，算上这次，已经是第四次进攻濡须。

　　守将朱桓出自吴郡四大家族的朱氏。顾、陆、朱、张被称为吴之四姓。从夷陵之战开始，江东本土宗族大姓开始逐渐接替淮泗将领成为东吴的骨干。

　　魏军三路主帅中最年轻的是曹休，曹丕最担心的也是曹休。这路魏军的目标，魏方称洞浦，东吴称洞口，双方用的都是简称，这个地方正式的名称是洞浦口，大致位置在京口，也就是今天的江苏镇江对岸，是长江沿岸的重要渡口之一。这里距曹丕所在的宛城最远，靠近吴国后来的国都建业，且是三路伐吴当中唯一一路在长江上展开的战斗，双方参战的都是水军，因而魏军在这一路打开局面的可能性最小。

　　魏军的优势是陆战，打水战不是强项，派最年轻的曹休来也是想培养后辈人才。曹休是曹操看中做储备干部用的。曹丕也想历练历练曹休，好让他增加实战经验。对曹休的战果，曹丕未做过高期待，因为这路的任务就是牵制吴军，配合濡须战场。

　　为了达成牵制的目的，曹丕还专门把张辽放在这路，就是要利用张辽的威名震慑东吴。实际上此时张辽已身患重病卧床不起，但名人效应依然不同凡响，孙权听说张辽也来了，吓得不轻。即使知道张辽有病在身，不会亲自上阵，但当年逍遥津之战的心理阴影实在过于浓重，吴国人只要听到张辽的名字就心惊胆战。孙权特意下敕令给诸将：张辽虽病，不可当也，慎之！

　　曹休的任务只是牵制配合主战场，但由于曹休的自尊心过强，曹丕并未将真实情况告诉他，踌躇满志的曹休很想表现一下，给曹丕寄来一封信，让曹丕惊出一身冷汗。

　　曹休的信写得豪气干云，说臣这就要领兵渡江，横扫江南，到时必然马到功成。如果臣战死他乡，请陛下不要挂念。

　　曹休的这封信既是请战书也可以看作遗书。曹丕看过估计有点头大，到底是年轻，锐气正盛：老子派你去搞牵制，你却想当敢死队。但曹丕生怕曹休真的脑子一热，杀过江去。毕竟，长江现在还是东吴控制着，仅凭一支孤军，就算能过去，大概率也回不来。曹休可是曹魏宗室重点培养的接班人，要是就这么挂了，也太可惜了。曹丕赶忙派使者快马加鞭前去阻拦。

曹休是曹洪的侄子，与曹丕平辈。曹休的特点就是胆子特大，冲得特猛，风格近似于曹彰，一听打仗就兴奋，曾在下辨之战中主动出击，打退张飞、马超的进攻。后来曹丕派他守扬州，他刚到任就率兵去打吴军驻守的历阳，还打赢了。打了胜仗的曹休还不依不饶派人过江袭击孙权吴军的江南大营。敢打敢拼的曹休有之前的经历，因而这次他打算故技重演，再来一次渡江突袭。

曹休的运气还真是好。十一月的一天，江上忽然刮起大风，吹断了吴军战船的缆绳，很多战船被吹到江心。曹休马上率军出击，大败吴军。东吴水军落水溺亡数千，大量战船被魏军缴获。因为翻沉的船只众多，很多落水的吴军士兵纷纷向邻近的战船攀附，旁边船上的吴军将领本就已经心惊胆战，更怕上来的人多，重心不稳船只倾覆。他们不顾落水士兵的苦苦哀求，纷纷用长戟刺击驱赶，整个吴军哀号一片，乱成一团。

待吴军撤回南岸，曹休便打算乘胜追击扩大战果，命臧霸率前锋万人率先渡江，在南岸与吴军接战。由于之前被打乱阵势，曹休的风格又是连续进攻，不给对方任何喘息的机会，吴军相当被动。屋漏偏逢连夜雨，这时，孙权同父异母的弟弟孙朗负责保管的军械库失火，令吴军雪上加霜，最终吴军以战死数千人的代价，才将臧霸赶回江北。

曹丕万万没有想到曹休居然在洞口取得大胜，令曹丕欣喜万分，然而此时后方传来张辽不幸离世的消息。更令曹丕想不到的是这次意外的胜利居然是三路伐吴取得的最大战果。

吕范将闯祸的孙朗送到孙权那里。孙权大怒之下将其终身监禁。而之前一直在上游江夏新市驻防的贺齐听说吴军在洞口大败，担心魏军趁机渡江大举南下，赶紧率军前来接应。贺齐战功赫赫，善于用兵，船队严整。

曹休在北岸看到东吴援兵赶到，战船又多，于是见好就收。

濡须方面。曹仁率军向西攻取濡须，派蒋济率领人马顺流前往濡须东北的羡溪，做出大军进攻羡溪的架势。曹仁的重兵袭击让朱桓显得有些措手不及，朱桓在惊慌下急忙派兵救援羡溪，然而他很快反应过来这是曹仁引诱自己分兵的计策，便派使者追回救兵。救兵尚未追回，朱桓又得到消息，曹仁的大军距濡须只有七十里了，此时的朱桓手下只有五千人，全军立即陷入恐慌。

吹牛的时间到了。吹牛很容易，但要吹出水平令人信服却很难，但朱桓做到了。他召集部下说："两军对战，决定胜负的关键在于将领，而非数量，你们认为曹仁用兵比得上我吗？曹仁既没我聪明又没我勇敢，他的士兵胆子又小，千里迢迢赶来，人困马乏。我们占据坚城、前有大江、后有高山，以主制客，此乃百战百胜之势。就是曹丕亲自前来，又有何惧，我又怎么会怕他区区一个曹仁！"

朱桓的一番自吹自擂，居然真的将部队鼓动起来。朱桓平时在军中素有威望，这点很重要，平日有威信，战时才能服众，关键时刻，大家才愿意听你的。即使知道你说的是大话。

曹仁派曹泰攻城。这时，之前派出的救兵也回来了。中路陷入对峙，魏军的牵制计划实际上宣告失败。

相对东路，西路才是主攻。这一路主将是曹真跟夏侯尚两人，配属的大将是张郃、徐晃这种正当年的将军。东路是一老曹仁带一小曹休，配给的大将张辽重病在身，臧霸则是地方杂牌军老油条，富贵已极，只想混日子，不愿冒险。

从主帅到大将，西路的配置都堪称豪华。而东路则明显是以老带新，刷经验的。

西路的攻击重点是江陵，在江北能发挥魏军的陆战优势。而东路的战场在长江。在水军不占优势准备不充分的情况下，不会轻易冒险将大部队派到南岸去。

从随后魏军在江陵长达半年的围攻战也能看出，这次魏军就是奔着江陵去的。

曹真大军包围江陵后，做的第一件事就是命张郃率兵进攻城西中洲上的孙盛军，其余人则负责切断守城的朱然与城外吴军的联系。

曹操父子历次南征都将时间选在冬季，这是有深层考虑的。北方士兵不善水战，因而如用水军与东吴决战于长江，明显吃亏。而冬季水流减缓、水位降低，东吴的水军优势大为削弱，魏军可以逼吴军在陆上进行步战。因而每次魏军南征，东吴最艰难的时候都是冬天，只要撑过冬天，冰雪消融，水位渐涨，水流变急，东吴的水军就会重新活跃起来。

张郃趁冬天水位下降率兵直接抢滩登陆杀奔中洲，对孙盛发起猛攻。孙盛虽早有准备，在洲上筑有坞堡。但打陆战，魏军对吴军几乎就是碾压，更何况孙盛这种水平一般的宗室将领，根本不是张郃的对手。能跟张郃对攻的都得是张飞那种猛人，但孙盛显然不是，在魏军猛攻下中洲吴军很快就顶不住了。

西路战场，魏军兵力占优，攻势凶猛，基本压着东吴打。吴军全线陷入被动。孙权远在豫章，对江陵的战况更是忧心忡忡。

孙权的压力相当之大。如果曹丕在刘备进攻夷陵的时候，全力压上，"配合"刘备，那么孙权很可能早就全线崩溃了。

刘备要是再发动一次进攻，孙权也就完了。于是，当年年底孙权主动向刘备示好，希望与蜀汉恢复往来。刘备也做出了回应，双方关系开始缓解。刘备不是不想再打一次，但夷陵之战的损失过于惨重，精兵良将牺牲殆尽，是真的打不动了。而且这时刘备已重病在身，他要考虑的已经不是要不要东征，而是如何处理他百年之后的事，保住他历经千辛万苦建立的蜀汉政权。

江陵中洲的战事持续到次年正月，孙盛不出预料被张郃击败，张郃攻占中洲，对江陵形成合围，江陵彻底变成一座孤城。

诸葛瑾见形势危急，赶紧派兵渡河前往中洲救援孙盛，结果遭到夏侯尚率军夜袭。夏侯尚水陆夹攻，放火烧毁诸葛瑾的战船。诸葛瑾军被赶出中洲。夏侯尚则建造浮桥通行中洲，继续增兵，最终增兵至三万人，牢牢占据中洲。诸葛瑾、潘璋只能眼睁睁着魏军围困江陵，干瞪眼却进不去。

在巩固住外围阵地后，曹真开始带兵猛攻江陵。此时朱然守城已有四月，人困马乏，更糟糕的是城中还发生了瘟疫。朱然军中不少人因此患病，还能战斗的只有五千人。曹真在城外又堆土山，又凿地道，昼夜猛攻。但朱然顶住了魏军的进攻，还趁曹真不备率兵出城击破魏军的两座营垒。在朱然的苦撑下，江陵虽险象环生但居然守住了。知道当年关羽为何对江陵的城防那么有信心了吧。魏军如此猛攻居然打不下来，当年要不是守将投敌，关羽不会失荆州。东吴偷袭夺过江陵，用的还是当年关羽修的城。

江夏战场，因为洞口损失惨重，驻扎这一带的贺齐前往支援吕范。吴军的留守兵力不足，被迫收缩，安陆、新市、云杜、竟陵四个沔水以北的县被魏军占领。连续数月被魏军痛扁，吴军虽然很狼狈，但确实很抗揍。

时间悄然来到三月，冰雪消融，春雨降临，中路进攻濡须的曹仁意识到必须尽快与朱桓决战，否则形势将对魏军越来越不利。于是，他命曹泰加紧围攻濡须，同时令常雕督率诸葛虔、王双二将领五千人马进攻濡须中洲，自己则率兵一万人在后坐镇。濡须中洲住的都是朱桓军的家眷。曹仁认为此举必定重挫朱桓军的士气。然而蒋济却极力反对，他说中洲在吴军下游东岸，如果吴军从上游攻击常雕等人侧后，魏军就危险了。但曹仁坚持己见。

朱桓发现曹仁的行动后，瞬间察觉出其漏洞，趁常雕上岸后亲自率军夺船，切断常雕等人的后路。曹泰见朱桓出城，率军急袭濡须。朱桓派骆统、严圭进攻常雕，同时遣将拦截曹仁增援，自己亲自和曹泰交战。最终吴军大胜，常雕被斩，王双遭擒，魏军损失千余人，而朱桓则烧毁曹泰军营，追斩数千人，曹魏中路军士气大挫。

这一战的失利意味着中路军已经失去攻占濡须的可能性，这对于曹丕三路伐吴大计是惨重的打击。

江陵方面，朱然守城半年，城内损伤惨重，粮草将尽。江陵县令姚泰对守城失去信心，秘密同曹真联络，被朱然发觉斩首，城内人心惶惶。

之前，夏侯尚、张郃占领中洲，江陵被完全包围。而随着春天的来临，中洲的地势开始发生变化。中洲是江水中泥沙冲击而成的岛。冬天枯水期，中洲四周的江水浅且窄，士兵战马通行都很容易，现在却变得又深又宽，需要从浮桥上才能通过。

中洲上屯着三万人马，却只有一座浮桥与陆地相通，这就相当危险。如果吴军火烧浮桥，洲上魏军将成为瓮中之鳖，只能束手就擒。于是吴将潘璋有了一个大胆的想法，他率军来到中洲上游五十里处，砍下芦苇绑成大筏，想靠芦苇顺流而下施展火攻。如果这一计划实现，中洲上的魏军可能就要全军覆灭了。然而，有一个人也看出了潜在的危机，他就是董昭，这时他在曹丕身边担任侍中。他看出中洲上的魏军已成孤军深入之势，已经岌岌可危。一旦浮桥被切断，中洲遭到袭击，三万魏军就会被困在洲上。江水不断上涨，如果淹没中洲，不必等吴军出击，关羽水淹七军的历史便会重演，要尽快将部队撤出来，越快越好。曹丕听后如梦初醒，命令夏侯尚赶紧撤退。

魏军撤退时，一直打败仗的诸葛瑾终于捞到机会，立即率军追击。魏军因浮桥狭窄，撤退的人又多，大家都想先过桥，却在桥上挤成一团，在吴军追击下，溃不成军。魏军撤出十天后，水位果然暴涨。而因为夏侯尚的撤离，魏军的包围圈出现缺口，诸葛瑾等人得以接近江陵城。

重点进攻失利，曹丕只得下令全线撤军，魏军的三路伐吴宣告失败。

曹丕撤军的次月，东吴大都督陆逊、丞相孙邵率领百官劝进，希望孙权登基称帝，但被孙权拒绝。孙权知道，这次是惨胜，他当然想称帝，做梦都想，但现在还不是时候，要想真正摆脱危机还得联刘抗曹，而一旦称帝，可能会刺激到蜀汉。同月，刘备在白帝城驾崩。孙权立即派立信都尉冯熙前往吊唁。

六月，孙权派贺齐率领糜芳、刘邵与胡综攻下魏国的蕲春郡。蕲春郡有三个县，孙权丢了沔北的四个县，算是找回平衡。而沔北正好又是贺齐支援洞口时被曹魏拿下的，因而攻下蕲春也算是让贺齐出了一口气。

曹魏方面，张辽病死军中之后，曹仁也在撤军当月病逝。魏国名将凋零，三国前期曹魏一方的猛人这时剩下的已经不多了。

北方政权想要渡江，必须建立强大的水军。

但水军不是陆军的简单翻版，船舶得依水建造——可南岸的水军又不可能等着你在北岸造船，怎么办？因此对于北方而言，最好的办法就是在自己境内能找条河造船，而且，这条河还要有水路与长江联通——毕竟无论在黄河把水军练得多好，你都不可能让士兵们扛着船走陆路到长江边。

这意味着，北方若想要南征渡江，就必须控制一条水道，既能修造船只，还能连通长江，以便水军可以直接进入长江。

但满足这种条件的水道相当少，只有两条：

一是发源于汉中，在武汉汇入长江的汉水（汉江）；

二是春秋时期开凿的运河邗沟，在广陵连接长江，在淮阴连接淮河。

也就是说，北方军队只有选择汉水或者邗沟，才可能修造船只进入长江，其他地方都不行。

这也是历代南北战争都会集中于这两个地方的原因。

曹操当年南下，是在刘琮投降占领荆州后，才有了征伐东吴的打算。因为此时长江天险已为两方所共有，而曹操又从荆州得到了相当数量的船只。

曹丕后来三次南征走的都是东路。

西晋灭吴，晋益州刺史王濬便是在上游直接造船，顺流而下，才避免了以上问题。

此外，还有一处可能存在的渡江之地，在濡须口。

只要读过《三国演义》，对这个地名都不会陌生。濡须口大约在今的安徽芜湖一带，是濡须水（今称裕溪河）汇入长江之处。

濡须水并不是一条普通的河流，而是巢湖贯通长江的水道。而巢湖的水流来源，则是一条叫作施水（今称南淝河）的河流。

也就是说，如能控制施水，那么其实也算是找到了一条进入长江的水道，虽然小，但有巢湖做缓冲，总归能用。

而在施水的边上，也有一座小城。当年曹操对这里极为看重，专门派出大将张辽驻守。大名鼎鼎的"孙十万"，也因为在这里五攻不下而留下了一段"美谈"——对，这座小城就是合肥。

了解这些背景，就能明白为何襄阳会成为南北大战的重心所在：控制襄阳，就控制了汉江。

对北方而言，只要襄阳在手，船舶就可以顺汉江东下，进入长江；或经由陆路，直达江陵。

而对南方来说，控制襄阳，北方在汉江上就没有机会可言。通过防御一座城，就能保证整个长江中游的安全。

至于长江下游，因为从运河进入长江以后，渡江便是南京，因此就更需要南方政权加强防守了。

办法则是尽量往北延伸边界线，不让广陵（扬州）成为前线，最好能一直延伸到青州、徐州一线。但孙权因偷袭荆州永远失去夺取徐州的机会，因而在与北方曹魏的对抗中始终处于下风。这也是他咎由自取，怨不得别人。

长江沿线的战事进入尾声，而此时永安的刘备也已时日不多，于是派人回成都，请丞相诸葛亮来永安，嘱托后事。

第三十七章

永安托孤——诸葛亮临危受命

　　章武三年（223）二月，南征魏军北还之际，远在成都的诸葛亮接到刘备的诏令，急召其赶赴永安，有要事相商。

　　诸葛亮接到命令，不敢怠慢。几个月来，皇帝一直卧病在床，此时征召自己，诸葛亮很清楚这意味着什么。诸葛亮把手边的政务做了处理，便马不停蹄朝永安——皇帝驻跸之地赶来。

　　诸葛亮并不是唯一被刘备传召的人。早在几个月前，另一位大臣就接到了去永安的通知，此人就是前犍为太守、如今的蜀汉帝国尚书令李严。

　　刘备兵败退回永安后，便一直住在永安的白帝城。

　　白帝城位于瞿塘峡口、长江北岸高耸的山头上。白帝城东依夔门，西傍"八阵图"，三面环水，雄踞水陆要津，为历代兵家必争之地。

　　夷陵战败后，刘备便留驻永安，为的是防备东吴，这是真正的"天子守国门"。虽然不少东吴将领甚是嚣张嚷着要进攻蜀地，但陆逊还是颇有自知之明的，他知道以东吴的实力，以东吴拉胯的陆战水平，益州，想都别想。

　　章武三年（223）四月，刘备病情加重。他知道自己快不行了，在永安宫召见丞相诸葛亮、尚书令李严，儿子刘永等人也在场。

　　这是刘备、诸葛亮君臣的最后一面。临终之际，刘备说出了那句著名的政治遗言："君之才胜曹丕十倍，必能安邦定国，成就大事。如嗣子（指刘禅）可辅，请辅之，如其难堪大任，君可自立。"

诸葛亮闻言，立即跪地痛哭，泪流满面，说："臣蒙陛下三顾之恩，自当竭尽心力，辅佐嗣君，至死方休。"

刘备的永安托孤，一直以来外界都有各种猜测，很多说法。

比如有人说这个自立不是让诸葛亮，而是给予诸葛亮册立的权力。如果刘禅不行，那你就再换一个。刘备不止刘禅一个儿子，还有刘永、刘理。也就是说，在接班人的问题上，蜀汉是有后续梯队的。这个说法有其合理性，但过于牵强，根据当时刘备说这番话的语境，其实不需要做过多的解读。

刘备这么说，并不是真的让诸葛亮取而代之，而是赋予诸葛亮极大的政治权力与政治权威。

刘备很清楚，今后很长时间，蜀汉都要依靠诸葛亮这位社稷之臣。自己的儿子尚未成年，且刘备看人用人的水平在诸葛亮之上。刘禅的资质水准，刘备心知肚明。自己要将整个国家都托付给诸葛亮，那就必须加重诸葛亮的权威，给他相应的权力。

刘禅在相当长的时间里都将是名义上的国家元首，实际主持国政的将是诸葛亮。诸葛亮虽是臣子，但有能力也有威望，可当大任，但大权独揽甚至代行部分君权，还是会有人提出异议。刘备的话，与其说是说给诸葛亮听的，还不如说是说给在场众人听的，这里面包括同为托孤大臣的李严。

刘备很清楚，为确保蜀汉政权的稳定，实现权力的平稳交接，必须赋予诸葛亮足够大的权力。今后当有人质疑诸葛亮大权独揽时，自然会想到自己临终前说过的话，自己连君可自取的权力都给了诸葛亮，那诸葛亮总揽国政，别人也就不敢说三道四质疑了。

刘备当然不是希望诸葛亮真的取而代之。他也是没有办法。元老重臣如庞统、法正都已去世，就连马良也在不久之前死于夷陵前线。有能力有威望的亲信大臣，也就只有诸葛亮，刘备只能托孤于诸葛亮。

也有人说刘备的托孤之语充满诡诈，是在逼诸葛亮效忠。说刘备对诸葛亮所说的君可自取是帝王心术，这实在是冤枉刘备。

托孤的时候只能讲真话讲实话，人之将死，其言也善。

想篡位的，你就是不说，他也会篡权夺位，比如曹魏的托孤大臣司马懿。

忠于汉室的诸葛亮，你就是给他这个权力，他也不会那么做。

刘备是最会识人的，他与诸葛亮君臣相处十余年，会不清楚诸葛亮的品德为人吗？他当然清楚，用人不疑，刘备诚心托国，不需要使用诈术。刘备的话只是赋予诸葛亮权力加大权威，方便诸葛亮治国理政。

刘备最看重诸葛亮的，是诸葛亮的治国之才。至于治军，领兵征战，刘备更相信自己。刘备是把诸葛亮当作他的萧何，将儿子跟国家交给诸葛亮，刘备放心。

刘备随后在给后主刘禅的诏书中说："今后汝与丞相共掌国事，对丞相侍之如父。"

这是刘备临终前对儿子的交代。

诸葛亮是中国历史上最优秀的丞相，最杰出的政治家。

刘备此生历尽坎坷，可谓九死一生，漂泊半生直到遇到诸葛亮才迎来转机。尽管遭受很多磨难，但上天还是厚待刘备的，因为有了诸葛亮。

刘备深知创业难守业更难。自己的儿子资质平平，那就只能靠诸葛亮了。

历代以来的托孤，在诏书里明确交代要接班人与丞相共掌国事的，还要接班人像对待父亲那样对待托孤大臣的，很少见。

接班的刘禅明白父亲的用意，后来，他也的确是这么做的。他只在需要他以皇帝的身份出现的时候才会公开露面，在需要他盖章的时候行使权力。平时，国家大事都交给诸葛亮。

但并不是所有人都深刻领会并遵照执行刘备的临终托孤，比如尚书令李严。

刘备死前指定的托孤大臣有两位，丞相诸葛亮为正，尚书令李严为副。这个安排是有其深意的。

蜀汉帝国有三股政治势力，居于首位的是追随刘备入蜀的旧部，以荆州人为主，诸葛亮是代表。其次是刘璋旧部的东州势力，李严是代表。还有益州本土势力，不过他们中的很多人对新生政权持敌视态度，此时是防范对象，实力最弱。

刘备设计的辅政班底放出的是明确的政治信号。丞相诸葛亮代表荆州集团相当于首辅，居于主导地位；尚书令李严代表东州集团相当于次辅，居辅助地位。

刘备赋予诸葛亮很多权力，但对李严并未做过多交代，这也是一种暗示——朕不给的，你不能抢，你的职责就是辅助丞相。可惜，李严不明白其中的意思。

刘备的政治安排，未来的蜀汉帝国里荆州派系仍将居于领导地位，这是不容置疑的，作为荆州代表的诸葛亮必须拥有掌控局势的权力与威望。

但出于政治制衡以及政治平衡考虑，为安抚其他派系，其他政治派别也要有代表人物，李严是最合适的人选。

为何是李严呢？

李严，字正方，荆州南阳郡人，早于刘备入蜀，属东州集团。这个集团是合作对象，这派人物对刘备也比较支持，李严就是其中的代表，在这一派中享有较高的声望。而且，李严的忠诚干练也是经过考验的，早在刘备北上争夺汉中时，时任犍为太守的李严以一己之力扫平境内叛乱，关键时刻为刘备稳住了后方，才使得刘备能全神贯注投入前线作战。李严在平乱中再次展现了其过人的才干能力。

刘备称帝，李严又带头称言福瑞，力挺刘备，表现了忠心、忠诚，能力强又可靠，自然要重点培养提拔。这就是刘备选择李严辅政的原因。

丞相诸葛亮与尚书令李严作为辅政大臣总领朝政。不久，诸葛亮回成都主持朝政。李严为中都护，统领内外诸军事，镇守永安。

刘备的辅臣安排有点像之前孙策的那个托孤班底。在孙策的那个班底里，长史张昭在内主管内政辅佐孙权，中护军周瑜主管军事在外领兵。

在刘备的班底里，诸葛亮的角色相当于张昭，李严就是蜀汉的周瑜。诸葛亮与李严两人也是一内一外，诸葛亮在成都辅佐后主，李严领兵在外镇守永安。

两者看似相同，实际却大有出入。因为在蜀汉帝国里，刘备之后，诸葛亮的地位不可撼动，这是张昭所不能比的。而李严也远远没有起到周瑜的作用。

辅政大臣之间的关系向来是最微妙的，和睦相处是很难的，而明争暗斗几乎是必然的。

三国时代辅政大臣之间有矛盾冲突是普遍现象，后来曹叡的托孤大臣曹爽与司马懿，东吴孙权的托孤大臣诸葛恪与孙峻就上演了流血政变，相对而言，蜀汉辅政大臣之间的斗争仅仅表现为争权，尚未发展到流血政变。

但李严一而再，再而三地挑衅争权，最后迫使诸葛亮不得不采取行动以维护国家的稳定。

第三十八章

孔明治蜀——蜀汉进入诸葛亮时代

　　章武三年（223）五月，诸葛亮护送昭烈皇帝刘备的灵枢回到成都。太子刘禅在为父服丧后，正式登基即位。刘备的吴皇后被尊为皇太后。两年前被刘禅娶进门的太子妃张氏——车骑将军张飞的大女儿被立为皇后。

　　后主刘禅即位后于当年改元，改章武三年为建兴元年。

　　刘禅做了皇帝，随即大封文武。

　　丞相诸葛亮，封武乡县侯，开府治事。不久，刘禅又令诸葛亮领益州牧。丞相主管国政，益州牧执掌地方行政。蜀汉帝国其实也就一个益州，如此一来，蜀汉的军政大权全部归于诸葛亮。

　　用刘禅的话来说就是，政由葛氏，祭则寡人。即刘禅把国家大小政务都交给诸葛亮，自己只承担祭祀之类象征性的必须由皇帝履行的事务。

　　蜀汉帝国也由此正式进入诸葛亮时代。

　　史书称，"政事无巨细，咸决于亮"。

　　其余文武也一并受到封赏。但曾追随刘备的名臣将相业已凋零殆尽。文臣庞统死于213年，法正死于220年，马良死于222年，刘巴死于222年，黄权被迫降魏。武将关羽死于219年、黄忠死于220年、张飞死于221年、马超死于222年。

　　刘备的"五虎上将"只剩下一个长期不受重用的杂号将军——翊军将军赵云。

　　刘禅即位后，对这位当年在长坂坡于千军万马之中舍命相救的老将给予重用，任命赵云为中护军，统领宿卫军，晋升征南将军，封永昌亭侯。

对赵云的提拔也出于诸葛亮的授意。在蜀汉大将中，诸葛亮特别喜欢赵云，这点在《三国演义》中做出难得一见的基于史实的演绎。证据之一便是，诸葛亮刚刚主政便刻意提拔重用赵云。证据之二，五年后，诸葛亮首次北伐，兵出祁山。赵云受命单独领军为疑兵与曹真大军对阵，独当一面，这是刘备时代不可想象的。重大战事，刘备只要分兵，都是与关羽各领一军。诸葛亮北伐分兵，选择与赵云各领一军，分道而进。由此可见，在诸葛亮的心中，赵云的地位就相当于关羽在刘备心目中的位置。

豫州旧部陈到，字叔至，豫州汝南人。刘备在豫州时，陈到便追随在刘备左右，忠勇善战，跟赵云一起统领刘备的侍卫亲军，在军中的地位仅次于赵云。

陈到之所以名气不大，罗贯中等民间小说家是要负责的，因为在《三国演义》里，罗先生未给他安排角色。当然陈到之所以寂寂无闻，一个重要原因是他与赵云太相似了。陈到就是另一个赵云。后来陈到在赵云去世后接替了赵云的职务。可以说陈到早已成为赵云的影子。小说在塑造人物形象时最需要避开的就是重复，每个重要角色必须特点鲜明，才能为读者熟悉。陈到的形象几乎与赵云重合，因而《三国演义》的作者才重点去写赵云。

刘备当豫州刺史时的旧部固陵太守刘琰，封都乡侯，升卫尉、中军师。

袁林，豫州颍川郡人，建兴八年（230），接替李严升任蜀汉前将军。

早年追随刘备的旧部，也只剩下这些人。糜竺、简雍、孙乾、伊籍等已先后去世。刘备在那边，应该不会感到寂寞。

荆州集团的荆州南阳郡人（义阳郡是曹魏建国后从原南阳郡分出设的新郡，为尊重史实将义阳郡改称南阳郡）、镇北将军魏延，字文长，封都亭侯。

荆州南阳郡人、江阳太守刘邕，字南和，赐爵关内侯。

荆州襄阳郡人、巴东太守辅匡，字元弼，升镇南将军。

荆州南郡人高翔，受封都亭侯，后升任右将军，与前将军袁林、左将军吴懿、后将军吴班并列为诸葛亮时代蜀汉帝国"名将"。

荆州武陵郡人、侍中廖立为长水校尉。

东州集团的代表人物——中都护李严，封都乡侯、假节，加光禄勋。

费观，字宾伯，江夏鄳人，刘璋女婿，李严好友，曾任巴郡太守，时任江州都督，常年驻守益州东部巴地。费观与李严的关系好似刘备跟关羽、张飞，一个字——铁，两个字——很铁。刘禅即位，身为东州集团二号人物的费观自然也在封赏之列，被封都亭侯，加振威将军。

李严的山头主义相当严重，这表现在他不论对诸葛亮领衔的荆州集团还是对益州本土势力，都刻意保持着相当的距离。他对时任巴东太守的同僚荆州人辅匡不感冒，却跟比自己小二十多岁的费观打得火热，显然，李严是以地域派别画线的。

自刘备入主蜀地，就一直注意团结刘璋旧部即东州集团。刘备初入蜀地便让诸葛亮与董和共同执掌左将军府事，诸葛亮与董和分别代表荆州与东州两个政治派系，两人合作得非常好，益州也迅速安定。

董和死后，刘备选择了李严接替董和，希望李严也能像董和那样，继续搞好团结。但李严后来的表现让人大失所望，不但不团结，还拉山头拉派系，要不是诸葛亮及时出手，蜀汉很可能有分裂的危险，这是后话暂且不提。

"蜀汉孔融"来敏，字敬达，汉朝名臣来歙之后。父亲来艳曾任汉灵帝朝司空，三公之一，荆州南阳郡新野县人，刘璋的远亲，早年入蜀，刘备时期任太子家令。刘禅继位，来敏升虎贲中郎将。

这又是一位特立独行的狂傲公子，平常口无遮拦喜欢乱放炮，他最终也毁在他这张嘴上，好在刘禅不是曹操，不然，这位蜀汉的孔文举早就脑袋搬家了。

孟光，字孝裕，河南洛阳人。刘焉时期避乱入蜀，刘备时期任议郎。刘禅继位，他升屯骑校尉。

刘备在世时，军政大权从不假手于人，诸葛亮只能当个留守丞相，但凡军国大政，都是刘备自己拿主意，其他人即使如诸葛亮也只有建议权，至于采不采纳，全在刘备，最后拍板的也是刘备。

三国开国之主，刘备、曹操、孙权都喜欢大权独揽，特别是刘备跟曹操，这两位的江山全靠自己打拼，更是视权力如生命，片刻不肯放手。当然放手的时候也有，那就是要死的时候，所以才有永安托孤。

刘备建国时，诸葛亮就已经是丞相，但刘备没让他开府。开不开府，区别非常之大。不开府，就不能有自己的僚属与办事机构，这个丞相就是打了折扣的。

开府是实权丞相，可以组建自己的工作班子，选拔幕僚在丞相府中任职，便于培养亲信，日后这些相府幕僚将在朝中担任要职，也便于丞相政令的推行。开府的丞相班底，是朝廷的基础，稍加扩充便能完成整个政治体系的组成并有效运行。

西汉一朝，前期丞相都是开府的。到了汉武帝以后，相权遭到削弱。到了东汉，丞相制度甚至一度被取消，也就无所谓开不开府了。

曹操率先恢复丞相制度，便开府治事。开府意味着丞相有独立于君权之外的相权。曹操开府是为专权，名正言顺地独揽大权。所以没有哪个强势君主会允许丞相跟自己长期分权。丞相权力的扩大就意味着国君权力的缩小。历史上只有在特殊时期，丞相的权力才会比肩甚至超越君主，比如曹操与汉献帝，诸葛亮与刘禅，这个类比或许有些奇怪，但区别就在于他们是否忠诚？曹操强化相权是为篡权。而诸葛亮掌权，首先有刘备的托孤之语，结合此时蜀汉的具体情况，恰恰是君弱国危，需要一个强势的丞相支撑危局。

刘备是一个强势的皇帝，他在世时，不让诸葛亮开府也在情理之中。但刘备也知道自己走后，儿子扛不起这副重担，那就必须分权给丞相。

刘禅刚刚即位就给了诸葛亮开府治事的权力，显然是遵照他父亲的意思。刘备想把这个做人情的机会留给儿子，加深刘禅与丞相诸葛亮的感情。

刘备不是不知道这么做的后果，那就是相权的扩大。好在诸葛亮信得过，诸葛亮的忠诚是经过时间考验的。刘备与诸葛亮十几年的君臣，刘备太了解诸葛亮了。

刘备这一生，打仗的本事平平，但看人的确很准。

刘备临终前对诸葛亮说，马谡言过其实，不可大用。但诸葛亮不信，后来果然铸成大错。

诸葛亮获准开府，成为实权丞相，蜀汉也进入诸葛亮时代。

诸葛亮随即开始筹建自己的相府幕僚团队，毕竟，即使如诸葛亮也需要有人协助。国家政务千头万绪，诸葛亮虽是历史上出名的贤相，临事不苟、事必躬亲，但仅靠他一人还是远远不够的。

很快，一批优秀的人才聚拢在诸葛亮身边，此时诸葛亮的丞相府就是浓缩版的朝廷。从入选名单人员的籍贯便可窥见当时蜀汉的政治风向。

参军马谡，字幼常，荆州襄阳人。

马谡的哥哥马良是刘备的亲信、诸葛亮的好友。马谡凭借特殊的身份与才干，自然是重点培养对象，入蜀后，历任绵竹、成都令、越巂太守。

马谡虽是读书人，却对军事特别感兴趣，平时读的最多的也不是儒家经典而是兵书，讲起军事理论更是滔滔不绝。诸葛亮特爱找马谡聊天，两人聊的自然是军国大计。

诸葛亮开府后，第一个就想到马谡，令其参谋军机，做参军。在马谡看来这是学有所用，在诸葛亮看来也是用人所长，但事实证明，他们都错了。马谡只是一个理论家。

三年后，诸葛亮又招了一个参军，此人就是后来颇具争议的杨仪。

参军杨仪，字威公，荆州襄阳人。

杨仪最早是曹操那边的人，在曹操的荆州刺史傅群手下当主簿。后来反正，投奔坐镇荆州的关羽，做了关羽的功曹。

关羽曾派杨仪入蜀，向刘备汇报工作。刘备与杨仪谈起国事。杨仪对答如流，颇有见识。刘备对杨仪大为欣赏，当即把杨仪留下任命其为左将军府兵曹掾。

刘备称汉中王，杨仪为尚书。刘备东征，时任尚书令的刘巴与尚书杨仪都随同出征，但杨仪跟刘巴的关系相当紧张，跟上司闹别扭自然没好处。

不久，杨仪就被免职赶回成都，当了一个有名无实的弘农太守。弘农在关中属于魏国，曹丕当然不会让杨仪去自己那里做太守。杨仪的这个太守只是遥领，挂名而已。这在当时很流行，一来可以安置闲散人员，二来对外还可表明自己的正统地位。

直到诸葛亮南征前夕，杨仪才再次被起用，成为诸葛亮的参军。

东曹掾蒋琬，字公琰，荆州零陵人，随刘备入蜀，被任命为广都县长。广都归蜀郡管辖，在今天的成都双流。蜀郡郡治即蜀汉京师所在的成都。刘备经常外出巡视，考察吏治，体察民情，时常顺路到广都视察，但这对蒋琬可不是什么好事。

因为蒋琬认为自己被大材小用，因此郁郁不得志，常常借酒消愁，也不好好办公。罗贯中笔下那个"不务正业"的耒阳县令庞统，原型就是蒋琬。

但蒋琬没有小说里庞统的运气。他没有等来三将军张飞，也没有施展才华的机会。

且说这一天，刘备外出巡视，正好路过广都。我们说过，广都距成都很近，既然路过，就进来坐坐，刘备顺路进了广都县衙，想看看这里的吏治情况。然而一进门，刘备就闻到一股扑鼻而来的酒气。当刘备看到烂醉如泥的蒋琬，不禁勃然大怒。幸亏陪同的诸葛亮一再讲情，刘备看在诸葛亮的面上，才未严惩蒋琬，但县长是当不成了。蒋琬被当场免官。

刘备当汉中王后，蒋琬又被重新起用，入朝担任尚书郎，官阶不高，却在权力中枢。诸葛亮一向很欣赏蒋琬，当年就对刘备说蒋琬非百里之才（当时一个县方圆百里左右），开府后，马上把蒋琬招入麾下，担任丞相府东曹掾，也就是当年曹操手下毛玠、崔琰的角色，权力很大。

蒋琬是诸葛亮重点培养的对象，在未来的岁月里，蒋琬将成为诸葛亮的左膀右臂。

西曹掾李邵，字永南，益州广汉郡郪县人，刘备入主益州后任益州书佐。后来李邵与蒋琬成为诸葛亮的东、西曹掾。

建兴元年（223），李邵被诸葛亮任命为西曹掾，与蒋琬协力辅佐诸葛亮。丞相府东、西曹执掌实权，诸葛亮的这一安排同样具有政治深意。刘备入蜀后，益州人被压制的状况并没有改善，这影响了益州人参政的积极性。诸葛亮很早就注意到了这一问题，提拔益州键为郡人杨洪为蜀郡太守，就是为了安抚蜀人之心。

诸葛亮的两曹主管，蒋琬，荆州人，李邵，益州人，诸葛亮以此向内外昭示蜀汉团结一心的政治局面。

丞相府长史王连，字文仪，荆州南阳人，刘璋时入蜀。刘备取蜀，远近郡县望风而降。梓潼县令王连却死守不降。刘备钦佩欣赏王连的气节，并不强逼。成都归顺后，王连才降，担任过司盐校尉，主管盐政，考核优良，后升任蜀郡太守。

诸葛亮开府，王连被召入丞相府，为丞相长史，封平阳亭侯。

丞相府长史向朗，字巨达，荆州襄阳宜城人，原是刘表部下，刘表死后，归附刘备。刘备入蜀，向朗被任命为巴西太守。刘禅继位，任步兵校尉。王连去世，向朗接任丞相府长史。

向朗是荆楚名士，曾师从司马徽求学，与徐庶、庞统都有交情。他的侄子就是性行淑均晓畅军事的将军向宠，比他还有名。

主簿杨颙，字子昭，荆州襄阳人，杨仪族兄，入蜀后任巴郡太守，诸葛亮开府召入府中做丞相主簿。

诸葛亮一向勤于政事，每天不分昼夜批改文件，不管大事小事都要亲自过问，经常累得汗流浃背。这也是后人颇多非议之处，诸葛亮事必躬亲，自己累得不行，手下人却又无事可做得不到锻炼，很多人据此认为蜀汉后期人才匮乏，与诸葛亮的这种做事风格关系甚大。

杨颙每每见此情景，心中不免痛惜，一次，实在忍不住了，就上来劝说，丞相您每天这样事无巨细、凡事身体力行亲自过问，这不是丞相该做的。朝廷设置百官，理应各尽其职，您事必躬亲，自己辛苦，百官也不得其职。昔日名相丙吉，不问街头斗殴，却担心耕牛生病就是这个道理。

诸葛亮当然知道杨颙是对的，但此时蜀汉危机四伏，重任在肩，别人干，他不放心。

主簿胡济，荆州义阳人，也是一位有责任心的官员，多次向诸葛亮直言进谏。

丞相令史董厥，字龚袭，荆州义阳人。诸葛亮多次表扬董厥恪尽职守。蜀汉后期，董厥继蒋琬、费祎、董允之后，执掌蜀政。

诸葛亮开府，廖化也被召入任参军。

门下督马忠，字德信，益州巴西郡阆中人，举孝廉入仕，任汉昌县长。刘备兵败猇亭，消息传到蜀中，巴西太守阎芝立即紧急动员征发郡县兵五千让马忠率领增援前线。

马忠带兵一路急行军，还没赶到战场，刘备已回到永安。虽然没赶上战斗，但刘备对巴西兵危急时刻的表现还是相当满意的。刘备特意召见马忠以示鼓励，交谈中，发现马忠颇懂兵法，是个将才，对一旁的尚书令刘巴说我虽失黄权，却得马忠，可见，蜀中不乏贤才。

很显然，刘备把马忠当作了黄权的接班人和替代者，诸葛亮开府，马忠这样的人才自然要收入麾下。诸葛亮提升马忠做了门下督。

不久之后的南征，马忠将大展身手，成为诸葛亮的得力助手。

刘备这些年都在为事业打拼，在子女教育上可以说相当失败。但要说他一点事都没做，也着实冤枉了他。刘备当上汉中王后，很快任命了一批青年才俊做太子宾友。曹丕有太子四友，刘备也给刘禅找了几位伴读：费祎、董允。

费祎，字文伟，荆州江夏人，早年入蜀，跟刘璋是亲戚。从政治派别上，费祎应算东州人，但其入仕在刘备入蜀之后，因而也被看作荆楚士人，而东州人也把他看成自己人。费祎政治上的双重身份，加上本身的才干让他成为蜀汉重点培养的对象，从刘备到诸葛亮都是如此。

刘备立刘禅为太子，费祎被选为太子舍人，陪侍太子读书，这是一个极有政治前途的工作。刘禅即位，费祎升黄门侍郎，皇帝近臣。诸葛亮也特别喜欢这个年轻后辈，费祎成为诸葛亮心腹。

董允，字休昭，祖籍荆州南郡。董允的父亲就是曾任掌军中郎将与军师将军诸葛亮一起辅佐刘备的董和。董和也是刘璋时入蜀的荆州人，政治身份是东州人，但他跟刘备、诸葛亮的关系好，儿子董允借了老爸的光，被刘备、诸葛亮视为自己人。跟费祎相同，董允也是横跨荆州、东州，具有双重政治身份。

董允的仕途与费祎简直如出一辙，先是被选为太子舍人成为太子宾友东宫旧臣，刘禅即位后，又是黄门侍郎。

两位蜀汉政坛的后起之秀，眼下虽位卑职小，但谁都清楚他们是蜀汉的高级储备干部，有朝一日，必然出将入相，执掌中枢大权。

两人身上有太多的相似之处，他们又都是诸葛亮的亲信。

诸葛亮身为丞相，日理万机，对皇帝的教育其实有心无力，只能靠费祎、董允在旁辅佐。诸葛亮也只有把小皇帝交给他们才放心。诸葛亮之所以没让他们进入相府，目的即在于此。用诸葛亮自己的话说就是"宫中府中，俱为一体。陟罚臧否，不宜异同"。宫指的就是皇帝待的皇宫，府即丞相府，这是蜀汉帝国的两个政治中心。在诸葛亮看来，两者必须保持步调一致。

相府人才荟萃，但小皇帝那边就不好说了。对这位十七岁的少年天子，诸葛亮时刻不敢放松，但有费祎、董允在，以两人的才干胆识，诸葛亮相信，宫中府中就能俱为一体。

刘备死后，蜀中有诸葛亮镇抚，比较安定，顺利渡过危机，但南中各郡就不同了。

建兴元年（223），南中益州郡大姓雍闿聚众叛乱，当地土人并非愿意反叛，但雍闿为了自己的野心，不惜造谣诓骗。蜀汉朝廷对南中的控制本就十分薄弱，而地方大姓、郡守是朝廷与百姓之间的纽带桥梁，两者的沟通主要依靠地方大姓，而存心造反的雍闿想从中做手脚简直太容易了。

雍闿即利用这点，煽动当地部族，聚兵叛乱。

雍闿带兵攻入益州郡（今云南晋宁）杀太守正昂，又通过东吴交趾太守士燮，向孙权称臣。正昂被杀后，朝廷派蜀郡人张裔接任。

张裔，字君嗣。刘备时先后任巴西太守、司金中郎将。张裔到了地方，就被雍闿捆成了"粽子"。忘了说了，张裔上任的时候是一个人来的，没带兵。而人家雍闿是有家兵的。雍闿并没杀张裔而是把这位太守大人打包之后直接送给孙权，作为自己的见面礼。

孙权收到礼物很开心，当即任命雍闿为永昌太守。益州郡已经是西部了，永昌郡则在益州郡的西面，西部的西部，那里是蜀汉国土，压根就不归孙权管，孙权慷他人之慨，这无本生意做得真划算。

雍闿收到孙权派人送来的任命状，更加张狂，这下有人撑腰了。雍闿还让在蛮夷中素有威望的孟获到处串联，到各个部落去煽动不明内情的夷人造反。孟获很卖力，造谣蛊惑，可劲忽悠，南中一带的蛮夷部落纷纷起兵，加入雍闿一伙。

牂牁郡（今贵州福泉）太守朱褒、越巂郡（今四川西昌）蛮夷夷王高定，先后叛变，响应雍闿。

诸葛亮曾让李严劝说雍闿，晓以大义。李严足足写了六张纸，反复规劝，但雍闿只用一张纸就打发了李严。在信中，雍闿的狂傲达到了极点，说什么如今天下三分，我不知道该听谁的，言下之意，自己要当老四。

雍闿揣着孙权的任命状，大大方方来永昌上任。谁知到了永昌郡界，人家根本不让他进。春风得意的雍闿被结结实实揍了一闷棍。

永昌确实没有太守，前任太守离任后，朝廷还未及派人，雍闿就到了。此时永昌的负责人有两个，永昌郡吏吕凯与府丞蜀郡人王伉。

之前说过，当时的官场潜规则，一般是由地方大姓豪强担任功曹，只有太守、郡丞等少数人是上面下派。永昌的归属，就看吕凯的态度，幸好吕凯靠得住。

吕凯与王伉率领军民闭境拒守，拒绝雍闿入境。在牂牁、越巂、益州纷纷叛乱，地处偏远的永昌郡又与京师成都音讯不通的险恶形势下，吕凯等永昌军民依然坚守不屈，奉蜀汉正朔。

两年后，诸葛亮南征平乱，听说了吕凯等人坚守孤城守义不屈的事迹，十分感动，在给皇帝的上书中，连连称叹永昌人的忠诚坚贞。

南方动荡，诸葛亮却并没有立即出兵。他深知此时蜀汉连遭大败，又新丧国君，急需休养生息，此时动兵时机未到，所以，面对南方雍闿等人的跋扈骄狂，诸葛亮选择了暂时隐忍，先定守局，再图进取，方为上策。

诸葛亮派兵封闭通往南中各郡的关隘，把主要精力用来恢复国力，发展生产。

成都平原自古号称天府之国，所谓水旱从人，不知饥馑。也就是说，在这里种地，不用担心水灾、旱灾，基本能旱涝保收。能做到这些，是因蜀中的农田水利建设搞得好，而其中都江堰功不可没。蜀中之所以能称为天府之国，靠的主要就是都江堰，其具有的防洪排涝的水利调节功能，确保了成都平原成为一方沃土。

都江堰是战国时秦国蜀郡太守李冰父子主持修造，三国时仍发挥着巨大功效。诸葛亮清楚都江堰的重要性，因此专门设置堰官，负责日常的疏浚管理维护。这里常年驻守着一千多士兵，任务就是保护都江堰。

史称诸葛亮治理下的蜀汉，田畴辟、仓廪实。所谓"田畴辟"是指土地基本得到开垦，没有大片荒地；"仓廪"是指堆放粮食的仓库，"实"即满，是说粮仓堆满粮食。

解决了粮食问题，还只是万里长征走完第一步。

要富国强兵，仅仅有粮食是远远不够的。

古代利润最丰厚的莫过于盐铁之利。汉武帝时为增加国库收入，曾下令盐铁官营，也就是由国家垄断买卖。刘备入主益州的第二年就宣布盐铁官营。

蜀汉主管盐政的是司盐校尉王连。正是因他在任期间盐税收入丰厚，为国家赚了不少钱，非嫡系的王连才一路高升，做到蜀郡太守。刘备还给他加了一个兴业将军的荣誉头衔，仍旧主管盐政。

蜀汉地处西南内陆，不像魏国、吴国靠海，可以引海煮盐。但蜀汉也有自己得天独厚的优势，那就是井盐。

一次，诸葛亮亲自到成都西郊的临邛县视察井盐生产。临邛井盐是火井，即靠燃烧井内天然气煮盐，一般有二三丈深，五尺宽。据说，诸葛亮没来之前，火井常常因井内的天然气不足而往里投柴火助燃。自从诸葛亮来视察之后，火井便火力旺盛，燃烧充分，再不用往井里添柴。

此事不胫而走，当地百姓将诸葛亮视为神仙。其实，这一点不神秘，诸葛亮只是把火井略作改进，缩小了井口而已。在古人看来很神秘，其实并不复杂，道理很简单，之前井口有五尺宽，导致井内气压降低，天然气时断时续，火自然不旺。而诸葛亮缩小了井口，使井内气压稳定，天然气燃烧充分，火力自然就旺了。后来，蜀人把经过诸葛亮改进的火井就叫"诸葛井"。

畅销外贸品——蜀锦。说到蜀地特产，就不能不说驰名古今的蜀锦。三国时代，蜀地丝织业相当发达，成都更是全国丝织业的中心。蜀地出产的锦色泽艳丽、质量上乘，全国闻名。

蜀锦畅销全国，是蜀汉的主要收入来源，诸葛亮特别设置了锦官，主管蜀锦的生产销售，史称成都机杼相和。走在成都城到处都能听到织布的声音，成都也因此被叫作锦官城。

魏吴两国每年都要从蜀汉大量购买蜀锦。诸葛亮自己也说："今民贫国虚，决敌之资，惟仰锦耳。"诸葛亮说这话时刚接班不久。蜀汉丢城失地，元气大伤。诸葛亮领导下的蜀汉正是靠着蜀锦带来的丰厚收入才摆脱困境。

诸葛亮执掌蜀汉大权后，力主与东吴恢复盟好。联吴抗魏是诸葛亮的一贯立场，这倒不是诸葛亮多喜欢孙权，而是形势所迫，不得不如此，两国的国力加起来也不如魏国。

要与强大的魏国对抗，两国只有联合一条出路，蜀汉需要东吴，东吴也需要蜀汉，两者的关系是唇亡齿寒。这点魏国刘晔早已看出。刘晔能看出来，诸葛亮、孙权自然也明白这个道理。

事实上，两国之间的外交和解早在猇亭夷陵之战不久就开始了，但出乎很多人意料的是，主动提出和解的并不是刘备而是孙权。

曹操善谋，刘备善"逃"，孙权善交，三者各领风骚。孙权即使之前跟刘备打得头破血流，但事情一过，马上又向刘备伸出橄榄枝。与曹丕结盟，处于弱势一方的他，扮演的只能是孙子，这他当然不干。跟蜀汉结盟就不同了，跟蜀汉相比，他的实力明显要强得多。

所以，孙权战后主动示好，就是想与刘备言和，为日后两国恢复邦交打下伏笔。

章武二年（222）十二月，孙权派太中大夫郑泉到白帝城访问，刘备随后也派太中大夫宗玮回访。刘备去世，孙权还特意派立信校尉冯熙到蜀汉吊唁。

有了这些基础，诸葛亮开始着力恢复与吴国的盟好。

对与吴国恢复邦交，蜀汉内部并非没有反对的声音，原因是孙权不可靠，从孙权以往的经历看，这是一个为自身利益翻脸比翻书还快的家伙。

孙权跟刘表有杀父之仇，但为了荆州，刘表死后，他马上派鲁肃去慰问；他跟刘备是盟友，结果盟友关羽攻打襄樊，他却从背后下黑手。赤壁之战前，他跟曹操关系很好，但为了地盘，立即与曹操翻脸。

他联刘又反刘，降曹又叛曹，借荆州的是他，夺荆州的也是他，捧曹操的是他，骂曹操汉贼的还是他。

尽管孙权有以上不良记录，但对诸葛亮而言，他没有更好的选择。三国鼎立的形势就是二弱抗一强，两国要想谋生存求发展，只有联合。之前引起两国不和的荆州归属，如今已尘埃落定，至少暂时如此。

此时蜀汉同时面对两大强敌，出兵东征夺取荆州，并不现实。对蜀汉而言，眼下最实际的是生存而非开疆拓土。曹魏是篡夺汉室的奸贼，势不两立，可以争取的只有东吴。而东吴不堪受魏压迫，也希望改善与蜀汉的关系。

诸葛亮相信，孙权为了自己的利益，是愿意与蜀汉联合的。

但两国之前既然已经兵戈相向，想谈和也绝非易事。虽然刘备跟孙权已经为此做了铺垫，但要真正实现邦交正常化，还是有很多事要做。

联吴抗魏，事关重大，担当此任者，需机智、聪敏，有才辩。干外交全靠一张嘴，但那种只会夸夸其谈肚子里一堆草的草包也不能用，要知道，对方可是以精明滑头出名的孙权。

诸葛亮一直为找不到合适的人选而苦恼。直到一天，一个人的出现。

说起此人，也是大器晚成之人。此人姓邓名芝字伯苗，荆州义阳新野人，入蜀多年一直默默无闻，四处漂泊，寄人篱下，直到刘备到来，邓芝才时来运转。

一次，刘备到郫县视察，碰巧遇上了在此地管粮库的小官邓芝，就跟他聊了起来。几番交谈后，刘备发现邓芝思维敏捷、谈吐不俗，是个人才，当即提拔邓芝做了郫县县令。不久因政绩卓著，邓芝又被提拔为广汉太守，成为一方封疆大吏。

从一个落魄士人到坐镇一方的两千石高官，邓芝的人生发生逆转，而这一切都要归功于刘备的赏识提拔。因此，邓芝对蜀汉可谓忠心耿耿，对刘备的知遇之恩更是心怀感激。

刘备称帝，邓芝被召入朝任尚书，成为天子近臣。当诸葛亮为出使东吴的人选而犯愁时，同样为帝国前途忧虑的尚书邓芝主动找到诸葛亮说出了自己的担心：“如今国家贫弱，主上富于春秋（年纪小的委婉说法），此时应派遣使臣与东吴修好，与之共抗曹魏，才是上策。”

诸葛亮看着邓芝微笑说：“此事我已考虑很久，只是一直未找到适合的人选，今天才有了合适的人。”邓芝忙问是谁？诸葛亮笑着说：“就是您了。”

建兴元年（223）十月，背负着重大而艰巨的使命，邓芝以中郎将身份出使东吴。望着邓芝远去的背影，不知诸葛亮会不会想起十四年前，他也是在兵败长坂坡万分艰难的情势下，出使东吴寻求结盟的。十几年过去了，蜀汉虽在西南建国，但仍是三国中最弱小的一个，这就决定了蜀汉必须有一个盟友。

汉贼（魏）不两立，只剩东吴可以争取。

对三国形势，曹丕同样洞若观火，所以尽管曹魏与东吴经常爆发边境武装冲突，曹丕甚至派兵南下三路伐吴，但两国使节仍往来频繁。曹丕这么做的目的就是不希望蜀汉与东吴走到一起，两国不和，受益最大的就是魏国。

精明的孙权对三国之间这种微妙的关系也是心知肚明，所以他打败了刘备，又主动求和，与之保持接触。与曹丕这边，孙权也不彻底翻脸，仗照打，礼照送。孙权费尽心思玩平衡，就是想从中捞到好处，加重自己在谈判桌上的地位。

但这种两面讨好，两面都不得罪左右逢源的小把戏，注定不能长久。三国英雄辈出，名臣谋士更是层出不穷，谁都不傻。孙权的小聪明，曹丕明白，诸葛亮更清楚。于是，两方都不断向孙权施压，让他表明立场。知道你小子狡猾，但我们也不是吃素的，说吧，你到底站哪边？

邓芝满怀期待到了江东，却一连好多天都得不到孙权的召见。

很显然，孙权避而不见，又在耍滑头。孙权既想缓和与蜀汉的紧张关系，又不愿与之过分"亲近"，以免刺激魏国，曹丕可是有名的"小心眼"。同时，孙权又时时感受到来自北方的巨大压力，对曹丕的居高临下颐指气使，十分不满，每当此时，他又怀念起与刘备集团合作的"蜜月期"。孙权就是在这种矛盾的心态下摇摆不定。

这些年，孙权一直脚踏两只船，他也习惯了这种生活。要他跟曹丕"分手"，孙权一时半会儿还真有点难下决心。这倒不是说孙权有多喜欢曹丕，但魏国的实力摆在那里。

眼下东吴跟曹魏虽然冲突不断，但时有联系，一旦跟蜀汉结盟，那跟曹丕就算彻底分道扬镳。蜀汉弱小，魏国强大，孙权最终只能选择其中一个，虽然只是二选一的选择题，但这个选择题并不好做。

当孙权还在为选哪边而纠结，邓芝帮他下了决心。待在馆驿的邓芝处境并不比孙权好。邓芝是带着任务来的，不摆平孙权签盟约，何颜见巴蜀父老。孙权迟迟不露面，邓芝就猜出了八九分。

不能再等了，邓芝决定主动出击。他给孙权上了一份表章，大意如下："我此次出使贵国是为恢复两国盟好，而大王不知为何，迟迟不愿召见。我这次来不单是为敝国，也是为了吴国。"当然，邓芝写的不会如此简单，只是陈寿先生只写了这么多，剩下的只能靠猜了。不过，这也不难猜，邓芝肯定把两国修好的利害关系给孙权讲清楚了，不然孙权不会看了表章就答应见他。

这番情景有点像十几年前的赤壁之战。那时，诸葛亮只身出使东吴，肩负着拯救刘备集团的艰巨任务。正是有诸葛亮帮孙权算账，分析形势、讲明利害，才促使孙权决定联刘抗曹，双方缔结同盟。历史再次重演，只不过这次，诸葛亮换成了邓芝。

邓芝的任务虽不如诸葛亮当年那般艰巨，但也绝不轻松。

继十几年前诸葛亮与孙权的历史性会面后，邓芝也迎来了孙权的召见。双方见面后，省去寒暄，直奔主题。

孙权说："孤（孙权自称）诚心愿与贵国重归于好，但贵国主幼势弱（搞不好哪天就被魏国兼并了），所以有些犹豫。"孙权说的是实话。

邓芝从容对答："蜀汉与东吴占据四州之地（蜀汉有益州，东吴占据荆州大部、扬州、交州），大王乃当世英雄，诸葛丞相也是人杰。蜀汉有险固山川，吴国有长江之险，两国如能联合，进可灭魏，退可鼎足而立。大王又何必仰人鼻息向仇敌称臣！

"大王您向曹魏称臣，魏国定会让大王您到洛阳朝觐（这很丢人），即使您不去，也会让您的太子去（当人质同样丢人）。如您不答应，魏国就会以此为借口出兵。到时，我们蜀汉再顺流而下，那时，大王能不能保有江东尚不可知（跟魏国联合没好结果，威胁）。"

邓芝又打又拉软硬兼施，句句戳到孙权心里。外交官需要的不仅仅是能言善辩的口才，更要能洞悉人心。孙权被说动了，下决心与曹魏一刀两断，重新与蜀汉和好，正式恢复两国邦交。

两国复交后，一次，邓芝奉命再次出使吴国。这时两国关系已经正常化，特别是孙权与邓芝打了多次交道，早已是老熟人，见了面也就无须客套。

招待酒会上，孙权高兴地对邓芝说："等灭了魏国，天下太平，我们两国平分天下，那将何等快乐。"邓芝却说："天无二日民无二主，如果灭魏之后，大王您还不知天命所归（指蜀汉作为正统当然要统一天下），那就只有双方君主各修品德，大臣各尽职责，那时真正的战争方才开始呢！"孙权听了哈哈大笑说："想不到，您的诚实到了这样的程度啊！"

孙权在给诸葛亮的信中写道："此前的两位使臣不尽如人意，和好两国的只有邓芝。"

两国既已和好，之前被雍闿当作礼物送到东吴的张裔，孙权自然也没有理由扣留，马上派人把张裔找来，打发他回国。临走之前，孙权特意召见了张裔。

这本来是一次很平常的走过场的会面，但素来不拘小节喜欢开玩笑的孙权不放过任何一次拿人开涮的机会。张裔刚进来，孙权上来就问了一个带有明显挑衅意味的问题。孙权说："我听说你们蜀地有个叫卓文君的寡妇，后来跟着司马相如私奔了，难道你们那儿的风俗就是这样的吗？"

张裔明知孙权在使坏，但对方是君主，又不能翻脸对骂。但张裔毕竟在官场多年，反应敏捷，马上说道："文君私奔固然有伤风化，但以我的愚见恐怕还是要强过买臣之妻。"（朱买臣是汉朝名臣，他早年落魄，他的妻子不甘心过苦日子，就跟别的有钱人跑了）张裔的一番话，不卑不亢，既回击了孙权，又让其无话可说。

孙权又说："您回去后，一定会受到重用，您准备怎样报答我呢？"张裔从容答道："臣戴罪之身，如侥幸得到赦免，臣五十八岁之前的性命是父母所给，之后就是大王您所赐予的。"孙权听了大笑，对张裔颇有欣赏之色。

张裔告辞出来，却有点后悔自己刚才锋芒太露，担心孙权不放他走，于是命人昼夜兼程一刻不停地往回赶。没过多久，孙权果然后悔，派人来追，但张裔已经走远，追不上了。

孙权喜欢在庄重严肃的外交场合开玩笑已经不是第一次了。这位老兄的前科可以追溯到刘备时代。伊籍曾奉命出使东吴，孙权早就听说过伊籍能言善辩，就想试试，这也符合孙权一贯的风格。

当伊籍按外交礼节向孙权施礼下拜时，坐在上面的孙权突然冒出了一句："先生服侍无道之君一定很辛苦吧。"孙权本以为这下能难住伊籍，在那里坏坏地等着看伊籍发窘出丑，但没想到站在下面的伊籍思维敏捷马上回了一句："一拜一起，并不辛苦呀。"说完，伊籍抬起头，微笑着看孙权。

孙权一愣，随即大笑，本来想戏弄人家，没想到反过来却被人家嘲弄了一番。孙权这才知道，伊籍果然不是浪得虚名。这个小故事算是一段外交花絮，但也是一个外交小胜利。所以回去后，刘备马上给伊籍升了官，给了伊籍一个昭文将军的荣誉头衔。

伊籍后来与诸葛亮、法正、李严、刘巴一起制定《蜀科》，即蜀汉的根本大法。

张裔流落吴国，始终不曾屈服，堪称三国时代的苏武。张裔回国后，果然受到丞相诸葛亮的重用，先是担任丞相府参军，参与相府政务，不久又当上益州治中从事，成为诸葛亮的主要助手之一。

第三十九章

曹丕伐吴的真实动机——解决青徐豪霸

蜀汉与东吴恢复盟好，诸葛亮跟孙权都很欣慰，两人都长出了一口气，总算轻松了。诸葛亮终于可以集中全力去稳定内部，平定南方的叛乱。孙权也不用低三下四去讨好曹丕，可以抬头做人了。

唯一不高兴的就是曹丕了。但此时的曹丕其实也没有心思去搭理孙权、诸葛亮，因为他也有烦心事，"家"里的事让他很闹心。家家都有一本难念的经，这话用在蜀汉、东吴、曹魏三国身上，同样适用。

眼下蜀汉的诸葛亮正在为即将开始的南征做准备，他要亲自带兵去平定南中四郡的叛乱。而东吴的孙权也一直被国内打不完剿不灭的山越折磨得心力交瘁，趁着与蜀汉和好，曹丕还没有打来的有限时光，部署各部进山围剿。

曹丕的烦恼远比诸葛亮、孙权的要麻烦，他要对付的是地方割据势力。而麻烦之处在于这些地方实力派在名义上服从他的领导，是他的臣子，换句话说，他不能像诸葛亮、孙权那样，名正言顺去讨伐这些人，要对付这些人只能用非常手段，也就是政治谋略，军事威慑只能低调不能张扬。

曹丕要对付的是割据青州、徐州一带长达十几年的以臧霸为首的割据势力，即田余庆先生所说的青徐豪霸。

诸位还记得建安二十五年（220）发生在洛阳的那场军队哗变吧。在那次著名的兵变中，曹操生前所偏爱的曹军主力——青州兵哗变，不经请示，擅自返乡。虽然这些人只是不想干了，但在当时这跟造反没什么分别。而事情发生后，曹丕对这些目无国法的青州兵却异常宽容。这很不正常，对普通逃兵，从曹操到曹丕再到后来的曹叡，那都是毫不留情的，一个字——杀。曹丕对青州兵妥协，只因他当时只能这么做。那时的曹丕刚刚即位，国内政局微妙。但现在不同了，曹丕的皇位已经稳固，他终于可以报当年之仇了。

青州兵从洛阳出走后，就回乡解散了。这些兵之所以不告而别，其实就是厌战，打了这么多年仗，也该回家了。曹丕对这些人没法深究。但当时青州兵并不是唯一一支哗变的部队，还有一支当时正驻防在洛阳的地方部队也参与了，这就是臧霸部下的徐州兵。

青州兵散伙了，但徐州兵还在，徐州兵的首领就是以臧霸为首的青徐豪霸。

曹丕稳住权位后，就开始对青徐豪霸动手了。当然，这种行动不能大张旗鼓地进行，一切都在暗中有条不紊地实施着。曹丕很清楚，臧霸等人在徐州、青州盘踞多年，在当地的势力盘根错节，对付青徐豪霸，必须慢慢来，不能操之过急，以防对方狗急跳墙，闹出大乱，那就不妙了。

所以，曹丕上台后，并没有马上向臧霸挥出大棒，而是先给胡萝卜，晋升臧霸为镇东将军，爵位也升了一级，封武安乡侯。

臧霸早年跟随陶谦，后来又帮吕布跟曹操作对，但自降曹后，臧霸的表现还是可圈可点。官渡之战，臧霸在东线频繁出击，牵制袁绍军，给主战场的曹操减轻了不少压力，之后与于禁打昌豨，跟夏侯渊剿黄巾军，又追随曹操入巢湖征孙权，南征北战，立下赫赫战功，这才做到徐州刺史。

尽管如此，曹操父子对臧霸也只是利用而非重用，原因很简单，臧霸不是嫡系。

臧霸所部跟曹操的关系有点类似地方军阀与中央军的关系，时常合作，但彼此对对方始终心怀猜忌，互不信任。

曹丕在用胡萝卜喂臧霸的同时，也安插宗室亲信曹休到东方坐镇，一是为防东吴，二是为收拾臧霸，此刻对后者的急迫性甚至超过前者。

曹丕即位后把曹休当成重点培养对象。曹休的官位也是芝麻开花节节高，先是领军将军，之后升镇南将军，接着又是扬州刺史、征东将军。

曹休的升官大有深意。

曹休是曹丕为解决青徐豪霸而安插在东方的一颗重要棋子。以打孙权做掩护，曹丕真正要解决的是以臧霸为首的地方割据势力，此后曹丕在东线的一切部署都是围绕这一目的而展开的。

曹休的每次升官其实都不同寻常，都肩负着不同的使命。从中领军升领军将军，职责相同，但地位上升，为的是整顿京师宿卫部队，严肃军纪，消除青州兵、徐州兵哗变的恶劣影响，稳定人心；转做镇南将军是处理襄樊战役的遗留问题；而升任征东将军就是为了对付臧霸的。

建安二十五年（220）六月，曹丕刚当上魏王就下令南征，大军随后一路进至精湖，精湖在中渎水域。而曹魏与孙吴对敌的主战场在南郡江陵与巢湖濡须口，中渎水并不是双方交锋的主战场，而此时刚刚即位的曹丕还有好多正事需要处理，说他来此游山玩水好像也说不通，唯一的解释是，曹丕此举是为了探看徐州方面的虚实，因为这里归属徐州，正是臧霸的势力范围。

两年后，魏军三路伐吴，东路军的主帅正是曹休，而臧霸就在曹休手下听用。

他们的行军路线"恰巧"是两年前曹丕走的中渎水，两者之间真的是巧合吗？

曹魏黄初四年（223）八月，曹丕举行了一场狩猎活动，活动的地点在荥阳。之后，曹丕"顺便"东巡。从荥阳往东便是徐州地界。徐州刺史臧霸听说天子巡守到徐州，自然不敢怠慢，马上率领手下一干文武前来迎驾。

曹丕热情接待臧霸，并把臧霸留在身边，嘘寒问暖，很亲热。东巡结束，但曹丕一点没有放臧霸走的意思。臧霸这才感觉不妙，但为时已晚，就这样，臧霸被曹丕不动声色地挟持带回洛阳，从此沦为高级囚徒。

曹丕对付臧霸这招，熟悉历史的人看了，可能会觉得有点眼熟，似曾相识，没错，当年汉高祖刘邦收拾韩信用的就是这招。博览典籍的曹丕对此自然不会陌生。

青徐军的首领臧霸被体面地解除兵权，软禁洛阳。出了这么大的事，为了对外有个交代，曹丕还给了臧霸一个执金吾的荣誉头衔，当然这只是一个头衔而已，曹丕是不会再给臧霸任何实权职位的。此后臧霸就一直待在洛阳，老老实实享受曹丕为他安排的美好的退休生活，直到他接到曹操的"邀请函"，到那边报到。

臧霸成了笼中之鸟，但事情远未结束。青徐豪霸势力尚在，臧霸只是开始，不是结束。

在解决青徐豪霸的问题上，曹丕显示出了一个成熟政治家特有的耐心跟手腕，曹丕绝非别有用心的史家笔下的平庸之辈。

解决臧霸一年后，曹丕再次东巡。

曹魏黄初五年（224）七月，曹丕从洛阳来到许昌，开始调集军队，对外宣称要再征东吴。侍中辛毗见曹丕又要南征，赶紧上来劝谏，说如今天下战乱刚刚平息，国力贫弱，现在还不是跟东吴开兵见仗的时候，先帝（指曹操）当年多次南伐，每次也只能望江兴叹。言下之意，您的才智武功比得上先帝吗？先帝都办不成的事，您还是省省吧。

在指出了当前的困难后，为安慰曹丕，辛毗又给曹丕指出了光明的前景，说陛下只要让百姓休养生息十年，十年之后，国富民强，到时再起兵伐吴十拿九稳。

曹丕看着辛毗冷笑说："照你的意思，岂不是要将这些贼寇留给子孙？"曹丕竟然未卜先知，知道自己活不过十年。

曹丕真想对辛毗说,其实,你不懂我的心。伐吴只是借口,我要解决的是内忧青徐豪霸而不是外患东吴,伐吴自然可以等十年,但青徐必须解决,越快越好。

对曹丕而言,在伐吴的旗帜下带兵东征,收拾青徐豪霸是再好不过的借口。要打孙权,必然要在青徐豪霸的地盘上进行,而对方也挑不出任何毛病,顺理成章,即使对方起了疑心,也不好明确反对。

八月,曹丕留下尚书仆射司马懿镇守许昌,自己亲率水军乘着战船浩浩荡荡顺流而下,舰队沿蔡水、颍水、淮水抵达寿春,开始第一次广陵之役。

九月,大军到达徐州广陵泗口,在这里,曹丕终于向大家揭开了东征的真实目的。曹丕以迅雷不及掩耳之势,迅速调整了青州、徐州的人事任命,将各地郡守、县令大部分换成自己的人。这一切事前毫无征兆,青徐豪霸被打了一个措手不及,事到临头,也只能俯首听命。

曹丕办完这些事,才起驾从泗口来到广陵古城,临江观兵。

此时吴军主力正在内地围攻山越,江防空虚,守军不多。吴安东将军徐盛利用林木竹苇布置疑兵,几乎一夜之间,从石头城至丹阳郡内的江乘县虚搭城池、楼橹,数百里连绵不断,给人以大军临江严阵以待的假象。吴军又以水军战船在长江中往来游弋,意在向魏军示威,表明早有准备,实际上只不过在虚张声势。东吴不知道的是,其实对岸也在虚张声势,曹丕此行真正要对付的是青徐豪霸,不是他们。

时值江水上涨,曹丕临江眺望,但见滚滚长江汹涌澎湃。北人不惯乘舟,见之,不免心生惧意。曹丕自然明晰属下心思,故意说我大魏虽有精兵良将,却为长江所阻,无所施展,着实令人叹恨。曹丕说这话是在暗示,他未打算过江,部下文武知道皇帝无意南征,这才长出一口气。

曹丕问群臣,孙权是否会亲自带兵来,众人异口同声说道:"陛下亲率六师南征,饮马长江。江东自孙权以下举国惶惧,孙权不敢将倾国之兵委以臣下，必当自来。"只有刘晔持异议。曹丕驻跸多日，孙权果然没来。曹丕本就不打算过江，本次出征解决青徐豪霸的目的已然达成，便下令班师回去了。

曹魏黄初六年（225）三月，曹丕再次来到许昌。五月，曹丕回到老家谯县。曹丕不顾群臣反对，决定再次伐吴。名义是伐吴，实际上，曹丕是对青徐豪霸不放心，才以伐吴之名，领兵入徐，以威慑青徐地方势力。因为曹丕很清楚，青徐豪霸的势力不是任免几个郡守、县令就能轻易解决的。

曹丕担心的事还是发生了。六月，徐州利城郡兵蔡方、唐咨发动兵变，叛乱的蔡方、唐咨所率的正是臧霸旧部徐州兵。叛军杀了曹丕派来的太守徐质，推举唐咨做首领。

对此，曹丕早有防备，马上派屯骑校尉任福、步兵校尉段昭率领京师中军精锐前往平叛。在曹丕新任命的徐州刺史吕虔率领的地方军配合下，叛乱很快被平息。

此次平叛中，徐州刺史吕虔礼聘琅琊王氏王祥为徐州别驾。琅琊王氏亦审时度势，利用其在当地的势力，以宗族武装协助官军平乱，出力甚多。朝廷在铲除青徐豪霸的过程中，也利用当地大族之力。

在徐州兵变之前，青州也发生了动乱，不过规模程度不及徐州。而青州的平定与徐州如出一辙。当时的青州刺史王凌也延请青州东莱王基为别驾，辅佐其平乱。

吕虔用王祥，王凌用王基。偶然的背后是必然。历史的"巧合"没那么简单。

唐咨等人兵败后逃往东吴，孙权对兵败来投的唐咨等厚加赏赐、封侯拜将。此人三十年后还要出场。

利城兵变后，八月，曹丕亲率十余万大军乘船从谯县出发走水路进入淮河，而后弃舟登岸，进入徐州。曹丕大军在徐州停留近两个月，如此之久，想必是在处理兵变善后事宜。

十月，曹丕亲率大军再次到长江北岸的广陵，临江耀兵。雄兵十万、旌旗绵延数百里。看得对岸的吴军目瞪口呆。曹丕此举醉翁之意不在酒，他名义上是打孙权，真正的目的还是震慑徐州地方豪强。

但对岸的吴军不明真相，见魏军大军压境，吓得不轻，还真以为魏军要杀过江来。而只有贼心不死的徐州旧部才更懂得曹丕的深意，在曹丕的武力威胁下，只好乖乖接受改编。

曹丕一石二鸟之计实在高明，那些说曹丕不会打仗，两次"南征"劳而无功的所谓专家才是真正的蠢材。

从曹丕选择的地点广陵就可看出他此行是真心伐吴，还是别有用意。广陵江面宽阔，并不适合做横渡长江的渡口。而魏国自淮水以南至长江北岸，有多处数百里纵深的"弃地"，因与吴境相邻，魏国将淮水以南的百姓迁往北岸，此举一度导致当地百姓恐慌，纷纷逃入吴境。这也是曹操生前做的为数不多的蠢事之一。

江淮滨江一带于魏国是荒凉之地，于吴则是江防重地。曹丕的到来令吴军京口守将孙韶高度紧张，吴军更是通宵值守，丝毫不敢大意。

曹丕本无意与吴军开战，加之十月天寒，舟船多被冰冻，不可使用。曹丕下令撤军。而孙韶在得知魏军确要退走的情势下，才敢派出数百人的小股部队渡江偷袭，夺了几辆车马，回去报功。在魏军十万雄师的威慑下，吴军也只能靠偷袭来挽回些许颜面。

赤壁之战后，曹操、曹丕父子频频对江东用兵，对孙权施加军事压力，将其视为头号敌人。从曹操的"四越巢湖"，到曹丕的两次广陵之役，曹魏之重心专注于东方，昭然于世。反而对刘备，曹氏父子却很少主动进攻。倒是刘备、关羽先后主动发起对曹氏的北伐，刘备争汉中、关羽攻襄樊，都是刘备一方首先发起的，曹军不过是"自卫反击"。曹操、曹丕父子，只要议兵出师，几乎无一例外，矛头都指向孙权。

《三国演义》给人们造成一种错觉，即认为曹操与刘备、诸葛亮的交锋是主导，孙权不过是配角，事实则恰恰相反。从赤壁之战到刘备北征汉中，近十年间，刘备与曹操并未发生主力会战，反而是曹操与孙权动辄就是陈兵十余万在江淮间对峙往来攻杀。

虽然曹操、曹丕父子的南征有时动机并不纯粹，很多时候其目的与其说是对外，还不如说是对内的，而征讨孙权不过是幌子。曹丕的两次广陵之役即如此，曹军屯驻徐州的时间远长于在前线广陵的逗留，甚至去广陵不过是虚晃一枪。曹丕两番亲征，竟然见不到其与吴军主力交战的记录，岂不怪哉？

即便如此，曹丕在位期间，先有猇亭战后的三路伐吴，后有两次广陵之役，其战略重心侧重于东线毋庸置疑。这也从一个侧面反证，刘备的蜀汉猇亭战后实力遭到削弱，令曹魏对其十分"放心"，进而放松了西线的防务，为诸葛亮后来的北伐创造了有利条件。

曹魏黄初七年（226）正月，曹丕处理了徐州叛乱，了却一桩心病。回到洛阳，本欲有所作为的曹丕却病倒了。这几年繁重的国事，钩心斗角的政治斗争，彻底耗干了曹丕的身体，特别是为了解决青州徐州的割据势力，几年时间，曹丕心力交瘁。

那个天下人仰慕的九五之尊，其实，并没许多人想象得那般美好。享受权力固然惬意，但那也是要付出代价的。那个高高在上的位置，只要是个人，都想坐，可真坐上去了，就会知道，皇帝的日子也不好过。

就拿曹丕来说，之前，为了跟弟弟曹植争太子，可谓煞费苦心，绞尽脑汁，在父亲面前整日戴着面具小心翼翼地演戏，生怕稍有差错就丢失储君之位。好不容易可以接班了，手下的军队又闹兵变，弟弟曹彰也蠢蠢欲动，还想趁机把他赶下台。

等位置坐稳了，曹丕又开始谋划处置那些不听话的诸侯如青徐豪霸，数次远征，虽达到目的，却被一帮迂腐的儒臣骂劳师远征、劳民伤财。曹丕为魏国的长治久安耗尽心血，却得不到别人的理解，自己的真实想法又不能对外人言说，怎一个"苦"字了得？

说句公道话，曹丕这几年当的这个皇帝实在不容易。

五月，曹丕病势加重，自感大限将至的他开始安排身后事，紧急召见中军大将军曹真、征东大将军曹休、镇军大将军陈群、抚军大将军司马懿入宫，受遗诏辅政。

曹丕召见的四位托孤辅政大臣，两位武将曹真、曹休是宗室心腹，手握兵权，坐镇一方；司马懿跟陈群都是文臣，且都是儒学世家出身。从曹丕的这个安排很容易看出，曹丕是想与儒学世族共享天下，但兵权必须掌握在曹氏手里。不过，很可惜，就因为看错了一个人，曹丕的这些美好的愿望没有实现。

曹丕托付的这几位辅政大臣，曹真、曹休是宗室属于自家人，而且确有能力，但两人死得都很早，未能起到辅政大臣的作用。至于那个陈群，就是个靠名声混饭吃的座谈客。此君最大的功绩就是创立了九品官人法。真正有不臣之心且能力非凡的是最后一个辅政大臣司马懿。

曹丕就是把司马懿看作心腹委以重任才导致了曹氏天下的最终易主。相比于曹丕，他老爹曹操看人的眼光比他要高得多。曹操早就看出鹰视狼顾的司马懿居心叵测，所以曹操在世的时候，司马懿一直坐冷板凳。

据说，曹操晚年曾做过一个梦，梦见有三匹马在一个马槽里吃食，醒来后，曹操感到这不是个好兆头。所谓"槽"通"曹"，即曹氏天下；"马"嘛，暗指的就是"司马"。这个梦暗示将来篡夺曹氏天下的就是司马氏的"三马"，即司马懿、司马昭、司马师父子三人。

后来的历史证明了这个神奇之梦惊人的准确，但所谓三马食槽毕竟只是一个传说。据说，当年曹操梦醒之后，特意把曹丕叫到身边，让他注意留心司马懿这个人，说此人鹰视狼顾，并非久居人下之人，但曹丕没听。

但历史的真相果真如此吗？以曹操的性格，如果他发觉司马懿有不臣之心，有篡夺他一手打下江山的心思，哪怕只是怀疑，曹操也不会放过司马懿，怎么可能留着这个祸害给子孙呢？估计，司马懿早就被拉出去砍了。

司马懿之所以能幸存，原因在于他隐藏得深，特别是在曹操面前，曹操狡猾，他比曹操更狡猾。曹操虽然认为司马懿不同常人，但也没把他列入自己的黑名单。

司马懿躲过了曹操的那双锐利的双眼。曹丕时代，司马懿终于扬眉吐气，受到曹丕重用。曹丕虽远不如其父，但也并非等闲之辈，所以司马懿这时候也未动手，而是耐心等待时机。但司马懿等的时间并不长，因为曹丕只当了六年皇帝。直到此时，司马懿尚未做出出格的举动。事实上，直到曹魏第三代接班人曹叡继位，司马懿才真正迎来属于他的"春天"。

七月，魏主曹叡即位。这位新人的戏份还在后面，魏国的大事还有好多。后曹操时代的中原依旧精彩。

第四十章

攻心为上——诸葛亮南征平乱

蜀汉的南中，在建兴元年（223）刘备死后举兵叛乱，便不再服从蜀汉朝廷的号令。

转眼三年过去，南中叛乱依旧，但蜀地早已今非昔比。

三年，诸葛亮只用三年，便将蜀汉从秭归战败、刘备病亡、强敌虎视的困境中拯救出来。

三年里，诸葛亮一手抓内政、一手抓外交：对内稳定朝局，迅速安定连遭大败之后的蜀地人心；对外结好东吴，将东吴这个坐观形势的第三方拉到了自己这边。

其间，诸葛亮兴修水利、劝课农桑。关羽、刘备的大败，不仅丧师失地，还消耗了蜀汉本就不宽裕的家底。诸葛亮掌权后，休养国力。短短几年的时间，国库里渐渐有了积蓄。

军队经过数年休整，也逐渐恢复元气。诸葛亮善于练兵，汉军的战斗力直线提升。

兵精粮足，内忧外患也被诸葛亮逐一化解（至少暂时），终于可以腾出手来讨伐南中叛乱。

丞相诸葛亮准备亲自率军平乱，却遭到丞相长史王连的反对。王连认为，对付南中蛮夷，根本不用劳烦丞相大驾，杀鸡焉用牛刀，只需派一员大将去。

但诸葛亮很清楚，多年以来，南中叛服无常，先帝在时，这些蛮夷就仗着山高皇帝远，不把朝廷号令当回事，经常是平叛的军队前脚刚走，南中的大姓豪族就又起来闹事。自己今后的主要任务是北伐，这必将是一场长期艰苦的战争，收复旧都，克复中原，任重道远。蜀汉的军队也将悉数投入北伐前线，即便如此，在数量上也会远远少于魏军。

主力前出，后方自然兵力单薄，这就必须确保大后方的安全。有稳定的大后方，诸葛亮才能无后顾之忧倾全力北伐。

南征不仅仅是打仗平叛那么简单，还要懂政治，考虑到自己属下的能力，诸葛亮决定还是自己亲自去。别人去，他不放心。

在军事部署上，诸葛亮决定兵分三路。

东路军由门下督马忠率领，目标是牂牁郡的朱褒。马忠部的任务是川南僰道进入牂牁，扫平朱褒叛乱并取而代之，坐镇牂牁，担任新一任牂牁太守。这一路是偏师，兵力不多，却是诸葛亮安在南中的一颗重要棋子。

马忠，益州巴西郡人。马氏乃当地大姓，马忠又是先帝刘备赏识的人，重用马忠，可以安抚蜀人。川中素有巴有将、蜀有相的说法，马忠也的确是个将才，是诸葛亮重点培养的对象。此次出征是小将马忠的第一次亮相。

中路军由蜀汉的第二任庲降都督李恢统率。李恢就是南中建宁郡人，其家族是本地大姓。章武元年，蜀汉第一任庲降都督荆州南郡人邓方去世后，刘备就把李恢派到了南中。

刘备之所以选中李恢，正是看中了其家族在当地的势力。俗话说，强龙难压地头蛇，外来的官员对当地不熟悉，加上本地人有排外情绪，派一个在本地有声望又熟悉情况的人再好不过。

李恢入选除了家世背景，还因为他的忠诚。李恢早在刘备刚入蜀时就主动来投，并助刘备成功地说服勇将马超归顺，为刘备入主益州立下大功。

本地人的优势，加之政治上可靠，李恢被刘备指定为第二任庲降都督,镇守南中。

刘备时代,南中就多次叛乱,邓方在时也仅仅维持表面安定。而且当时,刘备的势力尚未深入南中腹地,只控制了靠近蜀地的朱提郡,让邓方为太守。此后,刘备的势力逐渐向南中腹地渗透,随着邓方控制的地盘增多,官位也节节提升,刘备为管理南中,专门设立庲降都督一职,邓方是首任都督。

邓方去世正值刘备东征前夕,刘备为庲降都督的人选着实费了一番脑筋,最后才选定李恢。

刘备特意找李恢谈话,问李恢:"先生以为让谁接替孔山合适?"刘备本来已经内定李恢,却故意设此一问。李恢也很聪明,大概猜出了刘备的意思,当即毛遂自荐说:"臣不才,愿为陛下守南中,朝中群臣似皆不如臣明晰南中形势,不知陛下以为如何?"

刘备听了大笑说:"我的本意也是打算派您去呀。"

李恢当了庲降都督后,把自己的驻地设在平夷县,又向南中腹地推进了不少。

中路军李恢部的任务是南下消灭益州郡雍闿。

东路军、中路军的两位统帅都是先帝考核过的有能力有水平的"信得过干部",西路军是此次南征的主力,由诸葛亮本人亲自率领。

诸葛亮的部署是,自己统帅南征军主力从西路先平灭越嶲郡的高定,然后再从侧翼包抄益州郡雍闿,与李恢夹击雍闿歼灭之。因为在南中的几股势力中,雍闿的实力最强。三路大军约定在益州郡的滇池会师。

建兴三年(225)春,成都城外,旌旗招展绣带飘扬,数万大军整装待发,阳光照在将士们的铠甲上反射出炫目的光。

后主刘禅率领朝中的文武百官出城来为诸葛亮送行。在举行了隆重的出征仪式后,刘禅和百官都回城去了,只有一个人留下没有走,这个人就是诸葛亮的亲信——参军马谡。

马氏家族在荆州也是大名鼎鼎的豪门。马良、马谡兄弟共五人，各个都不简单，其中，马良的才学最出众，弟弟马谡也是出名的才子。因为马良的缘故，诸葛亮对马谡也很关照。而马谡确有才学，被诸葛亮引为知己，成为诸葛亮的左膀右臂。能让诸葛亮看上的自然不是凡人，马谡虽然年纪轻轻，但在刘备众多文武中，却以知兵善谋著称。

马谡与众多荆楚士人一道追随刘备入蜀。马谡在蜀中先后担任绵竹、成都县令、越嶲郡太守，曾在郡县为官的经历让马谡对南中有了更深入的了解，加之马谡精明强干对事物有极强的分析能力，使其说出的话很有见识，颇具战略眼光，跟那些整天只会待在衙门里看地图夸夸其谈的士大夫有天壤之别。

正因如此，诸葛亮很欣赏马谡，常与马谡商讨国家大计，特别是军事方面的事宜。而马谡也不负所望，总能提出真知灼见，帮助诸葛亮做决策分析。长期共事的经历让诸葛亮对马谡的才学赞赏有加，引为心腹。

像南征这样的大事，诸葛亮当然要找马谡商议，在出征之前的几个月里，两个人经常在一起研究各种细节，常常一谈就是通宵达旦。这次南征马谡虽然没有参加，却是参与策划的主要参谋人员。

马谡之所以没走是因为他还有话要说。作为诸葛亮的参谋，马谡忠实地履行了自己参谋的职责，知无不言言无不尽。

马谡把诸葛亮送出了几十里，在即将分别的时候，诸葛亮说："这些年我们日夜谋划，现在我就要率军远征了，幼常，你还有什么要说的吗？"诸葛亮很了解自己的这个部下，知道他有话要说所以有此一问。

果不其然，马谡说："南中叛乱已久（那地方造反不是一天两天的事了，属于历史遗留问题，你要做好心理准备），因为重山阻隔凭借当地的险要地势，不服朝廷的号令已经很久了（造反成了习惯），今天平定了，等大军一撤，不久就又反（典型的我退敌进）。现在您正准备倾国北伐，这些人如果知道蜀中虚实，就更难平定了。如果将这些人全部杀死当然能免去后患，但滥杀不是我们仁德之师所为。用兵之道，攻心为上，攻城为下，心战为上，兵战为下。希望您能收降他们的心，让他们心服口服诚心归顺，只有这样才能让南中长期安定。"

诸葛亮对马谡的建议十分赞赏，这与自己的计划不谋而合。就算马谡不说，诸葛亮原本也打算对敌人恩威并用。

诸葛亮率领的主力西路军从成都出发，沿岷江南下到僰道（今四川宜宾），然后折向西南经安上（今四川屏山）、新道（今云南绥江）、马湖（今四川雷波），直到邛都（今四川西昌东南）一路向南。

诸葛亮的第一个打击目标是越嶲郡高定部。

马忠率领的东路军随诸葛亮大军一道从成都出发，到僰道后才与诸葛亮的大军分开。

三路大军中，只有李恢不用"出差"，因为他本人及所属部队就在南中，身为庲降都督李恢统率的是地方部队。其他两路大军都是从成都出发，李恢的部队不需长途行军，他们是直接投入战斗的，因为他们原本就在前线。

当诸葛亮和马忠的大军还在路上的时候，李恢的部队已经跟叛军"接上火了"。

高定早在建安二十三年（218）就曾举兵叛乱，越嶲郡地接犍为郡，高定曾趁着刘备北征汉中，率兵围攻犍为郡的新道县，但被太守李严击败，一度被打得躲进深山啃树皮。

但高定属于那种记吃不记打的主儿，风头过了，又出来闹腾，而且比之前闹得更凶，自封为王不说，还派兵攻杀了越嶲郡太守焦璜，气焰十分嚣张。

所以诸葛亮把打击的矛头第一个对准了高定。

高定自从给自己封王之后，心情好得不得了，不过，幸福的日子很快就到头了。他得知诸葛亮大军即将南下的消息后，嘴巴张得老大半天合不上，只有一个词可以形容他此时的心情——恐惧。

高定在南中的"优异表现"，使他成了远近闻名的名人，但出名是要付出代价的，枪打出头鸟这句话很在理，鉴于高定这么活跃，诸葛亮决定先收拾他。

虽然从小生活在深山老林里，干的又是造反的活，但诸葛亮的大名高定还是知道的，这位丞相不好惹，现在大军转眼就到，自己这两把刷子哪是诸葛亮的对手。不过投降是不可能的，就自己干的那些事砍三回脑袋都不算多。事到如今也只有硬着头皮上了。

为了"迎接"诸葛亮，高定没少费心思，在自己的地盘上大搞土木工程。挖壕沟建据点修"炮楼"，忙得不亦乐乎。高定同志还是很有责任心，亲自在施工现场监督，吃住都在工地上。高定决心把好质量关，坚决防止豆腐渣工程。在高工程师兼包工头的努力下，防御工事终于成形了。

接下来，高定开始在自己的老窝分兵派将。高定自己守大本营——越嶲郡的郡治邛都城（今四川西昌东南），这里是叛军的根据地。高定因为习惯了背叛，总觉得别人也跟自己一样，靠不住，所以决定亲自坐镇邛都指挥。

邛都东北的卑水（今四川雷波附近）是越嶲的门户，高定在这里也布置了重兵。

安排完这些，高定还是不放心，在道上混了这么多年，高定的经验丰富，虽然仗还没打，高定已经为自己安排了后路。要知道，高王爷能闹腾这么多年还活跃在造反第一线也不是平庸之辈，他知道诸葛亮不好对付，提前做好了跑路的准备。

邛都西南的定筰（今四川盐源）是从越嶲出逃的最佳路线，从这里到南中各地都很方便。高定事先安排自己的亲信准备好马匹、干粮，一旦战败就从这里逃跑。

诸葛亮大军即将南下让高定心惊胆战，但已经没有退路的高定不见棺材不落泪，仍拼凑了自己的全部人马准备跟诸葛亮死拼。

还有一件事让高定很纠结，那就是诸葛亮会走哪条路呢？

当时从成都到越嶲郡主要有两条路。

从安上进入越嶲的"安上路"：这条路从成都出发沿岷江南下到僰道，然后再溯江而上走水路向西南到安上（今四川屏山）、新道（今云南绥江）、马湖（今四川雷波），越过卑水再向西南到邛都。

从旄牛进入越嶲的"旄牛路"：这条路从成都出发向西南经江原（今四川崇州东南）、临邛（今四川邛崃）、汉嘉（今四川邛崃西南）、严道（今四川雅安西南）、旄牛南下到邛都。

安上路从成都到僰道的一段路况很好也适合大军行军，而且还可以借助岷江走一段水路，坐船自然比走路要轻松多了，既省时又省力。但过了僰道再向西南走就不好走了，因为这里处于长江上游，水流落差大不能行船，沿途山势险恶崎岖，大军很难通过。相对于旄牛路，这条路既难走路又远，除了当地土人，很少有人走这条路。

旄牛路就要好走许多而且要比安上路近，但这条路已经荒废很久。之前聚众造反的汉嘉太守黄元火烧临邛城后准备顺江东下走水路投奔孙权，所走的路线就是旄牛路成都到严道的一段，后来黄元被活捉的南安峡口就在汉嘉郡青衣江与岷江的交汇处。旄牛路从成都到严道畅通无阻，但从严道开始到旄牛的一段路不能走了。东汉安帝延光二年（123），当时的旄牛部落造反堵塞了道路，从那时起直到蜀汉建国一百年过去了，这条路已经荒废很久了。路当然也可以修，只不过需要费一点时间。

安上路虽然又远又难走，却是当时从蜀中进入越嶲的主要通道。

诸葛亮的足智多谋，高定是晓得的，这就更让高定闹心，因为他搞不准诸葛亮会走哪条路。按常理，大军行动就只能走安上路，但诸葛亮用兵神鬼莫测，谁知道他会不会出奇走旄牛路。以高定的智商让他跟诸葛亮拼智力猜诸葛亮的主攻方向，实在也有点难为他。

高定让这个二选一的选择题搞得头大了八圈，但还是拿不定主意。最后他决定不再猜了，不是他不想继续玩了，而是诸葛亮的大军已经逼近，他已经没有时间了。

既然猜不着就不猜了，反正只有两条路，那就两条路都派人。

高定犯了一个最愚蠢的错误，分兵应战。

本来他就那么点兵力，现在又分兵三处，力量更弱。高定摆出的是一副挨打的架势。这只能说明，他就只能是这个档次的，还想当第四个国家元首？醒醒吧，高定。

答案终于揭晓了，诸葛亮走的是安上路。

诸葛亮之所以选择走安上路，是因为他没有时间。三路大军会师滇池的时刻表决定了他必须迅速进兵，时间很宝贵。诸葛亮的大军到达安上后与越嶲太守龚禄率领的地方部队（郡兵）会合，两军合并一处向高定的老巢进发。

当诸葛亮的大军突然出现在卑水的时候，高定终于松了一口气，他再也不用猜谜了，但很快就传来了守卑水的部队全军覆灭的消息。

这让高定不寒而栗，紧急命令剩下的分散在各地的部队：快，向我靠拢！

当高定看到诸葛亮的大军的时候，他预感到了大事不妙，但仍心存侥幸，这时候他想起了"战友"益州郡的雍闿。高定急忙派人向雍闿求救，请他看在一起造反这么多年的分上，拉兄弟一把。赶快派兵增援，晚了就只能给自己收尸了。

高定相信雍闿会来救自己，现在大家同坐一条船，自己完了，雍闿也跑不了。

诸葛亮的主力就在眼前，如果没有外援，高定坚持不了多久。

就在高定向雍闿发出紧急求救信号时，益州郡的雍闿也在紧张地调兵遣将。接到高定的求援信，雍闿也紧张了。正当他准备派兵的时候，部下报告，与自己正面对峙已被自己合围的李恢部又有新动向，好像要突围。

这让雍闿吃惊不小，李恢的部队就住在平夷县即自己的正北方，还在诸葛亮大军未到时，双方就已经打了起来，不过李恢兵少暂时被包围起来，现在李恢军又要有行动，明显是要向诸葛亮大军靠拢。这时又有部下报告东北方向也发现汉军，为首的主将是马忠，北面和东北面都有汉军。雍闿的第一反应是，诸葛亮这次是来真的了，这是要包自己的"饺子"。

雍闿对李恢倒是不怎么在意，毕竟做了这么久的邻居，大家什么情况彼此都一清二楚，有事没事双方的侦察兵经常互相串门。李恢有多少兵雍闿心里还是有数的，以自己现有的兵力可以对付，况且现在李恢还在自己的包围圈里，暂时还没有问题。

马忠的部队正向牂牁郡移动去打朱褒，暂时还不会找自己的麻烦。现在最要紧的是增援高定，那里才是主战场，因为高定的对手是诸葛亮。要是高定垮了，下一个轮到的就是自己，军情紧急，马上就走，雍闿决定去会会诸葛亮，所以亲自带兵增援，留下部将看家。

当雍闿的援军从益州郡出发向西北方向的越嶲郡急行军时，高定的各部兵马也正在向前线集结。

诸葛亮率领大军到达越嶲后，并没有急于进攻，而是很有耐心地看着高定在那儿折腾。当看到高定将藏在深山老林里的部队源源不断地集中到越嶲的时候，诸葛亮会心地微笑，这正是他希望看到的。

之前高定分兵守口被各个击破，诸葛亮取得了第一仗的胜利。现在高定学乖了，又开始集中兵力，这一次他又上当了。诸葛亮之所以初战获胜不急于进兵，就是给他充足的时间让他召集部下，目的与第一次正好相反，让高定的部队越集中越好。

道理很简单：越嶲郡境内到处都是险峻的高山深谷，如果高定钻进山沟玩游击战，诸葛亮是没有时间跟他玩捉迷藏的，分兵搜山进剿，费时费力，不如等高定把部队集中然后一举歼灭。

诸葛亮微笑地注视着高定的一举一动，静静等待着决战的时刻。

等到高定将自己的部队集中差不多了，而雍闿的援军还在路上，诸葛亮指挥全军向高定发起了全面攻击。

高定苦心经营的工事在汉军的猛攻之下转瞬之间便千疮百孔，大军迅速清除鹿角填平堑壕，弓弩手排成方阵轮番射箭，在弓箭手的掩护下，攻城部队架起云梯搭上城墙开始爬城，四面猛攻。

高定手下的这帮人都是些乌合之众，平时也就是拦路抢劫打个埋伏还行，正规战就招架不住了。很快汉军就攻上城头，这种临时修的小土城根本架不住一攻，汉军士气高涨，两军就在城墙上展开混战。高定的部队抵挡不住，一路败退，汉军趁势杀进城里。就这样，高定的老巢临邛城被汉军占领。高定的手下四散奔逃。诸葛亮不会给高定军喘息的机会，指挥汉军跟踪追击。高定一路败逃死伤大半，连他的妻子都成了汉军的俘虏。

就在高定被汉军追得走投无路四处乱窜的时候，雍闿的援军刚好赶到。高定见到"姗姗来迟"的雍闿援军气就不打一处来。高定想，你雍闿要是早一些到，我怎么会败得这样惨？高定将满腔怒火都发泄到了雍闿身上，一气之下，索性将雍闿杀掉，吞并其部，将之交给孟获统领。孟获，这位老兄将是后面故事的主角，按照传统戏路，主角都是在后面出场。

"可怜"的雍闿诚心诚意赶来增援，连敌人的面还没见着就被同伙给砍了。

叛军连遭大败，内部又发生火拼，士气更加低落，往日嚣张跋扈不可一世的神气劲儿早就没影了，一个个垂头丧气，但领头的高定依然决定死磕到底。高定集合被打散的残兵败将，又找到平时与自己关系不错的几个部族首领，你们平时吃我的喝我的，现在兄弟有难，各位不能见死不救吧。

几位首领也是拿人家的手短、吃人家的嘴短，答应帮忙。于是，高定与这伙人杀人结盟，又从各部族拼凑几千人，来跟诸葛亮拼命。高定用自己的行动说明了什么叫自杀式进攻、自取灭亡。汉军没有再给高定再次逃命的机会，一场大战，高定部被汉军围歼全军覆灭，高定本人也死于乱军之中。

越嶲郡的叛乱以高定的彻底覆灭而告终，但战争并没有结束，孟获率领雍闿和高定的残部一路向南逃跑。

在诸葛亮的主力与高定部激战之时，李恢的部队也与雍闿留下的部队展开激战。由于雍闿在当地势力很大，留下的兵也多，李恢军一开始仗就打得不顺。李恢率部从驻地出发经味县（今云南曲靖）向西南进军，在昆泽（今云南宜良）陷入叛军重围。

叛军人多势众，这时诸葛亮的主力军还在激战中，李恢几次派人突围出去寻找诸葛亮的主力，但始终没有联系上，形势对李恢军很不妙。

尽管身陷重围与主力失去联系，李恢却表现出大将风度，临危不乱，一面就地严密防守与叛军对峙，一面寻找打败敌人的机会。现在敌强我弱，不能强攻只能智取。李恢是本地人，他的老家就在益州郡的俞元县（今云南澄江），与叛军中的很多人是熟人。

李恢派人放出风说：我的部队粮食快要吃完了，我在朝廷做官实属不得已，并不打算和家乡父老为仇作对，之所以出兵完全是应付差事。叛军也是当地人，信了李恢的话，日子一长，对李恢军的围困就松懈下来。李恢趁叛军放松戒备，集中部队发动突袭。叛军猝不及防被击溃。随后，李恢率军乘胜追击，一直打到盘江。

马忠的部队进军顺利，没有遇到多少阻力。牂牁郡的朱褒在三郡叛军中实力最弱，所以尽管马忠的路线最长，遇到的抵抗却最弱。马忠军一路上势如破竹顺利地解决了朱褒，攻占了牂牁郡。

当李恢军一路风尘赶到滇池时，马忠早已率军在那里等候多时了。

第四十一章

七擒孟获——会师滇池平定南中

再说一路南逃的孟获，他本打算顺着原路逃回味县，但这时得知李恢已先他一步占领那里堵住了他的退路。孟获只好改变路线往西南方向逃，逃到三缝，之后渡过泸水（金沙江）到青蛉（今云南大姚），接着仍向着西南逃到弄栋（今云南姚安）。从弄栋向西可到叶榆（今云南大理），向东可到滇池。

诸葛亮平定越嶲郡高定部后，大军顾不上休整，并不停留，沿着孟获逃跑的路线紧追不舍。

五月，诸葛亮大军到达泸水边的三缝。孟获早已渡过泸水向青蛉方向逃窜。诸葛亮大军已深入南中腹地，这时正值农历的五月，一年中最热的季节。

南中向来被称为烟瘴之地，荒无人烟的原始森林里长满了各种热带植物。多年积累的枯枝烂叶和动物尸体因为腐烂发酵而产生瘴气。这些气体确实对人有害，之前很多进入这里的人都因为水土不服和吸入瘴气而死在这里，毒气杀人之说流传开来。

蜀汉大军到南中后，为追击孟获也深入原始森林，因水土不服，加上军营条件简陋、集体居住很难保证卫生，不少士兵染病病倒，造成恐慌。

诸葛亮派人回蜀地采购解暑药品，同时休整部队。

药品运来，大军经过休整又继续出发。诸葛亮率军南进渡过泸水，很快追上孟获。

诸葛亮与孟获的交战，因为罗贯中的《三国演义》中浓墨重彩地描写而家喻户晓，其中诸葛亮七擒七纵孟获的故事更是广为流传妇孺皆知。

《华阳国志》记载，诸葛亮抓住孟获后，让孟获到军营各处随意参观，希望孟获看到朝廷军队的实力，能知难而退。待孟获参观过汉军大营，诸葛亮问孟获："观感如何？"

孟获答道："向者不知虚实，所以会败，如今尽知。如能放我回去重整军马再战，胜负尚未可知？"诸葛亮听后大笑，令人将孟获放归。两军再战，孟获又败，再次被俘，仍不服气。于是诸葛亮再放，如此反复七次，最后，孟获终于心服口服表示南人再不敢反。诸葛亮的攻心战取得满意的效果。

小说写得精彩，可惜不是事实。南中能否稳定，取决于南中地方大姓豪强宗族是否诚心归附。

罗贯中将马谡的攻城为下攻心为上，理解为对孟获的攻心，对孟获的收服。

此次南征，诸葛亮的政策确实是攻心为上，攻城为下。相对而言，攻城容易，而想要收服人心却很难。

真正的关键在于弄明白，攻心为上，攻的是谁的心。看问题要透过表象看本质，要看重点。

这次南中叛乱声势颇大，叛乱的主体是南中的土著，但率领这些土著叛乱的却是汉人，准确地说是南中的汉人豪强地方大姓。土著虽众，但叛乱的骨干叛乱的头目却是汉人。土著虽多，只是从犯。汉人豪强才是叛乱的主谋。诸葛亮攻的是这些南中大姓汉人豪强的心。而孟获就是其代表。《汉晋春秋》："孟获者，为夷、汉所服。"也正是这个原因救了孟获的命。

对叛乱的匪首，诸葛亮采取的是铁血政策，负隅顽抗者必杀之，高定、雍闿的下场就是证明。唯独对孟获网开一面，只是因为，孟获在南中有威望，得人心。杀孟获容易，但接下来的治理才是最难的。诸葛亮是要收服南中的汉人豪强，然后通过这些人完成对南中的统治。至少在当时，对蜀汉而言，这是最省时省力又省心的办法。蜀汉的重心是北伐，这个国策决定了有限的战略资源必须用在北方作战。至于南中，在实现复兴大汉之前，维持以南中汉人大姓治理南中的模式是最现实的。蜀汉朝廷能接受，地方豪强也能接受。

搞清这个问题，才能明白南中叛乱的本质，是汉人地方豪强想要闹独立，进而蛊惑土著为其所用，与朝廷对抗。所以，蜀汉平叛，从一开始目标指向的就是南中大姓汉人豪强。雍闿、高定、孟获都是汉人豪强南中大姓。

汉武帝雄才大略北击匈奴南并百越，拓土开疆。

向北驱逐匈奴，设朔方郡。

向南开发西南。建元六年（公元前135年）设键为郡。元鼎六年（公元前111年）开牂牁郡、置益州郡。元封二年（公元前109年）设越嶲郡。

汉武帝为有效控制新开拓的国土，经常干的一件事就是移民实边。而移民实边不仅发生在北边的朔方，在南边的牂牁、越嶲、益州，汉朝采取的也是相同的政策。南中汉人豪强多是汉人移民的后代。这些汉人移民为了能在险恶的形势下生存，只能抱团取暖，通过宗族团结族人，又通过联姻与其他宗族实现联合。久而久之，南中就形成了许多汉人大姓地方豪强。

南中汉人著名的八大姓分别是：爨、孟、李、董、雍、毛、朱、吕。爨氏的代表是爨习曾任建伶县令。他还是庲降都督李恢的姑父。诸葛亮此次南征兵分三路。诸葛亮率主力从西面进兵。门下督马忠率军从东侧包抄。中路直面叛军的即庲降都督李恢。李恢自然也就是南中八姓之一的李氏代表。至于孟氏的代表，自然就是孟获了。很多人受电视剧的误导，以为孟获是浑身插满羽毛住在山洞里的土著首领，其实，人家是汉人，还是有身份的汉人。后来，孟获在蜀汉做到御史中丞的高官。

雍氏的代表当然就是雍闿。朱氏的代表就是牂牁郡的前郡丞朱褒。这两家当然是反面典型。

正面的当然也有，就是庲降都督李恢，还有永昌郡吏吕凯。李氏与吕氏都是衷心拥护蜀汉的，他们的忠诚也将得到厚报。

李恢在刘备时代就已经是庲降都督，而且是刘备亲自任命的。之前的首任庲降都督邓方是荆州南郡人，刘备的嫡系。而李恢成为第二任庲降都督，已经说明刘备对他的信任。

坚守永昌的吕凯在诸葛亮平定南中之后，也被委任为首任云南太守。这也是来自诸葛亮的亲自任命。

吕凯不久被叛夷所害，从吕凯的死也能看出南中局势的复杂。吕凯之子吕祥及后世子孙依旧世代为蜀汉镇守永昌。

七擒七纵是编造虚构的故事，目的是塑造诸葛亮的伟大形象。

七擒七纵只是演义，但诸葛亮收服孟获的战斗确实充满曲折，其间必然经历过激烈的战斗，而诸葛亮也肯定放过孟获，不然这个顽固的家伙是不会服气的。孟获最后之所以甘愿投降，估计是被打服后的心悦诚服、心服口服。史书只记载结果，却忽略了过程，而其中最精彩的部分恰恰是这个过程。

汉军渡过泸水后主要对付的就是屡教不改的孟获。汉军从北面、东面、西面对孟获形成三面合围，但孟获充分利用了南中复杂的地势和地形与大军反复周旋，这场丛林游击战，历时数月才宣告结束。

诸葛亮三月从成都出发，四月解决高定，五月渡过泸水，但直到秋天战斗才结束。诸葛亮大军回到成都是十二月。从南中到成都往返至少要两个月，除去路上的时间，战争结束应在九、十月间。高定、雍闿、朱褒在五月渡泸之前就被平定，从五月到九月的这几个月，诸葛亮基本上是在耐心"教育"孟获。

在其他叛军主力很快被消灭的情况下，落网之鱼孟获面对三路大军竟然能坚持四五个月，着实不简单，要知道他的对手可是诸葛亮，但能折腾的孟获最后还是被打服了。孟获归降蜀汉，诸葛亮的攻心战取得了成功。

随着孟获的投降，南征暂时结束了。

之所以说暂时，是因为南中在之后并未完全消停，留守此地的马忠对此想必深有体会，因为他的主要职责便是平定当地叛乱。但不管怎么说，大规模的叛乱再未出现过，在蜀汉时代，南中大体保持了稳定。

诸葛亮在平叛后，任命忠于蜀汉的南中大姓为本地郡守，只留少量地方部队驻防，以表示对当地大姓及部族首领的信任。当然要指望之前那些造反专业户经过一场战争就能洗心革面痛改前非是不现实的。

诸葛亮制定了很多策略来保证南中的稳定。

即使不留兵，诸葛亮也有办法让这些人老老实实做良民。

办法一：征兵

征召当地人入伍，蜀汉的疆域仅限于益州，相比魏吴两国，人口更少，后备兵员自然不多。三国时代，人口是重要的资源，而南中的夷人自幼生长在边地见惯打打杀杀，战力强悍，是很好的补充兵员。将其中的青壮充实到汉军中，既能解决蜀汉兵源紧缺的困局又能间接削弱南中的地方势力，一箭双雕，一举两得！

史书记载，诸葛亮一次就迁走青羌劲兵一万余户，并将其中的精锐编入汉军的战斗序列。在诸葛亮的训练之下青羌成为汉军中的一支精兵，因其善于攀缘奔走，精于山地战，号称"飞军"。

南中士兵从小生长在山区，跋山涉水如履平地，蜀汉军队以步兵为主，步兵的强项是山地战，而这些来自南中的"飞军"即使在崎岖陡峭的山地也能行走如飞，诸葛亮手中从此又多了一张王牌。

办法二：赏罚分明

诸葛亮自秉政以来，严明律法，依法治国，坚持公开公平公正的原则。《三国志》的陈寿在诸葛亮传中，对丞相的以法治国做出高度的评价。

《三国志·诸葛亮传》评曰："诸葛亮之为相国也，抚百姓，示仪轨，约官职，从权制，开诚心，布公道；尽忠益时者虽仇必赏，犯法怠慢者虽亲必罚……邦域之内，咸畏而爱之，刑政虽峻而无怨者，以其用心平而劝诫明也。"

诸葛亮治蜀如此，对待南中八姓地方豪强也一视同仁。

对祸乱地方罪大恶极的雍闿，必置其于死地。对忠于蜀汉的李恢、吕凯则加官晋爵，厚加褒奖。

对曾反叛但又悔过改正的孟获，则给其改过自新的机会。

办法三：调整区划

战后，诸葛亮对南中的行政区划重新做出调整：

南征之前，南中有五个郡，分别是：越嶲郡、牂牁郡、益州郡、永昌郡、朱提郡。这次叛乱，南中五郡竟有三郡卷入其中，占到一半还多。

考虑到之前的益州郡、牂牁郡、永昌郡、越嶲郡四郡地域过大，所部人口众多，其间豪族势力盘根错节，对蜀汉在南中的统治构成威胁。

诸葛亮遂采取分而治之的策略，拆大为小，将益州郡改为建宁郡，任用建宁人李恢担任太守；将越嶲郡和永昌郡分出一部设云南郡，任命抗敌有功的永昌人吕凯为太守。

建宁郡是李恢与叛军激战的战场，云南郡是诸葛亮与孟获的主战场。在这两郡，诸葛亮全部任用忠于蜀汉并在当地有影响的汉族大姓担任太守。建宁郡太守直接由庲降都督李恢兼任，庲降都督的驻地也设在建宁郡。

之前率领军民坚守永昌郡的当地大姓吕凯，被任命为新设的云南太守。吕凯的战友王伉也被提拔为永昌太守，两人同时封侯。

越嶲郡的情况比较特殊，直到诸葛亮逝世，这里也没有完全安定。后来，张嶷担任太守，越嶲郡才被彻底平定。

诸葛亮新设二郡，南中五郡变七郡。

诸葛亮重新规划的南中七郡：

朱提郡，建安二十年（215），刘备改犍为属国为朱提郡，下设五县：

朱提县、南广县、汉阳县、南昌县、堂狼县。

云南郡，建兴三年（225），诸葛亮新设，由原越嶲郡与永昌郡划出部分地区组成，郡治今云南姚安。

建宁郡，建兴三年（225），诸葛亮将原益州郡（公元前109年汉武帝设）改称建宁郡，郡治今云南晋宁。

兴古郡，建兴三年（225），诸葛亮新设，由建宁郡与牂牁郡划出部分地区组成，郡治今云南砚山。

越嶲郡，公元前111年汉武帝设，郡治今西昌。

牂牁郡，公元前111年汉武帝设，郡治今贵州黄平。

永昌郡，69年东汉明帝设置，郡治今云南保山。

诸葛亮三月率军从成都出发，五月渡泸，当年秋与李恢、马忠会帅滇池，南中之乱被平。兵贵神速，诸葛亮第一次领兵出征就取得如此战绩，已经展现出其卓越的军事才能。

之后，诸葛亮留庲降都督兼建宁太守李恢、牂牁太守马忠、云南太守吕凯、永昌太守王伉等人守南中。自己则率大军北返。十二月，南征大军回到成都。

第四十二章

兵出祁山——北伐中原

南中平定，与东吴又恢复盟好，诸葛亮酝酿已久的北伐大计终于可以付诸行动了。

出征之前，诸葛亮给后主刘禅上了一道表文，这就是青史留名传颂千古的名篇《出师表》。

在这篇名闻天下的《出师表》中，诸葛亮开篇首先为皇帝讲明当前的形势，形势显而易见，对蜀汉很不利。用《出师表》中的原文讲是"天下三分，益州疲弊"。到底有多不利呢？国小民弱，外有强敌。形势又险恶到何种程度呢？"此诚危急存亡之秋也。"已经危急到关乎存亡了。后世常常引用此句来说明国家形势的危急。

接下来，诸葛亮笔锋一转，"然侍卫之臣不懈于内，忠志之士忘身于外者，盖追先帝之殊遇，欲报之于陛下也"。但好在先帝留下的侍卫之臣、忠志之士，不忘先帝的恩德，希望报效陛下。言下之意，陛下不要忘了先帝创业的艰难，同时也告诉皇帝，虽然国势艰危，但复兴仍有希望，希望就在这些侍卫之臣、忠志之士身上，其中也应当包括丞相自己。诸葛亮告诉皇帝，这些忠志之士都是先帝选拔辅佐您的。

您现在要做的是"开张圣听，以光先帝遗德，恢弘志士之气，不宜妄自菲薄，引喻失义，以塞忠谏之路也"。诸葛亮的意思很明白，越是在困难的时候，您作为一国之君，越要迎难而上，带领国家走出困境。这个时候不要说一些消沉泄气的话。此时最应该做的是"恢弘志士之气"，气可鼓而不可泄，尤其是作为皇帝就更是如此，因为皇帝的一言一行都具有示范效应。估计在此之前，刘禅可能说过一些消极的话，所以诸葛亮才特意提醒他。

在对刘禅做了一番委婉的批评后，诸葛亮对自己出征之后的人事安排做了分工，荆州集团的侍中、侍郎费祎、董允、郭攸之留在皇帝身边辅佐刘禅，这是皇宫中的安排。皇帝身边都是诸葛亮提拔的贤臣。这是诸葛亮的有意安排。从后来事情的发展看，刘禅是很愿意亲近小人的，因为小人更愿意迎合他，顺他的意。诸葛亮在奏表中希望皇帝能"亲贤臣，远小人"，原因是"此先汉所以兴隆也"。同时，诸葛亮也希望皇帝不要"亲小人，远贤臣"，原因是"此后汉所以倾颓也"。诸葛亮接下来说"先帝在时，每与臣论此事，未尝不叹息痛恨于桓、灵也"，意在表明，先帝也是此意，臣是尊奉先帝的意旨。

考虑到刘禅还很年轻，"富于春秋，朱紫难辨"，可能分不清何为贤臣，何为小人，诸葛亮才选定郭攸之、费祎、董允留在刘禅身边悉心辅佐。"侍中、尚书、长史、参军，此悉贞良死节之臣，愿陛下亲之信之，则汉室之隆，可计日而待也。"诸葛亮告诉刘禅只要亲近信任这些贤臣，复兴汉室指日可待。

同为荆州人又有治军才干的将军向宠被提升为中领军，统领京师宿卫兵马。文臣可以辅佐刘禅，但仅有文臣还是远远不够的，要想稳固大后方，进而稳定成都，京师兵权也必须牢牢掌握在自己人手上。向宠是自己人，而且是经过战争检验的自己人。猇亭之战，各部损失惨重，而向宠军几乎未受影响，足见向宠的晓畅军事是实至名归。难怪先帝称之曰能。成都的宿卫部队只有交给向宠这种能人，诸葛亮才能放心。

在交代安排好后方的事情后，诸葛亮又追忆起往事。诸葛亮动情地写道："臣本布衣，躬耕于南阳，苟全性命于乱世，不求闻达于诸侯。先帝不以臣卑鄙，猥自枉屈，三顾臣于草庐之中，咨臣以当世之事，由是感激,遂许先帝以驱驰。后值倾覆,受任于败军之际,奉命于危难之间,尔来二十有一年矣。"

诸葛亮写他早年的经历,意在告诉刘禅。他本是布衣,生逢乱世,只想隐居林泉,做一个不问世事不求闻达的乡贤。但先帝三顾茅庐,自己被先帝的诚意感动才出山,辅佐先帝,开创蜀汉基业。诸葛亮是想表达其对功名富贵的淡泊。同时,这个乱世也不允许更不可能超然世外。当阳兵败之际,诸葛亮主动请缨出使江东,说服孙权孙刘联盟,才有赤壁之战大败曹操,天下三分的格局。也即诸葛亮在《出师表》中写道的:"后值倾覆,受任于败军之际,奉命于危难之间,尔来二十有一年矣。"

转眼间,二十一年过去了。诸葛亮又写道:"先帝知臣谨慎,故临崩寄臣以大事也。受命以来,夙夜忧叹,恐托付不效,以伤先帝之明。"诸葛亮是在告诉刘禅,永安托孤,刘备将国家及他交给自己,是对自己最深厚的信任。只有"北定中原,庶竭驽钝,攘除奸凶,兴复汉室,还于旧都",自己才对得起先帝的这份信任跟重托。"此臣所以报先帝而忠陛下之职分也。"

诸葛亮写得很清楚也很明确,兴复汉室是他的责任。而要做到还于旧都,就必须进行北伐,庶竭驽钝,攘除奸凶。只有北定中原,方能兴复汉室。

之前未立即北伐,在于既有内忧也有外患,如今内乱已平,外患消除,准备充分,是时机出兵北伐了。"故五月渡泸,深入不毛。今南方已定,兵甲已足,当奖率三军,北定中原。"

三军将士整装待发,只需陛下一道诏令,大军即可出征。

诸葛亮恳请刘禅下诏准许自己率军北伐中原,报答先帝的知遇之恩,早日实现"兴复汉室,还于旧都"的愿望。

后主刘禅当即准奏。

诸葛亮回到相府,又把府中之事一一作了交代,长史张裔、参军蒋琬奉命留守。

蜀汉建兴五年（227），诸葛亮亲统大军从成都出发北上汉中，参军杨仪、参军马谡等文武随行。诸葛亮在汉水北岸的阳平、石马一带安下大营。驻兵汉中，积草屯粮、讲武练兵，为即将开始的北伐做准备。

汉中经过诸葛亮的苦心经营，精心布置，成为此后历次北伐的汉军大本营。

汉中成为军事重地，首要原因是其所处的地理位置极具战略价值。

汉中北接秦陇南屏巴蜀，北有秦岭南有巴山，四周群山环绕，峡谷纵横，地势险峻，易守难攻。汉中与关中只有数条山间谷道相通。

汉中是益州门户。曹魏若要攻蜀，不论从陇右还是关中进兵，都要经过汉中才能进入蜀地。

因而，汉中对蜀汉是必争之地必守之土，蜀汉自夺取汉中，即以重兵防守。

蜀汉北伐，汉中亦是大军集结屯聚之地。汉中的地形易守难攻，是稳定适合练兵的大后方；而且其本身也是盆地，适宜屯田。屯田积谷，练兵讲武，汉中是理想的北伐出征地。诸葛亮以汉中作为北伐的大本营，从这里出发去实现他克复中原兴复汉室的志向。

汉中西通陇右、北接秦岭，可攻可守，乃用武之地。攻，从汉中向北，有四条大路可通关中、陇右：投子午谷，北走六百多里可到长安；沿褒斜古道北上四百余里可到扶风；西出阳平关北上，经故道、散关，可到陇右；西出阳平关再向西北行，经略阳、成县便可直抵祁山。

从汉中北伐有两个可以选择的攻击方向，即长安所在的关中与陇山以西的陇右。

当敌我双方的大多数认为蜀汉的北伐会由西向东攻击长安的时候，诸葛亮的目光却看向西面——陇右的祁山。

从进攻方向的选择即可看出，战略家诸葛亮与那些平庸之辈的不同。

关于北伐路线最具争议的就是汉中守将魏延提出的子午谷奇谋,这个大胆疯狂的计划的目标就是攻取长安以及整个关中。

魏延的子午谷奇谋接下来会详说。

先说诸葛亮为何要首先进攻陇右,而不是大多数人认为的关中。诸葛亮为何要先取祁山,却不将长安列入首要攻击目标?因为这是由蜀汉的整体北伐战略决定的。战略决定战术。蜀汉的北伐是诸葛亮亲自制定的。

诸葛亮的北伐战略是先陇右,而后关中;夺取关陇之后,再以关陇做第二个汉中,率军自长安东出潼关,克复中原。

得出这个结论并不困难,诸葛亮已经用事实做出了回答。纵观诸葛亮的北伐,只有最后一次是进兵关中,前面四次的主要攻击方向都指向的是祁山所在的陇右。

先陇右,后关中,进而夺取中原,即诸葛亮的北伐战略。

诸葛亮做出这个战略不是偶然的,而是经过深思熟虑,考虑到敌我双方的实力以及兵力分布等具体情况做出的。

魏国强,蜀汉弱,这是显而易见的事实。北伐即是以弱攻强。

但很多人忽视了重要的一点,魏国的强是总体的强,具体到特定的方向也有薄弱的地方。

魏国的疆域在中国的北方,从西向东依次是陇右、关中、中原。其中,魏国的主要国土在中原,实力最强,其次是关中,再次是陇右。就是说,陇右是魏国最弱的地区。

诸葛亮的北伐是先攻弱后攻强,步步为营,逐次攻击,争取全胜。

陇右不仅是魏国实力最弱的地区,也是最不稳定的地方。众所周知,曹操起兵依靠的是家乡谯沛宗族与颍川名士,这些势力都在中原。

曹魏从中原发迹,其势力在中原站稳根基之后,才一路向西征伐。建安十六年(211),曹操亲征马超、韩遂方才夺取关中。建安十九年(214),曹操麾下大将夏侯渊才将陇右平定。而就在曹丕篡汉称帝的当年,即曹魏黄初元年（220），陇右多地发生了反对曹魏的叛乱。

选择从敌人防御最薄弱的地方突破打开战略缺口展开进攻是古往今来名将们的共同点，诸葛亮作为三国时代最优秀的军事统帅之一，将陇右作为北伐的主攻方向是顺理成章的事情。

主攻方向明确之后，进攻路线也就随之确定下来。走祁山道，攻取陇右。

陇右不仅是魏国防守最薄弱的地方，同时祁山道相对于斜谷道、骆谷道、子午谷道也是最适合大部队行军的通道。

稍加留意就会发现，斜谷道、骆谷道、子午谷道都是谷道。因为在汉中与关中之间横亘着秦岭，三条谷道都是汉中通向关中的路。但既然是在山间形成的谷道，路况就不好到难以描述。曹操征张鲁走过一次，谷道的险恶令他印象深刻记忆犹新。曹操特意还给了一个评语——石穴，即走在谷道间犹如走进石穴之中，更糟的是，这个石穴还很长，长达数百里。即使艰难地走过数百里石穴，还要面对更艰难的问题，能不能突破敌方据守的谷道山口。

曹操南下汉中时走陈仓道就被张鲁的弟弟张卫堵住。曹操只能命令部队爬山仰攻，却屡屡受挫。连续的失利使曹操一度萌生退意，后来阴差阳错，因为前锋部队撤退时迷路，居然击溃守军，才幸运地夺取汉中。四年后，曹操走斜谷道南下汉中。刘备派陈式封堵马鸣阁道，可惜被徐晃击败。曹操才进入汉中。二十多年过去，曹爽再次率十余万魏军南下攻蜀，这次他走的是骆谷道，却被费祎率军封住道路，多次攻击都被击退，被迫退兵。

秦岭的数条谷道，斜谷道、骆谷道、子午谷道，都存在进攻一方被防守一方堵在山区出不来的情况。魏军南下容易被汉军堵住。同理，汉军北上也会遇到相同的情况，易被魏军堵在山口。一旦出现这种情况，对于进攻一方会相当被动，这个可以参考曹爽的案例。

蜀汉的北伐在战术上必然要求速战速决，打成旷日持久的拉锯战，对国力更弱的蜀汉不利。因为消耗不起，而在山区遭遇敌军阻击，很容易打成持久战。所有这些因素在进兵之初都要考虑到位。

这就要说到魏延的子午谷奇谋了。魏延的计划够大胆，却不具备可行性，属于纯粹的军事冒险，也可以说是豪赌。

魏延的子午谷奇谋要想取得预期的效果必须同时满足多个条件，缺一不可。有一项达不到要求都会导致功亏一篑满盘皆输。

魏延提出率五千精兵出子午谷先行，五千负粮兵随后。出子午谷口，突袭长安。而后诸葛亮大军走斜谷道，与魏延会师长安。

这个计划成功的前提是，魏延的突袭不被魏军发觉。魏延要如他的计划十日走出子午谷，不会被魏军堵在山口。守在长安的夏侯楙也要如魏延期待的那般不战而逃，弃城而走。而且，还必须确保其他将领也跟着逃走，留下长安给魏延接收。诸葛亮的大军也要顺利走出斜谷口，在魏军援兵之前赶到长安。魏军的援兵必须在诸葛亮大军之后赶来长安。以上条件，有一条出现状况，魏延的子午谷奇谋都可能遭遇失败，功败垂成。

这是从战术层面上说明子午谷奇谋并不现实。

从战略层面上，魏延的计划更是与诸葛亮的北伐南辕北辙。

诸葛亮北伐的首要目标是陇右，不是关中。魏延直取长安的计谋将攻击重点指向关中，与诸葛亮的北伐战略有冲突。而且，以一万兵深入关中，很快就会陷入魏军的重兵合围。

在陇右尚被魏军控制的前提下，直入长安。汉军会陷入陇右与关中魏军东西对进的夹攻之中，从而腹背受敌。魏延为沙场老将，恐怕不会提出如此幼稚的计划。子午谷奇谋很可能是杜撰。因为魏延的子午谷奇谋出自《魏略》，此书记载之事多荒诞，不可轻信。

诸葛亮否定魏延的东出计划是因为他执行的西进战略。虽然主攻方向是西面，但东面也必须有所动作，以迷惑牵制魏军，为主力的西上创造更有利的机会。

而正在这时，之前叛逃魏国的孟达派人秘密入蜀，希望反正归汉。孟达所在的上庸正北就是关中的长安。

汉军西进的同时，孟达如能在上庸起兵，势必能在东线对魏军形成牵制。即使孟达兵力有限，威胁不到长安，但魏军显然不会对其置之不理，必然会调集兵马围攻孟达。趁魏军的注意力被东线的孟达吸引，汉军主力正好可以在西线发动突然袭击，此即声东击西之计。

诸葛亮派人传信，表示欢迎他回来。为消除孟达的疑虑，诸葛亮还特意请孟达的好友李严出面做孟达的工作。孟达心动了，此后双方频繁往来，当然这一切都是秘密进行的。

但天下没有不透风的墙，不久，东三郡的土豪——魏兴太守申仪得知此事。申氏兄弟对孟达本就反感，他们是当地豪强，而孟达是外来户，却与他们分地盘。本就看孟达不爽的申仪觉得这是一个赶走孟达的好机会，立即派人进京密报。

孟达在申仪那里也有自己的内线。得知事情败露，孟达起初也很紧张，一度打算立即起兵。但司马懿不愧是老狐狸。此时司马懿奉命坐镇宛城，听说孟达反水，一面写信稳住孟达，一面调集兵马。宛城距洛阳八百里，往返就是一千六百里，这在交通不甚发达的古代，骑快马也要十天半月。皇帝大臣们还要讨论，等这帮人讨论出结果，黄花菜都凉了。

孟达在事情败露后，之所以没有马上起兵，一来是中了司马懿的计；再就是，孟达也算到，即使司马懿要动手，出兵之前也一定要先向洛阳的小皇帝请示，发兵这种大事，不经请示就行动，形同谋反。

孟达给司马懿算过日子。司马懿得知密报，即使立即派人去请示，洛阳的官僚们必然要坐在一起开会研究，然后再给宛城的司马懿发指示，少说也要十几天。司马懿还要征调各处兵马，这些行动都需要时间。上庸距宛城一千二百里，以步兵正常的行军速度要走四十天。这样算来，司马懿赶到上庸至少也要在一个月之后。而这个时间，对孟达而言已经足够了。孟达因此很得意，在给诸葛亮的信里就是这么写的，言语之间甚轻松。

可他不知道，他的对手是司马懿。孟达起初自信满满是因为他觉得司马懿肯定不会自己来，上庸地界三国，形势险要，是个群山环抱的山险之地，司马懿怎么可能放着好日子不过，跑来这穷山恶水的地方钻山沟、爬山坡、住帐篷，风餐露宿。

可孟达哪里懂得司马懿的远大理想，为了树立威信，积攒军功，为日后篡夺江山做准备，司马懿再苦再累也心甘情愿。

要是换成别人，或许孟达还有得打，可司马懿是个深通谋略的家伙，孟达的那点小心思，他全料到了。让孟达失望的是，司马懿并没有派人去请示皇帝，当他得知孟达要反的确切消息后，第一时间集结部队，带着很少的粮草就出发了。兵贵神速。司马懿为了给孟达一个"惊喜"，昼夜兼程，一路急行军，仅用八天就赶到上庸城下。司马懿创造了三国时代的闪电战，千里跃进，奔袭上庸。

当司马懿的部队突然出现在上庸城外的时候，孟达心里不禁生出一丝寒意，这家伙太可怕了。孟达这才怕了，马上给诸葛亮写信。信中，孟达还在惊叹，说我起兵才八天，司马仲达就兵临城下，简直神速。其实，司马懿速度再快，也做不到八天走四十天的路。之所以会这么快，原因很简单，司马懿在得知孟达有异动之后，便立即行动，出兵上庸。司马懿实际上是边行动边请示，为的就是争取时间。显然，司马懿大军用时不止八天，但这个速度也已经相当快了。至少超出了孟达的预料，做到了出其不意。

上庸城是座山城，三面临水，易守难攻。孟达又在城外修了一圈木栅，想以此挡住魏兵。可这点小把戏，如何能挡住司马懿。魏军在司马懿的指挥下，全军猛攻，遇到护城河，就扎浮桥，木栅，就劈开，长驱直进，势不可当。接下来就是传统节目，魏军架起云梯，开始攻城。

魏军的攻势凶猛，可孟达也并非等闲之辈，他也做了充分的准备，守军在他的指挥下，拼死抵抗，箭如雨下。与此同时，孟达向诸葛亮告急求救，请诸葛亮速发救兵。

诸葛亮接到孟达的求救信当即派出援兵，东吴方面也拔刀相助，派兵救援。但司马懿早就料到了，特意安排了阻击部队，蜀汉援军与东吴援兵分别被堵在西城的安桥与木阑塞。

援兵过不来，司马懿这边又昼夜不停地猛攻，孟达军吃不消了。部下出城投降的越来越多，应了那句话，人心散了，队伍不好带了。就连孟达的部将李辅、外甥邓贤都动了投降的念头。上庸城在被围十六天后，在内奸李辅、邓贤的协助下，司马懿大军终于攻进上庸，兵败的孟达被砍了脑袋，人头还被司马懿千里迢迢送到洛阳去邀功。孟达的人头在洛阳的通衢大道上公开示众，之后被当众烧毁，孟达最后得了这么一个下场。从227年十二月底起兵，到228年正月兵败，孟达只撑了不到一个月。

孟达的部曲还剩下七千余人，也被司马懿弄到东北的幽州去戍边，以防这些人叛逃。司马懿处理了上庸事宜，才去洛阳汇报。虽说身为托孤大臣骠骑将军，司马懿在朝中位高权重，但出兵平叛也是大事，再加上之前又不经请示擅自出击，跟皇帝解释解释是很有必要的，当然，最主要的是回去夸功。

司马懿来到京城，曹叡立即召见。对这位元老大臣，曹叡还是很重视的。君臣见面聊着聊着，就谈到了当前形势。

小皇帝曹叡显得很谦虚，虚心向司马懿求教，便问司马懿，如今南方，西有蜀寇、东有吴贼，应先平哪个？司马懿显然对东吴更感兴趣，便建议皇帝先伐东吴。司马懿说："吴人认为我们中原人不习水战，这才在淮南练兵屯田。两军相争，如两人搏击，善攻者，必先击其咽喉，咽喉破，其人必死。吴国的咽喉之地，荆州夏口、淮南东关而已。我军攻吴，可先派陆军向皖城一带佯动，吸引孙权领兵东下救援，而后，水军从襄阳出发进攻夏口。吴人自恃精通水战，对我军必不防备，如此，我军可避实击虚，先取夏口，夏口破，吴人胆寒，则灭吴大事可成。"

司马懿一番高论，把曹叡说得连连点头。曹叡又让司马懿回宛城，筹划伐吴大计。

孟达事件只是北伐中的一个小插曲，成功与否并不影响汉军的整体计划。

诸葛亮为何要北伐？在三国史上，这是一个热门话题，争议颇多。有人认为诸葛亮的北伐不过是以攻为守，只是一种积极防御，诸葛亮并没有进取中原的雄心壮志，战争只是确保自身安全以及增强内部凝聚力的一种方式。

历史的真相果真如此吗？让我们用事实做出回答。在此之前，我先要表明自己的观点，那就是诸葛亮的北伐绝不是以攻为守，而是要进取中原，恢复汉家天下。当然这个过程注定充满艰辛，但这也正是诸葛亮的伟大之处，知难而上。

熟悉刘备创业史的人都知道，刘备一生颠沛流离，始终处于弱势，从长坂兵败，到赤壁之战，再到入蜀、争夺汉中，遇到的对手，实力几乎都超过他，但他退缩了吗？没有。与刘备志气相投的诸葛亮也是一个不惧强敌的勇者。蜀汉政权从一开始就是最弱的，当年困守荆州都要谋求发展，如今跨有两川，雄据巴蜀，难道就只知闭关自守了？

三国之中，蜀汉最弱，但这恰恰决定了蜀汉只有取攻势才能在这个乱世生存下去。因为强并弱，大吞小乃世之常情。还因为强弱不是不变的，事实上强与弱总在变化，官渡之战袁强曹弱，但曹操最终以弱胜强。赤壁之战，曹操强而孙刘弱，但结果是孙刘联合以少胜多，击败曹操。

闭关自守不思进取，那下场只能是步刘璋之后尘，而即使是刘禅也不想做刘璋，更何况还有诸葛亮辅政，所以蜀汉必须也只能进攻，因为转弱为强的关键就在于及时进攻，主动出击，克复中原，复兴汉室。

为何要及时进攻还要主动出击？因为时不我待，时间不等人。这点在诸葛亮的《后出师表》中写得十分明确。尽管有人对《后出师表》内容多有质疑。但不可否认的是，《后出师表》在很多关键问题上的表述是极为准确且符合实际的。

《后出师表》："自臣到汉中，中间期年耳，然丧赵云、阳群、马玉、阎芝、丁立、白寿、刘郃、邓铜等及曲长、屯将七十余人，突将、无前、賨叟、青羌、散骑、武骑一千余人，此皆数十年之内，纠合四方之精锐，非一州之所有；若复数年，则损三分之二，当何以图敌？"

三国时代，最宝贵的是人才。对蜀汉而言尤其如此。

刘备起兵四十年，身边聚集的多是可遇不可求的顶级人才，武将如关张、赵云；文臣如庞统、法正、马良。但在诸葛亮筹谋北伐的建兴六年，开国文武仍然在世的仅剩赵云。硕果仅存的赵云也仅仅参加了首次北伐，在第二次北伐前夕病逝，这也是诸葛亮深为痛惜的。

也许，正是赵云的病亡，令诸葛亮感受到比以往更加强烈的紧迫感跟危机感，再不北伐，这些精兵良将就会在岁月的侵蚀下，损失殆尽。

尽管诸葛亮有经天纬地之才，北伐也非一人所能承担，需要群策群力。诸葛亮也时常对部下说，要集众思，广忠益。

蜀汉开国前后的那些文武将帅，都是追随刘备多年的世之俊杰。用《后出师表》中的原话就是"纠合四方之精锐，非一州之所有"。如再不北伐，"若复数年，则损三分之二，当何以图敌？"

这还仅仅是从蜀汉的角度说的。如果放眼全局，局面对蜀汉更为不利。

因为两汉三国，天下之重心在中原。黄河流域才是国家的精华。中原才是人才辈出的地方，这点长江以南的东吴、蜀汉都不及曹魏。

秦汉魏晋及至隋唐，得中原者得天下，几乎成为定律。因为此时的中原繁华富庶，土地肥沃，人口众多。而彼时的南方大多仍是蛮荒之地，夷越杂处。蜀汉的南中有南蛮，东吴的腹地有山越。中原才是华夏文明的中心。取得中原，才能向天下昭示正朔所在。蜀汉的建国纲领就是要兴复汉室，而其中最重要的标志是还于旧都。旧都指的是洛阳。洛阳在哪里？在中原。

寻常情况下，蜀汉与东吴是很难对抗占据北方的曹魏政权的。因为以人口土地等为标准的综合国力的指标来看，南北相差过大。但汉末三国是乱世，往往越是精华之区争夺越激烈，其受到战争的影响也最深。

中原受战火破坏最为严重，因为连年的军阀混战，民不聊生，造成土地抛荒，十室九空。当时中原的凄惨景象，用曹操的诗来形容就是"白骨露于野，千里无鸡鸣。"东汉官府在册的编户齐民，到曹操统一北方时，已十不存一。大量的人口因为战争瘟疫死亡，仅存的民户也大多脱离官府掌控，成为依附于地方豪强的私人部曲。

人口的大量死亡流失造成曹魏的国力孱弱，其能有限控制的人口只有区区数百万，还不如汉朝强盛时的一个大郡。

也正是因此，蜀汉仅据益州，东吴只有扬州、荆州大部就能与之抗衡。

但即便如此，蜀汉的人口仅有百万。东吴比蜀汉多一倍。两国相加也只有三百余万，即使吴蜀联合，国力仍不如遭受战乱重创的魏国。

人口土地是国家的命脉，也是综合实力的体现。谁占有更多的土地跟人口，谁就能在群雄争霸中胜出。这也是为何当年刘备实力远弱于曹操、孙权，却仍要保持主动采取攻势，与曹操争汉中、与孙权争荆州。因为后发的刘备地盘最小、人口最少，为争生存、谋发展，必须开疆拓土。

三国鼎立只是暂时，统一是大势所趋，而三家都希望由自己来完成大一统，那就只有在战场上决一胜负，这也是为什么三国时代的战争如此频繁。没有谁天生就愿意打仗，打仗势必造成人口的减少，劳民伤财。但有的仗是必须打的，比如为国家统一而进行的战争。这个世界上再不会有第二个国家的民众对大一统有华夏民族如此深厚坚定的执念。

统一是大势所趋。统一是人心所向。

以正统而论当由蜀汉，以实力而言魏国占优。

东吴基本就是看客，既缺乏政治信念，也不具备那个实力。

统一之战在蜀汉与曹魏之间展开。兴汉的蜀汉与篡汉的曹魏注定要进行一场你死我活的殊死较量，因为他们存在的基础就是对立的，势同水火。这就是诸葛亮在《后出师表》开篇言明的，汉贼不两立。

也正是因为汉贼不两立，所以王业更不可偏安于蜀郡。那就必须北伐。

汉魏对比，显然魏国在国力上占尽优势。尽管巴蜀以富庶见称，但即使是经过战乱的中原，其综合实力依然是蜀地难以相比的。更糟糕的是，时间也站在曹魏那边。

因为中原还是天下的中心，也是人才荟萃之地。相比蜀汉的人才凋零，魏国在这方面的优势也是显而易见的。

比这更令人焦虑的是，两国在人口土地上的巨大差距。东吴与蜀汉联合的情况下才能与初期疮痍满地的曹魏抗衡。而中原在经历建安时代的混战后，战火逐渐平息，生产得以恢复，人口也随之增加。魏国的人口增长是恢复性增长，是超过正常自然增长的速度的，还有人口基数的优势。东吴、蜀汉所在的南方，相比于北方，不仅人口更少，综合素质也更差。因为当时天下之才，十之八九在中原。

长此以往，随着魏国国力的恢复，其对蜀汉的优势会越来越大。

闭关自守是没有出路的，只有打出去，开疆拓土才能生存下去并赢得胜利。而且出击必须及时，精兵良将尚在，敌国疮痍未复，不趁此时北伐，更待何时。这就决定了诸葛亮必须在自己主政掌兵之际倾注一切出兵北伐。

北伐中原，面对强大的魏国（相对蜀汉而言），蜀汉需要数量庞大、训练有素的军队。而蜀汉人口不及对手的四分之一，兵源自然也不多，跟魏国甚至吴国比起来，蜀汉在兵力和后备兵员上很吃亏，数量上的不足就只能靠质量来弥补。汉军在诸葛亮的精心训练之下，成为三国史上战斗力最强的步兵。因为蜀地不产战马，汉军基本以步兵为主。

汉军虽少却十分精锐，但还有一个难题摆在诸葛亮面前，那就是魏国的骑兵。在冷兵器时代，骑兵的冲击力和机动力是步兵不能比的，而诸葛亮的敌人魏军拥有数量最庞大也最精锐的骑兵。

魏国占据中原，东北幽州、西北凉州盛产优良战马。魏国与北方的匈奴、鲜卑为邻，为了不被其骚扰，魏国训练出数量众多的骑兵，其中的精锐——虎豹骑更是闻名天下鲜有敌手。

单靠蜀汉的那点骑兵跟魏军骑兵正面对抗，必然凶多吉少。魏国称雄三国靠的就是强大的骑兵部队。当年曹操只用五千骑兵就在当阳长坂坡打垮刘备的十几万人（当然士兵只有数万），地处南方的蜀汉和吴国就惨了，南方不产战马，而蜀汉要北伐就必然要与强大的魏国骑兵正面交锋，针锋相对。

步兵打骑兵是个难题。

诸葛亮没有强大的骑兵，但他必须想出克制敌人骑兵的办法，而他所能用的只有步兵，而且即使是步兵在数量上也不占优势。这就是诸葛亮面对的困境。经过不知多少个日夜的冥思苦想，诸葛亮耗费心力终于研制出克制魏国骑兵的三大法宝。

神器一：史上最强悍的军阵——八卦阵

诸葛亮的八卦阵，经过小说的艺术加工，被传得神乎其神，人为地被披上一层神秘的面纱。如果说中国古代最具传奇也最神秘的阵法，八卦阵一定名列前茅，仿佛只要摆上这个大阵就可以天下无敌，无往不胜。

八卦阵真有那么厉害吗？它的神奇之处又在哪里呢？

成功的阵法大都从实战中总结出来。实战中，不需要复杂多变的阵形变换。那些令人眼花缭乱的阵形，普通的士兵如何记得住？简单实用、便于掌握才是最主要的。

八卦阵其实就是一种以骑兵、步兵、车兵、弓弩兵混合编成的军阵。诸葛亮设计这个阵法就是为了对付嚣张的魏国骑兵。

八卦阵的厉害之处就在于它是多兵种协同作战，每个兵种都有自己的优势也有自己的短板，而把各兵种结合起来使用，取长补短，让他们各自的优势发挥到最大，同时协同作战，可以最大限度地保护自己，这就是多兵种协同战术的厉害之处。

八卦阵首先以快速机动的骑兵保护军阵的左右两翼，中间是步兵主力结成的方阵，阵前设置拒马作为阻挡敌人骑兵冲击的第一道防线（一种把木头的一头削尖制成的木制障碍阻挡骑兵的冲击），后面再用战车连在一起，组成阻挡敌人骑兵的第二道防线。战车兵组成的环形防御是对军阵最有效的防护。战车前后还有盾牌兵组成的"防空网"，遮挡敌人射来的弩箭。在盾牌兵的后面就是弓箭手、弓弩手，他们在盾牌兵的保护下，负责对攻阵之敌进行"火力压制"。

敌人的骑兵冲击军阵时，远处用强弩乱射，等敌人冲到眼前，先有拒马挡着，冲过拒马还有战车阵，战车上的车兵用长矛猛刺接近方阵的敌方骑兵。站在车上的士兵几乎与骑兵同高甚至更高，这就不吃亏，而方阵内的弓箭手一刻也不闲地向外猛射。与此同时，骑兵从两侧包抄，接着方阵内的步兵从阵内冲出，对敌三面合围，从而将其一网打尽。这就是诸葛亮八卦阵的战术思想。

神器二：弩机中的"战斗机"——诸葛连弩

诸葛亮在研究八卦阵的同时，对弩机也进行了改进，召集蜀中的能工巧匠制作出了可以连续发射十支箭的诸葛连弩。

弩最早在战国时代就已出现，利用机械原理击发，比用人力发射的弓射程更远、威力更大，甚至可以射穿重甲。从它出现的那一天开始，弩就成了骑兵的天敌。操作弩机的步兵可以在三百米外对冲锋的骑兵瞄准射杀，而且因为用机械力所以操作者不会很累可以快速连续射击。

到了汉代，经过数百年的改进，弩性能更加先进。在诸葛亮之前，就已经有了连弩。只不过，对武器有更高要求的诸葛亮并不满意，自己动手加以改进。经过改进的弩机，可以连续射出十支箭，形成持续的火力输出，对敌军进行"火力压制"，将冲锋的敌军骑兵射成刺猬。

1964 年，在四川郫县一座晋墓中，出土了一件蜀汉制造的铜弩机。弩机上铭文写道："景耀四年（261）二月卅日，中作部左典业刘纪业，吏陈深，工杨安作十石机，重三斤十二两。"中作部左典业刘纪业是主管兵器制作的官员。吏陈深是弩机的督造。工杨安则是实际制作的工匠的名字。为确保弩机质量，每一个弩机上都刻有主管官员及经办人、工匠的姓名，一旦武器出现问题，可直接追查到责任人。正是由于有严格的制度保障，才确保了汉军武器的精良。

在没有大炮和机关枪的年代，连弩是一件威力巨大的武器。一般的弩机是单发，射一箭就要重新上"子弹"，而弩机一次就是十发，连发的。如果说一般的弩机是"单发步枪"，那么连弩就是"机关枪"，火力密集，足以打击魏军集群骑兵的集团冲锋。

诸葛亮的弩兵有上万人之多，而且这些弩兵被分成几组，第一组射完撤下去"上子弹"，第二组接着射，第三组做准备，如此保持"火力"的连续，分番迭射，不给对方骑兵以喘息之机。

诸葛亮南征归来还带回了一支弩兵，这是诸葛亮平定南中后从南中征发来的一万多家南中百姓中的青壮年组成的部队，大部分是夷人，强悍有力气，考虑到人尽其才物尽其用，专门让他们操作踏张弩。这种弩虽是单发但射程远，与连弩构成远近搭配的交叉火力网，如此弩阵，令魏国骑兵闻风丧胆。

八卦阵、连弩已经够厉害了，但诸葛亮并不满足，他还有后招。

神器三：最彪悍的路障——铁蒺藜

既然是打仗，那就什么情况都可能发生。战场上瞬息万变，毕竟打仗之前对方一般不会主动告诉你，我将在某时某地来打你，请你摆好八卦阵装好弩机等着我（约期会战除外），所以很多时候是遭遇战。问题出来了，因为布阵需要时间，弩机只在远距离才管用，等敌人冲到眼前就只能被砍了。

诸葛亮是细心之人。他考虑到了这点，所以又改进了一种令骑兵头痛的新式武器——铁蒺藜。

铁蒺藜最早在战国就已出现，是一种铁制的障碍物，也就巴掌大小，有四根刺，抛到地上尖刺朝上可以刺伤敌人。当遇到危险时就在路上撒铁蒺藜阻挡追兵争取时间。

蒺藜是一种草本植物，浑身多刺，人如果靠近很容易被划伤。古人很聪明将这一原理运用到武器上。铁蒺藜在战场上很快就发挥了它的威力。有个别勤俭持家会过日子的，还把铁蒺藜用绳子穿成串，用完之后收回，等下次需要拿出来再用。

诸葛亮在前人的基础上加以改进，用最好的铁打造，保证铁蒺藜的杀伤力。经过诸葛亮改进的铁蒺藜，不论以哪个角度抛到地上总有一个脚朝上，另外三个脚做支撑。铁蒺藜的脚锋利无比，足以刺穿马掌，要是人脚踩上去基本是透心凉对穿，脚就废了。

两军对垒的时候，在阵前撒下铁蒺藜，敌人的骑兵就不敢轻易近前。突然遭遇敌人也不怕，在大道上撒下大片铁蒺藜之后，想打就可以从容悠闲地布阵。如果心情不好不想打，那也好办，撒上铁蒺藜后就可以从容撤退。因为铁蒺藜虽然用起来方便，但打扫起来相当费事。当自己人随地乱扔铁蒺藜的时候，敌人就只能撅着屁股在后面捡。等敌人收拾完了，大军早就走出老远了。

铁蒺藜的好处很多，制作工艺简便、成本低、可以批量生产，而且体积小方便携带。几万个铁蒺藜几辆大车就够拉了。

以上就是诸葛亮准备送给自己的敌人魏国骑兵的三份大礼：八卦阵、连弩、铁蒺藜。这三份大礼足以让魏国骑兵后悔这辈子当骑兵。

诸葛亮训练军队改进武器目的只有一个，那就是北伐。

蜀汉虽弱，却以威武自强。从建国的那一天开始，蜀汉的立国之策就是进攻，向外开拓，积极进取。

诸葛亮南征归来，后方大体稳定，接下来要考虑的就是日思夜想的北伐大计。

早在隆中时，诸葛亮就为刘备制定了兴复汉室进取中原的战略，即占据益州、荆州，利用有利时机，同时从益州和荆州两个方向向曹魏的长安、洛阳发动进攻。

建安二十四年（219），从曹操手中夺回汉中后，刘备集团处于鼎盛时期，但随着刘备的崛起，引起了曹操和孙权的不安，刘备占据汉中威胁曹操的关中，占据荆州威胁孙权的江东。为了对付共同的敌人，曹操与孙权这两个老冤家走到了一起。

在曹操与孙权的夹攻下，关羽败亡荆州失守，刘备东征受挫又损失数万兵马，蜀汉元气大伤。接着，蜀汉的南中又发生大规模的叛乱。形势急转直下，蜀汉处境艰难。

这就是诸葛亮的《后出师表》在最后部分论及当时形势写道的："昔先帝败军于楚，当此时，曹操拊手，谓天下已定。然后先帝东连吴、越，西取巴、蜀，举兵北征，夏侯授首，此操之失计而汉事将成也。然后吴更违盟，关羽毁败，秭归蹉跌，曹丕称帝。"

尽管前路艰难，征途艰险，但诸葛亮决心勇往直前，去完成先帝的志向，兴复汉室。

从汉事将成到吴更违盟，关羽毁败，秭归蹉跌。数年之间，蜀汉从巅峰跌入谷底，好在还有诸葛亮。

诸葛亮是中国历史上极少的集忠勇智于一身的伟大政治家。他才兼文武，既能治国，也能统军。

诸葛氏一门忠烈。诸葛亮及其子诸葛瞻其孙诸葛尚都为蜀汉竭尽忠诚。

反观司马氏一门奸佞，司马懿及其子司马昭其孙司马炎，三代谋为篡逆。

诸葛亮的忠在《后出师表》中，体现得最为典型。在表文最后，诸葛亮用一句话表明了他的忠诚，几乎所有的中国人都熟知的那句话：鞠躬尽瘁，死而后已！

诸葛亮的忠，尽人皆知。诸葛亮的智，家喻户晓。但诸葛亮的勇，却鲜有人提及，这里就要说说诸葛亮的勇。

以少胜多，以弱胜强，常为人津津乐道，那是因为很少发生。以少敌众，以弱抗强，是需要极大勇气的。

以弱小之蜀汉抗衡中原之强魏，在国力、兵力、兵种乃至后勤补给全部居于劣势的情况下，依然敢主动进攻，且全程掌握战争主动，进退自如，进则敌军披靡，退则敌不敢逼。能做到这些的，也只有诸葛丞相。

很多人崇拜诸葛亮，却并不真正了解这位伟人。

诸葛亮在华夏早已成为智慧的化身。但多数人受《三国演义》的影响，对诸葛亮智慧的认知，局限于小说里的呼风唤雨，记忆深刻的是锦囊妙计。

而历史上，诸葛亮的智慧更多体现在治国治军方面。诸葛亮身为蜀汉丞相，将国家治理得井井有条，以至吏不容奸，人怀自励，道不拾遗，强不侵弱，赏罚必信，风化肃然。诸葛亮作为蜀汉三军统帅治军亦是典范。诸葛亮后率诸军攻祁山时，汉军戎陈整齐，赏罚肃而号令明，一望而知其为训练有素的雄狮劲旅。威武整肃的军威，给魏人以极大震撼，以至天水、南安、安定三郡群起响应，魏国朝野震动。

丞相诸葛亮仅用数年便带领国家走出至暗时刻，接下来，他要率领汉军重振军威。

在诸葛亮的计划里，北伐共分三步：

一、夺取陇右

陇右在汉中西北，占领陇右就等于砍断魏国右臂，因为魏国想要攻蜀，只有两个主攻方向，一是从关中，二就是从陇右，两路组成钳形攻势，对蜀汉的威胁极大。

陇右对于魏国，好比荆州之于蜀汉，蜀汉占据荆州可以从益州、荆州两路出兵对魏国形成钳形攻势。这样一说明大家就知道陇右的重要了，这是一块必争之地。后来邓艾攻蜀就是从陇右走阴平道长途奔袭。夺取陇右可攻可守，陇右就是第二个汉中。

从战略态势上，汉中处于魏国三面包围之中，魏军可以从陇右和关中东西对进夹击汉中。这就好比打架，敌人是两个人一左一右两边打你，双拳难敌四手，不免顾此失彼，打起来很吃亏。如占据陇右就可安心对付关中魏军。

诸葛亮五次北伐，四次主攻方向都是陇右，只有最后一次，为了迫使司马懿决战才进逼渭水。

诸葛亮的接班人姜维后来多次北伐，主攻方向也是陇右。这不是单纯的巧合，而是姜维继承了诸葛亮的北伐战略，先夺陇右断魏国右臂。

蜀汉与魏国的战争中，陇右始终是主战场。

二、以陇右为基地，东下占领关中

东汉最严重的边患不是北方的匈奴、鲜卑，而是西北的羌人。从东汉开国直到灭亡，西北始终是一个令帝国难以安枕的难治之地。

汉军曾长期在陇右、关中同羌人作战，与东羌、西羌交战近百年，却始终占不到便宜，羌人甚至一度攻至长安近郊，威胁关中。面对羌人的军事压力，东汉朝廷一度打算放弃陇右，但幸亏有人指出陇右是关中门户，若放弃陇右，门户大开，关中恐怕再无宁日，朝廷这才取消放弃陇右的计划。

只有占领陇右才能真正对关中构成威胁。

三、以陇右、关中为基地东征中原

陇右三大特产——良将、精兵、战马。

"陇"地之所以称为"陇"，得名于陇山。而所谓陇山就是现在我们所称的六盘山。中国古代有"东为左，西为右"的说法，因此陇山以西地区也就被称作"陇右"。

陇右在三国时代是军事家眼中的宝地。

因为这里多的是良将、精兵，还有良马，这对打仗像吃饭一般平常的三国时代，对各国的吸引可想而知。

南北向的陇山将陇右与关中分割开来。由于陇山的分割，关中与陇右形成了不同的地域文化，表现为关中以农业为主，陇右以牧业为主的生产模式。陇山与渭河平原南部的秦岭整体呈"丁"字形交汇。而渭河就是这两条山脉的分割线。

汉代以来，关西出将、关东出相，早已成为朝野共识。这里的关指的是函谷关。远的不说，只说东汉中后期从这里走出的名将，你就知道这里真的是人才辈出。

皇甫规，汉桓帝时名将，陇右安定郡人。平定西羌叛乱，屡建大功。

张奂，汉桓帝时名将，陇右敦煌郡人。平定东羌叛乱，屡立战功。

段颎，汉桓帝、灵帝时名将，陇右武威郡人。平定西北羌人叛乱，征战十几年，基本消灭羌人主力，东汉平羌名将。

汉灵帝时，平定黄巾军叛乱的名将皇甫嵩也是陇右安定人。

以上几位都是名将。再说兵，陇右与匈奴、羌人为邻，边境常年烽火不息，百姓多为戍边军人及其后代，自幼耳濡目染，长期生活在金戈铁马的战争环境下，民风尚武，连妇女都能携弓带矢上阵杀敌，这里是真正的全民皆兵。

据有陇右，便有了稳定的兵源。

这里还有一个让诸葛亮魂牵梦绕的土特产——战马，陇右河西走廊是我国主要的战马产区。占据陇右，便解决了战马来源。诸葛亮之所以费尽心思研究连弩、铁蒺藜，为的就是对付令人讨厌的魏军骑兵。而对付魏军骑兵最好的办法，就是组建属于自己的骑兵。

陇右的马场可以提供大量战马。陇右的兵员大多本身是精于骑射的骑兵。西汉反击匈奴的骑兵部队就主要来自六郡良家子弟。六郡指的是天水郡、安定郡、陇西郡、北地郡、上郡、西河郡，西汉名将多出其中，而这六个郡与陇右高度重合。

夺取陇右，蜀汉便可以组建自己的骑兵部队。

两汉以来，帝国精锐骑兵主要来自两大地区——西北的凉州与东北的幽州。

蜀汉如顺利夺得凉州，至少在骑兵的实力上便能与曹魏形成均势。

正因为陇右如此重要，诸葛亮跟后来的姜维才不遗余力一心要夺取之，将之作为拱卫汉中与进取中原的前进基地。

抢占陇右，进可取中原，纵使一时难以灭魏，也可蚕食雍、凉，开拓疆土。

即便退守，亦可在汉中外围增加一道防线，加大防御纵深。

夺取陇右、经略凉州是蜀汉长期以来的既定国策，从刘备时代就已形成。刘备曾对讨还荆州的东吴使者说，攻下凉州即还荆州，这虽是外交辞令，但也的确是蜀汉的发展战略。

从刘备集团对凉州人士的重用上，也可看出这点。马超来归，地位仅次关、张而在诸将之上（其中包括黄忠、赵云）。刘备之用意即在于，利用马超在凉州的号召力与影响，夺取陇右，只是后来因关羽失荆州、猇亭之战，刘备欲夺陇右未及进行。

诸葛亮后重用姜维、马岱，即是在继续执行蜀汉的这一既定方略。以姜维等"凉州上士"攻取陇右。

汉军将主攻方向定在陇右，这样可以避开秦岭的高山大川，地势相对平坦有利进军，有西汉水的漕运，并且这里是魏军防线上最薄弱的一环，此地魏兵很少。蜀汉建国以来，几乎从未在这里出征过，敌军对诸葛亮大军的动向也没有察觉，攻击陇右可以打敌人一个措手不及。

攻其不备，以多打少，路又好走，陇右简直是最理想的战场。而诸葛亮的计划不仅仅于此，他还有更大的目标。

夺取陇右是北伐能胜利的关键所在。丞相这一生最后的岁月都在为陇右操心。

如能夺取陇右，形势就将大为不同。

诸葛亮接下来的北伐就会顺利很多。

夺取陇右后，以陇右为基地，居高临下攻取关中。

陇右与关中本是一体，陇右一失，关中失去屏障，魏军也难固守。只要夺取陇右，长安便不难攻取。占领长安之后再举兵东向，大军出潼关，直取洛阳，完成兴复汉室、还于旧都的夙愿。

主攻方向确定取西线，兵进陇右。既然决定在西线用兵，那就必然要在东线有所行动，目的当然是为了迷惑敌人，军事上的专业术语叫声东击西。诸葛亮确实要声东以掩护击西。

之前，诸葛亮之所以重视孟达的反正，也是因为孟达在东三郡的起兵恰恰与诸葛亮声东的战术布局不谋而合。同时也可以驳斥那些说孟达之死是诸葛亮阴谋的邪说歪理。持此说的人认为孟达是反复小人，道德纯洁的诸葛亮很难容下这类人，才借司马懿之手除去孟达。但他们不明白，诸葛亮首先是政治家，其次才是君子。政治家不会意气用事，会以国事为重，国家利益至上。

孟达尽管反复，但那是以前，仅就反正一事，他是正确的，其所做之事是符合蜀汉国家利益的。从蜀汉的国家战略出发，最不希望孟达死的就是诸葛亮。因为孟达是弃魏投汉，从曹魏的国家利益出发，最希望孟达死的人就是司马懿。也正是因为意识到孟达反正归汉的巨大威胁，司马懿才会先斩后奏，不及请示，即刻进兵。

虽然孟达起事被司马懿挫败，但孟达之事原本就在计划之外。即使不发生孟达事件，诸葛亮也已经做好声东的安排，那就是赵云、邓芝率领的疑兵。

正式进兵之前，诸葛亮先放出风声，扬言自己要出兵斜谷直取长安，并派手下大将镇东将军赵云、扬武将军邓芝领兵出箕谷，故意制造声势，伪装成主力，做出向长安方向攻击的姿态以吸引对面关中魏军主力的注意。

魏军主帅曹真果然上当，当他得知赵云率兵一路向郿县杀来时，不敢大意，立即率大队兵马前往斜谷堵截。赵云的偏师成功地把魏军吸引到自己这边，为诸葛亮率领的主力西进赢得战机。

声东击西。

丞相成功走出了第一步，将魏军的注意力引向关中，自己则出敌不意，率主力大军直驱陇右。

魏军的防线上出现了一个巨大的漏洞，诸葛亮见曹真中计，率军迅速出击，兵锋直指祁山。

祁山地处陇南，属凉州的天水郡。当汉军主力突然出现在祁山时，陇右的魏军惊得目瞪口呆，他们想不明白，汉军主力不是去了斜谷吗？这里怎么又有了汉军！

眼前的这支汉军，军容严整，号令严明，一望便知是训练有素的精锐部队。而陇右的魏军基本是地方郡兵，战斗力跟诸葛亮率领的中军主力根本不在一个档次上。双方实力对比悬殊。

慌乱中，天水、南安太守逃入关中，各郡县顿时陷入混乱。加上诸葛亮兴复汉室的政治攻势，陇右的地方豪杰们还是很识时务的。

很快，陇右的南安郡、天水郡、安定郡响应诸葛亮归顺蜀汉。

整个陇右只剩陇西郡、广魏郡还在魏军手里。形势对诸葛亮和他的北伐军不只是很好而是大好，估计诸葛亮自己也想不到开局竟会如此顺利！

为了尽快解决战斗以便分出精力应付接下来的大战，诸葛亮决定分兵出击，将大军分成三部，向各部下达总攻击令。

令前军魏延、吴懿领兵三万对当面据城顽抗之敌发起总攻，务必尽快破城，结束陇右战斗。魏延、吴懿得令后，不敢怠慢立即分兵包围陇西郡、广魏郡，架起云梯日夜攻城。

令马谡、高翔等领兵三万立即抢占战略要地街亭、列柳城一线，固守陇山要隘封锁陇道，阻止关中魏军的增援。

丞相自己则亲自领兵围攻上邽。

汉军在全力围攻祁山和上邽两个战略要点！

只要攻下两地，整个陇右将连成一片，数万大军就能重新聚拢，集中兵力！

分兵是为略地。集中兵力是为应对接下来魏军主力的反扑。

对于汉军而言最为关键的是时间，必须在关中魏军援兵赶到之前，结束分兵，以便集中主力与来自关中的魏军决战。这就要求围攻祁山等处的魏延等部必须尽快取胜，速战速决。同时，要求在街亭一线的马谡等部必须坚决阻击守住陇山隘口，为魏延等人攻城争取时间。因为此时的汉军高度分散，处于至为脆弱的时期，但为攻取陇右诸城，又不得不分兵。这是在兵力不足的情势下，不得已进行的军事冒险。但只要马谡等人能守住街亭，在汉军主力重新集中之前，挡住来自东面的魏军援兵，全军的安全依然能够得到保证，汉军依然有可能在魏军援兵赶到之前夺取陇右。

守住街亭是取胜的关键，此次出征，能否顺利夺取陇右，就看街亭能否守住。成败在此一战。

众所周知，守街亭的是马谡。

诸葛亮让执行阻击任务的马谡务必要坚守到攻城部队胜利。

一旦让魏军突破防线，魏军的援兵就会源源而来，正在前面攻城苦战的汉军就会腹背受敌，三郡也会得而复失，全身而退都成问题。

陇右与关中都属黄土高原。黄土高原的地质形成千沟万壑、支离破碎的地形，这导致地貌起伏大，山地、丘陵、平原、谷地并存，四周为山系所环绕。

所以曹魏从关中反击诸葛亮于陇右，有两条谷道可以选择，一是陇山道，二是陈仓渭水道，其余路径只能翻山越岭，速度慢。

现在，双方都在抢时间。

诸葛亮的汉军要尽快平定陇右，以便集中主力对抗随之而来的关中魏军主力。

而魏军在中了诸葛亮的声东击西之计，又得知陇上三郡反正归汉后，全线陷入被动。

从关中增援陇右，从地势上是一路爬坡，而且可供选择的路并不多。其中，陇道的西口就是街亭，而陈仓渭水道的西口则是上邽，诸葛亮让马谡固守街亭，而丞相本人亲自围攻郭淮于上邽，以实现对陇道的彻底封堵。

此刻魏军援兵已经上路，正在昼夜兼程赶来，领兵的是名将张郃。

魏主曹叡令右将军张郃领兵五万紧急增援陇右。大将军曹真去长安接替夏侯楙，督中军和关右兵去堵箕谷的赵云。曹叡则亲自到长安督战，还给即将出征的张郃亲自斟满一杯酒。皇帝敬酒，这是多大的荣耀，张郃激动得说不出话，表示一定不负陛下期望，坚决打退蜀军。

顺便说一句，这里没司马懿什么事，这位老兄现在还在荆州跟东吴打得火热，非常忙。现在距司马懿出场还有两年，好戏还在后头。

司马懿还没有练成分身术，所以对西部战场爱莫能助。在街亭与诸葛亮对阵的不是司马懿而是大将张郃，整个魏国开始了国防总动员。

张郃不停地催促部队加快行军速度，魏军沿关陇大道一路向西狂奔。张郃军经汧县（今陕西陇县）进入汧陇古道，张郃打算沿此路进陇山，从陇山的缺口处——街亭进入陇右，突然出现在汉军背后，给正在那里攻城的汉军以出其不意的打击。

战争进入决胜的关键时刻，决定战争胜负的焦点就是对陇山通道的控制权，如果汉军牢牢控制陇道，要不了多久就可完全占领陇右。到时，即使魏军援军攻来，生米煮成熟饭，诸葛亮也没有后顾之忧可全力对付关中魏军。

对魏国来说，如果不能打开陇道，陇右的失守就是注定的。

因此战争双方的注意力都集中到了陇山的通道，连接陇右和关中的咽喉要地——陇道。

作为陇道重要关口的街亭在今甘肃秦安县东北陇城镇的街泉亭。街亭位于天水东北陇山与关山的交会处，是关中到天水的必经之地，也是历史上陇右防御关中进攻的咽喉要地、著名的古战场。

魏国的关陇指关中和陇右，关中为雍州，陇西为凉州；魏蜀两国隔秦岭对峙。虽然关陇和汉中地形平坦，利于大兵团行动，中间的秦岭却是山高水险，道路崎岖，是一道天然屏障，使双方在没有完全优势的情况下都不敢轻易发动进攻。

关中四塞之地，人口众多，自古就是用武之地，占领关中，东向可进取中原，南下可威胁宛城、襄阳，北上可攻并州，魏国必死保关中。陇右处于关中上游，居高临下，自古就有守关中必守陇右的说法。所以魏国输不起，陇右势在必争。

汉中与关陇之间主要有六条道：

子午道、傥骆道和褒斜道是从汉中直接穿越秦岭的山谷小道，艰险难行，不利于大兵团快速机动。

秦岭西面的大散关：由汉中向西出阳平关（今陕西勉县西）至下辨（今武都），再向东北穿武兴（今陕西略阳）和大散关可到关中陈仓，路比较好走，缺点是要绕远路，是大兵团进军的主要路线，历史上多次进攻关中或汉中的战例走的都是这条路。

秦岭西面的祁山：由汉中经阳平关至武都，再向北由祁山（今甘肃礼县东北）可到陇右天水（今甘肃甘谷东）。此道为西线迂回线路，为经汉中进攻陇右的唯一道路。路虽远但路况好，利于大兵团行动和后勤运输。

秦岭东面的武关：由汉中向东，迂回武关（今陕西商县东南）、饶关（今商县西北）、蓝田（今陕西蓝田西南），可达关中。此路为秦岭东的迂回线路，但由于路途较远，加之比较靠近中原，不易保密和部队的隐蔽，容易遭到魏军阻击、侧击。

子午道、傥骆道、褒斜道和大散关为直接进攻关中的路线。而祁山线则必须先到陇右，再由陇右进入关中。

关中通向陇右主要有五条通道：

北线：自关中长安沿泾河河谷、陇山东向北穿过崤关和六盘山之间的山道可到陇右安定郡，由此再向西、再折南可达天水郡。此路相对平坦，利于大部队行动。但是需绕过整个六盘山才能到天水，也是绕远的路。

北中线：自关中郿县向西北到汧县，再向西北沿古丝绸之路沿穿越关山的山间小路，经华亭、庄浪可到陇右广魏郡，再折向南即可到天水。此路相对较远，不过关山的小路路况好，适合部队行军。

中线：自关中郿县向西北到汧县直接向西，沿渭河河谷、古丝绸之路可穿过陇山到天水郡。自古以来就是陇右与关中的主要通道，虽地形险要，但利于大部队行动。张郃进攻街亭选择的就是这条路线。

中南线：自关中陈仓直接沿渭河河谷和古丝绸之路（小路）可穿过陇山而到天水郡。此地地形险峻，道路难行，完全不适合大部队行军。

南线：自关中陈仓向西南出大散关，经武兴绕道武都，再折向北可由祁山直达天水。此路道路平坦，但路最远，且距汉中较近，是缓慢而危险的一条进军陇右的道路。

在张郃援军向西急进的同时，诸葛亮也在调兵遣将。诸葛亮预料到张郃的部队是骑兵速度很快，因此必须在敌人之前抢先封锁陇道。

诸葛亮命令马谡、王平、高翔的阻援兵团，负责占领关中进入陇右的咽喉地带街亭、列柳城，阻击魏军的增援部队，不得使其进入陇右解救被围攻的各郡。

在选拔领兵主将时，军中将领都倾向富有战斗经验的老将吴懿、魏延，但诸葛亮出众人意料将镇守街亭的重任交给了长期从事参谋的马谡。

诸葛亮之所以让马谡去守街亭，因为：一、魏延等人正在前线攻城，一时调不回来，而张郃的部队行动很快；二、马谡是自己的亲信，长期追随在自己左右，肯定懂得蜀汉的北伐战略，更明白此次封锁陇道的战略意义，也会坚定执行自己布置的战术。因此诸葛亮才选择缺乏实战经验但长期参与谋划的马谡担负阻击张郃的重任。

关中陇右一带，地形险要，自古就是兵家必争之地，而当地千山万壑，选择在哪里守、从哪里攻是很有学问的，内容之丰富完全可以开设一个专业。陇右和关中的地理界线就是陇山，不论是从陇右往关中打还是从关中向陇右打，陇山都势在必争，而守住陇山的隘口也就控制了陇山掌握了战争的主动权。

东汉刘秀打隗嚣，双方争夺最激烈打得最热闹的地方不是街亭而是陇坻。当年隗嚣就是依托陇坻的有利地形多次打退刘秀的进攻。

陇坻是阻击来自关中威胁的最佳阻击战场，位于街亭东六十里，地势险要，只要堵住山口，敌军就很难攻破。用一夫当关万夫莫开来形容陇坻的险峻是再恰当不过了。

相比于街亭，陇坻更适合做阻击魏军的地点，而魏蜀最终的战场不是陇坻而是距此不远的街亭。

诸葛亮博古知今，不可能不知刘秀和隗嚣的故事。

所以，当时，诸葛亮给马谡的命令是封锁陇山隘口，如果能抢先占领陇坻最好，如果来不及，也要守住街亭。

在马谡军向预定战场进发的时候，张郃也在向着同一个地点进发。两军一个由西向东，一个由东向西，东西对进。胜负的关键就在于谁先抢占阵地。

在这点上，先发制人的汉军显然占据优势。因为魏军是在发觉中了声东击西之计后，才匆忙调兵西援的。而向更深层次溯源，就会发现，当汉军选择出祁山道进兵陇右时，魏军的被动就是必然的。

诸葛亮选择陇右作为战场，其中一个重要原因就是要与魏军取得"对等"。汉军从汉中出发向西前往陇右，固然是长途远征。魏军从长安出兵西援陇右也是长途救援，行军路程甚至比汉军更远。汉军从汉中到陇右需要跋涉数百里山路。魏军从关中去陇右的路途，相比汉军，走的路只多不少。汉军通过选定战场，成功反客为主。魏军则因为被动应援，明明是主场，却处处被动，也要进行超远距离行军，也要翻山越岭，看不出任何主场优势。

诸葛亮选定陇右还有一个重要原因，那就是后勤补给线的优势。诸葛亮之所以选择走祁山道，是因为汉军从汉中出发去陇右的进军路线与西汉水的流向基本一致。也就是说，汉军可以充分利用西汉水的水运优势进行补给。陆运的成本是最高的，几乎是水运的十倍。水运只有陆运成本的十分之一，而且速度上要快得多。

因此，守街亭的马谡有充足便利的补给，可以长期坚守。但张郃是千里救援的急行军，所带辎重必然不多。只要马谡能堵住陇道，张郃攻不进去，只能干瞪眼，等待后方运送补给。而这个时间越长，对汉军越有利，那意味着汉军将有更多的时间攻取陇右。

诸葛亮给马谡的任务是封锁陇道堵住魏军援兵。这个任务其实并不艰巨。诸葛亮也不是要马谡一直守在那里。因为随着时间的推移，魏国的援兵会越聚越多，最后马谡肯定是守不住的。诸葛亮只是叫马谡尽量拖延时间。只要拖的时间够长，拖到汉军完全攻占陇右，马谡就是大功一件。如此，虽然马谡未参与陇右的争夺战，夺得陇右的功劳，马谡至少也要分得一半。因为谁都知道，街亭阻击魏军的重要意义。这对马谡今后的发展，在军中威信的树立都极为重要。

赶到街亭的马谡却做出了一个错误但又似乎有些合理的决定，他将自己的主力带上了街亭附近的南山。

马谡放弃了山口通道。他将原本属于自己的优势拱手相让，将本属于汉军的胜利让给魏军。

汉魏两军在关中陇右进行的是山地争夺战。汉军从关中进兵面临着被魏军堵在山口出不来的危险，从陇右进兵虽然这种危险大大降低，但危险依然存在。

为何诸葛亮向西进军陇右，总要先取祁山？正是因为祁山位于祁山道进出陇右的通道山口附近。虽然祁山做不到封锁山口，但也足以威胁汉军。后来，诸葛亮在汉中修筑汉、乐两城，也是基于相同的原因。汉、乐两城并不会完全封堵住南下汉中的魏军，但魏军若想长驱直进，却必须攻下两城，至少也要留兵困守，不然不敢进兵。后来的钟会就留下相当于守军两倍的兵力，才敢南下。

汉军因为是先发制人，主动进兵，因而占据战略主动。诸葛亮进兵陇右的同时，又派马谡带兵去封锁陇道，目的就是要把魏军的援兵堵在外面，占据战术主动，进而夺取全面胜利。

但马谡显然未理解诸葛亮如此布阵的战术目的。

马谡放弃在山口封堵魏军的最佳选择，反而让开大路，将部队带上山，从占据主动到陷入被动，只是马谡的一念之差。这个一念之差，导致首次北伐功亏一篑。

马谡选择上山，也有看起来他认为正确的理由，因为汉军是步兵，而魏军是骑兵，平原有利骑兵发挥冲击力的优势，而山地更适合步兵防守，骑兵适于平原战，步兵适合山地，兵书上是这么说的，马谡也是这么做的。可是，马谡却忽略了最重要的一点，那就是因地制宜，灵活运用。马谡犯了纸上谈兵的错。

马谡将部队带上山，又分兵交给高翔和王平分守列柳城等几个要点，构成掎角之势，以便相互增援。

所谓南山并非因在街亭之南而得名，相反它在街亭的北面，之所以叫南山是因为它处在陇山山脉的最南端。

南山的地势很有特点，顶部是一个狭长的平台，北、东、西三面都是峭壁，只有东南有一个大约30度角的斜坡，斜坡下宽上窄，顶部与平台相交呈月牙形。

如果魏军从山下向上仰攻，他们的攻击队形根本展不开，越往上路越窄，就算人多也没那么大的地方，只能一批批地上。汉军在月牙形棱线上可以居高临下随心所欲地从三面攻击魏军。进攻的魏军则完全暴露在汉军的打击范围内，而魏军只有最前面的几十人可以投入战斗。

总之这是一个对守军非常有利的地形。而且一旦魏军攻不上去，想下来都难。

这就是马谡选择南山的原因。如果单从山头争夺战来说，马谡的选择有他的道理，当然这有个前提，那就是张郃愿意攻山，如果人家不陪你玩，那就一点办法都没有了。

马谡选择南山，还有一个理由，就是造成一种"猛虎在山"之势，如果魏军不顾他直冲街亭，他就可以威胁魏军的后背，卡住谷口，切断魏军的粮道，等诸葛亮的后军一来，两面夹击把张郃包饺子一口吞了。当然这只是马谡的一厢情愿。马谡认为自己占了这么块宝地，魏军打此路过还有别的选择吗？只有攻山。其实，马谡不知道，山并非一定要攻，也可以烧，放火烧。

占领南山虽可以控制谷口，但山顶到山脚路很远，冷兵器时代主要的武器都是近战兵器，而弓弩的射程也有限，不能直接控制清水河沿岸大路。

马谡希望魏军攻山只是一厢情愿。张郃是久经沙场、经验丰富的老将，连刘备、诸葛亮看到他都头痛，这样厉害的角色当然不会犯这样低级的错误。马谡把部队拉上山已经错了，但现实告诉我们，本本主义害死人，马谡接下来又干了一件蠢事——将军队一分为三，自己率主力守南山。王平领兵数千在街亭与清水河之间扎营——位置比马谡还要靠后。黄袭、李盛则率军埋伏在清水河上游，准备等魏军渡河，来个半渡而击，突然发动袭击，打魏军一个措手不及。想法不错，可惜不实际。

如果魏军的主将也是一个马谡这类的参谋型人才，或许马谡还有戏，可惜，马谡的对手是张郃。

马谡的兵跟张郃比本来就不多，分兵之后，兵力就更弱了。而且，马谡的主力距黄袭与李盛过远，一旦被魏军分割根本无法相互救援。更糟的是南山正当风口，如果魏军放火，火势蔓延会很快，烟焰上炙，后果不堪设想。

汉军如从山上往下冲，冲到山脚恐怕要累个半死，且魏军在汉军下山的这个时间有足够的机会调整阵形，迎击下山而来的汉军的进攻，魏军攻山很难而汉军下山也不容易。

张郃率军来到街亭后，通过实地勘察地形，很快就发现了马谡布阵上的弱点。所以，张郃根本就未打算攻山，而是直接选择将马谡所部围困在南山上。

张郃的斥候很快就发现了上游的黄袭军和街亭的王平军。这也难怪，几千人摆在那儿想不被发现也难。

与汉军以步兵为主不同，魏军的主力是骑兵，张郃充分发挥骑兵机动性强的优势，以迅雷不及掩耳之势迅速自东向西抢占街亭谷道，在骑兵行动之前，魏军的弓弩手已经在前面摆好阵形以掩护骑兵。魏军也有弩兵，虽然没有汉军的厉害，但真被瞄上也不是好玩的。

魏军在清水河上搭起多座行军浮桥，以保护自己的侧翼，因为军队阵形最弱的部位往往就是侧翼，这就相当于人的腰眼，要是让对手捅上一家伙可不是闹着玩的。

老将张郃很注意保护自己的腰眼，魏军通过浮桥源源不断从南岸向北集中，直逼马谡据守的南山。

这时，马谡作为参谋人员的弱点暴露出来了。他暗藏黄袭军半渡袭击的招数被张郃破解，魏军采取两路同时出击的策略超出了他的意料。马谡缺乏军事统帅所具备的胆略，长期在后方做参谋让他缺乏指挥战役规模战斗的果断和应变能力，在突发事件面前束手无策，犹豫不决之中丧失反击良机。等黄袭得到命令赶到魏军渡河地点为时已晚。魏军已牢牢控制住清水河两岸。如此一来，西岸高出河面的岸壁反而成为魏军的掩体，汉军的连弩虽然厉害但也无从下手。

黄袭所部在魏军大队骑兵的反冲击下陷入苦战。虽然汉军在黄袭的率领下拼死抵抗，但由于敌众我寡又是步兵对骑兵，黄袭军渐渐支撑不住。而马谡的部队想救也接应不上，从南山出击，距离过远，无法及时增援到位，于是，眼看着黄袭的部队被击溃。目睹这一过程的马谡非常痛苦，但张郃带给他的痛苦远不止这些。

黄袭军终于溃败了。

王平在黄袭军战败的过程中一直按兵不动，这倒不是他见死不救而是无能为力。对于王平来说，坚守是唯一的选择，因为只要他不动，魏军就无法越过他去追击黄袭的溃军。这是没有办法的办法，否则马谡就是想撤也撤不了。

初战受挫伏兵失利并没有完全动摇马谡的信心，他还在耐心等待魏军来攻山。他让山上的汉军看他在山顶指挥——"且看红旗挥动"，即居高临下冲击魏军。这简直就是法正定军山的翻版。

问题是人家张郃根本就不来，马谡等于白忙了。张郃在山下背靠清水河摆开一个新月形的阵势，步兵在中央，骑兵在两翼，就地扎营，背水为阵，以逸待劳！

那架势，山，俺是不爬的，有种你就下来打。张郃在山下很得意地看着山上的马谡。张郃很自信，他相信自己精心布置的新月大阵很快就会派上用场。

张郃自信的理由是水源，他已经切断了马谡军的水源。任凭你铁打的汉子，不喝水也扛不住，三天不吃饭或许饿不死，但三天不喝水肯定坚持不住。汉军迟早会下山抢水。

水是生命之源，也是战斗力之源。

很快部下报告下山取水的水源被魏军切断，守在山上确实占据地利，但也有一个致命的弱点——缺乏水源，因为水往低处流。等马谡发现自己的部队没水喝的时候，黄花菜已经凉透了。

局势已无法挽回，马谡只得下令全军下山，主动向魏军发起冲击。但喉咙早已渴得冒烟的部下，早已军心涣散。看着山下严阵以待准备厮杀的魏军，除了发怵就是害怕。马谡下了几次命令，就是没人肯冲锋。马谡只好杀人立威，逼着士兵往山下冲。

张郃发现汉军已乱，但还嫌不够，又借风放火。南山上虽然只有灌木，但正当风口，点火就着，一时间烈焰飞腾，火势上冲。本来没水喝就口干舌燥，又被缺德阴损的张郃放了一把火，火一烤，身体里的那点储存水分很快就蒸发了，这下山上的汉军惨了。

山上是不能待了，马谡只好率军强行突围。魏军放过汉军前部而截住了后面的大队，趁势掩杀，汉军大败。

马谡在南山上仅仅待了一天，街亭就失守了。

马谡率少数骑兵冲出重围，但步兵大部被冲散，损失惨重。好在王平危急时刻临危不乱，据守营垒坚守不动。张郃弄不清王平的虚实，加上已经打了胜仗便见好就收，收兵回营。马谡这才有机会收拢溃散的部队向诸葛亮大营撤退。

街亭失守，意味着魏军的援兵将从这里持续涌入。正在陇右各地攻城的汉军将面临腹背受敌的危险。而且，此时的汉军兵力高度分散，前有坚城，后有强敌，局势已难以挽回，只能撤军。

著名的空城计就是以这次战役为背景的。不过很遗憾，尽管小说《三国演义》将空城计写得精彩纷呈，真实的历史却是故事里的两位主角诸葛亮和司马懿根本就没有会面。这时的司马懿远在荆州"出差"，让他跑到千里之外的西城来听诸葛亮弹琴，就算司马懿有这个雅兴，此时的诸葛亮恐怕也没这个心情。

此时的魏军主将诸葛亮的对手是张郃，诸葛亮和司马懿的强强对决要等到曹真病死后。诸葛亮第四次北伐遇到的对手才是司马懿，而在此之前，诸葛亮的劲敌一直是张郃与曹真。

万般无奈之下，尽管心有不甘诸葛亮还是下达了全军总撤退的命令，全军迅速收拢撤回汉中。

本来大好的形势因街亭的失守而功败垂成。已经到手的三郡和就要到手的整个陇右又拱手让出。诸葛亮的第一次北伐因街亭的失利而草草收场。

煮到八成熟的鸭子，飞了。

诸葛亮将西县千余户百姓迁往蜀汉，大军缓缓退回汉中。

西线诸葛亮大军主力撤退的同时，东线赵云军也传来败报，赵云被曹真大军围攻，也在败退之中。

赵云驻军的箕谷，缘其谷口而上是赤岸，经赤岸北上可到武功、五丈原，而五丈原西面即绥阳小谷，绥阳小谷往北是陈仓。陈仓自汉初以来即军事重镇，当时魏国驻扎陈仓的兵力相当雄厚，暗度陈仓之鉴在前，魏人不能不防。

陈仓在箕谷之左，郿城在箕谷之右，而赵云对箕谷赤岸之上的绥阳小谷地形却不甚熟悉，加上陈仓、郿城两地敌军的夹攻，疑兵之计反被魏国利用绥阳小谷夹攻赵云军于箕谷，所以诸葛亮有"不戒之失"之语。不戒之失的原因之一是：赵云军对绥阳小谷的地形缺乏了解。

况且赵云军本是疑兵，兵力不多，当曹真大军席卷而来时，抵挡不住也属正常。

史载赵云"敛众固守，不至大败"。赵云的退兵之计是：烧毁赤岸以北的阁道，以阻止曹真军的追击。

以诸葛亮春秋责帅之言而自贬三等，为何赵云仍贬官镇军将军，原因大概是赵云烧毁的阁道，乃诸葛亮苦心经营的赤岸府库的要道，修复困难，所以纵使不追究赵云的箕谷兵败，也要追究赤岸退兵的方法是否过当，一百余里的阁道需要多少人力与物力才能修复。诸葛亮多年经营的心血被付之一炬，必须追究。

接下来是对第一次北伐的检讨。

马谡大意失街亭。这是第一次北伐失败的转折点。

街亭失守后，气焰嚣张的魏军主力可以乘势长驱直入。魏军在陇右有了战略据点，完全可以稳扎稳打，避免与汉军决战，而是利用自己在数量上的优势，各个击破，最后拖垮汉军。

偏偏祸不单行，关键时刻赵云、邓芝的迂回部队又在箕谷被魏军打败。进攻受挫，汉军面临的态势相当严峻。

敌强我弱，随着魏军后续部队的陆续赶到，汉军在陇右战场集中优势兵力打歼灭战的计划成为泡影。这时在兵力上占据优势的魏军完全可以分兵两路。一路在陇右拖住汉军主力，另一路直出斜谷乘虚而入袭取汉中。那样，后果不堪设想。

魏强蜀弱，利于速决不宜久持。这一点从汉军粮草不济就能看出。说粮草不济，其实就是综合国力差。诸葛亮没有选择直出斜谷，而是先布疑阵迷惑魏军然后径出陇右，就是考虑到可以先暂时解决汉军的粮草问题。街亭之争是第一次北伐争夺中的重中之重。

据守街亭的要点有两处——街亭东面的陇坻、略阳城。陇坻在陇山上地形险要，而略阳城据大道要冲。而街亭正位于这两个要点之间，地形比较平坦，清水河既浅又窄，附近的山势也很平缓，不是阻击的理想战场，更谈不上地形险要，易守难攻。

街亭东面的陇坻在陇山之中，地形险要，只要当道扎营，或伐木塞道，不使敌军通过，就能比较容易地阻击敌军。东汉初年，隗嚣大将王元据守此处，大败刘秀几乎所有能征善战的战将，包括耿弇、盖延、马武、王常、祭遵、刘歆、刘尚等。

魏国经此一役开始重视西线。再想出敌不意攻其不备难上加难。

三郡得而复失，首次北伐功败垂成，但诸葛亮此行并非一无所获，他得到了一个难得的人才，一个可以继承他衣钵的接班人——姜维。

姜维，字伯约，凉州天水郡人。

诸葛亮大军杀来时，天水太守马遵正带着姜维和功曹梁绪、主簿尹赏、主记梁虔等人随雍州刺史郭淮在外视察。

听说汉军已到祁山，附近郡县官民纷纷归汉，马遵害怕了，觉得身边这些本地人靠不住。这时姜维的家乡冀县已归顺诸葛亮。马遵认为姜维等人不可信，难保这些人不会把自己捆了去诸葛亮那里立功请赏。

在得到消息的当天夜里，马遵不告而别连夜跟着郭淮向东逃往上邽。

天亮后，姜维等人一觉醒来才发现不见了太守，大家四处寻找，却连太守的影子也没见到。众人一致认定太守这是丢下大家自己跑了。于是，几人聚到一起，商量对策。众人都觉得太守肯定是往上邽跑了，因为天水郡的郡治虽在冀县，但冀县在上邽的西北，距诸葛亮大军很近，而上邽在天水郡东南，靠近渭水。一旦诸葛亮的军队打来，在上邽更容易逃。姜维等人一路追着太守来到上邽，但这时的马遵已是草木皆兵，看谁都像叛徒，谁也不相信，根本不让姜维等人进城。

姜维等人没有办法只好回到冀县。这时冀县已经决定投降诸葛亮，推举姜维作代表来见诸葛亮，就这样，姜维来到诸葛亮大营表示愿意归顺。

但不久，街亭兵败，汉军匆忙撤退，姜维等人来不及回冀县接出家眷，就跟着诸葛亮撤回汉中，此后姜维就与在冀县的母亲分隔两国。

诸葛亮很喜欢姜维，认为姜维是不可多得的将才，将他看作自己的接班人。姜维对诸葛亮的知遇之恩也很感激，从此效忠蜀汉直到生命的最后一刻。

留在魏国的母亲思念儿子，托人给姜维捎去一封信，信里什么都没写，只有一味中药——当归。姜维之母想念儿子，希望姜维能重返故国回家团聚，但姜维已决心追随诸葛亮。

姜维给母亲写了回信，信中写道："良田百顷，不在一亩，但有远志，不在当归。"他表达了自己兴复汉室效忠蜀汉的决心。姜维离开冀县后再也没有回到母亲身边。

诸葛亮去世后，姜维继承诸葛亮的遗志继续北伐。

诸葛亮并没有推诿失利的责任。在给后主刘禅的奏疏中，诸葛亮坦然承担了战败的责任：自己指挥失误，用人不明，并主动提出降级三等，请求免去丞相之职。

诸葛亮自己以身作则。错了就是错了，我的错误我要承担。后主刘禅让诸葛亮以右将军的身份代理丞相之职。

将军张休、李盛因临阵脱逃被斩首示众，将军黄袭虽打了败仗但作战英勇，因而从轻发落，但也被夺去兵权。参战的将军们几乎不是杀头就是降职、贬官，在一片处分处罚的压抑气氛中，只有一人例外，不仅没降职反而还升了官，这个人之所以与众不同，并不是因为他是诸葛亮的亲信，此人就是王平。

街亭之战，马谡全军溃散，只有王平的部队守住大营，临阵不乱。虽然王平的人马不多，但王平善于造势。王平令人在营中遍插军旗，从远处望去，旌旗林立，绣带飘扬，气势慑人。

古代部队都有自己的军旗，部有部旗，营有营帜，简单地说就是有多少人就有多少旗。正常状况，只要看到对方军旗的种类数目就能大致推算出对方的人数。王平的兵不多但军旗很多，这下多余的军旗全都派上了用场，军旗除了可壮胆还可虚张声势隐蔽自己的实际兵力。一面面军旗，犹如屏风，外人很难窥见其中虚实。

张郃一路追杀马谡溃兵，来到王平大营前，映入眼帘的是遮天蔽日的旌旗。王平看到张郃的追兵，也不含糊，为表示"欢迎"，命手下拼命摇鼓助威，挥舞军旗，军兵更是齐声鼓噪呐喊。张郃不明虚实，不知王平的真实兵力，还真以为王平要出来跟他拼命。张郃粗略一算对方人数不少（看军旗看出来的），既然已经取胜，还是见好就收，不可贪心，若有小错便前功尽弃，还是回去请功领赏要紧。

张郃收兵回营，王平看着远去的魏军，这才长出了一口气，疑兵之计成功了。毕竟张郃不知底细，自己手下有多少人，他老兄还是清楚的，主力都败了，自己只不过摇旗呐喊、虚张军势，实则并不敢出营厮杀。

要不是王平挡住了张郃军，汉军可能会败得更惨，马谡能不能撤回都难说。

诸葛亮向来执法公正、公开、公平，只要立了功，不论亲疏一视同仁。

王平退敌立功，战后由裨将军升为讨寇将军，封亭侯，加拜参军，统领由青羌组成的一万精锐部队。

诸葛亮功过分明，让所有的人心服口服，没有话说。

街亭战败主要责任人马谡当然难逃法网。打了这么个大败仗，直接导致北伐失败，要是不追究责任是说不过去的。

关于马谡之死在《三国志》中有好几种说法，有的说被斩首，有的说死于狱中，也有的说是逃跑后给抓回来的。其实马谡怎么死的已经不重要了，但马谡最后还是受到了军法的处罚。

马谡的死在蜀汉历史上争议颇多，反对者普遍认为蜀汉本来人才就少，马谡是不可多得的人才，杀马谡是自断右臂。

其实在处理马谡的问题上，没有谁比诸葛亮更痛苦了，马谡是不是人才诸葛亮最清楚不过。马谡是部下、亲信，又是好友马良的弟弟，于公于私，诸葛亮都有从轻发落的理由，但他没有这么做。虽然马谡是人才，也很重要，但纪律就是纪律，不管是谁，犯了罪，都要依法惩处。

法律面前人人平等，在很多人那里是口号，但诸葛亮做到了。

当时给马谡求情的人很多。参军蒋琬特地从成都赶来汉中给马谡求情，但诸葛亮最后仍"挥泪斩马谡"。自己的战友、亲信却要死于自己的军法，诸葛亮内心的痛苦是难以用语言形容的。诸葛亮杀马谡也有不得已的苦衷，谁都知道马谡是他诸葛亮的人。马谡街亭兵败让北伐大军劳而无功犯下大罪，要是不从重从快处理，很多人心里会不服，以后更难服众。对马谡，诸葛亮不得不杀、不能不杀。

对诸葛亮第一次北伐的用人，后世颇多争议。诸葛亮究竟以何标准选人用人呢？答案是政治理念。

马谡：与诸葛亮战略理念相同，志同道合，马谡即因此受到诸葛亮的赏识、器重。北伐大计，事务繁多，诸葛亮即使事必躬亲，也难以做到面面俱到，也需人从旁协助，而协赞军谋的就是马谡。诸葛亮几乎一刻也离不开这位"参谋长"。两人为北伐筹划多年，马谡对诸葛亮的战略意图、战略构想了解得最透彻，诸葛亮也认为马谡是能够贯彻执行他北伐战略的最理想的人选。因而，诸葛亮力排众议用马谡而非老将魏延、吴懿。但诸葛亮忘了，纸上谈兵与临阵对敌是有区别的。

赵云：蜀汉"五虎上将"中，诸葛亮最欣赏、信任并能从容指挥的也只有赵云。刘备在世时，诸葛亮不掌兵，关羽、张飞一守荆州一镇巴地，并不受其节制。马超、黄忠一直追随刘备征战。只有赵云与诸葛亮曾一起率军入蜀并长期共事。

赵云的政治理念也与诸葛亮相合，表现在伐吴上，赵云公开反对与吴开战，诸葛亮虽未表态，但从其联吴抗曹的一贯立场，不难猜出其态度。由于以上原因，诸葛亮掌权后，刻意提拔赵云，首次北伐便令赵云自领一军，独当一面。

邓芝：猇亭战后，邓芝积极主张与吴国恢复盟好，这与诸葛亮的想法不谋而合，因为相同的立场，诸葛亮才派邓芝出使东吴，而邓芝也不负所望，成功说服孙权与蜀汉言归于好，使蜀汉摆脱两面受敌的困境。出色完成使命的邓芝被诸葛亮引为知己，北伐才被赋予重任，协助赵云。

魏延：与前者不同，魏延偏重军事，是先帝赏识的大将，力主北伐，否则也不会提出极富进取精神的子午谷奇谋。魏延自己也清楚此举的冒险性，但为了北伐大计，甘愿冒险。如此良将，久在边疆，熟知敌情，诸葛亮不可能不重用魏延。但相对马谡等人，魏延与诸葛亮缺乏政治上的共鸣，只是军事上的"同谋"，因而被诸葛亮排在马谡之后。但此后的历次北伐，都可见到魏延的身影，作为蜀汉后期的干城之将，魏延将北伐视为己任，是诸葛亮之外军中最为积极北伐的大将。

姜维：政治军事兼而有之。诸葛亮看中的是姜维心存汉室，这点最为重要，有此才有之后的刻意栽培。再者，蜀汉人才匮乏，尤其缺少良将，"五虎上将"之后更是后继乏人。而姜维"敏于军事"，更是凉州才俊，攻取陇右，正需此人。姜维是诸葛亮最为满意的军政兼通的复合型人才，因而诸葛亮将其视为接班人，而姜维之后"九伐中原"，矢志于北伐，果然继承武侯之志。

北伐的失利让蜀汉内部许多人对北伐的前景失去信心，但诸葛亮本人并没有因为一次失利而灰心丧气。

回到汉中后，诸葛亮继续训练人马、打造兵器、积蓄粮草，等待时机再次北伐。

汉军撤走后，曹真带兵又攻下三郡。这一切坐镇长安的曹叡都看在眼里，对曹真更为器重。曹真在朝中的地位如日中天。

四月，战事结束，魏主曹叡也从长安返回洛阳。

第四十三章

石亭大战——诱敌深入困曹休

　　一场新的战争正在东线秘密筹划。

　　此刻，魏国征东大将军扬州牧长平侯曹休心情很烦躁。曹真与曹休是曹魏宗室中的精英，也是曹魏帝国的两大柱石，两人一西一东各镇一方，手握重兵，一个防蜀，一个镇吴。

　　眼见曹真大出风头，立功受赏，曹休心里很不是滋味。在曹休看来，要抵消曹真的影响，必须建立比曹真更大的军功才行。曹休开始制定针对东吴的作战方案。

　　与此同时，受诸葛亮北伐的刺激，南方的孙权——曹休的对手也在秘密策划一个更大胆的针对曹休的计划。

　　蜀汉建兴六年（228）五月，吴王孙权给鄱阳太守周鲂下了一道密令。密令中，孙权令周鲂在当地找几位有名望的山越部族首领，最好是魏军熟悉的"名人"，然后以这些人的名义向魏军诈降，引诱魏军，之后围而歼之。

　　孙权之所以让鄱阳太守周鲂干这事，是因为鄱阳当地的豪强大族与山越时常反叛，他们一直是孙权的心腹大患。几年前，鄱阳当地首领彭绮就曾聚众反叛，一度攻城拔寨，势如破竹。危急时刻，孙权急调周鲂为鄱阳太守带兵平乱，在周鲂的全力围剿之下，彭绮部才土崩瓦解。

　　彭绮起兵后，曾派人去江北联系魏军，希望能与之南北呼应，里应外合，而这是魏军求之不得的。要不是周鲂平乱及时，孙权的麻烦就大了。

经此一役，孙权发现周鲂是难得的人才，同时，他也注意到北边对内应的需求很迫切。孙权打算投其所好派人诈降。

但周鲂含蓄地否定了孙权的方案，提出自己亲自当诱饵向曹休诈降。周鲂的理由是诈降之事事关重大，怕山民小帅难当大任，走漏消息。实际上，当地豪帅多与孙吴势不两立，经常打得头破血流，虽然被镇压下去，但口服心不服，身为太守的周鲂对此再清楚不过了，所以当地人绝不可用，那就只有自己亲自上阵了。

周鲂，字子鱼，扬州吴郡人，从县令干起，一路升迁。虽说此君是个文官，但当时江东并不太平，山越与地方豪帅经常起兵反抗，钱塘豪帅彭式就是被周鲂扫平的，所以后来彭绮举兵，孙权就想到了周鲂。

周鲂的计划被批准了。接着，这位仁兄就开始琢磨如何忽悠曹休，让对方入套。

在经过不知多少个不眠之夜后，周鲂终于搞出了一封"情真意切"的投诚书。为了让曹休相信自己是真心投降，周鲂在信中大爆猛料，透露了许多东吴的内部情报（当然是过期的且是曹休早就知道的），还把主公孙权埋汰一番（这个也是经过孙权同意的，为了欺骗敌人的需要，孙权也只好牺牲一下，被骂几句）。

为了演得逼真，周鲂还向曹休请求拨发将军印、关内侯印绶各五十枚，中郎将、校尉印绶一百枚，以便封赏有功的部下、豪帅。

就在周鲂与孙权紧锣密鼓筹划诈降的时候，上级派下来的督察专员到了鄱阳。这位不知名的仁兄不知不觉也在其中客串了一个角色，只不过连他自己都不知道在这场巧妙的骗局中他所发挥的作用。

这位估计是存心找碴儿来的，一上来就挑毛病，想整周鲂。周鲂将计就计，装做诚惶诚恐，亲自去馆驿请罪，为表示悔过，还当场割下自己的一缕头发。古人讲究身体发肤受之父母，头发事关尊严，割头发比被砍头也轻不了多少。这点曹操是最有发言权的，毕竟，当年这事他也干过。周鲂断发，很快就被魏军的细作报给了曹休，因而曹休对周鲂的诚意深信不疑。因为曹休对曹操当年践踏麦苗割发代首的典故也很熟。《三国演义》中所说"周鲂断发赚曹休"，就是从这来的。

需要说明的是，向曹休诈降在东吴是高级机密，只有孙权跟周鲂两人在内的少数几人知道，那个督察员是肯定不知道的。但聪明的周鲂善于抓住机会，以此成功骗过曹休，跟当年周瑜打黄盖骗曹操如出一辙。

曹休在确信周鲂投降的诚意后，当即上书皇帝，请求出兵接应顺便征讨东吴。曹叡很快准了曹休的请战，不过，小皇帝还是比较稳重，又增派两路兵马以便相互策应。

大司马曹休领兵十万出庐江兵发皖城，接应周鲂，这一路是主力。骠骑大将军司马懿从宛城出兵攻江陵，任务是牵制荆州方向的吴军，保护曹休侧翼。豫州刺史建威将军贾逵率领前将军满宠、东莞太守胡质从江夏郡的西阳出发，兵分两路。贾逵率军直趋东关，进攻濡须口，牵制那里的吴军同时保护曹休军右翼。而满宠的任务是切断江陵与皖城两个战场吴军的联系。三路大军各有分工，任务明确。

司马懿、贾逵都是魏国重臣，这次也被曹叡调来做绿叶来衬托曹休这朵红花，一笔写不出两个曹字，这就是血缘。

正是这个安排救了曹休和他手下十万大军的命。

且说贾逵领兵一路向东关挺进，大军走到五将山，突然接到皇上的新命令，让贾逵改变行军路线，不必再去东关，直接转向，向东进发与曹休合兵一处然后南下。

贾逵一听就傻了，这不是胡闹吗！东吴在东关驻有重兵，自己的任务就是进攻东关，牵制吴军使其不能东下，保护曹休军的侧翼安全。不去东关，那里的吴兵就会没有后顾之忧，必然会向皖城集结，抄曹休的后路。那样曹休跟他的十万大军就危险了！

贾逵被这道突如其来的命令搞得一脸迷茫，追问之下，才知道是曹休向皇帝上奏特意要求的。贾逵跟曹休一向不和，当初曹丕打算授予贾逵节钺赋予其节制诸将的大权，曹休却向曹丕打了贾逵的小报告，这事就吹了。

事情果如贾逵所料，东吴濡须都督朱桓随后果然带兵三万东下与陆逊会合。

再说曹休率军一路深入吴境，之前说好的周鲂却连人影也没见着。这时斥候来报，东吴孙权任命陆逊为大都督，朱桓、全琮为左右都督，兵分三路向他杀来。

八月，孙权亲自到前线督战。

到这时，就算是再白痴的人也明白是怎么回事了。曹休自然也明白，他上当了。换成别人这时候就应该马上退兵，但心高气傲被惯坏了的曹休下令继续进军。就这么回去，那多丢人，自己颜面何存？反正自己有十万雄兵，就算前面有埋伏，谅几个江东鼠辈也掀不起多大风浪。

魏军在曹休指挥下继续南进，错过了最佳的撤退时机，不想丢人，那就只能丢命了。

曹休不顾一切南下，魏国也有人觉察到了危险。尚书蒋济上书说，曹休深入敌境与孙权对峙，上游朱然等人若从后偷袭，曹休腹背受敌，大军危矣。身处前线的前将军满宠对战局看得更清楚，孤军深入，侧翼暴露，这是兵家大忌。满宠紧急上书，说曹休兵过之处多是湖泊沼泽，易进难退，南下恐于大军不利。

满宠的奏疏曹叡看到了，可惜晚了。战场上瞬息万变，就在满宠的奏疏送达洛阳的同时，千里之外的战场形势已然变化。曹休军与陆逊军已经在石亭接战，这就是三国史上继夷陵之战后陆逊的又一成名战——石亭之战。

当曹休的十万大军被骗进来后，濡须都督朱桓向吴王孙权献计，由他率兵一万前往夹石堵击曹休，因为那里是曹休退兵的必经之地。到了现在估计没人会怀疑东吴将取得这场战役的胜利，除了曹休。

孙权拿不定主意，便向陆逊请教。陆逊毫不犹豫就否定了朱桓的建议。陆逊其实早就派出了小股断后部队，埋伏在那里了。

曹休征战多年绝非草包，况且孤军深入，也在中军两侧埋下伏兵，保护自己的两翼。但是陆逊三路出兵分进合击，气势如虹，占尽主场优势，很快击破了曹休的伏兵。

曹休初战失利，但并未大败，只是士气已经相当低落。当晚，大军在石亭扎下大营。不过这晚对于深入敌境又打了败仗的魏军来说注定是一个难熬的夜晚。此时的魏军军心涣散，早就没有了斗志，听到风吹草动就以为吴军来了，人心惶惶。

此刻的魏军虽有十万之众却已是惊弓之鸟。那一声弓弦声到底还是响了。

夜宿石亭的当晚，军中无故自惊，可能是哪支部队过度紧张，自己吓自己，结果却引来了一连串的雪崩式的连锁反应，早就神经紧绷的魏军士兵们，自相践踏，四处乱窜，连敌人在哪儿都没弄清就全军崩溃。

曹休眼见军心大乱，大势已去，也只好组织撤退，但还没容他整顿好队伍，陆逊的追兵就到了。魏军此时只顾逃命哪还有心思抵抗，稍一交锋就被打得大败，吴兵趁势掩杀。魏军死伤一万余人，丢下几乎所有的辎重，狼狈溃退，军资器械、车马帐篷丢得满地都是。

等魏军撤到夹石，奉陆逊之命早已等候在那里的吴兵乘势杀出，将魏军堵了个正着。眼见就要被人包饺子全军覆灭，危急时刻，一个人挺身而出，亲率敢死队拼死厮杀，终于带领魏军杀出重围。这位力挽狂澜的猛人就是王凌。

王凌，字彦云，并州太原郡人。王凌能在英雄辈出的三国史上留下名字，因为他是少数几个忠于曹氏而敢于起兵反抗司马夺权的人。但很多人提及他时，不免还要加上一句，他是王允的侄子。

这对叔侄一个忠于汉室一个尽节曹氏，没有辱没他们的祖宗。王允遇害时，王凌也在长安。乱兵杀入长安时，王凌跟王晨兄弟俩越墙而出（注意是城墙）逃回家乡。

成年后的王凌举孝廉入仕当了发干县长，但不久因官司丢官罢职，还被剃了头发罚做苦役。就在王凌最失意的时候，却遇到了一个改变他一生命运的贵人——曹操。

一次，王凌正在街上打扫，恰巧曹操坐着马车从这儿路过。曹操那天也许是心情好，停下车问左右，那个扫马路的是谁，手下人如实回禀。曹操一向敬重忠臣，知道王凌是忠臣子弟，当即提拔王凌做了骁骑主簿。王凌后升中山太守。

曹丕继位，王凌又被委以重任当了兖州刺史随曹丕南征广陵，因战功受封宜城亭侯。曹丕平定青徐豪霸后，让亲信王凌做青州刺史，以消除臧霸等人的影响。王凌没有辜负曹丕的信任，上任之后，兢兢业业，迅速安定青州。

王凌受曹氏父子两代器重赏识，他本人对曹氏更是死心塌地绝对忠诚。到了曹叡这一代，王凌已是三朝老臣。

曹休南征，时任青州刺史的王凌随军出征，危急时刻，这位老臣又立奇功。但危机远未结束。王凌等人击退了伏兵，可陆逊的大队人马已经追上来了。

陆逊的伏兵和追兵的成功运用，做到了围三缺一与前后夹击的完美结合。倘若没有外援，曹休大军会败得更惨，好在贾逵的援兵及时赶到，魏军依靠人数的优势逼退吴军。

贾逵军尚在路上，斥候来报说曹休战败，吴兵已据守夹石。众将听到消息全都傻了，有的主张等待后续部队到齐再进兵，但贾逵坚决反对。贾逵说，曹休兵败，如今进不能战，后无退路，正是最危险的时候，贼兵认为曹休没有后援，才敢如此大胆，我军此时必须迅速推进，出其不意，贼兵慑于我军威势,不知我军虚实,必然退走。若等后军,那时贼兵已牢牢守住险要,我军虽然兵多但一时也难以攻克夹石。

贾逵下令全军兵不卸甲马不离鞍,昼夜兼程向夹石进兵,沿途多张旌旗以做疑兵。吴军望见贾逵大军漫山遍野杀来,果然退走。贾逵顺利占领夹石。兵贵神速,贾逵可谓深得用兵之道。

魏军援兵占领夹石,直到这时,曹休军才算转危为安。此时,曹休军军容不整,一个个盔歪甲斜,要多狼狈有多狼狈。辎重都丢光了,要不是贾逵拿出粮食接济,曹休大军连粥都喝不上了。在贾逵军的接应下,曹休带着败兵总算退回了魏境。

九月,回到驻地的曹休给曹叡上了一份表章,请求处分。打了这么一个大败仗,损兵折将,有损国威。但曹叡看在曹休是先帝器重的大将,又是宗室,并没有处罚他。可不处罚比处罚还让这位心高气傲的将军难堪,回来不到一个月,曹休就羞愤交加病死在任上。

曹休死前不久,魏国的另一位猛人贾逵已经先走一步,在回军的路上就病逝了。贾逵死后,在此次战役中有突出表现的王凌接任豫州刺史。贾逵和王凌两人本是好友又先后在豫州当刺史,都是魏国的忠臣良将,可是贾逵怎么也不会想到,他的儿子贾充几十年后却成了他效忠的魏国的掘墓人。

王凌接替贾逵的豫州,而在石亭之战中,同样表现不俗的满宠则成为死去的曹休的继任者,都督扬州镇守东南。

与备受瞩目的诸葛亮北伐相比,对石亭之战关注的人并不多。这场魏吴之战却也引起了一连串连锁反应,反应之一就是诸葛亮的第二次北伐。

第四十四章

兵围陈仓——声东击西

建兴六年（228）春，诸葛亮刚刚结束第一次北伐。就在当年冬天，距上次出征不到一年，诸葛亮再次发起第二次北伐。

与第一次北伐筹划近一年准备充分不同，第二次北伐的特点是发起突然，十一月上书，十二月出兵。而且行动迅速，来年一月结束，二月撤兵。

仅就第二次北伐的过程看，似乎难以明白诸葛亮的意图，这需要联系当时的局势才能明白。

诸葛亮的第二次出兵很明显是在策应东线战场。

因为就在当年九月，吴国大都督陆逊在石亭大败魏军东线主帅大司马曹休。曹休十万大军中了东吴的诈降诱敌之计，结果身陷重围，差点全军覆没，幸得救援及时，才得以突围而出，但也损失惨重。曹休回去后羞愧交加，不久便一命呜呼。石亭距汉中两千多里，消息传到汉中已是两个月之后。诸葛亮得知消息，认为良机难得，便上表后主，得到准许于十二月迅速出兵，目标是渭水北岸的陈仓。

诸葛亮率军仅用二十多天强行军一千多里赶到陈仓，随即发起攻击，相持二十余日后，诸葛亮又突然撤军。魏将王双率兵追击，被诸葛亮设伏斩杀。

诸葛亮的第二次北伐，发起突然，结束迅速。表面上的目的很明确，策应东吴，而结果也证明很成功。

曹魏方面不得不将原本准备用于荆州战场的张郃部从前线调回，紧急增援陈仓。诸葛亮调动魏军策应东吴的目的已经实现。而曹魏西线主帅大将军曹真全程处于蒙圈状态，诸葛亮为何而来他不清楚，诸葛亮为何撤兵他也不知道。

事后，为遮羞，曹魏方面大言不惭地说他们早就料到诸葛亮会出陈仓，因此特意派郝昭去守才挡住诸葛亮云云。这明显是给自己脸上贴金，要是真事先猜到，会在陈仓只放一千多人？还特意从荆州前线调来张郃，这明显是手忙脚乱，才从荆州调兵。张郃是个到处救火的命，现在被曹真坑，未来被曹真的接班人司马懿坑，这么个到处堵漏的劳模到最后还是被领导坑死。曹真中计，被调动的却是张郃。更搞笑的是，曹真一年之内，两次中计，中的还都是声东击西之计，而两次被调来增援的都是张郃。

曹真应该是很郁闷的，虽然官方极力宣传他的"料事如神"，吹捧他如何提前布置守住陈仓，又如何"击退"诸葛亮。然而，在曹真看来，说还不如不说，越吹捧越打脸。露脸还是丢脸，曹真自己是最清楚的，他要报复，要将丢出去的面子找回来，于是就有了一年之后的三路入蜀之役。可曹真想不到，他的这个举动会让他在全国人民面前丢更大的脸，魏国的官方宣传再能颠倒黑白也圆不回来了。

建兴七年（229）正月，诸葛亮从陈仓撤兵，第二次北伐结束。

几乎与此同时，这年正月，汉军大将陈式率军出汉中向西进攻武都、阴平。

陈式攻击武都、阴平二郡的时候，诸葛亮正率军从陈仓道转祁山道，再次强行军一千多里，于当年初春赶到祁山道口的建威，阻挡正要去救武都、阴平的魏雍州刺史郭淮。原本郭淮是要去打陈式的，见诸葛亮大军突然出现，自知不敌，迅速撤走，在诸葛亮的策应下，陈式顺利攻取武都、阴平。

事情发展到这里，已经明晰了。

诸葛亮第二次北伐使用的又是声东击西之计。

诸葛亮佯攻陈仓，名为策应东吴，实为掩护陈式攻取二郡。第二次北伐与第三次北伐彼此呼应，首尾相接。先行东进，做出策应东吴的姿态，将魏军的注意力吸引到东线，而后潜行千里，长途奔袭，千里跃进，挺进西线，收复武都、阴平，为再出祁山做准备。

诸葛亮率数万汉军在一百多天的时间里强行军两千多里，先奔袭一千里佯攻陈仓，再奔袭一千里，助攻武都、阴平，一系列行动漂亮精彩。

要知道，汉军以步兵为主，在严冬酷寒的天气，完成数千里奔袭，殊为不易。也只有治军严整的诸葛亮能创造这种步兵千里奔袭的军事奇迹。

反观魏军，全程都在发蒙状态，被汉军牵着走，所有的反应完全是被动的。

诸葛亮第一次北伐，声东击西，成功瞒过曹真。

诸葛亮第二次北伐，再次使用声东击西，故技重施，曹真再次中计。

曹真派遣费曜带兵援救陈仓，而曹叡甚至从直面东吴的荆州召回张郃，紧急派三万中央军援救陈仓。而等张郃赶到，诸葛亮早就从容退走，走的时候还阵斩前来追击的魏将王双。

策应东线有很多路，诸葛亮为何选择出兵陈仓？

诸葛亮出汉中，去关中或陇右，从左到右依次为：

祁山道，通往陇右。

陈仓道，通往关中陈仓。

褒斜道，通往关中郿县，五丈原一带。

骆谷道，通往关中。

子午道，通往长安。

既然要策应东吴，当然要尽可能偏东。

而祁山道通向陇右，位置偏西，八个月前才去过，魏军肯定加强了防备。

褒斜道被赵云上次退兵时放火烧了百余里，道路不通。

骆谷道道路艰险，靠近长安，距武都、阴平过远，不利于后期的奔袭。

子午道要直面长安，会遭遇曹真主力，而且距武都、阴平更远。

走陈仓道，首先能转祁山道去武都、阴平，这是最重要的，因为本次出兵的最终目的是夺取武都、阴平；其次走陈仓道不用直面长安的魏军，风险较小；最后，策应东吴，能把洛阳的魏军拉到一千里外的陈仓，减轻东吴压力，可谓一举三得。

因此，走陈仓道是最合适的。

汉军走陈仓道，出散关，需渡过渭水，才能抵达陈仓。

陈仓城并非在陈仓道口，而是在渭水北岸。

即使汉军攻占陈仓，也不会长期据守。

陇右的郭淮可以沿陈仓渭水道东进，而长安的曹真、张郃可以沿水路西进，陈仓汉军会陷入合围。攻取陈仓，此时意义不大。

诸葛亮的二伐三伐是一个整体计划，是精心设计的连环计，佯攻陈仓，实为取武都、阴平，名为呼应东吴，实为声东击西之计。

诸葛亮第一次北伐已经用过一次声东击西，成功让曹真上当。而诸葛亮第二次北伐故技重施，还是声东击西，再次令曹真中计。估计，曹真心里也是很苦的。诸葛亮用兵，千变万化，简直防不胜防。

怀着一丝忐忑不安，孙权向成都派出了自己的使者。

果然，蜀汉朝臣听说孙权登基称帝，一片哗然。大家群情激奋，只有诸葛亮始终表现得很平静。这早在他预料之中。

眼下这个形势，孙权当皇帝实在正常不过了，自从曹丕打破僵局，局面就不可收拾。蜀汉虽自称是汉家正朔，但这个世界从来都是讲实力的。三国之中，蜀汉最弱，想匡复汉室，必须拉上东吴这个盟友，即便如此，加上东吴，孙刘两家实力仍比魏国差一大截，靠蜀汉自己单打独斗，就算孙武、韩信一起复活也未必能办到。

所以诸葛亮很务实，面对情绪激动的蜀汉群臣，诸葛亮耐心地做起了众人的思想工作。孙权有称帝之心已经很久了，国家之所以容忍是要借助其牵制魏人。若是与其绝交，孙权怀恨在心，必然与我为仇，如此则我多一敌而魏少一敌，有损国家大计。有人言江东君臣既得荆州，志得意满，无心北伐，一味限江自保。此看似有理，实则不然。东吴与我盟好则魏人不得专力于我，兵势必分。彼虽有兵数十万，然需守三边（蜀汉、东吴，还有北方的鲜卑、乌桓），数千里之界，兵势一分亦利于我军北伐。纵然孙权无北伐之志，但两国盟好，则我军无东顾之忧，此亦有利于国。

建兴七年（229）六月，蜀汉特使卫尉陈震到达武昌。作为蜀汉的代表，陈震除了向孙权表示祝贺并承认孙权的合法性之外，还有一个更重要的使命，巩固盟好。而这也是孙权所希望的，这时的孙权比以往任何时候都需要蜀汉的外部支持。而诸葛亮的北伐同样需要孙权的配合，双方一拍即合。

很快一份由东吴方面起草的《汉吴友好互助同盟条约》就在武昌签订了。在这份著名的盟书中，先是把两国共同的敌人曹魏痛骂一番，接下来，在孙权的暗示下，盟书的作者将诸葛亮狠狠吹捧一番。

孙权很明白自己一称帝，在蜀汉必然引起不小的风波，但如今蜀汉还能派特使来祝贺承认自己已经很够意思了，孙权更明白幕后的支持者必然是诸葛丞相。

在盟书里，双方还就打败魏国后的领土划分达成协议——两分天下。原属魏国的豫州、青州、徐州、幽州归东吴，兖州、冀州、并州、凉州归蜀汉，剩下的司州两家平分。

两分天下的盟约既已订立，双方也很尊重这一纸约定——此前，孙权已经任命了心腹朱然为兖州牧，盟约订立之后，因为兖州被划给了蜀汉，孙权便马上撤了朱然的兖州牧；而同样，蜀汉也将刘永的封号鲁王改封甘陵王、刘理的梁王改封安平王。虽然只是画饼充饥，但吴蜀两国的姿势非常端正。

最后，双方一致表示今后要"勠力一心，同讨魏贼"。同时约定，一方遭受攻击，另一方要积极支援。签订了同盟书，孙权和诸葛亮都放心了，前者可以安心过他的小日子限江自保，后者则可以全力北伐不必担心东吴再跟曹魏眉来眼去。

第四十五章

修垒筑城——安居平三路

诸葛亮三次北伐斩将夺城，汉军在西线的频频出击，令魏国上下头痛不已。其中一个人更是对此恼怒万分，此人就是诸葛亮的对手，负责关陇防务都督雍凉的大将军曹真。曹真一向自视甚高，而诸葛亮的北伐使得魏军损兵折将，令曹真在朝中大失颜面。心高气傲的曹真绝不会善罢甘休，出兵报复汉军只是时间问题。

做军事决策就跟下棋一样，高手都是能看到后面的好几步，如果等到危险来临再想办法，黄花菜都凉了。诸葛亮就是高手中的高手，跟他对垒的曹真当然也不是草包。

连续被打了三回，不反击一下，对曹真来说也实在说不过去，为了找回面子，曹真决定反击。

曹真的心思，诸葛亮也想到了，打了三年仗，两人已是老相识，都把对方的脾气秉性摸透了，几乎就在占领阴平、武都的同时，诸葛亮也在考虑重新部署汉中的防务。

当年冬天，诸葛亮将自己在汉中的大本营迁到了南山高原上。这座南山乃是南郑县西南五十里米仓山的西脉。

南郑县城正北对着的就是褒斜道的南口。如果魏军走褒斜道，出了谷口就是南郑城。仗一旦打起来，这里将是第一战场。

诸葛亮一生最大的特点就是谨慎，用兵打仗向来是谋定而后战。先计划好了再开战，把风险降到最低，这才是诸葛亮的风格。

出于安全考虑，诸葛亮将大本营搬到了地势更为险峻的沔水南岸的南山上，这里远离道口，可以避开魏军的直接冲击，且有沔水和高山做屏障，二者相当于护城河和城墙，而且沔水比一般的护城河要宽，南山更是高不可攀，远非普通城墙可比。大本营设在这里，有沔水和南山两个易守难攻的天然屏障相当保险，而且距前线也近，方便就近指挥。诸葛亮此营既靠前又安全，实在是指挥部的最佳位置。除把总司令部换了位置，诸葛亮勘察地形后下令修建汉城和乐城两座坚固的防御要塞，两城作为整个汉中防御体系的两个支撑点。

汉城即沔阳（今陕西勉县东），是从阳平关经武都、祁山进入陇右的必经之路，建汉城不仅可以增强汉中的防御，还可确保出祁山攻陇右这条战略通道的畅通。

乐城（今陕西城固东）在南郑东面，从这里出褒斜谷可以直接进攻关中，但褒斜道的南段褒谷山高路险非常难走，步兵通过容易，但辎重转运要翻山越岭，最难走的路段两边皆是悬崖峭壁，只有栈道可通。

栈道是在悬崖绝壁上开凿一些孔穴，孔穴内插上石桩或木桩，再在上面铺上木板或石板。为了防止这些木桩和木板不被雨淋变朽而腐烂，又在栈道的顶端建起房亭（亦称廊亭），这就是阁，也叫栈阁。

第一次北伐退兵时，为了阻挡尾随的追兵，赵云放火烧毁了这段栈道，栈道烧了再修就难了。

从城固的许家庙进入北山经小河口小路可到江口，溯江而上过赤崖就进了箕谷、斜谷而到郿县。对双方来说，这条路都是势所必争，而走褒斜谷东面的子午谷、傥骆谷，进入汉中也要经过城固。

这里是三条路的交通枢纽，三路魏军必在此会合。

诸葛亮修乐城就是要在汉中的防御线上多设一座闸门。

魏军走了几百里的山间谷地，相当疲劳，正要进入平地，猛然发现前面路口处矗立着一座坚城。走了数百里崎岖山路的魏军疲惫不堪，而守在城上的汉军以逸待劳，可以从容"招呼"城下这些远道而来的"客人"。

诸葛亮为魏军考虑得"非常周到"。

乐城扼守谷口，也就是汉中大门，只要守住这里，敌人就休想进入汉中。打不下汉中就只能退回去，而后面就是刚刚走过的几百里山地。到这时，进退两难的入侵之敌也只有用头去撞墙的份儿了。

汉城、乐城当道而立，进可直逼关中，退可扼守险要阻挡敌兵。诸葛亮的防御可谓天衣无缝。

但诸葛亮还是觉得不保险，汉军又在汉中谷地外围的崇山峻岭上依山势修了许多大小不一的堡垒要塞作为外围工事。之前镇守汉中的魏延已经修了一些堡垒，诸葛亮在魏延的基础上加高加厚。经过诸葛亮的精心设计，一道有外围有纵深堡垒林立、坚固的山地防御体系终于建成，以汉城、乐城为中心，加之外围的堡垒，内外呼应，相互依托支援，构成一个风雨不透的堡垒要塞群。

果不出诸葛亮所料，不久，边境传来消息，魏军在关中集结重兵有入侵迹象。

魏主曹叡听从了大将军曹真的建议，准备对蜀汉还以颜色。

为了这次进攻，曹魏方面做了精心准备，大将军曹真、骠骑将军司马懿，还有之前立下大功的大将张郃都在出征之列，精兵良将齐聚长安。

汉魏边境上，烟尘滚滚、大军云集，魏军主力集中于西线，大战在即。

蜀汉建兴八年（230）秋，魏国倾国而出，十几万魏军兵分三路杀气腾腾向汉中席卷而来。

大将张郃率军出子午谷，大将军曹真率军出斜谷，骠骑将军司马懿领兵从西城乘船溯汉水而上，三路魏军齐头并进，那个场面用八个字形容：旌旗招展，人山人海。

三路魏军预定的会合地点就在诸葛亮刚刚建成的乐城。魏军的意图是分进合击，一举打下汉中，然后直奔成都。

大将军曹真、大将张郃已经是老熟人了，但司马懿还是第一次上场。说起诸葛亮的北伐就不能不说司马懿，两位都是主角，但司马懿姗姗来迟，这不是司马大叔耍大牌，而是人家另有任务。司马懿之前一直在荆州，这次为了讨伐诸葛亮，曹叡特意把他从荆州前线调回来。

虽然司马懿来得晚点错过了前面的几场好戏，但好菜不怕晚，司马懿是这场战争中仅次于诸葛亮的"二号首长"。

就像某些武侠小说中的情节，出场越晚的一般武功越高，在三国里，这个规则也部分适用。

罗贯中的小说里，诸葛亮的北伐一开场就碰上了司马懿，但实际上直到此时两人才第一次出现在同一战场。

尽管两人已经十分接近，但是最后还是没有交手，原因在于连绵的秋雨。

面对气势汹汹的魏军，诸葛亮很淡定，因为他早就做好了准备，所以不慌不忙从容遣兵派将。

诸葛亮将主力集中于赤坂，因为三路魏军不管走哪条路，这里都是他们的必经之地。

诸葛亮提前来到预定战场，扎下大营，严阵以待，等待与魏军的厮杀。

本来大家都做好了准备，一场大战在所难免，但连绵的秋雨浇灭了即将点燃的战火。

魏军进入秦岭时是农历的八月，正赶上秋雨季节，远道而来的魏军就像赴约会一样不早不晚地与从天而降的大雨来了个"亲密接触"。

铺天盖地的大雨让魏军猝不及防，山间谷地也无处避雨，可怜十几万魏军就这样被浇成了落汤鸡。更让魏军郁闷的是，这场雨下起来还没完，一连下了十几天，一点停的意思都没有。

十几万人就这么天天在雨水里泡着，也没法换衣服，不过换下来也没用，很快还会湿。大兵们每晚只能穿着湿漉漉的衣服和衣而卧，连生火取暖都办不到，因为草木也是湿的，根本点不着。

十几天过去，魏军已经被折磨得快要崩溃了。

主将曹真的日子也不好过，这场仗本来是他要打的，劳师动众，集结十余万大军，耗费不计其数的钱粮，走了几百里山路却连敌人的影子都没看到，一点战果都没有，这样退兵回去，自己颜面何存？丢脸还在其次，对皇帝和满朝文武也不好交代。但不退兵，眼下这形势就算到了汉中，部队也打不了仗。退还是不退，曹真左右为难。

魏国的这次远征从一开始就不顺，出兵前，内部意见就不统一。以司空陈群为代表的朝臣反对南征，理由是蜀道艰险，十余万大军，粮草供应难于上青天。出兵攻蜀，漫长脆弱的补给线是最薄弱的环节，一旦大军粮道被断，十几万人又退不出来，结果就只有全军覆灭。但大将军曹真坚决要打，曹叡也拗不过他。

结果陈群的话应验，自曹真出兵后，为保障大军的粮草供应，整个关西的百姓包括当地的少数民族都被动员起来帮大军运输物资，百姓还要自备大车。本来山路就难走，又遇到这样的糟糕天气，累死百姓的与牲畜的尸体沿途到处都是，被折磨得走投无路的百姓只能坐在路边绝望地哭泣，哭声响彻山谷。

出兵已有一个月，路才走了一半就已兵疲民困、怨声载道，前线的曹真也不知如何是好。按下他不说，后方朝廷早就吵开了锅，纷纷向魏主曹叡上奏章打报告，这仗不能再打了。

魏主曹叡只好下令让曹真班师。曹真憋了一肚子气，但也无可奈何，只好打道回府。西城的司马懿一路沿沔水逆流而上水陆并进。到了丹口，司马懿也被大雨淋了个够，正在司马大哥叫苦不迭的时候接到了曹真退兵的命令。于是，司马懿顾不得去跟诸葛亮"会面"，赶紧撤军。

曹真很沮丧，但诸葛亮的心情很好，因为他刚刚收到一份捷报，陇右战场刚刚结束了一场战斗，汉军大获全胜。

就在魏国几路大军南下的同时，诸葛亮为了减轻汉中正面压力，派大将魏延、吴懿领兵进入陇右做牵制性进攻。

镇北将军魏延、关中都督吴懿奉命率军进入魏国南安郡，意在打乱魏军三路攻蜀的部署，迫使魏军回援。

汉军在阳溪谷（今甘肃武山西南）与魏国后将军费曜、雍州刺史郭淮所部遭遇。

汉军主将魏延、吴懿与魏军大将费曜、郭淮彼此早已十分熟悉，此时此地遭遇，不需多说，直接开打，两军在阳溪展开激战。魏军主将郭淮常年驻防于雍凉，手下多是身经百战的精锐骑兵，郭淮以此在与羌人和蜀汉的战争中屡建战功。这次，郭淮故技重施，挥动军旗进行指挥，上万魏军铁骑呐喊着冲向汉军大阵。魏军骑兵一路奔驰带起的烟尘遮天蔽日，高速冲锋的骑兵彪悍生猛，气势逼人。

魏军骑兵速度很快，渐渐逼近汉军。汉军主将魏延和吴懿却毫不慌张，这两位兄弟的自信是有原因的，因为此次出征他们是有备而来。蜀中不产战马所以汉军以步兵为主，跟与以骑兵为主的魏军开战很吃亏，但这次诸葛亮给这支部队装备了大量的弓弩，尤其是连弩，秘密就在这里。

魏延布阵时就知道魏军定会用骑兵来冲阵，他早有准备。第一排盾牌手将大盾竖在阵前保护大阵，后面是三排弓弩手，再后是长矛兵，军阵的两翼由骑兵保护，骑兵前也有张弩上箭的弩手，右边的向左前方瞄准，左边的向右瞄准，构成交叉"火力"。

魏军骑兵进入弩机射程的那一刻，魏延举起指挥旗猛地一挥，数千支弩箭离开弩机射向冲来的魏军，不断有魏军中箭栽下马，剩下的继续往前冲。魏军本以为冲过去到了跟前就可以解决对面的弓弩手，但射来的弩箭一阵紧似一阵，丝毫没有停顿的意思。汉军阵内，第一批弩手射完后蹲下上"子弹",第二排站前来举起弩机瞄准射击,第三排则做发射前的准备,如此循环,再加上汉军用的是连弩,射速快、火力猛,一口气十连发,让敌人连喘息的机会都没有。很快,汉军阵前就躺满了魏军骑兵和他们战马的尸体。

魏军终于崩溃了,不由自主地向后退。魏延见时机已到,大喝一声,下达了总攻击令,中央步兵方阵越过弓弩手从阵内冲出,两翼骑兵从两边包围魏军。

一场混战,汉军大获全胜,将魏国的大将郭淮、费曜打得丢盔弃甲满地找牙。

虽然相对于大军云集的汉中主战场,这里的战斗只是"中小规模",却是两军精锐的一次真正对决。因为下雨,两军主力会战未成,反倒作为偏师的两支人马打得激烈异常。主角成了配角,配角却阴差阳错成了主角。

虽然是偏师,但精锐部队向来不需人多,尤其是双方领兵的主将都是最能打的绝对主力。魏延在关羽、张飞、马超、赵云、黄忠这五位"五虎上将"相继去世后成为蜀汉第一大将,且魏延能上位既没背景也没关系,全靠实力,那真是在战场上一刀一枪拼出来的。

吴懿也是蜀中名将,论资格比魏延还老,先在刘璋手下,后投奔刘备,刘备还娶了他的妹妹。吴懿是先帝刘备的大舅哥。刘璋旧部中,吴懿是屈指可数的名将,谁都知道汉中是蜀汉帝国的门户,所以历来守此地者都是国之良将,非有将帅之才不能当此任。而魏延和吴懿就是蜀汉帝国的汉中第一、二任守将,这足以说明两人的能力在蜀汉众将中的地位。

诸葛亮派这两位猛人出场,从一开始就打算从侧翼狠揍魏军,从魏军的侧后腰眼上狠狠捅上一刀。诸葛亮相信魏延和吴懿的实力,而他们的确做到了。

而魏军方面并非没有准备,曹真在陇右留下郭淮和费曜,此二人在魏军中的地位丝毫不亚于魏延、吴懿，乃是继夏侯渊之后的第二代猛人。

郭淮早年是夏侯渊的军司马，夏侯渊死后，他留下来一直待在雍、凉，围剿韩遂及羌人。诸葛亮第一次北伐的街亭之战，郭淮攻击蜀将高翔的列柳城立下战功，战后被晋升为雍州刺史。因郭淮常年驻守西北，熟悉情况，曹真才让他守雍州。费曜也是常年驻守凉州的老将。

战后，魏延因功升前军师、征西大将军，假节，封南郑县侯。除了以上身份，魏延还是蜀汉的凉州刺史。虽然凉州还在魏国人手里，但自从刘备那会儿就已经将凉州看作必取之地。夺取汉中后，下一个目标就是凉州。

蜀汉的凉州刺史是进攻型角色，因为地盘还在人家手里，刺史只是虚衔，想让虚变实，只能诉诸武力，所以蜀汉的凉州刺史都是特别能战斗的大将，从马超到魏延直至后来的姜维都是猛人中的狠人。

从刘备时代，蜀汉就已惦记上了凉州。当年孙权要刘备"归还"荆州，刘备就说过，打下凉州就还，虽然这是借口，但刘备早已在打凉州的主意，则是事实。

汉中守护益州，陇右护卫汉中。

刘备任命的"首任"凉州刺史便是豪杰马超马孟起。马超有羌人血统，尚未弱冠便追随其父马腾转战于陇右、关中。刘备让马超做凉州刺史，目的就在于利用他的威望夺取凉州，可惜马超英年早逝，并未发挥作用。之后，魏延接替了马超。

诸葛亮派魏延深入凉州腹地，因为这里正是魏延的责任区。魏延虽不是凉州人，没有马超那样在羌人区一呼百应的号召力，但刘备仍让魏延接班，原因很简单，魏延会打仗。

与魏延一起"出差"的吴懿也被提升为左将军。

随着魏军主力的撤退，曾一度战云密布的汉中解除了战备警戒。这一次是魏攻汉守，魏延的进攻只是牵制性的，所以不能算作诸葛亮的北伐。

实际上加上后来的两次，诸葛亮一共只有五次北伐。但因《三国演义》的广泛流传，至今许多人仍津津乐道武侯的"六出祁山"。

诸葛亮的前三次北伐和与魏军的四次交战主战场几乎都在凉州陇右一带。战场也是他事前选好的，这也再次说明，诸葛亮的北伐是有计划分步骤的。

诸葛亮的北伐不是以攻为守而是全力进攻。魏国很大，必须步步为营，先陇右，后关中，最后再东出平定中原，还于旧都，实现兴复汉室的理想。

魏军虽退，但战争并没有结束。因为诸葛亮的北伐是国家战略，既定国策，必须打下去，而接下来他将遇到真正的劲敌——司马懿。

曹真在三路攻蜀失败后就病了，一年后病死在洛阳。曹真很可能是郁闷死的，做诸葛亮的对手实在痛苦，这真不是人干的活儿。接替曹真的是司马懿。

很快，司马懿就会理解曹真的痛苦，那真是苦不堪言。

为何接班的是司马懿？

曹丕死前指定了四位顾命大臣——曹休、曹真、陈群、司马懿。曹休在石亭大败而归，回去不久就抑郁愧疚而亡。曹真也在三路攻蜀失败后连憋气带窝火，撤兵不久便病倒，第二年郁闷地死去。剩下的两位中陈群是纯文官，托孤大臣里能带兵打仗的就只有司马懿了。

第四十六章

三出祁山——诸葛亮智斗司马懿

建兴九年（231）春，诸葛亮从汉中出发，开始第四次北伐，目标仍指向陇右。诸葛亮北伐的第一战略即夺取陇右。

趁曹魏很多地方半年不雨，再利用曹魏不能放弃陇右的心态，吸引魏国援军从关中奔赴陇右，然后以野战一举歼灭之，赶在曹魏动员第二批援军之前，占领陇右。

诸葛亮兵进陇右，身为魏国雍凉都督的司马懿又必须援救陇右，魏军补给线只能从关中拉长一千里到陇右，所以上邽之麦就成为魏国援军最直接的粮草来源。

这导致汉魏双方抢夺上邽之麦，成为第一场重头戏。

不过《汉晋春秋》的记载方式，却产生了一个误导：

"乃使西屯长安，督张郃、费曜、戴陵、郭淮等。宣王使曜、陵留精兵四千守上邽，余众悉出，西救祁山。"

这个记载让很多人误以为上邽似乎就在长安附近，司马懿派费曜、戴陵，应该还包括郭淮，率四千人驻守上邽，其余军队随司马懿往西援救祁山。

实际上长安在关中，上邽在陇右，而魏军从长安出发，走陇山道出街亭，抵达上邽，要走三四百公里。

正确的理解应该是，诸葛亮兵出祁山，魏雍州刺史郭淮已屯兵上邽。郭淮属雍凉都督司马懿管辖，但司马懿担忧汉军割取上邽的小麦，便分兵两路，费曜、戴陵率四千人，先走数百里的陈仓渭水道援救上邽的郭淮，司马懿本人率其余军队走一千里的陇山道，赶往陇右。

张郃想要分兵驻守雍、郿，司马懿说："料前军能独当之者，将军言是也；若不能当而分为前后，此楚之三军所以为黥布禽也。"

张郃建议司马懿分兵是有道理的，属于吸取教训，毕竟上次诸葛亮出兵陇右祁山，就是让赵云从褒斜道出关中。

但此一时彼一时，关中雍、郿距陇右上邽近千里，一旦分兵，前后相距太远，就可能导致被各个击破的结局，再加上关中也是有驻军的，所以司马懿拒绝分兵，也属正常。

魏军兵分两路，司马懿先派费曜、戴陵率兵四千走陈仓渭水道，援救上邽的郭淮。而司马懿本人则率主力走陇山道赶往陇右。

郭淮固守上邽，随后费曜、戴陵率四千人走陈仓渭水道，来到上邽。

诸葛亮听说费曜、戴陵抵达上邽，知道司马懿快要来了，就留下部分兵力围攻祁山。诸葛亮则亲自率军从卤城出发，往东北进攻上邽。

孙子曰："故我欲战，敌虽高垒深沟，不得不与我战者，攻其所必救也。"

郭淮、费曜、戴陵被迫出战。诸葛亮一举击破魏军。战败的郭淮等人退回上邽紧闭城门再不敢轻易出战。汉军则乘魏军怯战闭门不出的时机，大举割麦（五月芒种，四月可以割麦）。

然后，诸葛亮往东遇上司马懿，双方对峙。但不久，诸葛亮就撤退了。

魏军还在隃糜，听闻诸葛亮要亲自来割麦，都十分害怕。这时，司马懿站出来说，诸葛亮这个人考虑很多，会先安营扎寨，然后割麦，而我们两天就能赶到。

但从隃糜出发，走陇山道去上邽，路程有七百里，司马懿说两天就能到上邽，属于胡说八道。

轻骑兵一日一夜三百里，两天差不多，可魏军并非纯骑兵，而是步骑混搭，即使强行军日行百里，七百里也要七天，这个时间足够诸葛亮割麦了。

诸葛亮先安营，再割麦，只是司马懿的一厢情愿。

而诸葛亮本人并没有在上邽停留。

诸葛亮留下兵力在上邽割麦，自己率军往东北深入到广魏郡。司马懿"晨夜赴之"后，出街亭，抵达略阳。

稍后，司马懿认为诸葛亮"不敢据渭水"，渭水在上邽以北，可司马懿刚"进次汉阳"，突然与诸葛亮相遇。

汉阳就是天水郡，东汉为汉阳郡，曹魏改名天水郡。司马懿与诸葛亮在天水相遇，依然发生在渭水以北。

诸葛亮的确没有"据渭水"，而是驻扎在渭水以北的天水。

司马懿在相当长的时间里，都没有踏入上邽所在的天水郡。

上邽往东是陈仓渭水道，所以准确地说，诸葛亮是往东北，再向北遇上司马懿。

汉军正在上邽割麦，上邽东北几十公里外，诸葛亮与司马懿两军正在对峙。

汉军在抢收麦子，但司马懿居然"列阵以待之"。司马懿的正常反应应该是立即发起进攻，不给汉军从容收割的时间。司马懿却停住不动，一点也不急，好像忘了他是来干吗的了。要抓紧时间的是司马懿，而不是诸葛亮。汉军需要的就是拖延，拖到成功收获麦子就赢了。但司马懿是来阻止汉军的，却"列阵以待之"，他在等啥呢，难道等汉军收完麦子，然后向远道而来的汉军挥手告别？

诸葛亮率领汉军在上邽以外机动，甚至往东北深入到隔壁的广魏郡，从略阳到渭水北岸，与司马懿始终保持接触，但又不决战，边打边走，一路往南。

诸葛亮是在争取时间，以保护在上邽割麦的汉军能够安全撤退。

诸葛亮割完大部分麦子后，就撤回卤城至祁山一带，而司马懿随后赶到上邽，麦子多已经被汉军收走，司马懿的魏军只能可怜巴巴地在地头拾麦穗，然后接着跟踪诸葛亮来到卤城。

《魏书》吹司马懿"赖得此麦以为军粮"，可惜"赖"不了多久，就出现"陇右无谷"之局面。司马懿只能让郭淮从羌胡征集粮草，运往前线。

到诸葛亮撤退时，魏军也是"粮亦尽"，证明司马懿获得的上邽之麦非常有限，羌胡调粮也不很给力。

而从接下来卤城之战的发展看，上邽之麦对诸葛亮来说非常重要。

卤城之战，诸葛亮先故意陷入包围来诱敌，再一举击破敌军的钳形攻势。

卤城之战，魏军闭门自守，诸葛亮在各种不利条件下，想尽办法引诱魏军出战。

诸葛亮不惜让粮道被魏军断绝，并陷入南北包围，最终成功诱使司马懿和张郃从南北两个方向，对汉军发动钳形攻势的夹击。

会战中，诸葛亮向北击破司马懿，往南击退张郃，重创魏军，粉碎其南北包围而大获全胜。

战后，司马懿只能率军从卤城北沿木门道败走，退回上邽，而诸葛亮重新夺回战场主动权。

诸葛亮在这场会战中，在谋略、战术、治军各方面，都展现出卓越的军事才能。

解析卤城之战，必须了解卤城的地理形势。

卤城位于上邽与祁山之间，而西汉水从祁山道而出，自南向东北，连接祁山和卤城。

从上邽沿木门道到卤城要一百多里，卤城距祁山二十里，而祁山恰恰是卤城之战中最容易被忽视的地方。

祁山扼守数百米外的西汉水，是魏军的防御重地。汉军围困祁山，可以保护粮草走西汉水，漕运通往卤城。

而诸葛亮在第四次北伐期间，自始至终没有攻取祁山，他把祁山当作了杠杆。

守在祁山上的魏军将领是贾嗣、魏平。

可是司马懿为何一定要到上邽，乃至卤城来找诸葛亮？

原因在于：如果司马懿不来陇右，待在关中，诸葛亮就有时间从容攻取陇右。

祁山的魏军被围困，司马懿身为雍凉都督不能视而不见，肯定要出兵救援。

陇右很多地区半年不雨，仅存上邽之麦，可大部分又被诸葛亮夺去。

司马懿得到的很少，很快就出现军粮告罄，曹魏计划从关中运粮往陇右，但经陇山道要走一千里。

而司马懿解决后勤的办法是让郭淮从羌胡就地征粮，自己则先依靠剩下不多的上邽之粮奔赴卤城。

此时张郃建议司马懿：我军应打持久战。祁山被围将士知道援军就在附近，人心自然安定。只要停在上邽，我军分兵抄蜀军后路，诸葛亮就会因缺粮而不得不撤兵。

上邽到卤城的路就两条，一条是木门道，另一条是铁堂狭道，都是狭窄的谷道。木门道略宽，距卤城约一百二十里，走哪条路终点都在卤城以北。

魏军想从上邽抵达卤城，抄蜀军的后路，怎么走都绕不开这两条谷道，从谷道走，终点只能是卤城以北。

所以，张郃建议司马懿"示出其后"，抄卤城蜀军后路，只能在魏军抵达卤城以北后，才有实现的可能。

司马懿苦于粮草供应不足，只能从上邽出发，去卤城寻找诸葛亮，而汉军正在围困祁山。

但诸葛亮在卤城"围点打援"的战术，司马懿肯定一眼就能看出来，所以司马懿在抵达卤城以北后，第一时间做的是"登山掘营，不肯战"，进行休整，等待后续部队抵达，企图找机会反客为主，反将诸葛亮。

司马懿不主动进攻，对诸葛亮来说，意味着"围点打援"的战术可能面临失败。

诸葛亮毕竟也不是神仙，他吃不准魏军到底有多少粮草。

于是诸葛亮做了一个极为大胆而又极度冒险的举动。他撤去围困祁山的汉军，收缩兵力，北撤卤城，南北立营固守。为保证水源，汉军在西汉水"断水为重围"，作为水源。

祁山在卤城西南，就在汉军祁山粮道的北面不远，诸葛亮这一撤，被围困的祁山魏军就获得了解放，司马懿派出的援兵与贾嗣、魏平在祁山会师。

魏军重新获得祁山的主导权后，诸葛亮就从"围点打援"陷入被四面合围的境地，不仅祁山旁的漕运粮道拱手相让给魏军，还陷入魏军的南北包夹之中，只有水源还能保证。

解围后的贾嗣、魏平两人开始在祁山不断叫嚣要跟汉军决战，但司马懿不肯战。这两人就公然嘲讽司马懿："畏蜀如虎，奈天下笑何！"

司马懿"追至祁山"，诸葛亮"屯卤城，据南北二山，断水为重围"。

除了水源，汉军连祁山粮道也被魏军切断。现在卤城的汉军陷入魏军的南北包夹，粮道又被断，只能依靠上邽抢收的粮食来维持。

不单是祁山的贾嗣、魏平多次求战，就连司马懿本部的魏军将领也都看出来，诸葛亮已被包围，于是"诸将咸请战"。

为何魏营诸将如此亢奋，纷纷请战，而主帅司马懿偏偏却不想打。因为此时的局势，表面上看来对魏军实在太有利了。

司马懿面对这种有利情况，恐怕是发蒙了，他实在很难想象诸葛亮为了能跟自己交战，竟然会主动陷入包围。

魏营诸将越亢奋请战，司马懿就越谨慎冷静，毕竟诸葛亮这种布阵，实在过于反常。

魏军众将起初听说诸葛亮来割麦的反应是"诸将皆惧"。现在见诸葛亮被围住，纷纷请战。从害怕到不怕，还敢主动请战。可他们也不想想，诸葛亮怎么会轻易被围呢？这些人不过脑子，司马懿却不能不多想，他可是主帅。

司马懿也很谨慎，不过他思来想去，也实在想不出诸葛亮还能有何后手。

汉军除了保有水源，已经陷入重围，孤军深入，又被包围，时间越久，对被围的汉军越不利。在这么多的有利条件下，军中众将又接连请战，个别不地道的还嘲笑他害怕蜀军如同害怕老虎，各种冷嘲热讽的舆论压力加上魏军的军粮也要见底了，司马懿还是未能抵制"胜利的诱惑"，决定出战。

诸葛亮被包围又被断粮，战局对魏军有利，司马懿决定对汉军发动钳形攻势，在南北两个方向同时发起进攻。

司马懿亲自率军进攻诸葛亮的北营，让张郃"示出其后"，进攻王平固守的南营。张郃，你不是一直嚷嚷着要包抄蜀兵后路吗？好，这次你去打王平吧，别再说我不给你机会。

司马懿对诸葛亮发动南北夹击的钳形攻势。

诸葛亮千方百计露出一切破绽，来引魏军出战的目的终于达到了。

但司马懿从北而来，张郃等人从南而来，犹如一把铁钳的两个钳头，两军开合自如。

诸葛亮以王平固守南营，抵御张郃，而集中魏延、高翔、吴班三支精兵向北迎击司马懿军主力，先把魏军的铁钳掰下半边去，再回师向南，合力对付张郃、贾嗣、魏平。

建兴九年（231）五月，双方在卤城北发生一场会战。魏延、高翔、吴班以正兵大破司马懿军，斩甲首三千级，缴获玄铠五千领，角弩三千一百张，而南路的张郃攻不下王平的南营，及时退走。

司马懿从北而来，张郃从南而来，对蜀军实施钳形攻势。诸葛亮先以王平拖住张郃，再以主力魏延等人击破司马懿。

南线张郃的这一退，只能让贾嗣、魏平继续退守祁山堡，而北线的司马懿遭到重创后，只能率领张郃等人从卤城拔营，往北沿木门道退回上邽。夺回主动权的诸葛亮又往南，顺势重新围困祁山，并向北进逼，整个卤城之战就此结束。

在历史上，会战中往往采用钳形攻势的进攻方是主角，并成为最后的胜利者，而在卤城会战，胜利者却是被包围夹击的一方——诸葛亮。

诸葛亮在卤城之战取得胜利，重新围困祁山堡，并迫使司马懿撤回上邽，夺回战场主动权。

诸葛亮在卤城会战中，以劣势兵力，在野战中大破司马懿，粉碎了司马懿、张郃两位名将发动钳形攻势南北夹击的企图。

孙子曰："昔之善战者，先为不可胜，以待敌之可胜。"

善于用兵的人，要先创造不被敌人战胜的条件，然后再等待寻求战胜敌人的时机。

但诸葛亮反其道而行之，为了"围点打援"，不惜露出一切破绽，来创造让敌人"先为可胜"的条件，以诱使魏军出战。

于是诸葛亮如教科书般演示，要如何让谨慎小心的司马懿相信他已经胜券在握从而放心大胆地出来决战，然后在野战中大败敌军的整个过程。

开始诸葛亮试图"围点打援"，然后故意陷入包围，最后以正兵击破敌方南北夹击的钳形攻势。

这一连串的战术运用令人叹为观止，即使在世界军事史上也是罕见的。这充分展现了诸葛亮震古烁今、史诗般的用兵技巧，完全是一种战争的艺术！

诸葛亮为诱敌出战，故意露出破绽，主动陷于重围，终于成功引出魏军，达成与敌野战的目的。此战足以说明诸葛亮军事指挥的卓越，诸葛亮不仅善治军，领兵打仗也极优秀。

这种孤军深入主动求围的战术，统帅的临战指挥能力必须很强，不强，不敢如此布阵，险中求胜，靠的完全是实力，部队心理素质必须很硬，否则，很容易军心不稳，导致军队崩溃。

诸葛亮统领下的汉军是中国古代野战步兵的巅峰。

卤城野战便是明证。

诸葛亮以数万步兵深入敌境，进退自如，从始至终占据主动。

司马懿兵力占优，还有兵种优势，魏国骑兵是野战主力，对步兵有传统优势，与吴国步兵对阵向来都是碾压，但遇上汉军步兵，马上被打到怀疑人生。

纵观司马懿的军事生涯，这是一个主攻的人，此前上庸奔袭孟达，后来千里征伐辽东，都是主动进攻，属于进攻型选手。但遇上诸葛亮就变成资深宅男，平时根本不敢出来，必须诸葛亮引诱，露出破绽，还要军中众将请战才肯出战。诸葛亮有多强，由此可见。

有对比才有真相。

司马懿此前去荆州完虐江东鼠辈的时候可是很威风的，只有见到诸葛亮才登山掘营死活不肯战。

五月的卤城之战，诸葛亮击破司马懿和张郃的南北钳形攻势，魏军被迫沿木门道撤退，返回上邽。

而诸葛亮重新围困祁山，局面持续到六月，不过正值夏秋之际，大雨笼罩着祁山道，汉军后勤运输遇上困难。

此时汉军先前割取的上邽之粮几乎耗尽，于是诸葛亮决定接受李严建议撤兵。

汉军从卤城撤军退往西南的祁山。

诸葛亮拔营后，卤城东北的上邽魏军才知道汉军撤退。这时魏军高级将领就是否追击诸葛亮，产生争议。

都督司马懿命令张郃追击，但张郃认为"归军勿追"，但司马懿坚持让张郃追。张郃不得已，只能走木门道追击汉军。

可上有政策，下有对策，张郃也不是傻子。从上邽出发，走木门道到卤城，只有一百多里。

既然张郃要追击，那魏军的追击速度肯定要快于汉军的撤退速度，不然，就不要追了。

孙子曰：卷甲而趋，日夜不处，倍道兼行，百里而争利，则擒三将军，劲者先，疲者后，其法十一而至；五十里而争利，则蹶上将军，其法半至；三十里而争利，则三分之二至。

从上邽到卤城，正常行军一日三十里，三四天就能走到，轻骑兵甚至一天就能赶到。

但张郃从六月开始追击，一直追到七月初，仅仅追到木门谷，一个月，张郃追出不到百里。

木门道狭窄，张郃如果抓紧时间，两三天快速通过木门道，诸葛亮不仅没有时间反应，也很难在大路上伏击张郃。

此时诸葛亮早已从卤城撤退到祁山。

汉军斥候要侦察魏军的追击行踪，报告诸葛亮。等诸葛亮再派兵到木门谷进行伏击，至少需要好几天。

而张郃的慢动作追击给了诸葛亮充分的时间进行情报收集，再进行伏击布置。

伏击地点木门道非常狭窄，不过数十米宽，所以诸葛亮派的伏兵不会很多。

七月初，汉军在木门道成功伏击张郃。汉军在高处乱箭齐发，箭矢射中张郃膝盖，张郃伤重死去。

由于张郃只追出百余里，司马懿很快就知道了张郃的死讯。

司马懿应该会再派出追兵，当魏军追到卤城时，汉军早已退走。

诸葛亮率汉军主力，日行三十里，只需两天，就能踏上祁山栈道，估计这时张郃还没追到木门道。

虽然追不上汉军，但这不影响司马懿在报捷文书里写出"俘斩万计"的"战果"。

臣司马懿有本起奏：

"魏太和五年（231），蜀贼诸葛亮率二十万之众犯我陇右，臣身为雍凉都督，率众抵御。

"六月，臣等追击千里，至七月，俘斩万计，此诚数年未有之武功也！车骑将军张郃不幸殁亡。臣诚惶诚恐，蘸蜀贼之血，叩上。"

如果吹牛也上税的话，那司马懿一定是纳税大户。

诸葛亮要是真有二十万大军，以诸葛亮的军事才能，陇右一战可定，那司马懿就不会有一点机会。卤城之战已经很能说明两人在能力上的差距，司马懿不是大汉丞相的对手。

第四十七章

饮恨渭水——秋风五丈原

诸葛亮的前四次北伐，第一次是功败垂成，马谡失街亭固然是主因，但其实归根到底还是汉军兵力过少。因为如果兵力足够多，丞相便能在短期内拿下陇右。而赵云兵败也是因为兵少。第二次与第三次北伐是一个整体，前者声东后者击西，牵制魏军夺取武都、阴平的目的全部达到，怎么看也不能算作失败，可以视为一次成功的北伐。

诸葛亮的第四次北伐之所以退兵是因为司马懿坚守不战与补给线过长，后勤供应不上。

诸葛亮是特别善于总结的，他充分吸取了前四次的经验教训，为积蓄足够的力量，他准备了整整三年，整军经武，积谷屯粮。

魏国是一个大国，北伐注定是长期的、艰苦的，想通过一两场战役打垮曹魏是不现实的。诸葛亮在经过四次北伐后，对此已经有充分的认识。

经过建兴九年的交战，诸葛亮已经摸清了司马懿的底牌。司马懿虽然主场作战，兵力占优，还有蜀汉不具备的骑兵优势，但野战完全不是诸葛亮的对手，卤城之战的大败就是最好的证明。

司马懿其实也知道这一点，所以从不主动求战，诸葛亮为诱敌出战，主动陷入包围，司马懿架不住众将的怂恿跟挖苦，加上他的一点点侥幸心理，认为形势这么好，怎么看也不至于打败吧。然而，事实是卤城野战是他带兵以来打得最惨的一仗。

经此一役，司马懿知道，想要在野战中战胜诸葛亮基本是不可能的。

但他自认为找到了对付诸葛亮的办法。那就是坚守不战，等到汉军补给线支撑不下去，诸葛亮自然会退走。

诸葛亮第四次北伐也的确是因粮草转运艰难，不得不退兵。

诸葛亮在筹备三年后即将发起第五次北伐。而出于对司马懿的了解，诸葛亮知道这位老对手大概率会故技重施，堵在汉军的进兵路上，然后深沟高垒坚守不出，等诸葛亮粮尽退兵。上次已经被证明这是有效的方法，司马懿不可能只用一次。但诸葛亮筹划三年也是有备而来。诸葛亮已经想好了对付司马懿固守不出的计策，至于是何计策，很快就会说到。

为缩短战时运输线，诸葛亮于建兴十一年（233）在汉中斜谷口修筑大批仓库，将蜀中和军屯生产的粮食源源不断运到这里储存，方便转运。

经过三年的紧张筹备，建兴十二年（234）二月，诸葛亮再次出兵。这是诸葛亮第五次北伐，也是最后一次。

这次北伐，汉军的总兵力近十万，这已是蜀汉所能动员的兵力极限，也是历次北伐以来兵力最多的一次。

诸葛亮这次志在必得，三年准备、十万大军，诸葛亮的决心再明确不过，那就是与魏军决一死战。

这次，诸葛亮没有选择以往常走的西进陇右路线，而是走褒斜道出斜谷向东直接进入关中。

诸葛亮之所以选择这条路，就是要同魏军主力在关中决战，毕其功于一役。

诸葛亮兵进关中，直插魏国腹地，进逼长安，就是要迫使司马懿决战！

诸葛亮进入关中平原后屯兵于五丈原。

渭水将战场分为渭北和渭南，武功水从斜谷流出注入渭水，又将渭南分为东西两岸。

司马懿先立营于渭水和武功水交汇的渭水南岸，而诸葛亮屯兵五丈原，随后对司马懿发起一系列主动进攻，双方争夺的重点是渭水和武功水的控制权。

诸葛亮还在渭水南原的兰坑时，魏军将领就纷纷表示要屯兵渭北，而司马懿知道人口田地多在南岸，守在北岸当然更安全，但那等于将渭南拱手让给诸葛亮。司马懿虽然内心深处也对诸葛亮畏惧有加，但也不得不冒险，率军渡过渭水，在渭水南岸"背水为垒"。

司马懿放话说，诸葛亮要是有胆略，应该出武功依山而东驻军。诸葛亮要是屯兵五丈原，那就安全了，而诸葛亮就屯兵在五丈原。

武功在五丈原东面数十公里外的渭水北岸，距长安约四百里。

诸葛亮屯兵五丈原，渭水东面就是武功水。诸葛亮向东进军至武功，则必须东渡武功水，但司马懿主场作战，早已抢先屯兵在渭水和武功水交汇处的渭水南岸，不仅堵住诸葛亮北渡渭水的路线，还堵住诸葛亮东渡武功水的路线。

由于诸葛亮本身是客场作战，只能屯兵五丈原。

诸葛亮数万大军不可能绕过或撇开司马懿大军，渡渭水或武功水，进至武功。诸葛亮要考虑的是如何渡过渭水和武功水，而魏军目的就是阻止诸葛亮渡河。

司马懿在渭水和武功水交汇处的渭水南岸背水为垒，想阻止汉军北渡渭水，但他真的挡不住。

诸葛亮派兵渡过渭水，双方随即在渭水北岸的北原开展争夺，北原不是焦点，汉军能强渡渭水上岸进攻北原才是关键，说明此时汉军已经能有效控制渭水。诸葛亮接着又开始争夺对武功水的控制权。

诸葛亮四月屯兵五丈原，正好是夏季的涨水期。诸葛亮派孟琰占据武功水东岸，司马懿派兵进攻孟琰营地。诸葛亮做竹桥越水以弓弩击退魏军，司马懿被迫退走。

武功水之战规模不大但很重要。从诸葛亮在武功水东岸设营，造桥成功，以及诸葛亮后来能够数次挑战司马懿，证明诸葛亮大军已经成功把战线推进到武功水东岸，并站稳脚跟，与司马懿对峙并挑衅。而司马懿只会死守不敢出战。

诸葛亮通过一系列战斗，将司马懿在渭水南岸的营地打得岌岌可危。而司马懿只能把对武功水的控制权拱手让给诸葛亮。

郭淮在渭水北岸的北原，只能被动抵抗。

北原并非必取之地，夺取北原的价值在于切断陇道。

诸葛亮长久以来，北伐的首要目标就是夺取陇右。

要夺取陇右的一个前提就是断陇，即切断陇道，在进攻陇右的同时阻止关中魏军对陇右的增援。

这个战术目的一直未能达成。但这是以前出兵陇右时的目标，现在进兵关中，陇右并未派兵，封堵陇道的意义不大。

诸葛亮时隔三年再次北伐，尽起倾国之兵，以十万大军出师北伐，显然是有备而来。这次，汉军并未直奔陇右，反而挺进关中，兵临渭水，其意甚明，就是要在渭水两岸与司马懿的魏军进行主力决战。

诸葛亮此次北伐的首要目标不是长安，而是司马懿跟他统领的魏军主力。

诸葛亮在渭水、武功水一带以弱击强，主动对司马懿发动一系列攻势。

而司马懿只能以极端被动的方式，比如沿渭水修筑堑垒来消极防御，阻止诸葛亮渡渭水。

司马懿要是真想阻止诸葛亮东进，直接在武功水东岸筑垒，堵住去武功之路就可以了，可司马懿并没有那么做。

司马懿开始就是在武功水以西的渭南背水为垒，只是被诸葛亮打得岌岌可危，才不得不听从郭淮建议，在北原建营，于仓促间设立第二道防线。

郭淮在北原修的"堑垒"不是营垒，而是沿渭水北岸构筑的沿河防御工事，目的是阻止诸葛亮渡过渭水。

但不论是郭淮还是司马懿都挡不住诸葛亮。

诸葛亮在渭水和武功水两边同时占据上风。

诸葛亮强渡渭水成功，并占据武功水东岸，控制渭水和武功水。之后，司马懿就开始了消极避战。

既然打不过，那就躲起来不打了。

诸葛亮数次派人挑战，但司马懿打定主意，说啥也不出来了。

司马懿避战其实也不是他一个人的意思，而是魏国的国家战略。曹叡明确下诏让司马懿先坚壁拒守以挫其锋，蜀军粮尽必走。魏军避战诸葛亮是开始就制定好的策略。司马懿起初还是想打的，但在渭水、武功水接连败北，他彻底抛弃幻想，改为营里蹲。

据说，诸葛亮为激司马懿出战，还特意给司马懿送去女装，以示羞辱。司马懿收到包裹，果然怒了，然后上表给曹叡要求出战。曹叡担心司马懿真的出去打仗，特意派辛毗到军前阻止司马懿出战。

这个材料从头到尾都不靠谱。诸葛亮谨慎持重，不会干这种事情。这一看就是小说家言市井把戏，不会是真的。司马懿是魏国重臣，鹰视狼顾的司马懿城府极深，怎么会因为这种小把戏就被激怒。

持重严谨的诸葛亮不会这么做。

老谋深算的司马懿也不会轻易被激怒。

司马懿确实给曹叡上表千里请战，但那是做给军中将士看的，毕竟，被人家堵着打，还不敢出头拼命，有点丢人。这种场面上的事情必须做，从曹叡到司马懿都在演戏。

司马懿本就不想打，曹叡也不让他打。但诸葛亮多次挑战，司马懿对上对下都要有个交代，这才演出千里请战的把戏。

对此，诸葛亮看得很清楚。姜维听说辛毗来到军前，对诸葛亮说，辛毗来了，看来司马懿不会出战了。诸葛亮却说出了司马懿的心思。司马懿本就不想出战，他真想打，何必千里请战。

司马懿决定还是用上次的经验，固守不出，专等诸葛亮粮尽退军。

司马懿认为，面对自己的固守不出，诸葛亮只能退兵。但之前说过，诸葛亮这次也是有备而来。对司马懿的固守不出，诸葛亮早有对策。

是时候行动了。诸葛亮的对策是屯田。

诸葛亮在渭水南岸将部队分散开来与当地百姓杂居，进行屯田，用以长久之计。

你不是想拖延，等我的粮食用尽吗？我就在当地屯田种粮，这下连运粮都省了。

送女装才不是诸葛亮对司马懿的最大羞辱（况且也未送过），渭南屯田才是。

诸葛亮带领汉军在魏国的腹地关中大搞屯田，而魏军主帅司马懿连营门都不敢出，只能远远地看着汉军种田，这算不算羞辱？当然算，还是大辱。

司马懿自出世以来，最怕的人就是诸葛亮。

如果双方长久相持下去，胜利的一定是诸葛亮。

但战争的胜负有时并不是单单比拼双方的国力、统帅的能力，还比统帅的寿命。

渭南屯田，进行持久战是能打败魏国的，但屯田需要很长时间才会有成效。

诸葛亮的身体已经支撑不下去了。

诸葛亮自永安托孤以来便将整个国家的重担都挑在自己肩上，事必躬亲，常常终日劳碌，汗流浃背。北伐以来，诸葛亮更日夜筹谋，规划军计，呕心沥血，总之一句话，他太累了。但重任在肩，诸葛亮丝毫不敢懈怠，他的责任心又很重，交给别人他又不放心，只能亲力亲为，长此以往，他的身体越来越不好。

两军对峙，诸葛亮派使者去魏营下战书。司马懿只字不提战事，却问起诸葛亮的日常起居。

司马懿问使者："你们丞相近日身体可好？"

使者："丞相整日忙于军务，过于操劳，身体欠安。"

司马懿又问："你们丞相最近饮食怎样，胃口好吗？"

使者："丞相事务繁忙，吃得越来越少，人也消瘦了许多。"

司马懿听了，笑了笑，没有说话。

等使者走后，司马懿对身边的几个亲信说："诸葛亮食少事繁，命不久长了。"

与司马懿的轻松不同，诸葛亮的负担沉重，每每想到刘备的临终托孤，国家贫弱，而强敌在北，诸葛亮便寝不安席夜不能寐。

北伐需要集全国之力，起倾国之兵，才能成功。

这需要举国上下团结一心，三军将士沙场用命。

在蜀汉，只有诸葛亮有这种能力，也只有诸葛亮有这种威望。

中原久经战乱疮痍未复，国力尚未恢复。

自己这边，精兵良将尚在，自己又正当年，此时北伐是最好的时机。

如只守不战，只能坐而待亡，所以，尽管困难重重，诸葛亮还是冒危难以奉先帝之志倾力北伐。

但诸葛亮长期过度操劳，身体已经严重透支，病倒了。

建兴十二年（234）的夏天，诸葛亮是在焦虑中度过的。眼见病情日渐沉重，诸葛亮不得不为身后事作安排，最重要的就是确定接班人。

人选，诸葛亮心里早就有了，政治接班人是一直做诸葛亮助手分管北伐军后勤的丞相府长史蒋琬，军事接班人则是姜维。这两个人后来都没有辜负诸葛亮的期望，姜维甚至为此付出生命。

建兴十二年（234）八月，秋风萧瑟，五丈原，汉军大营，汉丞相武乡侯诸葛亮带着壮志未酬的遗憾离开了人世，病逝于北伐前线，终年五十四岁。

出师未捷身先死，长使英雄泪满襟！

诸葛亮去世后，姜维、杨仪等人整理行装，准备率军撤回汉中。

当地百姓因为跟汉军住得很近，汉军屯田，很多部队是跟百姓住在一块的，所以比司马懿知道消息还早，纷纷跑到司马懿那里去报信。

司马懿刚听到消息还有些不信，怕又是诸葛亮的诡计，按兵不动。

过了不久，司马懿派出的斥候回报，确定了诸葛亮的死讯，并说蜀军大营已是空营，蜀军早已撤走，不知去向。司马懿这才长出一口气，下令整队追击。

司马懿带兵一路紧追终于追上汉军。

诸葛亮生前料到，司马懿得知自己的死讯，一定会派兵来追。

于是姜维等人按诸葛亮之前的吩咐，全军依次撤退，井然有序，丝毫不乱，直到大队撤走，魏军依然没有察觉。

司马懿果然追来。姜维依计而行，反旗鸣鼓，做出出击的姿态。司马懿见汉军有备，以为又中了诸葛亮的诱敌之计，狼狈退走，策马狂奔二十里才稳住阵脚。等司马懿弄清虚实，汉军早已走远。

当地百姓顺口编起民谣："死诸葛走生仲达。"

连当地百姓都编民谣戏弄司马懿，可见，二人之高下，自有公论。

司马懿远不是诸葛亮的对手。

这在当时已是世人所共识。

诸葛亮乃天下奇才！

此人不亡，终其志意，连年运思，刻日兴谋，则凉、雍不解甲，中国不释鞍，胜负之势，亦已决矣。

如果诸葛亮得以延寿数年，渭南屯田收到成效，蜀汉克复中原，兴复汉室，指日可待，那么整个中国的历史都会因此而改写。

惜哉！惜哉！

诸葛亮出征之前在给后主刘禅的奏疏中写道："臣家在成都有桑树八百棵、田地十五顷，足够子孙衣食。臣在军中的日常用度都靠国家供给。臣死之日，家无余财，外无余帛以负陛下。"

　　待诸葛亮去世，果如其言，身为一国丞相却从不以权谋私，不置私产，以致堂堂丞相留给子孙的只有几顷薄田。诸葛亮清正廉洁、一身正气，足以垂范后世，为万世楷模。

　　千年过去，诸葛亮的鞠躬尽瘁死而后已的精神，那种春蚕到死丝方尽的奉献精神，依然感动着千百万的中国人。再读这份表章，我们仍然能从字里行间感受到诸葛亮那一心为国公而忘私的高贵品格。

　　从古至今赞颂诸葛亮的诗词不计其数，但我觉得定军山——诸葛亮埋骨处的武侯祠，那里的一副对联最能高度概括诸葛亮这位千古名相的光辉一生：

　　义胆忠肝，六经以来二表；

　　托孤寄命，三代而后一人。

　　千载之下，唯此一人！

　　诸葛亮临终前遗命将自己葬于汉中定军山，不起坟陵，下葬时用生前所穿常服，不必制作寿衣耗费钱帛。诸葛亮将自己的简朴之风保持到了生命的最后时刻。

　　诸葛亮选择汉中的定军山作为自己的安葬地有他的深意。

　　汉中是益州门户，也是蜀汉的北大门，更是北伐基地。诸葛亮的北伐以汉中为大本营，汉中得失关乎蜀汉存亡。

　　诸葛亮生前在此操练军士、组织大军北伐，死后也要在这里守卫蜀汉，其耿耿忠心感天动地。

　　"生为兴刘尊汉室，死犹护蜀葬军山。"

　　鞠躬尽瘁，死而后已！

　　丞相死后也要守护汉中，守护他的大汉。

　　汉丞相诸葛亮。

　　中国历史上最伟大的丞相！

第四十八章

高平陵兵变——政归司马氏

　　诸葛亮去世后，蜀汉的北伐也随之停滞。相继接班的蒋琬、费祎都主张保境安民。他俩既不具备进攻的能力也缺乏开拓的勇气，蜀汉全面转入守势。姜维倒是很有想法，但还是后备干部，只能听两位领导的。接下来的二十年，一心渴望建功立业的姜维大部分时间却只能待在成都的家里数星星。

　　东吴此时的政局可以用四个字形容，一塌糊涂。孙权越老越神经，两个儿子太子与鲁王又上演夺位之争，整个国家分成两派，斗得不亦乐乎。孙权借二子争位开始大力打压江东本土势力，出将入相的江东士族代表陆逊被孙权活活逼死，一大批江东背景的高级官员遭到清洗。陷入内乱的东吴除了偶尔在边境上小打小闹，军事上基本没有大动作。

　　南方陷入沉寂，北方也没有大的反应。司马懿虽然面对诸葛亮时常被打得灰头土脸不敢见人，但在面对东吴以及国内的反叛势力时还是相当霸道的。与诸葛亮对阵四年后，司马懿率军远征辽东的公孙渊。结果也不出预料，这个世上司马懿只怕诸葛亮，其他人，司马懿基本上是完虐的。

　　辽东战场上的司马懿不再整天蹲在营里，更不会有人给他送女装，曹叡也不会专门派人来前线堵在营门口不让司马懿出战。

　　司马懿在辽东基本上是平推，将公孙渊堵在城里围着打。破城之后，司马懿将公孙渊砍了还不算，城内的七千军民也被全部屠杀。

　　司马懿还在回来的路上就迎来了洛阳派来的使者，曹叡快不行了。

司马懿坐着追锋车风驰电掣赶到洛阳，终于见了曹叡最后一面。于是，司马懿又成了指定的辅政大臣。这已经是司马懿第二次受托孤了，上一次是十二年前曹丕托孤，这次是曹叡。上次的四位辅政大臣是曹真、曹休、陈群、司马懿。四个人里前三个都去见曹丕了，只剩下司马懿。跟司马懿一同被指定为辅政大臣的是曹真的儿子曹爽。

司马懿已经是四朝老臣，但曹爽还是领导干部里的新面孔，之前的政治履历几乎是白纸，当然，因为人家姓曹，所以是首辅。司马懿资历再老也得排在后面。这倒不会让司马懿郁闷，真正让他郁闷的是，曹爽身边聚集了一帮小伙伴，这些人给曹爽出主意，两个人掌权不如一个人执政，曹爽想想也是。于是，曹爽跟小皇帝曹芳说，司马懿老同志干了几十年工作了，很辛苦呀，也该歇歇了。曹芳还是小孩子，不怎么管事，都是曹爽说的算。于是，已是太傅的司马懿开始过上了长达十年的半退休生活。

十年里，司马懿一面在家装病一面看曹爽带领着他的小伙伴各种折腾。

开始，曹爽对司马懿还很提防，但时间长了，也就渐渐放松了，毕竟司马懿已经快七十了。曹爽以为司马懿是只病猫，哪知人家是假寐的老虎。

老谋深算的司马懿一直在暗中计划夺回大权，重回权力巅峰。

在隐忍十年后，司马懿决定动手了。

曹魏正始十年（249）正月，动手的前夜，司马懿将两个儿子司马师、司马昭找来，父子三人密谋了一夜，确定所有行动细节后才各自散去。晚上，司马懿派人暗中观察两个儿子的反应，得到的反馈是，司马师呼呼大睡，而司马昭整个晚上各种"花式烙饼"。司马懿对司马师的表现很满意，说这小子能干大事。因为整个行动的主谋是司马懿与司马师，司马昭是在最后时刻才被告知的。司马昭睡不着很正常，毕竟，干的是关乎整个家族性命的大事，第二天要去拼命，不紧张才怪。

魏主曹芳出城去洛阳城南二十里的高平陵祭拜先帝。大将军曹爽没有辜负太傅司马懿的期望，主要亲信几乎悉数从行。曹爽的弟弟中领军曹羲、武卫将军曹训、散骑常侍曹彦都在其中。曹爽把机会留给了司马懿，司马懿抓住了。

曹爽兄弟出城之后，好戏上演。

有人离巢，就有人开始占巢。

司马懿这十年可未闲着，十年时间，司马家族暗中训练出三千死士。何为死士？关键时刻敢玩命的人。这三千人是能为司马氏赴汤蹈火的敢死队员。当然，花费自然也不是小数目，不过，在司马懿看来这些钱花得值。

行动前，司马氏向三千死士发出召唤，一夜之间，三千人全部到位。这些人分布在全城各个角落，闻令即动，三千人的行动未发生泄密，当然，司马懿也不可能告诉这些人具体的计划。但如此规模的集结，迅速而又隐秘，如此高效，真是令人恐怖的组织能力。

相比之下，曹爽兄弟事前居然对司马懿的举动毫不知情，反应如此迟钝，在险恶的政治斗争下，居然还能这么“单纯”，曹爽兄弟死得真不冤。

在确认曹爽兄弟出城后，行动立即开始。司马懿亲自率领三千死士直奔武库，这里存放着武器铠甲，因为这三千人来的时候是没有兵器的。从古至今，我们国家对武器的控制都是极为严格的。京城只有禁军才有武器，这也只是在当值的时候，平时各种兵器铠甲都存放在武库。

有兵器在手才能行动，否则只能任人宰割，枪杆子里面出政权的道理，大家都懂。还有铠甲，古时打仗，铠甲是正规军的标配，不穿铠甲上战场基本等同于裸奔，时刻会有生命危险。夺取武库，事关生死，是最重要的环节，所以装了十年病号的司马懿才会亲自带队，因为这一步不允许有任何闪失，有的话就意味着失败，而失败就是满门抄斩。司马懿输不起，开弓没有回头箭，从决定行动的那一刻开始，司马懿就已经没有回头路可走了。

这是政变，要么胜，要么死，对曹爽、对司马懿都是如此。

但是吧，路上还是遇到了状况，因为去武库必须经过曹爽家，大将军府就在武库边上，而且只能从这儿走。

司马懿带着三千人以急行军的姿态奔向武库，路过曹爽家时，立即引起大将军府留守卫士的警觉。不警惕才怪，三千人聚集而且看那架势明显不是去郊游的，肯定有问题，傻子才看不出来。很快门楼上的卫士弓弩上弦，瞄准了司马懿跟他手下的三千敢死队。

曹爽府上的弓弩手封锁住了去武库的路，司马懿不敢进了，不得不暂停，因为此时他手下的这些人大部分是没有武器铠甲的。他们此刻正在去武库的路上，这时的司马懿是最脆弱的。生死只在一线之间，稍有迟疑，就可能满盘皆输。

曹爽帐下督严世在门楼上已经将弩机对准了司马懿，但是被一个叫孙谦的将领拉住，孙谦说："天下事未可知。"严世三次要射，三次都被孙谦拉住。就在拉拉扯扯之间，司马懿硬着头皮冲过去了。司马懿跟他的家族几乎是在死亡边缘走过。很明显，这个孙谦很可能知道一些事情，至少知道司马懿此时去武库的目的。是呀，去武库还能干啥？夺取兵器铠甲。抢占武库是为对付谁呢？这个其实不用回答，还能对付谁，只有曹爽。但孙谦在关键时刻让司马懿逃过一劫，更耐人寻味的是，此时孙谦是曹爽的部将，不过，以他的所作所为，更像是司马懿的卧底。

虽然靠着卧底闯过了大将军府，但夺取武库也将是严酷的考验。很简单，存放武器的地方不可能不派重兵看守，但司马懿夺取武库似乎非常顺利，因为这个过程被直接忽略过去，也就说明没有波澜。夺取武库后，这次政变司马家的三千死士得到全面武装，武力值迅速上升。

下一个目标是皇宫。

皇帝虽然不在，但太后还在。

这次出场的是司马师，过程不知，但结果很清楚，司马师带人控制了皇宫，司马昭随后进宫"保护"郭太后。至此，诏令自太后出，其实也就是自司马家出，政变由此获得司法解释权，因为太后在皇宫里，皇宫受司马家控制，接下来从宫中发出的诏令自然都出自司马家的意思。司马懿不会自己否定自己，那么他等于拥有了对外发布诏令的权力。

曹爽、曹羲留在城里的禁军也被司马懿派人接管。

至此，司马懿以迅雷不及掩耳之势完成了对整个洛阳城的控制。

政变已经成功八成，剩下的两成就看城外曹爽的表现了。

司马懿占领洛阳后，随即出城占据洛水浮桥，关闭洛阳城门，拿出早就准备好的弹劾奏疏送往高平陵。

还在路上的曹爽接到奏疏，才知道洛阳城里发生的事情，司马懿对他下手了。

曹爽当即将天子车驾留在伊水南岸，下令随从禁军砍木制成鹿角，并征发附近的屯田兵数千人赶来护驾。反应再迟钝的人这时也明白形势的严峻了。

事情到现在，曹爽的表现还不算很差劲，至少有点反应。

但接下来，曹爽的举动告诉了我们啥叫酒囊饭袋。

虽然司马懿迅速控制了洛阳，关闭各处城门，封锁全城。但洛阳是座大城，而司马懿只有三千人，不可能没有漏洞。

大司农桓范赶在城门封闭之前，趁乱跑了出来。

司马懿的合伙人蒋济听说桓范跑出去了，顿时慌了，赶紧去找司马懿，这下糟了，智囊跑了，这可如何是好？

能被称作"智囊"，让司马懿的合作伙伴蒋济吓得变脸色，足可见此人非同寻常。

司马懿却很淡定，跑就跑了吧。虽有智囊，曹爽也不会用的。司马懿说出了他对曹爽的评价：驽马恋栈豆！曹爽这货就是个贪图享受没有大志的饭桶，他想的是他舒服的安乐窝，想的是他的娇妻美妾。只要能保住富贵，他就满足了。司马懿与曹爽共事十年，他可是太了解这位同僚了。

曹爽确实没让司马懿失望。

智囊桓范跑到城外找到曹爽，劝他赶紧带皇帝到许昌去，以皇帝的名义号召全国兵马勤王。

曹爽本来就是个没主意的人，突遭变乱，已经彻底蒙了。整个人还处于蒙圈状态。

桓范见曹爽拿不定主意，又来劝曹羲："就算是一个匹夫抓着一个人质还想活命呢！如今皇帝在你们手上，号令天下谁敢不从！有什么可怕的！"

桓范不愧是智囊，当即献策，对曹羲说："城外还有很多军队，你是中领军，可以调动他们，洛阳典农的治所也在城外，现在赶紧调他们跟我们去许昌，现在出发许昌明天夜里就能到。许昌也有武库，粮食也不用担心，我带来了大司农印呢！"

智囊桓范的官职是大司农，他跑的时候是带着大印一起跑的，他手中的大司农印，可以调动天下粮草。那么匆忙慌乱的危急时刻，桓范不仅跑了出来，还带出了大印，处变不惊，临事不乱，心思还如此缜密，真是做大事的人。可惜，他跟错了人。

曹爽此时还有反败为胜的机会，皇帝还在他手上，就如桓范说的，赶紧保护皇帝去许昌，调集军队再打回来，翻盘的机会是有的，司马懿忙活半天也不过才控制一个洛阳，他有太后，你有皇帝，鹿死谁手，尚未可知。

但关键时刻，面对危局，曹爽彻底暴露出了他的草包本色。这就是个靠父兄资源裙带关系上位的纨绔子弟，真遇到事就蒙了。

就在曹爽不知所措的时候，司马懿的使者来了，侍中许允、尚书陈泰诱劝曹爽，司马懿指洛水为誓，答应只要曹爽交出兵权，便可保留爵位财产。

交出权力，可以保全性命。

这是司马懿说的。

曹爽信了。

结果大家都知道，曹爽死了。

处在政治高层的人，其实比普通人更缺少退路。你已经走到权力中心，就没有退路。

很多人怕领导，但怕的不是领导本人，而是领导手中的权力。

拥有权力，你可以掌控别人的命运。相反，失去权力，你就是人家案板上的鱼肉。

曹爽经过这次事变，可能真的认了，他只想做个富家翁，但司马懿不会放过他。因为曹爽曾是托孤大臣，做过大将军，再想做个布衣，已经不可能了。

曹爽投降之前，智囊桓范将历史上的事例一件件讲给曹爽，只想告诉他一件事，交出权力就是死，可是，良言难劝该死的人。

曹爽最终做出决定交出兵权，只求保命。气得桓范大骂，曹子丹大英雄，怎么生了你们这帮蠢货！

曹爽兄弟以及他们的亲信回到洛阳。司马懿让他们各自回府，起初并未为难他们。当然，曹爽兄弟心里还是不踏实，不知道司马懿是不是真的放过了他们。于是，曹爽派人跟司马懿说家里缺粮，能不能借点粮给我。司马懿说没问题，粮食很快送来了。这下曹爽放心了，看来司马懿是讲信用的，他们没事了。曹爽太天真了。

司马懿正在收罗他的"罪状"，日夜拷问相关人员。司马懿是要杀曹爽的，但不会马上杀，那太没有水平。杀人要杀之有名。"证据"是不难找的，很快就有了。经过大量的审问还有"查证"，曹爽兄弟意图谋反，而且"证据确凿"。

　　司马懿说，之前答应交出权力就放过你。可是，曹爽，你们兄弟不但不"闭门思过"，反而"意欲谋反"，那就不得不杀了。

　　经过"审讯"，曹爽兄弟谋反证据确凿，谋反罪名成立，曹爽及其亲信被诛杀三族，受牵连被杀的多达五千人。

　　司马懿后代建立的晋朝带给中华的是接下来三百年的黑暗，还有权臣篡位夺权的标准套路。后面三百年里冒出来的那些阴谋家野心家基本上学的是司马懿。时至今日，司马懿的那些见不得人的阴谋诡诈之术还是大有市场，世间从不缺卑鄙龌龊的人。

　　司马懿亲自发动的高平陵政变，是对曹氏宗室的一次政治清洗，一次血腥的大屠杀。通过这场政变，窃国大盗司马懿在篡位夺权的路上走出了第一步，剩下的路要由他的儿孙们去走。

　　至此，司马氏开始全面掌控魏国朝政，政归司马氏。曹魏开启权臣时代。

　　当初，曹操是怎么欺负汉献帝的，现在人家司马氏就怎么欺负他们曹家，因果循环。

　　惟贤惟德，方能服人。

第四十九章

宫廷喋血——东吴内乱

　　曹魏托孤大臣之间的十年暗战以流血政变的方式收场。这边刚刚结束，东吴那边又开始上演辅臣内斗的升级版。都是辅政大臣，都有矛盾，但东吴的辅政大臣的夺权斗争明显更有效率，也更血腥。人家不玩暗战直接明杀，全程都是宫廷流血政变，而且还是连续的，一波未平一波又起。

　　如果说曹爽、司马懿出演的辅臣暗战是电影版，那么东吴托孤大臣之间的血腥仇杀则是电视连续剧，因为不是一两场，人家是成系列的。

　　东吴太元二年（252）四月，诸葛恪从荆州被召到建业，七十一岁的孙权不行了，他要将身后事托付给诸葛恪。

　　就在孙权的病床前，诸葛恪受诏以大将军兼领太子太傅，成为孙权的首席顾命大臣，同受顾命的还有中书令孙弘（领太子少傅）、侍中孙峻（领武卫将军统领宿卫兵马）、太常滕胤、太子右部督吕据，五人共同辅政。

　　五人中孙峻、孙弘为宗室；吕据是孙权心腹吕范之子，属孙氏早期依赖起家的淮泗集团；诸葛恪是诸葛瑾之子，也是流寓北士之后；滕胤是流寓北士，同时又是外戚，是孙权的女婿。

　　辅政大臣中，居然没有一位江东大族出身的大臣，不论是江东四大家族还是吴郡四大家族，竟无一人入选，联系之前二子争位孙权对江东士族的打压，再结合他临终前精心安排的辅臣结构，暴露了他心底的秘密——对江东大族的不信任。

孙权刚死，尸骨未寒，几位辅政大臣就迫不及待开撕。

宗室孙弘与大将军诸葛恪素来不和。孙弘担心日后诸葛恪掌权对自己不利，虽然同是托孤大臣，但毕竟人家是首辅。于是孙弘秘不发丧，对外封锁消息，打算假传诏书把诸葛恪骗进宫干掉，欲一劳永逸解除后患。

宫廷内斗这种事，最重要的就是要保密。而孙弘的计划很快就被诸葛恪知道了——孙峻出卖了孙弘。

诸葛恪从孙峻那里得知了孙弘的全盘计划，于是将计就计，派人来请孙弘过府叙事。孙弘还不知事情已然败露，傻乎乎地去了。不出意料，他这一去就再也没能回来，直接被诸葛恪砍了。诸葛恪对孙弘说，听说你对我有意见，不要紧，既然不愿意跟我走，那你就追随先帝去吧，先帝尚未走远，你现在去还追得上。五位顾命大臣，眨眼之间就变成了四个。

诸葛恪杀了孙弘，才正式为孙权发哀。

年仅十岁的太子孙亮即位。

听说孙权的死讯，魏镇东将军诸葛诞很兴奋，一个劲怂恿魏大将军司马师出兵伐吴。司马师刚刚上位，急于捞政绩，当即批准。

曹魏嘉平四年（252）十一月，魏军兵分三路，大举攻吴。征南大将军王昶由新野攻南郡、镇南将军毌丘俭由安城攻武昌，第三路是此次伐吴的主力，由胡遵、诸葛诞统领攻濡须。

濡须水口即东关，东吴水军为守住巢湖，在濡须筑堤设防。诸葛恪为防魏国趁国丧来攻，十月，亲自率军重筑东兴大堤，并夹山增筑东关。

十二月，都督青、徐二州的征东将军胡遵会合都督扬州的镇东将军诸葛诞率步骑七万来攻东关。

魏军作浮桥兵分两路围攻。

再说诸葛恪得知东关被攻，亲率四万大军昼夜兼程来救。

诸葛恪令丁奉、吕据与留赞、唐咨率前军先行驰援东关，自己率大队随后。

为抢占先机，丁奉亲率本部三千水军扬帆先行。时值寒冬，正吹北风，丁奉水军只用两天便抵达东关。

当时，天降大雪，地冻天寒，魏军没想到东吴的援兵会来得这么快，大队人马尚在北岸，浮桥对面的南岸只有为数不多的人马且疏于戒备。

这一切都被老将丁奉看在眼里，丁奉意识到自己的机会来了。

丁奉站在船头看着下面追随自己多年的部下们，发表了一番慷慨激昂的战前动员："大丈夫封侯取富贵，正在今日！"说罢，带头脱去沉重的铠甲，只穿短衣，手持短刀跳上岸去，部下们也跟着脱去衣甲，纷纷弃船登岸，朝魏军杀来。

岸上的魏军指指点点，好像在看一群怪物，以为吴军疯了，打仗居然不穿铠甲。

丁奉之所以敢主动去掉防护，并非发疯，而是有他的打算，此刻魏军防守不严，正是突击的好时机，取胜的关键就是一个"快"字，必须快，杀魏军一个措手不及。

丁奉如此大胆，还有一个原因，那就是南岸魏军人少，尽管己方没穿盔甲，但闪击对方且是以多打少，仍可稳操胜券。

三千吴军手持短兵冲上岸，冲入魏兵之中乱砍乱杀，转瞬间，地上已躺倒一片。

南岸的魏军抵挡不住，纷纷后退，后面就是冰冷的河水，而通往北岸只有几座浮桥，败兵很快在浮桥上挤成一团，很多人被挤入河中，只有少数人侥幸逃回北岸。

北岸魏军大队也被南岸逃回的败兵搅乱。吴军趁机掩杀，魏军大败，死者不计其数。魏军前部都督韩综、乐嘉太守桓嘉全都死于乱军之中。东关之战吴军大获全胜。

诸葛恪辅政后，第一战就打了一个漂亮的大胜仗。

大胜之后，诸葛恪也极其亢奋。于是，他有了一个大胆的想法，出兵北伐。此时，诸葛恪跟他的叔父诸葛亮当年在蜀汉的地位相当。他也是托孤辅政的大臣而且是首辅。东关大胜后他的威望更是达到巅峰。

不同于只求富贵限江自保苟且偷安的江东士族，诸葛恪是有远大志向的，也要学诸葛亮北伐中原。

然而，他不知道，战争需要调动整个国家，全民动员，劳师动众，难免引发抱怨不满。不是谁都有诸葛亮那种治国能力，也不是谁都有诸葛亮那种崇高的威望。

不能说诸葛恪他没有能力，只是他的能力尚且配不上他的野心。他过于高估了自己的能力，也过于低估了国内那些反对势力。

诸葛亮是在将蜀汉治理得井井有条，后方稳定的基础上，才开始北伐的。

但诸葛恪在东吴的资历威望尚浅，他的势力尚未稳固，这时便急于北伐，打胜还好说，一旦战败，引起众怒，还有那么多反对势力在暗中伺机而动，他的地位就不稳了，甚至招来杀身之祸。

但大胜之后，膨胀的诸葛恪自信过头，尽管国内很多人反对，他还是一意孤行。

东吴建兴二年（253）四月，诸葛恪亲率二十万吴军，对外号称五十万，出师北伐。

诸葛恪带兵包围了合肥新城，打算围城打援。

合肥守将张特手下只有三千兵，却被二十万吴军昼夜围攻。而司马师派出的援军——由他老叔太尉司马孚率领的二十万中央军，迟迟不到，司马孚的援军似乎永远在路上。

吴军则在主帅诸葛恪严令督促下，不计死伤，拼命攻城，连攻一个月，却仍攻不下来。

到了七月，在吴军持续猛攻下，眼看城池要被攻破，张特派人喊话，表示自己愿意投降，但需要准备准备，为表"诚意"还把自己的将印扔出城外。

吴军以为胜利在望就收兵回营了。

张特趁机连夜将城里的房屋拆除，将屋瓦木料用来修补加固城墙，整整忙了一夜。等到第二天吴军准备受降时，张特一反昨日的谦卑，叫嚣道："我身为魏将只有战死，决不投降，有种你们就来攻城吧。"

城下的吴军这才知道被骗，可再想破城就难了。

久攻不下，吴军的士气日渐低落，此时已是盛夏，酷暑暴晒加上作战伤亡，军中已伤病满营。诸葛恪骑虎难下，起倾国之兵却攻不下小小的新城，不仅有损国威，更会降低他在军中的威信。

诸葛恪还想坚持，手下的将领们却撑不下去了，众将纷纷请求退兵。到了七月，实在坚持不下去了。诸葛恪虽心有不甘，也只好下令全军撤退。

八月，诸葛恪回到建业。

为重树威信，诸葛恪又开始整顿内政。本来大家就对你不满，还要折腾，结果引发众怒。诸葛恪此举原本是为了挽救自己在国民心中摇摇欲坠的威望，事实上却适得其反，北伐失败，损兵折将，已经令底层民众对他失去信心，而回来之后的整肃吏治，又把各级官员给得罪透了。这下除了他的少数亲信，已经没有多少人愿意拥护他。

诸葛恪虽有才却也很自负，恃才傲物的本性使得他在国内越来越孤立。诸葛恪自己却并未意识到问题的严重，依然自我感觉良好。

但已经有人准备对他下手了，同为辅政大臣手握宿卫兵权的武卫将军孙峻眼看诸葛恪大失人心，决心"顺应潮流、迎合民意"，干掉首辅诸葛恪，自己当首辅。

十月，孙峻以皇帝名义请诸葛恪入宫赴宴。这在宫中很寻常，诸葛恪并未起疑。

就在诸葛恪即将入宫之际，诸葛恪在宫中的亲信散骑常侍张约、朱恩派人送出一封密信，大意是今天宫中气氛有些不同寻常，好像要有事发生。尽管两人没有查出具体的消息，但还是嗅出了一丝危险并向诸葛恪发出警告。

诸葛恪把密信拿给滕胤看。滕胤显然比诸葛恪更有经验也更谨慎，他劝诸葛恪不要进宫，随便找个借口推脱过去。但诸葛恪并未在意，还是决定前往。诸葛恪倒也不是没有一点警觉，他担心的是孙峻在酒中下毒，便命人带上自家的酒前去赴宴。

入宫之后，诸葛恪并未发觉有何异常。宴会开始后，诸葛恪借口身体不适，不喝宫中的酒，只喝自带的酒水，而诸葛恪发现孙峻并未因此而有何反常的反应。孙峻的这个举动让诸葛恪放松了警惕。但他不知道，孙峻原本就没打算用下毒这招，孙峻有他的计划。

君臣之间喝了一会儿酒，皇帝孙亮就回宫去了。直到这时，诸葛恪仍未发现异常，过了一会儿，孙峻也借口上厕所出去了。等孙峻回来时，原先穿的礼服却换成了武服，孙峻像变魔术一般从袖中取出早已准备好的诏书，大喝道："皇上有令，收捕诸葛元逊，诏令在此，违抗者斩。"

诸葛恪这才如梦方醒，可等他发觉不妙，准备起身反抗时，孙峻却先下手了。诸葛恪尚未拔出长剑，就被砍翻在地。诸葛恪的随从亲信也被一并杀害。司马懿杀曹爽的时候不是杀曹爽一人而是诛三族。孙峻对诸葛恪也是如此，东吴诸葛恪一门三族尽被杀害。诸葛恪从受诏辅政到阖门被杀，还不到两年。

从孙权死后，东吴政局便陷入动荡。两年发生两起辅政大臣之间的流血政变，先是诸葛恪杀孙弘，接着，孙峻杀诸葛恪。不过，事情到此远未结束。我们说过，东吴的政变是连续剧，这几位托孤大臣不死光争斗是不会停止的。

东吴五凤三年（256）九月，丞相孙峻——这位在东吴权势熏天的权臣却突然得了急病并很快死去。据说，孙峻死前经常梦见诸葛恪向他索命，也许是亏心事做的太多，特别是他对诸葛恪一家下手时，诛杀三族，心黑手狠，事情过后，他也内心恐惧，害怕冤鬼向他索命，最后竟被吓死。平日的威风八面那是做给别人看的，杀戮过重血债累累，导致他内心惶恐忧惧，不得善终。

孙峻死了也就死了，但斗争还要继续。东吴政坛又发生一不可思议事件——孙峻接班人引发的风波。孙峻死前指定宗室子弟侍中兼武卫将军（统领宿卫兵）孙綝做自己的接班人，却把同为辅政大臣的滕胤、吕据晾在了一边。这下彻底激怒了吕据。

孙权托孤时的五位辅政大臣诸葛恪、滕胤、孙峻、孙弘、吕据，此时只剩下滕胤、吕据二人。按照中国政治传统，论资排辈也该轮到吕据了。孙峻却撇开他，另立孙綝，这年孙綝才二十六岁，在吕据等老前辈眼里就是个孩子，让一个乳臭未干毫无功绩的小子掌权，吕据当然不干。

吕据与军中众将联名上书朝廷推举滕胤为丞相。孙綝知道是冲自己来的，当然不会批准吕据的上书（小皇帝孙亮始终只是一个傀儡）。正巧这时大司马吕岱病卒，孙綝就以皇帝的名义下诏，令滕胤接替吕岱当大司马，去武昌上任。滕胤不傻，他哪儿也没去，就待在建业，他在等吕据的消息。

吕据此时正随大军北伐，出发后不久，就接到孙峻的死讯，此时部队还没过淮河。吕据见孙綝专权，直接带兵往回杀，打算干掉孙綝，并派人潜入建业联络滕胤，两人约定里应外合搞定孙綝。

十月，孙綝派堂兄孙宪率军北上，据守江都堵截吕据军，又派人传旨给文钦、刘纂、唐咨令他们就地捉拿吕据（他们都为北伐军将领，此刻在一起）。与此同时，孙綝又派侍中兼左将军华融、中书丞丁晏去催促滕胤前往武昌赴任，并告知滕胤，朝廷已经正式发出诏旨，抓捕吕据。

滕胤的反应也很激烈，他直接扣下了两位传旨官，并派人找来典军杨崇、将军孙咨，告诉他们孙綝谋反，请他们与自己并力讨贼。

滕胤随即召集府中将士，分发武器，在府中严阵以待，只等吕据到来。

孙綝听说滕胤扣留自己的专使，二话不说，立即行动，派兵包围了滕胤的府邸。

滕胤让被自己扣押的华融伪造发兵诏书，华融却抵死不肯写。性情一向温和的滕胤这时也急了，下令把华融就地处决。形势危急，这时部下有人劝滕胤赶紧去苍龙门召集宿卫军进攻孙綝。滕胤在国中素有威望，在军中也很有号召力。如果滕胤听从劝告，事情的结局或许就不同了。可惜，滕胤没有采纳部下的建议，此时已是半夜，滕胤怕生出意外，只是对部下们说吕侯的大军就要到了，只等大军一到，我们就杀出去。

滕胤把希望全部寄托在吕据身上，可他不知道，他焦急期盼的援军来不了了。

前线的吕据被众将围攻，寡不敌众。部下劝他投魏，吕据却摇摇头："我父子两代尽忠孙氏，今日有死而已，岂可为苟全性命，投奔敌国？"说罢自刎而亡。

且说滕胤一直在府内等待吕据的消息，可直到天色渐明，也未见半个援兵。吕据的兵没来。孙綝的兵却围了上来。滕胤身边只有几十个亲信，并没多少兵马。孙綝的兵很快攻进滕府，一场短暂激烈的交锋后，滕胤跟他的几十名部下全部被杀。

孙綝随后下令诛杀滕胤三族，同时被诛三族的还有已经死去的吕据。

至此，孙权留下的五位托孤大臣全部死亡，其中除孙峻外，其余四人全部死于宫廷政变。

孙綝掌权后独揽大权、我行我素，俨然以太上皇自居，全然不把小皇帝孙亮放在眼里。

此时，孙亮也已经十六岁了。孙亮对大将军孙綝的专横跋扈越来越不满。对孙綝呈上来的奏章，孙亮也不像从前看也不看就准奏，现在也常常亲自批阅，并写下自己的批注处理意见，有时甚至将奏章驳回。

孙亮还组建了一支直接归属其指挥的侍卫亲军，入选的都是十七八岁的与他年龄相仿的少年兵，军官则从江东名将子弟中挑选。这支特殊的部队每天都在皇宫中演武操练。

孙亮还放话，说自己要跟这支少年军一起成长。至于孙亮为何要组建这支娃娃兵以及练成之后要用来对付谁，简直就是吴国人所共知、公开的秘密。

孙綝针锋相对，派弟弟威远将军孙据入驻苍龙门，名义上是保卫宫禁，实则就是用来监视孙亮的。孙綝的弟弟武卫将军孙恩、偏将军孙干等人分别统领京师建业驻军，严密防备。一旦有风吹草动，孙綝一声令下便可在第一时间掌控皇帝及京师局势。

孙亮高调表达不满，而孙綝又不知收敛。

一个十六岁的皇帝，一个二十八岁的大将军。这两人，谁也不服谁，一场新的宫廷斗争即将到来。

东吴太平三年（258）八月以来，吴国连续下了四十多天的大雨，这似乎预示着吴国又要迎来一场政治风暴的洗礼。

孙亮决意先发制人，与全公主、将军刘丞密谋诛杀孙綝。

孙亮的岳父全尚时任卫将军。九月的一天，孙亮派人秘密召全尚之子黄门侍郎全纪入宫，对全纪说，孙綝专权乱政，寿春之役，我命他带兵上岸，为唐咨后援，他却拒不从命，留在巢湖船上，迟迟不肯上岸，还把罪责推给朱异，不经请示擅杀大将。又在朱雀桥南修筑奢华宅邸，不来上朝。

孙綝目无国法，我决定除掉他。你回去告诉你父亲，让他秘密调集所属兵马随时待命，我将亲率宿卫兵到朱雀桥包围孙綝宅邸。到时，让你父与我会合，我会以天子诏令解散孙綝部下，相信无人胆敢抗命。

不过，事关重大，你回去后告诉你父，千万严守消息，切不可告知他人，特别是不能让你娘知道，她是孙綝的堂姐，万一走漏消息，事必不成。全纪把皇帝的话转告全尚。

全尚是个稀里糊涂不长心的人，以他的性格本就不适合混迹官场。孙亮深知自己这位岳父的毛病，所以才再三叮咛。可江山易改，禀性难移，事情偏偏就坏在全尚身上。

全尚把女婿的告诫当作耳旁风，在与妻子闲聊时，无意中说漏了嘴。全尚的妻子果然向孙綝告密。

孙綝得知消息，大惊失色，马上集结部队夜袭全尚。全尚这个糊涂虫，还没搞清怎么回事，就做了孙綝的俘虏。与此同时，孙恩奉孙綝之命在苍龙门外将刘丞斩杀。

等到天亮时，孙綝的部队已将皇宫重重包围。

孙亮听说孙綝带兵包围宫禁，知道事情败露。事已至此，孙亮也拼了，亲自跨马持弓就要往外冲。宫中的侍从们拉着缰绳苦劝，连孙亮的乳母都上了，这才劝住孙亮，避免了一场流血事件，孙亮才没有成为吴版高贵乡公。

孙綝当即召集群臣，宣布孙亮的"罪状"，并下令废黜孙亮为会稽王，派中书郎李崇进宫逼孙亮交出皇帝玺绶。

孙亮在宫中气得两天吃不下饭，痛骂皇后："汝父办事糊涂，才连累朕落到今天这个地步。"这时，全纪也在场，满面羞愧，说："臣父辜负了陛下，臣亦无颜苟活于世。"随即自杀。

全尚被发配零陵郡，但还没到地方，就被孙綝随后派出的杀手杀死。

而受本案牵连最重要的人物既不是孙亮也不是全尚，而是一位一直隐藏在幕后操控政局的女性——全公主孙鲁班。这位纵横吴国政坛数十年、呼风唤雨的政坛常青树，终于走到了尽头。

孙权在世时孙权是她的靠山，孙亮即位后，她更有恃无恐，谁都知道这位小皇帝能够上位，她功不可没，正是她扳倒了前太子，孙亮才有机会。首位辅政大臣诸葛恪，没多久就被孙峻设计谋杀，而继诸葛恪之后上台的孙峻，则是她石榴裙下的俘虏。

正是靠着她，全氏家族才能在吴国一门五侯盛极一时。

但孙綝上台后，全公主便失去了往日的光彩。孙綝对这位年龄上可以做他母亲的半老徐娘并不感兴趣。而全氏兄弟的出奔显然跟全公主在政治上的失势有关。

在孙亮与孙綝的角逐中，全公主自然要站到孙亮一边。同理，孙亮倒台，全公主也不可避免地跟着受到株连。

但孙綝并没有杀全公主而是把她发配到豫章郡。此后，全公主就从吴国的政坛消失了。全公主虽然未死，但她的政治生命已经结束，而对于一个政治家来说，被遗忘要比死亡更可怕、可悲。

送走了旧人，接下来就要迎接新人。

孙綝废黜孙亮，接下来就要物色新的人选，国不可一日无君。典军施正劝孙綝立琅琊王孙休。孙綝急于找一个替代品，也没多想，就同意了。但他想不到的是，正是这个他不经意间做出的决策，成了他毁灭的起点。

孙休在东吴太元二年（252）正月受封琅琊王，被安置在虎林。诸葛恪当政时，将诸侯王从沿江重地迁徙到内地，孙休被迁到丹阳郡。

也许是认为一个诸侯王恐怕一生也难有出头之日。丹阳太守李衡总爱找孙休的麻烦，搞得孙休痛苦不堪，在丹阳实在待不下去了，上书朝廷要求搬家。朝廷批准了他的申请，把他安置到会稽郡。

孙休到了会稽，没人骚扰他了，就这样在会稽过了几年安静的日子。一天晚上，孙休做了一个梦，梦见自己骑着一条龙飞上天，那条龙那么大，以至于他都看不见龙尾。

梦醒之后，孙休虽然觉得这个梦做得有些怪异，但也没当回事。可不久之后就有消息传来，孙亮被废。几天后，孙休在家见到了孙綝派来迎接他的使者。

孙休对贵客的到访毫无准备。

孙休是孙权的第六个儿子。按出生顺序以他的排名，皇位根本轮不到他。他也没敢奢望有一天皇位会降临到他的身上。可这一次，命运偏偏眷顾了他。

十月二十七日，琅琊王孙休一行抵达曲阿。这时路边有一位白发老者拦住了孙休的马车，对孙休说："社稷安危系于殿下一身，事不宜迟、夜长梦多，请您尽快赶往京师即位，以免节外生枝。"孙休觉得老者言之有理，立刻策马扬鞭，昼夜不停地往建业赶。

孙休的车驾抵达建业郊外时，孙綝带头跪迎新天子车驾。孙休见状，赶紧下车答拜。当天，二十五岁的孙休正式登基称帝，大赦天下，改太平三年为永安元年。

新帝登基，对拥戴自己的有功之臣大加封赏。

大将军孙綝任丞相，领荆州牧，增加五县封地。孙綝之弟孙恩升御史大夫、卫将军、中军都督。

长水校尉张布是孙休的亲信，升辅义将军，封永康侯。

且说丹阳太守李衡，听说昔日那个受他欺负的琅琊王，如今居然做了皇帝，吓得要死，第一反应就是收拾包袱，准备逃往魏国。他的妻子习氏却是一个明事理的人，对他说："琅琊王刚刚登基，正要向天下显示他的宽容大度，决不会因小怨杀你，说不定还会提拔你的官职。你赶紧去朝廷自首谢罪，必可保全性命。"李衡照着妻子说的做了，果然没事，孙休还封他威远将军的名号。

丞相孙綝一门五侯，权倾朝野。孙休对他当然不放心，但孙休不是孙亮，比孙亮要成熟稳重得多，孙休懂得适时隐忍。

孙休即位不久，就准备对孙綝下手了，不是他"忘恩负义"，而是孙綝又萌生了换人的想法。孙綝本年还不到三十，政治上远未达到他职位应有的成熟。

　　一次，孙綝带着牛酒去找孙休，想跟孙休畅饮一番，增进君臣感情，却想不到吃了闭门羹。孙綝骄横惯了，哪里受得了这个。又带着东西去找左将军张布，因为他知道张布跟皇帝关系非同一般。

　　酒，有时真不是好东西，酒后失言，更能要人命。

　　孙綝跟张布觥筹交错，酒过三巡，孙綝显然喝高了，在酒桌上当着张布的面大发牢骚："当初废黜会稽王时，很多人劝我自立为帝，但我觉得当今陛下贤德英明，这才迎而立之。如果没有我，陛下安能坐此位？如今我带着礼物前去拜访，却遭到拒绝，真是令人寒心，早知今日，悔不当初。"

　　过后，张布立即将孙綝的酒后狂言向孙休做了报告。孙休震惊之余，终于下决心除掉孙綝。

　　但孙休的高明之处在于他越想收拾孙綝，就越刻意在表面上拉拢孙綝，时不时还给予赏赐。因为孙休懂得动手之前，必须先稳住孙綝，以免打草惊蛇。

　　甚至当有人向孙休告密，说孙綝图谋不轨意欲谋反时，孙休也不追究，反而将告密者交给孙綝处置。表面上看，好像皇帝非常信任丞相，但君臣之间的这种微妙关系，只有当事人最清楚。孙綝也觉察出氛围有些不对，主动上疏申请外任——出屯武昌。

　　孙休答应了。孙綝又请求将自己所部精兵一万人一起带走，孙休也准了；孙綝又要求给自己的部队配发武库中最精良的武器，孙休照准。总之，凡是孙綝的请求，孙休没有不准的，简直是来者不拒。一个君主如此纵容自己的臣下，很不正常。

　　将军魏邈对孙休说："如让孙綝统重兵据上游重镇，久后必为国家大患。"宿卫军官施朔也向孙休告密说孙綝打算谋反。

　　孙休找来辅义将军张布密商对策。张布说："左将军丁奉，虽目不识丁，却智勇超群，可担重任。不如将此人召来共商大计。"孙休于是召见丁奉，并告诉丁奉自己的决定，丁奉说："孙綝兄弟党羽众多，不易控制，不如在腊八大祭（十二月八日祭灶君）上设计擒他。"孙休听从了丁奉的建议，决意到时动手。

十二月七日，建业谣言四起，说腊八大祭，京师将有巨变。孙綝听到消息，坐卧不安。当夜，狂风大起，尘沙满天，拔树摧屋，天气的异常似乎预示着不祥之兆，孙綝的心头更是笼罩上一层阴云。

十二月八日，腊八大祭如期举行。孙綝推说自己有病，不肯参加。孙休见他不来，就派人去请，一次、二次，孙綝都应付过去了，可孙休似乎铁了心，一定要他来，又接连派出了十几批使者，上一批使者还没走，下一批又来了，这下孙綝实在招架不住了，只好答应赴会。

左右亲信劝他不要去，在宴会上动手已经成为吴国政变的常用手段，孙峻就是用这招除掉的诸葛恪。孙綝说："皇上屡次下诏派人来请，我不能不去。你们可在外集合部队以防万一，待我进宫，你们便在府中放火，我就以此为借口脱身。"

孙綝入宫后不久，部下按计放起大火。孙綝望见火起，起身告辞，孙休却拉住了他说："外面兵多，这种小事，不足劳烦丞相。"孙綝却坚持要走，并已起身离开座位。丁奉、张布用眼色示意左右，预先安排好的宫中侍卫心领神会，一拥而上将孙綝逮捕，五花大绑捆了个结实。

事到如今，孙綝什么都明白了，自己中计了。孙綝往日的骄横之气也不见了，跪在地上叩头求饶，请孙休饶他一命，宁愿被发配去交州。孙休看着不住磕头求饶的孙綝，冷冷地说："发配边地？那你当初为何不把滕胤、吕据放逐交州？"孙綝又表示愿为官奴，只求免于一死。孙休说："想做官奴，之前你为何不教滕胤、吕据去当官奴？"现在是求饶的时候吗？太迟了。孙休下令将孙綝斩首示众，并把人头挂出去，宣布凡孙綝旧部，只要放下武器，一律免死。

孙綝的五千旧部纷纷放下武器投降。

　　孙綝被诛三族，连那个已经死了的孙峻也被从墓里挖出来。

　　孙休任命张布做中军都督，以礼改葬诸葛恪、滕胤、吕据等人；因诸葛恪而受牵连被放逐的大臣，一律召回。有人提出为诸葛恪树碑立传，却被孙休否决。孙休的理由很简单，诸葛恪盛夏出师，劳师动众却无尺寸之功，不可谓能；身为托孤重臣，却死于竖子之手不可谓智。

　　孙休铲除孙綝一党，东吴自孙权死后的一系列宫廷喋血至此终于结束。

第五十章

司马专权——淮南三举义

魏国自高平陵之变，大权便尽归司马氏。魏国的皇帝已经是司马氏家族的傀儡，但正如当年曹丕篡汉是靠的他老子曹操打下的基础，司马氏的篡位也不是一代人完成的。事实上，他们用了整整三代人才完成对曹魏政权的篡夺。司马懿起头，司马炎收尾，中间最难做的部分是司马师、司马昭兄弟完成的。司马懿为司马氏夺取大权，司马师废黜了一个皇帝，司马昭间接杀死一个皇帝，到司马炎这代靠着欺负曹氏孤儿寡母终于完成篡权。

虽然司马氏兄弟大权在握，亲信党羽遍布朝野，但他们的篡权之路也并非一帆风顺，因为还有忠于曹氏的曹魏旧臣在竭力抗争，最典型的就是淮南的三次起兵。这三次起事被司马氏定性为淮南三叛，但站在历史公正的立场，应该是淮南三举义才对。

淮南第一次举义兵是被司马懿镇压的；第二次被司马师镇压；第三次被司马昭血腥镇压。

淮南三举义之王凌

司马懿在高平陵兵变之后，将亲附曹爽的魏国宗室斩杀殆尽，但司马懿深知稳定局势的重要。在对待政敌的态度上，除了曹爽等核心成员必须铲除，对其他人则采取了相对宽容的态度，这倒不是他良心发现，只是不想扩大打击面。曹爽的司马鲁芝、主簿杨综不但未受惩罚，反而因忠于故主受到提拔。司马懿用这些手段，向人们展示他的宽容与大度，以此安抚笼络人心。

而对于夏侯玄、许允等人，司马懿暂时也没有动他们的打算。洛阳已是司马氏之天下，一班口谈玄学的文士对他构不成威胁，他无须多虑。真正令司马懿担忧的是地方手握兵权的封疆大吏、统兵将帅，他们的态度才是关键。

此刻坐镇东南的是征东将军王凌。王凌与司马懿之兄司马朗相交甚厚，与司马懿也早就认识。高平陵之后，司马懿为笼络王凌，升其为太尉。

王凌当然知道司马懿在收买他，为了不让司马老贼起疑心，王凌接受了任命，但这并不等于接受收买。此时王凌跟他的外甥兖州刺史令狐愚正在积极筹划，准备另立新君，起兵推翻司马氏。

令狐愚曾任大将军曹爽长史，与叔父王凌都是忠于魏国的名臣。这时令狐愚屯兵平阿，王凌驻防寿春，叔侄二人各统重兵，屯于淮南。

高平陵之变的当年九月，令狐愚就派部将张式前往楚王曹彪的封地白马城，与楚王联系。

王凌也派人前往洛阳，告知在京师做官的儿子王广起兵之事。王广久在京师熟悉情况，坚决反对。

王广的一番话耐人寻味，他说："曹氏以武力取天下，久虐其民，民畏其威，未怀其德。正始名士，变更旧令，惠不及下。以致曹爽之死，名士受戮，而百姓不哀。司马氏根基已固，党羽遍布天下，父子手握重兵，此强敌也，未可轻动。"

但王凌决心已下，并未听从儿子的劝告。

曹魏嘉平三年（251）春，王凌借口吴人在堂邑破坏涂水（滁河）堤防，宣布戒严，并调集军队，准备迎立楚王，与司马氏对抗。

王凌派部将杨弘联络新任兖州刺史黄华，请后者一同起兵。但杨弘、黄华联名出卖了他，将王凌即将起兵的消息报告司马懿。至此，王凌在司马懿面前已无任何秘密可言。

司马懿觉得收拾王凌的时机已到，便亲自带领中央军走水道向寿春开来。与此同时，为了稳住王凌，又以皇帝的名义宣布赦免王凌的一切过恶。

等王凌发觉，司马懿大军距寿春城已不足一日路程。司马懿深谙兵贵神速之道，当年破孟达即是闪击战。王凌这时不论起兵还是逃走都已经来不及了，只好乘小船亲自到军前迎接司马懿，这时怕也没用，之后，王凌便被拘押。

大军行至项城丘时路过贾逵祠。王凌看到贾逵祠犹如见到久别的战友，激动大呼："贾梁道，王凌也是大魏忠臣，你在天有灵，为何不助我一臂之力。"当晚，王凌服毒自杀，以死殉国。

两个月后，司马懿开始噩梦连连，据说是因为司马懿梦见王凌的鬼魂来找他索命，搅得他日夜不得安宁。又过了两个月，三国最大的阴谋家、野心家司马懿一命归西。

司马懿死后，长子卫将军司马师接班，幼主曹芳晋升司马师为抚军大将军。曹魏嘉平四年（252）春正月，曹芳迁司马师大将军，加侍中，持节、都督中外诸军、录尚书事，全面接管魏国军政大权。

曹魏嘉平六年（254）夏秋之际，姜维率汉军再出陇右，汉军攻势甚猛，镇守许昌的安东将军司马昭奉命西征迎战姜维。

九月，司马昭率军路过京师，来洛阳觐见曹芳。魏主曹芳亲自到平乐观检阅大军。这时曹芳左右有人献计，趁司马昭入宫拜辞，杀了司马昭，把部队夺过来，然后发兵围捕司马师，属下把诏书写好，只等曹芳盖上皇帝御玺就行动。关键时刻，曹芳却犹豫了。

魏主曹芳终究没敢动手，消息随后走漏出去。司马氏耳目极多，司马昭此时已经带兵出了洛阳，但没走远，接到密报，当即率军折返。

这下司马师知道，事到如今，这个皇帝不能要了，必须换。司马师随即以郭太后名义，召百官集会，列举曹芳的斑斑劣迹，诸如贪酒好色等。司马师在宣布完曹芳的"罪状"后，又很"谦逊"地征求百官意见。到了这时，谁还敢反对？

于是，司马师给郭太后上了一份奏疏，表示百官都认为曹芳荒淫无道，一致要求废黜皇帝，请曹芳回封国去。

司马师派郭太后的叔父郭芝进宫向郭太后报告此事。

郭芝对曹芳说："大将军要废黜陛下，立彭城王。"曹芳闻言，起身出去。想必这也在他意料之中。郭太后有些激动还想保曹芳。郭芝近前道："如今大将军主意已定，大队兵马屯于宫门之外防备非常，眼下只有顺从大将军之意，方可免祸。"太后又如何，还是要听司马氏的，毕竟实际掌权的是司马氏兄弟，事到如今，郭太后也只好屈服。

曹芳走后，司马师派人来取玺绶。太后却有话要说，派人给司马师传话："彭城王是我的小叔子，他若即位，置我于何地。不如立高贵乡公曹髦，曹髦是文皇帝长孙，比彭城王更合适。"

曹髦是东海定王曹霖之子，曹丕的孙子。

司马师想反正立一个傀儡，立谁不重要，于是就同意了。

曹魏嘉平六年（254）冬十月四日，曹髦抵达洛阳城北的玄武馆。文武百官请曹髦在前殿安歇。曹髦认为前殿是先帝居所，便住到了西厢房。文武官员又请用法驾，曹髦还是不肯接受。

十月五日，曹髦进入京城洛阳。文武百官在皇宫西掖门南参见曹髦。曹髦下车答拜，随员说："您是天子，不必答拜。"

曹髦却说："我乃人臣。"还是以礼答拜。到了皇宫内门，曹髦下车，左右侍从说："旧制，天子可乘车而入。"

曹髦说："我受太后征召，未知其他，岂可比照天子？"坚持下车步行到太极殿东堂，参见郭太后。当天，就在太极殿前殿，曹髦正式登基称帝，宣布大赦，改嘉平六年为正元元年，布告天下。

淮南三举义之毌丘俭、文钦

司马师废黜皇帝另立新君的消息传到淮南，老臣毌丘俭被激怒了。身为曹叡的东宫旧臣，毌丘俭对曹氏忠贞不贰，曹芳是先帝选定的继承人，司马师擅自废黜皇帝，简直大逆不道。而夏侯玄、李丰与毌丘俭相交甚厚，夏侯玄、李丰二人俱是魏国股肱之臣。司马师杀戮名臣，废立皇帝，反心已明。

毌丘俭决心起兵勤王，讨伐司马氏。部将文钦马上表态支持。文钦是曹爽的亲信，对司马氏自然不会有好看法。

曹魏正元二年（255）春正月，镇东将军毌丘俭、扬州刺史文钦以太后名义列数司马师种种罪状后在寿春起兵，各遣子弟共四人到吴国搬兵求救，请吴国发兵援助。

毌丘俭起兵时，派人联络镇南将军诸葛诞、兖州刺史邓艾，希望两人同时起兵，可两人不但没响应还把毌丘俭的使者砍了。

毌丘俭、文钦留部将守寿春，两人率主力五万人渡过淮河，一路向西，朝许昌方向前进。讨逆军挺进到许昌东南的项县后，毌丘俭、文钦将部队分为两部。毌丘俭率部守项县，擅长野战的文钦另率一军在外围机动，两军一内一外，相互呼应。

再说司马师听说毌丘俭渡河西进，急忙召集公卿商议对策，朝臣大多主张派一员上将带兵平叛足矣。但司马昭的岳父河南尹王肃及尚书傅嘏、中书侍郎钟会都劝司马师亲自去。

当时司马师正患眼病，眼中生瘤，正在休养。是否亲征，一时，他也有点犹豫不决。

傅嘏对司马师说："淮南军骁勇善战，毌丘俭等人是沙场老将久经战阵，以名将率精兵，此乃劲敌，不可小视。若派别人出征，一旦失利，令其长驱直入，进入京师腹地，主公您就危险了。"傅嘏的话惊出司马师一身冷汗。司马师立刻跳下床说："就算躺在车上，我也要亲自前往，就这么决定了。"

司马师决定带病出征。出兵之前，司马师向王肃请教进兵方略。王肃说："当年关羽在樊城水淹七军，威震中华，慨然有席卷中原之势。后孙权在其背后偷袭，一举俘虏关羽军将士家眷，关羽大军即刻星散瓦解。毌丘俭、文钦所领之淮南诸军，将士家属均在内地。"

"当今之计，我军须迅速出击，堵截叛军使其不得西进，同时派人保护淮南将士留在内地的军属。淮南将士本无反心，又寄挂远在内地的亲人，久之，军心摇动，毌丘俭、文钦必将重蹈关羽覆辙。"

司马师向光禄勋郑袤问计，郑袤主张仿效当年周亚夫平七国之乱，与毌丘俭等人打持久战。荆州刺史王基却主张速战速决。

王基足智多谋，被司马师视为心腹。司马师采纳了王基的建议，随即任命王基为监军、假节，北上统领许昌兵马。

正月五日，司马师率中军十余万出兵讨伐毌丘俭、文钦，留弟弟中领军司马昭守洛阳，并征兖州、豫州、徐州各州兵马，在陈郡、许昌会师。

王基率军与司马师在许昌会合。司马师令王基为先锋，统领前锋军在前，大军随后跟进，寻找毌丘俭主力决战。

命令发出后，幕僚们多认为毌丘俭、文钦都是久经战阵的名将，凶猛彪悍，不可轻敌。架不住众人劝说，司马师又犹豫了，派人追赶王基命其暂缓进兵。

王基上书司马师："当前之势，毌丘俭军本可长驱直入，攻城略地，现在却固守不进，显然是军士离心，不肯向前之故。若深沟高垒，则是示弱于敌。倘若敌军趁势略地夺民，必为深祸。如果吴军再趁机进兵北上，淮南恐非国家之有。"

"不仅不能停还要快进，抢占南顿，南顿有粮食。"

王基以将在军，君令有所不受为由进发。南顿乃兵家必争之地，不可不占，遂进军南顿。毌丘俭果然带兵来争南顿，却被王基抢先，不得已退回项城。

闰正月，司马师率中军十余万人进抵隐桥，毌丘俭部将史招、李绩先后率部来降。

形势开始变得对司马师有利，司马师重新调整部署，令镇南将军诸葛诞率豫州军从安风渡河，进攻毌丘俭的大本营寿春，命征东将军胡遵率青徐兵马进到谯郡、睢阳之间，切断毌丘俭等人的退路；司马师自己率军进屯汝阳。

毌丘俭、文钦前有强敌，后路又受到威胁，陷入进退两难的困境，不断有部下逃散、投降。

司马师见反攻时机已到，命兖州刺史邓艾率兵一万前出至两军之间的乐嘉，故意示弱，引诱毌丘俭来攻。毌丘俭、文钦中计。文钦率军攻击邓艾，而司马师的大部队这时也终于出动，全军衔枚而进，悄悄向乐嘉移动。司马师主力突然出现在乐嘉附近，令文钦惊愕不已。文钦明显有点慌乱，可他的儿子、年仅十八岁的文鸯却不以为然。文鸯年纪虽轻，却勇冠三军，是一员不可多得的勇将，尤其善于指挥骑兵突击，是吕布之后少有的飞将。

文鸯年少气盛、血气方刚，再加上有初生牛犊不怕虎的冲劲。他爹都想打退堂鼓了，但文鸯坚持趁敌人初到，立足未稳，以骑兵冲击，可获全胜。

文钦勉强同意。父子计议已定，当夜，文钦父子兵分两队，文鸯率前队骑兵夜袭司马大营，文钦带兵随后接应。

当天夜里，文鸯率骑兵冲进司马师大营。司马大军全然没有防备，被文鸯的骑兵冲击得七零八落，全军大乱。文鸯率军在司马大营里左冲右突，如入无人之境。

大营乱作一团，司马师本就有病，这次是带病出征，黑夜里不明敌情，也不知来了多少敌兵，连惊带吓，病情加重，一个眼球都凸了出来。司马师怕部下见到自己的模样被吓到，动摇军心，强忍剧痛，用被子蒙住头，用牙齿紧紧咬住棉被，硬是没叫出声来。文鸯在司马大营折腾了整整一夜。

直到天明，文钦的接应部队未按约定出现，而司马师的部队这才发现文鸯带的人并不多，于是群起反攻。

文鸯虽勇，但毕竟厮杀一晚，人困马乏，所部人马又少，接应援兵迟迟未到。文鸯只好退兵。

文钦父子且战且退，退保项城。

再说项城的毌丘俭，听说前方兵败，也不等文钦率军便弃城而逃，沿路上部队不断溃散。毌丘俭本打算率军退回寿春，可退过淮河后，才发现身边已经没剩多少人了。更糟的是，这时他才得知，诸葛诞已先他一步抢占寿春城。

毌丘俭只好逃亡，此时他左右的卫士早已逃光。毌丘俭人困马乏，躲进岸边的水草藏身。闰正月二十一日，安风津口平民张属发现并杀害毌丘俭，将人头送到洛阳请赏。

文钦父子退到项城，到了地方才发现这里早已人去城空，而王基的人马已逼近项城，此地不可久留。不久，又有坏消息传来，寿春已为诸葛诞所得。

文钦父子只好一路向南败逃，投奔东吴。毌丘俭、文钦起兵时曾派人渡江去东吴联络。这时，东吴丞相孙峻率军已进抵东兴，此时也接到了毌丘俭兵败的消息。闰正月十九日，孙峻进至橐皋与败退的文钦父子相遇，吴军与淮南军合兵一处，在文钦的带领下，北上打算夺取寿春。但此时诸葛诞已牢牢控制了寿春城，而司马师大军也相距不远，战机已失，孙峻只好带着文钦等人退回吴国。

战后，王基改任镇南将军领豫州刺史。诸葛诞升镇东大将军、都督扬州。兖州刺史邓艾以战功行安西将军。

司马师此时已经病入膏肓，命在旦夕。司马师病危时，急召弟弟司马昭到许昌托付后事。当时中领军司马昭正在洛阳，得到消息，赶到许昌，从哥哥手里接过兵权。司马师后来死于许昌。

新天子下令晋升司马昭为卫将军，命其就地坐镇许昌，让尚书傅嘏率六军回京。虽然我们不知道是谁向小皇帝曹髦出的这个主意，但可以肯定的是，这位不知名的人士必是一位曹魏忠臣。

想法不错，可惜司马昭不听。尚书傅嘏与中书侍郎钟会，之前辅佐司马师，现在又成了司马昭的智囊。两人告诉司马昭，眼下大将军新丧，难保京城里某些人不会趁机兴风作浪，许昌不可久留，必须速回洛阳。

几人商量后上表皇帝，找了一堆理由说明司马昭不得不返回京城，表章发出去的同时，司马昭的大军也从许昌启程。到了洛阳近郊，大军屯驻洛水南岸。

司马昭随后进京，曹髦晋封司马昭为大将军加侍中，都督中外诸军、录尚书事，并准司马昭剑履上殿，如同当年萧何的待遇。

淮南三举义之诸葛诞

三国时代，琅琊诸葛氏可谓名人辈出，辅佐刘备三分天下有其一的蜀汉丞相诸葛亮，出仕吴国两代历任大将军的诸葛瑾、诸葛恪父子，特别值得一提的是，诸葛亮、诸葛恪叔侄在汉、吴两国分别成为各自君主的托孤重臣，且都是首辅。这对一个家族来说可算是至高无上的荣耀，就算历仕汉、魏、晋三朝的门阀士族也鲜有其匹。

但很多人忽略了一个重要的人物，而实际上后世真正推动诸葛氏地位上升的正是此人的这一支——诸葛诞。

诸葛诞的功业、名迹虽不如前者，但在魏晋之际也颇有声名，不容小觑。在当时，士大夫中间流行着龙、虎、狗的说法，龙当然是指诸葛亮，虎则是诸葛瑾父子，狗就是诸葛诞。

现在如果把某人比作狗，一般是骂人的话，什么狗腿子、狗奴才之类。但在古代，狗有另一种解释，刘邦所谓功狗，即是一种褒扬和肯定，只是相对低一个层次罢了。诸葛诞后来为保曹魏社稷，起兵反抗司马氏，虽兵败身死，却不失忠臣本色。

因此，所谓蜀得其龙、吴得其虎、魏得其狗，相对其事功而言，其实是一种比较公允的评价。

魏晋之际，各派势力明争暗斗，名流士大夫都必须做出自己的选择，不属此，即归彼。想两边都不得罪，独善其身，那是比较难的。

而诸葛诞的复杂之处，就在于他跟许多人的关系都很紧密。早在魏明帝时代，诸葛诞就已崭露头角，当时中原士大夫有所谓"四聪八达"之说，入选者都是公认的名士。夏侯玄毫无悬念入选四聪，而诸葛诞也册名八达之中。但有时名声太大未必是好事。魏明帝很讨厌夏侯玄，连带对"四聪八达"也很厌恶。

诸葛诞很快就卷入当时轰动一时的浮华案中，浮华案就是魏明帝用来专门打击这些名士的。这些人在曹爽执政时代，却成了帝国的政治设计师。这些人有夏侯玄、邓飏、诸葛诞、李胜等。正始时代，名士意气风发。

但高平陵政变后，正始名士被司马氏诛杀殆尽，诸葛诞成为硕果仅存的名士，这种现象并非侥幸。司马氏对政敌的冷酷是出了名的，一个都不饶恕、一个都不放过，正是司马氏的风格。

诸葛诞最初能幸免于难，是因为他虽属曹爽集团，却并非核心成员，与夏侯玄、李胜、邓飏相比，他与曹氏的关系相对疏远。而司马氏很早就开始拉拢诸葛诞了，表现之一就是通婚。

司马懿为自己的五儿子司马伷娶了诸葛诞的女儿，两家结为秦晋之好，关系一下就近了。诸葛诞之女也就是后来的诸葛太妃，她为司马伷先后生了司马觐、司马澹、司马繇三个儿子。

司马懿的招数很奏效，与司马氏联姻后，曾一度让诸葛诞在两派之间摇摆不定，司马氏父子还一度利用诸葛诞前往淮南镇压过王凌、毌丘俭的起兵。

但随着亲曹派骨干被司马氏诛杀殆尽，坐镇淮南手握重兵的征东大将军诸葛诞已成为最后一个忠于曹氏的实力派人物，就这样，诸葛诞的危机最终还是来了，他还是没能逃过去。

在司马氏眼中，诸葛诞始终是个外人。在实现权力的平稳交接过渡后，司马氏已完全掌握了魏国朝廷的军政大权，现在终于有时间有精力把注意力转向外部，——考核审查坐镇各地统领重兵的将帅，确认他们是否忠心于司马氏。

司马昭听从长史贾充建议，派亲信前往四征将军的驻地考察。曹魏设征东大将军驻寿春；征南大将军驻新野；征西大将军驻长安；征北大将军驻蓟县。

四路里三路都是虚的，只有诸葛诞这路是实的，毕竟只考察诸葛诞过于明显。贾充是司马氏的忠实鹰犬，他要前往淮南拜晤诸葛诞，其他三路都是掩护，只有贾充这路才是真的。

贾充见到诸葛诞试探着说："京都贤士都希望司马公接受禅让，代魏称帝，君意以为如何？"

话音刚落，诸葛诞勃然大怒，当场翻脸，用手指着贾充的鼻子，厉声质问："你真是贾豫州（贾逵）的儿子吗？怎说出如此大逆不道之言。我诸葛氏世受国恩，岂可坐视奸人篡权乱政而无动于衷？若京城有事（指司马昭代魏称帝），我诸葛诞必以死殉社稷。"诸葛诞慷慨陈词，声色俱厉，贾充不发一言，保持沉默。

回到洛阳，贾充把自己此次淮南之行的所见所闻，向自己的主子司马昭如实做了汇报。

贾充提醒司马昭，诸葛诞在淮南深得人心，有一批忠实的追随者。如今诸葛诞长期坐镇淮南，待他势力坐大，后患无穷。不如以朝廷名义召其还朝，诸葛诞肯定不会服从，但我们也正可以此为由出兵讨伐。召他还朝，他必反，但诸葛诞根本未固，此时反危害尚小；现在不召他，或许他暂时不会反，但有朝一日他羽翼丰满，还是会反。到那时，再派兵征剿，纵然能够取胜，必然也要费一番工夫，恐误主公大事。两害相权取其轻，不如趁早解决诸葛诞。

司马昭深以为然。

曹魏甘露二年（257）五月，征召诸葛诞入朝的诏书送达淮南。司马昭给诸葛诞的待遇还是很"高"的。诸葛诞的新职务是司空——三公之一。之前说过，这只是一个荣誉性职务，没有实权。从一个坐镇一方统领重兵的大将，到一个有职无权的三公，而其中蕴含的隐性深意，当事人都很清楚。

诸葛诞早有准备，多年来他暗中结交游侠死士，培植亲信，在他身边聚集了数千豪杰，加上他的直属部队、两淮一带的屯田兵，兵力多达十几万。

诸葛诞还未雨绸缪，提前筹集储备了足够十几万大军食用一年的军粮。有了这些硬实力，诸葛诞心里有了底气，决心放手一搏，与司马氏决一死战。

诸葛诞召集军中众将，宣布起兵讨伐司马氏。

诸葛诞的第一个目标是他的同僚扬州刺史乐进之子乐琳。等乐琳发觉情况不妙，再想跑时，已经来不及了。乐琳的人头随即被诸葛诞拿来祭了旗。

虽然拥兵十余万，粮草暂时也还充足，但诸葛诞很清楚司马昭的实力，后者已经完全掌控中军，各地州郡的驻军也大都效忠于司马氏。面对强敌，单靠自己的淮南军，显然不够，在经过一番痛苦思考后，诸葛诞也走了毌丘俭、文钦的老路，找外援——向东吴求救，这也是他所能争取的唯一外援。

诸葛诞派自己的长史吴纲带着幼子诸葛靓及亲信将领子弟到吴国搬兵，请东吴派兵过江与自己合力对敌。诸葛诞送儿子去江东是为了表示自己合作的诚意，同时这个举动也为这一支诸葛家族留下了血脉。

司马昭统率大军挟持魏主曹髦从洛阳出发。六月二十五日，大军抵达项城。司马昭将魏主曹髦留在项城，自己则率各路大军二十六万进驻距此不远的丘头。

魏国大将军司马昭也派出了自己的先遣军，之前在乐嘉之战中有上佳表现的王基再次被选为先锋，打头阵。镇南将军王基被临时任命为镇东将军。

王基请求迅速进兵，得到的批示却是，原地固守。

这时，吴军的第二批援军也到了。吴军名将朱桓之子朱异率兵三万增援寿春。

此次寿春会战，不仅是三国史上参战兵力超过赤壁大战的大决战，更是魏国大将军司马昭与吴国大将军孙綝的巅峰对决。

朱异率军一路向前推进，进驻寿春外围的安丰城，与寿春守军遥相呼应。

因为司马昭坚持稳扎稳打，奉命进攻寿春的镇东将军王基与安东将军陈骞尚未完成对寿春城的合围。文钦、全怿、全端等人率领的第一批援军得以趁机从东北方向利用地形突入城内，与诸葛诞的淮南军会合。

镇东将军王基随后收紧了包围圈，并沿寿春城修筑了内外两层工事，深挖堑壕、高筑营垒。依照王基等前线将领的想法，包围圈合拢之后，就应全力攻城。

但司马昭否决了众将的提议，他有自己的战术构想。司马昭告诉众将，寿春城城高池深，城池坚固，城内守军兵力雄厚，此时攻城，必是一场苦战，即使取胜，也必然要付出相当的代价。而我军全力攻城时，外围吴军也会全力救援。到时，我军前有坚城，后有敌军，将陷入腹背受敌的不利态势。况且攻城最损部队战力，如果久攻不下，士兵疲惫，士气也会下降。

所以当前最重要的不是攻城，而是切断寿春城与外界的联系，把诸葛诞所部困在城里，让寿春变成一座孤城，也就是说最先要解决的不是城里的诸葛诞部而是城外的吴军援兵。

当年司马昭知道必须选派一位得力将领挡住外围的吴军援兵，切断诸葛诞军与外围吴军的联系，将之各个击破。而在外围打阻击，并非易事，因为对手是吴军名将丁奉、朱异，不容易对付。

司马昭兵败东关时，全军溃散，只有将军石苞所部败而不乱，从容有序退出战场。经过此战，石苞的军事才能被司马昭发现。战后，石苞升为奋武将军、假节，统领青州兵马。

此次寿春会战，司马昭调集了全国的精兵强将，石苞被司马昭选中担任外围阻击兵团的总指挥。

兖州刺史州泰、徐州刺史胡质，统统被司马昭划入石苞麾下，归其指挥，受其调遣。

兖州刺史州泰所部率先与吴军接战。两军在寿春西南的阳渊遭遇，随即展开混战，朱异率领的吴军被击败。

增援受阻，败报传回江东，吴军总指挥孙綝第一反应就是兵力不足，迅速增兵。

七月，东吴大将军孙綝再次集结重兵并将指挥部前移至距寿春约三百里的镬里（今安徽巢湖西北），并给朱异增加兵力。朱异奉命率将军丁奉、黎斐等领兵五万第二次向寿春增援。

为加快速度，朱异把辎重粮秣大部留在都陆，自己率主力只带几天干粮，快速推进到黎浆。朱异率军到黎浆后，扎下大营，派将军任度、张震率六千精兵在距大营以西六里处搭建浮桥，悄悄渡河，过河后六千吴兵就地构筑半月形工事，准备接应大军过河。

吴军的行动计划周密、行动迅速，但最终失败了。北岸的司马大军，早就密切注意着对岸的动静，吴军的行动刚一开始，就被他们发觉了。但石苞并未急于动手，他在耐心等待时机。就在吴军以为自己的偷渡计划即将大功告成之时，突然伏兵四起，吴军仓促应战，但对方明显早有准备，而且人数比他们要多得多。

吴军抵挡不住，败退下来，渡河失利。朱异又命造攻城用的车箱围攻五木城，再次大败而归。与此同时，泰山太守胡烈却率五千精兵从小路抄了吴军的后路，将吴军屯放在都陆的辎重一把火焚毁殆尽。

此时的朱异进退两难，司马昭布置的阻击兵团实在过于强大，他不是没努力过，但每次都被灰头土脸地打回来。现在粮草又被烧了，仗打到现在，不撤都不行了。

朱异率残兵败将，靠着沿途吃树叶、采野果，好不容易回到吴军大本营。孙綝又给朱异拨了三万精兵加上其本部人马。孙綝认为这些兵力已经足够，也不管朱异是不是愿意，就命令朱异带着一帮刚刚死里逃生的饥兵饿卒，再打回去。

孙綝很清楚，寿春城里的诸葛诞如果没有外援是挺不了多久的，就是用人挤也要挤进去。

朱异又何尝不知，但眼下他也无能为力，部队连续征战，十分疲劳，又打了几次败仗，士气低落，粮草又接济不上，现在去明显找死。因此，当孙綝下令让他率军反攻时，他坚决拒绝了。

孙綝火冒三丈，朱异竟敢公然抗命。在他看来这是对他权威的挑战。孙綝一怒之下决心处死朱异，杀一儆百。

孙綝派人到朱异军营，让朱异来见自己。此时，朱异的部下柴桑都督、奋威将军陆抗隐隐嗅出其中的危险，劝他不要去。朱异没听，结果朱异到了地方就被抓了起来。

九月，朱异在镬里吴军大营被斩首示众。

孙綝改派弟弟孙恩去救寿春，自己则回建业去了。

司马昭看出了孙綝杀朱异的另一层用意，孙綝想用朱异的人头向寿春守军传递一个信号，东吴绝不会放弃救援，一定会不惜代价全力援救，以此坚定守军的信心。

此时寿春城里的诸葛诞还有另一种选择，那就是孤注一掷，全力突围，南下与吴军会合。但现在司马昭的包围圈完全合拢，诸葛诞想杀出去已经很困难了。

接下来就是第三种可能，诸葛诞坚守不出、司马昭围而不攻。而战局的走向正是第三种。

打持久战，对城内的诸葛诞固然不利，因为他的人马众多，相对的粮草却有限，又处于包围之中，无法得到有效补给，长此以往，最后的崩溃只是一个时间的问题。

拖延战事，对司马昭而言同样不利，全国的主力部队大都集中于一地，其他地方相对就会显得空虚，这就会给他的对手以可乘之机。司马昭的对手不只是蜀汉的姜维，还有那些暗地里忠于曹氏的势力。

而且如此庞大的军队，粮草供应也是一个大问题，古代落后低效率的运输，无疑会加重民众的负担，长期下去，可能会激发民变让司马氏失去民心。

对司马昭的处境，诸葛诞同样也是心知肚明，他期待着他的对手能早于自己崩溃。

而司马昭对诸葛诞的心思摸得也很透彻。不久，司马昭下令让老弱士兵分散到淮北各地，减轻前线压力。与此同时，司马昭故意放出消息，说东吴新的援兵不久即到。

城里的诸葛诞、文钦得知消息，大喜过望，决定继续坚守，而诸葛诞的部将蒋班、焦彝却认为指望吴军来救，还不如自己杀出去。两人主张趁士气正盛，士兵尚有斗志之时，杀开一条血路，冲出去，总比待在城里等死要好得多。而文钦坚信吴兵一定会来，不同意出击。诸葛诞也觉得还是继续守下去，比较有利，突围的最佳时机就这样错过了。

十一月，对前途绝望的蒋班、焦彝出城向司马昭投降。守军望穿秋水的援兵却杳无音信，寿春城中守军的意志开始瓦解，而雪上加霜的是粮食也快吃完了。

而不久之后，另一起突发事件又给守军士气以沉重的打击。

全怿的侄子全辉、全仪，因家族矛盾带着老母及部曲，自建业出奔魏国。而此时全怿跟另一侄儿全靖还有全端的弟弟全翩、全缉正在寿春城内协助诸葛诞守城。

而三国后期的另一员名将钟会此刻也在司马昭军中，钟会是司马昭的随军参谋。钟会认为这是一个好机会，可趁机用计，打开突破口。

司马昭听取了钟会的计策，以全仪的名义给城内的全靖兄弟写信，派全仪的亲信进城交给全怿等人，说："朝廷因为你们不能解寿春之围，要拿将领们的家属治罪，我们不得已逃亡至魏国。"全怿等人看到来信，大惊失色，如果仅仅是一封信，或许全怿不会信，但来的是心腹家丁，应该不会错。

十二月的一天，全怿兄弟子侄五人率领所部数千人悄悄打开城门，出城投降。

司马昭对全怿的来投表现得十分热情，加封全怿平东将军、临湘侯，其他如全端等人也各有封赏。毫无疑问，司马昭此举是向城内的人传递"友好"的信息，欢迎他们"弃暗投明"。

吴军的突然出降令淮南军民大为震惊，联军内部随之出现了裂痕。尤其是主将之间，诸葛诞与文钦原本就不和，两人虽同属反司马阵营，却各有派别，诸葛诞属夏侯玄一派，而文钦是曹爽的人。

两人本来就同床异梦，各怀心事，之前还能勉强合力对敌，如今坐困孤城，内无粮草外无救兵，又发生全怿叛逃事件，导致诸葛诞与文钦互相埋怨、相互指责，发展到最后就是拔刀相向。

不过，在他们挥刀互砍之前，还要做最后一次合作——突围。

到了现在，不论是文钦还是诸葛诞都意识到，只剩突围一条路了。

曹魏甘露三年（258）正月，久闭的城门终于打开了，诸葛诞、文钦、唐咨率军带着攻城器械冲出南门，直奔司马大军在南城外围的营垒。之所以突围还要带上攻城工具也实在是不得已，几个月来，司马昭的士兵们并没闲着，一直在把营垒加高加厚，深挖堑壕，为的就是防止守军突围。

司马昭已经算准了，城里的守军早晚会出来拼命，因此，对防御工事的构筑从未停止，外围的营垒已经快要赶上城墙高了，所以诸葛诞突围还要带上云梯。

诸葛诞、文钦等人督促部下拼命往前冲，一连五六天，不分昼夜地轮番攻击，想要撕开包围圈。可除了留下一片片自己士兵的尸体，什么也没得到。

营垒上的士兵们居高临下，占尽地利，不停地向下射火箭、用投石机向下扔石块，抬头仰攻的淮南军被上面投下的石块砸得头破血流、被射死的更是不计其数。

五六天的工夫，战场上就躺满了阵亡的淮南军士兵的尸体。尸山血海、血流成河。

在付出惨重的伤亡后，诸葛诞的突围还是失败了。诸葛诞只好退回城中，继续固守。

此时城里的状况更加艰难，不断有人出城投降。文钦打算把家在淮北的士兵遣散，只留吴军守城，以节约粮食，可以多挺些日子。但诸葛诞不同意，两人越吵越凶，最后诸葛诞还杀了文钦。

文钦的两个儿子文鸯、文虎带兵驻守寿春小城，听说父亲被害，当即集合队伍要去跟诸葛诞拼命。可城中大部是诸葛诞部下，吴军又不归他们指挥，临时拨给的士兵因为跟随他们的时间不长，也不愿为兄弟俩卖命。

文鸯、文虎没有办法，又不能留在城里，只好逾城而出，来投司马昭。

文鸯、文虎投降后，军吏请求将兄弟二人正法，司马昭却赦免了两人。司马昭说："以文钦父子所犯之罪，固当斩首。然而他们主动归降，若杀了他们，守军自知投降必死，必然会为诸葛诞死战，做困兽之斗，此于我军不利。不如赦免他们，要城内知道我们的宽容，士兵有求生之念，自然不会为诸葛诞效力。"

司马昭不仅当场给两人免罪，还任命文鸯、文虎做了将军，赐爵关内侯，让兄弟二人率领数百骑兵，围城巡视，并对着城上守军喊话："文钦之子尚且不杀，余者何惧。"现身说法还是非常有说服力的，司马昭这招攻心战术，的确很高明。为了检验自己的战术成果，司马昭亲自来到城下观察，当他看见自己的士兵已经进入守军弓箭的射程，而城上的人却迟迟不放箭时，他的脸上掠过一丝不易察觉的微笑。现在是进攻的时候了。

回到大营，司马昭马上做出部署，分兵派将。随即下达全军总攻击令！

几十万大军如潮水般涌向寿春城。此时寿春城内的守军的抵抗已经比之前弱了很多，尽管效忠于诸葛诞的淮南军顽强抵抗，但大势已去。

二月二十日，寿春城破。

诸葛诞带着几百名部下向城外突围，却迎面遇上胡遵之子胡奋的部队，混战中，诸葛诞死于乱军之中，城内守军大部投降。

诸葛诞的亲信部下数百人被俘后却不肯投降。几百人拱手为列，负责审讯的军官一个一个地甄别审问，每杀一人之前，审问的人都会进行劝降，可得到的回答全都一样——为诸葛公死，死而无怨。直到杀完最后一个人，也没有一人投降。寿春的数百名忠义之士的慷慨赴死堪比田横的五百壮士。

吴军大将于诠不肯降敌，战死沙场。但更多的人则选择了屈服，吴军将领唐咨、孙弥、徐韶所部相继放下武器投降。

四月，司马昭大军回到洛阳，皇帝曹髦下令将司马昭驻军的丘头改为武丘，以旌表司马大将军的"赫赫武功"。此次会战，前后历时近九个月，双方投入的兵力总计多达五十万，寿春会战是三国时代规模最大的一次战役。

寿春之战，王基军功最多，战后升任征东将军。

而在此役中，出谋甚多有着良好表现的钟会，也由此确立了他在司马氏集团中不可撼动的地位。

钟会被晋升司隶校尉，宠冠一时，时人将之比作张良张子房，至于那个"刘邦"，自然是司马大将军。

战后，司马昭重新划分了全国防区，于荆州设两都督，王基镇新野，州泰守襄阳。石苞都督扬州，陈骞都督豫州，钟毓都督徐州，宋钧都督青州。各州都督几乎都是司马氏的心腹。司马昭终于完成了他设想多年的布局。

第五十一章

姜维第一次北伐——兵进西平

魏国发生高平陵政变后，政局不稳。这在南方的蜀汉与东吴看来，又是一次北伐的好机会。姜维先动手了，姜维能这么快做出反应，说明费祎对他的管束比蒋琬松多了。

蜀汉延熙十二年（249）秋，汉卫将军姜维出兵北伐，不过这次北上，姜维选了一条比祁山更偏的进军路线。这次他的目标是魏国的西平郡。西平郡郡治所在的西都县就是今青海西宁。看看中国地图，就知道姜维这次走得有多偏了，汉军从汉中出发一路向西北挺进。姜维很想给"老朋友"郭淮一点惊喜。

曹魏黄初三年（222），魏人在今西宁修筑西平郡城。从那时起，这里就是魏国的势力范围，也是曹魏帝国版图上最不稳定的地区之一。西平郡包括郡治西都县在内共有四县，其他三县分别是临羌、破羌、安夷。听听名字就知道，这里是羌人聚居区。

西平郡所在的湟水流域生活着大量的羌人。与其他的游牧民族不同，羌人虽说也放牧，但跟汉人在一起杂居久了，受汉人的影响，也开始种地，算是半耕半牧。

姜维从小长于西北，对羌胡的风土人情再熟悉不过。姜维跟羌人的关系也不错，长久以来，联结羌人夹攻魏人是姜维孜孜以求的战略构想。

羌人彪悍凶猛，战力强劲，汉末以来，董卓、李傕、郭汜、马腾、韩遂、马超等人之所以能威风一时，靠的就是勇猛的凉州兵团，其中羌人占了大部。

西平湟水流域有勇猛的羌人，有大量可供大军食用的粮食，有成群的战马。

兵源、战马、粮食，三者都是蜀汉最缺乏也是最需要的，而这里全都有。联结羌人，利用他们的资源，可以大大弥补蜀汉北伐的军需补给，减轻后勤压力，这就是姜维积极联络结好羌人的用意所在，而当年刘备看重马超和后来诸葛亮等人看重姜维，也正是因为他们两人与羌人的密切关系。

在当年诸葛亮的战略规划里，联结羌人是其中重要一环，如今诸葛武侯的遗志由他的军事继承人姜维来执行，武侯在天之灵也会感到稍许安慰吧。

姜维率兵进攻西平郡的同时，令牙门将句安、李歆在麴山兴筑两座山城，用以保护羌人家眷。

姜维高度重视保护军属，说明军属对军心军队有多重要。当年关羽水淹七军，威震中华，一度逼得曹操要给汉献帝搬家，结果被吕蒙抄袭后路，军属成了人家的俘虏，关羽大军未经一战便土崩瓦解。

不过，郭淮也不是平庸之辈，经验丰富的郭淮也把打击矛头对准了军属。郭淮的军龄比姜维还要长，身为沙场老将，郭淮很懂得避实击虚，这个虚，就是羌人眷属。

高平陵政变后，姜维身边多了个帮手夏侯霸。不过，司马懿也给郭淮派来了一个得力干将陈泰。

司马懿执掌大权后，用心腹郭淮取代夏侯玄做了征西将军，郭淮留下的雍州刺史的位置，司马懿给了陈泰。陈泰是陈群的儿子，也是司马氏的心腹，司马懿派陈泰来就是对付姜维的。

能被司马懿看中的人，当然不是等闲之辈，事实也是如此。陈泰到前线后，给姜维添了不少麻烦。郭淮就很难搞了，这下又来了个狡猾的陈泰，姜维的压力不是一般大。

新任雍州刺史陈泰眼光异常犀利，一上来就看出了姜维的破绽。陈泰对郭淮说："麹城虽险且易守难攻，但我们不一定非要去攻，此城孤悬在外，远离蜀地，城中所需粮草当由外运，我军只要四面围住，围而不攻，切断蜀军粮道，蜀军无粮将不战自溃，到时我军兵不血刃即可取麹城。就算姜维派兵来救，山路险远，我军在此以逸待劳，也可稳操胜券。"

郭淮听了陈泰的计策，正合心意，当下两人计议已定，雍州刺史陈泰率讨蜀护军徐质、南安太守邓艾带兵围困麹城，魏军包围麹城却不攻，只是切断了麹城与外界的联系，更狠的是切断了城内的水源。西北本就干旱少雨，有时水比粮食还要珍贵，而麹城依山而建，山上更缺水，几十年前，马谡在街亭的失败也是因为水。

对守军而言，断水比断粮更可怕也更狠毒。守将句安、李韶不甘心坐以待毙，主动出城挑战魏军，与其渴死不如趁部队战力尚存，与魏军决一死战。可陈泰、邓艾这帮狡猾的家伙知道汉军的窘境，闭门不战。之所以不应战，不是不敢，他们只是想在取胜的同时，把损失减小到最小，此时出战，即使获胜，也要付出不小的伤亡，与其如此，不如等蜀军奄奄一息时，再上去收尸，那岂不更容易。

好在时值冬季，西北天气寒冷，下了一场大雪救了城里的蜀军，守军分粮聚雪，煮雪为水，才勉强支撑下来。

守军在山上苦熬，日夜盼望援兵。姜维得知麹山被围，急忙带兵来救，城里的情况他比谁都清楚，因此昼夜兼程，不敢怠慢。

姜维亲统大军出牛头山来救麹城，在外围遇上了陈泰军。姜维很想打一仗，陈泰却不想打，一是怕打不过，二是他另有计划。

陈泰派人联系郭淮，请后者带兵南渡白水，循水而东，赶赴牛头山，抄袭姜维的后路，如果此计成功，姜维军将面临前有坚营、后有追兵被前后夹击的困境。

郭淮依计而行，姜维果然怕了，只好撤退。麹城守将句安、李韶孤立无援，粮草将尽，最后被迫投降。

这一回合，姜维败了。

郭淮见姜维退走，这才放心，这就要去打羌人。这时邓艾说："蜀军尚未走远，若知我军撤退，必然折返，姜维素来狡猾，要防他使诈。应留下一军以防不测。末将不才，愿领此任。"

于是，郭淮留下邓艾一军屯兵白水北岸。三天后，汉军果然杀了回来。姜维用兵出神入化，鬼神莫测，得诸葛亮真传，堪称一代帅才，可惜他的对手太强，郭淮、陈泰加上邓艾跟后来的钟会，一个比一个难斗，加之国小兵少，鲜有良将，以至于屡次北伐均无功而返。

姜维派大将廖化在白水南岸邓艾军营对面安营扎寨。此时，邓艾孤军留守，兵并不多，但南岸的汉军并没有渡河攻击的迹象而是固守不出。邓艾仔细观察汉军后，对众将说："姜维折而复返，兵力远多于我军，却不进攻，这很不正常。这必是姜维令廖化在此吸引我军，他却领兵去取洮城。"洮城在白水之北，距邓艾营六十里。

邓艾连夜率军回防，悄悄回到洮城。邓艾刚到不久，姜维随后杀到，可惜晚了一步，姜维与邓艾确是棋逢对手、将遇良才。姜维见魏军已有准备，不得已退去。

延熙十六年（253）正月，大将军费祎与众将在汉寿（葭萌关）置酒宴，大家都喝得有点高，费祎更是喝得酩酊大醉，不省人事。这时降将左将军郭循也在座，趁机将醉酒的费祎刺杀。

越嶲太守张嶷曾劝费祎，让他对那些投降过来的人保持适当的警惕，可费祎觉得那会令归附者心寒，还是一如既往地热情待人，最终果真死于刺客之手。

费祎在蜀汉的地位相当于吴国的诸葛恪，他是诸葛亮指定的接班人，身兼大将军、益州刺史，总揽汉军政大权。他的儿子费恭娶了皇帝刘禅的女儿，他的大女儿嫁给了太子刘璿。他与刘禅关系之亲密，由此可知。

对北伐，费祎继承了前任的风格，持谨慎态度，不肯轻易出兵。所以他掌权的这几年，边境鲜有战事，姜维每次要大举北伐，费祎都对其进行约束，每次给姜维的兵不过一万，这点兵力也只能袭扰一下魏国而已。与蒋琬、费祎不同，姜维是坚定的主战派，一心继承丞相遗志——出师北伐。可遇上费祎这样稳重型的上级，姜维也无可奈何。

姜维很郁闷，费祎也看出了姜维的郁闷，对姜维说："我们的能力远不如丞相，丞相尚且不能进取中原，何况我辈！不如谨守边界，保境安民，等待时机。"就这样，在费祎时代，姜维毫无作为。

随着费祎的死，一切都改变了，再没有人能压制姜维。

姜维的时代终于来了。

延熙十六年（253）夏，得知东吴诸葛恪出兵北伐，姜维亲率数万大军出石营进攻陇西郡。

第五十二章

姜维第二次北伐——进攻陇西

延熙十六年（253），随着蜀汉大将军费祎的被刺身亡，主战派卫将军姜维成为汉军主帅。

姜维一改前任的保守策略，面对强敌，采取大胆进攻，主动出击的攻势战略，掀起了蜀汉继诸葛亮之后的第二次北伐高潮，笔者称之为姜维北伐。

当年夏天，东吴的主战派诸葛恪率军北伐，大批关中魏军奉命东调，支援淮南战场。姜维抓住战机即率数万大军出石营进攻陇右，正式拉开了北伐战争的大幕。

延熙十七年（254），魏陇西郡狄道县长李简秘密派人入蜀联络姜维，表示愿归附蜀汉，请姜维出兵，自己愿做内应。

六月，姜维出军陇右，进兵陇西。汉军到达狄道，李简即率全城军民出城相迎。姜维大军稍事休整，即挥师东进，围攻陇西郡治襄武（今甘肃陇西县南），与讨蜀护军徐质所率魏军遭遇爆发激战。混战中，汉军大将荡寇将军张嶷阵亡。

张嶷不久前刚刚回成都。此前的十五年，张嶷一直驻守南中任越巂太守。之所以待了这么久，一是当地百姓不放他走，二是皇帝刘禅也不想让他走。

之前说过，南中情势复杂，越巂尤其混乱，张嶷之前的两任太守都死于非命。张嶷到任后，迅速平息叛乱，把越巂治理得井井有条。鉴于人才难得，那里也只有张嶷这样的猛人才镇得住，刘禅就没打算换人。

还是张嶷自己多次上疏请求调回内地，毕竟已经镇守南界十五年了。

延熙十七年（254），刘禅也有点不好意思了，这才把张嶷召回成都。

听说张嶷要走，当地百姓扶老携幼空巷相送，不少人一路依依不舍，甚至送到蜀郡地界，跟随张嶷入京朝贡的部落酋长竟多达百人。

张嶷回成都不久，即赶上李简请降，朝臣对此都有些怀疑。三国年间，边境守将诈降事件层出不穷，最有名的就是石亭之战中的周鲂，把一个曹休活活气死。所以对李简的投降，朝廷大臣难免心存疑虑。张嶷却坚决支持姜维，把握良机，出兵接应。

张嶷虽常年身居外任，在朝中却很有威信，皇帝刘禅颇为倚重张嶷，下旨准许姜维出兵。

当时张嶷患有严重的风湿病，平时只能靠拄拐才能行走，所以姜维选将调兵时，未将张嶷编入出征人员名单。张嶷得知后，主动上疏要求随军出征，"肆力中原，致身敌庭"。

出征前，张嶷给后主刘禅上了一份辞气慷慨的表章："臣受陛下厚恩，常思报效，近年臣有疾在身，恐一朝殒没，辜负陛下。今如愿随军讨敌，臣又能报效国家，甚是欣慰。此次出军若能克复凉州，臣愿为陛下守此；若有不捷，臣将以死报国。"刘禅看了表章感动得流泪。

张嶷抱定必死之心，踏上征途。战斗中，张嶷奋勇向前，不幸陷入重围，在生命的最后时刻，张嶷履行了自己的诺言，求仁得仁，在杀伤了大批敌兵后，壮烈殉国。

张嶷战死的消息传回蜀中，后主刘禅为褒扬张嶷的功绩，下令加封张嶷长子张瑛为西乡侯，次子张护雄继承其父爵位。越嶲民夷闻嶷死，无不悲泣，在当地为张嶷立庙，四时祭祀。

张嶷并没有白白牺牲，姜维率军经激战大败魏军，阵斩魏军主将徐质，接连攻克河关（今甘肃积石山）、临洮（今甘肃岷县）。随即，姜维将

狄道、河关、临洮三县百姓迁入蜀中，蜀地富庶，但人口不多，大军远
征，争城夺地之外，便是迁徙人口，故有此举。

第五十三章

姜维第三次北伐——洮西大捷

二次北伐后，姜维回到成都。延熙十八年（255），姜维在蜀中得知司马师病亡，其弟司马昭继立，魏国国内局势不稳，当即上表后主，请求再次出师北伐。

后主刘禅还未发话，征西大将军张翼却先开口了，坚决反对。张翼说我们国小民穷，连年出军，劳民伤财，不如保境安民，等待时机，并当众与姜维争论。后主最后还是批准了姜维的进兵计划。张翼改任镇南大将军也随军出征，虽然张翼反对姜维北伐，但姜维出师还是要带上这位反对派。

在蜀汉朝堂上，姜维是孤独的。益州本土势力以谯周为代表反对北伐，主政的荆州集团蒋琬、费祎在诸葛亮去世后，对北伐也不甚积极。军中大将要么如张翼、廖化公开反对，要么如胡济暗中不予配合。但矢志于北伐的姜维，排除重重阻力，百折不回，义无反顾，再次出师。

汉卫将军姜维与车骑将军夏侯霸领兵数万三出陇右，大举伐魏。

此时郭淮已死，陈泰受命继任征西将军，假节，都督雍、凉诸军事，继郭淮之后，总督关中、陇右各处兵马。陈泰升职后，留下的雍州刺史空缺由王经接任。

姜维为迷惑魏军，扬言兵分三路，攻取祁山等处。

接替陈泰任雍州刺史的王经报告陈泰说情报显示，姜维、夏侯霸企图兵分三路进军祁山（今甘肃礼县东北）、石营（今甘肃武山南）、金城（当时属凉州，今甘肃榆中），王经提议以本部人马进兵为翅抵挡石营方向的蜀军，调凉州军至枹罕对付金城方向而来的蜀军，请讨蜀护军守祁山。从地图上分析，蜀汉这三路攻势同时攻击魏国雍、凉两州，相隔数百里，不能互相呼应，自诸葛亮以来从未有过不据险要、分兵多路的情况。

陈泰不愧为沙场老将，在西线多年，熟知姜维的用兵方略。他否决了王经的提议并警告王经，一旦分兵，军势分散，容易被蜀兵各个击破。在摸清敌军虚实，搞清姜维主攻方向之前，各部不准轻举妄动。

蜀汉只有数万人马不可能发动如此大规模的包围战役。兵势恶分，分则力弱，敌军如此，自己也一样。凉州军也不宜越境到雍州作战，这定是姜维的疑兵之计。

于是，陈泰回复王经："先查明姜维的真正动向，我再与你东西并进夹击姜维。"

雍州刺史驻地在天水郡的上邽，从上邽出发，到狄道要比枹罕到狄道远五六倍，姜维到枹罕之前，王经所部已向西移动，攻击石营的蜀军此时顺势西进狄道。

汉军的真实意图很快被确认。八月，姜维率兵数万，进至枹罕（今甘肃临夏），兵锋直指狄道。

陈泰命令王经率军进驻狄道城，固守待援，待大军到后，再进兵。但王经没听从上司的部署坚守，而是主动迎战蜀军。

王经率军强渡洮水，在洮水西岸与姜维率领的汉军主力遭遇，两军随即展开大战。

姜维带兵深入，利在急战，攻城旷日持久于汉军不利。自诸葛亮以来，汉军北伐，首要目的是寻求与魏军野外决战，待歼灭其主力后，再发兵攻城，此举事半功倍。

现在王经主动送上门，姜维哪能放过？姜维率领的是蜀汉精锐的野战军，那是诸葛亮、姜维一手训练出来的精兵，战斗力很强。尽管雍州兵也是能战之师，但在草包王经手下也只能自认倒霉。两军混战，旌旗乱舞，箭矢如雨，双方士兵绞杀在一起，直杀得天昏地暗，血肉横飞。

一场昏天黑地的厮杀，魏军大败，战死一万余人，伤者不计其数，余者大部溃散。这时王经手下还有一万人，魏军在城外难以立足，王经只好带着残兵败将退保狄道城。

洮水之战，汉军大获全胜，这是自姜维北伐以来，取得的最大的一次胜利。

姜维正要乘胜进兵，镇南大将军张翼又出来反对，张翼说："不如乘胜收兵。再进兵深入，未必于我军有利，反倒是画蛇添足。"姜维闻听此言，勃然大怒。张翼屡屡跟他唱反调，但姜维还是带上张翼一起围攻狄道城。

陈泰大军进到陈仓，听说王经并没有进驻狄道，就预感到大事不妙，催促大军加快行军速度。尽管陈泰率军拼命赶路，但还是晚了一步。

陈泰还在路上，败报传来，王经军战败，部队大部溃散，王经率余部退守狄道，正被姜维率军围攻，情势危急。

陈泰到上邽后，分兵把守各处关隘，之后率大队人马昼夜兼程来救狄道，大军到达陇西，邓艾、胡奋、王祕各部也先后赶到。

八月二十二日，魏廷得知前线战败，司马昭即令代安西将军邓艾率军支援陈泰，合力抗拒姜维。

稍后，魏廷再次下令太尉司马孚统率大军为邓艾军后继，增援陇右。当年诸葛恪攻合肥，领兵增援的就是司马孚；现在姜维攻狄道，司马孚又挂帅出征。司马孚的水平不必说了，这是一位靠关系上位的废柴，他能当上太尉，只是因为他是司马懿的弟弟、司马昭的叔叔。

几年过去了，司马孚全无长进，面对锐气正盛的汉军，司马孚依旧徘徊不进，不敢向前，他率领的援兵似乎永远在路上。

陈泰会合各路人马后就要进兵，邓艾、王祕等众将纷纷劝道："王经所率乃陇右精兵，尚遭大败，今姜维大胜之后，气势正盛，将军人马虽多，却多是从各地征集的新兵，未经阵仗，操练不熟，而王经新败，各部士气低落，恐难以对敌。古人有言：'蝮蛇螫手，壮士解其腕。'孙子曰：'兵有所不击，地有所不守。'"

邓艾等人的意思再清楚不过，所谓"兵有所不击"，是指此时姜维兵锋锐不可当，这时迎上去是自找倒霉；所谓"地有所不守"，就是说狄道那地方，该放弃就放弃，不必冒险去救。王经，就让他自己在那儿守着吧。不是我们不想救，而是眼下形势没法救。为了顾全大局，局部的牺牲也是不可避免的。总之意思就是王经完了也就完了，别把大军也搭进去。

邓艾、王祕等人的意思先占据险要，待姜维军疲困之后，再反击。说穿了，就是没胆，不敢去。即便大将也有胆怯时，曹操这话真是说得太好了，想必此时的名将邓艾在心底深深认同这一说法。

陈泰知道要救狄道，先要说服众将。他说："姜维远来，利在急战，他的目的就是与我军野战。王经正确的做法应是深沟高垒，坚守不战，待蜀兵锐气尽失、粮草不济退去时，再出击方为上策。而他却与敌决战野外，中了姜维的圈套，这才被困狄道。

"此时，姜维若乘胜东进，抢占略阳粮仓，然后分兵四出，招降纳叛，引诱羌人，陇上四郡——陇西郡、南安郡（今甘肃陇西东南）、天水郡（今甘肃甘谷）、广魏郡（今甘肃天水东），恐非我有。

"但姜维却以得胜之师顿兵坚城之下，这正是他的失算。攻守势殊，主客不同。造盾牌，制撞车，耗费时日。堆土山，填堑壕，也要时间。蜀军悬军深入，强攻坚城，绝非易事。

"姜维孤军深入，粮草不多，却攻打坚城，此乃兵家大忌。大破姜维正在此时，我军当迅速推进，以迅雷不及掩耳之势，进击敌军。寇不可纵，围不可久。君等何出此言？"

主将如此态度，其他人也不敢再多说。

陈泰率军继续前进，于一天深夜翻过高城岭，登上狄道城东南的一座高山，魏军在山上燃起烽火，鼓角齐鸣，黑夜里火光照出很远。

城内守军望见烽火，知道救兵已到，顿时来了精神，欢呼雀跃。

火光也同时暴露了陈泰军的位置。姜维没想到敌人的援兵会来得这么快，仓促之下，紧急集合部队，向陈泰据守的山头反攻。但陈泰居高临下，占据地利，汉军仰攻受挫。为避免腹背受敌，姜维只好撤除包围。

九月二十五日，姜维拔营退走。这时狄道城中守军的粮草仅够维持十天，如果陈泰听从邓艾等人的话，不要说狄道难保，恐怕整个陇右都可能被汉军占了。姜维的运气也真够差，每次胜利在即之时，总有强劲的对手出现，以致最终功败垂成。

当初陈泰进兵时，军中众将大都反对，邓艾等人都主张等司马孚率领的朝廷大军到后，再行反攻，只有陈泰坚持。陈泰曾把众将的想法向司马昭汇报，请示下一步的行动。

司马昭肯定了陈泰的计划，说："切断陇道，据关、陇之险，夺取四郡，昔日诸葛亮常有此志，但未能如愿。连诸葛亮都做不到，更何况姜维？狄道城固，蜀兵短期之内难以攻陷，最令人担忧的就是城内缺乏粮草，征西（指陈泰）急速救援是上策。"陈泰力排众议敢率军增援，也正是得到司马昭的首肯才行动的。

姜维从狄道撤军后，屯兵钟提（今甘肃临洮南），等待时机，准备再出祁山。

第五十四章

姜维第四次北伐——段谷之战

延熙十九年（256）正月，后主因洮水大捷，下令晋升姜维为大将军。姜维终于成为名副其实的汉军主帅。

洮西惨败，震动魏国朝野，也让他们更深刻地意识到姜维对他们的威胁有多严重。但也有人对战局很乐观，认为蜀国国小民穷，最禁不起的就是消耗战和旷日持久的攻坚战。诸葛亮第二次北伐的失败就是放弃了运动战而打攻坚战的结果，如今姜维又犯了相同的错误。

当年诸葛亮攻陈仓是不得不攻，有不得已的苦衷，而姜维在洮西大胜之后，还是执迷于攻坚，这就不明智了。姜维虽在野战中击溃了雍州兵团主力，但魏国国力的雄厚也在此刻显现出来，仅一个雍州兵团的实力就与姜维所率的汉军野战兵团的实力不相上下，所以姜维只能击溃而未能全歼敌军，致使王经残部仍有万余人的实力，得以据城死守，逃过城破人亡的命运。

但其实姜维执着于攻城略地也有他的难处，姜维是凉州人，只身入蜀，在蜀中没有根基，仅凭诸葛亮的赏识跟器重才得以上升，而诸葛亮死后，姜维失去了强有力的支持，蜀国温和保守派占据主流，姜维英雄无用武之地。

等姜维好不容易拥有了指挥权，却要面对强敌，从郭淮到陈泰、邓艾，哪个也不容易对付，而几年来的连续北伐几乎耗尽了蜀汉的国力，国内很多人已经开始对姜维不满。此时的姜维需要战绩，只有确实的战果——城池、土地、人口，才能堵住这些人的嘴，这就是姜维面临的处境。

魏国人的乐观建立在他们对蜀汉国力的了解上，在他们看来，姜维虽然厉害，但蜀汉已经无力北伐。

在一片乐观的气氛中，只有一个人表示反对，就是邓艾。别人只看到对自己有利的一面，他却看到了对手的优势和己方的劣势，这就是名将与普通人的区别。

邓艾刚刚因救援狄道有功，从行（代理）安西将军正式转正为安西将军。邓艾为同僚们仔细分析当前的敌我形势：

洮西之战，我军惨败，损兵折将，府库空虚。

敌军锐气正盛，我军士气低落；敌军训练有素，久经战阵，上下协同一心，我军新募之兵，将不识兵，兵不知将。

敌军器械精良，我军铠甲武器损失严重，新造的还没补充足额。

敌军行军走水路（钟提附近有黑龙河、永宁河，可逆水而上），我军是陆地行军，劳逸不同（水路快而省力，陆路慢而耗费体力）。

我军处于守势，狄道、陇西、南安、祁山，处处需要分兵设防，而敌军可以集中兵力，随意攻击其中任何一处。

蜀兵如果从南安、陇西进兵，可以从当地羌人那里就地补充粮草，如出祁山，那里的千顷麦田对姜维更是一个巨大的诱惑。

最后，邓艾得出结论，姜维一定会来，而且很快。这一次他又猜对了。

延熙十九年（256）七月，姜维再次率军出征，兵出祁山，开始了第四次北伐战争。

姜维率军出发不久，斥候来报祁山魏军守备严密，显然已有准备。姜维于是舍弃祁山，回军董亭（今甘肃武山南），转攻南安郡。邓艾在武城山（今甘肃武山西南）据险力守。姜维派兵夺取山头，但没有成功。姜维决定改变主攻方向，派人联系镇西大将军胡济，让他领兵增援，与自己合击上邽。

之后，姜维率军渡过渭河，沿山东进，转攻上邽（今甘肃天水）。邓艾在击退汉军后，并没有忘乎所以，与姜维交手多年，他很了解自己的对手，这不是一个轻言放弃的人。于是，汉军撤走不久，邓艾便带兵下山一路跟踪追击，在段谷（今天水西南）追上了姜维军。

此时的姜维孤军深入，连续转战，人困马乏，更糟的是原本应该出现在这里的接应人马——胡济兵团并没有出现。

汉、魏两军在段谷狭路相遇，展开混战，汉军寡不敌众，折损数千兵马，只好退回汉中。此战蜀兵死伤众多，国人怨声四起，姜维主动上疏请求处分。不久处分结果下来，姜维被免去大将军之职，降为后将军代理大将军。

姜维被贬，邓艾却升官了，因为成功击退汉军，邓艾被晋升为镇西将军都督陇右军事，晋封邓侯。

第五十五章

姜维第五次北伐——骆谷长城之战

延熙二十年（257），诸葛诞在淮南起兵，司马昭为围攻寿春，不得不从关中抽调兵力支援东线。

姜维获知消息，趁关中魏军兵力空虚，率兵数万，出骆谷（今陕西周至西南），向关中进兵，开始了第五次北伐。与之前四次进军陇右兵出祁山不同，这次姜维改变了主攻方向，兵锋直指关中。实际上，不论是诸葛亮的五次北伐，还是姜维的"九伐中原"，主攻击方向都是陇右，很少直接进攻关中，诸葛亮五次北伐也只有最后一次指向关中。道理很简单，不解除来自陇右的侧翼威胁，进兵关中带有一定的冒险性。

姜维这次突然改变路线，只是因为这里的魏兵少于平时。不过守军虽少，却并非没人守。

当姜维率军抵达沈岭附近的长城（魏国沿边所筑的防御要塞）时，姜维遇到了敌手——魏军主将司马望。

当时的长城库存有很多军粮，守军却很少，所以当守军得知姜维杀到，顿时惊慌失措。主将司马望却泰然自若，这早在他的意料之中，关中部队东调，这么好的机会，姜维怎能放过，姜维不来，那才叫怪事呢。

将是军中之胆，士兵们见主将如此镇定，人心也渐渐安定下来。

司马望，字子初，河内郡温县人。司马懿三弟司马孚的二儿子。有司马懿家族的背景，司马望的仕途可谓一帆风顺，举孝廉入仕（世家子弟的普遍现象，寒门子弟被排斥在外），先后做过平阳太守、洛阳典农中郎将，曹魏嘉平三年（251）随伯父司马懿赴淮南逮捕王凌立功，受封永安亭侯。

高贵乡公即位后很赏识司马望，后者常被召入宫中，与裴秀、钟会等一班名士成为幼主曹髦的座上客。但司马师、司马昭执政时的魏国，朝廷政治斗争日趋白热化，司马望不愿卷入其中，主动申请外调，以征西将军衔出镇关中，都督雍、凉兵马，接替陈泰，全面接管西线防务。

司马望对付姜维的办法说起来很简单，就是坚守不出。司马望凭险固守不战，不论汉军如何挑战，魏军就是不出来。这场景几乎就是当年诸葛亮与司马懿在渭水南岸对垒的原版复制。

而不久之后，姜维的老对手安西将军邓艾奉命自陇右率兵增援长城。邓艾的到来更坚定了守军固守的信心。

姜维只好在芒水（今陕西周至南里水谷）扎下连营，长期围困。但姜维不同于司马昭，他的兵力单薄，又是劳师远征，这样耗下去，对汉军不利。转年，寿春被司马昭攻破，大批魏军回援。战机已失，姜维不得不再次退兵，第五次北伐无功而返。

景耀元年（258），姜维回到成都，再次被拜为大将军。

第五十六章

姜维第六次北伐——侯和之战

蜀汉景耀五年（262），在沉寂了数年后，大将军姜维再次上表后主，请求出兵北伐。

而朝廷上不出意外再次出现反对的声音，这次反对出兵的是右车骑将军廖化。

廖化最为人熟知的就是那句流传颇广的谚语"蜀中无大将，廖化作先锋"。这句话常常用来说明蜀汉后期良将的匮乏，连廖化这等"不入流"的武将都做了先锋。

其实这完全不符史实，因为廖化与时任左车骑将军的张翼都是北伐的反对者，这次廖化更是公开站出来反对姜维出兵，他怎么可能会做姜维的先锋？而且，此时廖化的年纪已经很大，姜维更不可能用一位比自己年纪还大的老将去打先锋，况且，廖化的资历很深，级别也仅次于姜维，也不适合做先锋。

几乎每次出兵，朝野上下都会出现反对的声音，但后主还是批准了姜维的请求。

十月，姜维再次出兵陇右，开始了自己执掌兵权以来的第六次北伐。如果算上费祎时代的三次，这已是姜维第九次伐魏，即《三国演义》说的九伐中原。

姜维率军进攻洮阳（今甘肃临潭西南）和洮阳东面的侯和（今甘肃舟曲西北），与自己的老对手魏国大将征西将军邓艾再次相遇。不过这次姜维却败给了对手，不得不退兵回国。

消息传回成都，朝野哗然，姜维的北伐本就不被看好，这次又兵败而归，姜维的处境更加被动，用四面楚歌形容也不过分。军中的高级将领、资深元老如左车骑将军张翼、右车骑将军廖化、右骠骑将军胡济等人都反对姜维北伐，朝中执政的董厥、诸葛瞻也不支持姜维，宦官黄皓甚至打算用右将军荆州南郡人阎宇取代姜维，只是因姜维手握兵权，一时还没找到机会而已。

姜维虽常年领兵在外，但对小人黄皓的所作所为还是知道一些的，特别是当他得知，黄皓竟阴谋要夺其兵权时，再也压抑不住心中的怒火，直接找到后主，请皇帝诛杀这个祸国殃民的小人。黄皓是刘禅的宠臣，刘禅当然舍不得杀，姜维碰了一鼻子灰，无可奈何，成都的官僚大多是黄皓的党羽，姜维人单势孤，深恐久留京师于己不利，于是主动提出到沓中去屯田避祸，不敢回成都。

姜维是陇右人，在蜀中并无根基，加之连年征战，兵疲民困，功业不建，此刻又受到朝野内外群起攻之。令姜维更苦闷的是，姜维和他的兵团一直在外孤军奋战，从始至终北伐都只是他一个人的北伐，从未得到朝中有力的支持。

不少人将蜀汉的灭亡归咎于姜维，岂不知导致蜀汉衰亡的正是昏庸的后主和以碌碌无为的董厥为代表的荆州派势力。这些人因循守旧、不思进取，只顾自己小团体的利益，排斥益州势力，造成益州本地人的日益离心，对黄皓在朝中勾结党羽、干预朝政的所作所为，听之任之，毫无办法。导致蜀汉早亡的正是这些人。

姜维北伐虽劳而无功，也的确劳民伤财损耗国力，但尚不致亡国。如果没有姜维，以蜀汉之主昏臣暗，怕早为吴、魏两国所灭。连敌国的司马昭等人都看得很清楚，蜀汉只有一个姜维。可对这位国之柱石，蜀汉的武将、文臣甚至宦官都视若仇敌，欲除之而后快。

　　满朝文武之中，只有参军来忠（来敏之子）、尚书向充等少数中下级官员支持姜维。

　　从始至终，姜维都是孤独的。

　　姜维北伐更是孤独者的孤军奋战。

第五十七章

图谋篡位——司马昭之心路人皆知

魏主曹髦是一位悲剧性人物，他的前任曹芳已经是一个有名无实的傀儡，等他即位时，魏国已名存实亡，政归司马氏。

曹髦天资聪颖、勤奋好学，于军国大事却无从过问，因为大将军早已处置好了。曹髦只好整日与一班文士研究学问，就是这些陪在他身边的儒生、学士十之八九也是司马氏之人。被曹髦称为儒林丈人的散骑常侍裴秀、文籍先生的侍中王沈都是司马昭的亲信。

可怜的曹髦沦落为名副其实的"孤家寡人"。曹髦对自己的处境心知肚明，却也无可奈何。

魏甘露三年、甘露四年年间，顿丘、阳夏、宁陵等地井中多次有黄龙出现，地方官员将吉兆上报朝廷，认为这是祥瑞之兆，将给国家带来好运。

曹髦对此却反应冷淡，很清楚这不过是自欺欺人的把戏。

对黄龙的频频出现，曹髦不以为吉，反而认为是一种不祥之兆。龙乃君之象，飞龙在天。如今却上不至天，下不着地，困于井中，此非佳兆也。曹髦还为此作了一首潜龙诗以自嘲，潜龙自然就是指他曹髦自己。

不久之后，这首诗就被誊抄并送到了司马昭那里。司马昭读了诗，大为恼火，但又不便发作。

但事情的发展颇具戏剧性，最先爆发的不是司马昭而是曹髦。

曹髦对司马昭的专横跋扈已忍无可忍。现在的他失去的不仅仅是权力，就连皇帝的尊严也受到了损害。

司马昭正在步步推进他的篡位计划，这个过程正在加速。曹髦知道，要不了多久，司马昭就会走出那最后一步，逼他让位，形式上是禅让，就如同当年汉献帝让位给曹丕一样。

曹髦知道他已经无力阻止司马昭的篡位。

司马昭大权独揽、根基已固，魏国从上至下尽是司马党羽，军队也效忠于司马氏，他已经不需要再刻意伪装掩饰。

但曹髦还想做最后的努力，以延缓司马昭的篡权。三国历史上最触目惊心的宫廷流血事件，就在这种背景下发生了。

曹魏甘露五年（260）五月七日，曹髦在宫中召见近臣侍中王沈、散骑常侍王业、尚书王经，愤怒的曹髦说出了那句广为流传并载入史册的惊世之言："司马昭之心路人皆知也！我不能学曹芳，受辱被黜，今日请诸位爱卿与朕共讨国贼。"尚书王经闻言大惊，赶紧上前劝阻道："政归司马氏已非一日，朝廷内外皆是司马氏之人，陛下与谁讨之？今宫中侍卫甲士不过数百，陛下欲以此除司马氏，岂非驱犬羊逐虎豹乎！臣恐陛下不能除贼反为所害，还请陛下三思。"

曹髦并不答话，而是从怀中取出早已准备好的诏书，投之于地，说："朕决心已定，卿不必多言。纵有一死，又有何惧。"说罢，拔剑登车，率领宫中宿卫甲士、仆役数百人呐喊着冲出云龙门。

侍中王沈、散骑常侍王业则趁机溜走，去向主子司马昭告密。司马昭闻报，马上令中护军贾充集合人马，做好准备。

曹髦干脆一不做，二不休，带着手下的几百人冲出皇宫。

走出不远，迎面就遇上了屯骑校尉司马伷率领的部队。曹髦手下的随从大声呵斥司马伷的兵，司马伷和手下的兵见是皇帝亲自领兵，不敢应战，拔腿便走。司马伷退走当然不是打不过曹髦和他手下那点可怜的随从，而是双方有君臣的名分。尽管谁都知道曹髦不过是一个傀儡，但对方毕竟是皇帝，表面上的礼节还是必须遵从的。谁敢对皇帝动刀枪，那是要诛灭九族的。

司马伷部溃退下去。不久，中护军贾充率领相府兵将赶来，与曹髦在南阙相遇。曹髦再次挥动宝剑，想要呵退贾充的兵。贾充手下慑于君威，不敢迎战，也打算退走。

这时，骑兵都督成倅的弟弟太子舍人成济问贾充："情势紧急，怎么办？"贾充说："司马公厚待你辈，正为今日，事到如今，还有什么可问的？"成济得到许可，纵马持矛，直刺曹髦。魏主曹髦当场被长矛刺穿胸膛，惨死于车上。

曹髦不愿受辱，宁死不做亡国之君。他要以国君的身份堂堂正正去讨伐国贼，明知必死，也要去。

他要以身殉国。他要用他的死来延缓司马昭篡位的进程。就算是普通人也知道带着数百卫士去讨伐手握兵权的司马昭，必死无疑。普通人都懂的道理，曹髦怎么可能不懂？那他为何还要去？原因很简单，他就是奔着死去的。曹髦就是要以死殉社稷。相信在被长矛刺穿胸膛的那一刻，曹髦是面带微笑的，他的目的达成了。他是从容赴死的君主，不是苟且偷生的傀儡。曹髦是应该被记住被尊重的。

曹髦明知王沈、王业是司马昭的亲信，却故意召他们来，就是要他们将他即将讨伐司马昭的消息传给司马昭，这是曹髦在向司马昭示威。

曹髦要告诉司马昭，他即使是孤家寡人，也不会任由司马昭羞辱，他要维护君主的尊严。即使付出生命的代价，他愿意为他的魏国去死。背上弑君罪名的司马昭将陷入极大的被动。这也是曹髦的目的。曹髦就是要用他的死，向企图篡权的司马氏做最后的阻击。

司马昭听说部下当众刺杀曹髦，不免大惊失色，他没料到事情会发展到这一步。司马昭虽一心要篡夺曹氏江山，但也不想担负弑君的骂名，尤其在那个礼教甚严的社会，这会给他的夺权带来麻烦。

但事已至此，多说无益。赶紧收拾局面才是上策。司马昭的叔叔太傅司马孚虽然上了年纪，但他第一时间赶到事发现场，抱住曹髦的尸体开始干号（因为实在挤不出眼泪），一边号还一边说："是老臣害了陛下啊，是老臣害了陛下。"

放下司马孚在那里做肉麻的表演不提。

且说司马昭紧急召集文武大臣开会，商讨善后事宜。群臣都到了，唯独不见尚书右仆射陈泰。陈泰与司马昭兄弟交情深厚，司马昭出征淮南时，留守后方主持大局的就是陈泰。陈泰可算是司马氏的铁杆亲信，如今遇上这等大事，早该到场，可现在迟迟不露面，很显然，陈泰是有意不来的，原因也很简单，以此表达自己对司马昭的不满。

陈泰尽管拥护司马氏，但深受儒家思想的熏陶，观念上还是比较正统的。司马昭的部下公然弑君，这在陈泰看来简直是大逆不道、罪不可恕。

司马昭见陈泰不肯来，只好派陈泰的舅舅荀颉去请。但陈泰态度很坚决，舅舅来也不好使。最后逼得荀颉没有办法，只好让人用一张软床硬把陈泰给抬进相府。

司马昭在自己的密室接见陈泰，摆出一副很无辜的表情苦着脸说：

"玄伯（陈泰的字），不幸发生这种事，天下的人会怎么看我，你看这事如何处置？"

陈泰冷冷答道："腰斩贾充，以谢天下。"贾充是司马昭的左膀右臂，心腹宠臣。司马昭当然不会杀贾充。于是沉吟片刻后，司马昭又问："有没有其他的办法？"陈泰说："没有。"司马昭沉默不语，谈话不欢而散。

司马昭舍不得杀贾充，但弑君之罪总要有人来背，最后直接行凶的成济兄弟便被抛出来成了替罪羊。

在惨案发生后的第二十天——五月二十六日，司马昭上疏成倅、成济兄弟俩大逆不道，应诛灭三族。

随后，司马昭亲自下令逮捕成济兄弟。

成倅、成济两兄弟怎么也没想到为司马昭冲锋陷阵，到头来却落得这么一个下场。当抓捕他们的差役冲进兄弟俩住的院子时，这两位背黑锅的家伙公然拒捕。两人不愧武将出身，身手矫健，三两下便蹿上房顶。

看着下面黑压压的官差，成倅、成济兄弟俩自知难逃一死，最后时刻，两人站在自家屋顶，光着膀子，对昔日的主公司马昭破口大骂，反正也是死，临死之前，骂两句出出气，也能够理解。成倅、成济兄弟俩都是粗人，骂的话估计很难听，当时的史官未记录这些粗鄙之言。

成倅、成济兄弟俩算是豁出去了，可围捕他们的官差还要吃司马家的饭，就在兄弟俩站在房顶上骂得起劲的时候，一批弓箭手被调了上来，一阵乱箭之后，被射成刺猬的兄弟俩从房上栽落下来，又被拥上来的官差乱刃分尸，这就是弑君暴徒的下场。

曹髦死后，司马昭又以郭太后的名义将曹髦废为庶人，太傅司马孚又请求以王礼安葬曹髦。郭太后也"准了"。这个老太太政治傀儡当得实在不易，事事都要遵从司马大人的"旨意"。

司马昭随即开始追查涉及此事的相关人员。王沈、王业因出首告密有功受到特别封赏。王业后来在西晋做到中护军。王沈则更加风光，受封安平侯，食邑二千户，之后又被任命为奋武将军、豫州刺史，出镇地方。

靠出卖皇帝，王沈得到了高官厚禄，却为天下正直的士大夫所不齿，从此名誉扫地。

王沈之后成为晋朝的"开国功臣"，他的儿子王浚，也靠着司马家风光一时，在后来的八王之乱中是乱臣贼子。关于这对可耻父子的故事，后面还会提及。

忠于主上的尚书王经最终难逃一死。因为知情不报，不肯出卖皇帝谋求富贵，王经被逮捕入狱。连他的老母也受其牵连，被一同处死。当抓捕他的官差闯入他家时，王经并未有丝毫的慌张胆怯，从他拒绝王沈等人的"邀请"时，他就知道会有这么一天。崇尚严刑峻法诛杀异己的司马氏绝不会放过他这个异类，但看到白发苍苍的老母也要跟着一起受刑，王经心如刀绞，悲痛地向老母谢罪。

王经的老母，这位在历史上连名字也未曾留下的老妇人，看着儿子，没有责备却欣慰地笑了："人哪有不死的，只怕不值得，我与儿尽忠报国而死，死得其所，又有何恨？"她知道儿子做的是对的，母子二人随后被押赴刑场，从容就义。

曹髦死后，公卿决议（实际是司马昭之意）迎立曹操之孙、燕王曹宇之子常道乡公曹璜继承皇位。代理中护军、中垒将军司马炎被派往邺城迎接新君。

司马炎，这位结束三国纷争的世家公子、未来晋朝的开国之君，第一次出场便被赋予了如此重大的使命。

司马炎，司马懿之孙，司马昭的嫡长子。

司马昭将迎立新君的重任交给自己的长子司马炎，显然是肥水不流外人田。只需出差一趟，回来就可以名正言顺地加官晋爵，官僚子弟司马炎的仕进之路早已被他的父亲设计好了，他只需照着走就行了。

司马懿的孙子护送曹操的孙子从邺城去洛阳即皇帝位，五年之后，又是司马懿的孙子逼曹操的孙子退位，他们的位置来了一次对换。

六月一日，郭太后下诏，命常道乡公曹璜改名曹奂。

六月二日，曹奂进入京师洛阳。当天登基即位，成为曹魏帝国第五任也是最后一任皇帝，此时的曹奂只有十五岁。新帝登基，改年号甘露五年为景元元年，照例大赦天下。而此刻曹髦已被草草葬在洛阳城外面的荒郊。

第五十八章

偷渡阴平——二士争功

三国后期，蜀汉在走向衰落，外人都看得很清楚。孙休曾派一个叫薛珝的大臣出使蜀汉。

薛珝从蜀中归来，回国复命。孙休问薛珝在蜀地的见闻，薛珝回答："主暗而不知其过，臣下容身以求免，入其朝不闻正言，经其野民皆菜色。"

朝堂上，主上昏庸糊涂，大臣们只求自保苟且偷安。走在田间到处都可以看到因营养不良而面黄肌瘦的百姓。

诸葛亮之后，蒋琬、费祎、董允相继执政。在此期间，蜀汉大体保持了稳定。费祎遇刺身亡成为蜀汉走向衰亡的转折点。

此后，刘禅昏君的本性逐渐暴露出来，而成就其昏君之名的主要有两个人，黄皓与陈祗。

诸葛亮深知刘禅性情，因而特意派秉性刚直的董允主管宫中事务。二十余年，刘禅被管得十分规矩。刘禅宠信的宦官黄皓董允在时，不过是一个黄门丞。直到陈祗的出现，平静被彻底打破。

陈祗是许靖哥哥的外孙。随许靖入蜀，入仕为选曹郎，后被费祎看中破格提拔，一路高升。与之前严肃刻板的蜀中四相不同，此人"多才多艺"，很会玩，这一点特别对刘禅的脾气。董允死后，刘禅失去约束，而陈祗这个玩伴的出现，让刘禅彻底放飞自我。想想之前董允在时，自己简直过得就是"囚徒生活"，与董允一比，刘禅更喜爱陈祗，也更加痛恨董允。

陈祗是一个很会揣摩人主心意的人，善于察言观色、投其所好。

陈祗接替吕义出任尚书令后，很快便与黄皓勾搭成奸。所谓臭味相投，物以类聚。两人一内一外，把持朝政，蜀汉国势日衰，初露亡国之兆。

陈祗虽官位居姜维之下，但姜维常年领兵在外，很少回成都。刘禅最亲近信任的除了黄皓就是陈祗。陈祗做尚书令的几年，真正是一人之下万人之上。

姜维不遗余力筹划北伐，后主刘禅与陈祗、黄皓在后方极尽享乐。孰料乐极生悲，景耀元年（258），陈祗死了。刘禅为此难过了好一阵，只要有人提到这位爱臣的名字就流泪。当年刘备哭法正也不过如此，刘禅痛哭的却是这么一个佞臣。

哭过还不算，刘禅又下令给爱臣陈祗追加谥号，蜀汉很少给大臣赠谥号，只有功勋卓著者方能享此殊荣。昭烈帝刘备一朝，大臣追谥者，只有法正一人。后主刘禅时，也只有诸葛亮、蒋琬、费祎。陈祗能被追谥，只因他是刘禅的宠臣。

既然文臣都已加了谥号，武将自然也要追谥。昭烈皇帝刘备生前所封的四大将军——前将军关羽、右将军张飞、左将军马超、后将军黄忠也一一被追加谥号。

蜀汉之名将只有这四大将，"五虎上将"是小说《三国演义》的说法。刘备时代，赵云自始至终都是一个杂号将军，从未与四大将平起平坐。真正赏识提拔赵云的是诸葛亮。不过，诸葛亮当政时，赵云已"廉颇老矣"，已难有所作为。

后主刘禅追谥前朝武将，只追谥了关羽、张飞、马超、黄忠。对当年在长坂坡万军中舍命救他的恩人赵子龙，却置之不理，很薄情。后来还是大将军姜维实在看不过去，据理力争，最后，刘禅才给赵云补赠了一个顺平侯的爵位。

继陈祗之后担任尚书令的是原诸葛亮丞相府令史董厥。

董厥，字龚袭，荆州义阳人（请注意籍贯），而董厥的继任者即蜀汉帝国最后一任尚书令樊建也是荆州义阳人。

蜀汉从开国到亡国先后有十一任尚书令（算开国前的第一任尚书令法正共计十二位）。

尚书令法正，右扶风郿县人，东州集团背景，219—220年在任。

尚书令刘巴，荆州零陵郡人，220—222年在任。

尚书令李严，荆州南阳郡人，东州集团背景。

尚书令陈震，荆州南阳郡人，荆州集团，随先主入蜀。

尚书令蒋琬，荆州零陵郡人，荆州集团，诸葛亮相府班底，234—235年在任。

尚书令费祎，荆州江夏郡人，具有东州、荆州双重背景，诸葛亮相府班底，235—243年在任。

尚书令董允，荆州南郡人，东州集团背景，244—246年在任。

尚书令吕义，荆州南阳郡人，东州集团背景，246—251年在任。

尚书令陈祗，汝南郡人，东州集团背景，251—258年在任。

尚书令董厥，荆州义阳人，诸葛亮相府班底，259—261年在任。

尚书令樊建，荆州义阳人，诸葛亮相府班底，261—263年在任。

尚书令诸葛瞻，徐州琅琊阳郡人，诸葛亮之子，263年在任。

首任尚书令法正乃刘备心腹重臣，握有实权，可惜在位时间不长。诸葛亮时代的尚书令李严、陈震，不过充位而已。诸葛亮死后，蜀汉不再设丞相，而政归尚书令。

纵观十二位尚书令，不是刘备心腹、旧部，便是诸葛亮相府班底，之后具有荆州集团与东州集团背景的士人轮番执政，益州本地士人竟无一人入选。

蜀汉帝国自始至终在益州本地士人看来都是一个外来政权。如此鲜明的排他性，令蜀汉缺乏本地势力的衷心拥护与支持，尤其在刘备、诸葛亮去世后，这种情况尤为明显。也无怪乎益州本土士人对刘禅政权采取消极态度，这也是蜀汉亡国原因之一。

尚书仆射董厥升任尚书令后，留下的仆射一职由尚书诸葛瞻接任。

诸葛瞻，字思远，汉丞相诸葛亮之子。

以下是诸葛瞻的成长史：

十七岁迎娶公主，同年入仕，官职是骑都尉。

十八岁升任羽林中郎将，之后先后历任射声校尉、侍中。

景耀二年（259），三十二岁的诸葛瞻荣升尚书仆射加军师将军（他父亲曾经担任的职位）。

蜀人追思诸葛亮，爱屋及乌，对诸葛瞻也十分喜爱。朝廷每有惠民之举，大家总是奔走相告，说这又是葛侯为百姓做的好事。其实，有些事并非诸葛瞻所为，甚至他根本不知情。

景耀四年（261），诸葛瞻升任卫将军，与辅国大将军董厥共理朝政。

回到成都的大将军姜维向后主刘禅提出了他酝酿已久的新的战略构想：放弃汉中外围诸营堡，退守汉城、乐城。诱敌深入，待其兵疲粮尽，集中主力与城内守军，内外夹击，聚而歼之。概括起来就是八个字，弃险退守，诱敌深入。

姜维的这一设想源于以往北伐的劳而无功及洮西之役歼灭战的胜利带给他的刺激。

多年的北伐战争，令姜维意识到必须大量歼灭敌军方可夺关占城，才看望恢复汉家江山。而劳师远征，不仅劳民伤财，且魏军多避而不战，令求战心切的姜维苦恼不已。如何击败敌人，姜维不得不另寻对策，这就是主动退守，引诱敌人主动来攻，与其长途跋涉去攻，不如就在自己的大本营汉中设伏，将决战的战场放在汉中，可省去舟车劳顿，更可以逸待劳。

　　姜维就是要示弱于敌，引诱魏军主动来攻，以少量守军固守坚城，在内线牵制敌军，自己则率领主力机动兵团在外线寻觅战机，一旦时机成熟，就张开大网，围歼魏军。

　　姜维的想法不错，但仍有不足之处，他忘记了重要的两点：

　　一、他的对手很强。司马昭、邓艾、钟会等人，不会轻易上当，且放弃险要，纵敌入平，需要冒很大的风险。如处置失当，便会酿成大患。姜维对自己的统兵之才很自信，但战场之上，局势瞬息万变，后来战局的发展就超出了他的可控范围。这是后话。

　　二、魏国国力、兵力远在蜀汉之上。蜀汉全军不过十万，姜维率领的蜀汉精锐兵团也不过四五万人。而魏军若是远征，必然起倾国之兵来犯（后来果然如此，司马昭伐蜀前后用兵十八万），以汉军的兵力很难在野战中歼灭对方主力，而围歼不成，敌军便会长驱直入，后果不堪设想。邓艾不是王经，司马昭更不是曹爽。姜维摆出如此险棋，留下了深深的隐患。

　　蜀汉后期，良将匮乏，刘禅更是一个只懂享乐的昏君，对军事一窍不通，蜀汉所依赖的唯有姜维。后主当即批准了姜维的计划，命汉中都督、镇西大将军荆州义阳人胡济率部退驻汉寿（葭萌关，刘备改名汉寿），监军王含守乐城，护军蒋斌（蒋琬之子）守汉城。

　　汉中的地形就是一个被周围群山环抱的大盆地，汉中诸城就在盆地里，而此前汉中的主防御线就设在汉中外围的崇山峻岭之上，这样可以拒敌于国门之外，当然既然把敌人挡在了外面，自然也就很难歼敌了。姜维撤去部分外围堡垒，听敌入平，但并非完全不设防，仍保留了黄金堡等重要据点，并在建威、武卫、石门、武城诸地（今陕甘交界地区）设防派兵驻守，阻止魏军由武都、阴平一线入蜀。

　　姜维踌躇满志，却不知自己的新方案潜藏着巨大的隐患，待他意识到自己的疏忽时，已经回天乏术。历史告诉我们，不要轻易否定前人的经验，特别是成功的，魏延、王平就是靠乘高据险，才确保汉中成为牢不可破的金城汤池，可惜姜维此举智者百密一疏。

诸葛亮用兵的特点是谨慎持重，先为不可胜以待敌之可胜。先做好防守，不给敌人以可乘之机，然后步步为营，稳中求进，直至取胜。诸葛亮自北伐以来，只有错用马谡败过一次，以后都掌握主动，连战连胜。

但姜维用兵过于大胆甚至可以说是冒险，这从他的战绩上就能看出来，不是大胜就是大败，他不求稳，只求胜，还要大胜。他要摆出诱敌深入的阵形，可是，他忘了蜀汉的兵力很难支撑起他过于冒险的雄心。

寿春之役后，司马昭已然完全掌控魏国军政大权，心腹爪牙遍布内外，各地领兵将领大都是他的亲信。司马昭下一步的打算就是篡魏自立，夺取天下。对司马氏来说，最大的敌人在国内，南方的吴蜀两国不足为虑，如今内患已除，可以安心篡位了。

不过，在这之前，司马昭还需建不世之勋，树立威望。

谁都知道司马昭是凭父兄之势上位的，臣民们对他的能力与水平并未完全认可，之前的寿春之战，虽规模空前，但毕竟是内战，司马昭需要建立新的军功，以压服众人为自己捞取足够的政治资本。对外征伐不可避免地被提上议事日程，先伐吴还是先攻蜀，司马昭选择了后者。

司马昭之所以选择蜀汉作为自己的第一攻击目标，也是遵循那条古老的规律，吃柿子拣软的捏，相对吴国，蜀汉更弱。多年来，弱小的蜀汉在姜维的力主下，竟敢对中原大国取攻势，在司马昭看来，必须对胆大的姜维（胆确实很大，胆大如斗嘛）还以颜色。

但令司马昭始料不及的是，他把自己伐蜀的想法一说，当即招致属下的群起反对，只有心腹谋臣司隶校尉钟会极力赞同他的伐蜀之议。

三国鼎立已数十年，大家早已接受了天下三分的事实。况且蜀汉虽弱，但地势险阻、路途遥远，曹操、曹真、司马懿、曹爽几次伐蜀都无功而返。群下的意思很明白，您虽英明神武，但比起曹操、司马懿还是要差一些吧。先人都办不到的事，您就有把握一定能做到吗？

为了说服众人，司马昭给大家分析形势，如先打吴国，势必要修造大批战船、训练水师，这些都耗费时日，旷日持久；吴有长江天险，若想灭吴，必须在水上与之决战。而攻蜀只要派马步军就行了。

司马昭还讲了自己的作战构想以及对敌情的分析判断。他认为蜀汉全国的总兵力也不过几万余人（基本属实），比起吴国还不足半，而且就这些军队，还要分出留守成都、屯戍各地的部队，蜀汉能集中的机动兵力最多也就四五万人。

只要让陇右诸军拖住在沓中屯田的姜维军主力，然后以中央军十万从关中进兵骆谷、斜谷，数道并进，直取汉中，汉中必破。以刘禅的昏庸，边城外破，百姓出逃，蜀汉必亡。司马昭说得头头是道，属下不得不服（当然也有一些是口服心不服）。

只有一个人从始至终坚决反对出兵伐蜀，而这位高调反战的不是别人，正是姜维的老对头，时任魏国征西将军的邓艾。对此，司马昭也颇感意外。别人反对，邓艾也反对；别人都顺从了，邓艾还反对。如此不会来事，直言犯上，邓艾会有后来的悲剧命运也就不足为怪了。

邓艾在陇右多年，多次击退姜维，在军中颇有威信，因此他的话在魏军中相当有影响，这令司马昭很头疼。因为南下伐蜀，陇右诸军是主力，邓艾这么一搞，令司马昭很被动。邓艾如此不明事理，司马昭只好派自己的主簿师纂去陇右军中做邓艾的司马，令师纂当面对邓艾晓以利害。师纂传达了司马昭的意旨。得知主帅决心已定，邓艾也只能遵命行事。师纂与其说是邓艾的司马，不如说他是司马昭派到邓艾军中的监军。

曹魏景元三年（262）冬，也就是姜维九伐中原不久，司马昭即委任钟会为镇西将军，都督关中诸军，赶赴长安集结军队，为即将发起的进攻做准备。

与此同时，为了迷惑吴国，司马昭又下令东方的青州、徐州、豫州、扬州等地，大造舟船，故意制造声势，做出要渡江伐吴的姿态，令吴军高度戒备，不敢轻易西调增援蜀汉，此举的另一功效也是对蜀汉的麻痹，令吴蜀两国摸不清魏军的虚实。

曹魏景元四年（263）五月间，除陇上驻军外，魏军各部奉命向关中集结，大军陆续抵达长安。八月，魏军正式祭旗出师，大举伐蜀。

征西将军邓艾率本部三万人马出狄道（今甘肃临洮）向沓中进攻，邓艾的任务就是死死缠住姜维，使其不能回救汉中。

司马昭用邓艾对付姜维，算是人尽其才物尽其用。姜维、邓艾这对冤家对战多年，这次是他们的最后一次交手，此时谁也不曾料到，这两位三国名帅最后都以悲剧结束了自己的人生。

魏雍州刺史诸葛绪奉命领兵三万出祁山，夺取武街（今甘肃成县西北）、桥头（今甘肃文县东南），以切断姜维回汉中的退路。镇西将军钟会率中央军精锐主力十万，分别出骆谷、斜谷直取汉中。

廷尉卫瓘出任此次远征军的监军。此人看似不起眼，但在后来的事变中发挥了关键作用，几位主将中，也只有他得以全身而退。

蜀汉大将军姜维早在去年冬天钟会在关中整军备战之时，就觉察出了危险。尽管司马昭、钟会事前在东南大造声势，但这些伎俩骗不了姜维，近二十万大军云集关中、陇右，这么明显的军事意图，姜维岂能不知。

姜维随即上表后主，请派左车骑将军张翼去守阳安关口，派右车骑将军廖化守阴平桥头，加强防务，防备魏军的进攻。如果后主刘禅听了姜维的话，就不会有后来的大祸。可惜，这位昏君一向听黄皓的，黄皓又信巫师的，巫师说魏军绝不会来，黄皓深信不疑，于是刘禅对姜维的建议置之不理，错失良机，没有及时派兵北上，导致秦岭一线门户洞开。

姜维自己也没有及时回援汉中，这一系列失误给蜀汉造成了无法挽回的损失。

直到魏军大军压境，刘禅君臣才如梦初醒，急派右车骑将军廖化率军前往沓中，接应姜维；再派左车骑将军张翼、辅国大将军董厥等率军赶赴阳安关口（今陕西宁强西北阳平关），作为汉中各要塞、堡垒守军的后援。

关键时刻，刘禅君臣却昏招迭出，下令汉中外围守军不得与魏军交战，守军大部退守汉城、乐城。此举似乎在执行当年姜维的诱敌深入的战略，但此一时也彼一时也，魏军此次兵分几路，近二十万大军，蜀汉不具备围歼强敌的实力，这么做只是敞开大门放敌人进来。

伯约抗敌　诸葛殉国

魏国魏兴太守刘钦率偏军出子午谷南口，先行攻击汉中，保障主力南下的侧翼安全。魏军东路军十余万人是此次伐蜀的主力，在钟会率领下几乎未遇抵抗，长驱直入，顺利进入汉中盆地。

此时汉中守军兵力很少，姜维主力尚在沓中，成都的援军还在路上。远水难救近火，面对十余万魏军的进攻，蜀汉全线陷入被动，只好退保汉、乐二城，固守待援。护军蒋斌（蒋琬之子）领兵五千守汉城，监军王含率兵五千守乐城。将军傅佥、蒋舒守阳安关口。

九月，魏镇西将军钟会率军进入汉中腹地，命魏护军荀恺率军一万围汉护军蒋斌于汉城，令前将军李辅率兵一万包围王含于乐城。

钟会自率主力径行西进，直扑阳安关口。钟会此举不可谓不高明，兵贵神速，钟会深知顿兵坚城之下，必耗费时日，二城皆是当年诸葛武侯亲自选址督造，城高池深，一时难以攻下，眼下既已深入汉中，当务之急便是攻取关口，打开入蜀通道，只要攻占阳安关口，汉中指日可下。两座孤城兵少力弱，又处于重兵围困之中，陷落是迟早的事。

因此，钟会置两城于不顾，一路急进，杀奔阳安关口。途中路过定军山诸葛亮的墓地，出于对诸葛亮的尊敬，钟会特派专人到墓前祭扫，并下令禁止军士在诸葛亮墓地周围砍柴放牧，违令者严惩不贷。

再说阳安关口的汉军，守将蒋舒原是武兴都督，因不称职被撤换，正巧这时魏军打来，朝廷就让蒋舒协助将军傅佥守城。蒋舒本就心怀怨恨，再加上魏军势大，难以抵抗，心里就动了邪念。

钟会令护军胡烈为先锋率军攻城。守将傅佥遵照命令固守不出。谁知一向怠工的蒋舒这时却一反常态，对傅佥说："敌军兵临城下，岂有不战之理？"坚决要求出战。傅佥说我接到的命令就是固守，若违令出战，万一出击不利，身死是小，恐丧师辱国，误了国家大事。两人各执己见。

最后蒋舒自己率本部人马出城去了。傅佥以为蒋舒此去是迎战魏军，可蒋舒到了军前即向胡烈投降，随即充当向导带着魏军返身杀回。守关军士本就不多，又被蒋舒带走不少，力量更弱，傅佥率部拼死抵抗。怎奈寡不敌众，傅佥力战而死，关口陷落。

傅佥之父傅肜随刘备征吴，死于伐吴之役，如今傅佥也为国死难，父子两代尽忠于国，一门忠烈！

东线钟会军轻取汉中，蜀中门户洞开，形势危急！

此时西线邓艾军也对姜维发起进攻。

魏军西路军分为两路，分别由邓艾、诸葛绪统领，邓艾所部的主要任务是打击沓中姜维军主力，诸葛绪部的任务是阻断姜维军归路。

魏征西将军邓艾将所部人马一分为三，令天水太守王颀从东面直接攻击姜维沓中大营，陇西太守牵弘从北面在姜维军退路上进行阻击，金城太守杨欣从西面攻击甘松，三面进逼沓中，围攻姜维。邓艾自己率本部人马继牵弘之后，随后跟进。

此时姜维尚在沓中。后人对姜维屯兵沓中不解其意，很多人认为这是姜维的一大失策。姜维之所以选择沓中是因为在北伐后期，他的战略是西攻东守，即在汉中方面取守势，吸引魏军进入，伺机歼敌；在陇右一线取攻势，依托羌、氐，力争攻取陇右甚至整个凉州。

姜维在最后一次北伐攻狄道不克时，退守沓中。就其战略而言仍未改变，仍是为下次进攻做准备。未料这次魏军竟然主动出击，且倾国而出。

姜维得知汉中被攻，即刻率军回援。姜维率军从沓中出发，打算经阴平回汉中。

从沓中（今甘肃临潭西南）到阴平（今甘肃文县），需要翻越横亘南北的叠山，有山南山北两条路可走，即白龙江路线和洮水及其支流路线。

南路要走若尔盖的占哇，沿白龙江东南走。北路沿洮河支流齐百西库巴尼河，沿洮河到达今岷县，转入今迭藏河流域，过分水岭进入宕昌县岷江流域，通过甘肃宕昌县岷江河谷进入白龙江一线，两条道路汇合于岷江河口；或在甘肃卓尼南下沿洮河支流，过分水岭，进入道佳隆哇河，走腊子口，入白龙江，两条道路合于甘肃迭部洛大镇。若按北路前者，南路约二百三十三公里，北路约二百八十三公里。若按北路后者，南路一百六十六公里，北路二百二十三公里。

南路较短，但道路崎岖，不好走；北路虽绕远，但地势平坦利于大部队机动，但此时攻甘松的杨欣部已陈兵北路。邀击姜维的牵弘部，以及邓艾本部人马也都集中于北路。急于回军的姜维只能选择南路，以便迅速摆脱邓艾等人的纠缠，回救汉中。

受命直接攻击姜维的王颀部，与从甘松而来的杨欣部等尾随追击姜维，一路追到强川口（今白龙江源头），与姜维展开一场混战。姜维部将赵云的儿子牙门将赵统于此役阵亡。赵统虽非名将，但尽忠为国，力战而亡，亦不负名将之后。

激战过后，姜维率军突破包围，一路到达阴平，这时才发现魏雍州刺史诸葛绪已经抢先一步屯兵桥头，堵住了他的归路。桥头在今甘肃文县东南玉垒、碧口之间，白水江入白龙江处，距阴平不远。诸葛绪军之所以屯兵桥头而不屯兵阴平，是因为姜维到阳平关并不必然经过阴平，却必经桥头。

姜维见诸葛绪挡住去路，没有直接去攻桥头，而是带兵进入孔函谷，扬言从北道进攻雍州。诸葛绪怕后路有失，急忙率军后撤。姜维带兵入北道走了三十里，确知诸葛绪中计后，立即前队变后队，率军去而复返，杀散留守的魏军，顺利通过桥头。等诸葛绪发现上当，再回军阻截时，姜维率军早已过去多时了。

西路军邓艾、诸葛绪所部六万大军前堵后追，还是没能拦住姜维。相比于轻取汉中的钟会，这两人显然失职了，没有完成战前的预定部署。

姜维略施小计摆脱了追兵，正要去救汉中，却传来汉中失守、傅佥阵亡的消息。姜维只好率军退往白水关，在这里遇到了张翼、廖化、董厥等人。虽然这几位大将一向反对姜维，但大敌当前，也只能捐弃前嫌、共赴国难。

两军合兵一处退守剑阁天险，希望凭借险关挡住钟会大军。

钟会攻占汉中后率军沿金牛道南下，经七盘岭、朝天驿进抵剑阁，自秦代以来入蜀皆走此路。诸葛亮治蜀时，对蜀中防务早有部署，即守蜀必守金牛道，守金牛必守剑阁。

剑阁关所在的大、小剑山绵延数十里，山势陡绝险峻，险要处只能容一人通行，可谓一夫当关万夫莫开。钟会到了剑阁，终于尝到了蜀道难难于上青天的滋味。面对居高临下的汉军，魏军只能抬头仰攻，而迎接他们的则是守军射下的箭雨、投下的飞石，魏军死伤惨重却只能望关兴叹。

面对姜维的严密防守，一向足智多谋的钟会也黔驴技穷毫无办法，只好展开政治攻势，写信劝降，姜维连看都不看。汉军列营守险，魏军前进不得。战局至此开始朝着对蜀汉有利的方向发展，姜维知道钟会大军远道而来，不能久留，到时只要等魏军粮尽退军，自己就可率军出关掩杀，一举收复失地。

姜维把主要精力都用来对付正面的钟会，却忽视了老对手邓艾的去向。邓艾没能阻止姜维，眼看钟会攻下汉中立下大功，他也不甘人后，特别是当钟会在剑阁关下停滞不前，一筹莫展之时，邓艾觉得自己的机会来了。邓艾提出了一个更为大胆的作战方案，绕过姜维重兵设防的正面，而从西北偷渡阴平，经汉德阳亭直取涪城。涪城乃蜀中重镇，蒋琬曾设营于此，涪城水陆四通，是连接汉中与成都的枢纽，乃兵家必争之地。

　　邓艾的设想是亲率一支精兵从人迹罕至的阴平直插蜀中腹地，长途奔袭，避实击虚，翻越崇山峻岭，孤军深入。这样虽然冒险，但一旦成功，就可切断剑阁守军与成都的联系，令其首尾不能相顾，北上可与钟会南北夹击姜维，南下可直逼成都。到时姜维若回兵去救成都，剑阁势必空虚，若不去救援，将坐视成都被攻，陷入进退两难的境地。

　　邓艾邀诸葛绪与自己一起进兵。诸葛绪不愿跟着邓艾，以自己受命阻击姜维，不敢擅作主张为由拒绝了邓艾，领兵前往白水关与钟会会合。谁知钟会早就想吞掉诸葛绪的部队，以便将西征军尽数纳入自己麾下，就密奏司马昭，说诸葛绪畏敌不进，应予严惩。司马昭正依仗钟会，加上之前诸葛绪又放跑了姜维令其从容退守剑阁，没能完成阻击任务。于是，司马昭下令将诸葛绪押回京师受审，所部三万余人尽归钟会。

　　邓艾决定经阴平道入蜀，虽冒险，但也是不得已而为之。入蜀之路只有金牛道与阴平道，钟会十几万大军都已受阻于彼，他邓艾手下区区数万人马，去了也于事无补，此其一。其二，邓艾在陇右征战多年，战绩彪炳，而钟会此前从未领兵，资历浅薄，让一位年近七旬的老将受制于一个得宠一时的贵胄公子，邓艾内心极为不满。邓艾出身寒微，钟会乃世家名门，两人年龄、出身迥异。邓艾不愿与钟会为伍，这才决定另辟蹊径，夺取入蜀的首功。

　　阴平古道以甘肃天水为起点，经甘肃礼县、宕昌、武都至文县，在文县分出两条路，一条从文县循白龙江至碧口入川，进入青川县境后到达平武；另一条则从文县东南经丹堡、刘家坪翻越摩天岭后入川，直达平武。

　　景耀六年（263）十月，邓艾与儿子邓忠、司马师纂带领精兵一万进入阴平七百里无人区。这里地广人稀，山高谷深，极为荒凉，很多地方根本就没有路。邓艾只好令兵士凿山填堑、伐木造桥，一路备尝艰辛。因为道路崎岖难行，部队时常断粮。

　　尽管如此，邓艾还是很走运，阴平古道上的第一道险关花石峡险峻不逊剑阁。诸葛亮曾在此地设花石关，派兵驻守，可惜后来被刘禅废弃。要不是刘禅昏庸、姜维大意，邓艾就算到了这里也飞不过去。

花石峡有大、小之分。大花石峡自北峡口起，向南止于岷江汇入白龙江的两河口，全长五十里，峡内谷深流急、山石巍峨、道路险峻。小花石峡是大花石峡的一段，也是最险要的一段，长虽然只有五里，但涨水时，由北而来的岷江会像一条发怒的巨龙冲入小花石峡中，拍岸击石，翻腾咆哮。

邓艾父子率兵至此为岷江所阻。邓艾令兵士在崖上修筑栈道，并在花石峡口以西岸岩石为墩，修造桥梁，费了一番周折才渡过岷江。由于桥是邓艾父子主持建造的，后人便取名邓邓桥。今天，在附近的悬崖绝壁上，还可以看到许多当年邓艾父子指挥修建的古栈道石孔及木桩遗迹。邓邓桥北峡口外不到一公里的山谷里，还有一个村庄叫邓邓桥村，据说那里原是邓艾留下的守桥士兵的兵营。

邓艾军循岷江而东经文县，来到了著名的险崖坝栈道。险崖坝栈道相传为姜维主持修造，栈道位于武都县城东四十里处，西起笼幢沟，东至固水村，全长两公里，据传是世界上使用时间最长的古栈道。今天尚存的古栈道遗址凌空架于悬崖之上，依山势而变化，结构多样、险峻异常。最险要的一段为"天柱式"结构——有三百多米的悬崖因无法立柱或斜撑，仅在崖石中凿洞插入横梁，铺设木板而成，人行其上震颤不已。抬头则危崖碰额，俯首则见滚滚白龙江奔腾于脚下。

过了险崖坝栈道，不远便是阴平桥、玉垒关。阴平桥横跨文县东三十公里处的两座对峙的山头之上，玉垒关则立于阴平桥头。关下是万丈深谷，桥头乃险关要隘，因而这里在历史上被称为"陇蜀咽喉"，与剑门关齐名。唐代大诗人杜甫有"玉垒浮云变古今"的吟咏，而"玉垒"指的正是玉垒关。

古阴平桥为伸臂式廊桥，在三国时代是玉垒关唯一的渡桥。站在桥上举目四望，白水江和白龙江两江相汇，川泽气蒸，望如云海。

既然阴平桥与玉垒关如此险峻，那邓艾又是如何过去的呢？答案是邓艾根本没走阴平桥。邓艾放弃了阴平正道，而选择了更为艰险的山路——翻越被视为鬼门关的摩天岭。

摩天岭，位于川甘交界处，海拔两千二百二十七米，是阴平道上最险恶难行之地。北坡山势相对平缓，从这里爬上去也比较容易，可上山容易下山难，如果说北面还有路可上的话，南面几乎到处是峭壁悬崖，无路可寻，人到了这里，往往前进不得，归途中很容易在原始森林中迷路，被困死在山里。

但历经艰险的邓艾军到了摩天岭，已经没有退路，于是邓艾用毛毡裹住身体，把心一横，带头朝山下滚去。众军见主将身先士卒，也纷纷仿效，不顾死伤往下滚，很多人跌得头破血流，甚至命丧于此。

邓艾率军九死一生终于翻过摩天岭，前面便是江油城（今四川平武东南）。

邓艾军犹如神兵天降般突然出现在蜀中腹地，令江油守将马邈大惊失色。蜀汉兵力本就不多，此时要么守在剑阁，要么集于成都，江油小城，并无多少守军。马邈也无心抵抗，直接开城投降。疲困已久的邓艾军不费一兵一矢，进入江油，获得了喘息之机。

江油为涪城北面屏障，山道险峻，两岸尽是峭壁悬崖，刘备曾于此设关尉戍守，后主刘禅时将正规军调走，只留地方民兵，这时酿成大祸。

魏军偷渡阴平小道，深入蜀中腹地，令成都的蜀汉君臣震惊不已，刘禅惊慌失措，诸葛亮之子卫将军诸葛瞻临危受命，率京师诸军北上迎敌。

此时蜀汉精兵勇将大都在姜维麾下。姜维兵团属野战军，是蜀汉战斗力最强的部队，长年在外征战。其次是张翼、廖化率领的部队。眼下这些主力部队都在前方，成都已无兵可派。诸葛瞻率领的是蜀汉最后的可用于作战的部队，都是一些未经战阵的功臣子弟，如尚书郎黄权之子黄崇、李恢的侄子羽林右部督李球、张飞之孙尚书张遵等，诸葛瞻的长子诸葛尚也随军出征。

这些人虽年轻有为，但缺乏指挥作战的经验，多是一些书生。统帅诸葛瞻自己之前也从未领兵，这样一支队伍去与骁勇善战久经沙场的邓艾率领的陇右兵打仗，必然凶多吉少。况且此时邓艾及所部士兵已深入蜀地，没有了退路，想活命就必须打胜，也即《孙子兵法》所说的置之死地而后生。

两军战力本就强弱悬殊，而关键阶段，毫无军事经验的诸葛瞻又犯了一个致命的错误——听敌入平，没有及时据守险要将邓艾军堵截在山险之地。

诸葛瞻率军到了涪城就停滞不前。尚书郎黄崇劝他迅速抢占有利地形，不要把邓艾放进平原，可诸葛瞻却犹豫不决，眼见情势紧急，黄崇最后哭着劝说，可惜，诸葛瞻听不进去，错失良机。

邓艾率军长驱直入，击破诸葛瞻的前锋部队，败报传来，诸葛瞻没有选择北上，而是率军退守绵竹。

邓艾一路进到绵竹，还未开战，先派人送来了一封劝降书。邓艾在信中表示，只要诸葛瞻归顺魏国，就封他做琅琊王。诸葛瞻大怒，扯碎书信，将邓艾的使者斩首示众，以示自己死战的决心。

邓艾确实有点自作多情，擅作主张，他一个征西将军有什么权封王，的确有点忘乎所以。邓艾见劝降不成，随即令儿子邓忠、司马师纂兵分两路夹攻诸葛瞻，却遭到汉军的顽强抵抗。两人大败而回，向邓艾诉苦，说蜀兵太强，很难打。

邓艾勃然大怒，说我军远来，存亡在此一战。胜，可取成都，建不朽之勋；败，则父子二人与数万将士死无葬身之地。邓艾发下话，你们要么回去接着打，要么我现在就砍你们的头。邓忠、师纂见主帅震怒，深知邓艾脾气的二人不得不杀回去跟诸葛瞻拼命。凉州兵本就骁勇，加上已经没有退路，拼死冲锋，在邓忠、师纂的率领下，向汉军猛攻。野战军与内卫部队的巨大差异，沙场宿将与白面书生的较量，很快就有了结果。

诸葛瞻与他率领的"青年军"的第一次出征也同时成为他们的最后一战。主帅诸葛瞻战死沙场，随他一起为国捐躯殒命疆场的还有其长子诸葛尚以及黄崇、李球、张遵等一干文武。这支临危受命仓促成军的队伍最终没能挽救蜀汉的危亡，却以最壮烈的方式进行了最后的抵抗。他们虽未成功，却也尽了自己最大的努力，最终参战主将几乎全部阵亡。

绵竹之战后，邓艾攻占绵竹，成都近在眼前。

不战而降　束手归命

诸葛瞻兵败身亡的消息传回成都，刘禅君臣慌作一团，不知如何是好。成都乃一国之都，深在蜀中，即便前方战事频告失利，蜀汉朝廷也认为成都距敌尚远，全然不做防备，直到诸葛瞻兵败，邓艾即将兵临城下，这才慌乱起来，但为时已晚。成都及附近百姓听闻魏军已入平地，就要杀奔成都而来，纷纷出逃，或南下，或躲入深山，以繁华著称的通都大邑成都转瞬间逃散一空，官吏禁止不住，甚至也随着逃难的人流向城外躲避兵灾。

此时的刘禅彻底蒙了，诸葛瞻已经将京师能够调动的军队大部带走，如今成都要兵无兵、要将无将，百姓逃散，成都眼看不保。刘禅无奈只好召集群臣商议对策，可眼下的形势，群臣也无计可施，君臣面面相觑，呆若木鸡，商议来商议去，有人提出既然成都守不住，不如去南中避难，南中七郡地势险远，可以固守。也有人建议东下投奔吴国。

刘禅一时拿不定主意，这时光禄大夫谯周站出来反对，他既不主张南下，也反对东进入吴。谯周有他的理由。谯周说，自古以来没有寄居他国的天子，陛下一入吴境，便是人臣，何况按大吞小、强灭弱的常势，吴国早晚要被魏国所灭，与其向吴称臣，还不如投降魏国。

南逃，谯周也极力反对。谯周说，南中叛乱无常，对朝廷本就心怀二心，当年是丞相亲自南征才迫使南人归附，但南人仗着地远山险，屡降屡叛，现在我们君臣落难前去投奔，难保他们不心生叛逆。一句话，南人不可靠。

尽管谯周费尽唇舌，刘禅还是打算跑。这时，谯周又说，陛下您要去南方，应早做准备，眼下人心已散，城中官民早已逃窜一空，臣恐陛下您一出都城大门，侍从左右就会一哄而散，到时您可就真成了孤家寡人，如何能到南方？

刘禅被谯周的一番话说得哑口无言。平心而论，刘禅与群臣并非不想投降，可邓艾随时都可能攻破几乎不设防的成都，他们担心的是邓艾不肯接受他们的投降。

谯周为了打消刘禅的顾虑，表示如果邓艾对陛下您无礼，臣愿舍命与之据理力争。刘禅这才决意投降，并派张飞之子侍中张绍、力主投降的光禄大夫谯周、驸马都尉邓良北上洽降。

北地王刘谌坚决反对投降，主张父子君臣背城死战，战斗到底，决不降魏。刘谌苦劝其父，但刘禅一心保命，全然不做理会。失望至极的刘谌跑到刘备庙中大哭一场，随后自杀。

再说张绍一行奉命北迎邓艾，在雒城（今四川广汉）遇到魏军。张绍说明来意，邓艾大喜过望，这下他可夺了灭蜀的头功，将钟会小儿远远甩在后面。

邓艾当即传令，加快行军速度，向成都方向急行军。待邓艾大军来到成都郊外，刘禅派尚书郎李虎奉上蜀汉户籍典册，当时蜀汉全国登记注册户口共计二十八万户，人口九十四万人，另有军队十万二千人，官吏四万。

刘禅随即率领太子刘璿及文武官员共六十余人，反绑双手，抬着棺木（面缚舆榇，表示接受诛杀），前往邓艾大营请降。邓艾亲自为刘禅解开绑绳，并下令焚毁棺木，表示接受刘禅的投降。

受降仪式结束，炎兴元年（263）十一月，邓艾率军进入成都，蜀汉宣告灭亡。

邓艾入城后，约束士兵不得杀掠，着手恢复城内秩序。应该说，就这一点，邓艾做得还是不错的，但这也是邓艾在此后一段时间里做的唯一正确的事，接下来，邓艾就犯了一个大错，做了一件身为属卜最犯忌讳的事。入主成都的邓艾面对刚刚归降的忐忑不安的刘禅君臣，俨然以蜀汉的太上皇自居，不经请示就擅自做主，封刘禅为代理骠骑将军，其余蜀汉文武官员有的归入邓艾属下，有的继续留用。

接着邓艾让师纂做益州刺史，陇西太守牵弘等人分别出任蜀中大郡太守。需要说明的是，邓艾做这一切的时候，并没有及时请示司马昭。在邓艾看来自己这么做合情合理，将在外，需随机应变，自己的举措是为安抚蜀人，稳定局势。司马公远在万里之外，如事事请示，岂不误了大事。

但邓艾忘了，司马氏起家靠的就是耍阴谋搞诡计。司马昭领兵打仗或许不如邓艾，但若论政治水平，七旬老翁邓艾则远不如司马昭。司马昭一生最擅长的就是权术，最喜欢的就是权力，也最容易对功高震主的武将心存猜忌，而邓艾竟不经请示擅自加封文武将吏，犯了官场大忌，他自己却浑然不知。

邓艾安抚蜀人，对刘禅君臣封官许愿，又任命部将出任蜀中大郡的太守稳住局势，这些事情本身没有错，甚至都是正确的。

事情本身办得是对的，错的是身份。这些事情不该由他出面去做，而应由他的上级领导司马昭做。现在邓艾全给做了，让司马昭做啥？你把露脸收买人心的事情都给做了，领导往哪里摆？邓艾入蜀后昏招迭出，以他干的这些事，他死得确实不冤。哪个领导也不会放过他，更何况他遇到的是心胸不那么宽大的司马昭。

邓艾进入成都后对投降的蜀中士大夫不无得意地说："诸君这是遇到了我邓艾，才有今日。若是遇到吴汉（东汉开国将领，其军所过之处多有杀掠）那样的暴徒，恐怕早已遭不测。"邓艾常对蜀人说："姜维嘛，也算得上当世豪杰，只是遇到了我才走到今天这般田地，不然亦是一代名将。"

再说守在剑阁的姜维等人，在得知诸葛瞻败亡后，就再也收不到任何来自朝廷的确切消息，姜维能听到的只是从各地传来的传闻。所谓传闻大都是从绵竹、成都等地逃出来的官吏、百姓道听途说的。有的说皇上要坚守成都，也有的说皇帝已沿江东下投东吴去了，还有的说皇帝陛下率领文武退入南中了。

来自民间的种种传言自然不可信，可问题是，当时的局势异常混乱，益州百城无主，很难得到确切消息。但有一点倒是确定无疑的，那就是邓艾确实已深入蜀中腹地，并占领了绵竹等战略要地。

此时再守剑阁已无多大意义，反而可能被邓艾、钟会南北夹击，更主要的是，姜维此时尚不知刘禅生死。急于获知朝廷消息的姜维，在与廖化等人商议后，决定撤离剑阁东下巴中，经广汉回援成都。

因为姜维这时还不知刘禅已降，汉军主力四五万人在姜维率领下，仍保持战斗姿态，大军队列严整，盔明甲亮，旗帜鲜明，井然有序地行进。沿着山间大道行军的汉军填满山谷，首尾相继，一眼望不到头。

钟会探知姜维已率军退走，随即跟进，占领涪城，派护军胡烈等人领兵经剑阁出新都邀击姜维，令参军皇甫闿、将军王买等从涪城南下围堵姜维。

姜维军走到郪县，收到刘禅令其投降的敕书。姜维虽心有不甘，但也只能下令全军放下武器，等候改编。姜维与廖化、董厥、张翼前往涪城向钟会投降。汉军将士突然接到投降命令，震惊之余，怒不可遏，气得拔刀砍石。

钟会对来降的汉将以礼相待，十分热情，对之前与之交锋的姜维更是推崇备至，大有一见如故、相见恨晚之感。钟会自视甚高，能令他钦佩的人并不多，而姜维是一个。

钟会对姜维的才干称叹不已。在不久之前还是对手的两军主帅很快便称兄道弟，钟会把姜维的将军印绶还给姜维，两人出则同车，入则同席，感情迅速升温，简直形影不离，亲兄弟也不过如此。而姜维与钟会从敌对到相识才不过数十天。

姜维固然有才，也是一位英雄，但钟会对姜维也的确太好了，好到有点不正常。钟会为何如此厚待姜维？当然是有原因的。礼下于人必有所求。钟会极力拉拢姜维，是想收买姜维以为己用。

钟会身为此次征蜀的主帅，却被老儿邓艾偷渡阴平抢了灭蜀的头功。钟会心里恨死了邓艾。邓艾出尽风头，钟会感到颜面无光。钟会知道，作为蜀汉大将军的姜维对邓艾的仇恨只会在自己之上，此时此刻，蜀汉已亡，邓艾不再是他钟会的同僚，而是他与姜维共同的敌人。

而在钟会的内心还有不可告人的秘密，那就是做刘备，在蜀中称王。钟会入蜀征战三个月，蜀中的险峻与富庶给他留下了深刻的印象，而手握重兵的他，随着伐蜀之役的胜利，他的野心与贪心也迅速膨胀，一向自视甚高的钟会决心仿效当年的刘备，割据蜀中自立。

但钟会也十分清楚自己的处境，虽然他在军中有不少亲信，但毕竟统军日浅，之前更是从未领兵作战，在军中的资历远不如邓艾，而随他出征的中央军将领很多是司马氏的亲信，关键时刻未必会听他调遣。

况且要占据蜀地，就必须取得蜀人支持，在蜀军中威信极高且有大将之才的姜维自然成为他竭力争取的对象，蜀兵尚有十万之众。如能让姜维和十万蜀军与自己同心协力，就算自己的部队不能尽数归附，只要有姜维等人支持，加上自己掌握的部队，也足以控制局面，称雄蜀地。这就是钟会要善待笼络姜维的原因。

姜维何等聪明，很快就明白了钟会的企图。姜维将计就计，假意为钟会效力，暗中密谋复国。姜维欲借钟会之手置邓艾于死地。一想到偷渡阴平的邓艾，姜维就恨得咬牙切齿，恨不得将邓艾生吞活剥。

邓艾与钟会在蜀中明争暗斗，远在洛阳的司马昭也时刻关注着蜀地的动向。对两位统兵将帅的军事能力，他并不怀疑，两人仅用数月就攻灭一国，立下大功。

但功成之后，权势即盛，会不会图谋不轨，这就难说了。人心难测，而邓艾在成都的所作所为似乎也证实了司马昭的担心。

邓艾、钟会统领重兵在外，手下皆是身经百战的精兵强将，难保他们不会有二心。司马昭继承了其父的猜忌、阴狠，对二人始终不放心，所以伐蜀之时，故意不设主帅，而令二人各领一军，互不统属，还特意派卫瓘持节监督邓艾、钟会二人。

十二月二十四日，洛阳朝廷下诏晋升镇西将军钟会为司徒（三公之一），晋封东武县侯，增加封邑一万户，钟会的两个儿子皆封亭侯。同时，魏廷下诏晋升征西将军邓艾为太尉（三公之一），增加封邑一万户，封邓艾的两个儿子为亭侯。

诏书虽以魏帝曹奂的名义发出，内容却是司马昭定的，在对两位大将的褒奖诏书中，暗藏玄机，大有深意。司徒、太尉虽位列三公，却是有职无权坐而论道的虚职，而邓艾、钟会此刻的本官征西将军、镇西将军则是坐镇一方握有兵权的大将。司马昭此举乃是明升暗降，表面上尊崇两位有功之臣，实则是夺其兵权。

但最终司马昭的这个计划还是落空了，因为邓、钟二人还未等到上任，就双双死于非命。而杀死两人的不是蜀兵而是魏军，也就是说两人并非死于敌手，而是亡于内讧。

取得灭蜀大功之后，邓艾、钟会都有点得意忘形。二人短短数十日就从巅峰跌入谷底。

先说邓艾。此公一再触犯司马昭的底线，先是擅自加封刘禅君臣等降人，接着又任命部下担任各郡太守，这些都没经司马昭批准，是他自作主张。做完这些，邓艾又上疏司马昭。在给司马昭的报告里，邓艾对战后的蜀地做了安排，说蜀亡后，吴国一定很惶恐。这时大军本应顺流而下，乘胜一举灭吴，统一天下。但部队久战疲惫，希望暂缓东下，并说自己准备留陇右兵两万人，蜀兵两万人，煮盐冶铁，积谷屯粮，为伐吴做准备。

说完蜀地的事，邓艾又对刘禅做了安置，特意交代，自己不打算把刘禅送到洛阳去，还说这样做是为了招诱吴人，希望加封刘禅为扶风王云云。

纵观通篇奏书，邓艾与其说是向司马昭请示不如说是通报。据说，钟会曾派人截留邓艾送往京师的书信，并多有篡改。

司马昭看后大怒，但邓艾新立大功，又领兵在外，不便公开责备，于是只好强压怒火，授意监军卫瓘带话给邓艾，凡事需请示朝廷之后，方可施行，不可擅自做主。

但邓艾的昏劲还没过去，继续犯昏，居然援引古义，说将在外君命有所不受，只要于国有利，他自己可以做决定。

事已至此，神仙也救邓艾不得。司马昭这时对不听话的邓艾已动杀心。

邓艾虽是名将，军事才干在名将辈出的三国时代也占有一席之地，但此人的政治水平实在太低，会打仗，却不懂政治，尤其摸不透当权者的心思。平心而论，邓艾七十老翁，根本没有任何理由造反。但他进成都后的所作所为，让司马昭不起疑也实在很难。

此时的邓艾是典型的得意忘形。看似走上人生巅峰的邓艾，实际上的处境却是最危险的。

这次伐蜀的主要目的是为司马氏捞取政治资本，为不久之后的篡权做准备，毕竟之前，曹髦以死抗争，让司马氏丢尽脸面。虽然谁都知道，大权早已尽归司马氏，但君臣之间表面上的体面还是要维系的，如今这层遮羞布被撕开，司马氏只能用军功来洗白他们这个血债累累的家族。

被司马氏安排做伐蜀主帅的钟会是世家大族的代表颖川钟氏，更是司马昭的心腹嫡系。此前司马氏的许多密谋，钟会都有参与。在众人大都反对的情况下，只有钟会等少数人支持。在司马氏看来，钟会是自己人，将军队交给他放心。他敢去就不容易，而且，一旦成功，这么大的功劳自然要留给自己人。

至于邓艾，虽然也算司马氏的人，毕竟是司马懿发现并提拔起来的，但顶多算外围。而且，邓艾出身寒微，在那个看门第关系的时代，邓艾是融不进那个世族圈子的，他想进，人家也不带他玩。

邓艾长期在陇右边地，朝廷里缺关系，是被高层权力圈边缘化的人，要不是打仗要用他，洛阳的权贵们几乎忘记了这个人的存在。一个已经到退休年龄的七十岁老人，谁会在意他呢？但就在邓艾就要退场的时候，司马氏又给了他一次机会。这次出兵让邓艾暴得大名，也让邓艾身首异处，对他而言，不知算好还是算坏。

以邓艾在官场的地位关系，司马氏派他来就是干活的。

打赢是出苦力的，打输是背锅的。

伐蜀，立功的应该是领导的亲信、带领十万大军担当主攻的钟会，接下来对蜀人封官许愿出风头的应该是领导司马昭。本该是这样安排的。

邓艾是助攻，给他的任务是缠住姜维。这是最苦最累最危险的工作。姜维可不是好惹的，与姜维打了这么多年，对这个对手，整个魏国估计找不出比邓艾更了解姜维的人了。因为不是嫡系，这个苦差自然要派给邓艾。

大家都知道，蜀汉最难对付的就是姜维，蜀汉最精锐最能打的部队都在姜维这里。

司马昭派邓艾去对付姜维，就是让邓艾当炮灰。邓艾虽然对政治不敏感，但这个套路傻子也看得出来，所以，他不愿意去，公开反对伐蜀。但胳膊拧不过大腿，不想去也得去。

转折出现在偷渡阴平。当钟会带着十余万大军被姜维的四万汉军挡在剑阁，陷入胶着时，邓艾看到了机会。

邓艾也不想辛苦打仗给别人作嫁衣裳。

于是，不甘心的邓艾剑走偏锋，偷渡阴平。正常人都不会这么干，因为风险太大，成功的可能性太低，取胜的概率恐怕只有十分之一甚至更低，十之八九会死在蜀地。但邓艾已经七十了，他豁得出去。

邓艾在冒险，在豪赌，结果人家都知道，他赌赢了。

但高兴的只有他。几乎所有的人都不高兴，这些人包括他的对手姜维，他的同事钟会，他的领导司马昭。

姜维自然对邓艾恨之入骨。但钟会跟司马昭为啥不开心呢？因为邓艾抢戏了。

人家大导演司马昭剧本都定好了。立功的是钟会，干活的是邓艾，出风头的是司马昭。结果，邓艾偷渡阴平，全乱了。

姜维想让他死。钟会想让他死。邓艾进入成都后的各种操作也让司马昭认定这个人必须死。因此，邓艾死定了。但邓艾似乎感觉不到危险，这时的他自我感觉好着呢。他的底层经历让他缺乏足够的政治敏感。

如果此时，有人为他说好话，或许他还可保全性命。可惜，此公出身寒微，又是武将，长年在外，在朝中没有根基。而就在此时，钟会又上疏密奏司马昭，说邓艾在成都图谋不轨、意欲谋反。这真是贼喊捉贼，想反的明明是他，他却说是邓艾。

此刻，这剂猛药下得正是时候，司马昭正对邓艾在蜀地的所作所为大为不满，钟会的奏书不早不晚来得恰到好处。如果仅仅是钟会，或许司马昭也不会信，但司马昭派去的监军卫瓘、亲信大将胡烈、自己派去邓艾身边的司马师纂都纷纷上疏检举揭发邓艾，这下邓艾真是死定了。

264年正月，魏帝曹奂正式下诏逮捕太尉邓艾（实际并未到任），司马昭怕邓艾抗命，特意令钟会向成都进发。一旦邓艾拒捕，就武力解决，邓艾手下不过数万人马且此刻未必会听他指挥。钟会十余万大军足以制服邓艾。与此同时，司马昭又令亲信中护军贾充率军从褒斜谷入蜀，占据汉中，以备非常。

司马昭自己随后亲统大军，带着（也可说是挟持）小皇帝曹奂进驻长安为贾充后援。司马昭之所以到哪儿都要带上曹奂，正是他谨慎老道之处。尽管早已控制天下，大权在握，但为以防万一，防止有人趁自己远出挟持皇帝“谋反”，司马昭还是带上皇帝一块上路。之前征寿春带上曹髦，如今带着曹奂，都是为此。

仅仅看住皇帝还是不够的，心思缜密的司马昭为了防备有人利用曹魏宗室起兵，特意派行军司马山涛坐镇邺城，监视那里的宗室。此前曹氏诸王分散各地，司马氏父子为便于看管，才将曹氏诸王集中于邺城，这样做就是为了不给反对派任何可乘之机，用心不可谓不良苦。篡权也不是那么容易的。

钟会、卫瓘接到诏旨，令他们将邓艾打入囚车，押解洛阳听审。钟会又喜又忧，喜的是邓艾终于被扳倒了，忧的是邓艾要是真的拒捕可如何是好。毕竟，邓艾手下还有几万人，且多是追随其多年的旧部，邓艾真要举兵反抗，事情还真不好办，搞不好就要兵戎相见，内部火拼。这是钟会不想看到的。

在权衡利弊后，钟会决定把抓捕邓艾这个“光荣”而又艰巨的任务交给监军卫瓘。这明显是不怀好意。钟会拥兵十余万，自己不去，却让只有千余人的卫瓘去邓艾军中抓人，这是名副其实的深入虎穴。邓艾如果拒不从命，那么只有千余人的卫瓘必死无疑。那样的话，钟会正好出师有名，虽会费一番周折，但毫无疑问，消灭反叛的邓艾将又是大功一件。

卫瓘当然清楚钟会打的什么算盘，但又不能不去。卫瓘也很有心计，他没有大白天去抓人，那样纯属找死，而是选在一个月黑风高的夜晚，率部悄悄潜入成都。而后派人秘密到邓艾营中，分别向邓艾手下众将宣布朝廷逮捕邓艾的诏令。

那一夜，卫瓘的使者奔走于各处军营传达诏令，并明确宣布只逮捕邓艾父子，余者不问，接到诏令者，立即赶赴监军大人处报到，先到者有赏，敢有不到者视为邓艾同党，诛灭三族。

于是就在这天夜里，军中的将领们纷纷从睡梦中被叫醒，由于是分头传达的命令，且事态紧急，各营的将军、校尉们搞不清状况，半夜里又没人可商量，且使者带来的又确是朝廷诏令。于是，众将的第一反应就是赶紧去卫瓘那里报到，先保住自己才是最重要的，其他也来不及多想。这也正是卫瓘想看到的效果。

等到鸡鸣天将放亮时，卫瓘帐中已挤满了人，邓艾军中将校悉数到场，只有邓艾父子大难临头却浑然不知，仍被蒙在鼓里，在营中呼呼大睡。

卫瓘向众人出示了司马昭的亲笔手令，随即亲自带兵抓捕邓艾。卫瓘来时，这位老将还没起床。大战之后，邓艾难得过了几天舒服日子，可他美梦还没做到头，就被人从被窝里抓了出来，多少有点狼狈，儿子邓忠也同时被捕。

看到自己的主帅被上枷带锁押入槛车，直到这时，邓艾的一些部将才回过味来，纷纷回营集合队伍，要抢回自己的主将。当众人手执兵器来到卫瓘营外时，却看到卫瓘正在门口面带微笑迎候他们，身边只有少数侍从。

这些武将冲锋陷阵、征战沙场各个了得，但若论玩心计搞政治哪里是在官场多年的卫瓘的对手。卫瓘表示自己对邓艾的遭遇也深表同情，但自己王命在身，逮捕邓将军实是迫不得已，乃奉命行事。卫瓘的一顿迷魂汤彻底把将军们灌晕了。

为安抚众人，让大家放心，卫瓘还当着众将的面写了一份奏疏为邓艾说情申辩。诸将这才相信，各自回营。

将军们还是太单纯了，卫瓘当场写就的那份奏章，待众人走后，恐怕早就扔进垃圾堆里了。

卫瓘敷衍众将只是为了争取时间，等钟会大军一到，他就算完成任务。

264 年正月十五，钟会大军到达成都。

钟会所忌惮的只邓艾一人，邓艾被抓，军中无主，蜀地百城也已归降。钟会自以为大事将成，不免有些得意。可他并没高兴多久，他刚到成都就收到了司马昭的来信，信中说：恐邓艾抗命不肯就范，今特派中护军贾充率步骑万人直入斜谷，屯兵乐城。我本人亲率十万大军已到长安，咱们很快就能见面了。

钟会看后大吃一惊，询问使者后才得知，司马昭初一下令逮捕邓艾的同时就带着曹奂从洛阳出发了，初三就到了长安。现在皇帝遣使在华山祭祀，大军随时准备入蜀。

这下钟会蒙了，他的计划被这封突如其来的信彻底打乱。

在确信司马昭已到长安，贾充军开进汉中的消息后，钟会不无忧虑地对部下亲信说："如果只是抓捕邓艾，相国（当时司马昭已升任相国）知道我自己就能办到。现在亲统重兵前来，必是对我起疑心了，事到如今，只有先下手为强，抢先动手，事成可得天下，万不得已退保蜀地，保据两川，也可做刘备第二！"

钟会决心起兵反司马。对自己的军事才能，钟会是颇为自负的。他自以为从征淮南（诸葛诞）以来，谋无遗策，司马昭能扫平淮南，靠的是自己居中筹划，而西征蜀汉，更是他钟会先取汉中，打开蜀中门户，这是钟会自信的来源。

钟会将自己的计划对姜维和盘托出，希望姜维能助自己一臂之力，率领蜀中旧部，与自己合力抗拒司马昭。当然，封官许愿之类是少不了的。

当姜维知道钟会决定起兵时，内心异常兴奋激动，不过，他倒不是为钟会，而是觉得这是一次难得的复国机会，等钟会与司马昭斗得两败俱伤后，自己坐收渔人之利，再率旧部重整河山，借机复国。据说，姜维还写了一封密信给后主刘禅，希望他耐心等待，自己必能重振蜀汉。

八十多年后《魏氏春秋》的作者东晋人孙盛到蜀地还见到了当年姜维

写给刘禅的密书。他听蜀人说姜维当年向钟会假降，时刻准备复国，可惜最后没能成功，蜀人提及此事至今还感伤不已。

姜维劝钟会先杀军中众将，然后起兵。姜维打算制造混乱，魏军失去主将，军中必然大乱，到时自己就可趁机召集旧部将蜀中魏军一举歼灭，之后杀死钟会，北上抵挡司马昭，恢复蜀汉江山。

钟会对姜维的提议深表赞同。钟会之所以宁愿依靠蜀兵也不相信手下众将，是因为军中将领大部是司马氏亲信、党羽，自己的人很少，只要杀了军中主将，下面的小兵就好办了。只要掌控了部队，就不怕司马昭。

其实，司马昭早就不信任钟会了，即使钟会不反，下场也不会好到哪里去。

当初司马昭让钟会领兵西征时，司马昭的夫人王肃之女就说钟会此人见利忘义，不可委以重任假以兵权。

大军出发前，西曹属邵悌也曾对司马昭进言："您派钟会率十余万大军伐蜀，依我看，钟会孤身一人无重要亲眷留洛阳为质，不如另派他人。"

司马昭笑着对邵悌说："蜀军连年入寇，天下不安，但群臣都反对伐蜀，其实不过是他们胆怯害怕远征罢了。这些人未战先怯，不可临敌统兵，否则必败。满朝之中只有钟会与我意见相同，派他伐蜀，必可获胜。

"至于灭蜀之后，就算他想谋反，又能有何作为！蜀地士民亡国之余早已破胆，岂会真心听命于他。至于西征将士，家眷皆在中原，得胜之日，思念故乡，归心似箭，也不会有人跟他造反。钟会若果真造反，也不过是自取灭亡。你忧心社稷，这很好，但今日我对你所讲之话，切记不可对他人言讲。"

司马昭率军离开洛阳，即将前往长安时，邵悌又对司马昭说："钟会的兵马是邓艾的五倍，您大可不必亲自前往。"

司马昭看着邵悌说："你忘了以前我们说过的话！我以信义待人，只要人不负我，我岂可对人生疑！近日贾护军问我：'怀疑钟会吗？'我说：

'如今我派你领兵远出，难道也怀疑你吗？'贾充也无言以对。"最后，司马昭又意味深长地说："等我到了长安，一切自会了然。"意思是那时钟会若真的造反，我也可名正言顺地讨伐他。

被逼急的钟会决定提前举事，正月十六日，也就是大军进入成都的第二天，钟会召集中护军、郡守、牙门、骑督以上军官及原蜀国归降官员，在原蜀国朝堂集会。

会上，钟会拿出不久前去世的郭太后的"遗诏"，宣称太后令他起兵，问罪司马氏。众将毫无准备，闻言震惊不已，相顾失色，人群骚动不安。

尽管钟会一再强调这是太后密旨，但众人看着钟会手里的诏书，虽不敢明言，但从表情上就看得出来，在场的人对其可信度明显很怀疑。

当钟会取出早已准备好的讨伐司马昭的檄文，让将校们署名时，却遭到诸将的拒绝。钟会大怒，下令将凡是不肯署名的人尽数扣押，关入密室，派兵严加看守。钟会对外严密封锁消息，所以外面都不知宫内发生的事。

但众将久不归营，势必令人起疑，是杀是留，钟会必须迅速决断，留给他的时间并不多。钟会当然明白此刻局势的严峻，稍有不慎满盘皆输。钟会留下监军卫瓘商议，起初两人均沉默不语，后来钟会实在耗不起了，手书"欲杀胡烈诸人"几字，拿给卫瓘看。卫瓘看后摇头却也不肯多言。钟会不知他的态度，探不清他的底，虽没扣押他，但也不敢轻易放他走。

被钟会软禁的卫瓘急于脱身，却苦无机会。恰巧一次上厕所时，遇见胡烈的一个部下，卫瓘让他去宫外各营散布消息，说钟会谋反，要杀尽北来将士。

这时的钟会也是万分紧张，事情发展到现在，他已没有退路。当天晚上，钟会一夜未眠，将佩刀横在膝头，时刻保持警惕。这时亲信部下建议钟会，尽杀军中牙门、骑督以上将官不附从者。但钟会左思右想一时难下决心。

事情坏在一个叫丘建的人身上，此人本是胡烈部下，胡烈将他推荐给司马昭。钟会出兵时请丘建随他出征，对他很信任。丘建可怜胡烈独自一人被押在牢房，恳求钟会允许派一名亲兵去服侍，其他牙门众将也都如此。钟会居然应允了。

胡烈趁机哄骗亲兵说："据丘建说钟会已挖好大坑，备好数千枚大棒，要将众将用大棒打死埋入坑中。"胡烈将同样内容写在一张条子上令亲兵带给在营中的儿子胡渊。只一个晚上，消息便传遍各营，营中顿时人心惶惶。

十七日，蜀宫外的魏军在得到胡烈、卫瓘传出的消息后，就准备攻打钟会。但因卫瓘还在宫中，众人不敢动手。钟会自己在深墙之内也很不安，打算让卫瓘出去慰军。这正中卫瓘下怀，卫瓘心中大喜，但表面上故意推辞说："您是三军之主，应该您亲自去才好。"钟会一夜未睡，顺口说："您是监军，请您先行一步，我随后就到。"

卫瓘按捺住心中的激动，疾步出殿，匆匆离去。卫瓘走后，钟会才反应过来，赶紧派亲信追。卫瓘看见追兵，假装摔倒，故意装作爬不起来。被人抬着送到自己的营地后又偷偷喝了一大碗盐水，逼着自己呕吐。卫瓘身体本来羸弱，这样一来就更显得一副病入膏肓的模样。卫瓘装病不起，钟会派亲信来探病查看真假，被卫瓘糊弄过去。钟会信以为真，便不再理会卫瓘。

十七日夜，"病人"卫瓘突然好了。卫瓘连夜起草檄文，派人到各营散发，号召诸军讨伐钟会。此时各营兵士早已跃跃欲试，纷纷响应。

十八日中午，各营突然鼓声大作，胡烈营的士兵首先哗变，胡烈十八岁的儿子胡渊带头领人冲出军营。其余各军也鼓噪而出。各营人马虽无主将指挥却都目标明确，众人一起涌向蜀宫。

钟会正要给姜维及所部发放铠甲武器，卫兵进来报告说，外边声音嘈杂，好像失火了。不一会儿，又有卫兵跑来急报，说有大批士兵正向宫门涌来。钟会大惊，感到事情不妙，对姜维说："这些兵来者不善，怎么办？"姜维说："事到如今，只有打了。"

钟会马上派人去杀关押的魏将，并指挥部下用木头顶住宫门。外面的士兵用刀砍门，但宫门高大厚实，一时难以砍开。见大门进不去，有的士兵搬来云梯登城，有的士兵趁机放火在城中大肆杀掠，宫外人越聚越多，箭像雨点一般射进来，宫城不久就被攻破。大群士兵冲进宫，被关的魏将趁乱纷纷逃了出来，双方会合后，将姜维、钟会等人团团包围。

钟会身边只有数百亲信，抵挡不住越来越多的魏兵。钟会所部寡不敌众，很快便全部战死，钟会本人也死于乱军之中。一心谋求复国的姜维，此刻虽孤身一人，面对蜂拥而上的魏军却毫不畏惧，奋力迎战，在挥剑砍杀五六个魏兵后，力战而死，一代名将带着壮志未酬的满腔遗恨倒了下去，倒在了他为之奋斗半生的蜀汉土地上……

魏兵剖开了姜维的遗体，却发现姜维之胆大如斗。

姜维志在复兴蜀汉，功败垂成而被杀，然赤胆忠心，天地可鉴。千载之下，犹令人感佩动容。

钟会、姜维死后，魏军陷入混乱，再无约束，乱兵趁机在城中到处烧杀抢掠，姜维的妻子也被乱兵杀害，蜀汉太子刘璿、大将张翼等人也同时被杀，军民死伤不计其数。

几天后，监军卫瓘出面约束军兵，出榜安民，成都的变乱才告平息。

再说邓艾旧部，见成都大乱，军无主将，打算趁机救出邓艾，于是出城去追囚车。监军卫瓘得知消息，深感不安。陷害邓艾是他与钟会合谋的，他也有一份，一旦邓艾重新得势，他必然死无葬身之地。想到这里，卫瓘急忙派护军田续带兵追赶，务必要赶在邓艾旧部之前解决邓艾。

卫瓘之所以派田续去追邓艾，是因为他知道田续与邓艾有仇。

邓艾进兵江油时，认为田续逗留不进，畏敌不前，要将田续斩首，后经众人求情才免于一死，但还是被抽了几百鞭子，田续为此对邓艾恨之入骨。临出发前，卫瓘对田续说："此行可报江油受辱之仇矣。"

卫瓘不愧是个精明之人，知道派别人去，慑于邓艾往日的威严，未必敢下手，况且眼下局势混乱，说不定邓艾还会东山再起，要是派去的人不得力，再讨好邓艾将其释放，那就不妙了。而派田续去，田续一定不会放过邓艾。

事情的发展果如其所料，田续得令后，当即启程，一刻不停，星夜北上，终于在绵竹以西，遇到了刚刚被从囚车里放出来的邓艾父子。

邓艾父子正在欢庆劫后余生，未加提防，被田续当场斩杀。邓艾留在洛阳的其余几个儿子也全被诛杀。邓艾的妻子、孙子被流放。

钟会与邓艾，二士争功，耗费心机，争来斗去，结果却是两败俱伤。

在这场伐蜀之役中，汉、魏双方的主帅姜维、诸葛瞻、钟会、邓艾，除诸葛瞻一人因军事水平低而战死沙场外，其余三人均死于非命（兵变）。这场战争中最大的赢家只有一个——司马昭。

早在去年（263）十月西征大军的捷报传至京师，司马昭便迫不及待地授意手下，以战功为资本，向皇帝讨封。当然，表面上是皇帝主动给的，理由也很冠冕堂皇，司马公首倡伐蜀之议，如今大军捷报频传，司马公厥功至伟，当然要厚加封赏，以彰功勋。

曹奂下令以并州的太原、上党、西河、乐平、新兴、雁门，司州的河东、平阳、弘农，雍州的冯翊共十郡，七百里之地，作为司马昭的封地，封司马昭为晋公，进位相国，加九锡。

司马昭这次可谓大丰收，地盘、待遇、级别一次解决，之前的多番推辞，只不过是司马昭觉得时机未到，故作姿态，如今大军报捷，再接受，水到渠成。

263年十二月，蜀汉亡国。次年三月，司马昭晋爵晋王。王与皇只一步之遥。但司马昭并未迈出这步，称王一年后，司马昭病死，他的儿子司马炎接班为晋王，随即逼魏主曹奂让位，司马炎称帝，国号为晋。

第五十九章

三国归晋——一片降幡出石头

　　蜀汉亡国，东吴也难独存。本来就是两弱抗一强，现在变成一弱抗一强。强的更强，因为有了蜀汉的地盘。弱的更弱，因为失去蜀汉的呼应。

　　原本，这个北强南弱的局面不会持续很久。因为国家的对抗靠的是实力，这个实力包括人才跟人口两个方面。

　　蜀汉虽然人口最少，但之前能与曹魏对抗且不落下风，因为前期有军政全才的诸葛亮，后期还有敏于军事的姜维在支撑。

　　此时的晋占有之前曹魏跟蜀汉的地盘，人口优势明显，至少是东吴的两倍。至于人才，三国后期人才凋零，尽管如此，三分天下有其二的晋，依然可以对东吴具有压倒性优势。东吴自从孙权死后就开始宫廷喋血的电视剧加长版，直到孙皓上台，总算不搞政变了。可这位比之前的几个更能折腾，动不动就剥皮斩首，是一位名副其实的暴君。东吴亡国之相已露，之所以还能撑十多年，是因为内部还有陆抗这种名将在外面守着，而外部司马氏正忙着内部的各种党争内斗利益分配，这才让东吴又多活十多年。

　　等到陆抗这批老将凋零，晋国这边内部的排序调整得也差不多了，东吴的死期也就到了。

　　以当时南北的实力对比，北方完全碾压南方，没有任何悬念，全国即将统一，北方统一南方，这是历史大势。

　　这个时候，东吴不管是谁上台都是守不住的，更何况是暴君孙皓，即使孙权在世给他这个牌局，他也只能投降。历史大势是不可阻挡的。

晋咸宁五年（279）十一月，司马炎下诏大举伐吴。令镇东大将军、琅琊王司马伷攻涂中；安东将军王浑出江西；建威将军王戎出武昌；平南将军胡奋攻夏口；镇南大将军杜预攻江陵；龙骧将军王濬、巴东监军唐彬率领水军由巴、蜀顺流而下攻西陵、建平。

晋军伐吴采取水陆并进、多路进攻的战略，大军兵分六路。其中担当主攻的是镇南大将军杜预与龙骧将军王濬。前者的目标是江陵，后者以水师为主目的更明确，顺流而下直取建业。

王濬水军从巴东即今天的重庆奉节誓师出征。他的水师想要进入荆州水域，必须突破东吴的三峡防线，这里是吴军的设防重点，陆逊、陆抗父子在此经营多年。

为防晋军水师东下，吴军早有准备。吴人在长江险碛要害处，以铁锁横江，又做铁锥长丈余，暗置江中，企图以此阻挡晋军船只通过。

铁锁横江看似严密，但王濬早已想好对策。他令人造了几十个长、宽过百步的大木筏，在木筏上多扎草人，给草人披上铠甲执枪而立，远远望去，一队队"晋兵"站在木筏之上，列队整齐，威武雄壮。王濬又挑选水性好的士兵在水中推着木筏前进，走在船队前面。铁锥遇到木筏，自然扎到木筏上，被木筏顺流带走。

解决了铁锥，接下来是铁锁。

王濬命人捆扎许多巨型火炬，每个火炬都有十余米高。遇到铁锁，王濬就命人往火炬上浇灌麻油，放在船头，火烤铁锁，将铁烧软使其承受不了自身重力而被拉断。吴军费尽心机制作的铁索横江被王濬轻松化解。

晋咸宁六年（280）二月三日，王濬率军攻克西陵，斩杀吴军西陵都督留宪、征南将军成璩。

此时杜预所部也顺利攻占江陵，为王濬水军打开前进通道。

王濬大军在沿途得到补充后，兵力已达八万，战船蔽江而下。益州水军顺流而进，锐不可当，大军在夏口、武昌稍作停留后，便长驱直入。

面对南下的十八万晋军的六路进攻，吴国土崩瓦解，长江防线全面崩溃。

王濬大军于三月十五日进抵石头城，兵临城下。

国与国的对抗终究还是看实力。弱者才搞偷袭，强者都是平推。

晋对东吴的战争也是如此。

晋咸宁六年（280）三月十六日，石头城上竖起降旗。

东吴的最后一位君主孙皓以亡国之君的传统礼仪，自己反绑双手，教人在后面抬着棺材，向王濬投降。王濬亲自替孙皓松绑，并下令烧毁棺材，表示接受孙皓的投降。

孙皓献上户籍图册。吴国治下扬州、荆州、广州、交州共四州四十三郡，在籍户口五十二万三千户，甲士二十三万人。至此，吴国亡。

汉魏吴三国鼎立的时代彻底结束。

三国归晋。